泸州年鉴

LUZHOU YEARBOOK

2016

泸州市人民政府 主办
泸州市地方志办公室 编纂

方志出版社
Pubishing House of Local Records

图书在版编目(CIP)数据

泸州年鉴. 2016 / 泸州市地方志办公室编. — 北京:
方志出版社, 2016. 10
ISBN 978-7-5144-2138-5

Ⅰ.①泸… Ⅱ.①泸… Ⅲ.①泸州-2016-年鉴
Ⅳ.①Z527.13

中国版本图书馆 CIP 数据核字 (2016) 第 252646 号

泸州年鉴(2016)

编　　者: 泸州市地方志办公室
责任编辑: 罗滔
出 版 人: 冀祥德
出 版 者: 方志出版社
地址　北京市朝阳区潘家园东里 9 号(国家方志馆 4 层)
邮编　100021
网址　http://www.fzph.org
发　　行: 方志出版社发行中心
电话(010)67110500
经　　销: 各地新华书店
设计制作: 成都益舟文化传播有限公司
印　　刷: 成都市金雅迪彩色印刷有限公司
开　　本: 889×1194　1/16
印　　张: 28.25
字　　数: 699 千字
版　　次: 2016 年 10 月第 1 版　　2016 年 10 月第 1 次印刷
印　　数: 0001~1000 册

ISBN　978-7-5144-2138-5　　**定价**:260.00 元

2015年4月29日，四川省委书记王东明（中）在泸州考察调研

2015年9月17日，全国政协人口资源环境委员会主任张维庆（中）调研四川医科大学附属中医医院预防保健服务体系建设

2015年9月10日，全国人大农业与农村委员会副主任委员陈光国(右二)在泸州调研

2015年1月24日，民政部部长李立国（右一）在泸州市军休所慰问军休干部

2015年6月8日，国家发改委副主任连维良（中）率国务院第七督查组就泸州市落实国务院重大政策措施情况开展督促检查

2015年1月25日，国土资源部副部长胡存智（中）在泸县不动产登记中心调研

2015 年 2 月 5 日，交通运输部副部长何建中（前排右二）在泸州港调研

2015 年 12 月 6 日，最高检党组成员、政治部主任王少峰（前排左一）在泸州调研

2015 年 4 月 21 日，解放军军事科学院军事战略研究部副部长毛新宇（右二）、空军指挥学院副院长朱和平（右三）在叙永石坝乡石厢子“鸡鸣三省”会议旧址毛泽东居住处考察

2015 年 11 月 26 日，省委副书记尹力（中）在泸县医药园区调研

2015 年 11 月 19 日，省委常委、省总工会主席李登菊（中）在江阳区康乐社区调研

2015 年 9 月 24 日，省委常委、成都市委书记黄新初（前排左二）率成都市党政代表团在泸州参观考察

2015 年 9 月 22 日，省委常委、组织部部长范锐平（中）在叙永县调研县域经济发展，基层党建、扶贫攻坚等工作

2015 年 11 月 26 日，省委常委、农工委主任李昌平（中）率队到泸县调研农村宅基地制度改革推进情况

2015 年 4 月 1 日，副省长刘捷（前排右二）在叙永县落卜中心校调研校园禁毒宣传工作

2015 年 4 月 22 日，副省长、省公安厅厅长侍俊（左三）在四川警察学院调研

2015年10月9日，副省长陈文华（中）调研泸州民建会员企业科瑞德制药有限公司

2015年10月29日，省政协副主席、秘书长高烽（前排左三）在泸州港调研

2015年12月18日，省人民检察院检察长邓川（中）在古蔺县大寨乡富民村调研扶贫攻坚工作

2015年10月27日，省政协副主席翟占一（前排左三）考察泸州市白酒产业恢复发展情况

2015年11月29日，市委书记蒋辅义在中共泸州市委七届第十一次全体会议上讲话

2015年11月29日，中共泸州市委七届第十一次全体会议召开

2015年2月5日，市长刘强在七届五次人民代表会议上作政府工作报告

2015年2月5日，市人大常委会主任陈雁参加纳溪区代表团审议

2015年2月5日，泸州市第七届人民代表大会第五次会议在巨洋会议中心隆重开幕

2015年2月4日，市政协主席喻双主持市政协七届四次会议开幕大会

2015年2月4日，政协泸州市委员会第七届第四次会议在巨洋会议中心隆重召开

2015年6月6日，四川医科大学发展推进会召开。省政府副秘书长王七章（右二）和省教育厅党组成员、省政府总督学刘东（右一）向四川医科大学授校牌

2015年8月24日，泸州市科技、酒城英才奖励暨第二届市委、市政府决策咨询委员会成立大会召开

2015年5月25日，泸州市创建全国文明城市动员会召开

2015年4月13日，泸州国家高新技术产业开发区与北京东方雨虹防水技术股份有限公司投资合作签约仪式在南苑会议中心举行

2015年2月2日，国家质检总局党组成员、副局长陈钢（左一）向泸州市委副书记、市长刘强授予“全国质量示范强市”奖牌

2015年8月22日，以“共享经济——互联网时代创新与共赢”为主题的2015中国医药企业家年会在泸州开幕。图为泸州高新区医药园区招商项目签约仪式

2015年8月22日，泸州签订9个医药产业项目

2015 年 10 月 23 日，泸州市重点招商引资项目签约仪式在成都世纪城国际会展中心举行

2015 中国医药企业家年会嘉宾参观园区

位于泸州高新区医药产业园区的西南健康产业园

保税直销中心

铂路莱科技

泸州市长江经济开发区全景图

泸州酒业生产

全国首批粮食进口指定口岸的粮食储存仓库

武骏特种玻璃生产线

天寿药业电商平台

中小企业创业园

10 万吨酒库

酒业生产灌装区

白酒交易中心

白酒仓储基地

酒业集中发展园区——北区

酒业集中发展园区全景

酒业集中发展园区——南区

酒业集中发展园区全景

接待中心

2015 年 3 月 23 日，2015 中国国际酒业博览会开幕式现场

2015 年 3 月 23 日，2015 中国国际酒业博览会颁奖

2015 年 11 月 26 日全国首支原酒基金诞生

2015 年 12 月 22 日，郎酒基地酿酒现场

白酒产业园区航拍全景

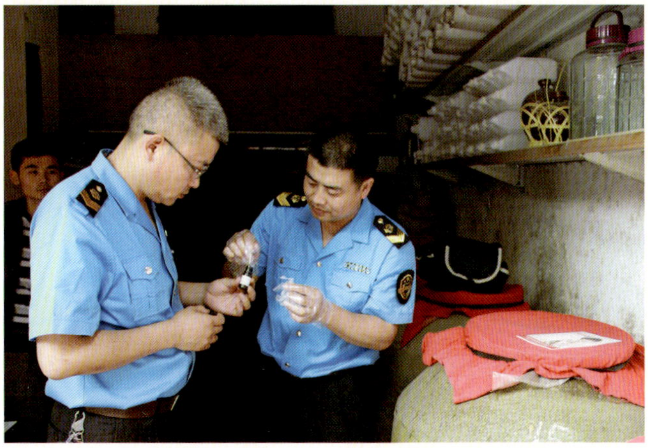

食品药品监督管理部门开展散装白酒专项整治

位于龙马潭区的郎酒生产基地

位于泸州白酒产业园区的国家酒检中心

2015 年 8 月 16 日，市委副书记、市长刘强检查危险化学品生产企业

2015 年 9 月 29 日，副省长刘捷（前排左一）调研泸天化公司煤气化项目

建设中的鑫福化工 PCE 装置工房和主控楼

泸天化集团公司 PTMEG 装置区一角

四川中海金象 15 万吨/年润滑油加氢项目

中海沥青(四川)有限公司航拍图

2015 年 12 月 22 日，中海金象正在加紧建设

2015年7月8日，市人大常委会调研现代农业示范园区——合江县大桥农业休闲观光采摘园

2015年8月4日，省农业厅调研组参观叙永县高山蔬菜生产基地

2015年11月19日，第三届四川农业博览会暨成都国际都市现代农业博览会，图为泸州主题馆

龙马潭区生态农业

高标准农田建设

国家现代农业示范区——江阳董允坝示范区

刘氏泡菜嘉明种植基地

万亩生姜喜获丰收

现代农业示范园——龙马潭走马慈竹休闲观光园

现代农业示范园——泸县嘉明地栽黑木耳示范大棚

现代农业示范园——龙马潭四维禽业示范园

2015年1月23日，“2015中国酒城·泸州迎春购物月”在西南商贸城开幕

2015年3月投用的隆纳高速泸州新收费站

2015年4月27日，省级银行机构与泸州市银政企对接工作会议召开

2015年5月5日，泸州进口商品保税直销中心开业

2015年6月30日，泸州市政府与民生银行成都分行签署战略合作协议

2015 年 9 月 28 日，泸州到南京、丽江航线首航

2015 年 11 月 6 日，华润万象汇落成投用

2015 年 9 月，第六届四川乡村文化旅游节在泸州纳溪云溪温泉举行

2015 年 10 月 20 日，建设中的叙古高速螺丝寨特大桥

2015 年 11 月 19 日，泸州港保税物流中心（B 型）通过验收

2015 年 11 月 6 日，泸州华润万象汇项目举行落成仪式

2015 年 9 月 16 日，第三届西南商品博览会现场

泸州港

2015 年 11 月 23 日，长江航道升级动工仪式

2015 年 12 月 23 日，泸州市政府与中航工业签订《组建幸福泸州航空有限公司暨战略合作框架协议》仪式

2015 年 12 月，投用的泸州电商中心

泸州成都铁水联运班列

泸州港集装箱码头吊装作业

泸州供销电商公司服务网点

向林天河瀑布旅游景区

中国电信泸州分公司网络运营部网络技术维护人员在光纤配线室作业

2015年1月20日，江阳区石寨镇久桥村村民第一次在家门前坐上了公交车出行

2015年4月28日，泸州市“国家园林城市”正式授牌

2015年5月25日，泸州市创建全国文明城市动员会在南苑会议中心召开。市委书记蒋辅义为全市新创的全国文明单位、全国文明村镇授牌

2015年6月29日，市委副书记、市长刘强（右一）为“中国第一个光网大城市”揭牌

2015年6月30日10时30分，泸州电信通信枢纽大楼机房的100万门程控交换机全部彻底关闭，泸州市从此告别传统铜网通信旧时代，迈入全球领先的光网通信新时代，成为“中国第一个光网大城市”

2015年8月1日，武警在主城区水井沟加强武装值勤

2015年9月，建成投用的江阳区华阳街道康乐社区

2015年10月29日，蜀泸大道与龙马大道交叉处车流

2015年12月21日，忠山隧道互通立交钢箱梁完成吊装

2015年11月18日，市委书记蒋辅义（中）率队在江阳区水井沟商业步行街督导全国文明城市创建工作

奥体公园内的羽毛球拍雕塑

佳乐世纪城打造泸州商业金融中心

泸州城西一角夜景

建设中的碧桂园生态城

市民走进数字城管座谈交流会

忠山隧道掘进工程进展顺利

市民参观城市建设规划馆

建成的医教园区一角

2015 年 9 月 21 日，国土资源部调研泸县宅基地改革

泸县城区一角

2015 年完工的泸县百和镇中小河流治理工程

2015 年合江县白沙镇灵丹村"幸福美丽乡村"项目开工仪式

2015 年 11 月，合江县基础建设 PPP 项目开工仪式

龙马潭区长安乡慈竹新村

石洞镇永远新村居民聚居点

特兴走马新村

叙永县草坝村石漠化综合治理示范区

2015 年 3 月 1 日，国土资源部副部长胡存智（右一）为泸州市民颁发全国首批不动产权证书

2015年5月13日，省工商局副局长沈健（中）率队调研泸州“三证合一”试点工作

2015年9月25日，市工商局核发全市首张“三证合一、一照一码”营业执照

2015年6月1日，市委书记蒋辅义率泸州市党政代表团(赴南京、无锡、深圳考察)在国家数字电影产业园(无锡)考察

2015年11月18日，市长刘强与雷姆沙伊德市市长布克哈德·玛斯特·维茨(Burkhard Mast-Weisz)先生就友好合作事宜座谈并签订协议

2015年1月27日，市委副书记、市长刘强与泰国总领事馆郭梅特会谈

2015年1月8日，泸州市与上港集团签订港口物流发展框架协议

2015年2月1日，泸州成都武汉签订物流战略合作框架协议

2015 年 4 月 27 日，四川省省级金融机构与泸州市银政企对接工作会在泸州南苑会议中心召开

2015 年 5 月 5 日，泸州进口商品保税直销中心正式开业

2015 年 5 月 29 日，泸州市政府与中兴通讯在江苏省南京市签约推进泸州智慧交通体系建设合作意向书

2015 年 12 月 2 日，泸州市与拉萨市签订合作共建框架协议

泸州市招商引资碧桂园入驻江阳区签约仪式暨新闻发布会在酒城宾馆举行

2015年11月18日，市委书记蒋辅义带队在江阳区水井沟商业步行街督查文明创建工作

12月1日，2015年泸州市创新创业项目大赛决赛现场

2015年8月14日，市委常委、工会主席刘云带队为职工送清凉

2015年9月1日晚，泸州市纪念中国人民抗日战争暨世界反法西斯战争胜利70周年双拥文艺晚会在川南军区大礼堂举行

2015年6月24日，古蔺县举行中国工农红军长征四渡赤水80周年群众纪念活动

2015 年 5 月 22 日，泸州老窖基干民兵特种大队、泸州市民兵综合应急营成立大会在泸州酒业集中发展区国际会展中心举行

2015 年 6 月 1 日，"光荣红领巾"庆"六一"全市少先队集中入队仪式

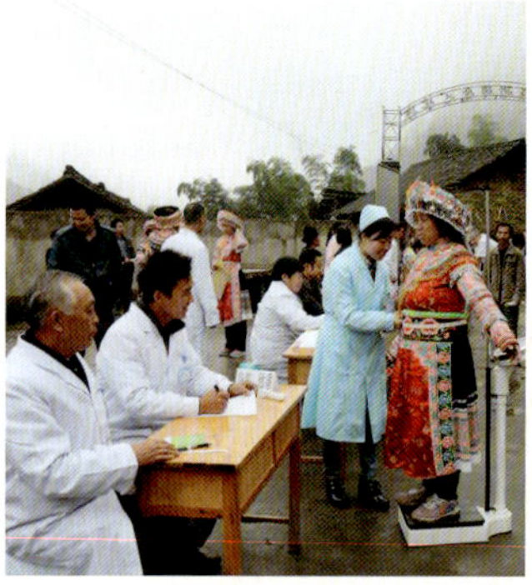

医务人员进村入户为农村居民健康体检

市人民医院新院建设进度加快

2015 年 9 月 23 日，泸州市教育局在全国中小学实验教学研讨会上作交流发言

2015 年 1 月，龙马潭区送戏下乡到石洞敬老院

2015 年 7 月 1 日，食品药品监督管理部门对冷冻食品进行集中整治

2015 年 8 月 18 日，叙永县“8·17”洪灾现场

2015年2月4日,《泸州年鉴》编撰业务培训

2015年1月22日，《泸州市人大志》终审会召开

2015年2月13日，泸州三线建设资料课题业务工作座谈会召开

2015 年 2 月 13 日，市委副书记曹建国到党史研究室看望慰问干部职工

2015 年 3 月 6 日，《泸州市水利志》评审会召开

2015 年 4 月 7 日，中央党史研究室召开泸州市《长征大辞典》工作座谈会

2015 年 4 月 19 日，纪念红军长征过泸州 80 周年座谈会在叙永召开

2015 年 4 月 21 日，中央党史研究室副主任李忠杰在泸天化参观

2015 年 5 月 7 日，省志编委副巡视员汪毅率队到泸州、合江开展依法修志专题调研

2015 年 5 月 8 日，中央文献研究室原主任逄先知一行在古蔺四渡赤水太平渡红军街参观

2015 年 5 月 12 日，泸州市党史地方志工作会召开

2015年7月10—12日，中央党史研究室副主任吕世光(前排右一)一行在叙永、古蔺调研，并为党史教育基地石厢子“鸡鸣三省”会议旧址陈列馆授牌

2015年8月27日，《泸州市交通运输志》评审会召开

2015年9月16日，市委党史研究室主任邱俊率队到雅安四川省档案学校查阅《川南区志》资料

2015年10月15日，省委党史研究室主任王承先到古蔺县太平镇中国工农红军四渡赤水太平渡陈列馆调研

2015 年 11 月 21—21 日，中国地方志指导小组办公室原党组书记田嘉(前排左二)到古蔺太平、二郎、茅台等地调研地方志工作

2015 年 12 月 1 日，中共泸州市委党校组织学员参观中共泸州地方史暨泸州起义指挥部旧址陈列馆

2015 年 6 月 25 日，四渡赤水战略思想的历史及现实意义座谈会召开

2015年12月16—17日，江苏省委党史工作办公室、江苏广电总台大型文献纪录片《至未来书》拍摄组在泸州拍摄取景

2015年12月25日，市委党史研究室主任邱俊带队到古蔺调研旧志整理、方志馆建设工作

2015年12月29日，市委党史研究室领导到四川警察学院就龙透关泸州起义纪念馆建设相关事宜召开现场办公会

2015年12月28日，市委党史研究室到合江指导编修《中国共产党合江县历史(第一卷)》

《泸州年鉴（2016）》编辑委员会

顾　　问　蒋辅义　刘　强　陈　雁　喻　双

主　　任　许先春　马宗慧

副 主 任　李小平　汪永灵　邱　俊

委　　员　张　伟　刘　杰　粟　辉　包　蓉　罗素平

《泸州年鉴（2016）》编辑部

主　　编　邱　俊

副 主 编　官　燕　李　军

编　　辑　马小涛　邓开明　谭　为　唐　慧　郑水英

编　　务　陈浩平

彩页设计　李建明

封面题字　余安中

编辑说明

一、1997年创刊的《泸州年鉴》是泸州市公报性质的大型综合性、资料性工具书，国内外公开发行。《泸州年鉴》由泸州市人民政府主管，泸州市地方志编纂委员会办公室主办，由各区县人民政府、市级各部门及有关企事业单位供稿，《泸州年鉴》编辑部主编完成。

二、《泸州年鉴（2016）》的编纂坚持以马列主义、毛泽东思想、邓小平理论、“三个代表”重要思想和科学发展观为指导，坚持历史唯物主义和辩证唯物主义，坚持思想性、科学性和历史性的有机统一，如实记述市境内各条战线的新实践、新变化、新发展、新经验、新成就、新问题，为泸州市科学发展、又好又快发展服务。

三、《泸州年鉴（2016）》收录2015年1月1日至2015年12月31日的资料。篇目设置类目、分目、子分目、条目4个层次。条目为记述内容的主要形式。部类设大事记、市情、政治、经济、文化、社会、区县概况和附录8部类。全书共收条目1311条。

四、本年鉴所有统计资料源于泸州市统计局，正文中数据由供稿单位提供。

五、本年鉴在编辑出版过程中，得到各区县人民政府、市级各部门、有关企事业单位和驻泸单位的积极支持，在此一并致谢。由于诸多原因，错漏之处在所难免，敬请读者匡正。

《泸州年鉴（2016）》
供稿单位、责任人、撰稿人

（排名不分先后）

供稿单位	责任人	撰稿人
中国共产党泸州市委员会办公室	曾　彤	申　波　杨列健
中国共产党泸州市纪律检查委员会　泸州市监察局	姚　波	刘　向
中国共产党泸州市委员会组织部	宋　勇	周柏林
中国共产党泸州市委员会宣传部	李　宏	周顺锋
中国共产党泸州市委员会统战部	史乃广	熊晓斌
中国共产党泸州市委员会政法委员会	郑　理	罗　朋
中国共产党泸州市委员会政策研究室	王　毅	宋燕美
中国共产党泸州市委员会台湾工作办公室	韩俊平	周贞勇
中国共产党泸州市委员会农村工作委员会	何　平	李支勇
中国共产党泸州市委员会机构编制委员会办公室	高慧岗	罗婧宇
中国共产党泸州市直属机关工作委员会	陈笑冰	徐瑞兰
泸州市国家保密局	张　伟	黄兴华
中国共产党泸州市委员会党校	袁小宏	陈明开
中国共产党泸州市委员会党史研究室 泸州市地方志编纂委员会办公室	邱　俊	佟德茹
中国共产党泸州市委员会老干部局	肖天云	张文良
中国共产党泸州市委员会群众工作局	黄　辉	李　燕
泸州市机关事务管理局	韦光永	张　云
泸州市人民代表大会常务委员会办公室	陈永全	周　勋
泸州市人民政府办公室	刘光明	张　红
泸州市人民政府法制办公室	李振蛟	张　义
泸州市人民政府口岸办公室	王　涛	杨　岭

续上表

供稿单位	责任人	撰稿人
泸州市人民政府应急管理办公室	陈光明	晋守兵
泸州市政务服务中心	罗永平	何　川
泸州市扶贫和移民工作局	冉雷波	宋进钱
泸州市仲裁委员会	王　敏	邓　静
泸州市人力资源和社会保障局	邓传富	詹远波
泸州市民政局	刘　洪	郝玲敏
泸州市老龄工作办公室	袁　红	陈　静
泸州市卫生和计划生育委员会	任　英	岑龙柱　胡玉祥
泸州市民族宗教事务局	罗素平	景　江
泸州市外事侨务旅游局	蒲　俐	刘世琼
泸州市档案局	粟　辉	韦佳利
中国人民政治协商会议泸州市委员会办公室	刘鹏飞	刘　利　施崇亮　杨丽娟
中国国民党革命委员会泸州市委员会	宋远平	厉建永
中国民主同盟泸州市委员会	黄　正	黄　正
中国民主建国会泸州市委员会	谢　华	胡　伟
中国农工民主党泸州市委员会	关　键	李　明
中国致公党泸州市委员会	徐志兰	李　力
九三学社泸州市委员会	吴　源	邓明聪
泸州市工商业联合会	王　华	朱富林
泸州市总工会	陈道元	刘永华
中国共产主义青年团泸州市委员会	秦　臻	王　成　郭志翔
泸州市妇女联合会	曾　妍	李亚平　孙小燕
泸州市残疾人联合会	邹　勇	王　娟
泸州市红十字会	林青松	袁红梅
泸州市文学艺术界联合会	虞　潜	李　琴
中国人民解放军四川省泸州军分区	王宗明	周　练
中国人民武装警察部队泸州市支队	熊万银	魏　均
泸州市人民防空办公室	付　希	黄筱棠

续上表

供稿单位	责任人	撰稿人
泸州市公安消防支队	田　勇	晏岗翔
泸州市公安局	封　安	李成建
泸州市人民检察院	陶　琦	雷长彬
泸州市中级人民法院	刘学锋	李　杰
泸州市司法局	王亚强	王良洪
泸州市发展和改革委员会	张　蕾	汪　浔
泸州市工商行政管理局	沈怀荣	范　雨
泸州市统计局	包　蓉	赵世伟
泸州市审计局	靳地胜	刘明春
长江航运公安局泸州分局	刘开林	刘钰璇
国家统计局泸州调查队	但光辉	王泽莲
泸州市质量技术监督局	赵治力	曹力丹
泸州出入境检验检疫局	李　跃	于　垚
成都海关驻泸州办事处	李维华	屈成刚
泸州市国土资源局	丁跃萍	郭登春
泸州市食品药品监督管理局	王　强	明　俊　李宗耘
泸州市投资促进局	黄修国	沈彦文
泸州市安全生产监督管理局	胡　宁	刘　洋
泸州市商务局	何　杰	陈　欣
泸州经济和信息化委员会	易泽莲	罗火明
泸州高新技术产业园区管委会	杜　磊	陈美丽
泸州长江经济开发区管委会	颜承瑞	樊　涛
国网四川省电力公司泸州供电公司	王　涛	李栋斌
四川泸州川南发电有限责任公司	李胜章	胡　泰
四川长江工程起重机有限责任公司	罗志刚	何　荞
四川邦立重机有限责任公司	蔡　禺	石兆群
四川长江液压件有限责任公司	李盛全	缪艳梅
泸州老窖股份有限公司	杨　辰	赵明利

续上表

供稿单位	责任人	撰稿人
四川郎酒集团有限责任公司	李明政	胡基权
青岛啤酒（泸州）有限公司	栾忠先	朱冠勇
泸州白酒产业园区管委会	刘淑兰	淡　平
泸天化（集团）公司	崔　麟	罗　飞
泸州北方化学工业有限公司	杨　林	谭文静
中海沥青（四川）有限公司	高　宇	张　龙
泸州市农业局	张兴友	王　删
泸州市农业机械事业局	陈晓荣	张承刚
泸州市林业局	李秋霖	梁　杰
泸州市水务局	周洪华	梁　静
泸州市畜牧局	李小平	陈　敏
泸州市气象局	叶大友	王　翔
泸州市交通运输局	曾志刚	陈昌群
泸州市航务管理局	赵　印	李　俊
长江泸州航道局	吴关胜	钟南宇
川铁（泸州）铁路有限责任公司	张　庆	许小翠
泸州市民航管理局	漆会强	张寮川
泸州市邮政管理局	虞卫国	王　芹
四川省邮政公司泸州市分公司	钱洪斌	贾清钦
中国电信股份有限公司泸州分公司	陈　鸿	刘　川
中国移动通信集团四川有限公司泸州分公司	吴　超	聂禄玲
中国联合网络通信有限公司泸州市分公司	彭仁锋	巫旭娜
泸州市住房和城乡建设局	李云春	陈晓冬
泸州市城乡规划管理局	陈　军	刘湞淇
泸州市城市管理行政执法局	何自慧	罗　强
泸州市环境保护局	刘志勇	张井平
泸州市烟草专卖局	牟利平	刘　蓉　杨忠辉
泸州市供销社	陈晓荣	李光凤

续上表

供稿单位	责任人	撰稿人
泸州市国有资产管理委员会	喻志强	李文生
泸州市财政局	潘　山	王　毅
泸州市地方税务局	简　锐	李　芳　文　练
泸州市国家税务局	苟茂林	王乾云
泸州市金融办公室	黄玉林	杨洪武
中国银行业监督管理委员会泸州监管分局	王付彪	王　奕　王　珂
中国人民银行泸州市中心支行	鲁剑雄	黄　维
中国农业发展银行泸州市分行	张晓峰	王梦媛
中国农业银行股份有限公司泸州分行	李建国	武亚波
中国工商银行股份有限公司泸州分行	张清穗	陈江浩
中国建设银行股份有限公司泸州分行	徐登义	杨家金
中国银行股份有限公司泸州分行	康　宇	蒋　兰
交通银行股份有限公司泸州分行	肖长青	罗　翔
招商银行股份有限公司泸州分行	张德平	余龙泉
兴业银行股份有限公司泸州分行	周霞明	黄　委
中国邮政储蓄银行股份有限公司泸州市分行	黄　河	牟　聪
泸州市商业银行	刘仕荣	付荟如
四川省农村信用社联合社泸州办事处	唐一平	任玉琦
中国人民财产保险股份有限公司泸州市分公司	王　敏	张　然
中国人寿保险股份有限公司泸州市分公司	杨　淼	晏　伟
中国平安财产保险股份有限公司泸州中心支公司	曹　阳	王盐红
中国平安人寿保险股份有限公司泸州中心支公司	张桂琼	黎　敏
中国太平洋财产保险股份有限公司泸州中心支公司	张　骏	骆　宁
中国太平洋人寿保险股份有限公司泸州中心支公司	陈彦锦	邓　梦
泸州市科学技术和知识产权局	邹　维	李燕梅
泸州市科学技术协会	王志刚	许毅华
泸州市社会科学界联合会	黄　华	辛春艳
泸州市教育局	张正平	杨　科

续上表

供稿单位	责任人	撰稿人
西南医科大学	何延政	杜　薇
四川警察学院	伊良忠	谢梦昕
泸州市职业技术学校	王晓建	崔　烨
泸州职业技术学院	熊　剑	胡　蒙
四川化工职业技术学院	叶昌伦	吕松洋
泸州广播电视大学	徐丽娜	张　锐
泸州高中	李渝江	古帮伦
泸州老窖天府中学	张如栩	杨　雪
泸州市文化体育新闻出版广电局	任晓波	张　鉴
泸州日报社	彭祖平	杨基德
泸州市人民广播电台	储超峰	郭隆江
泸州市电视台	韩本能	张万平
西南医科大学附属医院	李　涛	周　媛
西南医科大学附属中医医院	杨思进	陈孟利
西南医科大学附属口腔医院	徐　茜	熊　苹
泸州市人民医院	姚　健	许庆元　康　琪
泸州市中医医院	王万芳	任庆洪
江阳区人民政府办公室	彭昭平	胡　骥
龙马潭区人民政府办公室	尹德良	刘俊宏
纳溪区人民政府办公室	秦　礼	刘学奇　周　燕
泸县人民政府办公室	郭武灿	熊　敏　高　翔
合江县人民政府办公室	邓清霞	伍家华　王大琼
叙永县人民政府办公室	付志强	黄永红　王　伟
古蔺县人民政府办公室	刘义勇	唐云德　曾凡艳
长江湿地新城管委会	魏光德	艾李健
沱江新城管委会	刘利军	曾　烨
泸州老窖集团有限公司	胡　婷	邓文淑

除以上单位为本年鉴提供图文资料外，还有吴良春、刘林、牟科、陈浩平等摄影家和摄影爱好者提供了图片资料。

目 录
Contents

政 治 Political

经　济 Economic

文 化
Culture

社 会 Society

区县概况 Area County Overview

附 录
Appendix

索　引
Index

彩页目录
Color Page Contents

特 载

TE ZAI

决胜全面小康 建成区域中心

——在市委七届十一次全会第二次全体会议上的讲话（摘要）

（2015年11月30日）

市委书记 蒋辅义

一、站在新的起点，把握新的要求，主动肩负起决胜全面小康、建成区域中心的光荣使命

“十二五”即将收官，回顾过去五年，泸州经济社会发展取得巨大成就。经济总量2013年由全省第9位进到第8位①，预计年均增长12.8%，增速保持全省前3位，总量连上6个百亿台阶；地方公共财政收入总量由全省第7位进到第2位，各项工作取得新的突破。进入“十三五”，必须充分认清新的形势，准确把握新的要求，保持定力、攻坚破难，在新的起点上谋求更大作为。

第一，“十三五”是泸州实现全面小康的决胜时期，必须准确把握中央、省委的要求，在加快发展中奋力冲刺。目前，我市人均地区生产总值与全国、全省人均地区生产总值还有一定差距。“十三五”期间，按全国经济增长7%左右、全省增长7.5%左右、全市增长9%以上测算，到2020年，我市人均地区生产总值、城镇居民人均可支配收入、农村居民人均可支配收入3项指标可能达到或超过全省平均水平，接近全国平均水平。要完全达到全国平均水平，年均增速需保持在14%左右。纵向比，到2017年，我市3项指标就能够在2010年基础上实现翻一番，但实现的是局部的、低水平的全面小康；到2020年，达到或超过全省平均水平，但还不能达到全国平均水平。我们要站在对泸州未来发展负责、对泸州人民负责的高度，自加压力，追赶跨越，努力缩小与全国平均水平的差距，实现更高水平的全面小康。

第二，“十三五”是泸州实现次级突破的最佳时期，必须准确把握“两个率先”的要求，在加快发展中走在前列。从初步掌握的情况看，“十三五”期间，全省各市州都确立了积极可为的目标，排位在泸州前后的市州基本都确立8%以上的增长速度，这只是底线，实际完成情况肯定更高。这次全会确立年均9%以上的增速，其目的就是要保证“十三五”期间快速增长的势头，尽可能地往前赶；但如果低于9%，就没有任何优势可言，随时可能被赶超者把我们抛弃。要始终坚持以经济

① 2015年泸州经济总量为全省第6位。

建设为中心，始终坚持发展为第一要务。不唯GDP，不是不要GDP，不是不考核GDP，不是不看重GDP，而是要有质量的GDP，要有效益的GDP，要可持续的GDP，全市上下一定要有增速意识、总量意识、人均意识。面对日趋激烈的区域竞争，唯有增强危机感和紧迫感，抢先一步、快人一拍、争取主动，才能在次级突破中超越对手，走在前列。

第三，“十三五”是泸州建成区域中心的关键时期，必须准确把握阶段性发展的要求，在加快发展中率先崛起。建成区域中心，最终要靠经济实力说话。没有较强的经济实力作支撑，区域中心就没有话语权。2014年，川滇黔渝结合部9个地区中，我市经济总量排在第4位，遵义1874.4亿元居第1位，宜宾1443.8亿元居第2位，毕节1266.7亿元居第3位；地区生产总值增速我市排在第5位，遵义14.4%居第1位，没有因为体量大而放缓增速，毕节14%居第2位，江津、永川12.8%并列第3位。当前，重庆、贵州发展势头迅猛，今年前三季度地区生产总值增速分别居全国第1位、第2位，“十三五”重庆确立了9%左右的增速，贵州确立了10%左右的增速，可见其加快发展的决心。要在这一区域中站稳脚跟，要在这一区域中扩大影响，就必须对标先进、超常付出，才有可能追赶跨越、强势崛起。

决胜全面小康、建成区域中心，我们要看到差距和压力，更要看到有利因素，坚定信心和决心。一是有机遇。我市面临国家建设“一带一路”和长江经济带、西部大开发、全面推进创新改革试验等重大战略机遇，成功列入国家新型城镇化试点城市、全国水生态文明建设试点城市、全国养老服务业综合改革试点地区、全国第二批新能源汽车推广应用示范城市、全国首批综合运输服务示范城市、全国质量强市示范城市、国家智慧城市试点城市、国家现代农业示范区等，有利于我们在更大范围配置资源，更高层次布局项目。二是有条件。我市位于川滇黔渝结合部，长江岸线和港口资源是大自然赐予我们的独特优势。同时，拥有不断完善的立体交通网络、“两城三园区”的平台载体、四川第二的医疗教育资源、辐射四省市的商贸物流体系，具备加快发展的良好基础。三是有潜力。酒业、化工、能源、机械等传统产业将在转型发展中巩固优势，现代医药、装备制造、智能电网、新能源新材料等新兴产业正在加快培育，成为新的经济增长点；中心城区快速发展，加之处在重庆直辖市和成都、昆明、贵阳三个省会城市之间，具有进一步服务周边、吸纳周边的巨大潜力，完全可以在川滇黔渝四省市结合部，在长江、沱江、赤水河三条江河交汇处，在成渝城市群之南崛起一座大城市。这些都是建成区域中心的有利条件。

二、明确目标任务，狠抓关键环节，扎实推进决胜全面小康、建成区域中心的各项工作

工作基调：稳中求进、进中求好、好中求快。

主要目标：一是率先次级突破，即：地区生产总值年均增长9%以上，主要经济指标增速走在全省前列，到2020年，全市地区生产总值超过2000亿元，地方公共财政收入超过200亿元；二是率先全面小康，即：到2019年全面建成小康社会，到2020年全市人均地区生产总值、城乡居民收入达到或超过全省平均水平，缩小与全国平均水平的差距；三是建成区域中心，即：到2020年，中心城区形成面积200平方公里、人口200万人的大城市骨架。

工作重点：推进六个方面取得新的突破。

（一）推进产业发展取得新的突破。坚持工业为大、工业为重、工业为先，统筹发展八大产业，着力构建支撑区域中心快速发展的现代产业体系。

一要做大做优传统产业。紧紧抓住酒业、化工、能源、机械四大产业，通过转型升级调优存量，抢占产业高端做大增量，让传统产业焕发新的活力。要坚定不移壮大酒业支柱，以泸州老窖集团、郎酒集团、四川发展纯粮原酒股权投资基金、四川发展酒业投资公司、白酒产业园区为重点，大力发展纯粮固态酿造，推动全市酒类企业调整结构、抢占市场。到2020年，泸酒在全省市场的占有率超过50%、全国市场的占有率达到20%左右。要加快绿色循环型化工产业发展，推进泸天化等企业改革脱困，加强技术创新和合作，着力延伸下游产业链，提高产品附加值，依托北方化工、中海沥青、中海金象等企业建设循环型化工基地。要推进能源产业集约化、清洁化发展，抓好现有煤矿兼并重组和扩能技改，积极开发利

用煤层气、页岩气等清洁能源，建成成渝经济区重要能源保障基地。要推进传统机械制造业向高端装备制造业转型发展，支持“三长”等企业实施技术改造，加强与行业领军企业合作，重点发展航天装备、油气钻采装备等，建成西南地区重要装备制造基地。

二要培育壮大新兴产业。新兴产业是泸州新的经济增长点，必须高点起步，加快发展。要加快培育医药产业，大力建设医药产业园区，依托步长、科瑞德等知名药企，培育现代中药、生物制药、化学原料药、医疗器械等产业链条，打造产值超200亿元的医药产业基地。要加快培育智能电网产业，发挥国电南瑞、许继集团等大企业优势，引进智能电网产业关联企业，做大智能电网产业园，着力打造全省第六大高端成长型产业。要加快培育新能源新材料产业，重点推进新能源汽车推广应用，招引知名汽车制造企业，建设新能源汽车生产基地。要加快培育信息通讯产业，以华为川渝大数据中心、省信用联社异地灾备大数据中心等项目为载体，带动云计算产业链发展，打造云计算产业集群。“十三五”期间，新兴产业增加值增速力争达到20%以上。

三要加强产业园区建设。按照“一区多园、一园多点”的模式，推进泸州国家高新区、泸州长江经济开发区、泸州白酒产业园区三大园区提档升级，统筹各县区园区建设，促进产业集中集聚集约发展。泸州国家高新区要加快发展、创新发展，做大特色产业规模，加快产城互动步伐，提升管理运行水平，尽快跻身国家高新区“千亿俱乐部”。泸州长江经济开发区要优化沿江临港产业布局，培育壮大工程机械、港口物流、石油化工等产业集群，抢抓国家军民融合发展战略机遇推进军民融合产业园建设。泸州白酒产业园区要扩园提质，用好国家固态酿造工程技术研究中心等四大国家级功能平台，提升服务酒类企业的水平，着力打造全国第一白酒产业园区。

四要大力发展现代服务业。优先发展现代物流业，依托泸州港保税物流中心、进口粮食指定口岸建设物流园区和平台，培育壮大物流企业和市场，构建快捷高效的现代物流体系，建成长江上游多式联运物流示范城市。加快发展商贸服务业，推进商业集聚区建设，提升国家级电子商务示范基地水平，打造西南地区重要的电子商务中心。积极发展金融业，引进更多金融机构和准金融机构，推动华西证券、兴泸水务等企业挂牌上市，加强政府与金融机构的合作，促进银政企良性互动。大力发展旅游业，做大做优酒文化旅游、红色旅游、生态旅游、民俗旅游、休闲度假旅游等业态，加快推进旅游基础设施、游客集散中心等配套体系建设，引进一批旅游业领军企业，推出一批精品旅游线路，打造更多有特色、有吸引力的景区。到2020年，服务业占地区生产总值的比重超过30%。

（二）推进投资拉动取得新的突破。投资拉动是经济增长最直接、最有效的手段。要统筹推进基础设施、产业、城镇、民生、生态五大类项目，确保全社会固定资产投资年均增长18%以上。

强化投资拉动，交通建设是重头戏。要大力实施交通建设三年攻坚行动，着力建成综合交通枢纽。建设轨道交通，尽快开工建设渝昆铁路、隆黄铁路升级改造工程，加快建设叙大铁路、川南城际铁路泸州段，主动对接成自泸遵高铁和到重庆的城市轻轨，着力构建连接成渝经济区、南贵昆经济区的铁路网。畅通公路路网，加快推进广渝泸高速、泸永高速、古习高速、叙威高速以及国、省干线公路网改造，实施市、县、乡道路联网升级改造和渡改桥项目。提升航道通行能力，实施长江航道重庆至泸州段Ⅲ升Ⅱ整治提升工程，发挥泸州港保税物流中心优势，加快港口二期建设，集装箱吞吐量要尽快突破100万标箱，建成川滇黔航运中心。推进泸州机场迁建工程，增加国内航线航班，新机场要规划开通国际航线，规划建设空港经济区，建成四川航空次枢纽、川滇黔渝结合部区域航空运输中心。

强化投资拉动，激活社会资本至关重要。要创新投融资体制机制，制定完善鼓励和支持社会资本多方式、多渠道参与投资的措施办法，推广政府与社会资本合作（PPP）模式，围绕市政基础设施、公共产品和公共服务领域，搭建PPP项目库，包装生成一批优质项目向社会推介，撬动社会资本，吸纳社会资本参与泸州建设。

（三）推进城镇建设取得新的突破。抓好国家新型城镇化综合试点，进一步提升城市规划、建设和管理水平。到2020年，全市城镇化率达到

55%以上，中心城区构建成面积200平方公里、人口200万人的大城市骨架。

一要做优中心城区。扩大城市规模，按照“沿江组团、拥江发展”的思路，加快“两江新城”建设和老城区改造，拓展城市发展空间。坚持交通优先，加强城市骨干路网和跨江桥梁和通道建设，对一环路重要节点进行规范改造，加快推进二环路建设，高标准打造一环路、二环路和绕城高速之间的连接线。提升城市品质，推动商场、市场、停车场等提档升级，新建或改建一批城市公园、广场、公厕和绿地，加强滨江路建设、改造和整治。大力发展城市建筑业，支持本地房地产企业发展，鼓励本土企业通过“走出去”“请进来”的方式寻求合作、做大做强，同时招引全国知名的房地产企业来泸投资开发，共同促进房地产市场平稳健康可持续发展。

二要健全城镇体系。加快县城、重点镇和中心村建设，大力实施扩权强镇，支持有条件的乡改镇和镇改街道办事处，形成县城—重点镇—中心村梯次发展、功能互补、布局合理的新型城镇体系。到2020年，四个县城要努力达到中等城市水平，有梯次地做大一批重点镇、中心镇、特色镇，重点镇即国家级示范镇，中心镇即曾经在县以下设为区的镇，特色镇即古街古镇、旅游新镇等。要坚持以人的城镇化为核心，按照中央全面深化改革的精神，加快实施户籍制度改革，推进农业转移人口市民化，平等享受城市公共资源和服务。

三要提升管理水平。要加强地方立法工作，把城市规划、建设、管理纳入法治化轨道，提高城市发展的科学性、严谨性。要构建市区一体、以区为主的城市管理体制，加大政府购买公共服务力度，提升公共服务水平和质量。要加强市容市貌整治，对老城区实行风貌整治、改造升级，着力完善功能、方便市民。要加快智慧城市建设，提升城市管理信息化、智能化水平，发展智慧城市经济，以信息化助推城乡一体化。要大力创建全国文明城市，增强城市综合竞争力，确保2017年创建成功。

（四）推进开放合作取得新的突破。实施全方位开放合作战略，着力打造四川南向、东向开放的桥头堡，到位市外国内资金年均增长15%以上。

一要坚持“三主动”。要主动向上使力，紧盯国家政策导向和资金投向，梳理一批向上争取的重大事项和重点项目，使更多项目进入国家、省上的项目单子、资金盘子。要抓住国家建设长江经济带机遇，积极对接国家部委、省上部门，力争泸州二类口岸升级一类口岸、创建国家长江上游产业转型升级示范区等工作尽快获批，争取更多的支持。要主动向外借力，坚持“走出去”“请进来”相结合，提高招商针对性和实效性。要主动向下发力，优化投资环境，促进信息共享，强化要素保障，积极为基层和企业提供优质服务，营造良好环境。

二要坚持“三为主”。突出以企招商、以商招商为主，以园区招商为主，以县区招商为主的“三为主”招商模式，重点招引世界500强、央企、大型国企、知名民营企业，着力引进一批市场竞争力强、科技含量高、税收效益好、对产业有拉动作用的大项目，为传统产业转型升级、新兴产业加快发展增添动力和活力。要大力发展会展经济，打造更多规模大、层次高的知名会展品牌，进一步提升“酒博会”“商博会”的影响力，积极筹办“农博会”，让我市农村产品走向市场。同时，积极组织企业参加省内外的各类重大投资促进活动。

三要坚持“三深化”。一是深化国际合作，加强与国际友好城市的战略合作，广泛开展与国外经贸组织、机构、社团和企业的交流合作，拓展与“一带一路”国家的经贸往来。二是深化沿江经济合作，依托长江黄金水道，重点围绕港口物流通道共建、信息共享等领域，加强与重庆和长江中下游沿江、沿海城市以及国际港区的合作，尤其是要主动融入重庆、主动服务重庆、当好重庆的配角。三是深化与毗邻地区合作，加强与川滇黔渝结合部城市的对接，深化产业发展、基础设施建设、旅游组织等方面的合作，共建互利共赢的区域经济发展格局。同时，加快推进赤水河流域合作。

（五）推进县域经济取得新的突破。县域经济是多点多极支撑的底部基础。要把七个县区作为统筹城乡发展的主战场，发展壮大县域经济。

一要做强民营经济这个支撑。民营经济是县域经济的主体。要毫不动摇地巩固和发展民营经济，毫不动摇地鼓励、支持和引导民营经济发展，形成各种所有制经济依法平等使用生产要素、公平参与市场竞争、同等受到法律保护的体制环境。要旗帜鲜明地大力支持实体经济发展，主动帮助企业解决实际困难和问题，共同把企业做强、共同把事业做好，对企业家既要严格要求，更要精心呵护，营造重商、亲商、安商、富商的良好氛围。要大力推进“大众创业、万众创新”，实行“非禁即准”，进一步简政放权，激发民营经济活力。到2020年，培育一批全省百强优秀民营企业，实现中国民营企业500强零的突破。

二要抓住“三农”工作这个重点。用好国家现代农业示范区的政策，推进优质烤烟、高粱、林竹、养殖、蔬菜、水果等特色农业提质增效，做大做强优势品牌。着力提升农业产业化水平，大力培育和招引农业产业化龙头企业，发展农业专合组织和种养大户，有序推进农村土地流转，建设集中连片、形成规模、效益更好的现代农业示范园和产业基地。要加快幸福美丽新村建设，到2018年实现全域覆盖。

三要坚持分类推进这个方法。要推动江阳、龙马潭、泸县三个率先发展型县区放大优势、领先发展，在新型城镇化、新型工业化、农业现代化等方面率先突破、走在前列，为全市探索有益经验，强化示范效应。要促进纳溪、合江两个追赶发展型县区释放潜力、加快发展，做大经济总量，提高发展效益，成为县域经济的中坚力量。要帮助叙永、古蔺两个跨越发展县夯实基础、增强动力，在确保完成脱贫任务的同时，力争产业发展、基础设施建设等方面有较大提升。

（六）推进民生事业取得新的突破。要坚持十八届五中全会提出的共享发展理念，持之以恒地保障和改善民生，确保民生支出占公共财政支出的比重保持在70%以上。

一要全力推进脱贫攻坚。围绕“五年集中攻坚，提前一年脱贫”总体部署，按照精准脱贫要求，大力实施基础设施攻坚、新村建设攻坚、特色产业培育攻坚、能力提升攻坚、公共服务攻坚、生态建设攻坚、基层组织建设攻坚“七大扶贫攻坚行动”，统筹推进扶贫攻坚各项工作。要强化资金保障，建立财政投入增长机制，市级扶贫专项资金每年递增20%，贫困县涉农项目资金50%以上投向贫困村。要实行“市县主抓、乡镇落实、工作到村、扶贫到户”的工作机制，把脱贫目标落实到乡、到村、到组、到帮扶的农户和人头，逐级签订责任书，对年度脱贫目标任务实行一票否决，确保到2019年，全市35.68万农村贫困人口全部脱贫，古蔺、叙永、合江3个贫困县全部摘帽。中央明确，摘帽不摘政策。

二要统筹发展社会事业。大力发展教育事业，优化中心城区、县城、乡镇、村（社区）教育资源配置，提升学前教育、义务教育、高中阶段教育、高等教育、职业教育水平。到2020年，实现义务教育均衡发展，普及高中阶段教育，全市高校的规模和效益迈上新的台阶，扩大其影响力和知名度。大力发展医疗卫生事业，壮大中心城区骨干医疗机构，建成西南医疗康健中心，提升服务周边的能力和水平；推进县级医院提档升级、乡镇卫生院、村卫生室标准化建设，全面开展全民预防保健工作。到2020年，建成川滇黔渝结合部优质医疗资源的集中地，七个县区均建成三甲医院、形成梯次结构，乡镇卫生院、村（社区）卫生室全部达标，群众看病就医需求得到更好的满足。要统筹抓好就业促进、社会保障、百姓安居、民生基础设施、文化体育等民生工程，让广大人民群众在“学有所教、劳有所得、病有所医、老有所养、住有所居”上持续得到新改善。

三要加强生态环境保护。围绕建成长江上游绿色走廊和重要生态屏障，加强资源节约和综合利用，加强大气污染、水污染、土壤污染、工业污染源防治，建设天然林资源保护、退耕还林、长江防护林等重点生态工程，大力推进石漠化综合治理以及长江、沱江主要江河、中小河流防洪治理，提高综合防灾减灾能力。到2020年，主要污染物排放总量持续减少，大气、水、土壤环境质量明显改善，生态系统持续好转。

三、加强党的领导，锤炼干部队伍，为决胜全面小康、建成区域中心提供坚强保障

政治路线确定之后，干部是决定因素。经济发展进入新常态，精神面貌要有新状态，工作推进要有新作为。全市党员和各级干部要按照习近平总书记提出的5句话20字标准，争当信念坚定、为民服务、勤政务实、敢于担当、清正廉洁的好干部，以优良的作风、过硬的本领、卓有成效的工作业绩去完成历史赋予的光荣使命。

第一，要政治坚定，敬业奉献。政治坚定、敬业奉献，是对好干部的最起码要求。现阶段，就是要把思想和行动统一到中央、省委、市委的决策部署上来，统一到决胜全面小康、建成区域中心的宏伟事业上来。我们身处改革发展稳定工作各条战线，虽然肩负的职责不同，但归根结底都是为泸州发展服务、为泸州人民服务。我们行使党和人民赋予的权力，就必须对党和人民负责。要自觉把个人理想和价值追求建立在工作岗位上，爱岗敬业、恪尽职守、无私奉献，发扬夙夜在公、昼夜兼程的精神，努力创造无愧于人民、无愧于时代、无愧于历史的光荣业绩。

第二，要解放思想，敢为人先。思想是行动的先导，解放思想的程度决定发展的速度。要始终高扬解放思想的旗帜，凡是有利于党和人民事业，有利于实现“六个突破、两个率先”的，就坚决干、大胆干，力求发展得更好一些、更快一些。要敢于走别人没有走过的路，多研究怎么干得成、怎么干得好、怎么干得快，做到政策更开明、办法更管用。即使有些事情暂不具备条件，也要创造条件干、提早着手干，边干边完善、最终搞规范。市委的态度是一贯鲜明的，鼓励创新、宽容失误，让锐意进取的干部不受委屈、受到激励、受到重用。

第三，要狠抓落实，攻坚克难。千条万条，落实才是第一条；千难万难，把困难踩在脚下就不难。没有比人更高的山，没有比脚更长的路。“十三五”期间，全市谋划了交通、城镇、产业、民生、生态5大类1000余个项目，计划总投资超过1万亿元，必须以抓铁有痕、踏石留印的劲头抓落实，一项一项地抓出成效。抓落实的过程本身就是攻坚克难的过程。要敢于正视最坏情况，善于处理最难问题，积极争取最好结果，始终保持一股闯劲、冲劲、韧劲，逢山开路、遇河架桥，永不言败、永不气馁。要发挥好党员的先锋模范作用，发挥好党员干部的示范引领作用。特别要发挥好一把手的领头雁作用，一把手在班子中处于核心地位，发挥着表率作用。一方面，要身先士卒、以身作则、立说立行；另一方面，要发挥统领作用，统一思想、凝聚共识，带头攻克各种难关，以上率下形成合力攻坚、奋发有为的良好局面。

第四，要清正廉洁，干净干事。清正廉洁才能取信于民，干净干事才能干得好事。好干部要守住底线，不越红线，把廉洁自律作为为官从政的人生信条和终生尊崇，按照“三严三实”的要求谋事干事。要把好金钱、美色和名利关，坚决不参加不健康的娱乐活动，坚决不搞低级庸俗的人情往来，坚决不交品行不端的朋友，面对诱惑不心跳、面对歪风不手软，做到关键时刻靠得住、信得过、顶得上，永葆共产党人和领导干部应有的道德情操和人格魅力。好干部既要干净，更要干事，应该做的事情不管有多大压力也要努力去干，应该担负的责任哪怕有风险也要勇于担当，做到廉而又勤、廉而有为。人民在看着我们，历史在看着我们。

市委的决策部署，决胜全面小康、建成区域中心的目标任务，最终要落实到乡镇（街道）、村（社区），最终要靠党的基层组织去执行、去完成。各级党组织要强化强基固本思想，切实担负起抓基层党建的主体责任，充分发挥基层党组织在基层的领导核心和政治核心作用，让党的旗帜在基层、在人民群众中高高飘扬，确保基层一切工作和活动都在党的领导之下。要配强配齐基层领导班子，充实基层工作力量，建好乡镇办公场所和村（社区）党群服务中心，逐年提高工作经费，确保基层有人管事、有钱办事、有场所议事。要加大对基层干部的关心激励，全市所有乡镇都要设立食堂，新建（修缮）公租房或周转房，切实改善乡镇工作人员的工作和生活条件，同时实行绩效考核，让能干事、干得成事的基层干部有想头、有盼头、有干头。

在市委经济工作会暨城市工作会上的讲话（摘要）

（2015年12月31日）

市委副书记、市长 刘 强

一、简要回顾2015年经济工作

今年以来，面对经济下行压力持续加大的严峻形势，我们在市委的坚强领导下，突出“产业转型发展年”工作主题，着力“稳增长、促改革、调结构、惠民生、防风险”，全市经济社会实现平稳较快发展。前三季度，完成地区生产总值969.7亿元，与2014年同期相比（下同）增长11.2%，增速居全省第2位；城镇居民人均可支配收入21765元、增长9.1%，增速居全省第6位；农村居民人均可支配收入7936元、增长10.9%，增速居全省第5位。1—11月，规模以上工业增加值增长14.1%，增速居全省第2位；全社会固定资产投资1322.1亿元、增长23.9%，增速居全省第1位；社会消费品零售总额502.5亿元、增长13.8%，增速居全省第2位；地方公共财政收入110.4亿元、增长17.2%，总量居全省第2位，增速居全省第7位。

我们重点抓了以下七个方面的工作（略）

二、关于2016年经济工作

市委已经研究确定明年发展主要目标（地区生产总值报省目标是增长9%，工作目标是10%，奋斗目标是11%；规模以上工业增加值报省目标是增长11%，工作目标是12%，奋斗目标是13%；全社会固定资产投资报省目标是增长16%，工作目标是18%，奋斗目标是20%；社会消费品零售总额报省目标是增长11.5%，工作目标是12.5%，奋斗目标是13.5%；地方公共财政收入报省目标是增长9%，工作目标是10%，奋斗目标是11%；城镇居民人均可支配收入报省目标是增长9%，工作目标是10%，奋斗目标是11%；农村居民人均可支配收入报省目标是增长10%，工作目标是11%，奋斗目标是12%）。

重点要在六个方面取得新突破：

（一）推进产业发展取得新突破。

一要加快发展现代制造业。要坚持工业为重、工业为大、工业为先、工业为快不动摇。

白酒产业方面，要积极引导企业调整产品结构，大力拓展产品市场，扩大市场占有率。要全力支持泸州老窖、郎酒两大龙头企业做大做强，加快泸州老窖窖池新建及储备工程、郎酒浓香型白酒生产基地等项目建设。要加大对酒类骨干培育企业，以及“小巨人”企业的帮扶指导力度，认真落实“一企一策”帮扶措施。积极推动泸酒质量追溯体系建设，着力打造“泸州酿”产区品牌。力争白酒产业增加值增长12.5%。

化工产业方面，积极推动化工产业向煤化工、精细化工、石油化工、高端化肥方向转型，加快泸天化改革脱困，推动煤气化项目（一期）尽快满负荷生产，加快建设60万吨/年聚碳酸酯项目（一期）。促成北方公司乙基纤维素技改项目早日开工，推动15万吨/年润滑油加氢、合盛硅业扩能技改项目尽快投产达效。力争化工产业增加值增长12%。

能源产业方面，继续抓好煤矿安全生产、复工复产和市场开拓等工作，加快观文、岔角滩、箭竹坪等大矿建设，争取叙永2×350MW低热值煤发电项目、纳溪区生物质制木炭项目开工建设，确保叙永浩睿安洪3万吨油库项目建成投运。力争能源产业增加值增长5%。

机械产业方面，完成长起、邦立、长机退城入园，形成年产起重机1000台、大中型挖掘机800台、高性能液压件62万件的生产能力。加快推进航天泸州工业园、西部页岩气开发及装备制造基地等重大项目建设。成立油气钻采全产业链、工程机械、节能环保装备等技术服务公司，实施个性化、定制化生产服务，抢占国内外市场。力争机械产业增加值增长15%。

现代医药产业方面，加快推进医药产业园区建设，扎实抓好步长生物制药及新药产业化基地、合江医药化工产业园、维思达医疗器械及耗材生产、四川西蜀九锦现代中药生产基地等项目建设，力争赶黄草通过国家“新食品原料”注册，打造“国家级生物医药产业基地”。力争医药产业增加值增长10%。

高端装备产业方面，积极开发研制高端节能环保装备，加快国家机器人医药食品类研发中心、四川临港装备产业园暨西南出海口基地等项目建设，着力打造智能立体停车设备产业。

新能源新材料产业方面，加快页岩气等新能源开发利用，积极筹备建设智能电网研究院。加快推广应用新能源出租车、公交车和物流车，建设新能源汽车大数据库及信息监管平台，积极引进中低速电动车、电池等生产企业，积极打造中国西部（泸州）新能源汽车特色产业园。推进绿色建材产业化示范基地建设，加快筹建军民融合产业示范园，加快东方雨虹新型防水材料项目进度。

二要加快发展现代服务业。

商贸服务业方面，认真落实城市商业网点规划，加快华润购物中心、西南商贸中心二期、万诚国际红星美凯龙商城、步步高购物中心、天远广场商业综合体、融豪商业中心等项目建设，力争万达集团商业综合体开工建设。大力发展电子商务，扎实推进国家电子商务示范基地、泸州电商中心等建设，积极争创省级电商示范城市，推动江阳区争创省级电商示范基地。全年实现电子商务交易额175亿元、增长30%。

港口物流业方面，进一步完善泸州港设施建设，提高港口物流服务水平，启动实施泸州港（二期）项目建设。支持第三方物流发展，开拓城市社区和农村城镇物流市场，大力发展“公水联运”“铁水联运”等多式联运，努力实现铁水联运4万标箱。力争泸州港完成集装箱吞吐量50万标箱、增长19%。发挥国家进境粮食指定口岸优势，实现进口粮食到港中转量突破5万吨。依托泸州港保税物流中心（B型），大力推动外向型经济发展，力争引进进出口业务需求企业10家以上，实现通关量3亿元。

现代金融业方面，争取引入1家银行业机构入驻，推动华西证券主板上市，支持兴泸水务、川南大市场有限公司在境外上市，加快推进议中管业、金鼎印务等一批企业在“新三板”和区域性场外市场挂牌。

现代旅游业方面，加强对黄荆老林、方山、酒镇酒庄、赤水河大峡谷等策划包装，加快建设中国酒镇酒庄旅游区、向林天河瀑布旅游区等重大旅游项目，积极创建国家AAAA景区、旅游度假区、省级生态旅游示范区。不断提升景区基础设施水平，着力加强旅游营销和区域合作，力争全年实现旅游总收入290亿元、增长25 %。

信息通讯业方面，深入推进“国家智慧城市试点城市”建设，提升信息基础设施水平，推进光纤入户升级改造，形成“百兆到户、千兆到楼、T级出口”光纤宽带基础能力。实施“宽带中国”战略，推动大数据、云计算产业和电子政务云建设。加快推进华为四川大数据中心、四川省信用联社异地灾备大数据中心等项目建设，打造西南云计算基地和数据灾备基地，着力推进四川省互联网+制造试点。

三要加快发展现代农业。认真落实《泸州市现代农业发展规划（2014—2025）》，突出抓好精品果业、绿色蔬菜、特色经作、高效林竹等“八大农业特色产业”。以国家现代农业示范区为引领，抓好省现代农业（林业、畜牧业）重点县、万亩亿元示范区、千斤粮万元钱粮经复合基地建设，重点打造江阳区董允坝现代农业示范园区、合江县现代农业示范园区。紧紧围绕优势特色产业，瞄准农产品加工类、流通类国家前20强企业，强化招商引资工作。积极开展特色农产品营销，加快培育新型农业生产经营主体，促进农民致富增收。确保农业增加值增长3.3%，粮食总产量达到200万吨。

四要加强“三大园区建设”。高新区要大力发展大数据产业、智能电网产业、高端装备制造、新能源新材料、现代医药五大产业，确保南瑞集团西部产业基地项目（一期）、华为四川大数据中心项目（一期）、贝乐宝制药等重点项目开工建设，确保长机、智通机器人、国机、邦立等重点项目全面投产。力争完成主营业务收入153亿元、增长18%。长开区要积极申创国家级经济开发区，力争泸州临港物流园区申报成为国家级示范物流园区。确保泸州海吉星商贸物流园项目（一期）、西南医药物流园区项目（一期）、进口商品展示中心等项目建成投用，加快推进西南建材产业园、中国物流城市配送物流园等项目建设。力争完成主营业务收入517亿元、增长15%。白酒产业园区要积极争创国家产城融合示范区，力争创建省级经济开发区，全面启动10万吨酿酒基地、智能物流港、创新创业孵化器、现代化灌装线、生态体验旅游等一批重点产业项目建设。力争完成主营业务收入400亿元、增长15%。

（二）推进投资拉动取得新突破。2016年，全市计划实施重点项目481个、总投资6244亿元，年度计划投资1205.6亿元，占固定资产投资目标任务的70.3%。

一要突出重点。第一是省重点项目。2016年，全市有27个独立申报项目，列入全省重点项目计划，总投资792.27亿元，年度投资计划105.99亿元。第二是“4个3”重点推进督办项目。从2016年市重点项目计划中，筛选出120个项目进行重点推进督办。即：年度投资5亿元以上的工业项目30个，年度投资5亿元以上的在建项目30个，年度投资2亿元以上的开工项目30个，重大加快前期项目30个。第三是交通项目。确保叙永（震东）至古蔺（二郎）高速公路、叙永至宜宾高速公路、产城大道、港城大道等项目建成通车，加快泸州机场迁建工程、叙大铁路、川南城际铁路内自泸段、隆黄铁路叙永至镇雄段、G8515泸渝高速公路等项目进度，力争叙威高速公路、G353泸州—江安段、G246纳溪—大渡段等项目开工建设，积极做好渝昆铁路、沿江铁路宜宾—泸州—重庆段、泸永高速公路泸州段等项目前期工作。第四是工业项目。要进一步加大工业项目在省、市重点项目中的比重，将招商引资目标任务明确落实到各区县和市级各部门，对招商引资工业项目进行重点考核。

二要强化要素保障。要统筹“三个盘子”，即项目盘子、资金盘子、土地盘子，按照有保有压的原则，分轻重缓急推动项目建设，确保生产要素向重点企业倾斜、向重大项目集聚。资金方面，要围绕国家和省上的政策支持方向，以及项目资金投向，主动向上争取资金支持。要加强政银企合作，由市金融办牵头，按季度开展对接，做到信息共享、工作共推；要积极引导金融机构深入一线指导帮助项目业主，大力争取信贷支持。要进一步落实好各项奖励扶持政策，引导一批企业上市融资，扩大直接融资规模。要进一步激活民间投资，加快推进政府与社会资本合作（PPP）模式，促进民间资本进入金融、健康、养老等服务业，以及市政基础设施、生态环保等领域。土地方面，要用好国家新型城镇化综合试点等政策机遇，积极向上争取指标。要认真做好全市用地预算，落实单个重点项目用地保障方案。同时，要做好水、电、油、气、运等要素调度工作，切实保障企业生产经营要素需求。

三要完善快速推进机制。要牢固树立项目第一意识，坚持用项目建设评价发展，用项目建设考核县区和部门，用项目投资规模和效益衡量工作水平。要健全工作机制，完善目标管理、督查考核、协调联系等制度。今年，要创新项目投资工作考核方式，对投资和重点项目工作实行单独考核，或加大在综合目标考核中的权重。要按季度下达重点项目投资和形象进度任务，按时间节点进行量化考核，对进度滞后项目进行通报，并扣减目标考核分值。要继续推行领导联系重点项目、定期综合督查，以及流动现场会等好办法、好经验，在全市营造重视项目、研究项目、争取项目、招引项目的浓厚氛围。

（三）推进城镇建设取得新突破。要坚持“高起点规划、高标准建设、高效能管理、高效益经营、高水平研究”的原则，着力建设和谐宜居、富有活力、具有特色的现代化城市，切实提高新型城镇化水平。

一要坚持规划引领。要紧紧围绕“十三五”规划和建成区域中心城市的目标，做细做实“两城三园区”规划，特别是老城区的有机更新工作。要统筹推进城市产业、商业服务设施、市政基础设施、教育设施、公共医疗卫生设施、生态环境保护、防灾减灾等规划，进一步提升城乡规划管理水平。要强化规划的刚性约束，推进市县“多规合一”，确保“一张蓝图绘到底”。

二要完善城市功能。按照“北进西延，南跨东拓，拥江跨江发展”的思路，加快“两城三园区”建设。2016年，全市计划实施城市建设项目96个，计划完成投资66.44亿元。要确保二环东段（龙港路段）、南郊二水厂（一期）、主城区污水管网建设及改造工程、主城区第一批停车场等28个项目按期竣工，加快沱江六桥及连接线、机场快速通道、茜草二水厂（一期）等7个在建项目进度，确保国道321沱二桥加宽改造工程、长江六桥（邻玉）及连接线工程、长江滨江路小关门至柏木溪段、二环路工程、沱江新城春华路及南（北）滨公园、主城区第二批停车场等54个项目按期开工。同时，着重抓好龙透关大桥及连接线、长江五桥（蓝田）及连接线工程、长江二桥（城东）及连接线工程等7个项目前期工作。

三要强化依法治理。要加快构建权责明晰、服务为先、管理优化、执法规范的城市管理体制，着力推进城市管理重心下移、职能下沉，进一步落实城市安全生产责任，提升城市管理科学化、法治化、精细化水平。要切实抓好主城区楼顶违建、广告店招乱象、老旧城区脏乱差、扬尘污染“四大专项”治理行动，着力提升市容市貌。要完善数字化城管系统建设，积极推动城市管理综合执法体制改革试点。要大力推进全国文明城市创建，巩固提升国家卫生城市、国家园林城市创建成果。

四要抓好新型城镇化综合试点。尊重城市发展规律，稳步推进农业转移人口市民化，统筹实施投融资机制改革、城乡规划管理体制机制改革，切实提高城镇化质量。积极推进“宜居县城行动”，提升县城品质，打造城际经济带和城市副中心。加快纳溪大渡口、合江九支等7个试点镇建设。力争创建全省“环境优美示范乡镇”4个、“优美示范村庄”45个。深入推进农村“百万安居工程”，有效改善困难群众住房条件。

（四）推进开放合作取得新突破。

一要主动对接争取。7个区县、3个园区、市级各部门要主动对接国家“一带一路”、长江经济带建设等重大战略，全面提升对外开放水平。精准把握国家、省上的投资投向，抓紧做好项目生成工作，特别是产业类项目的生成。要充分利用国家新型城镇化综合试点、全国重要区域性综合交通枢纽（节点城市）等机遇，紧紧围绕国家“11+6+3+1”投资重点领域，抓好项目谋划和储备，把政策优势转化为具体项目、政策、资金支持，增强投资拉动后劲（11大工程包：信息电网油气网络、生态环保、清洁能源、粮食水利、交通运输、健康养老服务、能源矿产资源保障、新兴产业、增强制造业核心竞争力、现代物流、城市轨道交通；6大消费领域：信息消费、绿色消费、住房消费、旅游消费、教育文体消费、养老健康家政消费；3大战略：“一带一路”战略、京津冀协同发展战略、长江经济带建设战略；1指走出去：鼓励企业参与境外基础设施建设和产能合作）。

二要着力招大引强。要突出以企招商、以商招商为主，以园区招商为主，以县区为主的“三为主”招商模式，紧紧围绕重点产业、重点园区，立足全球市场，开展产业链、供应链、价值链招商，着力招引世界500强、央企、大型国企、知名民企，力争市外国内到位资金突破1000亿元，增长15%。要围绕白酒、化工、机械、能源四大传统产业转型升级，针对长三角、京津冀等重点区域，抓好产业链招商。要围绕现代医药、智能电网、大数据、新能源新材料等新兴产业培育发展，开展专题招商。现代医药方面，重点跟进东北制药、哈药集团、九州通药业等在谈企业，力争一批医药龙头企业落户泸州。智能电网方面，力争与许继集团、远东电气签约，积极跟进达驰电气等相关龙头企业。信息通讯方面，依托华为四川大数据中心项目建设，积极对接华三、颐高等知名企业。新能源新材料方面，着力招引新筑集团、中车集团等落户泸州，积极跟进科蓝颜料化工、春瑞医药化工、恒力新能源科技等在谈项目。现代物流业方面，重点对接远成物流、中铁快运等行业龙头企业，力争进入实质性对接洽谈阶段。商贸服务业方面，围绕国家电子商务示范基地建设，重点跟进招商局集团等知名央企，确保齐家网、福慕科技等电子商务龙头企业签约实施。健康养老服务业方面，依托西南医疗康健中心，大力对接引进医疗、康复、养老、保健、科研等方面的龙头企业。文化旅游方面，精心包装一批文化旅游产业项目，力争引进2—3家龙头企业。教育培训方面，重点对接四川省食品药品学校、贵州淡思国际学校等在谈企业，力争项目签约落地。

三要深化区域合作。加强与新加坡、韩国平昌郡、德国雷姆沙伊德市等国际友好城市的战略合作，广泛开展与国外经贸组织、机构、社团和企业的交流合作。依托长江黄金水道，重点围绕港口物流通道共建、信息共享，加强与重庆和长江中下游沿江城市、沿海城市，以及国际港区合作。加强与川滇黔渝结合部城市的对接，深化产业发展、基础设施建设、旅游组织等方面合作，共建互利共赢的区域经济发展格局。同时，加快推进赤水河流域合作。

（五）推进县域经济取得新突破。

一要大力发展民营经济。要毫不动摇地鼓励、支持和引导民营经济发展，形成各种所有制经济依法平等使用生产要素、公平参与市场竞争、同等受到法律保护的体制环境。要大力支持实体经济发展，主动帮助企业解决实际困难和问题，共同把企业做强、共同把事业做好，对企业家既要严格要求，更要精心呵护，营造重商、亲商、安商、富商的良好氛围。力争民营经济增加值增长10%左右。

二要扎实推进“大众创业、万众创新”工作。要优化完善创新创业扶持政策，用好用活2亿元创新创业引导资金，多渠道、多形式推动创新创业。要夯实创业创新载体，强化科技创新服务平台建设，积极打造“智慧园区”和“众创空间”，新建科技孵化载体10个，确保完成“川南科技成果与专利技术实体交易市场”，以及网络平台建设。要紧紧围绕高端装备制造、新能源新材料、现代医药等重点领域，抓好高新技术企业、创新型企业申报培育工作。全年新增高新技术企业10家，继续推动科技成果转化工作，完成高新技术产值176亿元。

三要加强财税工作。要想方设法培育骨干税源、骨干财源，不断扩大财力增量。要进一步摸清家底，挖掘存量税收潜力，重点抓好增值税、营业税、企业所得税、个人所得税等主要税种的征管。要强化预算管理，坚持有保有压，立足“保安全、保运转、保必须”，不能乱铺摊子、乱开口子，不能随意突破预算。同时，要强化风险防范意识。各区县、三个园区、相关部门要全力抓好政府性债务风险防控工作，特别是“一把手”，要对债务问题有更清醒的认识、更严格的管理、更有效的处理。要加强债务管理、化解存量债务、规范新增债务、建立长效机制，确保不发生区域性、系统性风险。

（六）推进民生事业取得新突破。

一要扎实抓好脱贫攻坚。要紧紧围绕“五年集中攻坚，提前一年脱贫”总体部署，认真落实“五个一批”精准脱贫要求，深入推进“七大扶贫攻坚行动”（基础设施、新村建设、特色产业培育、能力提升、公共服务、生态建设、基层组织建设），力争全年投入各级专项扶贫资金2.2亿元，减少贫困人口10万人以上，江阳区、龙马潭区、纳溪区、泸县全部脱贫。要严格实行“市县主抓、乡镇落实、工作到村、扶贫到户”工作机制，把脱贫目标落实到乡、到村、到组、到帮扶的农户和人头，逐级签订责任书，对年度脱贫目标任务实行一票否决，确保责任落到实处。要进一步完善扶贫资金使用机制、督查工作机制、扶贫考核机制、兜底帮扶机制，建立常态化扶贫开发工作体系。要发挥好扶贫资金的撬动作用、合作组织的纽带作用、贫困群众的主体作用。要持续推进“扶贫结对网络行”“百企联百村”活动，进一步整合扶贫力量。

二要统筹抓好民生实事。始终把保障和改善民生作为工作的出发点和落脚点，确保民生支出占公共财政支出的比重保持在70%以上。要全面落实就业促进政策，确保城镇新增就业3.6万人，城镇登记失业率控制在4%以内。进一步完善社会保障体系，扩大养老保险覆盖面，提高社会保障水平。在叙永、古蔺、合江推进全民预防保健试点。大力推进“渡改桥”攻坚行动，开工建设渡改桥37座，建成10座。要全面提升教育、医疗水平，大力促进教育均衡发展，加快推进川滇黔渝结合部医教园区建设，完成市人民医院新院（二期）、西南医疗康健中心住院楼主体工程，开工建设市中医医院城南医院项目，做好市卫校整体迁建项目前期工作。大力发展社会事业，确保市民中心、体育生态园等项目竣工投用，开工建设市残疾人康复中心。

大事记

DA SHI JI

2015 年大事记

1 月

4 日　中共泸州市委常委（扩大）会议暨党政联席会议召开。市委书记蒋辅义，市委副书记、市长刘强作重要讲话。蒋辅义强调，2015 年要攻坚克难抓发展、聚精会神抓党建、扎扎实实抓安全。市政协主席喻双等出席会议。

7 日　泸州市人民政府与国际竹藤中心在北京国际竹藤大厦共同签署竹产业发展合作协议。全国政协人口资源环境委员会副主任、国际竹藤组织董事会联合主席、国际竹藤中心主任江泽慧，全国政协人口资源环境委员会原主任张维庆，国家林业局党组成员、科技司司长彭有冬，泸州市委书记蒋辅义出席签约仪式。

8 日　泸州市人民政府与上海国际港务（集团）股份有限公司副总裁王海建在上海签署《港口物流发展战略合作框架协议》。泸州市委书记蒋辅义与上港集团总裁严俊出席签约仪式。

11 日　泸州市龙马潭区特兴镇、叙永县水尾镇、古蔺县太平镇、纳溪区白节镇、泸县兆雅镇入选四川省加快推进新型城镇化工作领导小组办公室公布的第三批“百镇建设行动”名单。

15 日　从澳大利亚进口的首批 876 吨大麦以江海联运的方式直接在泸州港登陆，标志着泸州进境粮食指定口岸正式运行，结束了国外进口粮食不能直接在四川入境的历史。

17 日　《泸州市现代服务业发展规划（2016–2020）》和《泸州市智慧城市建设概念性规划》评审会举行并获得原则性通过。

20 日　泸州市首家民营企业“宏图物流”挂牌“新三板”仪式在北京全国中小企业股份转让系统公司举行，标志着泸州民营企业挂牌“新三板”实现零的突破。

22 日　泸州军分区党委七届五次全体（扩大）会议举行。市委书记蒋辅义出席会议并讲话强调，军分区和各区县人武部要主动适应新常态、融入地方经济社会发展大局。

23 日　西华大学经济学院院长卓武扬一行到泸州开展学院与地方合作交流调研。

是日　《泸州市人民政府关于推进政府向社会力量购买服务工作的实施意见》出台。

24 日　民政部部长李立国到泸州市考察调研民政事业工作并开展节前“送温暖”活动。四川省副省长曲木史哈、省民政厅厅长黄明全，泸州市领导蒋辅义、刘强等陪同调研。

25—26 日　国土资源部党组成员、副部长胡存智一行到泸州市调研指导不动产统一登记改革工作并看望慰问国土资源系统的基层干部。四川省国土资源厅党委委员、总规划师王浩，泸州市领导蒋辅义、刘强、曹俊杰等陪同调研。

26日　泸州市人民政府与成都铁路局在成都签署《加快推进泸州港铁水联运战略合作框架协议》。

27日　泸州市党政代表团专题考察天府新区政务服务、产业发展和基础设施建设等工作。成都市委、市政府主要领导陪同考察，泸州市领导蒋辅义、刘强、陈雁、喻双等参加考察。

是月　在国家发改委、住建部等11个部委联合发文的《国家新型城镇化综合试点方案》的通知中，泸州市名列全国62个晋升“国家级”新型城镇化综合试点市（县、镇），成为四川省唯一跻身国家新型城镇化综合试点的地级以上城市。

是月　在第二届中国白酒科技大会的评选中，泸州老窖公司7名酿酒大师和6项白酒领域科研成果上榜。

是月　国土资源部对泸州市2015年的成功避险案例在全国进行通报表扬。

是月　泸州市成功创建农业部认定的第三批国家市级现代农业示范区，含江阳、龙马潭、纳溪三个区，是此次四川省唯一被认定的市级国家现代农业示范区。

是月　在住房和城乡建设部公布的第二批国家宜居小镇、宜居村庄示范名单中，泸州市合江县福宝镇、纳溪区天仙镇牟观村榜上有名。

2月

1日　成都市政府、湖北省武汉市政府、泸州市政府在成都签署《港口物流战略合作框架协议》。

2日　泸州市荣获“全国质量强市示范城市”称号。

4日　泸州市政协七届四次会议开幕。

5日　泸州市七届人大五次会议开幕。

是日　交通运输部副部长何建中率队到泸州调研并开展春运安全检查。四川省政府党组成员、副秘书长戴东昌，省交通运输厅厅长彭琳，泸州市委书记蒋辅义，市委常委、市委农工委主任李晓宇等陪同调研。

是日　经国务院批准，泸州高新区升格为国家高新技术产业开发区。

15日　泸州市委书记蒋辅义，市委副书记、市长刘强调研现代农业发展和城市入口节点改造工程建设情况。

25日　泸州市委书记蒋辅义在市级领导工作联系会上强调，要落实“三抓三主动”（抓发展、抓党建、抓安全；主动向上使力，主动向外借力，主动向下发力），力争走在全省前列。

28日　全国精神文明建设工作表彰暨学雷锋志愿服务大会在北京召开，泸州市委书记蒋辅义代表泸州参加会议。泸州市作为四川省创建第五届全国文明城市的重点城市，获得全国文明城市提名资格。

是月　《四川省通用机场布局规划（2015—2020）》初稿出炉，泸州市列入四川省通用机场布局规划。

是月　国家文物局批准合江县神臂城遗址保护规划编制的立项。

3月

1日　全国宅基地使用权和房屋所有权不动产权证第一证在泸州市首发。国土资源部副部长胡存智到泸州市为不动产权利人代表颁发证书。四川省国土资源厅厅长杨冬生，泸州市领导蒋辅义、刘强、曹俊杰等参加颁证仪式。

6日　泸州市龙马潭区天立社区被人力资源和社会保障部命名为“国家充分就业社区”，成为泸州市继江阳区南苑社区后第二个获此殊荣的社区。

10—11日　四川省新闻出版广电局局长赵勇一行到泸州，对泸州市加快构建新闻出版广播影视现代公共服务体系进行专题调研。

11 日 泸州市委书记蒋辅义，市委副书记、市长刘强，市委常委、市委秘书长曾彤率市发改委等部门拜访中国交通建设集团，与中交集团公司高层就泸州桥梁、公路、铁路等基础设施建设招商引资事宜进行洽谈。

12 日 成都海关党组书记、关长窦志民到泸州港调研。

12—13 日 四川省食品药品监管局副局长罗文全率药化注册处、药化生产处、人事处负责人到泸州市调研食品药品监管及医药产业发展工作。

13 日 四川省铁投集团董事长、党委书记孙云视察叙古高速公路建设现场。

15 日 2015 世界跳水系列赛北京站落下帷幕，泸州籍小将杨健以超越第二名 53 分的成绩赢得冠军。

18 日 贵州省毕节市市委常委、市委秘书长、宣传部部长王开俊，副市长冉霞率毕节市教育考察团到泸州，考察泸州市教育工作。

19 日 雅安市委副书记、市长兰开驰带队的雅安市党政代表团到泸州市，向"4·20"雅安地震后对口援建宝兴县灾后重建的泸州市委、市政府及泸州人民表示衷心的感谢。

22 日 韩国平昌郡守沈在国、议长刘仁焕率团到泸州，与泸州市签订友好合作协议。

23 日 2015 中国国际酒业博览会开幕式暨国际酒业发展论坛在泸州国际会展中心举行。四川省副省长甘霖主持开幕式。全国政协副主席刘晓峰、国家质检总局总检验师项玉章、四川省政协副主席王正荣、中国酒业协会理事长王延才、国际理性饮酒联盟高级副总裁布莱特·毕文斯、欧盟葡萄酒协会秘书长菲尔南德兹以及泸州市领导蒋辅义、刘强、陈雁、喻双等出席开幕式。

26 日 长江航务管理局、四川省交通运输厅、泸州市政府、宜宾市政府在泸州召开合力共建长江四川段黄金水道座谈会，并联合签署《合力推进长江干线水富至重庆段航道建设工作备忘录》。

31 日 市委书记蒋辅义，市委副书记、市长刘强会见碧桂园集团主席杨国强一行。

是月底 四川省知识产权局局长黄峰、副局长杨军林率办公室、规划处负责人一行到泸州市调研企业、园区、产业知识产权工作。

是月 古蔺县笋子山林场被确定为国家林业局场圃总站首批国有林场场外造林示范试点林场。

4 月

1—2 日 四川省副省长刘捷率队到泸州调研并召开座谈会听取泸州市、叙永县工作情况汇报。刘捷在泸州市三大园区和叙永县落卜镇、水潦彝族乡、高坪村（对口联系点）等，深入学校、农户家中、农业产业化龙头企业、重点项目工地考察调研。四川省检察院检察长邓川、省级相关部门负责人参加调研。泸州市领导蒋辅义、刘强等陪同调研。

7 日 泸州市推进长江经济带建设工作会议召开。市委书记蒋辅义在会上强调，要有条不紊推进项目工作，做到"抓紧、抓细、抓实"。市领导刘强、陈雁、喻双等参加会议。

9 日 国家住建部正式发文公布 2014 年度 84 个国家智慧城市新增试点名单，泸州市名列其中。

13 日 泸州国家高新技术产业开发区与北京东方雨虹防水技术股份有限公司举行投资合作签约仪式。东方雨虹将投资 10 亿元在泸州市建防水材料产业研发基地。

是日 《泸州市人民政府关于加强政府系统廉政建设的意见》《泸州市人民政府关于进一步加强政府法制工作的意见》出台。

14 日 四川省政协副主席罗布江村一行到泸州市泸县专题调研增加农民财产性收入试点工作情况。

14—15 日 全国人大常委会委员、致公党中央副主席闫小培一行调研泸州市社会服务工作。四川省政协副主席、致公党四川省委主委杨兴平，泸州市委书记蒋辅义陪同调研。

13—16 日 四川省水利厅副厅长张强言率厅

建管局、规计处相关负责人到泸州市，深入叙永县、古蔺县、合江县、龙马潭区、泸县工程现场检查指导水利工作。

17日　在泸州国家高新区建设推进会议上，科技部副部长曹健林为泸州国家高新区授牌。泸州国家高新区成为四川省继成都、绵阳、自贡、乐山高新区之后第5个国家高新技术产业开发区。

19日　四川省社会科学院和泸州市委在叙永县举行“红军长征过泸州80周年”座谈会。

是日　全国政协副秘书长、民革中央副主席何丕洁到泸州调研民革泸州市委工作开展情况。

21日　泸州市政府与农发行四川省分行签署“整体城镇化项目融资”战略合作协议。根据该协议，未来5年内，农发行四川省分行以项目为支撑，对泸州城镇化建设提供总额不低于500亿元人民币的意向性信用额度，用于泸州市整体城镇化建设项目贷款业务。

21—22日　全国政协委员、解放军军事科学院军事战略研究部副部长毛新宇少将，毛新宇夫人、中国女摄影家协会副主席、中国妇联执委刘滨女士，空军指挥学院副院长朱和平少将一行，先后到泸州市叙永县石坝彝族乡中央红军石厢子“鸡鸣三省”会议旧址、古蔺县太平镇红军四渡赤水博物馆、纳溪护国战争纪念馆、况场朱德旧居陈列馆、泸州老窖国宝窖池、龙透关等处考察指导，并向中国工农红军四渡赤水太平渡渡口纪念碑和朱德铜像敬献花篮。

22日　四川省副省长、省公安厅厅长侍俊出席四川警察学院战训基地开训仪式并调研泸州市公安工作、督查合江县扶贫开发工作。

22—23日　四川省人大常委会副主任刘道平率省人大常委会专题调研组，到泸州市开展省委人大工作会议专题调研暨贯彻实施新立法法调研。

22—23日　全国政协委员、原国家发改委副主任徐宪平率调研组到泸州，就泸州市新型城镇化综合试点工作、抢抓长江经济带机遇加快发展情况进行调研。

23日　中共泸州市委、泸州市人民政府主办的泸州临港产业发展座谈会暨项目签约仪式在成都举行。签约正式合同项目共51个，投资总额267.3亿元。

27日　四川省省级金融机构与泸州市银政企对接工作会议在泸州召开。会上，泸州市13家银行机构与13家企业代表现场签署了贷款授信协议，授信总额度达到43亿元。

27—28日　四川省全省投资暨重点项目推进会议在泸州市召开。会议强调要发挥投资在稳增长中的关键作用，确保超额完成全年目标任务。会议由省委常委、副省长王宁主持。泸州市委书记蒋辅义出席大会，市委副书记、市长刘强作大会交流发言。

28日　四川省全省博览系统工作座谈会在泸州市召开。成都市、绵阳市和泸州市在座谈会上作经验交流。

是日　教育部发文正式批准泸州医学院更名为四川医科大学。

是日　泸州市获“国家园林城市”正式授牌；

28—30日　泸州市人民政府副市长马宗慧率泸医附院副院长邓存良、市科技与知识产权局副局长何锋、致公党泸州市委驻会副主委徐志兰、泸州国家高新区副主任张浩等一行6人到北京开展产业承接调研。

30日　四川省委书记王东明在泸州市主持召开川南经济区发展座谈会，听取川南四市工作汇报。王东明指出，川南经济区是全省三大新兴增长极之一，要在实施“三大发展战略”、推进“两个跨越”进程中，发挥优势、抢抓机遇，埋头苦干、主动作为，推动川南经济区做大做强。王东明在泸州期间，还考察了泸县科瑞德制药公司、泸州陈年窖酒业公司、北辰电力公司、国机重工公司，详细了解传统产业转型升级、新兴产业培育、重大项目落地和扶贫开发等情况。

是月　中国铁路总公司、四川省政府批复四川省铁投集团、成都铁路局关于新建川南城际铁路项目的建议书。

是月　泸州军民合用机场迁建项目总体规划

（民航部分）获民航西南地区管理局批复。

是月 古蔺花灯入选国家级非物质文化遗产代表性项目保护单位名单。

是月 在司法部、民政部、全国普法办表彰的先进集体中，泸州市龙马潭区红星街道天立社区、江阳区黄舣永兴村被表彰为“全国民主法治示范村（社区）”，泸县被评为“全国法治县（市、区）创建活动先进单位”。

5 月

4 日 泸州市委书记蒋辅义在市委常委（扩大）会议上，要求全市各级各部门要主动作为，勇于担当，务求在六个方面取得突破：一是务求在投资和重点项目建设上取得实效；二是务求在产业转型发展上取得实效；三是务求在开放合作、招商引资上取得实效；四是务求在推进新型城镇化上取得实效；五是务求在扶贫攻坚上取得实效；六是务求在领导班子思想政治建设上取得实效。

是日 泸州市全市推进外向型经济发展现场会在泸州港保税物流中心召开。泸州市委书记蒋辅义出席会议并宣布泸州市发展外向型经济三年攻坚行动正式启动。

6 日 泸州市委副书记、市长刘强率市卫计委、市人社局、市财政局主要负责人调研指导叙永县全民预防保健试点工作。

12 日 浙江省杭州市茶叶考察团到泸州市考察交流。杭州市人民政府副市长戚哮虎率领考察团深入纳溪区白节镇团结村的翰林茶庄、茶叶基地考察。泸州市委副书记、市长刘强等参加随后举行的双方座谈会。

13 日 四川省工商局副局长沈健率队调研泸州市“三证合一”试点工作。

15 日 国家卫生和计划生育委员会疾控局副局长、全国爱卫办副主任张勇一行到泸州市调研健康城市建设情况并召开相关座谈会。

15—17 日 “宋元四川战争中的神臂城”高峰学术交流会在泸州市召开。来自中国元史研究会、中国社科院、四川省社科院、香港特别行政区、台湾地区及韩国、日本的上百名国内外专家学者莅会交流。

17 日 泸州市委书记蒋辅义带队对泸州市国家卫生城市迎检工作进行现场综合督查。

是日 “‘5·19’中国旅游日庆祝活动暨四川纳溪民歌节”在纳溪区天仙硐举行；天仙硐乐道古镇被授以“川南民歌第一村”称号并揭牌。

22 日 四川省人民政府外事侨务（港澳）办公室与泸州市人民政府战略合作协议签字仪式在成都举行。

25 日 泸州市创建全国文明城市动员会召开。

是日 来自全国各地的专家汇聚泸州，参加新型城镇化背景下区域性整体推进素质教育综合改革泸州论坛暨中央财政资助行知西部特困学生示范项目启动仪式。

26 日 泸州市委全面深化改革领导小组会议召开。会议审议并原则通过《市委七届八次全会重要改革举措实施规则（2014—2020 年）》《市委全面深化改革领导小组 2015 年工作要点》《中共泸州市委关于深化党的建设制度改革工作的实施意见》。

28 日 泸州市人民政府与中国中元国际工程有限公司举行战略合作协议签约仪式。

29 日 泸州市人民政府与中兴通讯在江苏省南京市签署推进泸州智慧交通体系建设合作意向书。根据意向书，中兴通讯智慧交通西部研究院将落户泸州。

29—31 日 市委书记蒋辅义率泸州市党政代表团赴江苏省南京市、无锡市，广东省深圳市等地考察，并与相关地区和企业洽谈投资合作事宜。

31 日 泸县原创歌曲（男声小合唱）《龙的故乡龙的人》获得由文化部中国大众音乐协会主办的“感动中国—第二届全国群众文化艺术节暨‘群文杯’”合唱类金奖。

是月 泸州高新区机械装备产业园区基础设施建设项目获得国家发改委东北司老工业基地调

整改造专项（资源枯竭城市吸纳就业、资源综合利用和多元化产业培育）2015 年中央预算内投资 695 万元。

是月 泸州市江阳区分水岭镇油纸伞“龙凤呈祥”获得中国民间艺术博览会金奖。

是月 在“第十一届中国儿童阅读论坛暨 2015 年度‘阅读改变中国’颁奖典礼”上，泸州市古蔺县进修学校教师罗怀海被授予“年度点灯人”称号。

是月 泸州市瀚源有机茶业有限公司等 7 家茶企代表泸州特早茶，集体亮相第四届中国（四川）国际茶业博览会，包括“纳溪特早茶”“古蔺牛皮茶”等地域品牌，“叙永茶马古道”“中国特早茶之乡”等茶文化亮点。

是月 位于泸州市叙永县龙凤镇凤池村的川滇黔边城粮油物流中心项目全面启动建设。

6 月

4 日 国家卫生城市省检查组通报检查考评情况，泸州市通过国家卫生城市省级复审。

4—5 日 中共遂宁市委常委陈盛荣率市委办、市委编办、市和区县安全监管局有关人员到泸州市考察交流安全生产工作。

6 日 四川医科大学发展推进会在泸州市召开。泸州市委副书记、市长刘强主持推进会。会上，四川省教育厅党组成员、省政府总督学刘东宣读教育部、省教育厅关于同意泸州医学院更名为四川医科大学的相关文件，省政府副秘书长王七章与刘东共同为四川医科大学授校牌。蒋辅义代表泸州市委、市政府为该学校颁发总额为 1 亿元的“高端人才引进基金”奖牌。

7—8 日 国家发改委副主任连维良率国务院第七督查组到泸州市督促检查落实国务院重大政策措施情况，并听取泸州市委、市政府相关专题汇报。

10—11 日 四川省交通运输厅副厅长张晓燕率调研组深入泸州市叙永县，就纳黔高速公路、叙威高速公路、叙古高速公路等交通项目建设情况进行调研。

15 日 国家督学、国务院教育督导委员会职业教育专项督查组组长、广东省教育厅副巡视员陈健一行对泸州市职业教育改革发展情况进行专项督查。

16 日 四川省委常委、省委农工委主任李昌平一行深入泸州市古蔺县箭竹苗族乡富强村、大寨苗族乡富民村就扶贫开发进行专题调研。

18 日 四川省商务厅、泸州市人民政府厅市合作协议签字仪式在成都举行。双方决定建立更加紧密的合作机制，将泸州市打造成为长江上游临港经济示范区和区域性服务业中心城市。

19 日 《泸州市人民政府关于进一步加强城市管理工作的意见》出台。

24 日 红军长征四渡赤水战役胜利八十周年纪念活动在泸州市古蔺县开展；同日，四渡赤水战略思想的历史及现实意义座谈会在泸州市古蔺县召开。来自军事科学院世界军事研究部、中央党史研究室科研管理部、四川省社科院、遵义会议纪念馆等的专家学者以及老一辈无产阶级革命家的后代陈昊苏（陈毅之子）、刘建（朱德之孙）、王效芝（毛泽东之孙）、周秉和（周恩来侄子）、罗东进（罗荣桓之子）、耿焱（耿飚之女）参会发言；泸州市委书记蒋辅义，市委常委、泸州军分区司令员王宗明，市委常委、市委秘书长曾彤等出席座谈会。

是日 大型史诗话剧《蒋兆和》在北京国家大剧院演出成功。

是日 《泸州市人民政府关于全面推进大众创业万众创新的实施意见》出台。

25 日 国家土地总督察办公室主任马毅、国家土地督察成都局局长纪东义一行到泸州市专题调研不动产统一登记和土地制度改革工作。

26 日 市委副书记、市长刘强率泸州市党政代表团赴江苏省无锡市考察，学习借鉴无锡市在新型城镇化、智慧城市建设、城市规划布局、高端产业集群发展等方面的先进经验。

29日 泸州市城市发展战略研讨会召开，主题是研讨新型城镇化背景下泸州城市发展的转型与创新。泸州市领导蒋辅义、陈雁、喻双等出席研讨会。会议邀请到住房和城乡建设部总规划师唐凯，原浙江省委常委、杭州市委书记、杭州国际城市学研究中心主任王国平等全国城市规划建设方面的知名专家学者到泸州市参会并实地考察。

是日 位于中国电信泸州分公司通信枢纽大楼机房的3万门程控交换机电源关闭，标志着泸州从此告别“传统铜网通信时代”，建成市域人口500万以上的“中国第一个光网大城市”。市委副书记、市长、市智慧城市和信息化建设领导小组组长刘强和中国电信四川公司副总经理傅强为泸州市成为“中国第一个光网大城市”揭牌。

30日 四川省副省长刘捷率队到泸州市调研，传达省委中心组“三严三实”专题教育学习会议精神，听取市委副书记、市长刘强所作泸州市半年工作情况汇报。刘捷一行先后来到泸州国家高新区西南智能电网产业园、长虹泸州基地、泸州长江经济技术开发区B保中心、进口商品直销中心、西南商贸城泸州电子商务中心进行考察调研，指导泸州市重点产业发展和园区建设工作。泸州市委书记蒋辅义，市委副书记、市长刘强等陪同调研。

是日 泸州市人民政府与民生银行成都分行在泸州市举行战略合作协议签约仪式。未来5年内，民生银行成都分行将为泸州市提供总额300亿元的意向性金融服务，支持泸州市重点基础设施、重大项目建设、招商引资、产业园区建设等。

是月 泸县被授予第三批“全国法治县（市、区）创建活动先进单位”荣誉称号。

7月

2日 环境保护部生态司副司长柏成寿到泸州市就长江上游珍稀特有鱼类国家级自然保护区（泸州段）开发建设情况进行调研。

4日 2015首届四川古蔺杨梅生态旅游文化节在水口镇柏腊村开幕。

7日 德阳市委常委、政法委书记陈行祝，德阳市副市长、公安局局长梁晓军、德阳市委组织部等负责人专题考察泸州市禁毒办实体化工作。

是日 2015年川南（泸州）科技金融对接暨科技成果发布会召开，川南四市泸州、自贡、内江、宜宾共同签署《川南四市科技信息资源共享合作协议》。

11日 由国家邮政局、中国邮政集团公司、中华全国集邮联合会共同主办的“纪念中国人民抗日战争暨世界反法西斯战争胜利70周年全国集邮巡展”四川泸州站集邮展览以及抗日战争泸州纪事图片展在市博物馆举行。泸州市集邮协会与市委党史研究室（市志办）协作展出抗日战争泸州纪事图片43版共120多幅照片。

13日 泸州市人民政府与成都空军后勤部在成都市正式签署《泸州军民合用机场迁建工程军民合用项目建设组织协议》。

14日 泸州市龙马潭区玉带河沿岸部分地势低洼区域因强降雨积水，致部分小区进水，居民被困。市委书记蒋辅义，市委副书记、市长刘强第一时间赶赴现场指挥排险救援工作。

15—16日 国家发改委规划司副司长陈亚军一行到泸州专题调研泸州市在成渝城市群中的建设规划和国家新型城镇化试点工作情况。

15—17日 全国文化市场技术监管与服务平台培训系统应用培训、全国文化市场技术监管与服务平台应用推广工作片区督查和全国文化综合执法规范化课件评审工作3个国家级会议在泸州市召开。

20—21日 古代西南丝绸之路（川黔边段）专家考察活动在合江县启动。考察团一行先后到合江县汉文化广场（东门口码头）、南关场（古符关）、醒觉溪（夜郎古道）、汉代画像石棺博物馆、密溪荔枝古道、下坝古盐道、先市古渡码头、先市酱油酿造作坊、法王寺等地考察调研。

21—22日 四川省副省长刘捷到泸州市叙永县水尾镇西溪村（对口联系点）调研精准扶贫和基层联系点帮扶工作，随后召开泸州市扶贫开发和对口联系市县工作座谈会。泸州市领导蒋辅义、刘强等陪同调研或参加座谈会。

22—23日 四川省委常委、省总工会主席李登菊到泸州市合江县榕山镇回洞桥村（对口联系点）调研指导精准扶贫工作；到四川天化公司、泸天化公司督察高温天气劳动保护工作；到纳溪区永宁街道指导群团服务中心工作。泸州市领导蒋辅义、刘强等分别陪同调研。

23日 四川省纪委副书记李世成率省纪委监察厅专题督导组到泸州市督导解决群众身边的"四风"和腐败问题工作推进情况。泸州市委书记蒋辅义，市委常委、市纪委书记田亚东等陪同调研。

28日 中共泸州市委七届十次全体会议举行。全会认真贯彻落实中央精准扶贫、精准脱贫战略和省委十届六次全会精神，安排部署泸州市扶贫开发工作。全会审议通过《中共泸州市委关于全力推进扶贫攻坚确保全面建成小康社会的决定》。

是日 泸州市新一届"全国双拥模范城"创建迎检动员大会召开。市委书记蒋辅义主持大会并强调，驻泸部队为泸州市经济建设、社会事业发展做出了重大贡献，各区县、各部门要细化目标任务、落实责任，全力以赴确保泸州新一届"全国双拥模范城"创建成功。

28—29日 四川省人民检察院检察长邓川到泸州市古蔺县大寨苗族乡富民村（对口联系点）开展扶贫开发专题督导，调研古蔺县旅游扶贫工作并召开古蔺县扶贫开发对口联系工作座谈会。泸州市领导蒋辅义、刘强、李晓宇等陪同调研或参加座谈会。

29日 泸州市人民政府与摩尔多瓦奥尔海伊市政府在泸州市举行交流合作座谈会，双方就加强人文、贸易、旅游、缔结友城等方面达成初步意见。

30日 中共泸州市委召开常委（扩大）会议，宣布四川省委和省委组织部关于任命谭红杰为中共泸州市委委员、常委和中共泸州市委组织部部长的任命决定。

是月 《泸州历史文化名城保护规划》通过省级部门专家联席审查。

是月 国家发改委宏观经济研究院副院长吴晓华率队到泸州市调研现代物流创新发展示范城市创建工作。

是月 泸州市作出《关于推进医药产业和医药产业园区创新发展的实施意见》。

是月 泸县入选全国供销总社公布的2015年全国电子商务示范县名单。

8月

6日 叙大铁路中坝隧道在建工程发生一起突泥突水事故，通过全体救援人员88小时的营救，被困在隧道1500多米深的4名工人成功获救，全体救援人员无一人伤亡。

12日 泸州市委书记蒋辅义在市委全面深化改革领导小组第四次会议上强调，要坚持有利于泸州酒业做大做强、有利于泸州白酒产业园区转型发展、有利于泸州财税增收三大原则，把泸州老窖集团做实做大，把泸州老窖股份有限公司做优做强，带动全市酒类企业形成梯度发展、良性发展的态势。

13日 水利部水土保持生态工程技术研究中心主任左长清带队检查指导纳溪区清溪河申报创建国家水土保持生态文明清洁小流域建设工程工作。

是日 四川省政协副主席、省工商联主席陈放对泸州市商会建设、民营企业发展情况进行考察调研并出席首次在泸州市举行的四川省青年企业家协会第十次会员代表大会开幕式。

18日 四川省委第八巡视组巡视泸州工作动员会召开。泸州市委书记蒋辅义主持会议并作表态发言，省委第八巡视组组长周国庆就即将开始的巡视工作讲话。

18—19 日　泸州市委书记蒋辅义率市级有关部门负责人奔赴遭遇特大暴雨灾害最严重的叙永县白腊苗族乡高峰村指导抢险救灾工作。市委常委、泸州军分区司令员王宗明，副市长张文军等市领导随同前往。由李峻任组长的国家防总工作组、国土资源部地质环境司副司长熊自力带领的专家组于 19 日到高峰村、天堂村考察灾情，并听取泸州市委副书记、市长刘强关于泸州市“8 · 17”洪灾情况汇报；四川省民政厅副厅长张力赶赴叙永县两河镇和白腊苗族乡指导抗洪救灾工作。

22 日　以“共享经济、互联网时代创新与共赢”为主题的 2015 中国医药企业家年会在泸州市举行，来自全国各地医药领域的 630 名企业家、经济学者齐聚酒城，共谋如何让医药产业提质增效、转型发展。中国医药企业管理协会会长于明德，工信部、国家卫计委、国家发改委相关负责人等出席会议。年会开幕式由中国医药企业管理协会副会长郭云沛主持。泸州市委书记蒋辅义致辞，市委副书记、市长刘强作主题演讲。

是日　泸州老窖入围中国企业联合会、中国企业家协会发布的 2015 年中国企业 500 强排行榜。

24 日　泸州市科技、酒城英才奖励暨第二届市委市政府决策咨询委员会成立大会举行。大会颁发 2014 年度泸州市科学技术进步奖，授予王平等 10 人第三届“酒城英才”称号，为泸州市首批院士（专家）工作站授牌。市委书记蒋辅义出席会议并讲话。

27—28 日　四川省环保厅副厅长杨雪鸿率省固废管理中心、省环境监察执法总队和省环科院有关人员对泸州市危化品环境风险排查工作进行专项督查并对泸州富邦化工有限公司、泸州鑫福化工有限公司、中石化四川分公司泸州油库等重点危化品企业进行现场检查。

31 日　为纪念抗战胜利 70 周年，合江县先市镇举行抗日阵亡将士暨死难同胞纪念碑重树龙井广场落成仪式。

是月　泸州市入选首批全国综合运输服务示范城市，为西部地区唯一上榜城市。

是月　《泸州市城镇生活垃圾环保发电设施建设规划（2015—2020 年）》编制完成。

是月　国家酒类产品质量监督检验中心（四川）成立，该中心依托泸州市产品质量监督检验所，是全国唯一一家酒类包装检测的国家质检中心。

9 月

8 日　四川省林业厅副厅长降初率省林业厅野保处、森林旅游中心负责人深入到叙永县水尾镇西溪村实地调研林业扶贫工作开展情况并在叙永县召开汇报会。

是日　泸州市委书记蒋辅义率市委督导组、市交通运输局等部门负责人调研督导叙古高速公路建设。四川省铁投集团党委书记、董事长孙云，四川路桥公司总经理熊国斌等陪同调研。

9 日　泸州市招商引资碧桂园入驻江阳区签约仪式暨新闻发布会举行。全国十强房企碧桂园正式签约入驻泸州。未来几年，碧桂园集团公司预计在泸总投资达 75 亿元。

10 日　全国人大常委会委员、全国人大农业与农村委员会副主任委员陈光国率调研组到泸州市就《农民专业合作社法》修改和农民专业合作社发展中的新情况、新问题进行专题调研。

15—17 日　全国农村贫困地区卫生预防保健服务体系试点单位调研座谈会在泸州市召开。与会人员先后赴叙永县水尾镇卫生院、水尾镇水星村卫生和计生服务站、水尾镇中心小学校、泸州市中医医院、四川医科大学及四川医科大学附属中医医院等地，详细了解泸州市农村卫生预防保健服务体系建设情况。原国家人口和计划生育委员会主任、第十一届全国政协人口资源环境委员会主任张维庆在率队参观时强调，要推动医疗卫生工作重心下移和卫生资源下沉，促进城乡基本公共服务均等化，解决好基层群众看病难、看病贵问题。力争通过五年努力，在贫困地区率先建立健全预防保健体系，为全面建成小康社会提供有力支撑。泸州市领导蒋辅义、谭红杰、王波、马宗慧、何延政等陪同调研或参加座谈会。

16日 2015第三届中国（泸州）西南商品博览会在泸州西南商贸城开幕，会期5天，外来参展商达520家，标准展位达1010个，并举行高峰论坛，共同探讨电商发展新思路。本届商博会以突出“创新发展·转型升级”为主题，由中国商业联合会、四川省商务厅、四川博览事务局、泸州市政府主办。

是日 《泸州市人民政府关于深化收入分配制度改革的实施意见》出台。

17—19日 泸州市人民政府副市长马宗慧带领由市科技和知识产权局、高新区管委会、绿叶宝光、长江液压等12个部门和企业的负责人共17人组成的考察对接团，到北京机械科学总院、中关村海淀园等10余个相关科研机构、科技园区和企业进行参观、交流、座谈、对接。

21日 欧盟专家组到泸州市政务服务中心的社保等窗考察调研社会保险等工作情况。

21—22日 四川省委常委、组织部部长范锐平一行深入泸州市古蔺县、叙永县，先后到古蔺县红色教育基地—太平渡口、太平镇政务服务中心、县政务服务中心、大寨苗族乡富民村，叙永县合乐苗族乡兴复村、红店子村、景盛边城生态农业有限责任公司、鱼凫公园等地，对县域经济发展、基层党建、扶贫攻坚等项工作进行调研指导。泸州市领导蒋辅义、刘强、谭红杰、王波等陪同调研。

24日 四川省委常委、成都市委书记黄新初率成都市党政代表团对泸州市城市规划建设、产业转型升级、交通物流发展等工作进行参观考察并召开座谈会。

24—25日 青海省委组织部副部长、省老干局局长高玉兰率青海省党政代表团对泸州市城建、医疗、教育、交通等情况进行实地考察并举行座谈会。

25日 泸州市人民政府第64次常务会审议通过《泸州市第五批非物质文化遗产保护项目名录》，包括民间文学、传统音乐、传统舞蹈、传统美术、传统手工技艺、传统医药、民俗等28项。

是日 泸州市工商局核发全市首张“三证合一、一照一码”营业执照。

26日 四川省第六届乡村文化旅游节（纳溪会场）开幕。

26—27日 水利部水资源司司长陈明忠一行对泸州市开展全国水生态文明城市建设试点城市进行调研。

28—29日 四川省副省长刘捷、省检察院检察长邓川一行到泸州市，就国庆节期间安全生产及泸州产业转型升级等工作进行调研。省安监局局长孙建军、省科技厅厅长刘东等参加调研。泸州市领导蒋辅义、刘强等分别陪同调研。

29日 《泸州市人民政府关于加快城乡危房改造的实施意见》出台。

30日 泸州市在忠山烈士陵园举行烈士公祭活动。泸州市副市长张文军主持烈士公祭活动。泸州市领导蒋辅义、刘强、陈雁、喻双以及市委、市人大常委会、市政府、市政协、泸州军分区领导，市级各部门负责人，江阳区党政机关干部职工及社会各界代表400多人参加公祭活动。

是月 国务院出台《关于旅游业发展重点区域通知》公布全国第三批33个特色景观旅游名镇名村，泸州市纳溪区天仙镇、古蔺县太平镇成功入选。

是月 国际竹藤组织副总干事李志勇，司库朱于坚一行前往泸州市纳溪区大旺10万亩毛竹基地，高洞至白节沿线100里翠竹廊道，竹加工园区选址现场，“活之酿”竹酒生产车间，泸州国际会展中心等地实地考察泸州竹产业。

是月 古蔺县和叙永县列入全国基础设施投融资体制改革试点县，并获得国家发改委下达的两县深化基础设施建设中央预算内投资计划资金3400万元，其中叙永县绕城公路及配套接线工程1800万元，古蔺县城西110千伏输变电工程1600

万元。

是月 合江县获得国家林业局公布的全国林下经济示范基地称号。

是月 四川省政府决定，泸天化集团国有产权正式划归泸州市，泸州市人民政府授权泸州市国资委履行出资人职责。

10 月

8 日 公安部机关报告厅举行全国好警嫂推选揭晓仪式，泸州警嫂柯江红获评“中国好警嫂”荣誉称号。

9 日 四川省副省长陈文华对泸州市医药产业发展情况进行调研。陈文华一行先后到泸州国家高新区医药产业园、四川科瑞德制药有限公司等地调研。

12 日 泸州市总工会、市教育局为荣获“全国师德标兵”的泸州高中教师江红梅颁奖。

13—14 日 四川省人大常委会副主任彭渝率队对泸州市贯彻实施《四川省农村扶贫开发条例》情况进行执法检查。泸州市委书记蒋辅义、市人大常委会主任陈雁陪同检查。

14 日 四川省人大城乡环境资源保护工作座谈会在泸州市召开。四川省人大环资委主任委员何大清主持会议。四川省人大常委会副主任黄润秋，泸州市委书记蒋辅义，泸州市人大常委会主任陈雁等出席会议。何大清一行还对泸州市城市停车场项目建设进行了调研。

16 日 泸州市 2015 年以“美好家庭·宜居泸州”为主题的房地产展示交易会开幕。

19 日 市委书记蒋辅义带领相关部门负责人实地调研督查重大项目推进情况。泸州市领导田亚东、曾彤、张明、陈轲、汪建国、梁中原等参加督查。

23 日 泸州市重点招商引资项目签约仪式在成都市举行。华为、南瑞、四川省农村信用联社异地备灾中心、软通动力等企业的项目落户泸州市，总投资达 100 亿元。

是日 西南智能电网产业发展论坛暨泸州招商引资大会在成都市举行。共签约项目 60 个，投资总额 830. 45 亿元。

26 日 四川省落实企业主体责任暨基层监管所标准化建设现场会在泸州市召开。四川省食品药品监管局局长、省食安办主任姚义贤，泸州市委书记蒋辅义等出席会议。

是日 全国人大常委会委员、民盟中央副主席龙庄伟带领的民盟中央调研组一行到泸州市，先后对合江县四川三河职业学院、少岷职业技术学校办学情况，江阳区黄舣镇永兴村永兴红粮基地、新村聚居点建设、永兴村党群服务中心，泸州酒业集中发展中心和国窖广场 1573 国宝窖池群等进行了调研。

27 日 市委书记蒋辅义带领江阳区、纳溪区、市委督导组、市发改委、市经信委、市财政局、市人社局、市国土资源局、市住建局、市规划局、市投促局等部门负责人到泸州国家高新区调研。

27—28 日 四川省政协副主席翟占一率省政协调研组对泸州市白酒产业发展情况进行专题调研并召开座谈会。

28—29 日 四川省环境保护厅厅长姜晓婷一行在泸州市调研环境保护工作情况。

29—30 日 四川省政协副主席高烽带队在泸州市调研精准扶贫工作并召开座谈会。

30—31 日 泸州市委书记、市对口支援藏区工作领导小组组长蒋辅义率队赴甘孜州对接援藏工作，并在康定市举行泸州市与甘孜州对口支援工作座谈会。蒋辅义一行还赴甘孜州稻城县、乡城县实地考察了稻城县金珠路、亚丁天街、香格里拉镇旅游基础设施、乡城县旅游城市建设、红军纪念馆等援建项目并与两县县委、县政府和泸州市援藏干部人才进行座谈。甘孜州相关领导陪同或参加座谈会。

是月 根据四川省下发的《关于开展综合行政执法体制改革试点工作的指导意见》，泸州市被列为全国综合行政执法体制改革试点地区。

11 月

10 月 31 日至 11 月 2 日 在北京召开的中国风景园林学会2015年会上，泸州市古蔺县金兰大道、迎宾大道绿化景观提升工程，江阳区忠山公园精品打造工程和两江四岸整治滨江路改造工程分别获得工程与设计大奖。

2 日 泸州市人民政府与四川发展（控股）有限责任公司在成都签署战略合作协议。泸州市领导蒋辅义、刘强、梁中元，四川发展（控股）有限公司负责人王凤朝、李文清等出席签约仪式。

4 日 市委书记蒋辅义，市委副书记、市长刘强率市财政局、市国土资源局、市规划局、市商务局、市委督导组等部门负责人实地调研泸州电子商务中心和郎酒浓香型白酒基地。

5 日 四川省纪委常委张冬云率省纪委第一纪检监察室有关人员，调研督查泸州市党风廉政建设和反腐败工作。

6 日 泸州华润万象汇项目举行落成仪式，标志着泸州市首个全业态体验式购物中心投用。

10—11 日 四川省司法厅党委书记、厅长陈明国率队到泸州市就基层司法行政工作进行调研。

13 日 司法部司法协助与外事司司长郭建安一行到泸州市就国际刑事协助法立法有关问题进行调研。

16 日 江苏省宿迁市委副书记、市长王天琦，副市长、宿迁市湖滨新区党工委书记李荣锦，政协副主席武倩率党政企代表团到泸州市考察白酒产业发展情况。泸州市领导曹建国、曹勇、张方正等陪同调研。

17 日 “泸州—南京—日本”集装箱班轮首航仪式在南京港举行，标志着“泸州—南京—日本”近洋外贸航线正式开通。

18 日 泸州市委书记、市创建全国文明城市指挥部总指挥长蒋辅义率市公安局、市城管执法局、市住房城乡建设局等部门有关负责人一行，先后来到江阳区水井沟商业步行街，龙马潭区乐园小区、红星农贸市场、玉带河小区等地，督导泸州市全国文明城市创建工作开展情况。蒋辅义强调，创建全国文明城市是一件民生大事，不能流于形式，要以创建活动为载体，切实改善群众生活环境。

19 日 四川省全省群团工作现场会在泸州市召开并考察了泸州市基层群团工作开展情况。会议由四川省总工会党组书记、副主席罗茂乡主持。省委常委、省总工会主席李登菊出席会议并讲话。四川省共青团、省科协、省残联、省侨联、省妇联领导刘会英、吴群刚、毛大付、刘以勤、黄莉出席会议。泸州市领导蒋辅义、曹建国、刘云等参加会议或陪同考察。

是日 由《河南法制报》、《海南法制时报》以及四川省级主要媒体等10多家国内知名新闻媒体组成的“法治中国 · 走进四川”大型采访团对泸州市依法治市工作进行考察调研。

是日 泸州港保税物流中心（B型）通过国家验收并揭牌。

20 日 四川省委常委、省总工会主席李登菊率省级相关部门负责人，到合江县榕山镇回洞桥村（帮扶联系点）调研指导精准扶贫工作，随后在合江县召开座谈会。

23 日 长江上游深水航道火焰碛航段浚深工程开工仪式在泸州火焰碛水道举行，由此拉开长江干线四川段航道等级提升工程的序幕，将为下一步全河段系统整治建设奠定良好基础。

24—25 日 四川省侨联党组书记、主席刘以勤率国家千人计划专家、医学专家、侨资企业代表一行10人到泸州市调研。

25 日 泸州市人民政府与澳大利亚澳中友好发展协会在厦门国际航运中心正式签订合作与发展谅解备忘录。

26 日 四川省委常委、省农工委主任李昌平率队到泸州市泸县调研农村宅基地制度改革推进情况。

是日 中国酒业协会固态白酒原酒委员会成

立暨四川发展纯粮原酒股权投资基金揭牌仪式在泸州市举行，标志着全国首支以原酒为标的物的投资基金在酒城诞生。

26—28 日 四川省委副书记、宣传部部长尹力在内江、泸州、自贡调研依法治省工作推进落实情况；同时还调研内江、泸州、自贡的基层党组织建设、宣传思想工作开展等情况。尹力在泸州市深入泸县二中、泸州国家高新区医药产业园、城市规划展览馆、市中级人民法院、江阳区华阳街道康乐社区及西岸村、江阳职高、白酒产业园区、泸州港、奥体公园、文化创意产业孵化园、西南商贸城二期电子商务泸州购等地调研期间，泸州市领导蒋辅义、曹建国、鞠丽、曹勇等相关领导陪同。

28 日 市委书记蒋辅义在泸州市全市脱贫攻坚推进会上讲话强调，做好脱贫攻坚工作，要从五个方面狠抓落实：一要落实区县党委政府的主体责任；二要落实乡镇、村党组织的实施责任；三要落实调动基层干部、工作人员和帮扶干部积极性的措施；四要落实发挥农民群众自力更生、勤劳脱贫的主动性和积极性的办法；五要落实各项帮扶人、财、物的统筹整合和精准使用、精准投放。

29—30 日 中共泸州市委七届十一次全体会议召开。全会认真学习贯彻中共十八届五中全会、省委十届七次全会精神，听取市委常委会工作报告，审议通过《中共泸州市委关于制定国民经济和社会发展第十三个五年规划的建议》。

30 日 泸州老窖股份有限公司与中国检验认证集团四川有限公司正式签订《“久香”牌曲药生态原产地产品保护项目服务协议》，标志着泸州市首个生态原产地产品保护项目正式启动。

是月 泸州长江机械新厂区在泸州国家高新区建成投产，预计年产汽车同步器齿环4000万件，年销售收入达10亿元。

是月 泸州市文体广电局获得文化部评选的全国文化市场综合行政执法先进集体称号。

是月 泸州市高坪村（叙永县水潦彝族乡）、清溪社区（泸县玉蟾街道）入选四川省民政厅拟命名表彰的四川省依法治村（社区）示范村（社区）公示名单。

12 月

1—2 日 西藏自治区拉萨市党政代表团一行由拉萨市委常务副书记龙志刚，拉萨市委常委、组织部部长陈军率领，在泸州市考察。2 日，西藏自治区拉萨市与泸州市签订合作共建框架协议。泸州市领导蒋辅义、曹建国、鞠丽、马宗慧等陪同考察或出席签约仪式。

2 日 泸州市亿元以上工业项目集中开工仪式在泸州国家高新区西南智能电网产业园举行。集中开工的 26 个亿元以上重点工业项目，总投资超过 260 亿元，分布在 7 个区县及 3 大园区，既涵盖酒业、化工、能源、机械等传统优势产业，也涉及现代医药、高端装备制造、新能源新材料、信息通讯等新兴产业。

3 日 泸州市社会科学界联合会第五次代表大会召开。

是日 泸州市成为四川省首批行使地方立法权的设区市。

4 日 由巡视员顾嘉禾率领的上海市商务委经贸团到泸州市考察对接座谈会召开。泸州市委副书记、市长刘强出席座谈会介绍泸州市经济社会发展情况。

是日 《泸州市人民政府关于发展公共租赁住房的实施意见》出台。

4—5 日 市委书记蒋辅义率队赴叙永、古蔺两县调研精准扶贫工作。蒋辅义一行先后深入叙永县水尾镇西溪村、石坝彝族乡堰塘村、赤水镇斜口村，古蔺县德耀镇红光村、石宝镇兴隆村和水口镇等地，全面了解叙永县、古蔺县精准扶贫工作推进情况。

6 日 最高人民检察院党组成员、政治部主任、机关党委书记王少峰到泸州市调研并到纳溪区（联系点）开展联系工作。

是日 泸州市人民政府作出《关于为市公安消防支队记集体二等功的决定》。

8日 市委书记蒋辅义主持召开全市农村工作暨精准扶贫工作领导小组（扩大）会议，专题研究关于在扶贫开发中开展建档立卡“回头看”、低保兜底扶持和医疗救助等工作。

是日 长三角地区泸州投资推介会暨项目合作签约仪式在浙江省杭州市举行。本次大会由泸州市政府、四川省政府驻杭州办事处共同主办。

14日 国家教育部正式发函同意四川医科大学更名为西南医科大学。

15日 四川省政府参事、原省劳动和社会保障厅厅长张成明率省政府参事室调研组到泸州市就稳增长经验进行调研并召开座谈会。

16日 泸州市举行泸州港保税物流中心政策宣讲暨推介会，向来自全省进出口量较大的近100家企业代表推介泸州港保税物流中心功能优势。

16—17日 四川省副省长刘捷率队到泸州市调研精准扶贫和基层联系点帮扶工作。省政府副秘书长罗治平，省科技厅厅长刘东，省经信委副主任翟刚，省发展改革委党组成员、以工代赈办主任邓长金，省文化厅副厅长窦维平，省国资委副主任任兴文等随同督查。泸州市委书记蒋辅义等陪同调研。市委副书记、市长刘强作泸州市工作汇报。

21—22日 泸州市委书记蒋辅义率队到国防科技工业局、中国航天科技集团公司、中国兵器工业集团公司汇报对接泸州军民融合产业示范区建设工作。国防科技工业总工程师兼发展计划司司长龙红山，中国航天科技集团董事长、党组书记雷凡培，中国兵器集团副总经理、党组成员贾宏谦等领导分别听取汇报。泸州市委常委、市国资委党委书记陈文，市经信委和长开区管委会负责人参加汇报。

23日 四川省委第八巡视组巡视泸州市情况反馈会议在泸州市召开。省委第八巡视组组长周国庆向泸州市领导班子反馈巡视情况，泸州市委书记蒋辅义主持会议并对抓好整改落实作表态发言。

是日 泸州市人民政府与中航工业幸福航空控股有限公司在泸州市共同签署《组建幸福泸州航空有限公司暨战略合作框架协议》。

是日 广东温氏食品集团（全国最大的现代大型养殖企业集团）与泸州市人民政府签订协议，总投资10亿元的100万头优质生猪产业一体化项目正式落户泸州。

25日 四川省举行2015年底重大项目集中开工仪式，在乐山市设立主会场，在泸州等13个市设立分会场。川南城际铁路、隆黄铁路叙镇段等67个重大项目在泸县福集镇沙土村集中开工。泸州市委副书记、市长刘强在泸州分会场通过视频作大会发言。泸州市、自贡市、内江市、宜宾市有关领导等在泸州分会场出席仪式。

是日 四川省委宣传部副部长赵明仁，省文化厅厅长郑晓幸一行先后在泸州市考察调研。赵明仁在泸州市文化创意产业孵化园和张坝艺术区考察泸州市文化产业发展情况。市委常委、宣传部部长鞠丽等陪同调研。郑晓幸一行在文化艺术中心、奥林匹克体育公园、文化创意孵化园等地调研泸州市文化产业发展情况。泸州市副市长马宗慧等陪同调研。

30日 泸州市2015年度区县、园区、新城年终现场流动考察启动。考查范围包括7个区县、3大园区（泸州国家高新区、泸州长江经济开发区、泸州白酒产业园区）和“两江新城”（沱江新城、长江生态湿地新城）。每处实地查看7个项目，考查全年项目推进情况。

是月 “中国特色旅游商品评选活动”在云南昆明举行，泸州市报送的参赛作品“油纸伞”获得银奖。

是月 为纪念蒋兆和先生诞辰110周年，由中国美术家协会、蒋兆和艺术研究会与蒋兆和家属共同编纂的《蒋兆和研究—关于蒋兆和研究的文献选编》由人民美术出版社出版，文献汇集1927年至2014年国内外有关蒋兆和的学术研究成果，全书共计682页。

是月 由四川省文物考古研究所、贵州省文物考古研究所邀请中国国家博物馆、中国社科院考古研究所、重庆市文化遗产研究院、西藏自治区文物保护研究所以及北京大学、中国人民大学、华南师范大学、暨南大学等单位的30余位考古学、盐业史、历史地理学、语言学等领域专家一行走进合江，重点考查合江福宝、尧坝、先市、九支等盐马古道沿途节点及三元古寨、接龙山古寨、红牵子武定门等盐道古寨的保护现状。

市 情

SHI QING

地理位置

【行政地理位置】泸州位于四川省东南，东与重庆市和贵州省接壤，南与贵州省连界，西与云南省和四川省宜宾市、自贡市相连，北接四川省内江市和重庆市。

1983年3月3日，国务院批准成立省辖泸州市，下辖市中区和泸县、纳溪县、合江县。1985年6月4日，国务院决定将叙永县、古蔺县划归泸州市管辖。1996年7月1日，泸州市行政区划调整，设江阳区、龙马潭区、纳溪区和泸县、合江县、叙永县、古蔺县，市政府驻泸州市江阳区大山坪。全市辖区面积12236.2平方千米。至2015年年底，全市有19个乡、104个镇、21个街道办事处，社区272个，行政村1345个。

【自然地理位置】泸州为川南要冲，巴蜀门户，处于云贵川渝四省市结合部“金三角”地带，地理上控扼两江（长江、沱江）两河（赤水河、永宁河），自古以来就为锁钥一方的关隘重地；依托其自然地理，泸州人民繁衍生息2000多年，使泸州成为国家版图中兼具自然个性、文化个性地区。

泸州地形地貌总体北低南高，境内大部分为1000米以下低山，少数中山，全市最高海拔1902米、最低处仅203米。主要山脉有叙永丹山等14条。全市喀斯特地貌发达，面积2439平方千米，占全市辖区面积20%。

泸州河流湖泊众多。长江由西从纳溪区大渡口镇进入泸州，流经泸州纳溪区、江阳区、龙马潭区、泸县至合江县望龙镇入重庆市，横穿全市133千米，江面宽600~1300米。境内汇入长江主要支流有永宁河、沱江、龙溪河、赤水河。湖泊主要有海潮湖、玉龙湖、凤凰湖、红龙湖等。水资源总量大，但分布不均，开发较难。

【交通地理位置】泸州历来是川、滇、黔、渝结合部的经济枢纽，今日泸州更具水陆空交通区位优势，成为长江“黄金水道”和西南出海南通道上的璀璨亮点，向南可以通过川黔高速公路，川黔铁路到达广西、广东，向东可以通过黄金水道和泸渝高速公路，把东部地区通过水路和陆路联系起来，然后到达沿海地区。泸州是交通部确定的二级枢纽站和长江主枢纽港城市。

历史沿革

泸州市为中国历史文化名城，历史悠久。夏、商时属梁州之域。周代属巴国辖地。周慎靓王五年（公元前316年）春，秦惠文王派张仪和司马错灭巴、蜀，同年设置巴郡，辖有包括江阳在内的大片土地。西汉景帝六年（公元前151年）封苏嘉为江阳侯，在长江与沱江交汇处（今泸州市江阳区）设置江阳县。汉武帝建元六年（公元前135年），开发西南少数民族地区，置犍为郡，领江阳县。东汉献帝建安十八年（213年）置江阳郡。西晋仍置江阳郡。南朝刘宋、南齐置东江阳郡。梁武帝萧衍大同年间（535—546年）建置泸州。隋炀帝大业三年（607年）改泸州为泸川郡，仁寿中升为泸州总管府。唐高祖武德元年（618年）复置为泸州，三年（620年）置总管府，四年（621年）升为都督府。北宋泸州泸川郡置泸川军节度。南宋孝宗乾道六年（1170年）升本路安抚司。宋、元之际，蒙古军入蜀，泸州城先后迁治于合江榕山、江安三江碛、合江安乐山，最终筑城于合江神臂崖，坚持抗战34年。元属重庆路。明太祖洪武六年（1373年）泸州直隶四川行中书省，九年（1376年）直隶四川布政使司。清嘉庆七年（1802年）泸州置川南永宁道（1908年改名下川南道）。民国2年（1913年）改泸州为泸县，置永宁道，民国24年（1935年）设置第七行政督察区专员公署。1949年12月5日，成立泸县人民解放委员会。15日，成立泸县军事管制委员会。16日，成立泸县人民政府。1950年7月31日，川南行署令成立泸州市政工作办公处。8月1日，市政工作办公处公告设置城区、蓝田、小市、瓦窑坝4个区人民政府。1950年8月15日，成立泸州市人民政府，直隶川南行署。1950年12月7日，经中央人民政府内务部批准，泸州市为川南行署直辖市。1951年11月9日，泸县专区迁隆昌县办公。次年1月18日，改为隆昌专区。1952年9月24日，迁回泸州市。1952年12月20日，恢复四川省建制。泸州市由隆昌专区代管。同日，隆昌专区更名为泸州专区。1953年5月13日，中央人民政府国务院批准，泸州、内江、合川、宜宾、五通桥、万县、南充7市改为省辖市，由所在专署代管，因种种原因未宣布执行。1960年7月8日，国务院批准撤销泸州专区，所辖市县划归宜宾专区管理。1983年3月3日，国务院批准从宜宾地区划出泸州市、泸县、合江、纳溪县，成立省辖泸州市（地级）。

气候特征

2015年泸州市气温偏高，降水偏多，日照略偏少。年内高温、干旱、连阴雨、风雹、雷暴等气象灾害较常年偏轻；暴雨、洪涝发生次数多，是2015年的主要气象灾害。综观全年，水热充足，光照基本正常，整个2015年属农业气象年景正常偏好年。

【温度】 2015年全市年平均气温18.4℃~19.0℃，与历年平均相比偏高0.8℃~1.0℃；北面的泸县、合江、纳溪、市区年均温创有气象记录以来最高值；南面古蔺、叙永低于2013年创下的年均温极值。全年除7月、8月平均气温偏低外，其余各月平均气温以正常到偏高为主，尤其是1—4月、10—11月平均气温显著偏高。全年极端最高气温突破40℃有1天（发生在古蔺6月28日，为40.5℃）。年内极端最低气温-0.6℃（发生在古蔺12月17日）。年内冷空气活动弱于常年，共出现强降温3次。

【降水】 2015年全市总降水776.5毫米~1431.7毫米，比历年平均偏多25.4毫米~307.5毫米，地区间降水分布不均，除古蔺年降雨量（776.5毫米）基本持平外，其他区县偏多1~3成。年内无冬干、春旱、夏旱和伏旱，主要的气象灾害是暴雨洪涝。全年降水集中在6—10月，2015年5—10月各区县共发生10次暴雨天气过程，暴雨次数比常年偏多2~5次，影响最大的是“7·14”“7·22”“8·17”三次暴雨洪涝。6月底到7月初在大春作物生长的关键期出现了低温阴雨天气。

【雨日】 2015年全市≥0.1毫米的雨日数138~191天，除叙永持平外，其余各地比历年平均偏少7~17天，大雨日和暴雨日明显比常年偏多。

【日照】 2015年全市日照时数937.0~1156.3小时，与历年平均相比，除泸县略偏多1成外，其他区县略偏少1~2成。全年日照充足的是3月、4月、7月、10月，其余各月日照为正常到偏少，尤其是2月、6月、9月、11月日照偏少2~5成，造成全年总日照时数总体偏少。

水文河流

【河流】泸州境内地质构造复杂，地形地貌多样化，大、中、小江河溪流众多，但小溪河源径流短。境内河流同属长江水系，以长江为主干，成树枝状分布，由南向北和由北向南汇入长江。主要河流有长江干流、沱江、赤水河、古蔺河、永宁河、塘河、濑溪河、东门河等。集雨面积50平方千米以上河流有61条，其中集雨面积50~100平方千米30条、100~400平方千米20条、400平方千米以上11条。泸州河流属于亚热带季风气候控制下季风型河流，即暖季河流，径流靠夏季降水补给，夏季最大，冬季最小。

【水资源】全市水资源总量为66.57亿立方米/年。地下水藏量丰富，达10.65亿立方米/年，以南部叙永、古蔺两县熔岩底中山区最富，长江以南构造裂隙水较丰，长江以北风化带裂隙水贫乏，地下水开采3.25亿立方米/年。

【水能】境内除沱江外，其余各中、小河流河床较陡，落差集中，加之雨量充沛，多年平均径流总量66.57亿立万米，为修建水电站提供了丰富的水能资源。泸州境内水能理论蕴藏量有63万千瓦。赤水河与永宁河流域，占全市水能$\frac{3}{4}$；赤水河可开发容量，占全市可开发量$\frac{1}{2}$多。

生物资源

【野生动物】泸州境内有野生动物214种，分属25目65科。属国家一级保护动物有2种：豹（别名金钱豹、豹子、文豹，猫科），合江、叙永、古蔺等地曾有发现。云豹（猫科）古蔺、叙永曾有发现，属国家二级保护动物有28种。

【野生植物】泸州境内有高等植物520科、813属、5950种，其中国家一级保护植物6种，二级保护植物24种。一级保护树种有：水杉，杉科，自1960年引种以来，全市各区县均有栽培。珙桐，珙桐科，在泸州数量少，主要分布在合江县福宝林区，古蔺黄荆林区亦有分布。南方红豆杉，红豆杉科，分布于合江、叙永和古蔺山区。银杏，又称白果、鸭脚，银杏科，泸州各区县均有栽培。台湾苏铁，又称铁树，苏铁科，泸州移植引进作为园林观赏绿化植物。水松，杉科，主要分布在合江、古蔺。

【鱼类生物】泸州境内河流深切，河谷陡峭。长江自西向东横贯境内，沱江、永宁河、赤水河、濑溪河、龙溪河等交织成网，其间蕴藏着十分丰厚的鱼类生物资源。辖区天然水域中有各种水生动植物近500种，其中淡水鱼类品种169种。长江上游特有鱼类有32种，国家级Ⅰ级保护品种有3种：中华鲟、达氏鲟、白鲟。国家级Ⅱ级保护品种有4种，省级重点保护品种有12种。泸州长江段133公里及一级支流沱江、永宁河、赤水河为长江珍稀特有鱼类国家级自然保护区。

【森林资源】全市森林面积857万亩，林木总蓄积2926万立方米，森林覆盖率49.7%。珍稀植物珙桐、水杉、桫椤、篦子三尖杉、连香树、香果树等46种。中药材天麻、五倍子、佛手、黄檗、杜仲、安息香等1444种。飘溢“王者香”的佛兰、四季兰（三星蝶、荷瓣、梅兰、梅瓣）、双鼻双舌、多瓣多鼻等兰草为珍稀名品。

矿产资源

泸州地质构造复杂，地层以各种沉积岩为主，因而矿产资源丰富，矿种繁多。已探明矿种有煤、石油、天然气、硫铁矿、铁、铜、金、耐火黏土、溶剂白云岩、水泥用石灰石、高岭土、磷、玻璃用砂、石膏、大理石、方解石等20余种。其中，尤以煤、硫铁矿、天然气储量丰富。境内已探明有大型矿床17处，中型矿床11处，小型矿床24

处，矿点 44 处。

【金属矿类】分 4 亚类 9 种。其中黑色金属矿有菱铁矿、赤铁矿、褐铁矿 3 种。有色金属类有铜、铅、铝土矿 3 种。贵重金属类有黄金 1 种。放射性、稀散元素矿产有铀、镓 2 种。

【非金属矿类】其中化工非金属矿类有硫铁矿、磷块岩、岩盐、长石砂岩、含钾砂岩 5 种，冶金非金属矿类有耐火黏土、铸型砂岩 2 种，建材非金属矿亚类有石灰岩、大理岩、白云岩、方解石、石膏、高岭土、膨润土、水泥粘土、石英砂岩、粉石英 10 种，宝石非金属矿亚类有玛瑙、玉石、白宝石、彩石、空心石 5 种。

【能源矿产类】其中煤矿亚类有烟煤、无烟煤 2 种，石油亚类有原油 1 种，天然气亚类有天然气 1 种。

土地资源

2015 年，泸州市辖区总面积为 1223620 公顷。有耕地 410994.42 公顷，园地 24487.88 公顷，林地面积 535590.87 公顷，草地 41904.82 公顷，城镇村及工矿用地 73825.74 公顷，交通运输用地 16827.57 公顷，水域及水利设施用地 37610.29 公顷，其他土地 81622.88 公顷。

民族人口

2015 年年末全市公安户籍登记总户数 152.56 万户，总人口 505.68 万人，其中农业户籍人口 351.31 万人，非农业户籍人口 154.37 万人。年末常住人口 428.52 万人，其中城镇常住人口 197.46 万人，乡村常住人口 231.06 万人。泸州是四川省少数民族散杂居工作重点市。2015 年年底，全市有 48 个少数民族，少数民族人口 11.47 万人。三区四县中有 2 个少数民族地区待遇县，在 19 个乡中，少数民族乡 8 个，其中苗族乡 6 个、彝族乡 2 个，342 个民族村寨。

泸州精神

2013 年起，“醉美大气、文明进取”成为新时期“泸州精神”表述语。

市花市树

市花桂花，市树桂圆树。1986 年 10 月 10 日泸州市第一届人民代表大会常务委员会第二十一次会议决议通过。

泸州城市名片

【国家历史文化名城】国务院 1994 年 1 月 4 日命名。

【全国双拥模范城】民政部、中国人民解放军总政治部 1994 年 7 月命名。1997 年 1 月第二次命名，2000 年 1 月 12 日第三次命名。2002 年 7 月第四次命名，2004 年 1 月 7 日第五次命名。2012 年 2 月 27 日第六次命名。

【国家卫生城市】国家爱国卫生运动委员会 1995 年 12 月命名（全国爱国卫生运动委员会第三批命名国家卫生城市）。2000 年 4 月第四次命名。2005 年第五次命名。2007 年 2 月，全国爱卫会发出《关于对 2006 年国家卫生城市（区、镇）复审工作的通报》，泸州市等 43 个市被重新确认为“国家卫生城市”。2016 年 2 月全国爱卫会发出通报，重新确认包括泸州市在内的 94 个城市（区）为“国家卫生城市（区）”。同时，泸州成为全国通报表扬的 12 个城市（区）之一。2014 年 1 月，合江县、泸县被全国爱卫会命名为“2011—2013 年度国家卫生县城”。2016 年 7 月 7 日，在全国爱国卫生工作会议上，泸州再获国家卫生城市“金牌”，喜夺“六连冠”，泸州还是四川唯一获得国家卫生城市优秀城市的城市。

【中国优秀旅游城市】国家旅游局2005年12月22日命名。

【国家森林城市】全国绿化委员会、国家林业局2011年6月18日命名。

【中国酒城】2012年12月，经中国文物学会、中国名城委共同审议，一致赞成泸州市冠名“中国酒城”。2012年12月28日上午，泸州市举行“中国酒城·泸州”冠名揭牌活动。

【国家园林城市】2014年9月，由住房和城乡建设部命名。

【联合国人居奖·良好范例】2001年7月11日，联合国人居委员会中心将“2000年联合国（迪拜）国际改善居住环境最佳范例奖”的良好范例称号授予泸州市滨江路环境综合整治工程（迪拜，阿拉伯联合酋长国城市，联合国人居委员会中心驻地）。

风景名胜

泸州历史源远流长，文化积淀深厚，民族风情浓郁，旅游资源富集，形成了以名酒文化、生态文化、红色文化、历史文化、长江文化为代表的五大特色旅游资源。区域内有国家级自然保护区2个：叙永县画稿溪自然保护区、长江合江——雷波段珍稀鱼类自然保护区；国家级森林公园1个：合江县佛宝森林公园；全国红色旅游经典景区1个：古蔺县太平四渡赤水红色旅游纪念地；A级景区19个。其中国家AAAA级旅游景区6个：老窖旅游区、黄荆老林、太平古镇、张坝桂圆林、天仙硐景区、花田酒地景区，国家AAA级旅游景区5个；国家AA级旅游景区8个，全国首批工农业旅游示范点3个，全国休闲农业与乡村旅游示范点3个，省级乡村旅游示范区1个，省级旅游示范乡镇9个，省级旅游示范村17个。

国家级文物保护单位

截至2014年底，泸州市先后成功国家级文物保护的单位共16处，分别是：明代泸州大曲老窖池、明代泸县龙脑桥、宋代泸县宋墓、清代叙永春秋祠、清代况场朱德故居、泸州老窖窖池群及酿酒作坊（江阳区、龙马潭区）、南宋报恩塔（江阳区）、玉蟾山摩崖造像（泸县）、泸县龙桥群、罗盘嘴墓群（泸县）、泸县屈氏庄园、神臂城遗址（合江）、合江崖墓群、尧坝镇古建筑群（合江）、清凉洞摩崖造像（叙永）、古蔺县红军四渡赤水战役遗址、茶马古道（泸州段）。泸州市国家级文物保护单位总共归类为16处，数量上居全省第二位。

非物质文化遗产

2006年6月，泸州老窖酒酿制技艺、泸州雨坛彩龙入选首批国家级非物质文化遗产名录；2008年6月，古蔺郎酒传统酿造技艺、分水油纸伞制作技艺入选第二批国家级非物质文化遗产名录。2014年12月3日，古蔺县的舞蹈《古蔺花灯》和合江县的先市酱油酿造技艺正式入选第四批国家级非物质文化遗产代表性项目名录。至此，泸州全市有6个国家级非物质文化遗产，有46个省级非物质文化遗产，在全省各市州中名列前茅，位居川南第一。另外还有泸州市级非物质文化遗产72个。

政 治

ZHENG ZHI

中国共产党泸州市委员会

市委工作综述

【贯彻落实中央、省委决策部署】市委常委会及时学习贯彻习近平总书记系列重要讲话和中央、省委重要决策部署。围绕“四个全面”战略布局、“三严三实”专题教育等内容，开展市委中心组学习研讨23次。深入开展党委（党组）“三级三讲”学习活动，市领导带头开展中共十八届五中全会精神宣讲38场次。准确把握中央、省委精准扶贫精准脱贫、全面建成小康社会战略部署，市委七届十次全会通过《中共泸州市委关于全力推进扶贫攻坚确保全面建成小康社会的决定》，明确“五年集中攻坚、提前一年脱贫”的总体部署。市委七届十一次全会通过《中共泸州市委关于制定国民经济和社会发展第十三个五年规划的建议》，明确“十三五”期间“决胜全面小康、建成区域中心”的总体目标和工作重点。

【产业发展】综合实施“一企一策”、应急转贷、金融扶持等政策措施，着力做优存量，做大增量。坚持工业为大、工业为重、工业为先、工业为快，推动传统产业转型升级，组建30亿元四川发展纯粮原酒股权投资基金，支持酒类企业调整结构、抢占市场，白酒产业增加值增长13%；狠抓泸天化集团转型脱困，四川泸天化股份有限公司扭亏为盈。培育壮大现代医药、高端装备制造、新能源新材料、大数据等新兴产业，引进步长集团建设生物制药园区，南瑞集团建设智能电网产业园，华为公司建设川渝大数据中心。加快发展电商、金融、港口物流等现代服务业，创建成为国家级电子商务示范基地，电子商务交易额增长43%。推进银政企三方良性互动，金融机构贷款余额1093亿元、增长18.7%。列入国家首批综合运输服务示范城市，泸州港保税物流中心（B型）封关运行，集装箱吞吐量44.5万标箱、增长39%；泸州机场航线增至16条，与中航工业集团组建幸福泸州航空有限公司。大力推进国家现代农业示范区建设，引进广东温氏、山东寿光等龙头企业，农业产业化水平得到提升。

【城镇建设】加快“两江新城”建设和老城区改造，中心城区建成区面积达到120平方千米、人口达到120万人，全市城镇化率达到46.1%。大力建设城市路网、停车场、地下综合管廊等基础设施，停车场项目获准发行全国第一支专项企业债券和项目收益债20亿元。推进房地产市场平稳健康可持续发展，华润万象汇商圈初步形成，恒大、碧桂园等大企业来泸投资开发，全年商品房销售面积403万平方米、增长32%。加快县城、中心镇和新村建设，九支镇、大渡口镇创建成为全国新型城镇化建制示范试点镇，开工城市危旧房和棚户区改造16072户、农村危房改造20806户，全市建筑业总产值575亿元、居全省第二位。

2015年11月29—30日，中共泸州市委七届十一次全体会议召开

【项目投资】全市340个重点项目完成投资1099亿元、增长33%，占年度投资计划的106%，列入全省500个重点项目计划的27个项目完成投资127亿元。实施交通建设三年攻坚行动，叙古高速通车至古蔺县城，机场迁建工程、叙大铁路加快推进，川南城际铁路、隆黄铁路升级改造工程开工建设，长江航道泸渝段Ⅲ升Ⅱ整治工程启动实施，叙威高速、广渝泸高速、成自泸遵高铁等项目前期工作进展顺利。

【深化改革和开放合作】制定出台《重要改革举措实施规划（2014—2020年）》，稳步推进186项重点改革事项和50项国省试点改革。泸天化集团改革取得重大进展，泸州老窖实现集团公司和股份公司统分结合、相对独立、错位发展，华西证券改制为股份公司，国家新型城镇化综合试点、不动产统一登记等试点工作走在全省前列。抢抓国家建设长江经济带机遇，积极到国家部委、省级部门汇报对接、争取支持；与成都、重庆、武汉、上海等地深化港口物流合作，赴北京、深圳、江苏等地招商引资，对接央企、大型国企和知名民营企业；成功举办2015酒博会暨招商大会、商博会、中国医药企业家年会等重大投资促进活动。全年到位市外国内资金929.5亿元、增长17.9%。

【脱贫攻坚和改善民生】出台全力推进扶贫攻坚的《决定》以及13个专项扶贫方案，市委常委带头联系帮扶12个贫困村，市县两级部门结对帮扶所有贫困村，贫困村实现驻村“第一书记”全覆盖。落实“五个一批”脱贫计划，投入资金91.2亿元，大力实施“七大扶贫攻坚行动”，争取到国家发改委易地扶贫搬迁项目收益债20亿元。全年减贫80680人，完成目标任务的105.8%。切实抓好十项民生工程和20件民生大事，全市民生支出213亿元，占公共财政支出的70%以上，十项民生工程和20件民生大事均超额完成目标任务。城镇新增就业4.4万人，超过年初3.5万人的预期目标。在叙永县率先开展全民预防保健试点工作，免费体检35万农村群众，得到习近平总书记、李克强总理等中央领导的关注和批示。启动实施“渡改桥”三年攻坚行动，开工建设渡改公路桥10座。全面完成古蔺县、叙永县农村电力体制改革工作，农村电网改造加快推进。教育、科技、文化、卫生事业协调发展。教育质量稳步提升，普通高中教育再创佳绩，重点本科上线人数增加64.6%，高出全省21.2%；实施创新驱动发展战略，培育国家高新技术企业 49 家；西南医疗康健中心、市人民医院搬迁、市中医医院新建分院等项目加快建设，乡镇卫生院、村卫生室标准化建设全面推进，公共卫生保障能力持续增强；广播电视“村村通”等五大文化惠民工程实现全覆盖，市民中心主体工程完工，体育生态园加快建设；启动全国文明城市创建工作。

【支持人大依法履行职能】全年市人大及其常委会依法作出决议决定 19 项，听取和审议“一府两院”专项工作报告 24 项，组织专题视察 5 次，开展调研 43 项，提出建议意见 196 条，对大气污染防治法等法律法规实施情况开展执法检查，促进了市委决策的实施和“一府两院”依法行政、公正司法。

【人民政协工作加强】全年市政协组织主席会议成员视察 4 次、专委会视察 26 次、委员分组视察 15 次，开展专题协商 4 次、专题议政 3 次、重点课题调研 11 个，形成视察调研报告 22 个，征集委员提案 326 件，收集社情民意 1023 条。

【依法治市】获得全省首批地方立法权，扎实推进地方立法、依法行政、司法公正、法治宣传教育等工作，安全生产监管、信访稳定、社会治安综合治理、食品药品监管、城市规划建设管理、环境保护等领域法治化水平进一步提高，全市未发生较大以上安全生产事故，社会大局保持安全稳定。

【党的建设】扎实开展“三严三实”专题教育，创新开展“四教育四研讨”，市委常委班子高质量召开专题民主生活会，全市县处级以上党员领导干部深入查摆“不严不实”问题，制定落实整改措施 2000 余条。以学习贯彻习近平总书记系列重要讲话精神为主线，加强领导班子思想政治建设，加强对意识形态的领导，大力弘扬社会主义核心价值观。制定农村党建“1+N”、产业园区党建“1+3”文件，召开全市农村基层党建工作现场会，明确 7 个方面 25 项重点任务。强化“两个功能”，加强对基层各种组织的统一领导，推进“走基层”活动常态长效开展，转化提升 160 个软弱涣散村级党组织。强化经费保障，2015 年村工作经费达到 9.2 万元、社区工作经费达到 11.5 万元；从 2016 年起，每年划拨 2000 万元基层党建工作专项经费、2000 万元党群服务中心建设专项资金；大力推进乡镇公租房和食堂建设，改善基层干部工作生活条件。

【干部队伍建设】认真履行“两个责任”，推行党建工作“季度述职”“常委挂县”“每月督查”等制度，健全党组织书记亲自抓、其他党组织成员履行“一岗双责”的责任体系。制定落实省委规范选人用人“1+5”文件系列配套制度；深化优秀年轻干部人才递进培养工作，市县两级累计公开遴选培养对象 1352 名，197 人得到提拔使用。加强干部教育监督管理，实行全覆盖约谈制度，教育培训干部 2 万余人次，市级部门同一岗位任职 5 年以上的中层干部轮岗交流达 50%。

【党风廉政建设】持续开展正风肃纪，集中整治“为官不为、廉而不勤”“不作为、慢作为、乱作为”等突出问题，重点查处中纪委指出的“三类人”和省纪委明确的“四个重点”，全年立案 637 件，给予党纪政纪处分 603 人。

市委重要会议
（不含市委常委会议）

市委重要工作会议

1 月 22 日，泸州军分区党委七届五次全体（扩大）会议在军分区会议室召开。市委书记、泸州军分区党委第一书记蒋辅义出席会议并作重要讲话。

1 月 26 日，市委常委会议召开，专题进行县区委书记抓党建工作述职评议考核。

2 月 3 日，市七届纪委全会五次会议在南苑会议中心召开。

是日，市委组织工作会议在南苑会议中心召开。

是日，市委宣传思想文化工作会议在南苑会

议中心召开。

2月10日，市委政法工作会议在南苑会议中心召开。

3月2日，全市工业转型升级发展座谈会在南苑会议中心召开。市委书记蒋辅义强调，要坚持工业为重、工业为大、工业为先、工业为快，抓好“三个着力”，即着力盘活存量促转型、着力扩大增量促转型、着力优化环境促转型。

3月16—18日，市委农村工作暨全市扶贫开发工作现场会召开。

3月18日，全市“三主动”工作部署会议在南苑会议中心召开。

3月30日，市委工作会议暨中心组学习（扩大）会议在南苑会议中心召开。会议的主要任务是学习贯彻习近平总书记“四个全面”战略部署，贯彻落实全省领导班子思想政治建设工作会议精神，安排部署全市相关工作。市委书记蒋辅义发表重要讲话，会议由市委副书记、市长刘强主持。

4月7日，泸州市推进长江经济带建设工作会议在南苑会议中心召开，会议分类逐个研究我市推进长江经济带建设项目工作。

4月8日，市委第一季度党建工作述职会议召开，专题听取各县区党建工作述职。市委书记蒋辅义主持会议并就切实加强全市党建工作提出要求。

4月17日，泸州国家高新区建设推进会议在南苑会议中心召开。会上，科技部副部长曹健林为泸州国家高新区授牌。

是日，全市一季度经济形势分析会召开。会上，市委书记蒋辅义明确了全市经济工作目标，市委副书记、市长刘强安排部署了“双过半”和安全生产工作。

4月19日，四川省社会科学院和泸州市委在叙永县举行“红军长征过泸州80周年”座谈会。

5月21日，泸州市“三严三实”专题教育工作动员会在南苑会议中心举行。市委书记蒋辅义作党课报告，市委副书记曹建国对专题教育作安排部署。

是日，泸州市扶贫开发暨“渡改桥”三年攻坚工作会议在市政府全体会议室召开。市委书记蒋辅义和市委副书记、市长刘强分别作重要讲话，会议由市委常委、常务副市长曹俊杰主持。

5月25日，泸州创建全国文明城市动员会在南苑会议中心召开。市委书记蒋辅义，市委副书记、市长刘强向全市干部、群众发出号召，动员全市上下迅速行动起来，全力以赴打一场创建全国文明城市的攻坚战。

5月26日，市委全面深化改革领导小组会议召开。会议审议并原则通过了《市委七届八次全会重要改革举措实施规划（2014—2020年）》《市委全面深化改革领导小组2015年工作要点》《中共泸州市委关于深化党的建设制度改革工作的实施意见》。

5月27日，全市县级主要领导干部读书班正式开班。市委书记蒋辅义作开班仪式讲话，开班仪式由市委副书记曹建国主持。

6月24日，“四渡赤水”战略思想的历史及现实意义座谈会在泸州古蔺县召开。老一辈无产阶级革命家陈毅元帅之子陈昊苏、毛泽东主席外孙王效芝、周恩来总理侄子周秉和、朱德元帅外孙刘建等红军后代，市委书记蒋辅义，市委常委、军分区司令员王宗明，市委常委、秘书长曾彤出席座谈会。

6月25日，市委“三严三实”专题教育中心组学习（扩大）会召开。江苏省无锡市委常委、江阴市委书记周铁根应邀作了江阴市经济社会发展专题报告。

6月30日，庆祝中国共产党建党94周年座谈会在南苑会议中心举行。市委书记蒋辅义发表重要讲话，会议由市委副书记、市长刘强主持。

7月14日，市委召开专题会议听取市人大常委会党组、市政府党组、市政协党组、市中级法院党组、市检察院党组上半年主要工作情况、推进“三严三实”专题教育情况和“三抓三主动”工作情况汇报。市委书记蒋辅义主持会议并作重要讲话。

7月17日，市委召开专题会议听取市级部门“双过半”、“三抓三主动”、党建工作和安全生产工作完成情况汇报。市委书记蒋辅义主持会议并作重要讲话。

7月23日，市委议军会议暨“八一”座谈会在泸州军分区召开，研究泸州军分区以及驻泸部队提出的13个提案。市委书记、泸州军分区党委第一书记蒋辅义出席会议并作重要讲话。

7月28日，“全国双拥模范城”创建迎检动员大会在南苑会议中心召开，市委书记蒋辅义主持会议并作重要讲话。

8月6日，市委书记蒋辅义主持召开市委中心组学习（扩大）会议，集中学习省委十届六次全会精神。省委十届六次全会精神宣讲团成员、省农业厅副厅长张强应邀到会作了题为《全面贯彻省委决定，扎实推进扶贫攻坚》的宣讲报告。

8月12日，市委书记蒋辅义主持召开市委全面深化改革领导小组第四次会议，专题研究泸州老窖集团、泸州老窖股份有限公司、泸州白酒产业园区和酒业发展基金四大板块加快发展相关事宜。

8月18日，省委第八巡视组巡视泸州市工作动员会在南苑会议中心召开。市委书记蒋辅义主持会议并作表态发言，省委第八巡视组组长周国庆就即将开展的巡视工作讲话。

8月24日，市委书记蒋辅义主持召开市委常委（扩大）会，研究部署安全生产、信访维稳和叙永县白腊乡灾后重建等工作。

是日，泸州市科技、酒城英才奖励暨第二届市委市政府决策咨询委员会成立大会在南苑会议中心举行。市委书记蒋辅义出席会议并作重要讲话，会议由市委副书记、市长刘强主持。

9月28日，市委党的群团工作会议在南苑会议中心召开。市委书记蒋辅义出席会议并讲话。

9月28—29日，市委召开工作述职会，专题听取市领导2015年1—9月工作情况汇报。市委书记蒋辅义主持会议并讲话。

10月26日，市委书记蒋辅义主持召开市委常委（扩大）会议，传达学习国务院、省上有关会议精神，通报前三季度全市经济发展情况。

11月4日，市委全面深化改革领导小组第十二次会议在南苑会议中心召开，专题研究全市“十三五”规划编制等重点工作。

11月19日，全省群团工作现场会在泸州召开。省委常委、省总工会主席李登菊出席会议并讲话；市委书记蒋辅义在会上致辞；会议由省总工会党组书记、副主席罗茂乡主持。

11月20—21日，全市基层党建工作会议召开。市委书记、市委党建工作领导小组组长蒋辅义出席会议并讲话。会议由市委副书记、市委党建工作领导小组副组长曹建国主持。

11月25日，市委人大工作会议在南苑会议中心召开。

是日，市委政协工作会议在南苑会议中心召开。

是日，《中共泸州市委关于制定国民经济和社会发展第十三个五年规划的建议》征求意见座谈会召开，广泛听取人大代表、政协委员对全市“十三五”规划的意见和建议。

11月28日，学习贯彻党的十八届五中全会、省委十届七次全会精神宣讲报告会暨市委中心组学习（扩大）会在南苑会议中心举行。省委宣讲团成员、省委副秘书长曾卿作宣讲报告。

12月7日，市委书记蒋辅义主持召开市委中心组学习（扩大）会议。中央纪委法规室副局级纪律检查员、监察专员周鹏飞作了题为《学习贯彻〈中国共产党廉洁自律准则〉和〈中国共产党纪律处分条例〉》的专题讲座。

12月8日，全市农村工作暨精准扶贫工作领导小组（扩大）会议召开，专题研究在扶贫开发中开展建档立卡“回头看”、低保兜底扶持和医疗救助等工作。

12月14日，市委党建领导小组会议在市委组织部会议室召开。会议书面传达了全省“三严三实”专题教育电视电话会议精神，讨论《激励基层干部奋发有为二十条措施》。市委书记、市委党建领导小组组长蒋辅义作重要讲话。

12月16日，泸州港保税物流中心政策宣讲暨推介会召开。成都海关关长窦志民出席推介会。市委书记蒋辅义出席会议并致辞。

12月18日，泸州市依法治市工作电视电话会议召开。会议决定，自该日起，全市将开展为期5个月的“打侵财、治毒品、压发案”专项整治工作。

12月23日，省委第八巡视组巡视泸州情况反馈会议在南苑会议中心召开。省委第八巡视组组长周国庆代表巡视组向泸州市领导班子反馈巡视情况。市委书记蒋辅义主持会议，并对抓好整改落实作了表态发言。会议举行了省委第八巡视组反馈意见签收仪式。

市委全委会

7月28日，中共泸州市委七届十次全体会议在南苑会议中心举行。市委书记蒋辅义作重要讲话。全会由市委常委会主持。会议审议通过《中共泸州市委关于全力推进扶贫攻坚确保全面建成小康社会的决定》。

11月29日，中共泸州市委七届十一次全体会议在南苑会议中心举行。市委书记蒋辅义作工作报告。全会由市委常委会主持。会议审议通过《中共泸州市委关于制定国民经济和社会发展第十三个五年规划的建议》。

重大决策及重要活动

1月8日，泸州市政府与上海国际港务（集团）股份有限公司在上海签署《港口物流发展战略合作框架协议》。市委书记蒋辅义，上港集团总裁严俊出席签约仪式。市委常委、常务副市长曹俊杰和上港集团副总裁王海建代表双方在协议上签字。

1月15日，从澳大利亚进口的首批876吨大麦以江海联运方式直接在泸州港登陆，标志着泸州进境粮食制定口岸正式运行。

1月20日，泸州市首家民营企业挂牌“新三板”仪式在北京全国中小企业股份转让系统公司举行。市委书记蒋辅义敲响开市宝钟，“宏图物流”正式挂牌。

是月，国家发改委、住建部等11个部委联合发文印发《国家新型城镇化综合试点方案》的通知，全国有62个市、县、镇晋升“国家级”新型城镇化综合试点，泸州市名列其中。

是月，四川省“百镇建设行动”300个试点镇全部确定，全市有15个镇榜上有名。

2月1日，成都市政府、湖北省武汉市政府、泸州市政府在成都签署《港口物流战略合作框架协议》。合作三方将以互联互通为主题，重点加快物流基础设施建设，打造成都—泸州铁水联运通道和公水联运通道。

2月5日，经国务院批准，泸州高新技术产业园区正式升级为国家高新技术产业开发区。

2月28日，市委书记蒋辅义代表泸州在北京参加全国精神文明建设工作表彰暨学雷锋志愿服务大会。

3月1日，全国宅基地使用权和房屋所有权不动产权证第一证在泸州首发。国土资源部副部长胡存智为不动产权利人颁发了证书。

3月22日，市委、市政府主办的“中国酒城·泸州”招商推介签约大会在中国酒城大剧院举行。会议成功签约项目56个，投资总额225.4亿元。

是日，韩国平昌郡守沈在国、议长刘仁焕率团到泸州签订友好合作协议。市委副书记、市长刘强出席签约仪式并致辞。

3月23—25日，2015中国国际酒业博览会举办。本届酒博会以“传承与创新”为主题，是经国家商务部批准，由中国酒业协会主办，四川省政府重点支持，四川省商务厅、四川省博览事务局、泸州市政府共同承办的国际酒类专业展会，是迄今为止规模和影响最大的一届酒博会。

3月24日，2015中国国际酒业博览会在巨洋会议中心举行中国白酒酒庄酒全球首发仪式，四大白酒名庄，即苏酒酒庄、龙洄酒庄、国井1915酒庄、陈太吉酒庄向全球发布了酒庄酒。中国酒业协会理事长王延才，市委副书记曹建国，中国酒业协会副秘书长宋书玉出席。

3月26日，合力共建长江四川段黄金水道座谈会上在泸州召开。长江航务管理局、省交通运输厅、泸州市政府、宜宾市政府联合签署了《合力推进长江干线水富至重庆段航道建设工作备忘录》。

4 月 13 日，泸州国家高新技术产业开发区与北京东方雨虹防水技术股份有限公司投资合作签约仪式在南苑会议中心举行。

4 月 21 日，泸州市政府与农发行四川省分行在南苑宾馆牡丹厅签署“整体城镇化项目融资”战略合作协议。市委书记蒋辅义出席签约仪式；市委副书记、市长刘强和农发行四川省分行行长张勇分别代表双方签署战略合作协议。

4 月 27—28 日，全省投资暨重点项目推进工作会议在泸州召开，总结部署全省投资和重点项目工作。

4 月 28 日，全省铁路建设推进工作会在泸州召开，会议确定了 2015 年四川省铁路建设的主要任务。

是日，在四川省风景园林工作会议上，泸州市正式被授予“国家园林城市”奖牌。

4 月 29—30 日，省委书记王东明莅临泸州考察，研究推动川南经济区更好更快发展，并在泸州市主持召开川南经济区发展座谈会。

5 月 4 日，全市推进外向型经济发展现场会在泸州港保税物流中心召开。市委书记蒋辅义出席会议并宣布泸州市发展外向型经济三年攻坚行动正式启动。

5 月 22 日，泸州老窖集团基干民兵特种大队、市民兵综合应急营成立。

5 月 25 日，推进素质教育综合改革泸州论坛暨中央财政资助行知西部特困学生示范项目启动仪式举行。

5 月 28 日，泸州与中国中元国际工程有限公司战略合作协议签约仪式在南苑会议中心举行。市委副书记、市长刘强和中国中元国际工程有限公司董事长、总经理丁建分别代表双方签订战略合作协议。

6 月 4 日，泸州市国家卫生城市省级复审工作汇报会在南苑会议中心举行。泸州市顺利通过国家卫生城市省级复审。

6 月 6 日，四川医科大学发展推进会在巨洋会议中心召开。省教育厅党组成员、省政府总督学刘东宣读教育部、省教育厅关于同意泸州医学院更名为四川医科大学的相关文件，省政府副秘书长王七章、刘东共同为四川医科大学授校牌。市委书记蒋辅义代表市委、市政府为学校颁发总额为 1 亿元的“高端人才引进基金”奖牌。

6 月 18 日，省商务厅、泸州市政府厅市合作协议签字仪式在成都举行。双方决定建立更加紧密的合作机制，将泸州市打造成为长江上游临港经济示范区和区域性服务业中心城市。省商务厅厅长谢开华，市委书记蒋辅义，市委副书记、市长刘强出席签字仪式。

6 月 24 日，话剧《蒋兆和》首次亮相国家大剧院并成功演出，获得观众高度认可。

6 月 29 日，位于中国电信泸州分公司通信枢纽大楼机房的 3 万门程控交换机的电源关闭，标志着泸州从此告别了“传统铜网通信时代”，建成了市域人口 500 万以上的“中国第一个光网大城市”。

7 月 7 日，2015 年川南（泸州）科技金融对接暨科技成果发布会召开，川南四市泸州、自贡、内江、宜宾共同签署了“川南四市科技信息资源共享合作协议”，这标志着川南四市今后将在科技信息资源方面实现互联互通、资源共享。

7 月 15—17 日，全国文化市场技术监管与服务平台培训系统应用培训、全国文化市场技术监管与服务平台应用推广工作片区督查和全国文化综合执法规范化课件课题评审工作 3 个国家级会议在泸州市召开。

7 月 21—22 日，省政府副省长刘捷莅临泸州调研精准扶贫和基层联系点帮扶工作，强调要大力实施精准扶贫精准脱贫，增强造血功能，实现脱贫致富的可持续发展。

8 月 13 日，四川省青年企业家协会第十次会员代表大会首次在泸州隆重开幕。省政协副主席、省工商联主席陈放，团省委书记刘会英，团省委副书记克克，市委书记蒋辅义等领导及 300 余名省青企协会员、特邀代表出席开幕式。会议由团省委副书记克克主持。

8月14日，泸州招商推介会暨合作项目签约仪式在巨洋会议中心举行。市政府与省青年企业家协会分别签订了战略合作协议和对口扶贫协议。

8月16—18日，泸州市遭遇暴雨袭击，部分乡镇受灾严重。灾情发生后，市委书记蒋辅义，市委副书记、市长刘强，市委常委、泸州军分区司令员王宗明，副市长曹勇、张文军等领导，高度重视并前往重灾区白腊苗族乡高峰村、天堂村等地组织开展抢险救灾工作。

8月22日，2015中国医药企业家年会在泸州举行开幕式。会议以“共享经济互联网时代创新与共赢”为主题，由泸州市政府和中国医药企业管理协会联合主办。

9月9日，泸州市招商引资碧桂园入驻江阳区签约仪式暨新闻发布会在酒城宾馆举行，全国十强房企碧桂园正式签约入驻泸州。市委书记蒋辅义出席签约仪式并讲话。

9月15日，农村贫困地区卫生预防保健服务体系试点单位座谈会在泸州召开。来自国家相关部委以及云、贵、川3省6县试点单位的相关负责人、部分医疗专家和企业代表共同探讨当前农村贫困地区卫生预防保健的发展之路，助推医疗扶贫工作。原国家人口计生委主任、政协人口资源环境委员会主任张维庆，云南省委常委、组织部部长刘维佳，市委书记蒋辅义，市委副书记、市长刘强出席会议。

9月16日，2015第三届中国（泸州）西南商品博览会在泸州西南商贸城隆重开幕，会期5天。本届商博会以突出“创新发展·转型升级”为主题，由中国商业联合会、四川省商务厅、四川博览事务局、泸州市政府主办。

10月16日，泸州市2015年房地产展示交易会在城西中央广场开幕，会期3天。本次房交会以“美好家园·宜居泸州”为主题，由泸州市政府首次主办。市委书记蒋辅义宣布开幕。

10月19日，2015年“全国大众创业万众创新活动周”泸州分会场活动在西南商贸城5区广场正式启动。本次活动以“创业创新、汇聚发展新动能”为主题，并将10月19日确定为泸州市2015年创新创业工作宣传日。

10月23日，泸州市重点招商引资项目签约仪式在成都世纪城国际会议中心召开，华为、南瑞、省农村信用联社异地灾备中心、软通动力与我市签订项目合作协议，共同建设国家级云计算产业基地。

是日，西南智能电网产业发展论坛暨泸州招商引资大会在成都新会展中心举行。市委书记蒋辅义致辞并作推介发言。此次大会共签约项目60个，投资总额达830.45亿元。

10月30—31日，市委书记、市对口支援藏区工作领导小组组长蒋辅义率队赴甘孜州对接援藏工作。

11月2日，泸州市政府与四川发展（控股）有限责任公司在成都签署战略合作协议。市委副书记、市长刘强代表泸州市政府与四川发展（控股）有限责任公司签署战略合作协议。

11月19日，由河南法制报、海南法制时报以及省级主要媒体等10多家国内知名新闻媒体组成的“法治中国走进四川”大型采访团抵达泸州，就我市依法治市工作进行考察调研。

11月23日，长江上游深水航道火焰碛航段浚深工程开工仪式在泸州火焰碛水道举行，拉开了长江干线四川段航道等级提升工程序幕，将为下一步全河段系统整治建设奠定良好基础。

11月26—28日，省委副书记、宣传部部长尹力赴内江、泸州、自贡调研依法治省工作推进落实情况。

11月30日，泸州老窖股份有限公司与中国检验认证集团四川有限公司正式签订《“久香”牌曲药生态原产地产品保护项目服务协议》，标志着泸州市首个生态原产地产品保护项目正式启动。

12月2日，泸州市26个亿元以上重点工业项目集中开工，总投资超过260亿元。省政府副秘书长罗治平出席，市委书记蒋辅义宣布项目开工，市委副书记、市长刘强主持开工仪式。

是日，拉萨市委常务副书记龙志刚，市委常

委、组织部部长陈军带领拉萨市党政代表团莅泸考察，并与泸州市签订了合作共建框架协议。市委书记蒋辅义出席签约仪式并讲话，市委副书记曹建国主持签约仪式。

12月3日，泸州市成为全省首批行使地方立法权的设区市。

12月14日，教育部正式发函（教发函〔2015〕144号），同意四川医科大学更名为西南医科大学。

12月15日，省政府参事、省劳动和社会保障厅原厅长张成明率省政府参事室调研组调研泸州市稳增长经验。调研组认为，泸州发展令人振奋，稳增长经验值得总结推广。市委书记蒋辅义出席座谈会。

12月16—18日，全省农村基层党建工作专题培训班在泸州市举办。市委书记蒋辅义作了题为《从严落实管党治党责任，推动基层党建全面进步全面过硬》的专题讲座。

12月23日，泸州市与中航工业幸福航空控股有限公司共同签署了《组建幸福泸州航空有限公司暨战略合作框架协议》。市委书记蒋辅义、中航工业幸福航空控股有限公司党委书记罗雪平在仪式上致辞。市委副书记、市长刘强主持仪式。　（申　波　杨列健）

中国共产党泸州市纪律检查委员会（泸州市监察局）

【中共泸州市纪委七届五次全会】2015年2月3日中国共产党泸州市第七届纪律检查委员会第五次全体会议在泸州召开。全会的主要任务是：学习贯彻十八届中央纪委第五次全会和省纪委十届四次全会精神，研究部署2015年反腐倡廉各项任务。全会审议通过了市委常委、市纪委书记田亚东代表市纪委常委会所作的《从严依规治党，深化改革创新，坚定不移推进党风廉政建设和反腐败斗争》的工作报告。市委书记蒋辅义出席会议并作重要讲话。

2015年2月3—4日，中国共产党泸州市第七届纪律检查委员会第五次全体会议召开

【“两个责任”落实到位】坚持全市“一盘棋”，三级联动抓落实，建立市、县区、乡镇（街）三级联动责任体系。市委常委会多次专题研究部署党风廉政建设和反腐败工作，市委主要领导切实履行党风廉政建设第一责任人职责，建立市委主要领导率先垂范，亲自抓、亲自管，其他市领导严格落实“一岗双责”。市委书记蒋辅义先后5次到市纪委调研指导工作，4次主持召开党风廉政建设和反腐败协调小组联席会议，安排部署落实“两个责任”、纪律审查、正风肃纪等工作，约谈领导干部100余人。市委建立党建暨党风廉政建设工作季度述职制度，定期听取区县、市级重点部门党委（党组）和联系市委常委汇报，年底统筹考核。制定县区党委主体责任和县区纪委监督责任、市级部门党组（党委）主体责任和市级部门纪检组（纪委）监督责任“四张清单”，明确党委（党组）、纪检组（纪委）具体工作任务。建立市委常委和市纪委常委联系区县、区县领导联系乡镇

(街道)、乡镇(街道)领导联系村(社区)制度。强化统筹联动，安排市纪委监察局派驻纪检监察组织和中央、省驻泸纪检监察机构144个单位，按照“点对点”的要求分别联系指导全市144个乡镇(街道)，对联系乡镇(街道)负监督责任。出台《2015年下半年泸州市党风廉政建设社会评价工作方案》，市纪委书记、副书记对7个区县委书记、区县长、纪委书记进行“一对一”约谈。强化责任追究。市纪委组建8个常态化监督检查组，对96个市级单位落实“两个责任”情况进行专项督查，向3500余名党员干部宣讲“两个责任”96场次，个别谈话1000余人、暗查暗访56次，反馈书面意见整改书70份。全年，对83个落实“两个责任”不力的单位和个人进行严肃问责。坚持“一案双查”，对党风廉政建设出现重大问题的市公安局党委和合江县委领导班子进行诫勉谈话，依法处理或组织调整部分领导干部；对古蔺县双沙镇党委、纪委处置信访问题线索不力问题进行问责，给予党委书记、纪委书记警告处分并进行组织调整；对叙永县分水镇党委副书记、纪委书记何光琪制止大操大办不力进行责任追究。

【惩治腐败】全市纪检监察机关共初核线索及谈话函询1558件；立案717件；其中县处级26件，乡科级134件；党政纪处分740人，其中，处分县处级干部25人，乡科级135人。泸县、合江县、叙永县、古蔺县立案数均突破100件。严肃查处市委群工局原局长曾建雄、副局长熊克伟失职渎职案，市住建局原副局长杨斌受贿案，古蔺县原常务副县长吴极、市住房公积金中心原主任曾维俊“不作为，乱作为”案，合江县原人大党组书记罗德荣和两任原政协主席宋晓红、陈治琼违反廉洁自律规定案，市财经学校原校长姚光亮违规从事营利活动案，市安监局调研员陈伟辉利用评审职务之便收受礼金案等一批有影响的案件。建立党风廉政建设和反腐败工作联席会议制度，定期召集研究案件查办工作。市委反腐败协调小组加强组织协调，建立案件(线索)移送、信息沟通机制。建立市纪委常委联系督导县区信访件办理工作机制，全面推行市、区县纪委常委带头领办、督办案件，定期分析、每月通报。积极做好巡视联络工作，针对巡视反馈问题，立行立改，切实制定整改方案，建立责任清单、问题清单、整改清单，定时定责抓好整改落实。对省委第八巡视组交办的2183件信访件进行督促办理。经初核转立案19件，给予党政纪处分24人，移送司法2人。严格落实线索处置和案件查办向同级党委和上级纪委双报告制度，严格按照拟立案、初核、暂存、留存和了结五类线索处置方式和标准，对掌握的问题线索进行规范处置，对125件积存问题线索进行清理督办。强化审查工作全过程监督管理，市党员干部法纪教育中心规范运行，对23名党员干部采取“两规”“两指”措施，未发生任何安全事故。

【正风肃纪】成立由市委书记蒋辅义任组长的正风肃纪工作领导小组，切实开展“三全三深入”即全覆盖、全清账、全落实和深入基层、深入一线、深入群众活动。全市308名市级单位纪检监察干部深入144个乡镇(街道)、1617个村(社区，走访干部群众7710余人次，收集问题线索1125条，现场解决问题554个；督促7个县区180名县级领导、22031名机关干部，走访干部群众10.24万人次，解决问题27741个，开展各类政策讲解10221场次，对全市纪检监察机关收集的信访问题线索进行摸底、排查和清理，将“基层党员干部‘不具体、不落实、不负责’以及‘不作为、慢作为、乱作为’”“基层党员干部大操大办婚丧喜庆事宜”“惠农补贴和涉农项目建设方面的违纪违法”等突出问题作为重点整治内容。全市建立“4+2”问题台账。全年，对群众反映的“四风”和腐败问题线索329件、信访举报问题576件、社会评价反馈问题285件、重点督办案件问题104件以及省委第八巡视组移交反馈问题线索进行全面清理核实，跟踪督办“全落实”。建立问题线索挂牌督办、现场督办、交账督办、回访督办等工作机制，督促各区县、乡镇(街道)逐一整改落实。全年，“4+2”问题台账中的1346件问题线索，解决、化解和疏导1083件。全市“不作为、慢作为、乱作为”专项整治期间，批评教育干部职工1875人、诫勉谈话908人，查处典型案件163起，给予党政纪处分134人、组织处理46人。开展“万人评议党风政风行风”工作，对市级部门（单位）、公共服务行业群众满意度进行测评，测评结果纳入党风廉政建设责任制考核。全市共立案查处发生在群众身边的“四风”和腐败案件491件，给予党政纪处分548人，制发工作通报18期，内部通报103件、115人，其中县处级干部9人，公开曝光45件，《四川日报》和《中国纪检监察报》刊登了泸州市的做法。

【惩防体系建设】注重源头治理，坚持纪律教育经常化、规范化、制度化。市委中心组专题学习讨论南充拉票贿选案、衡阳破坏选举案、河南新乡落实党风廉政建设“两个责任”不到位问题的通报。认真学习贯彻《中国共产党廉洁自律准则》和《中国共产党纪律处分条例》，邀请中央纪委法规室副局级纪律检查员、监察专员周鹏飞作学习专题讲座。市本级和各县区组织开展电视知识竞赛，全市6648个党支部、18万余名党员参与报纸答题，4.2万余人参与新媒体竞赛，参与率居全省第四位。建立“一书一片一基地”三大载体，编印教育读本《悔恨的泪Ⅱ》10000余本；分层、分类摄制、发放专题警示教育片《滑向深渊》和《忏悔》1000余套；组织2.4万余名党员干部到市党员干部法纪教育基地接受警示教育。组织开展反腐倡廉集中宣传教育月、媒体恳谈会、纪委开放日等活动；“廉洁泸州”网站和微信公众号开通运行，成为全市纪检监察学习阵地和信息发布主平台。坚持抓早抓小，修订完善具有泸州特色的《廉政风险防控“三早三卡”机制实施办法》，把“三早三卡”与运用好监督执纪“四种形态”有机结合，对约谈提醒等“咬耳扯袖”问题发提醒卡，对批评性约谈等“红脸出汗”问题发警示卡，对诫勉谈话、组织处理或党政纪轻处分的发纠错卡。全市发放“三早三卡”3万余份，提醒各级领导干部廉政风险18200余次，纠正问题810余个。在市住建局、国资委、卫计委等单位深入推进“积极预防、系统治理”工作，建立信息汇总分析、集中排查会诊、治理措施推进、防治效果评估四大工作机制。加强权力运行制约和监督，全面推行权力清单，责任清单，负面清单，制定《关于建立行政权力依法规范公开运行平台“三重监督机制”》，构建起行权部门即时监督、行权平台管理部门跟踪监督、纪检监察机关执纪监督的“三重监督机制”。

【李某受贿案】市委统战部原正县级副部长李某，在2008年4月至2013年12月担任合江县委书记期间，严重违反廉洁纪律，利用职务上的便利在房地产开发等方面为他人谋取利益并收受财物，数额特别巨大，搞权色钱色交易，违反规定收受管理服务对象礼金。其中，利用职务上的便利为他人谋取利益收受财物问题涉嫌犯罪。受到开除党籍、开除公职处分，并移送司法机关依法处理。

【何某违反廉洁自律规定案】中共泸州市委原副秘书长何某，在担任古蔺县政府县长、县委书记期间，于2007年至2012年春节前后，违反廉洁自律规定，收受管理服务对象现金20万元，受到党内严重警告处分，并收缴其违纪所得。

【周某受贿案】江阳区政协原主席周某，在2008年至2014年先后担任江阳区委常委、组织部部长、区政协主席期间，利用职务之便非法收受他人现金共计18.5万元；收受管理服务对象礼金共计17.3万元；并在公务员录用、工作调动等方面为他人谋取利益。受到开除党籍、开除公职处分，并移送司法机关依法处理。

【张某受贿案】叙永县人民政府原副县长、公安局局长张某，在2000年至2014年，先后担任龙马潭区公安局局长、合江县副县长、公安局局长和叙永县副县长、公安局局长期间，利用职务便利，为下属职务升迁、工作调动以及企业老板的经营等提供帮助和关照，非法收受他人贿赂共计36.3万元。违反廉洁自律规定，收受下属和其他与行使职权有关的个人礼金共计8.1万元。受到开除党籍、开除公职处分，并移送司法机关依法处理。

【牟某受贿案】泸州兴泸集团居泰房地产有限公司原总经理牟某，在2007年至2014年先后担任古蔺县国土资源局局长、泸州云龙机场空港发展有限公司副总经理和泸州兴泸居泰房地产有限公司董事长、总经理期间，利用职务之便，为个体老板、项目承建商等谋取利益，收受他人贿赂共计277万元，严重违纪，并涉嫌犯罪。受到开除党籍处分，并移送司法机关依法处理。

【田某醉酒后私自危险驾驶案】泸州市公安局巡逻防控支队原政委田某，在驻京维稳期间，于2015年9月2日晚，庆祝抗日战争胜利70周年阅兵仪式前夕，置法纪于不顾，醉酒后私自驾驶制式警车外出，性质严重，影响恶劣，并涉嫌危险驾驶犯罪，被北京公安机关以涉嫌危险驾驶罪刑事拘留。受到开除党籍、开除公职处分。（刘　向）

组织工作

【“三严三实”专题教育】1. 领导干部讲党课。围绕“四个讲清楚”要求，周密部署领导干部讲党课，完成县区和市级各部门县级以上领导干部讲党课全覆盖。2. “四教育四研讨”活动。在省上规定任务基础上增加“以先进典型为引领，坚持‘三抓三主动’，为推动改革发展稳定做贡献”专题研讨。组织厅级领导干部参加“红军长征四渡赤水战役胜利80周年”纪念活动，邀请中央保密办副主任杜永胜、江阴市委书记周铁根莅临泸州作专题宣讲，市委中心组认真学习中央关于南充贿选案等典型案件的通报，开展专题剖析反思。3. 深入查摆问题。坚持问题导向，采取多种形式深入查找不严不实问题，并逗硬开展自查自纠。专项整治期间，各地各部门开展政策业务培训3240次，培训党员干部7.09万人次；批评教育干部职工1875人、诫勉谈话908人；交流同一岗位任职5年以上中层干部742人、10年以上的中层干部165人。各级各部门有效解决突出问题2.27万个。4. “不作为、慢作为、乱作为”专项整治。结合泸州实际，集中开展为期三个月的“不作为、慢作为、乱作为”专项整治。全市共受理“不作为、慢作为、乱作为”信访3678件，办结3419件；查处典型案件162起、通报100起，给予党纪政纪处分134人、组织处理46人、移交司法机关46人。

【干部队伍建设】1. 鲜明导向。遵循好干部标准和“三严三实”要求，认真落实省委“六个重视选用”、“六个坚决不能用”和“六个坚决调整”，市委提出重品行、重实绩、重公认、重基层的用人导向，新提任副县级领导干部全部具有两年以上基层工作经历，2014年受省委表彰的3名优秀乡镇党委书记全部得到提拔。调整合江县、公安系统等软班子和27名不适宜担任现职的领导干部。2. 功能结构模型管理。差异化建立70多个县级班子模型，泸州高新区承担全省产业园区班子功能模型管理试点，经验在全省推广。3. 干部培养锻炼。深入实施优秀干部人才递进培养计划，开展第三批遴选462人，市县两级累计公开遴选培养对象1352名，提拔重用197名。市本级递进班每年确定20%的比例定向选调生进行公开遴选，递进培养选调生70名。全市引进18名急需紧缺专业选调生，招录51名选调生，开展为期3个周的集中培训。立足新一轮换届需要，市级分层分类建立500多名优秀干部人才库。4. 干部教育培训。建立每年500万元的干部教育培训专项经费制度，全年围绕提高干部专业化能力，举办扶贫攻坚、文化产业、电子商务、现代金融等培训班，全年教育培训干部2万多人次。

【干部监督管理】1. 干部选任监督。开展干部选任工作专项督查，制定出台《关于防止干部“带病提拔”的十二项规定》，坚持干部档案“凡提必审”、个人报告事项“凡提必核”、信访举报“凡提必查”，建立1075名市管干部房产情况等14项报告事项信息库，对109名市管干部进行随机抽查核实，对118名拟提拔市管干部考察对象进行了重点核实，对1名个人有关事项报告不实的干部取消考察资格。实行干部工作全程纪实制，建立带病提拔倒查制度。2. 干部日常监督。严格执行《关于组织人事部门对领导干部进行提醒、函询、诫勉的实施细则》，结合从严治党系列专题活动、干部选任工作、信访举报查核等，对12名市管干部进行了提醒或函询，市、县（区）累计谈心谈话万余人次。完善信访、电话、网络、手机短信

2015年9月23日，省委常委、组织部部长范锐平（中）在古蔺县太平镇调研，市委书记蒋辅义（左三）陪同

“四位一体”举报受理平台，全年涉组涉干信访反映23件全部落实。3. 选人用人问题专项整治。印发《关于开展选人用人“5+2”突出问题专项整治工作方案》，清理消化超职数配备干部258人，消化率100%。专项审核市管干部人事档案1000余名，倒查1名“带病提拔”县级领导干部和5名科级领导干部。4. 从严要求与关心激励。加快配齐乡镇人员缺额，招录乡镇公务员437名。强化干部轮岗交流，市级部门同一岗位任职5年以上的中层干部轮岗交流128人，轮岗率62.5%。印发《泸州市县以下机关建立公务员职务与职级并行制度的实施办法》。在泸县、市委统战部、市公安局开展公务员平时考核试点。下大力气解决乡镇工作人员周转房建设问题，市委决定筹资6450万元，对古蔺县、叙永县（国定贫困县）每个乡镇补助周转房建设资金100万元，对合江县（省定贫困县）每个乡镇50万元。

【基层基础工作】1. 落实党建责任。建立健全党建工作述职制度，市委第一季度听取区县纪委书记、组织部部长、宣传部部长汇报，半年听取区县委书记、市级主要部门党委（党组）书记汇报，第三季度听取联系区县和部门的市委常委汇报，年底全面统筹、考核逗硬。建立市委常委联系指导区县党建工作制度，抽调退居二线的县处级党员领导干部组成了6个履行党建责任督导组。2. 基层保障。在2014年村、社区工作经费提高到每年8万元、10万元的基础上，2015年继续按15%的比例递增，分别提高到9.2万元、11.5万元，走在全省前列；村（社区）干部基本报酬继续按15%的比例递增，最高分别达到1520元和2760元，是省定标准的150%。2015年10月，市委将基层党建工作专项资金从每年500万元提升到2000万元，村社区阵地建设工作经费从1000万元提高到2000万元，困难党员干部关爱帮扶基金从200万元提高到500万元，各区县不低于100万元设立困难党员干部关爱帮扶基金。全市村社区阵地建设全面达标。3. 党建扶贫攻坚行动。从市县区机关递进培养人员、后备干部中选派423名干部到贫困村、软弱涣散村担任第一书记，出台《驻村第一书记管理办法》，为每名驻村第一书记落实每年3万元工作经费和2万元基层党建工作经费，确保第一书记下得去、待得住、干得好。实施弱村整顿强村示范行动，有效转化提升软弱涣散村（社区）党组织160个，建成“五星级”服务型党组织120个。推进基层综合服务平台建设，按“1+6+N”要求规范建设村级党群服务中心。4. “走基层”活动。组织各级领导干部进村入户宣讲3400余场次，走访慰问困难群众12万户，帮助实施农村危房改造9309户、避险搬迁地质灾害隐患点农户1164户，新建改建农村通村公路700公里，改造农村电网3490公里，有效解决5.5万名农村群众饮水安全，帮助化解群众反映强烈的信访问题1140个。

【人才队伍建设】1. 激励制度。完善“酒城英才”、市拔尖人才、市学术技术带头人评选管理办法，落实全日制博士、硕士研究生生活补助、“酒城英才”奖金、首批市级（院士）专家工作站建站补助金。2. 人才引进培养。制定《2015年“三主动”工作人才引进计划推进方案》，收集全市急需紧缺高层次人才计划403名。通过集中组织或招才小分队等形式引进急需紧缺专业人才582人。在上海财经大学、浙江大学举办营销人才、电子商务人才培训班，培训企业人才102人。3. 关爱服务。广泛开展形式多样的走访慰问活动，全市共走访慰问优秀人才3180名。全市建立大学生创新创业俱乐部5个，大学生创业园区13个，出台促进科技人才和大学生创新创业的系列政策措施。

（周柏林）

宣传工作

【概况】市委中心组学习、社会主义核心价值观泸州实践、文明城市创建等工作在全省全国经验交流11次，市委宣传部机关获中央文明委、中宣部等省级以上表彰表扬37次。泸州获全国文明城市提名，市委主要领导参加全国精神文明建设工作表彰大会。

【理论武装】理论学习，市委中心组集中学习23次，在全省作经验交流2次。理论宣讲，市领导和专家学者赴各区县、市级部门宣讲138场次，遴选组建市级领导、专家、群众三支宣讲队伍331人，开展分众化、对象化、互动化宣讲1130余场。理论研究，成功召开市社科联第五次代表大会；建立社科成果应用转化对接机制，社科立项123项，市领导主持省级课题2项（全省唯一2项），成果转化80余项。

【舆论引导】强化主流舆论，建立“每日阅评、每周通气、每月分析、每季策划、每年盘点”5项制度，组织集中采访13次、主题宣传35个。强化对外宣传，在省级以上媒体刊发正面宣传稿件23840件，同比增长17%，在央广发稿量全省第一，在四川电台、电视台均居全省第三；连续3年在央视、凤凰卫视等推出城市形象片433次，首次在北京、重庆、成都等地开展“中国酒城醉美泸州”城市形象展23场；投放“中国酒城醉美泸州——我的家”五大系列外宣精品2万套。强化媒体融合，市委市政府出台专项实施方案，扶持重点项目11个。泸州新闻网等6家市内主流新闻网站日均浏览量突破50万人次，同比增长97.3%；爱泸州、掌上泸州等3个移动客户端（APP）订阅数17.9万，净增11万；媒体法人微博微信20个，粉丝62.8万个，净增32万。

【网络治理】依法治理，推行“备案、初审、约谈”3项制度，建立6本台账，专项整治15次、约谈网站负责人47人次。整合资源，成立“泸州高校联盟网”，与人民网、新华网等建立战略合作关系。实施网军“百千万”工程，建强6支队伍。加强管控，在全省率先建立网络舆情负面影响评定标准体系，建立双向监测、双向预警制度，实行“人工+技术”24小时全网监看。用好网络问政平台，纳入党风政风行风测评体系，创新建立第三方评价机制，受理网民问政9199件，同比增长81%，回复率99.9%、满意度96%。

【社会主义核心价值观建设】实施“看得见”工程，刊播公益广告200余万次，建设主题公园17个，命名基层示范点15个，精编《国学经典》等读本10万余册。实施“记得牢”工程，打造“一年四季泸州好人”示范街3条，设立网上好人馆，全市各级各部门“善行义举榜”设置率达90%。光明日报“核心价值观百场讲坛”莅泸开讲、全国直播，《四川日报》整版刊发我市经验。实施“践行好”工程，评选11名泸州市第四届道德模范，1人获全省道德模范称号。评选“泸州好人”20名，入选“四川好人”20名、“中国好人”1名。创新开展小学新生“开笔礼”“十佳思政名师”“十佳思政成果”评选等活动，受到省委宣传部肯定。

【文明创建】建强工作体系，建立“1+9+6+1”工作体系（1个指挥部、9个工作组、6个督查组、1个办公室），建立市领导带队督查、问责机制。实施“六大工程”，大力实施信仰信念、文明素质、基础设施、安全畅通、市场建设、环境优美等六大工程。按照“五化”“一营造”标准实行包保联创责任制，98个市级部门和172个区级部门结对联创，凤凰社区经验在《人民日报》刊发。集中力量为未成年人办10件实事，折合资金9.64亿元。强化督导问责，坚持“天天督查、天天通报、天天整改”，市领导督查107次，专项督查226次，印发督查通报46期，整改问题688个。组建110人的“市民志愿巡访团”，开通文明热线、短信监督平台，全年整改问题1578个，办结率100%，满意度100%。

【文化发展】强化文化惠民，完善公共文化服务体系，形成“4331”标准化建设模式，建成示范点150个，“泸州模式”被推荐到中宣部。举办第五届群众文化旅游艺术展示活动，开展曲艺展演、微电影等6项大赛。项目化扶持“十强演艺团队”，连续三年举办“醉美泸州·百姓舞台”。催生精品力作，话剧《蒋兆和》走进国家大剧院、音舞诗画剧《天赐泸州》公演14场、川剧《醉美泸州河》驻场演出47场。扶持重点文艺作品创作项目14个，8部作品分获冰心儿童文学奖、“山花奖”等大奖。做强文化产业，推进“一园四区”（文化创意产业孵化园、张坝艺术区、川南影视传媒创作区、泸州工业遗址展示区、川南文化创意产业区）建设。其中，文化创意产业孵化园入驻企业11家，张坝艺术区招引大师5个，泸州工业遗址展示区成为全国老工业区搬迁改造储备项目。编制《泸州市文化产业发展规划（2015—2020年）》，全年实施重点文化产业项目27个，投资总额14.3亿元。全市文化产业实现营业收入174亿元，同比增长16.3%，实现入库税金7.5亿元，同比增长18.5%。

【基层基础】基层建设，每个乡镇（街道）配有专兼职宣传干事、专职文化干事各1名以上，试点“政府为村、社区购买公益性文化岗位”。提升队伍素质，以“新闻发言人（网络人才）、理论社科骨干、文化文艺人才”为重点，与清华、中传、人大等建立“校地合作、订单培养”机制，培训5期340人次。评选“四个一批”（一批理论、文艺、新闻出版、经营）人才，建立“四个一批”人才库，分层次建立文艺人才名录库。成立新闻道德委员会，建立网络文化协会。拓展宣传阵地，开通泸州新闻工作者协会网站。全市实现县有“两馆一院”，乡有“一站一院一馆”，村有“4331”。广播和电视人口综合覆盖率分别达97.8%和99.3%。

（周顺锋）

9月30日是全国烈士纪念日，泸州市举行烈士公祭活动

统一战线工作

【多党合作事业】全年协助市委召开与市级民主党派的协商会、通报会、座谈会等6次。“两会”期间，各民主党派围绕全市重点、难点、热点问题，提交提（议）案和社情民意、建议共363件。其中，民革在省两会上提出的《我省食品安全工作存在的问题与建议》，受到《天府早报》《四川法制报》等多家媒体报道；致公党《关于加快建设泸州至合江至遵义城际铁路的建议》被省发改委采纳。持续深化“五比五看”活动影响力，创新

开展民主党派亮点观摩，推动各党派创先争优。协助开展致公党成立90周年、民革成立60周年、民建成立70周年等纪念活动。争取统战系统省（部）级领导莅临泸州调研指导工作15人次；主动对上完成引资2.1亿元，增长107%；主动对接项目21个，新引进项目落户投资1.2亿元。创新开展“泸州市统一战线精准扶贫进百村千家”活动，动员全市统战系统联系贫困村50个、建卡贫困户310多户，协调社会各界支持资金款物5400余万元。

【非公有制经济统战工作】市委书记蒋辅义在省委统战工作会上作“加强商会建设”的专项经验交流，泸州是唯一作经济统战经验交流的市州。围绕“民营企业家能力建设年”主题，加强企业家教育培训，先后组织100名企业管理人员在与泸职院参加“民营企业账务管理”培训班，组织100名非公经济人士参加市委党校主体班培训。建立全省一流水平的《泸州市直属商会管理办法》，指导成立西安、广东、金华等3个异地商会，以及智慧互生商会、健康产业商会2个行业商会，新发展会员150名。全年对接在外泸商655名，跟踪对接项目29个，计划投资7.5亿元，落地投资1.2亿元。组织7名非公经济人士参加省光彩会第四届理事会第一次会议，熊国铭荣获省光彩会突出贡献奖，喻小春当选为省光彩会副会长，实现泸州市非公有制经济人士在省上政治安排的新突破。积极支持佳乐爱心基金、成都泸商爱心基金、重庆泸商爱心基金等参与光彩事业，协调解决定向捐赠问题。先后组织20户民营企业参加联系帮扶村活动，指导企业联系贫困户30余户。

【党外代表人士队伍建设】收集各区县、市级各部门、市属企事业单位的党外代表人士情况，更新党外代表人士数据库，建立副科、正科、县处级、厅级四个级别党外干部数据库。组织全市6个民主党派50名骨干成员参加第九期民主党派骨干成员培训班。积极开展第二批党外干部挂职锻炼，组织两批27名党外干部进行挂职。协助民革市委在省社院举办干部培训班，协助民建市委在无锡社院举办干部提高班，开创党派市级组织在省社院单独办班的先河。出台《关于进一步做好党外代表人士工作“五共同”的实施意见》和《党外干部队伍状况定期分析工作制度》。

【党外知识分子工作】建立泸州市党外知识分子联谊会，广泛吸纳全市各界代表性强、社会影响大、专业水平高的无党派知识分子加入党外知识分子联谊会。各区县相继成立知联会分会。同时，围绕“产业转型发展年”工作主题，积极引导党外人才发展新型业态，培育新的经济增长点。特别是注重加强和改进新媒体从业人员等网络人士统战工作，注重加强线上互动、线下沟通，引导其政治观点，增进其政治认同。

【民族宗教工作】深入古蔺叙永两县督查少数民族地区待遇县政策落实情况，完成2016年度省散杂居少数民族资金项目申报工作。主动争取对上资金11410万元，民族待遇县省级财力留成11110万元。制定出台《宗教活动场所规范化管理的实施意见》，第一次规范对宗教界代表人士的考核管理，落实宗教团体办公经费补助和宗教界代表人士生活补助。形成宗教重大事项和宗教场所安全情况报告机制。

【对口援藏工作】市委常委会常两次专题研究对口援藏工作，市委书记蒋辅义于10月亲自带队赴甘孜州和受援藏区县对接援藏工作，看望慰问泸州市援藏干部人才。形成《泸州市对口支援乡城县和稻城县五年实施规划（2012—2016）》预评估报告，受到省委藏区办高度评价。其中，《泸州市突出旅游优先做细做实对口援藏工作》受到省委书记王东明书记签批肯定。泸州市在受援两县实施20个援建项目，完工12个，在建8个，项目总体进展顺利。组织四川同心·律师服务团泸州分团一行9人远赴乡城县，开展以法治宣传、法律培训、法律援助、法律调解、法律顾问咨询、法律人才培训、法治示范点创建为主要内容的同心法律服务。全年有教师、医技人员共4批35人到泸州进行顶岗培训；受援县党政干部和村社干部代表来泸考察学习3批50人次；成功举办藏区政法干警政治理论提升培训班，34名来自藏区的政法干警参加培训。开展“藏区特色产品走进泸州”

活动，为藏区农牧民群众增收致富搭建平台。组织甘孜州26家农特产品生产加工企业组团参加在泸州市举办的“2015第三届中国（泸州）西南商品博览会”。印发《关于进一步规范省内对口援藏援建相关工作的通知》，对援藏援建干部人才的选派、管理、服务、考核等进行了规范和明确。

（熊晓斌）

政法及综治工作

【维护社会稳定】2015年市委办公室、市政府办公室制发《关于进一步加强维稳工作的意见》，明确各级各部门主要领导是维护社会稳定工作的第一责任人。建立社会稳定风险评估座谈会机制，以推动风险评估工作常态化为重点，每半年对改革发展中涉及群众利益、极易引发社会稳定问题的重大事项进行会商，指导推动稳定风险评估工作在各个领域的全覆盖，全年全市完成社会稳定风险评估386件。坚持落实乡镇街（村社）每半月、县（区）每月排查一次不稳定因素制度。组织全市性“拉网式”排查化解活动9次，有效化解各类不稳定因素6543件。梳理征地拆迁补偿、涉法涉诉等10方面35项突出不稳定因素，进行妥善处理。注重健全完善应急处突工作机制，定期调整完善应急处突预案，加强边际卡口建设，严防暴恐分子借道出（入）境造成危害。合理部署警用与非警用安保维稳工作力量，不断强化“一分钟”快速反应执勤点建设，切实提升快速反应与处突水平。

【社会治安防控体系建设】将社会治安防控体系建设列入“十三五”规划。市委出台《加强社会治安防控体系建设的意见》（泸委办发〔2015〕20号），整体推进城区、农村、重点行业、单位（部门）、边界、虚拟网络六张防控网建设，消除治安死角和盲区。加强全市主城区街面四级巡逻防控体系建设，做优市级巡防、做强区（县）巡防、做大派出所巡防、做实社区巡防，加快四级图巡建设，压降发案。加强农村治安防控，在全市农村推行“6995”（“快救救我”的谐音）联防互助机制，收到明显成效。强化治安防控信息化建设，做好基础设施、技防设备、装备建设的立项规划，全市投入1.7亿元建设“天网”工程，实现城区重点区域视频监控全覆盖。

【基层平安细胞创建】2015年，全市投入经费1700余万元，对161个“三无院落”进行整治，工作经验被省委综治办推广。市综治办印发《“无盗小区”（无盗院落）创建活动实施方案》，全市30个小区（院落）被命名为2015年度“无盗小区（院落）”，45个小区（院落）被命名为2015年度“平安小区（院落）”。深化行业平安创建活动，开展“平安家庭”“平安学校”“平安医院”等平安单位创建活动，平安创建知晓率不断提升。

【治安打击整治】深入开展打黑除恶暨社会治安专项整治行动，着力攻黑恶、打侵财、治黄赌、除毒患、强巡防，2014年11月至2015年3月，全市刑事案件立案数同比下降8.3%，盗窃案件立案同比下降15.3%，破案同比上升31%，毒品案件破案同比上升73.6%，“黄赌”案件查处同比上升187%，成功打掉一批涉黑涉恶团伙，破获一批部督、省督目标案件。加强安全监管，全力开展危爆物品物流寄递专项整治行动。制定下发《全市集中开展危爆物品清理整顿专项行动工作方案》和《全市集中开展寄递物流清理整顿专项行动工作方案》，深入开展危爆物品清查整治，全市未发生一起涉危涉爆物品安全事故。危爆物品安全监管工作在全省治安防控体系建设会上作经验交流发言。

【网格化服务管理】全市划分网格2449个，城区网格1027个，农村网格1422个，以信息化为支撑的网格化服务管理工作实现城乡全覆盖。深入推进网格化服务管理工作提质增效，全市146个派出所、143个司法所和140个卫生院全部纳入网格化系统开展工作。截至2015年12月，全市共签收流动人口信息14590条、吸毒人员信息1963条、严重精神障碍患者3576条、社区服刑人员453条、刑释人员699条、发现治安隐患2584条。市综治办和市电信公司联合开展首届“优秀网格员”评

市委书记蒋辅义（左一）为泸州市政法工作中涌现出的先进集体和先进个人颁奖

选活动，公开评选、表彰“优秀网格员”30名。

【矛盾纠纷预防与调处】 抓好重点领域专业调解工作，15个重点领域均建立专业调解队伍，并健全联动开展工作制度，交通事故、医疗纠纷、劳动争议三项专业调解重点工作取得新进展。7月，经市政府常务会议审议，以政府令形式重新发布《泸州市医疗纠纷预防与处置办法》。推进矛盾纠纷多元化解机制建设，强化“诉非衔接”调解中心与法庭、派出所、司法所的衔接配合，抓好诉前调解、诉中协助调解、执行和解、调解回访四个关键环节。

【执法司法监督】 市委政法委制定《关于进一步加大力度切实做好涉法涉诉信访案件办理工作的通知》，转发中央政法委《关于建立律师参与化解和代理涉法涉诉信访案件制度的意见（试行）》，制定《泸州市律师参与化解和代理涉法涉诉信访案件方案（讨论稿）》。全年共接收涉法涉诉信访件146件，其中省委巡视组交办案件72件，回复省委巡视组联络办61件。依法开展特赦工作，全市分三批共裁定特赦95名，接收异地特赦人员46名。开展国家司法救助，全年使用司法救助金387.47万元，救助人数377人。

【深化改革工作】 按照《市委全面深化改革领导小组2015年工作台账》要求，制定《关于创新社会治理方式推进网格化服务管理工作的实施意见》《进一步完善“大调解”工作体系建设的意见》《关于加强社会治安防控体系建设的实施意见》《关于切实加强特殊人群管理服务的意见》等改革方案。

【禁毒工作】 2015年，扎实推进市委市政府“一年初见成效，两年好转降位，三年退出重点市州”的第二年工作目标任务，禁毒社会化以及缉毒执法工作二类地区全省第一，综合考评全省第四。着力部署青少年毒品预防教育“6·27”工程，外流贩毒绝对数年度下降五个百分点，社区药物维持治疗点实现全覆盖，禁毒“六进”宣传有效提升普通群众识毒、防毒、拒毒能力，公开查缉有力震慑跨境毒品犯罪。因禁毒工作成绩显著，泸州代表四川迎接国家禁毒委的督导检查，全省学校毒品预防教育标准化建设推进会在泸州召开。（罗　朋）

对台工作

【贯彻对台方针政策】 市委4月2日召开全市对台工作会议。市台办与市委对台工作领导小组成员单位召开对台工作联系会议3次，召开区县台办主任会议3次。市委台办认真践行“三严三实”，先后18次深入基层指导对台工作，推动全市对台工作全面协调发展。中共十八届中央候补委员、全国台联党组书记梁国扬，全国政协常委、全国台联副会长陈杰，省委台办主任周敏谦先后莅临泸州调研，对泸州对台工作给予好评。市台联被四川省台联评为2015年度台联工作先进单位，泸州市台联连续八年获此殊荣。

【服务台资】 2015年开展3次对台经贸活动：市台

办5月11日到深圳市、厦门市拜访当地台商协会、考察台资企业，举行台商投资项目恳谈会；深圳市台商协会会长张周源一行8月1日应邀到泸考察，洽谈台商工业园项目；8月22日成功举办“海峡两岸医药企业家对接会”，台湾财团法人生物技术开发中心执行长甘良生等30余人到泸参访。市和区县台办主动对外招引项目，4家台资企业落户泸州，总投资2.2亿元。组织开展台资企业大走访活动，走访台泥等25家台企，帮助台商和台资企业解决困难和问题16个。围绕“产业转型升级年”及“六个突破”“两个率先”切实做好工作。帮助台泥泸州赛德水泥公司、泸州鸿福制衣有限公司、泸州千江月农业有限公司、泸州竹芯食品有限公司、泸州双加机械铸造厂等多家台资企业转型升级，发展壮大。

【泸台两地交流】2015年，全市组织赴台组团9个，110人次赴台考察。市委常委、市总工会主席刘云，市人大常委会副主任伍福钊、邵晓强先后率考察团赴台湾考察学习。江阳区农业考察团、泸州市教育考察团、泸县综合考察团、泸州市医药产业考察团、纳溪区现代农业和城市管理考察团深入台湾乡村、企业、学校、社区，广泛接触基层民众，增进了解，消除误解，扩大共识，促进统一。市委书记蒋辅义，市委副书记、市长刘强等市领导会见台泥集团董事长辜成允，并与来宾座谈交流。台湾巨台有限公司董事长张周源，台北时报社长、台北市四川同乡会总干事倪振听，台湾光彩事业促进会商业地产委员会陈清榕，台湾世贸中心成都代表处吕宽，台湾新闻研究促进协会理事长、台湾大成报社社长黄义雄永先后莅临泸州考察，签订有关框架合作协议。泸州市还举办2015年海峡两岸医药企业家对接会，来自海峡两岸的30余家医药企业参加对接会。

【服务台胞台属】全年全市接待来泸州台胞团组8个48人次，帮助台胞台属解决纠纷6起，协调处理2件海协会转送信访件。市、区县台联会通过上门走访、慰问等方式，上门看望台胞台属89户次。主动对上争取资金50.51万元，争取泸州旅台同乡会资金和彭荫刚捐资助学金解决100余名学生入学困难问题。

【涉台宣传】争取省台办重走抗战大后方宣传活动1次，台湾中天电视台“开放新中国—秀芳点题”栏目组对“中国伞王”毕六福进行专题采访。全市完成涉台调研课题3个，其中省上2个。开展涉台形势报告会4场，组织台胞台属集中学习活动6次，编发对台工作简报18期，在各类媒体刊发涉台信息91条，向来泸州台胞赠送300份宣传资料。

（周贞勇）

市直机关工委工作

【政治思想建设】始终坚持以邓小平理论、“三个代表”重要思想和科学发展观为指导，深入学习贯彻习近平总书记系列重要讲话和中共十八届四中、五中全会精神和省委“三大战略、两大跨越”、市委“决胜全面小康、建成区域中心”等重大战略决策部署，组织党员干部学习《习近平谈治国理政》《习近平总书记系列重要讲话读本》等理论书籍，用中国特色社会主义理论体系武装头脑、教育党员。切实加强对各部门党组（党委）中心组的学习指导，通过派员列席中心组学习指导、抽查中心组学习档案、培训中心组学习秘书等形式，督促市直部门党组（党委）中心组带头深入学习贯彻习近平总书记重要讲话和中共十八届四中、五中全会，带头贯彻执行党的基本路线方针政策，引导机关干部主动服务中心，落实好市委市政府和部门各项工作任务。积极推进学习型党组织建设，采取集中学习、专题讨论、领导辅导等形式，充分利用电化教育、网络教育等学习平台，组织专家专题“解读十八届五中全会精神”“当前宏观经济金融形势及展望”等讲座，培训理论骨干1200余人次，举办“党旗在我心中”主题演讲和征文活动，举办机关党组织书记读书百字感言征集活动，不断深化机关政治理论学习教育。广泛开展“学习宪法、遵法守法”学习活动，开展“宪法在我心中”百字心得征文活动，举办“我学宪法”知识竞赛活动，组织机关党员

2015年3月15日，四川警察学院师生重走长征路，纪念红军长征四渡赤水胜利80周年

“三严三实”专题教育活动，拟发《泸州市直机关党员干部践行“三严三实”基本行为规范》，对党员干部特别是党员领导干部的基本行为进行规范。

干部职工5000余人参加。对市直部门“法律进机关”工作进行考核排名。开展“依法治国、依规治党与加强机关党建专题研讨”，撰写《落实依规治党 提升机关党建科学化水平》调研文章在全省机关党建研讨会上作经验交流，组织“不作为、慢作为、乱作为”问题调研，评选表彰优秀调研文章52篇，撰写《泸州市学习型党组织建设现状、路径与创新》获评四川省机关党建研讨论文一等奖，撰写《强化从严治党制度保障 全面推进机关党的建设》被省直机关工委《时代先锋》采用。

【领导班子建设】加强市直部门领导班子和领导干部思想政治作风建设，认真贯彻落实《中共泸州市委坚持思想建党与制度治党紧密结合全面推进从严治党实施意见》和《中共泸州市委关于加强领导班子思想政治建设实施意见》，市直机关工委通过调研，于全省率先拟定《市直机关贯彻落实全面从严治党要求实施方案》。继续深化部门领导班子创“四好”活动，选择参加71个部门领导班子专题民主生活会和组织生活会，检查考核2014年度市直机关79个部门（单位）领导班子创“四好”活动，加强对部门领导班子“四好”活动的指导，向市委推荐表彰市中级人民法院等14个单位为创“四好”领导班子先进集体。深入开展

【基层组织建设】抓好《党章》《中国共产党党和国家机关基层组织工作条例》、省委《实施细则》、市委《实施意见》的学习贯彻，加强对区县机关工委的工作指导，对区县工委工作进行考核和排名。认真执行市直部门机关党组织专职正副书记选配和管理的办法、专职党组织书记任前谈话、机关党组织书记年度述职测评等制度，进一步明确部门“一把手”抓基层党建的第一责任。加强基层组织管理，优化机关党组织设置，调整合并机关党组织4个，新建机关党组织3个，到期换届改选机关党组织31个。规范机关党委专职正副书记的选配管理，调整机关党委书记11名、专职副书记9名，新增专职党务干部3名，培训党务干部200余名。认真贯彻落实发展党员工作要求，培训新党员和入党积极分子330人，发展党员168人、预备党员转正198人，开展贯彻实施《中国共产党发展党员工作细则》专项自查和交叉检查。规范党费收缴管理，专门印制党费发至每名机关党员。继续深化创先争优活动，完成市直机关549个基层党组织分类升级工作，298个先进基层党组织继续巩固并落实帮带任务，228个一般党组织和23个后进党组织制定转化升级措施；通报表彰2014年度市直机关党建工作一等单位66个、二等单位12个；向省委推荐表彰先进基层党组织1个、优秀党员领导干部3名、优秀共产党员2名，向市委推荐表彰先进基层党组织5个、服务型党组织1个、优秀共产党员8名、优秀党务工作者6名。

【党内激励关怀】广泛开展重温一次入党誓词、送

一份生日祝福、开展一次党日回顾为主要内容的“三个一”活动。在机关党员入党纪念日、春节期间和七一前，向每名党员发送“牢记党旗下的誓言”、倡导“务实节俭文明过节”和“争做‘三严三实’好干部”等为主要内容的短信；在党务干部生日时，发送祝福生日快乐为主要内容的短信。加强党员慰问工作，慰问机关困难党员、新中国成立前老党员、党务干部117人，送去慰问金人民币60余万元。

【驻村帮扶服务基层】加强组织领导，成立以市委常委、市直机关工委书记、市总工会主席刘云为组长的全市干部驻村帮扶工作协调小组，与市“双联”工作办公室合署办公，负责协调、指导全市干部驻村帮扶工作；成功争取已拟安排联系广元市的副省长刘捷继续联系指导叙永县的精准扶贫工作。完善考核机制，出台《泸州市干部驻村帮扶工作考核机制》《泸州市干部驻村帮扶工作考核办法》，将扶贫帮扶成效纳入对区县、乡镇和市级相关部门的绩效目标管理和党建目标考核范畴。强化督促检查，成立“五个一”全覆盖专项督查组，定期不定期采取实地走访、调阅工作日志、交叉检查考核、开展工作推进暨培训会等方式，对干部驻村精准扶贫推进、第一书记在岗履职等情况开展督查，对6名未按规定全脱产驻村的第一书记进行通报。组织考评工作小组对全市干部驻村帮扶工作进行加强宣传指导。督促各区县印制公示牌，在每个贫困村的活动阵地和每户贫困户家门口各挂一个公示牌，推动“六个一”帮扶机制落实。印制下发10万余份宣传资料，把中央、省、市精准扶贫的政策举措、干部驻村帮扶工作的相关知识宣传到每户贫困户。在泸州电视台、《泸州日报》等媒体刊载相关稿件25篇，编发工作简报19期。做好示范带动，工委主要领导先后15次带领相关人员深入联系点叙永县后山镇三斗米村，进村入户调研指导，协调和争取帮扶资金400多万元，帮助完成该村公路、水利设施建设和村支部活动室建设。选派年轻干部担任第一书记长期驻村帮扶，引进投资5500万元，发展能繁母牛养殖等项目。

【党风廉政建设和反腐败工作】加强党风廉政教育，组织党员干部学习和观看《悔恨的泪Ⅱ》《滑向深渊》《手机背后的谍网》《百团大战》《蒋兆和》《习近平关于党风廉政建设和反腐败斗争论述摘编》等正反典型电教片、电影、话剧、书籍，赠阅《廉政瞭望》杂志2000余册，邀请省直机关党校教授为泸州市直机关专门解读新修订《廉洁自律准则》和《纪律处分条例》，培训党务干部、专兼职纪检干部203人，组织市直机关党支部342个、党员6638人（其中县级以上党员领导干部697人）参加《廉洁自律准则》《纪律处分条例》报纸知识竞赛活动，多种形式开展党性党风党纪教育，增强机关干部廉洁自律意识。开展廉政文化建设，完善和更新电脑廉政屏保、制作廉政座牌、楼道廉政文化、廉政书画展，组织征集市直机关廉政漫画10余篇参加市纪委举办的廉政故事画及漫画征集评选活动。强化正风肃纪，组织召开专项整治工作推进会、研讨会3次，全力推进“三严三实”和“不作为、慢作为、乱作为”专项整治工作，组织和派员参加对县区和市级部门“庸懒散浮拖软”专项整治、“不作为、慢作为、乱作为”专项整治、“四风”和腐败问题、党风廉政建设责任制和“六个突破”、“两个责任”和全国“两会”期间信访稳定暨增强直接联系服务群众工作实效等督查，通报和严肃查处市直机关科级及以下党员干部违纪行为。严肃查办案件，办结信访6件，查处各类违纪案件24件涉及24人，其中受贿14件14人，私分国有资产2件2人，妨害社会管理秩序1件1人，违反廉洁自律规定6件6人、失职渎职1件1人，免于党纪处分3人，给予警告处分3人，给予严重警告处分2人，给予开除党籍16人。坚持从严推优评先，对推荐省委、市委表彰的先进集体、先进个人和到期复查的市级文明单位进行廉政把关。落实“两个责任”，按照“一级抓一级、层层抓落实”的原则，督促各部门层层签订党风廉政建设责任书，切实履行纪（工）委监督责任。

【群团和文化建设】认真履行“党建带群团”职责。加强机关工青妇基层组织建设。规范改选工会组织32个、团组织4个，新建工会组织4个。开展“送温暖”助困活动，向49名困难职工发放助困金4.9万元。开展青年志愿服务和青年人帮工程建设，在“志愿四川”网站注册青年志愿者1672人，推荐表彰省优秀团委2个、团支部3个，市级五四红旗团组织4个，优秀共青团员、优秀共青团干部各1名。

参与省级文明城市创建活动，向市直机关单位发放24字社会主义核心价值观宣传车贴、创建全国文明城市宣传画册2000余份，对市直各部门和机关党员干部职工宣传贯彻落实24字社会主义核心价值观情况进行督查，组织18个机关单位参加“感受经典魅力·践行社会主义核心价值观2015”“4·23”中华经典诵读比赛”。营造国卫复审健康氛围，举办病媒生物防治培训，培训爱卫骨干人员74人；举办“巩固国卫成果·我身边的变化”摄影比赛，通报表扬优秀获奖作品24幅。关爱机关职工身心健康，分别举办和承办《心理健康与心理咨询》《幸福人生中的婚姻与家庭》讲座，组织机关干部300余人参加培训；落实工间操制度，培训普及第九套广播体操骨干115人；举办第12届机关职工篮球赛，组织28个市直部门（单位）组织32支代表队，进行127场次比赛，组织举办市直机关“迎春”围棋比赛，与总工会、市文体广局联合举办机关乒乓球比赛、机关职工趣味运动会等；举办“走在前列·党旗飘扬”歌咏比赛，26个单位13个合唱队1250余人参加比赛，推荐比赛前三名参加省直机关歌咏比赛，活跃机关干部职工精神文化生活，增添机关干部职工工作活力。开展精神文明创建活动，全年有43个文明单位（示范窗口）通过复查验收。

（徐瑞兰）

群众和信访工作

【概况】全市市本级信访总量5915件次，同比下降10.7%；其中：纸质来信1308件，同比下降35.8%；来访1954批9822人次，同比批次上升3.8%，人次下降3.3%；网上信访2653件，同比下降1.9%。到省上访421批723人次，同比批次和人次分别下降5.2%和5.6%；进京上访243批321人次，同比批次和人次分别上升60.9%和49.3%。未发生大规模进京到省集体访和非正常上访，未发生因信访问题引发重大群体性事件或恶性事件，呈现出信访秩序进一步好转，信访总量和进京非访下降，初信初访办结率、信访积案息诉息访率和群众满意度提高的“一好转两下降三提高”良好态势。市委群工局被四川省信访工作联席会议办公室评为2015年度积案难案化解先进集体和2015年度信访信息化建设及应用先进单位。

【领导接访下访】坚持每周有1名市领导接访，部门、区县每天有1名领导接访，乡镇随时有领导接访。全市县级以上领导1043人次参与接待群众来访1490批4881人次，化解信访事项1026件，其中市委、市政府领导到群众工作中心接待处理群众来访11批48人次。全市各级各部门领导干部带头接访、带案下访、带头解决信访问题，县级以上领导干部1200人次参与下访，带案下访874件，化解610件。市委副书记曹建国，市委常委、市纪委书记田亚东，市委常委、市农工委主任李晓宇，市委常委、市总工会主席刘云等分别带队到联系区县开展下访工作。市信访工作联席会议组织40个市级部门、60个区级部门到各区县乡镇开展“干部下访、送法下乡”活动，集中宣传50余次，发放宣传资料5万余份。

【畅通信访渠道】大力推行“阳光信访”，按照省上要求同步建成全省网上信访信息系统，并延伸到所有乡镇和市级部门，把来信、来访、网上投诉等纳入网上流转，建立网下办理、网上流转的群众信访事项办理程序，做到办理过程和结果可查询、可跟踪、可督办、可评价，实现信访网上录入、流程网上管理、情况网上督查、绩效网上考评。全年开展信访件满意度评价52件。建立完善信访听证制度，对10件重大疑难信访问题实行公开听证，息诉息访8件。

【矛盾纠纷排查】坚持每月常规矛盾纠纷排查化解和专项排查相结合。2015年，开展专项排查5次，常规排查10次，共排查矛盾纠纷4480件，及时就地化解3848件，化解率85.9%。集中时间、集中人员对全市范围内重点突出信访问题开展一次专项排查，排查出重点问题176件，逐案建立动态管理台账，严格按照“三到位一处理”要求妥善化解处置。

【突出事要解决】通过集中交办限时化解。全年先后3次集中向各区县、市级各部门交办信访积案220件，全部要求落实责任单位、责任领导，并逐案制定化解措施，限时化解。其中省信访局交办泸州市的76件信访积案难案办结率100%，息诉息访率95.6%，息诉息访率全省第四位。通过领导包案推动化解。2015年，市、区县领导包案化解信访问题174件。通过专项资金灵活化解。加强对市级专项资金的匹配和使用力度，2015年，落实市级专项资金60万元，各区县筹集资金145.12万元，成功化解信访疑难案件26件。

【强化督查督办】完善纪检、群工、维稳、综治等部门联合明察暗访机制。2015年，组建20余个联合督导组，分6次深入7个区县52余个乡镇和35余个部门对信访事项规范办理、信访积案化解、重点人员管控、中央省市有关信访工作部署贯彻落实情况等进行督导检查，并对督查中发现的问题进行通报。市委群工局建立案件化解点对点督查通报机制，班子成员定期到联系区县协调、指导并督促重点案件办理。

【规范信访工作】完善信访工作体制机制。将市处理信访突出问题及群体性联席会议更名为市信访工作联席会议。制定并落实“1+8”工作机制，即印发《关于进一步加强群众和信访工作的意见》，建立全市信访工作责任追究制度、信访工作约谈制度、信访工作向组织部门通报制度等8项制度。2015年，市联席办对区县开展约谈4次；古蔺县对古蔺镇、皇华镇等乡镇领导和责任人员启动倒查问责和追责程序。加大信访工作规范化建设。2015年，市委群工局对信访事项办理各个环节存在的问题制定清单，进一步规范信访事项受理、调查、办理、答复、送达、录入、督查督办等各个环节。

【信访秩序治理】通过强化信访法治宣传、开展到省进京上访专项治理、市委市政府两个大院非访治理、依法治访重点乡镇达标摘牌、违法信访行为依法处置等方式，积极推进依法治访。2015年，市级部门移交涉法涉诉信访事项18件，依法处置违法上访人员74人次。开展“无进京越级上访、无进京非访、无到省集体上访信访”。“三无”创建活动，江阳区张坝景区等21个重点乡镇为“三无”创建重点对象。龙马潭区、合江县被评为全省“三无”创建先进区县。（李 燕）

机构编制工作

【产业园区体制机制建设】加强高新区管理服务机构建设，设立市工商局、市规划局、市环保局等部门的派驻机构；加强长开区管理服务机构建设，长开区管委会经省委编委批复为正县级机构；设立泸州白酒产业园区管委会，明确职能职责，核定行政编制。

【民生领域机构编制建设】重点加强学校、医院机构设置和编制配置；完善环境应急服务、招生考试服务、扶贫移民服务以及医疗保险结算服务等机构设置，推动公共服务事业均衡发展。增加市人民医院事业编制20名，增加合江县中小学教职工编制130名。

【服务依法治市工作】为市人大常委会设立地方法制工作委员会，向省委编办做好机构设置报批工作。支持市政府行使地方规章立法权，增加市人大机关和市政府法制办行政编制，增设市政府法制办内设机构。省上下达的环保监察行政执法类事业编制下达到各区县环保执法机构。

【政府职能转变工作】1. 制定市政府职能转变三年规划。制定《关于实施<泸州市人民政府职能转变和机构改革方案>工作规划与任务分工的通知》。2. 政府机构改革工作。完成工商、质监下划管理的机构和人员编制移交工作；推进部门职责整合，完成地方电力、农村能源、生猪屠宰、水产渔政职责调整和归口管理工作；推进市农业局、市畜牧局、市农机局机构职责的调整整合，撤销市畜牧局、市农机局，将市畜牧局、市农机局承担的行政管理和行政执法职责整合划入市农业局，重新修订市农业局的“三定”规定，进一步明晰市农业局的职能职责，理顺部门权责关系。3. 行政审批制度改革工作。开展行政职权目录清理，及时完成市级责任清单编制工作，形成泸州市市级责任清单目录。

【事业单位分类改革】制定《泸州市市属事业单位分类指导目录》，批复事业单位机构数2189个；制定下发《关于在市属事业单位分类改革中整合机构编制资源和规范管理的意见》。

【控编减编和机构编制突出问题整治工作】制定《泸州市控编减编工作方案》，将调剂出来的编制资源用于保障园区建设、地方立法权的机构设置及民生工程等重要领域编制需要。对挂牌机构实体化、领导职数高配等加大清理工作力度。修订完善《机构编制管理协调配合制度》。协同有关部门做好超职数配备领导干部、领导干部经济责任审计等工作。

【机构编制实名制管理】实行编制使用年度计划制度，确保财政供养人员只减不增。调整定期更新实名制台账基本情况，动态调整实名制数据库，办理行政事业机构人员上下编810人。2015年被省委编办评选为2014年度机构编制统计工作先进单位。

【改革试点工作】1. 行政执法体制改革试点。对涉改部门的1486项行政权力进行清理，制定权力清单和责任清单，草拟《泸州市综合行政执法体制改革工作方案》。结合泸州市百镇建设和新型城镇化改革试点开展综合行政执法改革，将区县部门的食品药品、城镇管理等执法权，通过委托、授权、派驻等方式由试点镇综合执法机构行使，提高基层政府执法能力。2. 新型城镇化试点工作。将设在江阳区通滩镇、龙马潭区双加镇等7个试点镇的农业、林业、水利、畜牧、农机等涉农机构下放到试点镇政府后进行整合，在试点镇统一设置农业技术推广服务中心，实行区县业务主管部门和试点。3. 不动产统一登记全国试点涉及机构编制工作。对国土、住建、农业、林业等部门不动产登记职责进行整合，市及三区房屋交易所(监理所)整体划入市不动产登记中心涉及职责和编制移交工作。在住建部门设立房屋数据中心，为全市数据资源的收集和综合利用提供服务，其余各县区参照市上设立不动产登记机构和房屋数据中心。4. 事业单位法人治理结构试点工作。确定市妇幼保健院、江阳职业高中两个试点单位，探索政事分开、管办分离有效途径，规范事业单位法人治理模式，落实事业单位法人自主权。

【事业单位登记管理工作】开展事业单位法人登记和年度报告公示，年检合格和公示率为98%。推进党政机关网站开办审核和资格复核工作、事业单位网上名称规范及网站标识管理工作，全市共申请网站460个，领取标识415个，完成政务和公益中文域名注册1656个。（罗婧宇）

政策研究

【深化改革】全年，2015年市委有7次常委会15个议题专题研究改革工作，在4次常委会、5次深改领导小组会、3次中心组学习会上传达学习中央和省委深改小组会议精神，召开全面深化改革领导小组会议7次，审议重大改革举措和专项改革方案30个，将原3个改革专项小组调整为9个，与省上一一对应。9个改革专项小组分别召开会议4次以上，出台专项改革方案21个。改革办上报工作信息22篇，被省委改革办刊用9篇、转报中央改革办2篇。全年全市186项重点领域改革和50项国省试点改革有序推进，全民预防保健、国企改革、金融体制改革、新型城镇化等重点领域改革取得明显进展。四川省委常委吴靖平2015年10月23日在《关于泸州工作情况的报告》上批示“请商省委宣传部一起总结宣传泸州围绕‘四个全面’战略布局，攻坚克难抓发展、实实在在惠民生、敢于突破抓改革、聚精会神抓党建的好经验好做法”。2015年全市改革工作在全省年终考核中获满分。

【文件起草】全年以市委办名义印发的文件2个，以市委改革办名义印发文件16个，起草《中共泸州市委办公室关于印发<市委全面深化改革领导小组2015年工作要点>的通知》《关于下达2015年度区县、市级部门（单位）主要目标的通知》《中共泸州市委改革办关于印发<中共泸州市委全面深化改革领导小组2015年改革工作台账>的通知》《市委七届八次全会重要改革举措实施规划（2014—2020年）》《市委全面深化改革领导小组2015年工作要点》《市委全面深化改革领导小组2015年改革工作台账》等文件。

【调研文稿】参与起草完成国务院莅泸督查有关材料、中财办莅泸调研背景资料等文稿，起草市委副书记曹建国在全面深化改革工作领导小组会、专项小组会议和牵头单位汇报会的讲话，撰写《泸州市社情民意工作建议方案》《绵羊双创工作考察学习报告》《古蔺县扶贫工作报告》《泸州市援藏工作制度》等调研报告和综合文稿50余篇，上报的《纳溪区以主导产业和项目引导为抓手深入推进涉农资金整合》《泸州深化行政审批制度改革助力经济平稳增长》《泸州市创新体制机制激发“双创”活力》《深化基层党的建设制度改革推动农村党建全面进步全面过硬》等9篇信息被《四川改革动态》采用。《泸州市叙永县全力推进全民预防保健改革试点》《深化基层党的建设制度改革推动农村党建全面进步全面过硬》信息被省委改革办转报中央改革办。

【刊物编发】出刊《领导决策参考》3期，编印《泸州改革动态》26期。（宋燕美）

保密工作

【依法治密】将党政领导干部保密工作责任制落实情况纳入考评，制定《泸州市保密工作保证目标考核实施细则》，与各区县、市级各部门保密委员会（领导小组）签订保密工作责任书，对存在失泄密隐患的5个市级机关单位领导进行保密约谈。7月，在党委中心组学习扩大会上，邀请国家保密局副局长杜永胜到泸州，开展《党政领导干部保密工作责任制规定》解读，全市党、政、军及有关企事业单位、大专院校近400余名同志参加学习培训。连续3年《保密法》贯彻实施情况纳入市人大专项监督检查内容。市人大常委会副主任伍福钊带领内司委等有关部门负责同志，深入市公安局、市人防办、川南机械厂等13个党政机关和涉密单位开展专项检查。认真梳理行政权力清单和责任清单11项。

【保密宣教培训】开展保密法制宣传进机关、进企业、进院校、进社区、进园区、进讲坛“六进”行动。2015年3月，组织市、县（区）两级150个部门单位、300余名机关干部在28个宣传点开展法制宣传，向群众散发宣传资料传单54500余份，在各宣传点悬挂保密法律宣传挂图380余幅，开展有奖保密法律知识竞猜1740余人次，滚动播放保密法制宣传片24盘，广播巡回宣讲近5个小时，现场接待群众保密知识咨询3040余人次。编辑《泸州保密工作简报》14期，《四川保密工作》第一期、第二期及省局《保密工作简报》采用信息文章29篇，国家级《保密工作》采用信息5篇，发放手机公益保密提醒短信66520余条。组织全市各级机关单位开展保密常识培训学习420余场次，发放保密警示光碟370余张，组织观看《手机背后的谍网》，开展保密警示教育680余场次，开展定密工作管理、涉密人员保密管理及涉密载体保密管理、办公自动化设备保密管理等各类保密专题教育培训35期。2015年先后邀请广东省国家保密局局长张宇、四川省国家保密局局长刘永剑、成都市国家保密局局长周海灵，以及省国家保密局有关领导专家来泸开展保密形势任务等各类保密培训15次，组织参加国家保密局、省局涉密信息系统集成资质等业务技能培训，以及到广东中山大学国家保密学院、西南财经大学和省委党校、市委党校学习培训充电9批次，创办《酒城保密讲坛》，2015年6月第二期邀请成都市国家保密局巡视员胡建国到泸州讲授月第二期邀请成都市国家保密局巡视员胡建国莅泸讲授。泸州市保密局2人获得全国涉密信息系统测评资格证书。

贯彻落实《关于加强全国干部保密教育培训的通知》精神，依托泸州职业技术学院，加快推进建设泸州保密教育培训中心和警示教育基地。

【保密管理】1. 重点抓好计算机网络保密管理。扎实开展网络核查分类工作，建立涉密网络和非涉密网络“两本账”。投入近200万元，在市、县区两级建设“非涉密计算机文件监控系统”，基本实现全市党政机关互联网计算机全天候实时监控。派出2人先后协助配合国家保密技术测评中心四川分中心对遂宁、攀枝花、凉山等4个地市州，以及重庆铁路检察系统等涉密机关单位开展涉密信息系统测评工作。2. 充分发挥“非涉密计算机文件监控系统”“重要涉密单位互联网出口检查系统”和“政府互联网门户网站检查系统”等检查平台功能，向市级机关单位发放《情况核查表》16份，切实将失泄密隐患消灭在萌芽之际。3. 在市委常委会议室、市政府常务会议室、市委市政府电视电话视频会议室安装手机信号屏蔽设备及手机存放柜等保密设施设备。4. 主动到市委、市政府要害部门部位和重要涉密场所开展反窃听、反窃照等异常信号检测服务8次，为全市性涉密会议活动提供技术保障服务6次，销毁涉密硬盘、优盘、光盘等声、光、电、磁介质约850余个(张)。5. 扎实抓好定密工作保密管理。确定市检察院、市投资促进局、市烟草专卖局（公司）3个涉密机关单位开展《保密事项范围》梳理和确定工作，总结制定保密事项范围梳理流程图，规范定密责任人确定及备案表等开展定密工作管理的一系列格式文书模本。6. 切实抓好涉密载体管理。全市统一印发涉密文件收、发、传借阅使用、复印、销毁以及涉密计算机及移动存储介质保密管理、使用和维修维护等8类涉密载体流转和使用管理登记簿18500余本，并开展台账使用管理情况专项跟踪检查。7. 召开第三届在泸军工单位协作组联席会议，邀请省国家保密局督查处处长陈昌林开展军工保密专题培训。指导泸州金通公司和信达公司开展涉密信息系统运维资质的申报工作。指导长液公司做好军工保密资格申请工作。指导泸州华美印务顺利通过国家秘密载体印制乙级资质审查工作。

【保密监督检查】1. 先后向全市公职人员印发《保密工作风险提醒卡》和《手机使用保密管理风险提醒卡》58500余份。2. 以查促防。先后在全市开展国家考试、涉密地理信息资料，以及人社系统信息安全保密管理、国有企业保密管理、涉密采购管理、临聘人员保密管理和网络保密管理7次大型专项检查，检查涉及42个市级机关单位、21个县区部门和14个乡镇，以及28家企业和15家涉密地理图纸使用管理单位。10—11月，组织开展全市保密工作大检查。3. 实行“一案双查”。2015年，全年保密检查共发出整改纠错卡6份、督办查处卡2份，查处严重违反保密法的失泄密行为2起，4人受到相应的党纪政纪处分和组织处理。

（黄兴华）

党校教育

【干部培训】全年举办各类培训班55期9219人次，培训班次及参训人数创历史新高。强化理想信念、党史党性、道德品行、党风党纪、政治理论、政策法规教育，突出社会主义核心价值观、精准扶贫、依法治市、智慧城市等重点工作专题，新增国防教育、疾病（防艾）预防控制等专项内容，组织“新常态·新习惯·新作为”“着力六个突破、实现‘两个率先’”“十八届四中、五中全会精神”等15个主题讨论，举办“争做‘四有’干部”“理想、信念、责任、担当”两次演讲比赛，赴高校分段培训班次约占主体班次的44%。组建学员管理科，全面加强主体班学员管理。启动干部培训智能化管理。各主体班学员对教学质量综合评估满意度平均达94.8%、较满意率5%。中国西部远程教学泸州学习中心被国家发改委西部开发司授予“优秀学习中心”称号，清华大学远程干部培训泸州教学站被清华大学继续教育学院授予“优秀教学站”称号。

【师资建设】初步形成党政领导干部（企业高管）主体化、党校教师特色化、高校教授（现场远程）

辅助化的新格局。3 名市级领导、7 名高校专家、75 名党政领导干部（企业高管）到校授课。党校教师在理论宣讲、政策解读、党性教育等方面开发一批特色课程。筛选清华远程、西部远程、中央党校远程的精彩教学视频纳入主体班教学模块，学员测评满意度达 98%。

【理论宣讲】2 名教师入选市委党的十八届四中全会精神宣讲团，3 名教师入选市委依法治市普法讲师团，1 名教师入选全市精准扶贫宣讲团，4 名教师入选市委党的十八届五中全会和省委十届七次全会精神宣讲团。全年校内教师到市级部门和基层开展“四个全面”战略布局、十八届四中、五中全会精神、“三严三实”、精准扶贫、“一带一路”战略、《准则》《条例》解读、《党组工作条例》解读、培育和践行社会主义核心价值观、基层党建、依法治市、经济形势、党性教育等宣讲活动共 87 场，受众约 2 万人次。市委讲师团被省委讲师团表彰为 2015 年度全省党委讲师团系统先进单位。

【科研资政】全年申报立项市级以上调研课题 5 项，结项 1 个，《白酒未来市场的预判与对策建议》《组建互联网金融公司 加快泸州金融中心建设》等得到市委书记蒋辅义等领导的重要批示。在市级以上刊物发表论文及调研报告 32 篇，编印《江阳论坛》6 期。在第九届全省党校系统优秀科研成果评奖中获得二等奖 1 项、三等奖 2 项；《农村基层党组织效能建设案例分析》获市机关工委党建调研一等奖，《历史课题 · 战略目标 · 实践进程——论新时期的廉洁政治建设》获四川省党风廉政建设专题理论研讨会二等奖。

【学历教育】省委党校在职研究生班泸州教学点全年新招 2014 级经济管理专业研究生 72 人，在读研究生 182 人，被省委党校评为 2015 年在职研究生综合目标管理先进单位和在职研究生招生工作先进单位。省干函院泸州分院直属站招生 113 人，被省干函院评为“先进分院”。（陈明开）

党史工作

【党史基本著作编写】《中国共产党泸州历史》（第一卷）、《四川省革命遗址通览》（泸州宜宾卷）、《中国共产党叙永县历史》（第一卷）正式出版发行。完成《中共泸州市委执政实录（2014）》和 2015 年中共泸州市委大事记的资料收集和编写工作。完成编辑《中国共产党纳溪历史》（第一卷）、《中国共产党泸县历史》（第一卷）和《中国共产党合江历史》。

【党史专题研究】协助中央党史研究室、省委党史研究室拍摄完成大型历史画册《图说长征》泸州部分的图片。《中国工农红军川滇黔边区游击纵队革命斗争史料征集》课题全面结项。协助完成《四川三线建设资料丛书》泸州部分的编纂工作，将汇编形成《泸州三线建设资料丛书》成果。为纪念恽代英诞辰 120 周年，4 月正式出版发行《青年英豪　光照人间》。汇编形成《泸州市红色旅游指南》图文手册，该手册上报省委党史研究室作为《四川省红色旅游指南》的一个部分。协调好《中国工农红军长征大辞典》出版发行工作。完成泸州籍党史人物传记《穆青传》《傅钟传》初稿。古蔺县完成《红色古蔺》的校对和审批工作；编写小说《古蔺剿匪记》和《抗日英雄骆健郎》。

【党史宣传】1. 认真开展重大纪念活动。以纪念“红军长征过泸州 80 周年”和“抗战胜利 70 周年”为主题开展系列工作：2—12 月，组织力量查找红军长征过泸州资料，整理出 18 个红军故事，联系知名作家庞家夷创作出《中央红军长征过泸州》279 幅连环画；4 月，承办省社科院与泸州市委在叙永县联合召开的“红军长征过泸州 80 周年”座谈会，会后积极收集整理专家意见，形成《红军长征过泸州 80 周年”座谈会资料汇编》一书，用于指导后期红色资源开发；4 月，做好毛新宇、朱和平等红色后代赴泸州“四渡赤水”渡口、陈列馆和中央红军“鸡鸣三省”会议旧址参观考察接待工作，并组织撰写毛泽东、朱德、张闻天、

2015 年 6 月 25 日，陈毅元帅之子陈昊苏（前排右三）、罗荣桓元帅之子罗东进（前排左一）等红军后代参观红军长征四渡赤水古蔺县太平纪念地

陈云、刘亚楼、耿飚等四渡赤水大事记；6 月，市委党史研究室与叙永县委、《中国西部》杂志社联合开展“重走长征路”活动，并推荐红军长征过泸州 80 周年纪念文章刊载于《中国西部》杂志及其特刊；收集抗战老兵文稿 15 篇，在《泸州日报》上载文报道泸州地下党领导的抗战活动；6 月 24—25 日，在古蔺县举行声势浩大的红军长征四渡赤水胜利 80 周年群众纪念活动，其间还召开由省委宣传部、省委党史研究室、省文联、省社科联以及泸州市委、市政府主办的“四渡赤水”战略思想的历史及现实意义座谈会，毛泽东外孙王效芝、周恩来侄子周秉和、朱德外孙刘建、陈毅之子陈昊苏、罗荣桓之子罗东进、萧劲光女儿肖凯、陈赓之子陈知庶等一批红军后代以及众多专家学者、媒体记者和各界群众参加活动；7 月，成功协办抗日战争泸州纪事图片展。此外，其他区县也组织开展征文、书画展、知识竞赛、专题宣讲等丰富多彩的纪念活动。2. 强化党史教育基地建设。通过主动汇报和争取，2015 年 6 月中央红军“鸡鸣三省”会议旧址和“泸州市工农红军四渡赤水太平渡陈列馆”被省委党史研究室命名为“四川省中共党史教育基地”。中央党史研究室副主任吕世光、科研管理部主任姚金果分别为两个基地授牌。3. 充分利用电视、报纸、网站、微信、微博等媒体广泛开展党史宣传教育。通过推荐和对接，2015 年 6 月 28 日《廉洁四川电视栏目》第 18 期播出《寻廉记 · 石坝乡的红色记忆》。《泸州日报》10 余次报道全市史志工作情况，其中头版有 5 次；及时更新“泸州史志网”网站内容，上载消息、文章、视频、图片等 200 余篇；完成《泸州史志》刊物 4 期；开通“泸州党史地方志”微信和微博；在《四川党史》发表论文 2 篇。4. 积极建言献策。在 2015 年全市两会期间，市委党史研究室提出的《关于“三线建设”内迁职工享受本地居民同等待遇的建议》和《“三线建设”精神传承的问题》2 个提案均得到相关部门的高度重视。5. 2015 年 12 月，市委党史研究室和纳溪区委党史办公室荣获四川省人社厅、省委党史研究室表彰的“全省党史工作先进集体”。叙永县档案史志局黄永红荣获“全省党史工作先进个人”。（佟德茹）

老干部工作

【概况】截至 2015 年 12 月底，泸州市担任过厅级实职的离退休干部 46 人，离休和县级以上退休干部 2009 人，其中离休干部 440 人。有离退休党支部 94 个，其中离休支部 2 个，退休支部 32 个，离退休合建支部 59 个，联合党支部 2 个。

【思想政治建设】1. 及时向老干部传达学习重要会议及文件精神。全市组织老干部学习党的十八大及十八届三中、四中、五中全会和习近平总书记系列重要讲话及省市全会精神 230 场次。成立由 160 多名老同志组成的全市老干部网络宣传骨干队伍，运用网络新媒体正面引导网络舆论。2. 先后组织厅级老领导考察泸县医药产业园区、泸州国家高新区、泸州老窖酒业园区和中国（泸州）酒

业博览会等重点项目。3. 积极探索创新离退休党支部建设。指导古蔺、叙永社区党委把异地居住、分散居住的离退休干部党员集中起来成立联合党支部，实现离退休党员参加组织活动“全覆盖”。在2015年6月召开的全省老干部工作会议暨“四先”表彰大会上，江阳区康华苑社区离退休联合党支部被表彰为“全省离退休干部先进党支部”，该党支部的先进事迹还代表全省离退休先进党支部在会上进行交流。

【落实离退休干部待遇】1. 认真落实政治生活待遇。督促指导各区县、市级部门落实党政领导联系老干部、定期通报情况、重大活动参与、重大事项征求意见、重大节日走访慰问、健康休养等制度。进一步巩固离休干部“三个机制”，保障“两费”和生活补贴按时足额发放；继续抓好中组部提高离休干部护理费标准，省委有关提高部分离休干部待遇、对建国初期参加革命工作的部分退休干部给予医疗照顾等政策的落实。2. 多渠道凸显关怀。全年各区县和市级部门组织离退休干部开展健康休养活动78次。坚持对老干部日常走访、生日祝寿、住院探望、去世送葬等制度。依托西南医科大学等医疗资源，为老干部提供个性化医疗保健服务300多人次。3. 加大困难帮扶力度。市财政加大困难帮扶金的支持力度。全年为全市78名特殊困难老干部及遗孀提供困难帮扶金61万元，解决具体困难181个。

【老干部活动阵地建设】12月，泸州市老干部活动中心（迁建项目）竣工并投入使用。泸州市老干部活动中心位于城西江阳公园北侧，占地30亩（2.01公顷），建筑面积13108平方米，室外景观绿化及配套设施建设占地18000平方米。经公开招投标由泸州市佳兴物业有限公司具体承担活动中心的安全保卫、卫生保洁、食堂管理、活动管理等服务。

【老干部发挥作用】1. 开展“我为泸州‘两个率先’发展目标添光彩”主题征文活动，将老干部撰写的文章编入《老干之声》文集送市委、市政府和有关部门作决策参考。2. 认真开展关爱帮扶活动。全年老干部到学校开展“中国梦”和社会主义核心价值观宣讲活动210场次，受教育青少年达5000多人次；泸州市关爱基金会募集关爱基金400余万元。实施“朝阳工程”和“关爱书屋”项目，1030名品学兼优的贫困中小学生得到救助，建成“爱心书屋”4个。3. 开展参观考察调研活动。组织老干部参观考察工农业生产、新农村和城市建设、重大建设项目，组织引导老干部围绕市委精准扶贫等重点工作深入基层考察调研。市经信委县级退休干部向应成利用三个多月时间深入泸州市三个区县的9个村调研，对“全面建成小康社会”提出了11条建议意见。此外，积极依托泸州市诗书画研究会、关工委艺术团、老干部合唱团等老年社团组织老干部发挥正能量作用。

（张文良）

机关事务管理

【机制建设】2015年年底，7个区县参照市上成立机关事务管理机构，明确区县机构性质、机构职责和编制情况，全市机关事务管理工作上下联动、分级负责、统一管理的组织体系初见雏形。

【接待工作】2015年，完成接待任务518批次，接待来宾10146人次，其中二级接待任务4批次，省部级接待任务71批次，党政代表团32批次。组织、承办2015年中国国际酒业博览会、全省投资暨重点项目推进会、四川医科大学发展推进会、全省青年企业家大会等36批次大型会议活动的接待工作，圆满完成70多位国家领导人、部委领导和省级领导的接待工作。顺利完成6个国家领事馆官员莅泸的外事接待活动和10余个党政代表团、20余家大中型企业莅泸考察接待活动。先后被省接待办授予“2015年‘1001任务’先进集体”“全省政务接待工作优秀集体”等荣誉称号。

【办公用房管理】2015年先后2次对全市75个市级部门办公用房使用情况进行排查，清理整改人数254人，整改办公室236间，整改面积8157.29平方米。离退休领导干部办公用房全部整改完成，腾退办公室26间，腾退面积293.26平方米。对各区县办公用房管理进行专项督查，对不符合规定的办公用房及时进行整改，达标率达96%以上。

【公务用车管理】着力规范公车购置审批程序，全市（含区县）审批购置一般特种专业技术用车和特种执法执勤用车71辆，购置资金总额2187.25万元。积极主动地做好公车改革前的调查摸底等准备工作，对全市3547辆公务用车进行全面清理。

【公共机关节能管理】截至2015年6月统计数据，全市有公共机构1671个，公共机构建筑面积736.62万平方米，用能人数1284457人，车辆4200台，用电6589.7万千瓦时，用水679.9万吨，用煤0.6万吨，用天然气283.2万立方米，用汽油683.1万升，用柴油97.6万升，用其他能源44.16吨标煤，单位建筑面积能耗同比下降4.7%，人均能耗同比下降6.9%，人均用水同比下降22.4%，超额完成省上下达的公共机构节能管理目标任务。龙马潭区机关事务办公室、四川省警察学院成功创建为全国第二批节约型公共机构示范单位。 （张　云）

泸州市人民代表大会常务委员会

【市七届人大会五次会议】泸州市第七届人民代表大会第五次会议于2015年2月5日在泸州市巨洋国际会议中心举行，会期3天。会议听取和审查泸州市人民政府工作报告；审查和批准泸州市2014年国民经济和社会发展计划执行情况的报告及2015年国民经济和社会发展计划；审查泸州市2014年财政预算执行情况的报告及2015年财政预算，批准2014年市本级财政预算执行情况的报告及2015年市本级财政预算；听取和审查泸州市人大常委会工作报告；听取和审查泸州市中级人民法院工作报告；听取和审查泸州市人民检察院工作报告。会议补选泸州市第七届人民代表大会常务委员会副主任，泸州市人民检察院检察长，泸州市第七届人民代表大会常务委员会委员。会议通过泸州市第七届人民代表大会第五次会议《关于政府工作报告的决议》《关于泸州市2014年国民经济和社会发展计划执行情况及2015年计划的决议》《关于泸州市2014年财政预算执行情况和2015年财政预算的决议》《关于泸州市人民代表大会常务委员会工作报告的决议》《关于泸州市中级人民法院工作报告的决议》《关于泸州市人民检察院工作报告的决议》。本次大会未收到代表团和代表联名提出的议案。大会秘书处共收到代表提出的建议、批评和意见109件。

【市七届人大常委会25—35次会议】市七届人大会常务委员会第二十五次会议于2015年2月3日召开。会议听取关于市七届人大五次会议筹备工作的情况报告；审查市七届人大五次会议有关文件；审议并通过市人大常委会工作报告，市人大常委会2015年工作要点，市人大常委会关于规范性文件备案审查工作情况的报告，市七届人大常委会代表资格审查委员会关于代表资格的审查报告。会议审议并表决通过市人大常委会关于确认市七届人大常委会第四十五次主任会议许可市人民检察院对个别市七届人大代表采取强制措施的决定，关于接受谢明焰辞去泸州市第七届人民代表大会农业与农村委员会主任委员职务的决定，关于接受李万忠等四名同志辞去泸州市第七届人民代表大会常务委员会委员职务的决定以及市中级人民法院提请的通过了有关人事任免案。

市七届人大常务委员会第二十六次会议于2015年3月10日召开。会议审议并表决通过市人民政府提请的有关人事任免案；对市人民政府办理2014年市人大常委会有关审议意见的情况进行了满意度测评。

市第七届人大常务委员会第二十七次会议于2015年4月27日召开。会议听取并审议了市人民政府关于城市集中式饮用水源保护情况的报告；听取了市人大常委会主任会议关于许可对个别市七届人大代表采取强制措施的报告（书面）。会议审议并表决通过市人大常委会主任会议和市人民政府提请的有关人事任免案。会议还对“一府两院”办理2014年市人大常委会有关审议意见的情况进行满意度测评。市人大常委会主任陈雁主持会议，市七届人大常委会组成人员32人出席会议。

市第七届人大会常务委员会第二十八次会议于2016年5月13日召开，会议以电话会议形式召开。会议听取和审议市人民政府有关报告；审议并表决通过市人大常委会相关决议草案。市人大常委会主任陈雁主持会议，市七届人大常委会组成人员37人出席会议。

市第七届人大会常务委员会第二十九次会议于2015年6月18日召开，会议以电话会议形式召开。会议听取和审议泸州市人民政府相关议案；审议并表决通过泸州市人大常委会有关决议（草案）。市人大常委会主任陈雁主持会议，市七届人大常委会组成人员37人出席会议。

市第七届人大会常务委员会第三十次会议于2015年6月23日召开。会议听取并审议市人民政府关于市人大常委会安全生产工作评议意见整改落实情况的报告，关于市人大常委会食品安全工作评议意见整改落实情况的报告，关于《中华人民共和国农业机械化促进法》贯彻落实情况的报告等；听取并审议关于市人大常委会安全生产工作评议意见整改落实情况的调查报告，关于市人大常委会食品安全工作评议意见整改落实情况的调查报告。听取市人大常委会主任会议关于许可对个别市七届人大代表采取强制措施的报告（书面）。会议审议并表决通过了市人大常委会关于接受甘立祥辞去市七届人大常委会委员职务的决定（草案）有关人事任免和有关决议（草案），市七届人大常委会代表资格审查委员会关于市七届人大个别代表的代表资格的审查报告（书面），市人大常委会主任会议和市人民检察院提请的有关任免案。会议还对市政府关于市人大常委会安全生产工作评议意见整改落实情况，对市政府、市食药监局、市农业局、市畜牧局、市公安局关于市人大常委会食品安全工作评议意见整改落实情况进行了满意度测评。市人大常委会主任陈雁主持会议，市七届人大常委会组成人员31人出席会议。

市第七届人大会常务委员会第三十一次会议于2015年8月27日召开，会议议程9项，会期1天。会议听取和审议市政府关于2015年1—6月泸州市国民经济和社会发展计划执行情况的报告、关于泸州市2014年财政决算和2015年1—6月预算执行情况的报告、关于泸州市2014年度市级预算执行和其他财政收支的审计工作报告、关于公共文化服务体系建设工作情况的报告、关于创建现代农业产业示范园区工作情况的报告；听取和审议市人大财经委关于泸州市2014年财政决算审查结果的报告，市检察院关于强化内外监督规范司法行为的情况报告。会议表决通过了泸州市人大常委会关于批准泸州市2014年市级财政决算的决议、关于接受陈虹辞去泸州市第七届人民代表大会外事侨务民族宗教委员会委员职务的决定和有关任免案。

市七届人大会常务委员会第三十二次会议于2015年10月26日召开。会议听取并审议市人民政府关于泸州市享受少数民族待遇县省级留成资金安排使用情况的报告、市中级人民法院关于审判执行工作情况的报告等。会议还审议并表决通过市人大常委会有关决定和任免案。

市七届人大会常务委员会第三十三次会议于2015年11月11日召开。会议听取和审议了市人大常委会主任会议关于提请设立市人大常委会法制工作委员会的议案；表决通过市人大常委会关于设立市人大常委会法制工作委员会的决定和有关任免案。

市七届人大会常务委员会第三十四次会议于2015年12月23日召开，会议议程共1项，会议以电话会议形式召开。会议听取和审议市人民政府有关报告；审议并表决通过市人大常委会相关决议草案。

市七届人大会常务委员会第三十五次会议于2015年12月28日召开。会议听取并审议市人民政府关于泸州市2014年度市级预算执行和其他财政收支审计查出问题整改情况的报告，关于2015年泸州市人大常委会开展规范性文件备案审查工作情况的报告（书面）；听取并审议市人民政府关于泸州市第七届人民代表大会第五次会议代表建议、批评和意见办理情况的报告，市人大常委会办公室关于泸州市第七届人民代表大会第五次会议代表建议、批评和意见办理情况的报告（书面），并对2015年代表建议重点督办件办理情况进行满意度测评。会议听取关于许可对个别市七届人大代表采取强制措施的报告（书面），审查泸州市地方立法条例（草案），审议并表决通过市人民政府和市中级人民法院提请的有关任免案。会议还审议了其他事项。

【市七届人大常委会主任会议】2015年，泸州市第七届人民代表大会常务委员会主任会议召开20次会议，即第43次至第62次，涉及议题73个。主要研究市人大常委会有关工作事项，并将相应议题提请市人大常委会会议审议。会议向市人大常委会会议提出召开市七届人大五次会议的建议，决定市七届人大常委会第二十五次至第三十五次会议召开时间、建议议程等事项；听取“一府两院”有关事项的报告，初步审查有关任免案，审查对“一府两院”专项工作报告的审议意见；研究关于人大干部和代表培训、补选市人大代表、许可对部分市人大代表采取强制措施、确定市七届人大五次会议代表建议意见重点督办件、开展市人大代表小组调研活动、组织开展社会治安综合治理专项工作评议等事项；研究、审查通过了市人大法制委内设机构工作职责、市人大常委会法工委内设机构工作职责等规章制度。

【人事任免】2015年1月至12月，泸州市第七届人民代表大会常务委员会任免国家机关工作人员72人次（其中：任命31人次、免职41人次），接受辞职5人。

【代表工作】2015年，市人大常委会共收到代表建议、批评和意见130件，其中市七届人大五次会议期间112件，闭会期间18件，并确定“关于加快泸州旅游产业发展的建议”等10件重点建议，相关部门全部按法定时限办结。全年开展主任接待日活动6次，接待代表12人，收到代表建议18条，全部按规定进行交办和督办，编写代表之声6期、专题工作通讯2期。组织开展《扶贫攻坚——代表再行动》活动，全年各级人大代表共走访群众8.5万余人，落实帮扶资金3900余万元。在市区县全面推行《代表履职登记制度》，建立代表履职登记档案，部分区县尝试在一定范围内公开。开展直选代表向选民述职评议，选取江阳区作为试点，代表累计述职513人次。探索建立代表履职激励机制，在1月召开的全市代表密切联系群众工作座谈会上，通报表扬了14名履职行权突出的市人大代表，其中3名代表作交流发言，并在人代会期间运用广播、电视、报纸、网络等媒体，设立代表风采专栏，对以上代表的先进事迹予以广泛宣传。在2015年全省人事代表工作座谈会上，泸州市作为全省人事代表工作成绩突出的六个市州之一在大会上作经验交流发言。组织在泸全国、省人大代表分别于7月对泸州医药产业园区发展及泸县文化生态旅游发展情况开展专题调研，11月对泸州经济社会发展和重点工程项目推进情况开展集中视察。委托各区县人大常委会组织各市代表小组开展专题调研和集中视察。形成《代表作用发挥的调研与实践》《关于加快泸州医药产业和医药产业园发展的调研报告》《关于对正常离职村（社区）干部加强引导和服务管理的调研报告》等14篇调研文章。指导区县人大开展市代表补选工作，2015年度共补选市代表22名。加强对代表的监督，9名代表被依法许可采取刑事强制措施。加强代表培训工作，全年组织两期培训班，分别在厦门国家会计学院培训人大代表和市县人大干部118人，在北京全国人大会议中心培训乡镇人大主席、街道人大工委主任、市县人大干部、代表103人。

【人大制度宣传工作】开展泸州市第十六届暨2014年度宣传人民代表大会制度好新闻评选，26件作品分获一、二、三等奖。其中新闻作品《8分钟见证人大监督的力量》上报参评获第24届四川人大新闻奖评选二等奖，《试水专项工作评议 创新人大监督形式——市人大常委会首次启动专项评议工作侧记》《代表百姓 监督“舌尖上的安全”》获第24届四川人大新闻奖评选三等奖。

【来信来访受理】2015年受理群众来信256件/次，来访群众756人次。来信来访均交办、转办、督办完结，办结率100%。重点督促解决城市管理、医疗广告纠纷、部分涉法涉诉案件的不公正判决等问题。

【立法工作】市人大常委会把泸州市地方立法筹备工作作为2015年的一项首要工作来抓。2015年6月，成立泸州市人大法制委和市人大常委会法工委筹备工作组（以下简称市法制委筹备组）。2015年11月，泸州市人大常委会法制工作委员会成立，编制5名，并任命主任、副主任及内设科室人员职务。市人大法制委筹备组和市人大常委会法工委积极开展立法筹备工作，组织相关人员培训考察，健全法制机构，落实工作人员，清理规范性文件，拟订立法规划计划，拟订立法程序制度等。12月3日，省人大常委会决定授予泸州市地方立法权，完成市委和市人大领导交办的首批获权任务。市法制委筹备组和市人大常委会法工委草拟《泸州市地方立法条例》（草案）。草案经市人大常委会第三十五次和第三十七次会议审议后，提交市七届人大六次会议审议。市人大常委会法工委编制2016年立法计划草案和2016年—2020年立法规划草案，提交市人大常委会主任会议审议通过并印发。

【内务司法委员会工作】1. 提请市人大常委会听取和审议市中级人民法院关于审判执行工作情况的报告、市人民检察院关于强化内外监督，规范司法工作情况的报告。2. 在常委会领导带领下，组织内司委部分委员和部分市人大代表对泸州市《工伤保险条例》贯彻落实情况，“六五普法”专项工作开展情况，社区矫正工作情况，禁毒工作开展情况，泸州市妇女儿童发展规划中期完成情况，青年创业服务工作，泸州市涉密工程项目和保密要害部门、部位保密管理情况进行视察调研。3. 组织开展社会治安专项整治工作评议，3月10日，市人大常委会向“一府两院”和市级有关部门、各区县人大常委会印发《社会治安专项整治工作评议方案》；4月27日，召开评议动员大会。11月11日，市人大常委会召开社会治安专项整治工作评议大会。会上对社会治安专项整治进行评议发言和现场提问、答复。常委会组成人员对“一府两院”及有关部门履行社会治安管理职责的情况进行满意度测评（对市政府、法院、检察院的满意和基本满意率均为96.4%，对公安局的满意率和基本满意率为89.3%，对司法局的满意率和基本满意率为92.9%）。4. 认真做好群众涉法涉诉信访工作，督促司法机关公正司法、依法办事，维护人民群众的合法权益。全年接待来访群众5人，收到涉法信访件6件，均按要求督办或转交信访办处理。5. 邀请提建议的代表参加相关活动，听取和采纳代表意见。督办常委会交办的代表建议25件，其中重点建议2件，均与相关部门沟通协调，对重点建议专门召开相关单位领导和承办人参加的督办座谈会，督办件全部按期办结并书面答复代表，代表满意率100%。6. 协助省人大开展《四川省预防职务犯罪工作条例》执法检查；完成省人大关于《立法法》贯彻实施情况的相关统计；开展“两院”半年工作及司法改革情况调研，撰写调研报告并报省人大内司委；配合全国人大和省人大及其常委会做好《中华人民共和国境外非政府组织管理法（草案）》《中华人民共和国国家安全法（草案）》的征求意见和立法调研工作。7. 召开市人大内务司法委员会全体会议和对口单位联系会，参加省人大内务司法工作座谈会、省人大法制工作联系会。审查市检察院提请的关于许可对市第七届人大代表胡祖红、郑伟、张世忠、张庆丰、蒲芝龙、李大义、王子荣、李承君采取强制措施违法事实，提出许可建议。增补内司委委员1名。

【财经委员会工作】1. 全年开展视察调研2次。11月中旬，赴纳溪区视察调研区县人大财经监督和预算审查监督工作开展情况。12月，财经委员会与市金融办一道视察调研全市小额贷款公司发展情况。2. 全年开展调查研究9次。一是到市发改委、市财政局调研2015年政府计划草案、预算草案及2014年度预算执行情况，完成对计划、预算报告草案的初审工作，形成相关审查报告及审议意见、决议决定（草案）。二是5月赴7个区县和市级相关职能部门，对2014年安全生产专项评议工作发现问题的整改落实情况进行跟踪督查，形成专题调研报告，并协助常委会对市政府2014年安全生产专项评议工作发现问题整改落实情况进行再评议。三是6—8月深入纳溪、合江、叙永、古蔺等区县，调研各地社会治安专项整治情况。四是7月，到市发改委、市财政局、市审计局，调研2015年上半年政府计划和预算执行情况、2014年决算草案编制、2014年市级预算执行及其他财政收支审计工作情况，完成对相关报告的初审工作，并形成相关审查报告及审议意见、决议决定（草案）。五是10月，调研2015年市本级预算方案调整情况，完成预算调整方案的初审工作，形成决议（草案）。六是10月，与市物流口岸办深入到江阳区、龙马潭区、叙永县、长开区等区县，对全市现代物流业发展情况开展调研，指出全市现代物流业发展规划、物流通道建设、物流园区（物流中心、场站）建设、物流信息化建设、物流重大项目推进、重点物流企业生产经营情况、市县政府物流业管理体制机制及物流发展支持政策落实等方面存在的问题，就进一步加大对物流业的综合投入、为物流业发展寻找新机遇、引领物流业良性发展、为物流业发展夯实基础等提出建议意见，形成专题调研报告。七是10月底，深入泸县、合江县的有关工矿企业、乡镇街对各级各部门贯彻落实《大气污染防治法》有关情况开展执法检查。八是12月中旬，到审计局调研审计查出问题整改情况。九是12月中旬，牵头赴龙马潭区对该区安全生产目标责任落实情况进行督查。3. 完成常委会转交的市人民政府《泸州市电信基础设施建设意见（试行）》及《关于加强国有公房管理的实施意见（试行）》等两个规范性文件的备案审查，对文件中存在引用法律条文、操作程序不适合的地方提出意见。4. 全年分别完成省人大有关专门委员会交办的《四川省酒类管理条例》《四川省高速公路管理条例（修订草案）》《四川省燃气管理条例（修订草案）》等法律法规的征求意见工作。

【教科文卫委员会工作】 1. 跟踪督查《市人大常委会食品安全工作评议意见》整改落实情况。4月，召开座谈会，听取市食药监局、市农业局、市畜牧局、市公安局等单位的整改落实情况汇报。5月，市人大常委会组织两个食品安全评议意见整改落实情况调查小组，到各区县和相关职能部门开展为期1个月的调查。调查结束后，坚持问题导向形成调查报告，提出了“加强宣传教育、营造良好社会氛围，加大监管力度、推进全市食品安全工作协调发展，强化保障、提高监管能力，加强协作配合、增强监管合力，建立长效机制、推进社会共治”等建议意见。6月，提请市七届人大常委会第三十次会议听取和审议市政府关于《市人大常委会食品安全工作评议意见》整改落实情况的报告，并对市政府、市食药监局、市农业局、市畜牧局、市公安局整改落实工作进行满意度测评。2. 组织视察。5月，市人大常委会部分组成人员、市人大教科文卫委员会组成人员和部分市人大代表对国卫复审迎检工作进行视察，并提出建议意见。11月，组织视察全国文明城市创建工作，形成视察情况反映送市委、市政府。针对提出的新建农贸市场、改造老旧农贸市场的具体建议，市政府明确“相关部门编制好农贸市场的建设规划，需要改造和新建的农贸市场纳入明年的城建项目”。3. 开展调查研究。对公共文化服务体系建设、教育精准扶贫、《全民健身条例》贯彻实施情况、公立医院综合改革推进情况、校外托管机构管理工作等进行调研。4. 对《中华人民共和国职业教育法》《四川省防震减灾条例》贯彻实施情况进行自查。对《中华人民共和国促进科技成果转化法修正案（草案）》《教育法律一揽子修正案（草案）》等广泛的意见征求，对制定《四川省<中华人民共和国职业教育法>实施办法》提出建议意见。协助常委会研究室对《泸州市中小学生校外托管机构管理暂行办法》《泸州市医疗纠纷预防与处置办法》进行备案审查。5. 督促有关部门办理七届人大五次会议代表提出的涉及教科文卫工作的建议、批评和意见。结合食品安全工作评议意见整改落实情况调研对重点建议（“关于强制建立超市及农贸市场检测结果公布制度的建议”）进行督办。6. 结合职能做好扶贫工作。对市人大常委会机关联系的叙永县龙凤镇凤林村贫困户子女在校就读情况进行了全面摸排及登记造册，看望慰问本委员会联系的贫困户。7. 召开全市人大教科文卫工作座谈会。参加省人大教科文卫委、市人大常委会组织的学习培训会，对食品安全、科技进步等教科文卫领域的法律法规和人大相关业务进行了系统学习。立法法修订后，到深圳专题学习。

【农业与农村工作委员会工作】 1. 全年协助常委会审议监督2次。4月，市人大常委会副主任张明率市人大农委到江阳区、泸县的江北、云锦等乡镇，通过深入走访农机经销商、农民专合社、种粮大户，察看农机作业现场，查阅资料，开展座谈，听取汇报等，对全市《农机化促进法》贯彻实施情况开展专题调研。7月，深入江阳区、龙马潭区、合江县等地，对泸州市创建现代农业产业示范园区情况进行专题调研，调研组重点了解了董允坝、大桥、走马慈竹等8个园区经营管理、土地流转、规模效益、科技创新、招商引资以及园区示范带动作用等情况。2. 全年开展调查研究6次。一是3月深入纳溪区、合江县和古蔺县有关乡镇、村社及部分农资公司（店）、庄稼医院、种粮大户、农机专卖店、农机专合社等，开展春耕生产物资保障情况调研。二是6月赴纳溪区、叙永县、古蔺县三地相关乡镇、村社，深入茶产业示范园区、专合社、生产企业，实地察看生产基地、听取各县区及茶企工作汇报、与当地人大代表、群众开展座谈等，开展茶产业发展情况专题调研。三是7月开展水利工程建设情况调研。实地察看合江锁口水库、叙永县梁坪村小农水项目等工程建设情况，听取市县水务部门的工作汇报。四是11月开展贯彻实施《四川省森林防火条例》情况调研。深入到古蔺大寨乡、桂花乡，纳溪护国镇、上马镇，通过查阅资料、实地查看灭火装备、队伍建设，听取汇报等，全面了解全市贯彻实施《条例》情况。五是11月深入到龙马潭、合江的胡市、白米等地开支推进耕地保护情况调研，实地察看土地整理、土地复垦、灾毁复垦、工矿废弃地复垦等。六是为全面了解2015年市人大代表重点建议意见“农村饮水安全问题”的办理和工作推进情况，11月下旬和12月上旬，深入到叙永县、合江县、江阳区的参宝、水尾、况场等11个乡镇和街道，查看12处供水站和引蓄供水工程，对“十二五”期间全市“农村饮水安全工程”建设和管理运行情况进行全面了解。3. 参加省人大组织的有关工作会议。3月和11月，分别参加省人大农业工作座谈会和全省市州人大工作联席会，分别作题为《充分发挥监督职能、促进现代农业发展》和《监督支持、积极参与、促进精准扶贫》的大会交流。积极配合全国人大农委《农民专合社法》修改调研、省人大常委会《农村扶贫开发条例》执法检查、省人大农委《四川省<水土保持法>实施办法》执法调研、省人大法制委《四川省<农技推广法>实施办法（修订草案）》立法调研活动，确保各项活动顺利完成。加强与外省市人大的联系。5月赴陕西学习考察现代农业（核心）示范区建设工作，分别与杨凌现代农业示范区、延安市、榆林市人大交流人大农业与农村监督工作。4. 全年分别完成《中华人民共和国种子法（修订草案）》及《四川省农村扶贫开发条例（草案）》《四川省河道采砂条例（草案）》《四川省<中华人民共和国农业技术推广法>实施办法》等法律法规修改意见的意见征求工作。5. 督促办理代表建议、批评和意见。市七届人大五次会议代表共提出涉农建议、批评、意见12件，其中重点督办件2件。不定期向承办部门督促、衔接、沟通，积极推动代表建议、批评、意见的办理，还组织部分代表到重点督办件承办部门当面交换意见。6. 抓好扶贫督导工作。4月，深入到合江县，以随机抽取贫困村和贫困户的方式，对合江县贫困村、贫困户的精准识别工作，2014年扶贫项目实施绩效，2015年项目安排情况等进行综合检查。11月，和机关党委到凤林村调研扶贫工作，协助机关党委制定市人大常委会机关帮扶规划。

【城乡建设环境资源委员会工作】 1. 围绕民权民生抓监督。4月，提请市人大常委会第27次会议听取和审议《泸州市城市饮用水源保护情况调研的报告》。7月，协助市人大常委会视察茜草工业遗址保护情况，结合视察调研意见向市政府提出工作建议。10月，协助市人大常委会对2015年政府部分重点工程项目建设情况进行视察。通过视察情况反映，送市委市政府主要领导。11 月，协助市人大常委会开展《大气污染防治法》执法检查。检查组深入城市建设工地、加油站油气回收、钢厂和水泥厂粉尘、汽车尾气、秸秆焚烧、垃圾处理等地实地检查建筑扬尘、工业气体污染、油气回收等情况，并召开区县和市级相关部门座谈会，了解大气污染防治工作情况。执法检查后，市委市府联合制发泸州市今冬明春大气污染防治工作方案。12 月，协助市人大常委会视察龙透关大桥项目及沱江新城建设情况。视察后，视察组对修建龙透关大桥的重要性、必要性、可行性、安全性进行详细分析，送市委市政府主要领导。2. 围绕热点难点抓调研。对旅游产业发展情况、房地产市场发展情况、“两江四岸”管理机制、城市管理行政执法以及人防工作等群众关注的热点、重点问题开展调研工作。3. 做好立法前期工作。新《立法法》赋予设区的市具有部分地方立法权，为适应工作新要求，一是参加深圳、厦门立法法学习培训；二是参加省人大城环资委组织开展修订《四川省燃气管理条例》立法调研；三是与来泸考察的拥有立法权的厦门、南昌、南宁等城市交流请教、学习；四是配合法制委筹备组，开展立法前期准备工作。五是召开市级城市建设和管理、环境保护相关部门座谈会。4. 积极督促有关工作的办理落实。一是督促有关部门办理好市七届人大五次会议代表提出的涉及城乡建设环境资源保护工作的建议、批评和意见。召开代表建议办理督促会，特别加强对旅游产业发展和物业管理两件重点建议的督查，23 件建议按时办接，满意率达 100%。二是督促检查上年常委会涉及关于泸州市棚户区改造情况审议意见的落实情况。5. 积极配合省人大的工作。一是承办全省城乡建设环境资源保护工作座谈会。二是配合省人大开展“2015 年四川环保世纪行”采访活动，活动以“向污染宣战，让蓝天常在”为主题，12 家国家、省、市媒体对泸州市大气污染防治工作情况进行集中采访。三是配合省人大开展水污染防治法执法检查。6. 其他工作。一是加强人大城环资工作联系。与德阳、广安、南昌、南宁、宁夏、江津、厦门等地就立法前期筹备工作、城市管理、公积金管理等方面相互学习交流；通过调研以及全省、全市城环资委会议，加强与区县人大的工作联系。二是加强与对口部门的工作联系。积极与对口单位加强联系、沟通情况、增进了解。三是积极参加对口联系及扶贫工作。多次到叙永县龙凤乡来凤村入户探望联系户了解政府扶贫政策落实情况。

【外事侨务民族宗教委员会工作】1. 围绕常委会议题，深入开展调研。提请市人大常委会听取和审议市政府关于《我市少数民族地区待遇县省级财政留成资金安排使用情况报告》的报告。2. 突出工作重点，增强监督实效。5 月，对泸州市贯彻实施《中华人民共和国出境入境管理法》和《中华人民共和国外国人入境出境管理条例》情况进行专题调研。6 月，同市外侨旅游局相关人员一起前往福建省漳州市、厦门市，学习调研沿海地区以侨为桥引资引智，促进地方经济建设的先进经验。7 月，对泸州市依托泸州港保税物流中心（B 型），促进外向型经济发展情况进行专题调研。3. 密切联系交流，促进工作开展。一是做好来信来访和代表建议、意见的督办工作。二是做好联村扶贫工作。三是配合省人大开展执法检查、立法调研和法律法规草案征求意见等工作。对《四川省华侨捐赠条例》《宗教事务条例》和《四川省宗教事务条例》的修改草案，分别提出修改建议。

（周　勋）

泸州市人民政府

市政府办公室工作

【文稿服务】完成 2015 年《政府工作报告》的起草工作。组织起草全国质量强市示范城创建现场会、全省投资暨重点项目推进工作会、全省投资促进工作会、国务院稳增长督查等多个经验交流材料。起草《关于加快长江上游航道整治的建议》

《关于加快建设隆黄铁路建设的建议》《关于加快建设渝昆铁路建设的建议》等议案建议。围绕国家新型城镇化综合试点工作、叙永县全民预防保健体系建设、古蔺县基层党建和扶贫攻坚等重点课题开展调研，形成《泸州市新型城镇化综合试点工作探索》等调研成果20多个。全年编辑《政务调研》70期，编印完成《泸州经济》1期、《领导参阅》40期。同时，采取约稿、征集等方式，加大信息收集、加工、整理、编辑力度，全年共报送政务信息1500余条，《泸州市户籍制度改革的做法成效及问题建议》得到省政府领导批示并在全省转发。

【办文办会】严格执行《公文办理工作规范》《文秘、服务工作出错责任追究制度》、“公文2小时办结制”，启用政府OA绩效管理办公系统，提升办文质量和效率。2015年，以市政府及市政府办名义下发的文件同比减少8.1%，继续保持上报公文“零差错”记录。全年收文5684件、发文1443件。推行会务工作“项目经理负责制”，成功承办国务院稳增长督查、国务院安委会安全生产督查、中央财经领导小组办公室副主任杨伟民莅泸调研，“2015中国国际酒业博览会”“2015年中国医药企业家年会”、农村贫困地区卫生预防保健服务体系试点县座谈会、省委书记王东明莅泸调研、省委第四督导组调研座谈会、全省固定投资暨重点项目推进工作会、川南经济区发展座谈会、西南智能电网产业发展论坛暨泸州招商引资大会等50余次重大活动和会议，统筹办理市政府各类会议1000多次。

【督查督办】对《政府工作报告》分解任务开展督办，督促各责任单位按时完成各项目标任务。全年开展督导453次，发出督导通知32件，向市领导报送督导专报5期、督导动态8期、手机短信专报468期。省委、省政府领导批示事项、交办事项和督办事项办结率达100%。

【应急工作】制定完善《泸州市应急委工作规则》《泸州市应急委办公室工作细则》，编制突发事件指挥运行流程图，指导修订各类预案13个，积极参与处置“7·14”龙马潭区暴雨灾害、“8·6”叙大铁路中坝隧道突泥突水事故、“8·17”叙永县白腊苗族乡暴雨灾害、合江县垃圾处理厂渗沥液隐患整治事件，得到省市领导肯定。全年共接报突发事件信息300余起，向市领导报告信息625条，编辑应急动态29期，向省政府总值班室报送《突发事件信息专报》8期。

【法治政府建设】制定下发《泸州市人民政府办公室关于贯彻<四川省规范行政执法裁量权规定>的实施方案》，市级34个有执法权的一级执法部门均制定了行政执法权裁量标准实施细则，23个部门制定55件行政执法权裁量标准，涉及276项行政权力事项。深入推进行政审批制度改革，市级清理保留行政权力事项5927项。

【政务公开】围绕市委、市政府中心工作，大力推进行政权力依法规范公开运行，全市运行办件51767件，办结49937件。不断推进政府信息公开工作，全市主动公开政府信息58841条。对市政府门户网站的政府信息公开重点工作专栏进行调整，在政策解读专栏解读文件60余个。大力推进行政权力网上公开透明运行，全年网上运行办件24733件，办结24658件。将“12345”市长热线、书记市长信箱和“110”非警务政务类来电合并，全年共受理群众有效来电27233件，办结26611件，办结率达97.7%，电话回访群众满意率90.4%。

【“三抓三主动工作”强化】积极争取省政府办公厅领导莅泸调研指导。2015年，省政府副秘书长到泸考察22次。积极争取政策支持，陪同市领导到国家部委、省级相关部门对接汇报300余次，争取各级政策和项目支持事项100余项。加快推进泸州水运口岸开放工作，《四川省人民政府关于开放泸州水运口岸的请示》上报国务院并批转至国家口岸办；将泸州水运口岸开放工作列入国家口岸发展“十三五”规划，省政府《关于报送“十三五”口岸发展规划有关情况和建议意见的函》上报海关总署，泸州水运口岸开放名列其中。协助市领导联系重点项目65个，研究解决项目推进中的问题70多个。做好领导下基层调研工作，全年协助市领导下基层调研400余次。

【精准扶贫】全面完成扶贫目标任务，全年重点帮扶67个贫困村脱贫解困，完成目标任务的119.6%；减少农村贫困人口86427人，完成目标任务的113.3%。（张　红）

人力资源工作

【就业促进民生工作】全市新增城镇就业43993人，城镇失业人员再就业11124人，就业困难人员实现就业5223人，高校毕业生就业见习基地118个，全市成功创业人数7806人，带动就业20356人。全市参加创业培训10904人，培训合格率为98%，农民工就业技能培训14735人。

2015年，首届“醉美泸州·最美职工”评选活动

【公共就业服务工作】健全公共就业服务体系，促进城乡劳动者就业。全市人力资源市场组织开展“就业援助月”“春风行动”“民营企业招聘周”“高校毕业生专场”等招聘服务活动473场次，组织单位进场16384家次，提供就业岗位13918个次；进场求职人数96055人次；与企业达成就业意向22900人次，其中，与园区企业达成就业意向2783人。

【大众创业万众创新工作】全市设立746个基层创新创业服务窗口，5所在泸高校均建立大学生创新创业服务平台，调整充实创业项目285个，优化创业指导专家313名，建成大学生创新创业园14个、省级科技企业孵化器3家、省级大学科技园1家，孵化器总面积达11万平方米。

【人事人才工作】全年组织42项各类人事考试涉及66715人，实现数据无差错、考试无安全责任事故、无“不公平、不公正”投诉目标。扎实推进公务员职业道德建设，举办8期公务员初任培训班，培训新录用公务员1021人；组织各类职业技能鉴定26708人，获取职业资格证书25334人，其中，初级10891人，中级14443人。全年评审水电、畜牧兽医、建筑工程、经济、农业、机械等系列高级职称666人，中级职称1582人。全面完成2015年40名军转干部安置任务。

【劳动关系协调】2015年，全市在岗职工签订劳动合同43.3万人，劳动合同签订率92%。签订工资专项集体合同7396份。组织开展人力资源市场秩序整顿、农民工工资支付情况检查专项行动。全市受理各类劳动人事争议案件2084件，按期结案率达99.2%。（詹远波）

外事工作

【因公出国管理】2015年全市办理因公出国（境）34批100人次，其中党政机关（公务员及参公管理事业单位人员）因公出国14批37人次，赴港澳11人次，自组团共有6个28人次出访，参加中央、省直部门组织的双跨、培训团组8批9人次。协助办理APEC商务旅行卡4人次；提供因公出国护照指纹信息录入服务272次；协助市委组织部完成170名抽查对象及其配偶、子女的因公出访记录查询。

【外宾接待】2015年，全市外宾接待涉及26个国家，15批336人次。重点做好2015中国国际酒业博览会（酒博会）、“美国硅谷—四川市长合作对话会”（海科会）、“西博会”等重大会议的相关准备和联络服务工作，推动美国硅谷地区与泸州市的合作和交流，与华为公司、许继集团、软通动力等大型公司成功签约，扩大泸州作为川滇黔渝结合部商贸物流中心的影响力和辐射力。其中，酒博会期间对来自20个国家和地区的228位外宾进行一对一服务获得高度评价。做好美国驻成都总领事馆官员代表团、泰国驻成都总领事馆官员代表团、德国北威州驻川办事处代表团、非洲国家外交官研修班、意大利米兰华侨华人工商会、韩国经贸总商会等来泸调研外事服务工作。协助各级单位接待美国信义会、国际专业服务机构（MSI）专家队、瑞典汉学家代表团、新加坡国立大学医院乳腺专家队、泸州经贸考察团、美国加州长滩加州大学、中欧社会保障改革合作项目调研代表团、英国驻成都领事馆、法国香槟—阿登大区政商代表团等10个代表团63人的来访，双方就医疗、文学、经济贸易、社保改革、农业等进行深入交流。

【友城建立】1. 与韩国平昌郡成功签订友好合作意向书，达成结为友城的初步意向。韩国平昌郡应泸州市政府邀请参加2015年酒博会，双方就2014年达成的初步协议进行进一步的探讨，就文化、旅游、经济等多个领域达成合作协议并与泸州市签订友好合作意向书，达成结为友城的初步意向。2. 成功实现与德国雷姆沙伊德市的友好对接。市委书记蒋辅义书记、市长刘强市2015年先后访问德国雷姆沙伊德市，双方就化工、机械等合作领域进行深入讨论，并于11月18日在德国签订友好合作初步协议。摩尔多瓦奥尔海伊市政府代表团到泸访问，对方明确表达缔结国际友城的意愿。3. 促成与摩尔多瓦奥尔海伊市的友城对接。市外办指导并协助泸州长江经济开发区完成摩尔多瓦奥尔海伊市政府代表团来泸访问和座谈，双方就合作事宜进行深入交流。

2015年3月22日，泸州市与韩国平昌郡签订战略友好合作协议

【对外交往】1. 5月3—12日，市委书记蒋辅义随同刘捷副省长出访德国、波兰、黑山三国。出访期间，蒋辅义参加多个招商引资活动。此次出访加强了泸州与德国北威州经贸合作关系以及与杜伊斯堡在商贸物流领域合作事宜、提升了泸州与德国雷姆沙伊德市友好关系。2. 11月16—25日，市长刘强率团出访英国、德国、瑞士三国，调研德国威能公司、伦敦天祥集团、英国爵士贸易公司等公司，并与天祥公司签订成立西南地区食品药品检验检测中心的合作协议、与德国威能集团、英国爵士贸易公司等公司进驻泸州事宜进行协商。3. 2月25日至3月4日，市委常委李晓宇率队出访法国和意大利，参加2015第一届川法农业中小企业峰会。会议期间，泸州市代表团和金土地种子公司、靠得住食品有限公司等企业代表与外方

就农业生产经验、农业保险方面进行深入的交流。4. 6月2—11日，副市长曹勇副率队出访俄罗斯、英国、西班牙，组织泸州长江起重机公司、邦立重机公司、长江液压件公司和川南航天能源科技有限公司等企业参加了2015年俄罗斯国际建筑及工程机械展览会，帮助本地优质工程机械产品拓展海外销售渠道。此外，代表团还对接了英国科技园协会、西雅图汽车工厂；与俄罗斯酒业协会、西班牙葡萄酒协会签订合作协议，拓展泸州白酒的国际市场。5. 江阳区政府组团赴以色列进行农业项目交流对接。江阳区政府应邀参加第19届国际高科技农业博览会，学习以色列现代农业管理经验及高科技农业技术，并与以色列农业企业和农业科技公司就精细农业、水产养殖、花卉栽培等方面进行交流，寻求合作。

【外事合作协议】1. 与四川省外事侨务办公室成功签署战略合作协议，省外侨办将对泸州扩大对外交往、促进国际经贸合作提供支持。2. 顺利达成“澳中友好协议”，副市长丁湘在会见澳中友好协会时提出“打造澳洲和泸州之间投资贸易双向平台、管理技术创新平台、文化交流与旅游合作平台等三个平台”的构想，并与对方达成一致意向，经过多次磋商，于11月底签订友好合作协议。3. 与德国中信通公司签订招商宣传委托协议书，由该公司负责泸州市在欧洲地区的招商、宣传推广及友城对接事宜。

【外事培训】6月5日，组织开展全市因公出国（境）管理业务知识培训会，邀请到省外办出管处副处长曹峰进行因公出访政策专题讲座，全市近80名专办员到会学习。并向省外办上报培训信息，该信息被省外办《每日要情》收录。

【翻译工作】1. 1月4日，市外办协同市翻译协会考核选拔出10名优秀外语专业教师和高校学生作为酒博会外语咨询服务人员，并组织外语专业老师对酒博会外语咨询服务人员和外宾接待人员进行英语、韩语接待口语培训和外事礼仪培训。酒博会期间，市外办组织协调泸州市翻译工作者协会完成酒博会期间各项翻译任务，主要包括会见、会务、宴会、菜名、标牌等各类资料翻译，会见和晚宴现场口译，外宾团组的随团翻译等。2. 5月，市外办协调翻译协会完成市委宣传部主办的“中国酒城·醉美泸州——与您相约”摄影展相关英文翻译。该摄影展5月22日在成都宽窄巷子展出。3. 11月22日，成功召开泸州市翻译工作者协会2015年年会，会上重点安排落实泸州市公共标识标牌英译纠错项目相关工作。（刘世琼）

侨务工作

【侨务招商引资】1. 组织侨商莅泸考察。借助2015中国国际酒业博览会的平台，邀请来自14个国家45名海内外侨商来泸参加“亲情中华——侨胞醉酒乡”活动，深入泸州市考察，其间，美籍华人孟燕明与泸州御酒集团公司正式签署意向合作协议；中国华文教育基金会副秘书长方文国、意大利米兰华侨华人工商会会长周小斌一行莅泸参加侨心工程竣工典礼，实地考察泸州市经济建设情况；邀请韩中经贸总商会会长李长作一行莅泸考察，促成古蔺县国仁酒业成功在韩国拓展市场；纳溪区侨务部门邀请宁波侨台商会、女企业家联谊会前来实地考察，商洽农业、旅游、养老等项目；龙马潭区侨务部门成功引进四川世品建筑工程有限公司等多家企业落户该区；7月10日，韩中经贸总商会总会长李长作、中国驻韩国济州岛总领事组组长孙利民及夫人、韩中经贸总商会副会长刘海荣等一行4人莅临泸州考察，市政府副市长张文军会见李长作总会长一行并介绍泸州市市情及产业发展概况。双方在酒业、农副产品贸易等方面达成合作意向。2. 组织参加大型活动。5月5日，组织泸州市侨商前往成都参加省侨商会二届二次理事会；6月10—12日，组织江阳、龙马潭、纳溪、叙永等区县、市商务局等单位20余人参加第十三届“东盟华商会”，会议期间，泸州市设标准展位1个，发放旅游、高新区和医药园区招商手册等宣传资料1000余份。

【牵线搭桥促进引智】促成著名美籍华人科学家邓初夏博士、德籍华人张如村博士回泸州交流，10

月 18 日，市委书记蒋辅义会见了邓初夏博士，为西南医科大与邓初夏博士的合作创造条件；积极促进国家千人计划专家、海归人才到泸州医药园区建立科研站，推动智力成果转化；西南医科大学邀请莫桑比克三任总统保健医师、莫桑比克中国和平统一促进会会长、附属中医医院江永生教授，美国贝勒医学院终身教授、教育部“长江学者”讲座教授徐建明，日本金泽医科大学 Keizo Kanasaki 教授，英国赫尔大学 Roger Waton 教授以及澳大利亚纽卡素大学 Sally Chan 教授等莅临西南医科大学访问讲学，促进西南医科大与国外高校、科研院所的交流合作；9 月 23—26 日，与市人才办共同组织泸州高新区、泸天化集团、川医大附属口腔医院、医药园区、川南机械厂等相关单位参加“2015 海科会”；11 月，协助市教育局筹备组织参加第 17 届中国留学人员广州科技交流会。

【侨务惠民】元旦，春节期间，市侨办侨联深入到全市 4 县 3 区慰问困难归侨侨眷（50 名）、退休侨联主席、老侨务工作者 66 名，发放慰问资金 10.8 万元。

【“侨（爱）心工程”】接收侨商捐资 14 万元，资助学生 190 名；5 月 22 日，接收重庆市侨联转赠的澳大利亚魏基成“天籁列车”助听器 500 台，价值约人民币 100 万元；10 月 22 日，意大利米兰华侨华人工商会捐赠 50 万元人民币的侨心工程古蔺县德耀镇福荣小学教学楼竣工；7 月 21—22 日，组织市人医专家前往叙永县水潦乡大坝村开展义诊，免费发放药品 0.3 万元。

【归侨侨眷关爱工程】与市公安局联合制定《泸州市华侨回国定居实施细则》，规范华侨回国定居的办理程序；以三月法制宣传月、“6·26”全国禁毒日、“12·4”法制宣传日等活动为契机，多形式开展侨法的宣传普及活动，发放宣传资料近万份；指导纳溪区新创办永宁路社区侨法宣传角 1 个。

【侨务信访】5 月，促成泸州市侨界知名人士邓初夏先生婚姻情况公证一事顺利完成；11 月，针对宋德政先生的上访，对旅美侨胞张应宁历史问题的回复进行补充说明。全年，全市接待侨界群众信访 24 人次，结案率达 100%。

【侨务联谊】7 月 30 日，重庆市侨联专职副主席率渝北区、江津区侨联一行莅临，泸州市侨联与两区侨联签署友好合作协议，共享侨务资源；11 月 18—27 日，市侨联专职副主席陪同市长刘强出访德国、瑞士和英国，广泛联络当地侨界知名人士，积极涵养海外侨务资源；元旦、春节期间，向海外侨胞寄送贺年片 195 份；9 月 25 日，在南苑宾馆举办侨界人士“迎中秋 庆国庆”茶话会，四大班子领导以及相关单位、侨界人士 50 余人共聚一堂；叙永县侨办侨联会同县台办台联开展 2 次联谊活动。

【侨务外宣】3 月 15 日，《四川侨报》第四版全版刊登介绍泸州的文章和照片，向境内侨胞宣传泸州。

【侨务调研】省侨联主席刘以勤到泸，率国家千人计划专家、侨资企业代表等 10 人赴古蔺县大寨苗族乡富民村开展精准扶贫调研，签订设立省侨联精准扶贫专项的协议，约定首期筹款 20 万元，支持富民村开展精准扶贫；11 月 24 日，省侨联主席刘以勤带队考察江阳区西岸村和康乐社区群团服务中心、泸州高新区医药产业园区，表示将积极组织医药专家在泸州医药产业园区建立研究站；10 月 21—23 日，中国华文教育基金会副秘书长方文国、米兰华侨华人工商会会长周斌一行莅临泸州考察，22 日，参加福荣小学“米兰华侨华人工商会”教学楼落成典礼；6 月 3—7 日，协同市人大到福建省厦门市、漳州市考察，学习沿海地区以侨为桥开展引资引智工作的成功经验和做法，完成调研报告；7 月 7—9 日，协同市政协到重庆市和内江、巴中调研，学习内陆地区整合资源促进发展的良好办法，所作的《关于赴重庆内江巴中调研侨务工作的报告》得到市委、市政府签批；9 月 7 日，成立泸州市侨商协会筹备组并组织成员单位前往自贡侨商会观摩学习。（刘世琼）

档案工作

【档案资源体系建设】全市接收档案 22291 卷册。

龙马潭区接收家庭档案；纳溪区接收区政府移交的印章印模档案；叙永县接收用地档案、企业档案等。主动抓好清代叙永直隶厅档案、川南区党委行署档案、朱德在泸视察工作照片及题词、泸州航拍全景、《泸州记忆》、《抗战泸州》等珍贵特色档案资料原件、仿真复制件、全文数据、光盘征集。抓好重大活动档案工作，积极参与创建全国文明城市工作，主动承担创城档案工作任务，参与制定《泸州市创建国家文明城市档案资料收集整理工作要求》，选派两名业务骨干到创建办，指导全国文明城市创建工作。指导市商务局、博览局抓好酒博会档案管理。特别是在指导和协助泸州医学院更名升格迎检档案规范整理工作中发挥重要作用。

【档案利用体系建设】不断建立健全档案利用检索体系，创新服务形式，整合各种档案资源，努力提供“一站式”民生服务。全市接待档案查阅利用者24902人次，提供档案资料56889卷次，复印档案资料87234页，开展电话函查472次、网上查档咨询107条。其中，市馆接待档案查阅利用者1433人次，提供档案资料7462卷次，复印档案资料9210页，开展电话函查110次、网上查档咨询60条。市馆开展异地跨馆查档服务12次，收到查档群众感谢锦旗一面和感谢留言46条。全市8个综合档案馆爱国主义教育基地举办10个展览，接待参观者18800余人。

【档案安全体系建设】争取到全省重点档案抢救和保护专项经费40万元，完成叙永、古蔺重点档案抢救任务。采取加强消防安全知识培训、聘请专业保安、安装现代智能门禁系统、新增电子视频监控点、更换灭火器和围墙防爬钢网等措施，强化档案馆库安全管理。市馆开展馆藏档案密级鉴定工作，登记涉密档案目录2237条。督促古蔺推进县档案馆新馆建设项目，7月开始施工建设，中央、省下拨资金833万元到位。与绵阳市档案局（馆）开展第三次重要档案异地备份，绵阳市馆77个全宗48145卷电子档案，2515GB数据落户泸州市。与广元市签订《重要档案异地备份协议》。接收广元市档案馆重要档案数据光盘60张。全市未发生一起档案安全事故。

【档案信息化建设】市数字档案馆建设项目，完成馆藏档案数字化扫描315万余页。江阳区完成馆藏档案数字化扫描32万页，泸县完成180万页，合江县完成118万页，叙永县完成76万页。指导市公安局、市社保局、市不动产中心开展数字档案室建设试点工作，调研指导增量档案数字化解决办法，完成《泸州全市数字档案馆（室）评估分析报告》，指导市农业局和市政府电子档案接收进馆试点。加强档案门户网站等平台建设，加强对区县网站指导，市局网站进行升级改版，新增栏目3个，更新网站信息280条，领导信箱在线答复各类咨询建议51件，官方微博更新工作动态类、政策法规类信息172条，泸州问政平台答复群众资讯类信件4件，满意率100%。

【依法治档】结合“国际档案日”、法制宣传月等重要节点，采取上街设点、印发资料、集中培训、举办档案知识竞赛活动等形式，开展档案法制宣传教育，重点加强对《四川省国家档案馆管理办法》《档案管理违法违纪行为处分规定》的宣传贯彻，发放宣传资料10760余份，接受公众咨询1018余人次。清理制定《泸州市档案行政执法权裁量标准》及《实施细则》《泸州市档案局行政权力保留、增减目录及相应流程图》。组织21人参加行政执法证资格考试。对全市268个单位开展档案执法检查。

【档案规范化管理】安排全市规范化档案室到期复查工作，开展对教育、卫生、农业等系统科技事业单位档案工作的指导。指导规范化档案室建设170余人次，测评认定23个规范化档案室，复查验收通过105个单位。

【经科企业档案】完成市本级国有企业管理类文件材料归档范围和档案保管期限表的编制审核。指导29个市、区县级国有企业档案工作。推动泸州老窖集团公司开展档案数字化工作。联合市工商联对50余家民营企业进行档案培训，现场指导19家民营企业建档。

【重大建设项目档案】开展“项目档案工作服务年”活动，加强对重点建设项目档案工作的业务指导和专项督查。督查指导国机重工西南（泸州）产业区等226个省、市级重点建设项目，完成7个市级、10个县级重点建设项目档案专项验收。召开全市产业园区档案工作培训会，制定产业园区档案管理办法，重点督导长开区、化工园区、白酒园区、医药园区等产业园区档案工作。

【农业农村档案】抓好农村产权制度改革中房屋、土地承包经营权确权登记档案工作，完成《农村土地承包经营权确权登记档案工作》调研报告。各区县指导形成土地确权登记档案12464卷册。其中，叙永县将馆藏全县农村宅基地确权颁证档案1119卷全文数字化。

【部门档案工作指导】加强对政法委、法院、检察院、公安分局等政法系统档案工作的指导，指导泸州诚达公证处公证档案管理。指导文体广电局、卫计委等撤并、新增单位档案规范化管理，接收市文体广电局档案63卷、2785件。全市共指导30个撤并、新增单位档案规范化管理，接收档案1828卷、6565件。

【档案编研】全年全市开发档案文化产品15部。其中，电视专题片2部。市局内部出版书籍《中国酒城抗战记忆》11万字，收录图片68幅。编发《档案资政参考》2期。编写《四川省档案年鉴·泸州》（2014年、2015年），共3万余字。

（韦佳利）

地方志工作

【第二轮综合志书】截至2015年年底，8部市、县级综合志书出版7部，仅有《叙永县志》处于总纂阶段，第二轮志书质量比首轮志书有较大提高。

【年鉴工作】《泸州年鉴（2015）》于2015年9月出版发行，全书61.6万字，收录条目1273条。四县三区综合年鉴均实现一年一鉴，公开出版。

【地情资源开发】1.《川南区志》编纂方案和篇目基本拟定，同时草拟一系列搜集资料的规范性文件。搜集到原川南区41个县（市、区）的志书，从《川南日报》《四川省志》系列丛书、《宜宾市志》《泸州市志》《内江市志》《犍为县志》等川南行署区辖市、县志书中摘录文字资料进行扫描。完成川南区大事记的梳理。2. 开展旧志整理工作。合江县开展4个版本旧志（乾隆、嘉庆、同治、民国版）的点校。叙永县启动旧志整理工作，并在省志办的支持下于2015年8月出版《叙永旧志辑存》。3. 出版《宋元之际的泸州》《枇杷沟》《汉唐古韵　酒乡长安》等地情书籍7部。4. 完成地情书《泸州史话》10万字稿件编辑工作。

【部门志指导服务】多次对市级部门志编纂情况进行摸底调查并进行分类指导。全年评审验收《泸州市人民代表大会志》《泸州水利志》《泸州市纪检监察志》《泸州市工业经济志》《泸州市交通运输志》。对《中共泸州市委志》《中共泸州市委组织部志》《泸州市农业局志》《中国人民银行泸州市中心支行志》《泸州检察志》《泸州市投资促进局志》等进行审读、召开评审会，并提出意见、建议。泸县、合江、叙永、古蔺等区县也开展部门志（乡镇志）编纂工作。

【地情资源征集和利用】市、县两级开展家谱、族谱征集活动，陆续收到94套完整的家谱、族谱。与省内外同行交换数十部地情资料书籍。向社会各界赠阅《泸州年鉴》1600册、《泸州史志》刊物1800册。积极为单位和个人服务，回复各种咨询和提供相关地情资料。市、县两级全年接待单位和个人前来查阅相关资料、咨询1000余人次。

（佟德茹）

政务服务

【政务服务体系】全市7个区县有5个政务服务场地达到一级标准以上，2015年，纳溪区、泸县、叙永县政务服务中心建成并搬入新场地。144个乡镇（街道）全部建成政务服务中心（便民服务中心），1769个村（社区）全面建成便民服务室（代办站、代办点），免费为群众提供计划生育、居家养老、健身娱乐、治安防卫、卫生管理、证件办理代理等便民服务。大部分乡镇（街道）便民服务中心设立所辖村（社区）代办席位，逢赶场天在乡镇（街道）便民服务中心坐班为群众服务。推动省、市、区（县）三级联动审批。梳理出需与省上联动的窗口10个，上报审批事项14项；梳理出区（县）与市级部门联动事项22项，涉及10个部门窗口。组织市、区（县）窗口对口培训30余次。指导叙永县制订出“政务服务县乡村三级联动方案”。全面推动市、县、乡、村政务服务纵向联动审批，促进城乡基本公共服务均等化。加强“泸州市政务服务大厅”网站管理，上载申请表格、示范文本、材料样本达3000余份，各窗口专人值守咨询页面，实时响应，无超时回复、处理等情况。制定网上预审办理、值守管理办法，开通网上预审的行政审批事项达到100%。依托电子监察系统，及时掌握窗口办件进度和办件时效，确保办件高质量、不超时。通过大厅意见簿、意见箱、“群众背靠背服务评价系统”“96960”行政效能投诉电话及市级行政效能网络投诉平台等多种方式受理群众咨询和投诉，按照规定及时办理，处理结果及时向投诉人进行反馈。2015年，无群众投诉处理不满意件。修订完善政务服务中心进驻窗口管理考核办法，细化对进驻窗口7个大项27个小项的考核细则，健全考核激励机制。坚持月度考核、季度考评、年度评优相结合，年终考核结果作为年度评先评优的重要依据。设置上下班脸部识别考勤系统。加强大厅每日例行巡查。

【行政审批改革】深化“两集中、三到位、一杜绝”工作。23个部门常设窗口的首席代表全部由行政审批科科长担任，全部进驻中心，均签订授权书，窗口分管领导全部进驻到位。10个部门集中设立到综合窗口，综合窗口由中心工作人员和部门轮流派驻窗口人员共同值守负责。市住房公积金中心、市地税局、市公安出入境、市社保局等窗口单位2015年新增窗口工作人员40余人。各审批窗口明确进驻政务服务中心分管领导或行政审批科长为窗口首席代表，部门主要领导与首席代表签订授权书，赋予首席代表行使审批决定权、审核上报权、组织协调权和行政审批专用章使用权。行政审批事项的咨询、受理、审批、取证等环节全部在窗口完成；凡需现场踏勘、专家论证、听证评估、检验检测、竣工验收的审批事项，由窗口首席代表组织协调，统一安排；凡须内部业务科室联合会审办理的，由窗口首席代表组织在政务服务中心现场进行。1—12月组织召开并联审批评审会、协调会197场次。根据省政府统一规范省市县三级行政许可项目的要求，2015年3月，市政府公布共230大项278小项市本级行政许可项目目录，中心严格对照目录进行项目清理，组织窗口部门逐项制定办事指南、格式文本、示范文本等，并在审批系统、“政务服务大厅”网站、门户网站和窗口公示宣传，及时录入办件系统办理。下半年，按照《四川省人民政府关于取消57项中央指定地方实施行政审批事项的决定》要求，对照市政府公布的230项行政许可目录表，组织窗口部门清理取消相应行政审批事项。针对国务院和省上下放行政审批事项多，泸州市行政审批事项清理频繁的情况，中心班子成员分别带队到7个区（县）深入调研指导，通过《领导参阅》方式将情况、问题、建议报送相关领导。并针对调研情况，组织市发改委、环保局、水务局、安监局等12个部门窗口骨干人员，对县（区）窗口就开展并联审批、简化流程、承接下放事项等工作进行实地指导培训。按照“应进必进”的原则，市本级涉及企业、群众的所有行政审批和公共服务事项全部纳入政务服务中心集中受理办理，2015年，受理办结行政审批和公共服务事项180.26万件，办理提速93.04%。按时办结率、现场办结率、群众满意率均保持100%，无超时件，无有效投诉。

【项目并联审批】重点突破建设项目并联审批。涉及12个相关部门25个事项，审批时限最短压缩到21个工作日，技术审查时限最短压缩到63个工作日，并联审批提速3倍。投入85万元开发建设工程项目并联审批电子平台，安装部署到7个区县和高新区政务服务中心，实现并联审批咨询、受理、审批和跟踪督办全流程信息化，形成各区县独立并联、市区县并联互通的大网络构架。2015

年1—12月，通过建设项目并联审批办理项目128个，投资额523.7亿元。积极巩固企业设立登记并联审批成果。企业设立登记并联审批涉及工商、质监、公安、国税、地税5个部门的审批事项，审批时间从法定的30个工作日压缩到5个工作日，平均办理时限保持在3个工作日以内。2015年1—9月，通过企业设立登记并联审批办理项目77个，注册资本总额30.36亿元。2015年9月25日，泸州市正式开展“三证合一”工作，2015年共办理三证合一企业登记项目117个，注册资本总额29.75亿元。积极推动涉及2个以上部门的事项并联审批。有3个涉及2个以上部门审批的事项实行并联审批，同时推行联审会议制、联合踏勘制、全程代办制等，切实减少审批环节，规范审批行为。

【公共资源交易】深化市政务服务中心和公共资源交易中心一体化管理，形成“一套机构管理、一个平台运作”的政务服务和公共资源交易运行管理体制。工程建设项目招投标、政府采购、国有土地（矿权）招拍挂、国有产权交易全部纳入公共资源交易平台。坚持用“制度+科技”手段最大限度地提高工作效率，最大限度地促进公开公平公正，最大限度地防止“不作为、慢作为、乱作为”。完善公共资源交易《开标制度》《评标制度》《专家抽取制度》等52个现场管理制度。通过积极探索，形成一套决策、监管和操作相互协调、相互制约的运作模式，实现统一进场交易、统一信息发布、统一场地安排、统一交易规则、统一收费管理、统一监督检查“六个统一”。推行公共资源交易电子化。国家投资建设项目工程招投标在全省率先实现全面电子化，包括网上报名、网上下载招标文件、网上缴纳和退还投标保证金、网上提交投标文件、电子评标。政府采购实现网上报名、网上下载标书和网上交退保证金。全面实现交易全程网上可办理、全程痕迹可查询、全程效率可跟踪、全程责任可追溯。

2015年1—12月，市本级公共资源交易完成工程招投标项目544个（不含代理比选），投资金额85.43亿元，中标金额74.90亿元，资金节约率12.33%；土地矿权招拍挂21场次；国有资产处置8场次；一般政府采购项目455个，计划金额5.09亿元，成交金额4.45亿元。参与9个政府采购PPP项目的咨询、指导、论证等业务，涉及资金近250亿元，其中3个项目89.88亿元已经确定成交社会资本、签订合同。（何川）

物流和口岸工作

【口岸功能】1月15日，首批从澳大利亚进口的粮食抵达泸州港进境粮食指定口岸；1月16日，泸州市人民政府成功举办进境粮食指定口岸推介会；2015年，4.6万吨粮食类产品经泸州港进境粮食指定口岸清关放行。11月19日，泸州港保税物流中心（B型）通过海关总署等国家四部委正式验收，成为四川省第二个保税物流中心；12月16日，泸州市人民政府成功举办泸州港保税物流中心（B型）政策宣讲暨推介会。2015年，泸州港完成集装箱吞吐量44.5万标箱，同比增长39%。

【多式联运】1月26日，泸州市人民政府与成都铁

2015年11月26—27日，省委副书记尹力（右二）莅临泸州调研考察，市委书记蒋辅义（左二），市委常委、宣传部部长鞠丽（右一），龙马潭区委书记郑蓉（左一）陪同

路局签订《加快推进泸州港铁水联运战略合作框架协议》。8月13日，四川省铁水物流服务联盟在泸州市成立。2015年，泸州港实现铁水联运2.51万标箱，同比增长125.13%。

【通道建设】11月17日，“泸州—南京—日本”集装箱班轮近洋外贸航线开通。增设攀枝花“无水港”（内陆港）。

【区域合作】1月8日，泸州市人民政府与上海国际港务（集团）股份有限公司签订《港口物流发展战略合作框架协议》；2月1日泸州市人民政府与成都市人民政府、武汉市人民政府签订《港口物流战略合作框架协议》；6月26日泸州市人民政府与攀枝花市人民政府签订《港口物流发展战略合作框架协议》。

【物流项目】四川宏图物流公司在“新三板”成功上市，成为全市率先上市的物流企业。“四川省物流铁水服务联盟”“长江水运公铁水综合运输管理信息平台”“郎酒流通服务体系项目”成功申报为省级物流重点项目。

【对外交流】泸州市组织四川泸州港务有限责任公司、中外运泸州港保税物流有限公司、川滇黔现代公路物流港股份有限公司等企业参加第十二届中国国际物流节暨第十五届中国国际运输与物流博览会，荣获最佳组织金奖。

（杨　岭）

自然灾害与抗灾救灾工作

【自然灾害概况】2015年全市先后发生5起自然灾害，其中洪涝灾害4起，风雹灾害1起，发生较大以上自然灾害2起。自然灾害造成37.14万人（次）受灾，16人死亡、9人失踪，11815人次紧急转移安置；农作物受灾面积2.29万公顷，其中绝收面积0.25万公顷；倒塌房屋4021间，损坏房屋26762间；直接经济损失8.15亿元。与2014年相比，2015年全市受灾人口减少44%，因灾死亡（失踪）人数增加733%，紧急转移安置人数持平，农作物受灾面积增加5%，农作物绝收面积增加29%，倒塌房屋数量增加17%，损坏房屋数量增加114%，直接经济损失增加105%。尤其是8月17日，叙永县白腊苗族乡遭受暴雨灾害，造成白腊乡1.2万人受灾，24人死亡（失踪），直接经济损失3.2亿元。

【抗灾救灾指挥体系建设】制定并印发11个专项应急指挥部指挥运行图，采购发放133台应急对讲机，健全应急对讲系统。及时调整充实市减灾委员会、市地质灾害防治工作领导小组、市防汛抗旱指挥部、市森林防火指挥部、市气象灾害应对工作领导小组等组织领导协调机构。全面落实“统一领导、分类管理、属地为主、归口包干”的防灾救灾责任制。

2015年7月14日，市委副书记、市长刘强（左二），副市长丁湘（左三）在暴雨救灾现场

【预警与避险】市政府办公室印发并实施《泸州市突发事件分析会商制度》，形成《2015年自然灾害发生趋势及对策措施》指导抗灾救灾。建成覆盖市、县、乡三级的防灾减灾应急指挥平台，强化

减灾宣传和技术服务。市政府办公室印发《关于进一步健全落实防汛救灾预警预报机制的紧急通知》，及时通过电话、短信、传真、媒体等方式，发布自然灾害预警预报，全年发布预警44次，发布预警预报短信46500条次，根据预警预报信息，监测人和防灾责任人及时上岗到位，加强监测、加密巡查，发现险情及时预警，果断组织受威胁人员撤离。

【预案管理】印发《泸州市应急预案管理办法》和《泸州市应急预案评审指南》，对《泸州市自然灾害救助应急预案》《泸州市防汛预案》《泸州市抗旱预案》《泸州市突发地质灾害应急预案》《泸州市森林火灾应急预案》《泸州市气象灾害应急预案》等抗灾救灾应急预案进行修订。

【抗灾救灾队伍建设】从制度、规划、培训、投入、装备等方面加大建设力度。完善覆盖市、县、乡、村四级共2000余人的灾害信息员队伍，2015年培训480人；举办防火培训168次，12545人次；登记专业应急志愿者队伍4支100余人。

【应急保障】储备帐篷4360顶、棉被10207床、折叠床3014张、救生衣2250件、彩条布30000平方米、篷布8000平方米等救灾物资。采取协议代储方式储备一定数量的方便面、矿泉水、大米等生活必需物资。储备防汛物资价值1375.8余万元，森林灭火机具365万元；财政、民政部门严格执行国家、省级关于自然灾害生活救助资金管理暂行办法相关规定，全年预留应急储备金5000万元，安排自然灾害生活救助资金1816余万元；应急指挥车、单兵车载系统、便携式卫星通讯系统、短波电台等科技装备在救灾过程中的作用得到充分发挥，应急科技支撑能力进一步提高；采取“四不两直”（即不发通知、不打招呼、不听汇报、不用陪同和接待，直插基层、直奔现场）等方式，组织多个督查组开展抗灾救灾督查27次。

【宣传演练】发放防灾救灾宣传手册、宣传单共101万份，组织开展集中宣传培训9场次，放映宣传短片980场次，通过泸州电视台新闻报道和公益广告栏目开展为期一周的防灾减灾知识集中宣传，在泸州日报和泸州晚报集中开设专版进行防灾减灾宣传；通过创建“全国综合减灾示范社区”，指导龙马潭区罗汉街道化工苑社区、叙永县叙永镇东外社区成功创建为全国综合减灾示范社区，受到国家减灾委、民政部命名确定。组织疏散转移、森林防火、防汛抢险、地灾救援等应急演练393场次。（晋守兵）

扶贫移民工作

【概况】2015年，实现“80680”农村贫困人口脱贫、67个贫困村“摘帽”，全面完成各项目标任务。

【扶贫组织体系】2015年，全市大幅增加扶贫机构人员编制，增幅达185%；市扶贫移民局在全省范围内率先增设审计稽察科，专门负责对全市扶贫、移民资金、项目开展审计、稽察等监督工作；增

2015年4月1—2日省扶贫移民局局长张谷（中）深入古蔺、叙永调研扶贫开发工作

设市扶贫移民服务中心，新增编制5人；贫困县专设县委直管的精准扶贫推进办，乡镇成立扶贫开发办公室。市委专门成立第六督导组、市扶贫开发领导小组成立包片督查组、市监察局牵头组织扶贫项目资金联合督查组，对精准扶贫推进情况、建档立卡复核纠错情况、扶贫项目资金管理使用情况以及扶贫开发中不作为、慢作为和优亲厚友等违纪渎职行为进行督查问责。

【贫困状况】在2014年初识别确定的324个贫困村、13.9万户贫困户、35.68万名贫困人口基础上，开展四次大范围的扶贫对象清理，复核确定全市有贫困村324个、贫困户92079户、贫困人口311975人。分类完成贫困户的分类档案和数据信息统计。

【精准扶贫】1. 精准脱贫攻坚体系。2015年，市委、市政府领导牵头召开专题研究扶贫工作会议9次，市委七届十次全会通过《关于全力推进扶贫攻坚确保全面建成小康社会的决定》，明确30多万贫困人口脱贫，324个贫困村和3个贫困县全部“摘帽”的总要求。泸州确定经济条件较好的江阳区、龙马潭区、纳溪区、泸县“三区一县”在2016年实现贫困人口全部脱贫、贫困村全部“摘帽”，2018年古蔺、叙永、合江三个贫困县“摘帽”，实现贫困人口全部脱贫、贫困村全部“摘帽”。细化“七大扶贫攻坚行动”建设内容，配套出台13个扶贫专项方案。在全省率先出台《建档立卡贫困户低保兜底实施办法》《医疗扶贫实施办法》，实现政策制度真正向贫困户倾斜。2. “六个一”全覆盖精准帮扶。制发《关于做好对口定点扶贫工作的通知》《泸州市驻村第一书记管理办法》和《关于做好驻村精准帮扶工作的指导意见》。市委书记、市长带头联系帮扶乌蒙山区贫困县和贫困村，确保每一个贫困村有一名领导联系。全市121个市级单位、450个县级单位结对帮扶全部324个贫困村，市级机关选派80名第一书记驻村帮扶，每个贫困村派驻农技人员指导。实现领导联村、定点帮扶单位、驻村工作组、第一书记、驻村农技员、贫困户帮扶责任人“六个一”全覆盖。3. 菜单式精准村户规划。全面启动五年扶贫脱贫规划编制工作，由乡镇、村、驻村工作组、第一书记、帮扶单位和村民代表组成村户扶贫规划编制小组，通过村两委提议、编制小组商议、群众大会决议制定完善贫困村扶贫规划和贫困群众脱贫规划。4. 扶贫项目精准实施。争取到位上级财政专项扶贫资金2.1亿元，重点扶持8万贫困人口实施精准扶贫到户项目，帮助67个贫困村夯实基础设施建设。统筹协调，全面推进扶贫项目。世行六期贷款项目全面启动，五年内将在古蔺、叙永赤水河区域总计投入资金2亿元，实施基础设施建设、产业发展和公共服务项目，推动区域加快发展；叙永县纳入2015年国家彩票公益金项目建设范畴，总投资1000万元，将在贫困村开展基础和公益设施扶贫项目建设；对古蔺县国家彩票公益金项目建设情况进行督查推动，督促项目区做好迎检准备；协调落实叙永、合江、泸县6个专合社纳入全省资产收益扶贫试点项目；积极协调叙永江门竹浆造纸项目纳入国家扶贫贷款项目，协调国家进出口银行对项目进行授信放贷，促进贫困群众发展林竹产业增收。

【行业扶贫】实施基础设施建设、新农村建设、特色产业培育、能力提升、公共服务、生态建设、基层组织建设等“七大扶贫攻坚行动”，明确贫困县涉农资金50%以上投入扶贫开发，统筹各类资金打捆投入，累计整合投入各类扶贫资金91.26亿元，同比增长34%；实施扶贫攻坚项目85个。新改建通乡公路700公里、通村公路440公里，重点推进倒流河引水工程、锁口水库、观文水库等骨干水利工程建设；大力实施饮水安全工程，投入资金1.7亿元，解决29.7万农村人口饮水安全问题。投入7.12亿元，加大贫困地区农网改造力度，解决农村13.4万户群众用电难问题。投入资金15亿元，建设幸福美丽新村200个、新村聚居点160个。积极培育特色产业，以建成的蔺乡丫杈猪、川南黄牛和林下土鸡等辐射带动特色养殖业；完成烤烟种植面积13万亩（8724公顷）、高粱种植面积70万亩（4.70公顷）；依托泸州老窖和郎酒两大品牌，大力发展白酒产业。公共服务全面提升，健全基层医疗卫生服务体系，实现贫困村卫生医疗机构全覆盖。

【社会扶贫】培育建立泸州市扶贫基金会、泸州老窖爱心基金会、佳乐集团爱心基金会、泸州义工协会等社会扶贫组织，完善爱心捐助平台，引导更多的力量参与扶贫开发。广泛开展“扶贫日”系列活动，大力开展扶贫募集，扶贫日期间募捐资金 1997.74 万元，实现社会扶贫的新突破。开展六大特色扶贫行动，产业扶贫、旅游扶贫、少数民族专项扶贫扶贫取得新成效。启动实施“百企联百村”工程和网络扶贫结对网络行动，促进民营企业到村到户直接扶贫，组织 57 家企业和商会与贫困村进行扶贫结对，与 40 个贫困村 193 户贫困农户扶贫结对。评选出 10 个酒城扶贫好人，实施综合型社会扶贫项目 9 个，投入栋梁工程助学金 1520 余万元，资助 2760 名困难家庭学生走入大学校园。

2015 年 6 月 14 日，龙马潭区人武部到长安镇长春村开展慰问活动，向 5 户贫困户赠送猪仔 11 头、鸡苗 100 只

【四项扶贫机制】1. 扶贫投入机制。市政府常务会审议通过《关于深化收入分配制度改革的实施意见》，提出公共财政向贫困地区、贫困人口倾斜的稳定增长投入机制，增加财政专项扶贫资金，引导金融资本和社会资金向贫困地区投入。2. 金融服务开发机制。实施小额贷款项目，扩大对农业产业、小微企业的担保贷款以及贫困地区助学贷款的规模。延伸金融、保险等机构，加大农村地区 POS 机和 ATM 机的布放力度，推进 24 个乡镇邮政局（所）补建运营工作，解决边远地区通邮难、汇款难问题。3. 项目资金监管机制。继续发挥市扶贫资金项目监管联席会议作用，对区县扶贫项目资金、扶贫措施进行检查。制发《监管办法》，强化对项目与资金审计监督。推进扶贫开发“四到县”，建立扶贫项目资金“四专二核一审批”使用机制。4. 健全考核机制。强化领导责任制，建立市负总责、区县负主体责任，乡镇、村具体落实，驻村帮扶工作组包干脱贫的责任体系。制发《泸州市区县和市级部门扶贫攻坚工作目标考核办法（试行）》，将扶贫成效纳入对区县和市级相关部门的目标考核范畴，实行一票否决。

【移民工作】争取到移民后期扶持资金 5020 万元，按时直发直补移民资金 1220 万元，利用移民后扶切块资金 750 万元，整合其他项目资金 1494 万元，社会和群众自筹资金 1000 余万元，实施后扶项目 79 个，对库区和移民安置区农田水利、道路交通设施、移民生产生活用电、房屋维修改造等项目得到有效改善。投入资金 1000 万元，以立石镇天堂村作为“微田园”建设模式代表，推进移民后扶示范片建设。完成向家坝灌区一期工程江阳区域内实物调查工作，全面开展移民后期扶持资金使用情况内部审计。

（宋进钱）

中国人民政治协商会议泸州市委员会

【组织机构】政协泸州市第七届委员会由30个界别组成。委员399名，其中常委会组成人员77名。内设办公室、研究室和提案、财经、农业、人口资源环境、教科文卫体、社会法制、学习文史和民族宗教港澳台侨外事8个专门委员会。

【市政协七届四次会议】政协泸州市第七届委员会第四次会议于2月3—7日在巨洋会议中心召开。会议听取和审议《政协泸州市第七届委员会常务委员会工作报告》《政协泸州市第七届委员会常务委员会提案工作情况的报告》。列席泸州市七届人大五次会议，听取和协商讨论《政府工作报告》、协商讨论《关于泸州市2014年国民经济和社会发展计划执行情况及2015年计划草案的报告》《关于泸州市2014年财政预算执行情况和2015年财政预算草案的报告》。听取和协商讨论《泸州市中级人民法院工作报告》《泸州市人民检察院工作报告》。通过《政协泸州市第七届委员会第四次会议决议》和《政协泸州市第七届委员会第四次会议关于提案审查情况的报告》。开展小组讨论45场，组织大会发言16个，撰写委员提案308件，整理建议意见6个方面34项70余条，通过联组讨论向党政集中反映重点意见68条。

【市政协常委会议】市政协七届十五次常委会议于2015年1月21日召开。审议通过有关人事事项。市政协七届十六次常委会议于2月5日召开。会议通过提案委员会关于市政协七届四次会议提案审查情况的报告（草案），提请大会通过；通过市政协七届四次会议决议（草案），提请大会通过；审议通过有关人事事项。市政协七届十七次常委会议于5月29日召开。会议听取市政府关于在“十三五”发展规划中如何谋划产业转型升级的情况通报；审议市政协财经委《关于围绕产业转型升级谋划“十三五”发展规划的调研报告》；审议通过有关人事事项。市政协七届十八次常委会议于9月15日召开。会议听取市政府关于泸州市行政审批制度改革情况的通报；审议市政协社法委《关于我市行政审批制度改革情况的调研报告》。市政协七届十九次常委会议于12月23日召开。会议听取市政府关于政协委员提案办理工作情况的通报；听取市纪委、市监察局关于全市党风廉政建设情况的通报；听取市政府关于泸州市公安工作情况的通报；审议市政协农业委《关于我市农产品质量安全情况的调研报告》。

【市政协主席会议】市政协七届十八次主席会议于2015年1月13日召开。会议审议市政协常委会工作报告；审议市政协提案工作情况的报告；审议有关人事事项。市政协七届十九次主席会议于2月5日召开。听取关于人事变动事项的说明；审议人事事项，提请常委会审议；审议市政协七届四次会议选举办法（讨论稿），提请常委会审议；协商提出总监票员、监票员、总计票员、计票员建议名单，提请常委会审议；审议市政协七届四次会议决议（讨论稿）。市政协七届二十次主席会议于3月4日召开。会议学习传达全省领导班子思想政治建设工作会议精神；研究调整市政协主席会议成员分工；听取市政协各委室2014年工作小结，审议市政协各委室2015年工作要点；研究确定2015年市政协常委会议政主题和主席会议成员视察课题；研究确定2015年市政协重点提案。市政协七届二十一次主席会议于5月25日召开。会议审议召开市政协七届十七次常委会议的有关事项；审议市政协财经委《关于围绕产业转型升级谋划“十三五”发展规划的调研报告》；审议市政协工作制度汇编；审议市政协有关人事事项。市政协七届二十二次主席会议于8月28日召开。会议听取市中级人民法院、市人民检察院工作情况通报；审议召开市政协七届十八次常委会议的有关事项；审议市政协社法委《关于我市行政审批制度改革情况的调研报告》；听取提案委关于民主评议提案办理工作情况的汇报；审议有关人事事项。市政协七届二十三次主席会议于12月2日召开。会议审议召开市政协七届十九次常委会议的有关事项；审议市政协农业委《关于我市农产品质量安全情况的调研报告》。

【政协主席会议成员视察】4月，主席会议成员视察安全生产工作情况。5月，主席会议成员视察重点水利工程“建、管、用”情况和水资源保护利用情况。6月，视察贫困山区基础教育发展中的问题。9月，主席会议成员视察泸州市交通枢纽及旅游通道建设情况。形成《全市安全生产工作视察报告》《我市旅游产业发展情况的视察报告》《我市旅游通道建设情况的视察报告》等报告供市委、市政府决策参考。

【政协委员集体视察】组织全体市政协委员，围绕泸州市医药产业园区发展、文物古迹保护利用情况、缓解市民打的难等问题深入基层、深入一线，通过听汇报、实地考察、座谈等形式进行集体视察。形成《泸州高新区医药产业园视察报告》《关于缓解市民打的难的视察报告》等视察报告，得到市委、市政府领导的签批。

【专题调研】1. 产业转型升级，谋划“十三五”发展规划调研。2. 泸州市文体产业发展状况调研。3. 切实加强社区矫正工作调研。4. 泸州市侨务引智招商引资工作调研。5. 加强政协委员队伍建设研究调研。6. 泸州市信息产业发展情况调研。7. 行政审批制度改革调研。8. 泸州市新能源产业发展情况调研。9. 农产品质量安全调研。形成《关于推进我市“十三五”产业转型升级的建议》《关于我市社区卫生服务情况的调研报告》《关于我市社区矫正工作的调研报告》《关于推进我市行政审批制度改革的建议》《关于我市新能源产业状况的调研报告》《关于进一步提升我市农产品质量安全水平的建议》等调研报告，得到市委、市政府领导的签批。

【专题协商】5月，针对“川化控股在泸企业如何实现产业转型和改革脱困”开展专题协商，形成“向上争取支持、理顺管理机制、优化原料结构”等协商意见。6月，围绕泸州市全面深化改革，提出“制定组织实施协商年度计划、完善乡镇税收目标考核机制、发挥商会以商招商的平台作用”等协商意见，被市委、市政府关于《全面深化改革的实施意见》吸收和采纳。9月，围绕长江生态湿地公园规划建设，提出“协调好区域与全局、统筹好商业与公益、处理好保护与开发”等5个方面20余条具体建议。11月，围绕《泸州市国民经济和社会发展第十三个五年规划纲要（初稿）》和《中共泸州市委关于制定国民经济和社会发展第十三个五年规划的建议（征求意见稿）》，召开2次专题协商座谈会议，提出“规划对接不够紧密”“部分指标设置不够科学”“部分发展定位不够准确”“部分规划滞后民生需求”“部分领域存在规划空白”“部分表述存在错漏”等6个方面的整体协商意见和37条具体协商意见。12月，围绕贯彻落实省委、市委政协工作会议精神，就《中共泸州市委关于新形势下进一步加强和改进人民政协工作的实施意见（代拟稿）》开展专题协商，征求各县区政协、市级各民主党派和工商联、市政协各委室的意见建议。

【提案与提案办理】政协七届四次会议期间及会后一年来，征集并通过提案委员会的审查，立案提案326件。其中，大会提案308件，平时提案18件；市级各民主党派、工商联、各区县委员小组提案51件，委员个人或联名提案275件。截至2015年年底，所有提案均办复完毕，办结率为100%。解决或采纳的189件，占58%；列入计划实施的124件，占38%；因条件限制暂不能解决的13件，占4%，承办单位均认真作了说明。

【社情民意信息反映】收集汇总、编辑上报全国政协和省政协社情民意信息203篇，编辑报送市委、市政府《社情民意专报》38期，向相关部门转送《社情民意信息》10期。其中，“向回乡务农的原国民党抗战老兵发放补助出现认证困难的紧急建议”“关于修改完善食药品管理相关法规的建议”等10篇信息被全国政协采用，在全国政协21个信息直报点中排名第四位。“应高度关注涉藏警务硕士流失及泄密问题”“精准扶贫‘不精准’应引起高度重视”等36篇信息被省委、省政府、省政协采用，在全省21个市州政协中连续第9九年排名第一；“关于增设机动车驾驶证考试考场的建议”“关于消除蓝田滨江大坝安全隐患的建议”等20余篇社情民意得到市委、市政府领导签批督办。

【交流互动工作】协助完成全国政协、全国台联关于“对台工作情况”的考察调研，配合省政协完成“对接‘一带一路’、推进长江经济带建设”等10余项调研任务；先后在省政协作《依托黄金水道，加快长江经济带发展》《把握关键环节，强化顶层设计，着力推进协商民主广泛多层制度化发展》等4个专题发言；加强同县区政协的协同互动，联合开展“委员队伍建设管理工作”等调研，开展信息业务培训600余人次；组织召开市县区政协主席学习会，围绕“协商民主”主题交流经验做法和工作成效。

【理论与实践研究及宣传工作】通过《四川政协报》《泸州日报》、政协网站等各级各类媒体，刊发报道政协新闻信息200余条。

【文史资料选集编辑】编辑完成《泸州抗战回忆录》等文史资料；支持诗书画院出版《酒城醉墨》书画作品集；为昆明市政协拍摄纪念辛亥革命影视资料提供文史素材；修编完成《泸州政协志（1991—2011）》。　　（刘　利　施崇亮　杨丽娟）

民主党派　工商联

中国国民党革命委员会泸州市委员会

【组织建设】中国国民党革命委员会泸州市委员会（以下简称“泸州民革”）到2015年12月31日止，有党员420人，平均年龄48岁。有高级职称党员39人，有中级职称的党员297人，党员中有省人大代表1名，市人大常委1名、代表7人。县级人大常委会副主任1名，常委2名、代表2名。有省政协常委1名、委员1名，市政协副主席1名、常委7名、委员30名，县级政协常委7名、委员19名。基层组织10个：纳溪区基层委员会（辖纳溪支部，泸天化支部、气矿支部），市属一、二、三支部，泸医支部、江阳区支部，龙马潭区支部，泸县支部。

【泸州民革成立60周年纪念大会】2015年9月召开泸州民革成立60周年纪念大会，民革中央副主席、全国政协副秘书长、民革四川省委主委刘家强，泸州市委书记蒋辅义，市委副书记曹建国等领导出席会议并讲话。民革泸州市委第十一届市委委员、该届省市人大代表、政协委员、基层组织支委委员、专委会主任、老领导、老党员、抗日老兵代表和部分特邀党员等近100名党员参加纪念大会。纪念大会还举办书画摄影、党史文献展，同时出版《泸州民革60周年》画册和《参政议政成果集》千余册。

【参政议政】组织修订并实施《民革泸州市委参政议政暨反映社情民意信息奖励办法》。2015年省两会上，民革党员提出的《我省食品安全工作存在的问题与建议》受到四川日报全媒体、天府早报、四川法治报等都对提案进行报道。《加强对融资中介机构监管 促进我省融资企业健康发展的建议》作为省政协大会发言并收到与会委员好评。在市两会上，提交集体提案9件，个人提案40件，建议案19件。其中，《泸州现代物流业存在的问题及建议》作为政协全会大会发言引起市领导的高度重视，针对集体提案《泸州市物业管理服务工作存在的问题与建议》，泸州市住房和城乡建设局制定《物业承接查验实施细则》《泸州市物业基础配套设施移交备案管理实施意见》《泸州市住宅小区停车管理办法》《泸州市物业管理招投标实施办法》《泸州市物业服务企业信用信息管理实施细则》等配套文件。市政府起草《关于加强房屋建筑和市政基础设施工程质量建设和验收工作的通知》。《关于统筹我市新农村规划建设的建议》被市政协评为重点督办件并得到市委、市政府的高度重视。市政府2015年印发《泸州市人民政府办公室关于加快推进“4+1”农村基础设施建设和危房改造的通知》。针对市委会提出的《推进危旧房及棚户区改造工作的建议》，市棚改办牵头制定《泸州市引入社会资金参与中心城区危旧房和棚户区改造的实施意见（征求意见稿）》征求各方意见。民革中的人大代表提出的《关于加强农村校车管理的建议》《关于重视抗战老兵们晚年生活的建议》作为市人大常委会重点督办件予以重点督办。年初，市委书记蒋辅义、副书记曹建国、副市长曹俊杰到市政协听取政协委员意见建议，泸州民革四名党代表各自界别的政协委员就泸州市教师队伍建设、行政审批权力下放、酒业发展向市委市政府建言。民革党员所提提案数量、质量均居县区各党派前列。

【社情民意反映】2015 年实施社情民意信息员特聘制度。全年向相关部门报送信息和社情民意 112 条，市委会还被民革四川省委评委社情民意反映先进集体。

【社会服务】1. 主动服务党员。春节前夕，民革市委会走访慰问民革历届老领导、机关退休同志及部分老党员。党员生病住院，第一时间看望慰问。帮助解决支部和基层党员的问题和困难。2. 争取民革上级领导视察调研。2016 年 4 月邀请到全国政协副秘书长、民革中央副主席何丕洁莅临泸州调研泸州市乡村旅游发展情况。9 月民革中央副主席、民革四川省委主委刘家强应邀到泸州考察民革组织发展情况。全国政协委员、民革四川省委副主委、省旅游局副局长郑学炳两次莅临泸州调研。民革四川省委副主委何一立、曹丰平到泸州视察民革学教活动开展情况。3. 争取招商引资项目和资金。2016 年市委会多次组织经济工作委员会的委员召开会议，号召民革党员中的企业家积极投身招商引资工作。引进成都大龙燚火锅连锁店落户泸州，该项目投资 300 万元，解决就业 30 人。民革党员何开兵积极引入国际电子商务平台，创建泸州百佳福电子商务有限公司，投入资金 2000 万元，解决就业 70 人。成功引进成都业主周树花落户纳溪注册“四川飞硕网络有限公司”，从事网络服务，注册资金 1000 万元，总投资 2000 万元等。4. 关爱抗战老兵。在市委会的积极协调下，北京耿志远基金会 2016 年继续为健在的 5 名远征军老兵捐助 8000 元/人。继 2014 年与红十字会、关爱老兵志愿者服务队、艾瑞医院一起联合开展“关爱老兵健康行动”，对患有白内障的 10 名抗战老兵进行免费手术治疗后，2015 年又为 6 名老兵提供免费白内障手术。参与抗战老兵救助会和泸州交通电视台联合开展的 1050 关爱抗战老兵活动。发动 300 个私家车主每车每月捐款 50 元，解决 50 名抗战老兵每人每月 500 元的生活补贴。春节前夕纳溪基层委员会、泸县支部、江阳支部、龙马潭支部纷纷开展“暖冬情、老兵梦”活动，四个区县支部分成几个慰问组辗转十多个乡镇，慰问 56 名健在的抗战老兵。5. 开展“三下乡”惠民活动。2 月市级民主党派到纳溪区龙车镇进行“三下乡”活动，开展农业科技义务咨询、法律法规义务咨询、医师专家义诊、书法家免费赠送春联、发放常规药品、发放图书画册等活动。6. 加强对口联系。元月，通过调研，就江阳区弥陀镇教育技术现代化达标问题请求市教育局给予支持。在弥陀城镇建设中，市委会积极协调为弥陀镇冲锋村、联合村、牌坊村争取到省上投资土地整理项目资金 1110 万元。7. 定点扶贫工作。2016 年 1 月 12—20 日，市委会组织全市各支部开展“博爱牵手・民革助困”活动，对全市 100 余名抗战老兵、10 余名困难党员、对口扶贫村二郎镇华年村的困难群众和 70 岁以上老党员开展慰问活动。6 月，市委会到古蔺县二郎镇华年村开展“同心・博爱”活动，为大益希望小学捐建“同心书屋”，并捐赠图书室所需的设施设备和图书 2000 册，现场资助在校贫困学生 5 人，每生 1000 元。8. 全年向相关部门报送信息和社情民意 112 条。

【祖统工作】积极主动地开展祖统联谊活动。利用传统节日和纪念抗日战争胜利 70 周年等活动，加大对关爱抗战老兵的宣传工作，组织和动员全市民革组织与社会爱心团体共同开展关爱抗战老兵工作。全年为泸州抗战老兵联系募集资金及物资价值 60 余万元。选派党员参加市红十字会组织的为泸州 13 名抗战老兵画像活动，并将肖像存放于建川博物馆，以见证和铭记历史。（历建永）

中国民主同盟泸州市委员会

【参政议政】民盟市委领导积极出席中共市委、市政府、市政协召开的协商会，先后就政府工作报告、“十三五”规划纲要、全市扶贫攻坚行动等重大事项进行协商。通过调研，形成《关于泸州市化工产业转型升级的建议》《搭建平台，加强党外代表人士协商能力建设》《民办中职学校发展困境与建议》等调研报告16篇，中标民盟省委《国家中小学教育综合评价改革实验现状调查及建议》调研课题。在省政协十一届三次会议上，两委员提交《新型农村合作医疗存在问题及建议》《加快建设渝昆铁路的建议》等6件提案引起极大反响。在省人大十二届三次会议上，代表提交《城区义务教育阶段学校不宜实施营养改善计划》等2件建议。在市政协七届四次全会上，盟市委提交大会发言1件，集体提案4件，个人提案38件，其中《大力培育家庭农场促进现代农业发展的建议》等2件提案被市政协列为重点督办提案。在市人大七届五次大会上，个人提交建议10件。全年盟市委报送社情民意信息136条，被各级采用123条，其中盟中央采用10条、盟省委采用56条、省政协采用7条、市政协采用47条、市政协专报采用3条。《食品药品监管权下放地方后出现的新问题》被全国政协采用。

【组织建设】全年发展新盟员34名，平均年龄34.9岁，全市盟员总数达到636人。新盟员中本科以上学历29人，其中硕士9人，学士12人。泸医支部、江阳区支部、泸县总支、龙马潭区总支、纳溪区总支升级成立基层委员会。顺利完成江阳区支部、泸医支部、文艺支部、外国语学校支部、天府中学支部等基层组织的换届或基层委员会的成立工作。制定《民盟基层组织建设规范化考评办法（试行）》《民盟泸州市委先进集体评选表彰实施办法》等。

【服务社会】1. 2015年，民盟市委向对口扶贫联系村——古蔺县二郎镇石笋村勤俭小学捐赠绘本图书794册，价值近2万元。向叙永县凤凰小学捐赠近500册图书，价值1万元。盟市委特邀美国注册正面管教讲师马红萍莅泸，在泸州梓潼路学校为近300名在校学生家长就《智慧父母亲子沟通》进行两个小时的讲座。盟市委斥资加印《毛笔书法指南》5000册（价值19万元），支持泸州市10所特色学校建设。2. 在科技助农定点联系中，“盟天合作”每年在泸县天兴镇建立3000亩（201.3公顷）水稻高产创建示范片。“盟金合作”由民盟为泸州金土地种业有限公司提供项目和技术支撑，2015年盟金合作落实《南方酿酒高粱产业体系研究》项目3个，经费260万元。文艺支部盟员积极参与到全市送文化下乡活动中；江阳区支部组织盟员中的优秀教师到分水中学开展支教教学活动。支部主委赵明在区家庭教育协会集体活动上，作《教育好一个孩子可以幸福三个家庭》的专题发言；泸县总支与奇峰镇春木小学结对共建，开展科技小课堂和儿童节、教师节慰问活动；纳溪区农业局支部组织盟员深入到纳溪区天仙、丰乐、护国等乡镇，对种植大户和家庭农场的春耕生产进行技术指导，解答农村政策，送去生产资料；纳溪区总支主委赵永忠到农村中小学校举办法律知识讲座，总支中的农业专家到联系的贫困村——合面镇马桥村，开展种养殖帮扶活动，送去化肥3吨；化职院支部到渠坝国学幼儿园调研并赠阅图书。3. 文艺支部主委何梁在“放飞中国梦相聚在北京”全国大型展演中作曲的《长江第一港》获金奖，在“放歌中华第三届全国大型原创音乐活动”中作曲的《西部印象》再度荣获金奖。天府中学支部盟员张莹被评为四川省优秀教师。水稻所支部盟员丁国祥获山西省科技进步二等奖，谢戎、刘成元2人获重庆市科技进步三等奖，徐富贤获发明专利授权并出版学术专著1部，孔亮亮、谢戎获品种权授权，支部盟员在国内外学术刊物发表论文8篇，其中SCI论文1篇。市机关综合支部盟员任晓雷当选泸州市智慧城市和信息产业众创协会常务副会长。市机关综合支部盟员林朝阳、赵永康和泸州职业技术学院支部盟员谢云秀、蔡炳云作品获泸州市第十三次社会科学优秀成果奖。泸州职业技术学院支部主委邹静波受聘为四川民盟书画院艺术委员会委员，论文入编《四川省第四届书法理论研讨会论文集》。纳溪农业局支部盟员同昭林发明便携电动高空采果机获实用新型专利。

【对接工作】2016年，民盟泸州市委到北京联系民盟中央副主席、新能源汽车产业发展国家首席专家欧阳明高教授，邀请他莅临泸州调研指导泸州市新能源汽车产业发展；邀请到全国人大常委、民盟中央副主席龙庄伟一行，莅临泸州对“扶贫和生态农业问题”开展调研；配合盟省委主委赵振铣、驻会副主委田继万两次莅临泸州调研和出席活动。主动加强与国家部委、省民委、对外友协沟通联系，争取外国友人泸州行活动和边茶项目。与联想、成都大数据等大企业联系，牵线搭桥，华为集团投资 20 亿元在泸州建立云计算中心，四川久牛能源科技有限公司投资 8.5 亿元在古蔺县建设中药材等种植业研发基地等。

【对口扶贫】古蔺县二郎镇石笋村是民盟“双联工作”对口扶贫帮扶村，盟市委加强与市、县有关部门的联系，在石笋村的饮用水、交通、教育和林业项目上继续给予支持。慰问 22 户贫困户，送去慰问金 1.4 万元；为患硬皮病的女孩秦冰雪开展募捐活动；为 5 户困难群众建水窖，每户补助 1000 元；对因病致贫的 13 户群众，协调纳入大病统筹，帮助联系医院并减免医疗费；对 1 名励志学习食用菌种植带动村民致富的残疾青年，联系市内农业专家对其进行技术指导，并将他送至食用菌种植产业基地学习。此外，民盟泸州市委、徐浩美术培训学校在泸州南阳花园联合举办“以旧换心”儿童集市义卖捐赠活动，义卖所得款项以及物资全部捐献山区贫困儿童。针对精准扶贫工作中的问题，在古蔺县桂花乡和合江县等地开展调研，调研报告分别被市政协、盟省委、省委统战部和省政协采用。在调研中，为桂花乡中心校争取到价值 10 万元的教学及体育锻炼器材。下半年，民盟市委定点扶贫联系村调至古蔺县二郎镇雷家沟村，继续开展精准扶贫活动。（黄　正）

中国民主建国会泸州市委员会

【参政议政】在各级“两会”期间，民建会员提交建议和提案 119 件。在市政协七届四次会议上作《加快推进水生态文明城市建设 打造幸福宜居泸州》的大会发言，提出“注重规划的刚性引领、突出建设的公益性、提升城市的魅力指数”等 3 个方面 9 条具体建议。集体提案《关于我市景区应向本地市民免费开放的建议》《关于加强我市大气污染治理 提升城市空气质量的建议》被列为市政协主席领衔督办重点提案，陈志超提出的《关于进一步加强我市分级医疗服务工作的建议》、潘勤提出的《关于全面消除我市老城区居民住宅楼消防安全隐患的建议》被确定为重点提案；谢华提出的《关于加强新农村集中成片建设区环境保护的建议》被市七届人大五次会议列为重点督办件。江阳区、纳溪区、泸县基层委员会 9 件提案分别被区县政协列为重点提案和优秀提案。《行政审批权下放应注重解决好五个问题》被全国政协采用。

【调研工作】参与民建中央《加强经济合作，推动长江经济带健康发展》和民建省委《融入长江经济带发展的对策研究》专题调研，为长江经济带发展研究注入泸州元素。配合民建省委《关于精准扶贫问题研究》课题组深入古叙调研。全年完成调研课题 5 个，副省长陈文华对《加快推进水生态文明城市建设，打造幸福宜居泸州》《关于加强大气污染治理 提升城市空气质量的建议》给予肯定批示，《主城区农贸市场规划建设管理机制需改进》被选作市建言献策会发言。申报的泸州市哲学社会科学研究规划课题《“泸州酒”地理标志保护产品专用标志使用与保护研究》结项。龙马潭区基层委员会的《依港借力打造川滇黔渝航运中心》《龙马潭区融入长江经济带打造川滇黔渝航运中心的思考》分别被四川省《当代县域经济》和泸州市《江阳论坛》采用。

【信息工作】全年编辑上报社情民意信息 147 条，其中《行政审批权下放应注重解决好五个问题》被全国政协采用；《关于完善城乡居民养老保险制度的两点建议》等 28 条信息分别被省政协、民建中央、民建省委采用；《我市创卫工作应建立长效机制》等 20 条社情民意被市政协采用。

【民主监督】参加各种协商会、通报会、座谈会、征求意见会等 25 次，表达意见和建议 50 多条（次）。对《中共泸州市委关于制定国民经济和社会发展第十三个五年规划的建议》《泸州市国民经济和社会发展第十三个五年规划纲要》的建言，分别被市人大、市政协收集后提供给有关撰稿单位参考。担任市级、县（区）级相关部门特邀监督员的32名会员，参与行风政风评议、阳光政务等工作。

【组织建设】全年发展会员23人，发展率5.35%，净增率4.87%。截至12月底，有会员452名，经济界会员占76.99%。成立青年工作委员会、法律服务工作小组；有序推进基层组织换届，成立民建四川泸州长江经济开发区支部。会员企业创知名商标1个，两项自主研发的技术革新产品和技术工艺分别被四川省住建厅评为建设领域科技成果、被泸州市人民政府评为科技三等奖，泸州长宝未来星科技信息有限公司在上海股权交易所成功挂牌。主委沈才洪获得首批"中国酒业科技领军人才"荣誉称号，并当选为全国白酒标准化技术委员会副主任委员；杨征洪被中国关心下一代工作委员会和中央精神文明建设指导委员会办公室联合授予"全国关心下一代工作先进工作者"荣誉称号；余静被民建中央评为全国优秀会员；付静当选中国生命关怀协会临终关怀专委会常务委员、中国生命关怀协会人文关怀专委会委员；唐义红被中国法学会批准为会员。被民建中央授予"全国参政议政先进集体"荣誉称号。荣获民建省委对市级组织表彰的全部奖项（共7项）。依托酒类人才资源开展社会服务的案例《依托酒类资源服务社会，添彩"醉美泸州"》入选《民建中央社会服务工作汇编》，副省长、民建省委主委陈文华对此批示："泸州民建服务酒企发展，搞好调查研究，提出宝贵意见，是民主党派围绕党委政府中心参政议政的典范。"参政议政、社会服务、宣传等工作在全省相关会议上分别进行经验交流。

【宣传工作】开通泸州民建网站，发布稿件近200篇，民建中央网站采用21篇；编发《泸州民建》6期和《泸州民建》画册1卷。326篇稿件被有关报刊采用，其中公开刊物采用200篇（中央电视台1件、人民网2篇、《人民政协报》10篇、《团结报》3篇、《四川政协报》16篇、四川政协网108篇、《泸州日报》5篇、《泸州晚报》3篇及多家国内省内重要网络媒体53篇），其他刊物采用126篇（其中：《民讯》5篇、《四川统一战线》2篇、《泸州统战》29篇、民建中央网站23篇、《四川民讯》36篇，其他报刊31篇）。泸州电视台宣传报道5次。

【社会服务】1. 通过民建中央引进的广西新龙物流有限公司与纳溪区政府就石龙岩码头建设项目，总投资12亿元。2. 争取省卫计委、省食品药品监督局支持，帮助四川科瑞德制药有限公司通过新建项目行政审批，促成如期投产运行，全年企业纳税额近5000万元。3. 主委沈才洪主导申报的四川省《玛咖种植生产技术》地方标准并立项，参与《玛咖片质量等级》行业标准制定。指导制定《泸州浓香型白酒发展规范》《白酒酒庄原粮种植技术规程》《酒庄白酒陈酿规范》三项地方标准。参与并推动中国国际酿酒大师陈列馆成立，参与"中国白酒酒庄联盟"的筹建并在泸州成立；组织泸州市200余家酒业企业参加"第92届全国糖酒商品交易会（成都）"，指导潭酒业集团推出15年版双年份潭酒上市发布；主持完成"泸州老窖保健食品生产体系建设"项目，顺利获得泸州首个《保健品食品生产许可证》，建立泸州市首个保健酒GMP生产车间，开启泸州市首个"健"字号保健酒产业。促成泸州老窖与中茶院、康美药业、台湾乐氏同仁堂等知名企业签订战略合作协议，共同开发保健酒市场，促进泸州酒业转型升级。4. 组织北京、浙江、重庆等地8名企业家莅泸开展招商引资活动，达成大数据运营、新能源汽车制造、基础设施建设等项目合作意向5个。争取民建中央思源工程基金会向古蔺县捐赠救护车1台。实现泸州老窖60版、80版销售131件。邀请2批次70余名重庆企业家莅泸考察旅游业，促成重庆市旅游商会与纳溪区政府达成旅游战略合作意向，将纳溪旅游景点并入重庆旅游线路推介。5. 龙马潭区基层委员会引入项目8个，投资3亿余元；纳溪基层委员会2015年引进的中国平安财险落户纳溪区，实现税收120万元；彭兵引入重大项目2个，总投资32亿元；会员企业四川景宏医疗器械有限公司招引22家企业入驻西南医疗健康产业园并投入运营。6. 组织会员、会员企业捐款190余万元，拓宽“思源·爱心助学助困”工程的覆盖面。指导挂钩村石榴村制定脱贫发展规划；支持村活动室、卫生室、幼儿园开工建设，三条村道碎石路面建设基本完成；指导成立肉牛养殖专业合作社，培育肉牛养殖大户16户，帮助83户贫困户实现脱贫。龙马潭区、纳溪区基层委员为各自挂钩村争取各类资金530万元。　（胡　伟）

中国农工民主党泸州市委员会

【参政议政】1. 2015年“两会”期间，向省、市、县两会提交提案、建议50件。市级集体提案4件，县区集体提案10件，个人提案36件。《关于推进泸州产业转型发展的建议》在市政协大会上书面发言。《关于对泸州城垣妥善保护和合理利用的建议》被列为市政协重点提案。2篇提案被县区评为政协重点督办提案、优秀提案。5件提案引起有关部门的高度重视，专题调研座谈，相关建议得到采纳。2. 市委会形成《关于加快中医药产业发展的建议》等5篇调研报告，2个调研课题获省委会立项。积极参与、配合农工党中央、省委开展“妇幼保健”“川南城市旅游”等调研工作，配合省委完成《关于我省城市公立医院综合改革的建议》。3. 组建党员骨干信息员队伍，聘请特约信息员，向省委、市政协上报社情民意信息56条，其中《儿童用药说明书内容缺失问题亟待重视》被省政协采用，《关于增强全民法治观念、推进法治社会的意见建议》被省委统战部采用，信息被农工党省委采用9篇，被市政协采用20篇，1篇建议获市委书记、市长签批。

【服务发展】1. 争取全国政协副主席、农工党中央常务副主席刘晓峰连续两年揭幕中国国际酒业博览会。2. 2015年4月，省政协副主席、农工党省委主委王正荣率省委文化艺术专委会、农工党省诗书画院莅泸开展大型文化艺术交流活动。3. 2015年9月，农工党省委监督委员会赴泸州开展党内监督工作调研。4. 农工党中央妇女工作委员会主任孙晓梅、农工党省委副主委张庆文莅泸开展基层组织建设、妇幼保健等工作调研。5. 争取省委社会服务专委会定点帮扶村卫生站计划落户合江福宝镇，省委副主委夏华祥出席“标准化卫生所建设定点帮扶点揭牌暨捐赠仪式”。6. 牵线中国西部研究与发展促进会扶贫项目，协助合江县申报西促会“全国社会扶贫创新帮扶试点县”成功。

【组织建设】被农工党四川省委评为2015年度综合先进集体，荣获2015年农工党省委单项表彰8项，纳溪区支部被农工党中央评为“全国先进基层组织”，市委会获农工党四川省委党史研究先进集体、农工党中央《前进论坛》发行工作先进集体。选配综合支部、龙马潭支部班子成员；充实泸医支部、江阳支部、卫生支部班子骨干力量；筹备泸县支部的成立。发展10名优秀人士加入农工党，主体界别构成达到80%，在册党员人数166名。

【社会服务】1. 组织开展义诊、咨询、技术指导等社会服务活动13次，参与专家30余人，1万余名群众受益。2. 联合四川省人民医院、四川医科大学附属医院开展两次大型义诊活动。组织开展“大众肾脏健康知识讲座”“世界睡眠日义诊服务”“爱心义诊队进敬老院”等活动。3. 加强支部间的联络协作、整合资源，纳溪区支部先后联合成都郫县支部、泸州市直属综合支部、卫生支部赴白节三华小学、竹海小学开展“关爱留守儿童”助学支教帮扶活动，捐赠价值2.8万余元的生活、学习用品。4. 帮助定点帮扶村叙永县大石乡旺龙村制定黑山羊养殖帮扶计划，赠送优质种羊22只，并开展科学养殖知识培训。市委会班子成员7次赴帮扶村走访慰问贫困户，慰问资金7万余元。资助村活动室及卫生站标准化建设，为该村募集建设资金20万元，争取交通建设项目9公里。5. 叙永县“7·13泥石流”灾害发生后，农工党泸州市委会赶赴灾害发生现场慰问受灾群众，捐款捐物金额2000余元。

【宣传工作】1. 在人民政协网、农工党中央网站、四川政协网等网站发表文章115篇，被《前进论坛》《四川政协报》等省级以上报纸杂志登载文章13篇。2. 加强理论研究工作，《发挥互联网优势履行参政议政职责的思考》荣获农工党中央“2015年理论研究优秀论文三等奖”。《浅析“同心思想”的基本内涵与实践价值》被省委会评为优秀理论成果三等奖。3. 在泸州市第十三次哲学社会科学优秀成果评选中，农工党三名党员成果分获一、二、三等奖。4. 市委会编办《泸州农工》（季刊），向每位党员和有关部门赠阅。（李　明）

中国致公党泸州市委员会

【举办中国致公党成立90周年纪念大会】成功举办中国致公党成立90周年纪念大会，省政协副主席、致公党四川省委主委杨兴平，中共泸州市委书记蒋辅义，中共泸州市委副书记、市长刘强，中共泸州市委副书记曹建国等出席，省委会及兄弟单位领导和近100名泸州致公党员参会；省市领导与致公党党员代表进行座谈，共同回顾90年的奋斗历程和致公党泸州市级组织的逐步发展；开展“纪念致公党成立90周年”征文活动，征集书画艺术、理论论文。

【组织建设】完成江阳、泸县等4个支部的换届工作；南城支部、化专支部分别更名为直属支部和教育支部。市委会获评致公党中央扶贫开发工作先进集体、省委会信息工作先进集体表彰；喻小春获评致公党中央扶贫开发工作先进个人；党员杨铁梅获四川省第七届先进工作者称号；易彬获酒城英才称号；张永红荣获泸州市“争做时代雷锋”三年计划首批先进工作者；肖刚获得“泸州市首届优秀青年律师”。

【参政议政】在2015年的两会上，社员中的各级人大代表、政协委员提交建议、提案68件。全年完成调研材料5篇，提交的《关于加快建设泸州至合江至遵义城际铁路的建议》得到省发改委重视和采纳；市委会作《关于加强我市新能源汽车产业发展的建议》大会发言得到市领导批示；《强化金融支持，加快推进泸州新型城镇化建设》等集体提案和《关于进一步加强学校预防艾滋病教育工作的建议》《关于推动酒业稳步健康发展的建议》等提案受到关注和采纳。《关于进一步加强法律援助工作的建议》获评市人大重点督办件。在中共泸州市委建言献策会上就《进一步加强我市林业发展的建议》作专题发言。《新常态下深化实施创新驱动发展战略的思考》入选致公党中央和四川省政协主办的“中国发展论坛·2015——创新驱动建设西部开放高地”论文集。《“致泸合作”工作的实践和启示》被中央社院学报和团结网采用并被评为市政协优秀理论研讨论文。市委会领导班子积极参加中共泸州市委、市人大、市政协的各种通报会、征求意见会30余次，对泸州十三五规划和经济、社会和人事等方面提出意见和建议。

2015年4月15日，全国人大常委、致公党中央副主席闫小培（前排左二）一行参观泸州港，市委书记蒋辅义（前排左一）陪同

参加为期一周的市人大食品安全、社会治安专项整治专项评议活动，提出的加强治安死角管理的建设性意见被采纳；参加外侨委《公民出入境管理办法》和《外国人入境管理条例》的调研活动，提出提高办事效能、针对医学院留学生管理的意见被采纳。市委会逐步完善信息网络，引导成员关注民生、反映民意。向有关方面报送信息 75 条，35 条信息被中央统战部、省、市政协，省委统战部、省委会采用。在省委会立项的 43 个课题中，《长江上游沿江城市融入长江经济带的对策建议》入选重点调研课题，《关于支持我省小贷公司发展的建议》《关于文化遗产的保护建议》《关于社区戒毒的建议》等 5 个课题入选调研课题。致公党泸州市委荣获省委会信息工作先进集体表彰；《关于强化政府统筹，推动义务教育均衡发展》获省委会参政议政成果一等奖；《切实保护失地农民利益 促进城乡协调发展》获参政议政成果奖；《关于做好高龄失能老人养老工作的建议 》被中央统战部网站采用。

【致泸合作】1. 积极向致公党中央主席向万钢等领导汇报，泸州高新区年初获批为国家级高新技术产业开发区。2. 积极寻求致公党中央、省委对泸州医学院更名等重点工作的支持，泸州医学院成功更名为西南医科大学。3. 市委会还牵线搭桥引进佐上管理咨询公司、中国德商汇有关企业莅临泸州考察竹产业发展。4. 邀请全国人大常委、致公党中央副主席闫小培率队莅临泸州调研致泸合作。省政协副主席、致公党四川省委主委杨兴平，中共泸州市委书记蒋辅义等陪同。闫小培高度肯定致泸合作，表示将大力支持泸州创建国家级开发区等重点工作和“致泸合作”推进。5. 市委会领导带领科学技术和知识产权局、泸州高新区管委会、西南医科大学附属医院、四川绿叶宝光药业股份有限公司、泸州长江液压工业有限公司等 12 个部门和企业的领导和负责人共 17 人组成的考察对接团，3 次赴京对接交流，分别与致公党北京市委、北京市科学技术委员会、中关村创业大街管委会、机械科学研究总院、远大集团、中关村沿江产业技术转移中心等单位开展互访，邀请上述单位的领导专家 2 次莅临泸州调研，就机械、医药产业升级、产业引进、致泸合作“益心工程”、引进央企等与泸州市相关部门进行广泛交流，将建设中关村西南（泸州）科技产业转移示范园列入“致泸合作”重要内容。6. 先后邀请省委主委杨兴平、原主委陈杰 8 次到泸州指导工作。7. 引进相关北京企业资金 5000 万元；为各县区基层医疗机构引进社会捐赠 900 万元的电子脉冲治疗仪 300 台，500 万元的中医定向透药治疗仪 500 台；联系心医国际数字医疗公司向纳溪区人民医院、龙马潭区中医医院、合江县人民医院捐赠 60 万元的远程会诊设备 3 台；由致公党中央牵线，联系宋庆龄基金会向泸州市捐赠价值 120 万元的孕产妇营养监测仪两台；为泸州困难群众做心脏搭桥手术 10 例，减免医疗费用 100 余万元；促成台商游象庆先生向法王寺村再次捐赠 200 万元。8. 为叙永县麻城乡寨和村村小孩子和困难群众送去慰问品、慰问金及古树维修款 1. 1 万元。市委会为精准扶贫联系的 15 户贫困户，争取到省上资金 3 万元、市委会资金 1. 5 万元，用于购买猪苗、维修房屋、慰问残疾人。9. 联系致公党成都高新区支部、金牛区支部、乐山市委等致公党组织先后到纳溪区上坝社区、沙合社区、泸县清平社区考察调研，支持社区工作经费 2 万元；捐赠 5 台高配置电脑；开展“诵经典、讲国学”活动；组织医务人员义诊，发放 1 万余元的免费药物；提供免费就读职高的名额；为失地农民捐赠土鸡苗等帮扶活动。10. 致公党纳溪总支大力推动牟观村发展猕猴桃产业。杜家街社区能力建设项目作为亮点工程，邀请市委统战部、市级民主党派观摩交流。

【社会服务】参加致公天露助学活动，为贫困藏族孩子送去价值近 2 万元的字典、靴子、食品和电脑等物品。积极开展“三下乡”、社区帮扶活动，为龙车镇、合面镇沙合社区群众义诊约 200 人次，免费赠送药品 2 万余元。通过四川省医师协会专家对古蔺、叙永、合江三县乡镇医护人员和叙永麻城乡寨和村、合江法王寺镇法王寺村、古蔺双沙镇万寿村村医进行院前急救技能培训，培训人数近 300 人。选派泸州市 3 名教师在清华大学接受免费班主任管理知识培训，并落实每年选派3—5名教师参训的计划；完成致公党中央致公书屋的前期规范建设工作。北京、泸州两地致公党员向古蔺县椒园乡回营小学捐资助学近3万元。在酉阳召开的十年一度的致公党中央扶贫开发工作会上，致公党泸州市委会作《同心同行促发展“致泸合作”谱新篇》大会交流发言，并获致公党中央扶贫开发工作先进集体。党员喻小春因多年来先后捐资1200万元关心弱势群体和捐资助学，获评致公党中央扶贫开发工作先进个人，并当选为四川省光彩事业促进会第四届理事会副会长。各支部党员积极参与爱心活动，先后捐资近200万元用于设立教育基金、修路；捐资10万元参与“一日捐”和栋梁工程；帮助残疾人和留守儿童等献爱心活动；办理法律援助公证共计50余件，减免公证费共2万多元。

【宣传联谊】2015年以来向《团结报》《中国致公》、省委会、市政协、市委统战部报送宣传稿件114条，采用44条。编辑出版《致公党成立90周年专刊》。先后召开主题宣传活动、培训会4次。在QQ群、微信群上宣传工作动态69次。市委会开通微信公众号“泸州致公”。2016年，市委会开展各类走出去引进来的活动10余次；积极向海外亲人朋友宣传祖国建设的伟大成就和“一国两制”以及统战理论；向海外亲友发送贺卡、信件或电话联系50余次。接待到泸州考察的马来西亚华人华侨妇女领袖、华人公会妇女组主席兼副总会长、拿督王赛之，亚洲智慧女性联合会会长赖燕萍一行，双方就开展经贸文化活动进行交流。市委主委、驻会副主委参加致公党四川省委会开展的第五届“两岸同根 致力为公”系列文化交流活动。

（李　力）

九三学社泸州市委员会

【组织建设】2015年全市有2个基层委员会、18个支社，2015年新发展26名成员，社员总数达到490人，平均年龄54.8岁，其中离退休人员178人，占36.3%；高级职称254人，占51.8%。开展“纪念抗战胜利暨九三学社成立70周年活动”。参政议政获社中央2015年度先进集体；参政议政工作、新闻宣传工作、社会服务工作获社省委2015年度先进集体，信息工作荣获社省委2015年度二等奖（第2名）。江阳区支社、市第一支社获社省优秀基层组织；吴源、刘彤彤、敖宗华获社中央优秀个人；王瑛、何奇志、周富斌、胡晓天、梅达成、曹博华获社省委优秀社员；张利彬获社省委优秀社务工作者。陈晓红荣获2015年度《民主与科学》杂志社优秀通讯员一等奖，受到九三学社中央宣传部、民主与科学杂志社的表彰。社员敖宗华获2015年度中国食品科学技术学会杰出青年奖，被省科协、省人社厅等六部门联合评为四川省“讲理想、比贡献”活动优秀组织者；社员黄兆奎撰写的《泸州市公共文化服务体系调研报告》和《泸州市社区文化建设调研报告》在泸州市第十三次哲学社会科学优秀成果推选活动中，分别获二等奖、三等奖。9名九三社员荣获2014年度泸州市科技奖励，其中社员张志东和唐世孝获科学技术进步奖一等，社员敖宗华和王瑛获科学技术进步管理一等奖。

【参政议政】向市政协提交1篇大会发言、5件集体提案；社员中的市人大代表、政协委员提交30件议案（提案）；省两会期间，省人大代表、政协委员提交2件提案或建议。向社省委提交5件集体提案素材，其中《关于加快丘陵山区农业机械化发展的建议》被采用。向市政协、社省委报送社情民意、信息114条，被全国政协采用2条，被中央统战部采用11条，被社中央采用4条，省政协、省委统战部采用11条，被社省委和市政协采用80多条。

【社会服务】在古蔺县大寨苗族乡宝瓦山寨开展科普“三进”活动，组织农业、畜牧、法律、医卫等界别的专家、教授为广大苗族群众送去农业种植、畜牧养殖、法律资料，并进行法律咨询和义诊；组织四川医科大学附属医院、酒城全科医院和泸州市妇幼保健院的内科、外科、儿科、中医科、妇产科等专家、教授前往忠山公园门口为社区群众免费义诊，讲解农业科普知识和普法宣传，发放农业种养殖技术资料、法律宣传资料、畜牧养殖与疾病预防资料、卫生科普手册3000多份；牵头在纳溪区龙车镇组织开展“三下乡”活动，为群众提供义诊、书写春联、法律咨询、农业科技咨询、送药品、送文化等；积极参与公益事业。社市委及机关职工分别向栋梁工程、慈善“一日捐”、定点扶贫捐款3500元。慰问看望无辜被歹徒砍伤致使面部严重畸形的受伤女孩小邱婷，送去慰问金；到定点扶贫村古蔺县石屏乡茅坝村慰问困难群众，送去2000元慰问金；并向茅坝小学送去教辅学习资料和课外读物500余册，价值3000元，向10名品学兼优的贫困学生捐助爱心款2000元，书包10个；到叙永看望抗战老兵，为老兵们作身体检查并送去慰问品和慰问金。到贵州威宁县羊街中学开展“同心·智力行”支教活动取得圆满成功；社市委在石屏民族中学开展“第27届国际科学与和平周”活动，市安监局安全科科长包建刚向学校彝族苗族师生讲解安全知识讲座。

【扶贫工作】社市委组织古蔺县石屏乡茅坝村养殖户到巴中考察南江黄羊的养殖，为茅坝村捐助2.5万元进行引种，同时组织市畜牧专家到茅坝村举办“科学养殖和畜病防治知识”讲座，为茅坝村养殖业进行近期和远期规划；社市委机关全体人员到茅坝村开展政策咨询，项目规划，产业发展参考建议等活动；社市委主委李作孝带队到古蔺开展扶贫工作调研，到茅坝村实地了解情况，并为当地村民义诊。在政策方面，积极协调相关部门给予资金支持，包含水利、道路硬化、移民安置等；人畜饮水工程10万元和发展特色农业项目10万元落实到位；16户移民安置列入规划；社市委再次捐助石屏镇茅坝村4万元，用于发展特色种养殖业；社员封晓川通过关工委捐助20000元，资助叙永县20个贫困乡镇。

【对接工作】主动向上对接，开启“院地”合作。在九三学社川渝合作框架内，社泸州市委组织市畜牧局有关专家和相关企业前往荣昌与重庆市畜科院进行座谈，推动重庆畜科院与泸州畜牧业方面的开发合作，经过多次协商，院企合作项目框架协议签订。与上市公司金发科技对接，邀请金发科技负责人到泸州就新能源产业座谈，并到现场考察，积极引进新能源项目。（邓明聪）

泸州市工商业联合会

【组织建设】2015年新成立健康产业、互生缘2个直属商会，广东、西安、金华3个异地商会，新发展会员1500多名。筹建自立协作、畜牧业、食品业等直属商会和西藏、青海、厦门、南充等异地商会。截至2015年年底，直属商会31个、异地商会11个，各级商会总数196个，会员总数13850名。制定《直属商会管理办法》。纳溪、合江工商联创建为全国“五好”工商联，泸县工商联创建为全省“五好”工商联。

【参政议政】1. 深入商会、会员企业及相关部门开展调查研究，形成调研报告6篇，其中《加强供地管理，完善配套政策——精准发力促进房地产平稳健康发展》在市政协组织的专题会上向市委作汇报；《关于民营企业“走出去”情况的汇报材料》在四川省工商联“走出去”经验交流会上作交流发言；《关于加强商会建设的实践与思考》在桂黔滇川渝毗邻地区工商联（商会）工作协作会第七次会议上作交流发言，并在川南经济网和《新蜀商》上刊登；《关于促进民营经济发展政策落地的调查与建议》在市委建言献策座谈会上作发言。在省工商联表彰的2015年全省工商联系统优秀调研成果中，泸州市工商业联合会获表彰5篇。《加强商会建设，促进非公经济健康发展》获得省委统战部一等奖。2. 建言献策转化好。下发《关于进一步加强反映社情民意信息工作的通知》文件，建立信息联络员制度、工作目标责任制度和稿酬支付制度。2015年，市工商联系统人大代表、政协委员在“两会”期间提交提（议）案155件，市工商联向市政协提交集体提案11件，其中《放开驾驶培训市场，优化驾考服务管理—关于改进驾驶培训考试管理的建议》和《强化企业家能力建设，助推民营经济转型升级》被市政协列入重点督办件。向省工商联提交提案材料8篇，被采用5篇。向市政协报送社情民意信息54条，其中被采用14篇，3篇被列入“专报”。

【服务会员】1. 主动对上争取支持。促成省工商联副主席李光金到泸州市指导民营企业“走出去”工作；争取省政协副主席、省工商联主席陈放和副主席李光金、陈建率领知名企业家调研泸州市商会组织建设，开展项目投资对接；争取省工商业联合会副主席袁明率四川养老产业商会一行，考察叙永旅游养老地产开发、特色养殖业等项目。先后促成中城建、汇诚集团等企业莅泸考察康健城、医疗、养老、垃圾处理等项目。2. 主动向下服务基层。在中山等异地商会设立法律援助工作站、农民工服务联络站，指导一些区县建立起常态化的企业维权服务机制和党政主要领导定期听取商会工作汇报的制度。组织部分非公经济代表人士参加市中院召集的法律服务座谈会。聘请法律顾问对会员进行法律服务。积极协调攀枝花泸州商会副会长胡基元、中山泸州商会副会长吴基梁回泸投资遗留问题和泸州传媒商会广告牌撤除维权问题等。

【招商引资】利用酒博会平台，以及异地商会平台，加强与全国各地20多家工商联联系，接待山东德州、江西赣州等地工商联率领的企业家，与无锡市工商联、德州市工商联和遵义市工商联建立友好工商联。先后赴北京、西安、重庆、佛山、玉溪、攀枝花、成都、中山、厦门等20多个城市考察对接招商项目，邀请17个市州工商联组团莅泸参加2015第三届中国（泸州）西南商品博览会等商贸活动，拜访红豆集团、万达物流、深圳明天科技等企业，发放招商资料1000余册，开展个别座谈16次，收集投资信息150条。重点对接投资项目30个，达成引资合作项目5个，协议投资额5.34亿元，到位资金、设备折资3.49亿元。

【精准扶贫】深入开展百企联百村活动。动员商会和企业结对帮扶26个贫困村，投入100多万元。机关干部结对帮扶17户贫困户，组织对口扶贫捐款23万元。引导商会参与各类光彩慈善事业，创业商会、温州商会、四海联盟商会等多个商会，分别开展帮助贫困学生、贫困家庭、特殊群体、为灾区捐款物的活动。市工商联副主席、佳乐集团董事长熊国铭被省光彩事业促进会授予突出贡献奖。各商会、会员企业在经营困难的情况下，投入2000多万元，积极参与栋梁工程、送温暖、建立慈善基金等活动。

【培训教育】1. 深化理想信念教育。召开以守法诚信为重点的理想信念教育实践活动动员会，举行“法治泸州、诚信泸商”宣誓仪式；举办全市工商联系统依法治市巡回法治讲座，听取《用法治思维解决问题》专题讲座。会同工商、司法等6个部门举办民营企业学法用法研讨会、经验交流会，开展法制知识竞赛活动、依法治企系列宣传活动。2. 强化企业家能力建设。一是向市委、省工商联提交《关于加强民营企业家培养工作的建议报告》，相关建议被吸收进省委组织部、省工商联等8部门近期出台的《关于加强创新型人才培养工作的意见》中；二是积极开展针对性培训考察活动。邀请知名专家到泸讲授“互联网时代下企业转型与商业模式创新”“切割营销”“公司治理与股权激励”等讲座5次。在市委党校举办民营企业专题培训班，在职业技术学院举办财会知识专题培训班，在高新区举办民参军军民融合发展专题讲座。此外，组织部分企业负责人到浙大、上海财大接受培训，到上海、无锡、泉州、厦门等地考察学习，到攀枝花、成都、雅安等地交流，组织会员参加中央、省社院举办的培训活动，参加省政府举办的西部论坛、西博会、西南商贸城高峰论坛、保税港出口业务讲座等活动。全市工商联系统累计培训2800余人次。

【宣传信息】泸州市工商业联合会被省工商联评为2015年度宣传工作先进单位。在全国、省工商联网站发表稿件60多篇，向省市领导呈送《商会工作动态》12期，向市委办报送信息20多条。恢复改版《天下泸商网》。建立商会微信群。面向社会公开征集“泸商精神”表述语和“泸商之歌”歌曲，收到稿件1585篇（条）。（朱富林）

群众团体

泸州市总工会

【组织建设】泸州高新区成立总工会。完成农民工入会76802人。数据库内企业建会率为98.97%。全市工会会员达81.87万人，入会率96.88%。7个乡镇（街道）、社区工会被评为省级示范工会，新创21个市级示范乡镇（街道）、社区工会。基层工会领取法人资格登记证7260家，登记率98%以上；办理组织机构代码证并独立开户基层工会7189个。

四川省劳动模范（先进工作者）载誉归来

【大群团格局构建】7月22—23日，省委常委、省总工会主席李登菊，省总工会常务副主席罗茂乡，深入合江县榕山镇回洞桥村调研指导精准扶贫工作；到四川天华公司、泸天化公司送清凉，督查高温天气劳动保护工作；到纳溪区永宁街道指导群团服务中心工作。11月20日上午，省委常委、省总工会主席李登菊深入合江县榕山镇回洞桥村调研指导精准扶贫工作。2015年，市委制发《关于进一步加强和改进党的群团工作的实施意见》，市委建立群团工作联席会议制度，办公室设在市总工会。大力支持纳溪区试点开展“乡镇（街道）群团工作中心”建设，通过“五定”破解基层群团工作困局，省委常委、省总工会主席李登菊对此高度肯定。全省群团工作现场会11月19日在泸州召开，省委常委、省总工会主席李登菊出席会议。2015年省社科院专题莅泸调研，从理论和政策层面固化泸州“乡镇（街道）群团工作中心”建设经验。其他市州及区县莅泸考察交流近20批次。

【职工维权】1. 加大源头参与。积极参与泸州市最低工资标准调整和企业工资增长指导线的制定，推动做实政府和群团联席会议、协调劳动关系三方和劳动保护三方机制，积极配合人大执法检查、政府行政监察和政协视察，推进职工带薪年休等劳动法律法规的贯彻落实。2. 深化普法宣传。发挥工会组织、阵地优势，举办“职工法律大讲堂”法律进企业50多场次，举办民企学法用法交流会1场。组织开展“依法治国”法律知识竞赛，规模以上企业参赛率达95%，中小企业参赛率80%以上。3. 依法履职维权。开展劳动关系和谐园区（企业）创建活动。全力推进工资集体协商提质增效工作，着力构建工资正常支付保障机制。开展3月“集中要约行动”，发出要约1864余份，开展新一轮协商3654家，续（新）签协议1719份，覆盖率达97%，建会企业签订合同5846份，覆盖企业10665家，覆盖职工43.8万余人；创建工资集体协商提质增效示范单位35家。建会企业女职工专项集体合同签订率达99.31%。深化厂务公开，健全企事业单位职工民主管理，国有、集体及其控股企业职代会建制率为100%；建会非公有制企业建制7326家，建制率达93.31%；1550家公司制企业建立职工董事、监事制度。4. 维护职工稳定。完善劳动争议预防、预警、调处、援助一体化机制，基层劳动争议调解组织和劳动法律监督组织组建率达90%，培训劳动争议调解员、劳动法律监督员各100人。加强职工舆情监测、人文关怀和心理疏导，及时掌握职工舆情信息，对于苗头性的稳定问题提前介入并主动协助有关部门处理，将矛盾化解于萌芽状态。发挥维权律师团作用，维权律师办理法律援助案件73件，涉案金额达2577余万元。基层工会法律顾问修改《集体合同》《劳动合同》等法律事务文书数十件，提出法律意见60余条，出具《法律意见书》近20份。接待职工信访100余件次，办结率100%，"12351"职工热线电话近500余次，回复率100%。

【困难职工帮扶工作】1. 帮扶体系建设。乡镇（街道）全部建立困难职工帮扶站，239个社区（村）设立帮扶点，四级帮扶网络成体系。加快基层帮扶中心（站点）提档升级建设，新建14个标准化乡镇（街道）和村（社区）困难职工帮扶中心（站点）。3月和11月集中清理困难职工档案，做到动态管理。2. 项目帮扶。申报各类帮扶救助项目23个。元旦春节筹集"送温暖"资金406万元，慰问困难劳模、农民工6300余户。七八月筹集"送清凉"资金302万元，走访慰问基层企业1105家，职工40000余人次。困难职工窗口为4640人次困难职工提供临时救助，累计救助金额463.6万元。11月组织开展"全国扶贫日"走访困难职工家庭活动。争取省总补助44万元，按"六个一"（一把风扇、一台取暖器、一台微波炉、一个饮水机、一件雨衣、一张便携凳子）标准，建成环卫工人爱心休息室19个。推进女职工"一屋（妈咪宝贝屋）一站（心灵驿站）"建设，建成妈咪宝贝屋省级示范点3个，市级示范点10个。建成省级心灵驿站1个，市级2个。邀请专家为女职工做心理辅导，帮助女职工减压调适。开展困难职工家庭高校毕业生"阳光就业行动"，举办市内高校毕业生双选会，帮助实现就业603人次。筹集资金154.24万元，为2000余名困难职工发放粮油卡、医药卡、广电收视卡。开展"健康泸州·光明助困"行动，免费为600多名建档困难职工、困难劳模中的白内障患者进行筛查，实施复明手术32例。贴息25.6万元，支持85名职工（农民工）申请创业扶持小额贷款400余万元。全力打造工会职工教育培训中心和职工职业介绍中心"技能培训、就业介绍"平台，组织下岗失业人员和农民工参加培训5120人次，组织专场招聘会16场，帮助实现城乡就业4060人。为235个单位13613职工名办理职工医疗互助保险参（续）保手续，为141人次患病职工办理赔付57.31万元。新增"女职工大病互助保险"7100人（份），为112名患病女职工办理赔付146万元。组织385名困难女职工（女农民工）免费"两癌"筛查，对患癌女工给予大病救助。3. 落实民生任务。对15858人次建档困难职工（含建档困难农民工）实施帮扶救助。帮助2495名下岗失业人员实现再就业，完成任务

2015年全省群团工作现场会在泸州召开

的191.9%。资助1915名家庭困难职工子女上学，完成任务的136.8%。市民中心主体工程实现封顶，完成投资4032万元。

【群众性经济技术活动】1. 服务经济发展。促进产业发展。举办公交车长谨慎驾驶、配电线路检修、焊工、加工中心操作工、数控机床装调维修工、中小学青年教师多媒体教学、导游解说等12个工种市级竞赛，参加决赛职工1200多人。在国税系统开展“赛比争”（赛技能、比业绩、争先进）优质服务竞赛；在餐饮行业开展“赛比创”（赛技能、比品质、创名店）优质服务竞赛。规模以上企业参与面达90%以上，参与职工达10万人次以上；企事业单位覆盖面和职工参与率达到80%以上；建会非公有制企业劳动竞赛覆盖面和职工参与率均达到70%以上。推动安全生产。深化“企业和职工安全生产服务中心”工作，在全省率先成立泸州市职工安全生产群众监督员支队，完善群众监督四级网络，依法监督企业落实主体责任。中心定期组织专家深入生产企业开展安全培训，查症结，提建议，促整改，全年组织专家156人次进行专项督查，参加安全生产评议6次、伤亡事故调查处理5次。开展安康杯竞赛，全市参与企业达1339家，建会非公企业覆盖面达95%，参与职工达14.5万人，开展新《安全生产法》和道路交通运输人员安全生产知识竞赛。市总工会荣获全国“安康杯”竞赛优秀组织单位。开展职业病防治专项集体合同提质扩面集中行动，督促企业签订专项合同，规模以上企业100%签订；督促企业开展健康体检，建立健康档案。2. 提升职工素质。开展“三个十万”（十万职工技术培训、十万职工技术练兵、十万职工技能比赛）行动，开展技术培训2.35万人次，参与练兵职工达12万人次。加强工会培训阵地、实训基地建设，以举办“职业技能提升培训班”为抓手，采取购买、委托和联办等形式，主动承接政府转移培训职能，积极开展订单培训、定向培训。深化“我为节能减排做贡献”活动，加强职工节能减排义务监督员队伍建设。开展“我为节能减排献一策”合理化建议活动，全市企业参与面达80%以上，职工提合理化建议13500多条，实施率达38%。3. 服务关爱劳模。严格程序、标准，推选全国劳模（先进工作者）4名，省部级劳模（先进工作者）31名。实现劳模关爱常态化和市级劳模慰问全覆盖。走访慰问各级劳模，发放慰问金173.66万元。组织省部级以上劳模体检256人次（体检费10.75万元）。组织劳模疗休养两批次。2016年起，市级劳模春节慰问金从每人600元提高到1000元。发挥劳模在“双创”中的引领和辐射作用，推进创建劳模（技师）创新示范工作室，制定《泸州市劳模创新工作室管理办法（试行）》，命名10个市级劳模示范创新工作室，补助经费50万元；推荐2个省级劳模示范创新工作室。

【开展职工活动】开展首届“醉美泸州·最美职工”寻访评选活动，评选“最美职工”20名，另有20名获提名奖，编辑出版《酒城主人翁——首届“醉美泸州·最美职工”报告文学集》。健全完善职工志愿队伍管理活动机制，成立“5·1玫瑰女职工志愿者服务团”，组织开展各类志愿服务活动12场。组织开展职工文体活动6场。（刘永华）

共青团泸州市委员会

【服务党政中心工作】紧扣泸州产业发展，广泛开展青春建功、岗位练兵、技术比武等活动，参与青年达20余万人，企业和青年知晓率达100%；突出双创工作，建立高校毕业生创业园区（孵化基地）13个、青年创业就业见习基地35个；组织开展“共青团与人大代表、政协委员面对面”活动，邀请全市经济、科技、文体、通讯等界别组的青联委员和部分优秀青年企业家代表60余人，与人大代表、政协委员围绕“如何优化青年创业环境”主题进行深入探讨和交流，为市“两会”召开期间，以联名建议或联名提案等方式争取更多人大代表、政协委员的响应和支持；成功承办四川省青年企业家协会第十次会员代表大会，促成泸州市人民政府与省青企协签订300亿元的战略合作协议。

保"国卫金牌 青年行动起来"志愿服务行动

站等信息化手段，强化对青少年网络舆论的引导，扩大共青团社会影响力，并在县（区）、高校等团组织建立完善青年网络人才基地；建立覆盖县、学校、企业的20个青少年思想动态信息收集直报站点，组织团队干部、优秀青少年、青年工作者组建一支700人的网络宣传员队伍，重点覆盖高校学生、农村留守学生等重点青少年群体；完善"1+N"新媒体集群，重点打造品牌建设，与中心工作形成"同频共振"联动效应，其中"泸州青年"政务微信被评为2015年度"四川共青团系统微政务优秀账号"。

【组织建设】在纳溪区创新探索建设乡镇（街道）群团工作中心，切实解决"无人办事""无平台办事""无钱办事"的问题，建立困难职工、重点青少年、残疾人等10个重点群体的台账，为开展"群团精准服务"奠定坚实的基础，全市7个县（区）初步形成"大群团"工作格局，并得到省委常委、省总工会主席李登菊高度评价；开展全市团干部教育培训11场次，举办直属团组织负责人和乡镇（街道）团（工）委书记培训班2场次，指导县（区）团委开展乡镇（街道）团（工）委委员及村和社区团组织负责人培训7场次。

【志愿者队伍建设】"志愿四川"服务平台覆盖全市100%的青年社会组织，注册青年社会组织志愿者13万人，青年社会组织发布社会公益项目活动20余项；在全省率先成立泸州市青年社会组织联盟，整合全市15家青年社会组织，大力推广青年主题沙龙、青年观察计划、青年公益行动、青年公益实训等品牌项目；组织青年志愿者开展酒博会、中国医药年会、全省投资促进会和西南国家智能电网发展论坛等会务志愿服务活动20余场次，提供志愿服务时间超过30万小时，服务人群超过10万人次。

【共青团全媒体中心建设】以"互联网+共青团——123工程"为主线，积极探索微博、微信、网

【思想引领】2015年全市各级团组织、青年群体和团员青年获市级以上部门表彰138项次，其中获省级表彰48项次，团中央表彰2项次；在中国人民抗日战争暨世界反法西斯战争胜利70周年和红军长征"四渡赤水"80周年等重要节点，开展爱国主义主题教育活动，弘扬爱国正能量；举办经典诵读、环保微炬会、"弘扬中华文化 传承中华美德"少年儿童广场展演等活动近300场；充分发挥青少年宫等团属阵地文化引领作用，大力弘扬优秀传统文化；结合"奋斗的青春最美丽"分享团走基层活动，开展主题团日活动共2370场，覆盖团员青年23.6万人。

【创新创业和社会实践活动】举办"创业青年先进事迹报告会""青年创业经验交流座谈会""创业明星面对面"等活动16场次；开展"逐梦计划"—大学生暑期社会实践，通过互联网"双向选择"，帮助800多名青年参与职业体验；积极实施SYE项目，积极向团省委争取创业资金扶持，成立泸州市创业7号园等一批创业创新孵化基地，并提供志愿者导师"一对一"帮扶，帮助青年成功创业；深化留守学生关爱行动，通过开展暖冬、

阳光助残等活动，全年累计为留守儿童、孤独症儿童等提供各类关爱帮扶5000余人次；组建20支“三下乡”志愿服务队，开展义务支教、爱国主义教育、文明劝导、关爱留守等活动100余次。

【服务青少年成长成才】召开创业小额贷款专题培训会、青春创业大讲堂等活动，带动青年就业创业和转移就业，累计培训就业青年5800人次，发放青年创业小额贷款4300余万元；深入打造“12355”青少年服务综合平台，为青少年提供各类咨询900余人次，青少年诉求受理200人次，帮助解决困难问题760多件，有效畅通青少年维权的申诉、受理、服务渠道；依托县（区）、直属团组织等资源，大力建设纳溪区“纳爱”基地、“检团阳光联络站”等青少年权益维护基地，重点开展青少年权益维护工作。

【青少年群体关爱帮扶】成功将泸州市纳入省青企协扶贫开发项目规划中，并争取到省青企协“青基金”100万元，精准扶贫乌蒙山片区的贫困户大学生和灾区、民族地区特困青少年群体；举办“少儿才艺大赛暨关爱山区儿童”公益活动、守护天使关爱山区留守女孩夏令营等活动；在全市共青团系统确立联系帮扶贫困村39个，投入资金100余万元，帮助联系村解决实际困难156个，惠及贫困群众15万余人；积极联系团银干部到贫困县挂职，选派65名西部计划志愿者到贫困县开展扶贫攻坚工作。（王 成 郭志翔）

泸州市妇女联合会

【民生项目】“母亲水窖”“母亲健康快车”“巧手姐妹家”三大项目落地泸州，项目资金达540万元，100万名妇女儿童从中受益。全市有“母亲水窖”20口、“母亲健康快车”6辆。争取省发改委“巧手姐妹家”落户龙马潭区罗汉街道化工苑社区。开展“两癌”贫困患病妇女免费检查救助，录入204名患病妇女信息，举办系列妇女健康公益宣传80场，落实省级、全国“两癌”救助资金30万元。

【妇女培训和“创新创业”】举办竹编工艺产业培训，对80名女致富能手、贫困妇女免费进行初级培训，选送13名优秀妇女到眉山青神县参加第二阶段的深度培训。举办“酒城月嫂”培训班，免费培训100名城镇及农村贫困母亲。举办“春风行动”专场招聘会，为妇女提供就业岗位1670个。推进“春蕾绽放”—女大学生创业微计划活动，选出优秀学员参加省妇联女大学生创业集中训练营。

【“巾帼文明岗”创建】在各行各业中深入开展“巾帼文明岗”创建活动，积极培育省级以上“三八红旗手”“巾帼建功标兵”，层层推荐评选出市级“巾帼文明岗”30个、“三八红旗手”20名、“三八红旗集体”10个，加强“城乡互助”“岗村联动”，引导农村妇女积极参与农村改革和农业现代化建设。

【“最美家庭”系列活动】组织全市2015年“最美家庭”，提名家庭200余人在酒城乐园举办“诵经典·扬家风·爱家人”主题活动。开展全市“家风、家教、家训”征集活动。征集书房照534幅、家风短文526篇、家训1556条，其中27项作品荣获四川省2015年“我的最美家庭”优秀家庭题材作品殊荣。举办全市“幸福酒城·最美家庭”摄影巡展，征集到摄影作品268幅（组），评选一等奖2幅、二等奖10幅、三等奖30幅，巡展10余次。泸州市选送的家庭情景剧《婆婆也是妈》荣获“我爱我家——2015年全国家庭情景剧展示活动”优秀作品提名奖。

【幸福家庭社区活动】确定6个社区为市级“幸福家庭”活动示范社区，联合美琪、天立等教育机构，每月在示范社区举办一期公益早教，在全市举办“父母大讲堂”85场，上万名家长受益。争取省级留守儿童关爱项目5万元落地叙永，在纳溪举办“关爱女童成长，酒城妈妈护航”法制安全讲座，为留守儿童送去温暖和幸福。

【“平安”创建】联合市委宣传部、市广电局、市安监局开展为期半年的公益活动，重点围绕城镇燃气、交通、建筑、煤矿、非煤矿山、危险化学品、烟花爆竹等领域，向全社会公开征集“一段

2015 年 11 月 19 日，省委常委、省总工会主席李登菊（中）调研江阳区华阳街道群团工作，市委常委、市委副书记曹建国（右四）陪同

安全提醒语音”“一则安全寄语视频”，传递家庭成员之间的亲情寄语。活动收到选送作品 61 件，评选出《交通安全，切勿儿戏》等 12 件优秀视频作品、《平安是回家最近的路》等 4 件优秀音频作品，江阳区妇联等 5 个单位获优秀组织奖。

【妇女维权工作】印发土地维权宣传手册和资料近 10 万份，强化示范引领，建立维权工作示范县 1 个、示范镇 9 个、示范村 20 个，通过基层实践探索建立完善妇女土地维权工作“十个一”机制和流程。联合民政、司法等部门建立家庭暴力投诉站（点）144 个、妇女法律援助帮助基地 8 个、反家庭暴力庇护所（站）3 个、家庭暴力伤情司法鉴定中心 3 个。命名泸州市妇女儿童维权示范站 14 个，市、区县妇联开通“12338”维权热线 8 条。依托各区县调解中心建立区市、县、乡三级婚姻家庭矛盾纠纷调解委员会，成立调解组织 2338 个，142 名妇女信访代理员代理信访件 91 件，23 名人民陪审员参与审判案件 168 件、协助办理法律援助 32 件、解决病残救治 1 件。指导基层建立留守妇女台账，成立留守妇女互助组 2118 个，开展技术培训、宣传、慰问、帮扶等活动 18906 次，覆盖留守妇女 200025 人。举办妇女法律知识讲座 29 场、开展法治宣传活动 128 次、发放宣传资料 16 万份。

【扶贫工作】成功打造“合江竹编”“叙永茶叶”“古蔺苗绣”等 76 个妇女居家灵活就业基地，其中市级示范基地 7 个、市级示范专合组织 5 个、市级示范妇女创业孵化园 1 个，带动妇女创业和居家灵活就业上万人。各级妇联组织开展月嫂、手工编织、种养殖技术等农村妇女实用技术培训 109 期，免费培训农村妇女 20000 余人。确定 10 个妇女产业发展项目，投入 58 万元帮助发展绿色种养殖业，投入 8.7 万元对建档立卡贫困母亲和留守儿童进行慰问帮扶。协调资金近 20 万元支持贫困村民脱贫致富奔小康。

（李亚平　孙小燕）

泸州市红十字会

【备灾救灾】泸州叙永“8·17”洪灾发生后，泸州市红十字会及时深入灾区查看灾情，并争取到价值 41.35 万元的救灾家庭包和大米运往灾区；向因灾死亡（失踪）群众家属每人户发放 1000 元慰问金。加强日常备灾救灾管理工作，完善备灾救灾信息系统。

【救助工作】2015 年，泸州市红十字会累计筹集资金 77 万余元，用于扶贫济困；2 家企业通过红十字会向市级医院捐赠医疗设备；为江阳区仁爱养老院争取 20 万元资金，采购空调等物资用于帮助失能老人；联系西南医科大学附属医院、西南医科大学附属中医院、市人民医院、泸州骨病医院、江阳区华阳乡卫生院等红十字会员单位开展救助贫困患者。泸州市红十字会资助 34 名先心病儿童完成手术，累计基金资助 51 万元，协调医院垫付

77 万元；救助 8 名白血病儿童，基金资助共 24 万元。

【救护培训】对市区 15 个出租汽车公司的 3215 名驾驶员进行应急救护知识普及培训；邀请省红十字会救护专家对泸州市直属机关干部职工和龙马潭区、江阳区机关干部共 700 余人进行急救知识培训；实施红十字生命与健康教育项目，投资 30 万元，共培训救护员 1335 人，开展群众性应急演练 4 次，主题宣传活动 4 次，开展亲子讲座 2 期，开展学校安全教育与体验活动 2 次。

【无偿献血、造血干细胞捐献、遗体（器官）捐献】全市全年临床用血 100%来自于无偿献血。与市卫计委联合在区县设立“捐献造血干细胞志愿者招募点”，全年完成志愿捐献造血干细胞血样采集 826 人份，成功实现向境外捐献造血干细胞 1 例。各区县均开通遗体（器官）捐献报名登记工作，实现 24 小时接收遗体捐献，全年实现遗体捐献 1 例、实现首例器官捐献、实现眼角膜捐献 4 例。在全省率先建成缅怀遗体器官捐献志愿者的纪念园。“5·8”国际红十字日，组织实施遗体（器官）捐献公祭活动。

【志愿者工作】市红十字会下辖泸州山地救援队、泸州游泳安全劝导救护队、泸州积善志愿者协会 3 支志愿者队伍。泸州市红十字山地救援队重点加强日常训练和防灾减灾知识普及宣传工作；2015 年元旦，以泸州市红十字山地救援队携搜救犬参与救援为主题的电视纪录片——《废墟上的精灵》，在央视《夜线》栏目播出 35 分钟。泸州市安全游泳劝导救护队在汛期开展救援队现场演练培训 1 次，溺水救援 6 次，水上遇险救援 18 次，2015 年救起溺水人员 6 名。泸州市积善志愿者协会全年开展关爱老兵 700 余次；协助区县、乡镇政府核实老兵身份，为全市 61 位特困老兵解决民政优抚 600 元/月；为全市现存的已发现的 110 余位老兵送上价值 7 万余元的纪念抗战 70 周年大礼包。加强与其他社会组织、部门的合作，泸州市红十字会与泸州义工协会合作完成捐建云南鲁甸地震灾区 33 口水窖，捐资 10 万元。与泸州电视台“泸视帮帮团”栏目、泸州电台、泸州游泳协会、泸州论坛等组织合作，共同实施帮助需要帮助的群众，形成关爱合力。　　（袁红梅）

泸州市文学艺术界联合会

【市文联第七届三次全委会】2015 年 3 月 11 日，泸州市文联第七届三次全委会召开。会议指出，文艺创作要把握正确的政治方向，始终与党和人民站在一起。要聚焦新常态下泸州市发展的重点，通过多种多样的文艺表现形式，把全市干部群众的心思和精力凝聚起来，为科学发展、加快发展加油鼓劲、创造条件。

【文艺活动】1. 举办纪念抗日战争胜利 70 周年系列活动：举办“纪念抗日战争胜利 70 周年暨世界反法西斯战争胜利 70 周年音乐会”。举办“挥毫歌胜战·泼墨唱和平”——《泸州大抗战》70 米书法、美术长卷现场创作活动。举办“泸州纪念抗战胜利 70 周年暨世界反法西斯战争胜利 70 周年刘和璧写意荷花画展”。举行“抗战题材图书捐赠仪式”。向 23 个学校、企事业单位捐赠刘显仕先生创作的反映泸州人民抗日战争的长篇小说《忠魂》2000 册。2. 承办“泸州市第五届群众文化旅游艺术展示活动”承办“‘艺’品酒城·心‘戏’泸州”曲艺展演大赛和“魅力酒城·醉美泸州”摄影大赛两个项目。评出曲艺展演大赛优秀节目 15 个，摄影大赛优秀作品 50 件。

【文艺创作】1. 参加全国、全省展赛。一年来，泸州市各文艺家协会在文学、美术、书法、摄影、音乐、舞蹈、戏剧、曲艺、小品、影视等参加全国各类展演、评奖取得可喜的成绩，创作出版文学专著 30 部，发表文学、艺术作品 5000 余篇幅，参加全国、全省各类展出 420 多人次，获得各类奖励 100 多项。其中：李在兵、张远大、古英俊入展全国第十一届书法篆刻作品展；肖体高的儿童文学《我长大的地方》荣获第八届四川文学奖；邓光源美术作品《防疫队员》获第八届四川省巴蜀文艺铜奖；儿童舞蹈《家住川南叙永城》参加四川省舞蹈家协会主办的第九届“星光灿烂”舞蹈展演获金奖；泸州摄影作品先后走进北京国家大剧院、798艺术中心、国家军事博物馆展出，29幅会员作品分别在全国第七届“群艺杯”摄影艺术展等国际国内大展中获奖。2. 组织编纂《泸酒文化图文丛书》。市文联组织文艺骨干力量，牵头编纂出版《泸酒文化图文丛书》。丛书包括《悠悠泸酒》《诗画泸酒》和《故事泸酒》三个部分，于2015年6月出版发行5000套。

【文艺惠民】1. 开办市民文艺学校——文艺讲坛到社区。2014年10月31日，市文联成立“泸州市民文艺学校”，向市民免费开放，这在全国尚属先例。截至2015年底，举办摄影、文学、书法、音乐等讲座10次，培训市民近1000人次。2. 文艺惠民下基层。2015年1月16日，由泸州文联举办的“我们的中国梦——书法家送万福进万家惠民活动”在天立国际小学举行启动仪式。书法家书将1600余个大红“福”字，送到天立小学全体师生手中。组织书法家、摄影家赴古蔺县双沙镇免费为当地群众现场挥毫泼墨，写春联、照全家福。组织美术、书法、音乐艺术工作者走进偏远山区的合江石龙乡中学、九支中学、白沙中学开展“文艺惠民进校园”活动。美术工作者小分队，分赴合江、泸县、江阳区、纳溪区的山区小学开展“美术进校园活动”，向山区小学捐赠速写本、笔、美术书籍。2015年11月27—29日泸州市文联承办的“向人民汇报——四川曲艺文化惠民巡演”在合江县偏远山区先滩镇、南滩镇、福宝镇和纳溪区上坝社区开展为期3天的巡演活动。3. 共建帮扶进乡村。一年来，市文联及各区县文联广泛开展“送文艺、促创作”活动，大力开展文明共建、文艺共享、结对帮扶、志愿服务等活动。先后组织260多名文艺工作者深入四县三区20所偏远学校进行捐赠作品及创作辅导培训活动。捐赠各类书籍1万余册，各类作品3000余件，音响设备1套，新建帮扶联系点5个，新增手机远程辅导站3个。组织120多名民间文艺工作者深入基层和6个幸福美丽新村（社区）文化院坝结队帮扶、建立联系点、帮助解决实际问题，共创作、收集、整理民间文学、民间故事、民间歌谣、历史专著等有着极其浓郁“泥土味”的民间文艺作品36部。

【文艺交流】1. 举办、参加“川南四地文艺工作者四季采风活动”。市文联积极与宜宾、内江、自贡文联沟通，联谊举办形式各异的采风活动。春季在宜宾举行摄影创作采风活动；夏季在内江开展戏剧音乐舞蹈创作采风活动；秋季在泸州举行书法美术创作采风活动；冬季在自贡开展文学创作采风活动。2. 请进名家“读酒城”。举办中国名家读酒城暨“龙洄庄园杯”《泸州作家》2015年度文学奖颁奖大会。中国散文学会名誉会长、《人民日报》编审、著名散文家石英等17位名家应邀参加。上海《文学报》《西南商报》《泸州日报》等10多家媒体大篇幅报道活动盛况。市文联积极与北京市海淀区文联协调联系，促成北京市海淀区美协副主席、著名画家白崇然创作37米国画作品《长征万里图》（手卷）捐赠给爱国主义教育基地——古蔺县红军长征四渡赤水陈列馆。3. 组织参加第五届川南文化艺术展示活动。积极组织全市文艺工作者参加第五届川南文化艺术展示活动。泸州市舞蹈节目《印象古镇》《六月六》成功入选，39件书画作品入选，获优秀奖5名。

（李　琴）

地方武装

泸州军分区

【思想政治教育】认真学习贯彻中共十八大和十八届三中、四中、五中全会及习近平主席系列重要讲话精神。举办团营职干部理论集训班1期。扎实开展“学习践行强军目标，做新一代革命军人”主题教育、深化国防和军队改革专题教育、“每月一课”法制教育、形势政策教育、“四反”和防间保密教育等。结合学习贯彻全军政治工作会议精神，深入开展“六个肃清”活动，全面肃清郭伯雄、徐才厚案件流毒影响，清理信息资料234份。

设立军人军属法律援助工作站，接待群众来访 200 余人次，妥善处理各种涉法信访、纠纷等问题 190 多个。投入 60 余万元修建完善军营文化设施，在军区级（省级）以上媒体发表稿件 85 篇。

2015 年 5 月 22 日，泸州老窖基干民兵特种大队、泸州市民兵综合应急营成立大会在泸州酒业集中发展区国际会展中心举行

【军事斗争准备】修订完善各类作战方案及配套保障计划，严格落实战备制度，定期组织战备演练。推进泸州市后备力量调整改革。改进民兵编组方法，扎实抓好民兵整组点验工作。5 月份，完成泸州市民兵应急营和泸州老窖集团基干民兵特种大队组建工作。圆满完成年度新兵征集任务。坚持每天 1 小时体能训练制度，定期组织体能训练项目考核。组织全区现役官兵、民兵人员进行实弹射击、实弹投掷训练。全区组织 15 期专武干部及民兵骨干培训，24 期综合应急连、专业分队及各类救援分队集训。开展半年军事训练考核，被省军区评定为优秀。历时 2 个月，圆满完成 4.1 万余名学生年度军训任务。完成士兵补选退工作。

【安全稳定工作】深入开展“安全检查周”“条令学习月”和“百日安全三无”竞赛活动。围绕“人车枪弹密、水火电气钱、酒油黄赌毒”等 15 个方面的问题，突出抓好节假日、敏感时期管理。从严纠治私自出车、违规开车行为。全年未发生失泄密问题。加强外来人员、车辆的盘查，落实营区巡逻执勤，组织营区防卫演练。强化武器弹药管理，采取人防与技防相结合的方式，落实三人三锁、领导查库、干部住库值班等制度，发挥视频监控系统和市“110”报警联网系统作用，确保枪弹管理安全。利用下基层蹲点调研、节日检查和专项检查时机，发现隐患问题采取“挂账销账”方式认真落实整改，确保全区安全稳定。

【后勤保障】以财务大清查为重点，进一步规范军分区后勤管理。持续推进军分区空余房地产租赁整改，细化资产及物资采购管理。填报《泸州军分区转隶交接后勤清册》，内容包括账户、资金、会计、预算、资产、装备等 34 个方面。完善军分区本级职工住房公积金、医疗和养老保险。

【参建参治】会同市委、市政府，制定《关于推进泸州军民融合深度发展的措施》。协调市委召开议军会，泸州市投入 1000 余万元，解决驻泸部队在基本设施建设等方面存在的 13 个问题。召开全市国防教育工作会议，拓展和深化国防教育的形式和内容。发挥泸州晚报《军魂》专栏作用，加大国防知识宣传力度。建立 200 万元扶贫开发专项基金，安排 8 名干部驻村，主要帮扶 13 个村（组）、70 个贫困户、5 所学校，援建乡（村）卫生室 6 个、太阳能提灌站 1 个，资助困难学生 86 名。全年全区出动官兵和民兵预备役人员 8300 余人次，完成合江县龙泽沟、叙永县中沙村森林灭火、龙马潭区炭黑厂内涝救灾以及叙永“8·17”抗洪抢险等急难险重任务。（周　练）

武警泸州市支队

【思想建设】坚持把政治建军作为最高要求，扎实抓好主题教育、“强军风采”系列活动，研究细化“新一代革命军人样子”实践标准；把“八个基本方法”“八个到现场”渗透到“卫士演习”、巡逻维稳、抢险救援任务全程；做好官兵思想工作，组建威风锣鼓队，举办“酒城卫士杯”篮球联赛。

警民鱼水情深

【能力建设】支队参加总队集训比武进入前十。规范勤务建设，落实联合值班，加强正规执勤，协调完成市看守所天桥拆除、AB 门改造，成功规避叙永县看守所执勤险情。突出抓好常态维稳，争取 320 多万元地方经费购置反恐运兵车辆和装备，依托教导队坚持备训结合，圆满完成“5・12”“7・2”抓捕和“7・14”“8・17”抗洪抢险等 96 次临时任务。认真承办规范基层工作指导和管理秩序试点，全年开展士官教育整训，加强日常管理检查，正规基层秩序。深入贯彻安全工作“八个规范”，购置安防设施，健全安防体系，7 个回合开展安全大检查和百日安全竞赛活动，纠治各类隐患 37 处。

【领导视察】6 月 15 日，总部组织部党务处处长刘志勇率工作组深入支队，采取查阅资料、座谈了解、问卷调查、定量分析等方法，对发展党员工作进行专项检查调研；6 月 27 日，中央网信办应急局局长方楠率国家反恐怖工作督导检查组先后深入支队西南商贸城执勤点和支队机关，对人员密集场所巡逻布控工作情况和重点部位反恐怖工作措施的落实情况进行实地检查。

【成功处置涉疆人员违反治安事件】2 月 10 日晚，泸州支队街面巡逻分队出动 xx 名兵力，协同公安民警成功处置一起涉疆人员违反治安事件，成功抓获三名带头闹事分子。

【江阳区“6・20”抗洪抢险救灾任务圆满完成】6 月 20 日，由于连日强降雨，江阳区蓝安路红树湾小区出现洪水倒灌。支队紧急出动 XX 名官兵，连续奋战 7 个小时，转移受困群众 80 余名，搬运物资 200 余件，挽回经济损失 10 余万元。

【成功抓捕持枪拒捕吸毒人员】7 月 2 日，泸州市纳溪区大渡镇光明村六社发生一起吸毒人员持枪拒捕事件。支队快速出动 XX 名官兵，协助公安机关成功抓获 1 名持枪拒捕吸毒人员，缴获枪械 2 支，子弹 9 发，圆满完成任务。

【龙马潭区“7・14”抗洪抢险救灾任务圆满完成】7 月 14 日，泸州市全境普降暴雨，龙马潭区玉龙苑第四小区出现严重洪水倒灌现象。灾情发生后，支队紧急投入 XXX 余名兵力，连续奋战近 5 小时，解救被困人员 200 余人，转移群众 2517 人，圆满完成抗洪抢险任务，受到中央电视台等媒体报道。

【叙永县“8・17”抗洪抢险救灾任务圆满完成】8 月 17 日以来，叙永县遭受强降雨袭击，造成 13 个乡镇受灾，400 多座房屋损毁，多人伤亡，部分群众失联。支队紧急出动 XXX 名官兵，连续奋战 5 个昼夜，转移灾区群众 100 余人，挖掘遇难者遗体 2 具，抢修通行便道 3 条，运送物资 1000 余件，圆满完成抢险救灾任务。（魏　均）

人民防空

【人防工程建设与管理】1. “结建”工作成效显著。积极做好防空地下室建设监督和易地建设费收取工作，办理审批项目89个，其中“结建”审批项目89个，批准建设防空地下室征收人防易地建设费8887.1万元。完成对泸州高新区人防行政管理权的下放工作。2. 指挥工程建设稳步推进。泸州市公民避难知识教育中心及人防应急指挥中心工程于年底完成整个项目的土建工程，进入装修阶段。泸州市白招牌地下停车场兼顾人防工程项目完成主体工程。3.《泸州市人民防空（民防）建设总体规划（2014—2030）》通过专家评审会。

【组织指挥】1. 圆满落实人防专业队伍在岗培训；完成专业队伍编程组卷工作；市、县两级应急通信指挥队伍定期组织训练；积极参加全省部分人防机动指挥通信队伍组网训练；三次按要求圆满完成单兵信息采集、视频会议、卫星通信等课目训练任务；组织开展“三防”专业队脱产集训。2. 启动应急指挥中心信息化工程内部邀请招标工作；严格筛选确定资质符合、实力较强、业绩优良且诚信度较高的5家公司作为内部邀请投标对象。

【通信警报建设】1. 联系协调江阳区检察院、江阳区政府、天立中学、泸高、老窖天府中学5家单位，完成新增5台警报器的选址、警报基础建设和安装调试工作。2. 8月底中心配合厂方工程师对全市50多台警报设备和天线进行检查维护，修复电动、电声警报故障16台次。对警报器、终端控制箱、天线支架、供电线路及附属设施进行维护管理，及时发现和排除各种故障。3. 完成“9·18”防空警报试鸣任务。4. 完成无线电台战备值勤任务。全年完成无线电台专向联络机上通报30000余组，其中收12000余组、发18000组。电台沟通率达99%，电报差错率未超过0.2%。完成新采购军标125瓦短波自适应单边带电台的安装调试，并投入使用，在与省办的无线电联络中效果良好。

【平战结合经营管理】1. 确保经营安全。全年检查40余次，发现隐患3处，投资3万余元落实整改；测试消防设备运行情况、安全检查11次，保证商城设备设施正常运行，用电安全等日常工作；对商城各门市、摊位进行变压器、配电柜以及用电线管、线路等全面检查、清理、整改，确保商场的用电安全。2. 平战处收入平稳。全年平战结合经营收入313万余元。

【人防宣传教育】利用“9·18”防空警报试鸣活动，宣传防空警报知识。积极为《中国人防》《四川人防》等报纸杂志组稿90余篇，刊发30余篇，印发人民防空宣传单1000多份，印发《防空防灾知识手册》20000册，制发防空防灾知识试卷50000份。以“世界民防日”“世界水日”“禁毒宣传日”“全国法制宣传日”活动为契机，设立市人防办知识宣传点，悬挂横幅标语，印制宣传资料。

（黄筱棠）

消 防

【概况】2015年，全市出警出动7519起，其中火灾扑救1399起，抢险救援558起，社会救助5562起，抢救和疏散人员6800余人，成功处置“3·16”胡市镇力迦玻璃厂火灾、“7·14”龙马潭玉带河小区洪涝灾害、“8·6”古蔺叙大铁路突泥突水救援、“8·17”叙永白蜡乡山洪泥石流等急难险重任务，圆满完成“国际酒业博览会”“抗战胜利70周年”等大型安保任务。支队先后荣获“四川省青年文明号”“泸州市青年五四奖章集体”等荣誉称号，市政府为支队荣记集体二等功。市政府颁布实施《泸州市城乡消防规划（2015—2030）》《泸州市非市政消防设施管理办法》《关于深化多种形式消防队伍建设发展的意见》等规章和政策性文件。

【基础设施建设】“7站1基地”建设任务全部完成，江阳区轻工业园区驰骋路、纳溪区大渡口镇、合江县、叙永县江门镇、古蔺县二郎镇等5个消防站完成建设并投入执勤备战，叙永、古蔺2个消防站主体完工，消防培训基地完成选址立项。全市增配消防车13辆，购置各类器材装备6055件套，完成350兆数字通信网、PGIS（警用地理信息系统）、指挥视频升级改造和8个政府专职队接处警平台等建设任务。

【实战能力提升】全面普查维护消火栓，对全市基层辖区交通水源图、15种类型预案和重点单位预案进行统一修订更新，开展车辆装备性能测试、应急拉动演练、内攻灭火救人、石油化工火灾处置演习等各类大型实战化演练50余次，参加川南片区“雷霆—C”地震拉动演练和危化品泄漏处置演练，组织全市现役、政府、企业共20支队伍集中开展实战化比武竞赛，组织全市基层指挥员开展两期共40天集中封闭培训。

【隐患排查整治】开展夏季消防安全检查、彩钢板专项整治、冬春火灾防控等专项行动，深化消防安全网格化管理，严格落实消防安全形势分析研判、每日消防监督检查等常态化监管机制，采取执法质量交叉检查、创建“六个一”网格化示范单位、建立200余平方米标准化执法档案室等形式，全面提高消防监督执法水平。2015年，全市共检查单位8263家，发现火灾隐患或违法行为2817处，督促整改2735处，责令“三停”75家，临时查封71家，罚款332.3万元，拘留8人，整改销案重大火灾隐患32起，全市火灾形势持续稳定，未发生较大以上火灾。

【消防宣传培训】市委宣传部印发《泸州市消防工作宣传报道方案》，在泸州市电视台、泸州晚报等主流媒体开设专栏，定期开展消防宣传，跟踪曝光火灾隐患，中央电视台等主流媒体多次播报泸州消防工作。泸州市委组织部、市委党校将消防安全教育纳入干部班培训内容。依托消防宣传“七进”活动，分行业、分系统组织全市消防安全重点单位、园区管委会、医院、学校、派出所等消防安全负责人以及物业服务企业、消防设施维保单位、消防控制室值班人员开展消防培训，举办“参与社区消防、建设平安家园”主题启动仪式、“社区消防宣传大使评选”等大型宣传活动20余次。

（晏岗翔）

法　治

政府法制工作

【领导干部学法制度】2015年，组织安排市政府常务会学法项目26个，其中会前学法24次、专题学法2次。主要学习新修订的《行政诉讼法》《保密法》《食品安全法》《安全生产法》《中国共产党纪律处分条例》等重要法律法规、规章。

【行政审批制度改革】1. 对应国务院和省政府公布的取消下放的行政审批事项调整泸州市行政审批事项。2015年3月底重新公布共230大项278小项市本级行政许可项目目录。2. 全面清理取消非行政许可审批。2015年，清理出非行政许可审批53项，并予以取消33项、转行政确认2项、转服务9项、转为日常管理9项。3. 公布市、县两级行政权力清单。2015年，法制办对全市38个行政权力部门的行政许可、行政征收、行政处罚、行政强制等十类行政权力事项进行清理。经清理，市级共保留行政权力事项5927项，其中行政许可230项、行政处罚4861项、行政强制219项、行政征收48项、行政给付8项、行政裁决4项、行政确认59项、行政奖励49项、行政检查142项、其他行政权力307项。

【行政决策】认真落实《四川省重大行政决策程序规定》《四川省行政决策合法性审查规定》，把部门论证、公众参与、风险评估、合法性审查和集体讨论决定为重大行政决策必经程序。制定完善《泸州市重大行政决策程序规定》《泸州市人民政府公文法制审查工作规定》《规范性文件制定和备案实施细则》。2015年，审查市政府规范性文件、其他重要公文、重大经济合同等376件，按规定向省政府和市人大报送备案规范性文件8件。为省上10余件地方性法规和政府规章提出修改建议意见。备案审查区县政府和市级部门规范性文件31件。

【行政复议应诉工作】制发《泸州市人民政府办公室关于加强行政应诉工作意见》《泸州市行政机关负责人出庭应诉工作规定》。2015 年，市政府作为被告的行政应诉案件共 9 件（其中 8 件系经行政复议后不服提起诉讼，1 件系未经行政复议直接提起诉讼），与 2014 年同期的 3 件相比上升 200%，均为 2015 年 5 月 1 日新行政诉讼法施行后人民法院受理的案件。从行政应诉案件的类型看，涉及房屋拆迁 2 件，林权 1 件，工伤认定 3 件，信息公开 2 件，行政处罚 1 件。2015 年，法院结案 6 件，其中判决维持 2 件，判决驳回诉讼请求 1 件，裁定驳回起诉 2 件，原告自愿撤诉 1 件。成立组建市政府行政复议委员会。2015 年，市政府收到行政复议申请 59 件，受理 43 件，不予受理 16 件。受理的案件中，办结 33 件，其中维持 10 件、终止 1 件，驳回申请 5 件、撤销 2 件、撤回申请 15 件。未办结 10 件（中止 2 件）。

【行政执法】2015 年组织全市 2210 名行政执法人员进行行政执法通用法律知识考试，办理四川省行政执法证和委托行政执法证 5963 个。组织全市行政机关进行专题培训，强化对 200 余名重点执法领域负责人员的法治意识和责任意识。认真贯彻落实《四川省规范行政执法裁量权规定》。制定下发《泸州市人民政府办公室关于贯彻<四川省规范行政执法裁量权规定>的实施方案》，市级 34 个有执法权的一级执法部门均制定行政执法权裁量标准实施细则。23 个部门制定 55 件行政执法权裁量标准，涉及 276 项行政权力事项，其中，行政许可 116 项、行政处罚 138 项、行政征收 2 项、行政确认 10 项、行政给付 3 项、其他行政权力 7 项。（张 义）

法 院

【概况】2015 年，全市法院受理各类案件 45679 件，审执结 42921 件，同比分别上升 8.24%、6.32%，结案率 93.96%。其中，市法院受理各类案件 2723 件，审执结 2565 件，同比分别上升 18.49%、17.12%，结案率 94.2%。2015 年，泸州市中级人民法院未成年人案件综合审判庭荣获“全国法院先进集体”；泸县法院荣获“全国法院文化建设示范单位”；泸县法院曾万军获得“全国法院办案标兵”。

【刑事审判】2015 年，全市法院审结刑事案件 2671 件，同比上升 15.58%，审结 2430 件，结案率 90.98%；其中市法院审结刑事案件 325 件，同比上升 12.85%，审结 300 件，结案率 92.31%。全市共判处故意杀人、伤害案件 201 件，“两抢一盗”案件 530 件，涉黄赌毒案件 331 件，集资诈骗等经济类案件 32 件，职务犯罪类案件 66 件。开展全市集中整治社会治安专项审判行动，依法严惩犯罪，重刑适用率为 22.4%，比同期高出 11.6 个百分点，非监禁刑适用率为 16.4%，比同期低 22.4 个百分点。审结张永强等 27 人组织、领导、参加黑社会性质组织犯罪案等一批重大案件。落实人权保障、司法文明相关规定，刑事在押被告人或上诉人出庭受审不再着囚服，坚持罪刑法定、疑罪从无，2015 年宣判无罪案件 1 件 1 人。完成纪念抗战胜利 70 周年特赦案件审理工作；承办全省法院非法集资案件和量刑规范化调研片会；专题调研近三年来全市职务犯罪案件审理情况，提出建议。

【民商审判】全市法院受理民商案件 31403 件，同比上升 3.76%，审结 29823 件，结案率 94.97%。审结婚姻家庭、邻里纠纷案件 5379 件，审结涉金融、房地产、建设工程等商事案件 15729 件，标的额 71.45 亿元。市法院受理各类民商案件 1700 件，同比上升 27.34%，审结 1629 件，结案率 95.82%。制定《服务保障全市实体经济发展十六条措施》；召开全市非公有制企业代表座谈会，梳理出 2012 年以来全市商事案件中反映出的问题和风险，提出建议，在市工商联组织的企业家培训会上，进行重点讲解；针对高发案件，制定劳动争议、机动车交通事故责任赔偿的类案指导意见，以及保险纠纷诉讼与调解对接机制的实施细则。

【行政审判】全市法院受理行政诉讼案件 776 件，同比上升 53.36%，审结 746 件，结案率 96.13%；市法院受理 271 件，同比上升 93.57%，审结 263

件，结案率97.05%。其中，涉政府信息公开、劳动人事工伤认定类涉众案件上升较大，分别达到10.08%、7.89%。全市法院确认行政行为违法、撤销或变更行政行为、责令履行法定职责44件，同比上升207.69%，审理的梁玉全诉市食药监局食品监管行政处罚案入选2015年四川法院十大典型案例。全市法院受理非诉执行案件875件，审结875件；其中，准予执行614件、申请人撤回执行申请81件、不准予执行176件、不予受理4件。印发2014年行政案件司法审查白皮书，报送新行政诉讼法实施前相关工作建议；与市政府共同推动出台行政机关负责人出庭应诉工作规定，行政机关负责人出庭率达到62.07%。

【执行工作】全市法院受理执行案件10829件，同比上升49.47%，执结9922件，执结率91.62%，执行到位金额9.79亿元，同比上升78.32%。其中，市法院受理427件，同比上升33.44%，执结373件，执结率87.35%，执行到位金额2.08亿元，同比上升49.64%。对生活困难当事人实施司法救助63人74.65万元。加大惩处拒执行为的力度，限制高消费561人、限制出境319人、拘留28人、移送涉嫌犯罪线索29件、移交拘留线索125件；纳入失信被执行人名单2535人，4次在电视、报刊、网络、中心城区LED显示屏公开曝光“老赖”1026人，在中国法治APP泸州频道曝光后，最高点击量达到5万余次。曝光后，有63人自动履行债务1375.99万元；推进裁执分离，推出“申请执行人权利清单”，强化监督制约；严格执行“三个一”制度，强化执行案款管理；建成综合指挥中心，与贵阳、昆明、重庆等7家中级人民法院、渝西川东八区县法院建立执行协作关系。

【审判权运行机制改革】探索“以审判权为核心、以审判监督权和审判管理权为保障”的审判权力运行机制，落实司法责任制。完善院长（副院长）、庭长、审委会委员办案机制，明确案件讨论规则，厘清院庭长、合议庭、承办人权力界限，“谁办案、谁负责”，出台过问案件留痕制度与之配合运行。指导合江、叙永、纳溪人民法院开展本项改革试点工作，改判、发回重审案件明显减少。

【立案登记制改革】制订详细操作流程，召开新闻发布会解读改革精神。改革实施当日，两级法院院长和分管副院长值守立案窗口，邀请人大代表、政协委员、政法委相关领导视察指导，确保改革平稳过渡。为防止年底“立案难”反弹，要求不得以任何理由拒绝立案，兑现向社会作出的承诺。纳溪区人民法院、合江县人民法院实行“全域立案”，方便当事人递交立案材料。改革实施以来，全市法院当场立案17196件，占比97.38%。

【未成年人司法保护模式创新】1. 打造专业机构，两级法院均建成未成年人综合审判庭，统一审理涉未成年人案件；2. 建立专业团队，5名法官通过国家心理咨询师考试；3. 完善制度建设，加强判后回访，建立社会观护员制度，落实未成年人犯罪记录封存制度、“三书一报告”制度；四是加强普法延伸，选派优秀法官担任法治副校长，成立未成年人法治教育宣讲团，区县法院成立宣讲小分队，江阳区人民法院“萤火虫”普法志愿队被团市委评为“醉美青春团队”，合江县人民法院建成全省法院系统第一个青少年法治教育基地，国家、省、市10余家媒体到泸州采访报道。

【法庭专业化建设】全市法院均建成知识产权案件综合审判庭或合议庭；江阳区人民法院成立专门审理医患纠纷医事法庭；纳溪区人民法院把江宁女子法庭明确为家事法庭，集中审理家事案件；叙永县人民法院成立摩尼少数民族法庭，针对民族风俗习惯，巡回审判，上门服务，着重调解。

【律师执业权利保障】全市两级法院9次召开律师座谈会，认真听取律师队伍意见。市法院主动征求司法行政机关、律师协会意见，制定贯彻“两高三部”《关于依法保障律师执业权利的规定》实施意见，有条件的法院建立了律师会见、阅卷、休息室，为律师查阅、摘抄、复制案卷材料提供便利，庭审充分尊重律师发问、质证、辩论等权利。

【推行网络司法拍卖】两级法院全部入驻淘宝网，实施网络司法拍卖，零佣金、受众广、透明度高，防止恶意竞买，最大限度保障当事人合法权益。2015年上网拍卖48次，成交率39%，溢价率均达

20%以上。受邀参加最高人民法院关于网络司法拍卖工作规定的修订，并在全省法院工作会上交流经验，推广全省。

【深化公开深化】市法院 2015 年召开新闻发布会 8 次，定期发布法院工作信息、典型案例、失信被执行人名单；开通官方微信，推送信息 61 期 240 条，在全省率先开通中国法治 APP 地方频道，发布信息 85 批，单篇信息平均点击量达 2000 余次。继续加强三大平台建设，两级法院 2015 年上网裁判文书 16816 份。加强院长信箱管理，做到有反映必有回应，收到各类咨询、投诉信件 55 封，处理回复 45 封。

【普法宣传】利用微博开展庭审直播 11 次；发布 8 件典型案例；与泸州电视台互动频道《给您说法》栏目合作，制作播报法制宣传片 13 期；集中开展“知识产权周”“‘6·26’禁毒宣传周”“新学年第一堂法制课”等主题宣传活动。泸州市中级人民法院文化建设专题片在全省法院文化建设推进会上播放，泸县人民法院制作的微电影《梦想在这里启航》获四川电视台金熊猫奖。

【法院开放活动】市法院在全市主要媒体发布公告，邀请基层群众代表和企业家代表各 10 名，与人大代表、政协委员、民主党派人士一起，集中视察合江县人民法院、泸县人民法院及牛滩人民法庭；开展“中国法治·法院活动日”活动，解答全国各地网友 300 多条法律咨询，被确定为“中国法治客户端法院活动日示范单位”；泸县人民法院建成全省法院系统首个百姓法律书屋，接待群众 1000 余人次。

【联络工作】市法院主动向市人大、政协报告、通报重大工作 6 次。接受市人大常委会审议执行工作、社会治安专项整治工作，向市政协主席会议报告法院工作情况；先后 6 次征求人大代表、政协委员对法院工作意见，开展代表委员“一对一”走访活动，收集意见建议 43 份；邀请代表、委员旁听庭审 426 人次；向人大代表、政协委员发送手机报 5 期 7500 余条、《人大代表政协委员联络专报》1000 余份。

【接受社会监督】落实“两员两卡”监督机制，从社会各界群众中选聘 105 名廉洁司法监督员，在两级法院资深法官中选任 58 名廉政监察员，召开座谈会 3 次，收集建议意见 30 余条并全部整改；随机抽取陪审员参与案件审理，充分保障人民陪审员履职监督，一审案件陪审率达 77.34%。（李杰）

检 察

【概况】2015 年，全市检察机关批准逮捕犯罪嫌疑人 1581 人，向人民法院提起公诉 2572 人。查办职务犯罪案件 133 件 151 人，追缴涉案赃款人民币 9089 万元。各项工作获市级以上表彰奖励 117 项。

【公诉】2015 年，受理公诉案件 2840 件 3953 人。经审查，向人民法院提起公诉 1942 件 2572 人，决定不起诉 88 件 107 人。开展打黑除恶专项斗争暨社会治安专项整治活动，起诉黑恶势力、团伙犯罪案件 20 件 83 人，起诉毒品案件 222 件 279 人，起诉侵害“泸州老窖”“古蔺郎酒”名优酒品牌等破坏社会主义市场经济秩序案件 50 件 88 人。开展规范司法行为专项整治活动，与市公安局会签《命案引导侦查实施细则》和《重大毒品案件引导侦查实施细则》。向人民法院提出量刑建议 240 人，开展刑事和解案件 83 件 112 人。

【审查逮捕】受理审查逮捕案件 1603 件 2192 人，经审查，批准逮捕 1178 件 1581 人。其中，批准逮捕故意杀人、故意伤害、强奸、绑架等暴力犯罪 226 件 281 人，批准逮捕抢劫、抢夺、盗窃、毒品等多发性犯罪 667 件 853 人。开展打击危害食品药品安全和危害生态环境专项整治行动，批准逮捕危害食品药品安全犯罪 2 件 5 人，批准逮捕破坏环境资源保护犯罪 15 件 18 人。执行宽严相济刑事政策，落实轻微刑事案件快速办理、刑事和解制度，完善法律援助、非法证据排除机制，不批捕犯罪嫌疑人 344 件 523 人。

【职务犯罪侦查监督】市检察院受理各区、县检察院提请审查决定逮捕的职务犯罪案件 63 件 65 人，经审查，决定逮捕 58 件 60 人。办理职务犯罪审查决定逮捕案件，实行承办人审查、部门集体讨论、分管副检察长审查“三级审查”制度，侦查环节提前介入、引导侦查取证，逮捕后跟踪监督，建立逮捕社会危险性证明制度和捕后羁押必要性审查制度，对职务犯罪案件作出无社会危险性不决定逮捕5人，办理侦查部门提请变更逮捕强制措施案件5人。

【刑事诉讼监督】监督公安机关立案95件，督促撤销案件12件，追捕犯罪嫌疑人42人、追加起诉96人。纠正侦查活动违法情况112件次。建成行政执法与刑事司法衔接信息共享工作平台，制定应用机制，督促行政机关移送案件线索71件。依法向人民法院提起刑事抗诉案件9件，法院改判5件。

【刑事执行监督】派驻检察收押、释放进出看守所法律文书6866份。督促看守所按期按规定交付执行罪犯527人，纠正混关混押、违法会见、违法收押115件次。书面纠正监外执行中存在的脱漏管等违法情况142件。开展特赦罪犯监督工作，依法监督不予特赦1人。

【未成年人刑事检察】制定实施《泸州市人民检察院关于加强和规范未成年人刑事案件办理工作的实施办法》，在全市检察机关开展“未成年人成长护航团”工作。受理审查批捕未成年人涉罪案件106件149人，受理后批捕75件107人，不批捕31件42人；受理审查起诉未成年人涉罪案件190件287人，起诉98件154人，不起诉17件19人，附条件不起诉24人；办理侵害未成年人案件56件64人，为18名未成年被害人提供法律帮助和心理咨询。

【反贪污贿赂】立案侦查贪污贿赂犯罪100件118人。其中，贪污案18件33人，受贿案75件77人，行贿案2件2人，挪用公款案5件6人。5万元以上大案100件117人，50万元以上特大案件15件16人，查办副县级以上人员要案6人。侦查终结提起公诉106件128人。集中开展查办交通运管系统、农机补贴领域职务犯罪专项工作，查办交通运管系统贿赂案18件18人，查办财政、税务系统人员在拨付农机专项资金、农机报补的发放中受贿案18件19人，查办惠农扶贫领域贪贿犯罪9件21人。

【反渎职侵权】立案侦查滥用职权案10件10人、玩忽职守案20件20人、动植物检疫徇私舞弊案1件1人、徇私枉法案2件2人。开展“打击违法占地、违法建设和危害司法公正”领域渎职侵权犯罪专项行动，查办公安、司法人员犯罪案件7件7人。

【职务犯罪预防】结合查处的职务犯罪案件，召开预防联席会议42次，发出书面检察建议72份。开展预防警示教育和上法制课78次，开展法制宣传71次，散发宣传资料34000余份。开展职务犯罪案例剖析32件，帮助落实预防措施25项。提供行贿犯罪档案查询服务438件次。

【民事行政检察】受理审查各类民事行政诉讼结果监督案件185件、审判违法行为监督案件21件、执行活动监督案件17件。开展查办虚假诉讼专项监督活动，向法院以涉嫌虚假诉讼为由提出再审检察建议64件，审查涉嫌虚增案件向法院提出工作检察建议74件。办理民事行政审判活动监督案件向省检察院提请抗诉2件，向中级人民法院提出抗诉2件，向法院发出再审检察建议72件，向行政机关提出监督意见13件。开展案件质量评查活动，评查法院民事、行政、执行案件28件，办理省检察院、巡视组交办信访案件5件，办理民事和解案件4件。

【控告申诉检察】搭建信访绿色通道，接待群众来访865人，组织检察长接待日256次，检察长接待来访580人，批办案件14件。开展“落实举报规定，推进反腐倡廉和规范司法”主题举报宣传周活动，受理举报线索256件，奖励举报人11人。建立第三方参与化解和律师代理申诉制度，推行公开审查，办理不服检察机关处理决定的申诉案件3件，立案复查不服法院生效刑事裁判的申诉4件，息诉9件。适用国家赔偿协商程序，立案审查申请国家赔偿4件，支付赔偿金21.2万元。建立未成年人司法救助金制度，帮助家庭经济困难的60余名刑事被害人申请司法救济金30余万元。

【检察技术】办理技术性证据审查案件375件，检验鉴定案件69件，提供电子证据协助、分析、检验鉴定案件132件，出具司法鉴定案件2件。开展侦查指挥中心信息化基础设施建设，建成电子证据实验室，建成驻所检察室信息联网系统和监控联网备份系统。配合侦查部门开展全程同步录音录像，完成同步录音录像工作217人次。组织参加最高人民检察院首届“科技强检”征文活动，《职务犯罪情报信息系统的建设、应用及其法律规制》《观念变革、技术创新与制度重构：职务犯罪侦查信息化推进中若干问题思考》《泸州市检察院对“专家辅助人”工作的有益尝试》三篇文章分获特等奖、一等奖和优秀奖。

【司法警察】参与出庭维护秩序出警18人次，执行传唤236人次，参与冻结扣押出警56人次，执行拘留118人次，执行逮捕65人次，执行看管1024人次，送达法律文书出警367人次，协助调查取证出警488人次，参与查询通讯信息出警117人次，查询金融机构冻结涉案金额500余万元。

【案件管理】案件管理中心受理、分流各类案件4638件，统一开具、备案登记、接收相关单位诉讼文书7696份，评查案件质量2339件，检查涉案财物案件240件，开展办案期限预警346期，接待诉讼代理人阅卷255次，申请会见办案人员156次，查询案件203次。建立运行电子卷宗暨办案职能系统，制作电子卷宗969件1956册。

【人民监督】依托互联网门户网站，建立案件信息公开平台、网上办案进度查询、电话查询、触摸屏自助查询和案件管理岗位查询机制，在互联网上公开案件程序性信息4308条，重大案件信息284条、法律文书1355份。组织、邀请人大代表、政协委员、特约检察员、人民监督员参加检察开放日活动10次，召开座谈会30次。建立人民监督员监督事项告知制度，开展人民监督员介入涉法涉诉公开听证、见证、刑事和解、未成年人犯罪、社区矫正的监督，邀请人大代表、政协委员、人民监督员参加案件听证57次，参加执法专项检查31次，旁听案件审理10次，案件质量评查37次，评查案件306件。人民监督员监督职务犯罪案件拟撤销案件4件11人、拟不起诉案件1件1人，参与跟踪回访职务犯罪案件37件。（雷长彬）

公 安

【维护社会稳定】搜集各类情报信息4282条，为维护国家安全和反恐防暴、维稳处突提供情报支撑。排查各类不安定因素591件次，成功化解263件次，收集上报各类社会治安风险隐患382件次，制作研判评估报告29期。接待处理群众来信来访464件，办理网上信访件214件。深化综合处突机制建设，固化健全联合值班、指挥调度模式，始终保持全市一线处突警力常态值守、动中备勤。

【安全保卫】安全保卫实现零差错工作目标，完成全国“两会”、纪念抗日战争胜利70周年，全市人大政协“两会”、酒博会、泸州高新区建设发展推进会、全省投资暨重点项目推进会、四川医科大学发展推进会等42项重大活动的安全保卫任务。

【严防暴恐案事件】严密防范和遏制暴恐袭击向内地蔓延发展，建立完善安全防范和应急响应机制。特巡警、武警合成编组、联勤协作，出动警力9900人次，车辆1600台次，开展不间断巡逻和“动中备勤”。加强卡口布控缉查，在进出省、市、县的高速公路、国省干道和出入城区路口设立武装卡点，加大对过往可疑车辆、人员、物品的盘查力度，严防不法分子潜入潜出。完善社会安防系统工程，加强在岗值守和巡逻，严格单位重要部位的出入证件管理和门卫检查登记，严格人员和车辆安全检查，严防爆炸、管制刀具等危险物品流入重点单位、重要部位，严防高危人员、暴恐分子等混入单位内部形成潜在或现实的安全威胁。

【专项整治行动】认真贯彻市委、市政府决策部署，深入开展为期5个月的社会治安专项整治行动，着力在攻黑恶、打侵财、治黄赌、除毒患、强巡防和打击高利贷引发的违法犯罪等方面出重拳。成功打掉张永强涉黑团伙、李小龙恶势力团伙等涉黑涉恶团伙，破获“2014—754”、“2014—726”网络贩毒案等部督、省督目标案件，侦破一批盗窃、扒窃、抢劫团伙案、系列案，端掉一批

江阳区公安局夜间巡逻小分队集结

涉黄涉赌窝点，确保全市社会治安形势平稳向好。

【严打突出刑事犯罪】破获刑事案件6416起，破案数较2014年同期上升17.6%；侦破命案41起，破案率95.3%；判决涉恶犯罪人员277人，起诉、判决黑社会性质组织1个，以组织、领导参加黑社会性质组织罪判决16人；破获多发性侵财案件4362起，其中盗窃4084起，抢劫、抢夺、诈骗278起；抓获网上在逃人员800名，其中历年逃犯54名，跨省逃犯123名，四川省外市逃犯39名，泸州市户籍外省上网在逃人员89名。

【严打毒品违法犯罪】以“利剑”专项行动和打击整治网络涉毒违法犯罪专项行动为载体，强攻毒品目标案件。破获毒品刑事案件463件，破案数同比提升66.5%，破获部级目标案件8件、省级目标案件7件；抓获涉毒犯罪嫌疑人634名，其中逮捕304人，起诉286人；查处吸毒人员2016人，强制戒毒863人，社区戒毒374人，缴获各类毒品51.8848公斤。

【严打经济和食品药品犯罪】破获经济犯罪案件现案144起，其中破获涉嫌非法集资案17起；破获信用卡、保险等金融诈骗及侵犯知识产权案件53起，发起集群战役1起。重点侦办泸州老窖“10·13”经济犯罪专案，追回赃款现金1.22亿元，查封固定资产价值约1670万元，扣押价值2000多万元的一批泸州老窖名酒，摧毁一个涉及四川、河南、山东、江苏、浙江、安徽等8省市，从生产、包装到销售的严密制售假网络。围绕“净化百姓餐桌，保障舌尖安全”目标，严打食品药品犯罪”的要求，侦办涉及食品药品领域违法犯罪案件21起，抓获案件作案成员30人。

【严打网络犯罪】以深入开展“铁帚净网”等专项行动为抓手，统筹加强网络综合管控、网上舆情导控和网上侦察打击。主侦案件225件，抓获处理一批网络违法犯罪嫌疑人。成功破获公安部挂牌督办的“8·27”移动互联网恶意程序犯罪案，受到中央政治局委员、政法委书记孟建柱的批示肯定。

【安全生产监管】以开展道路交通安全综合整治深化巩固年行动为载体，在全省21个市州率先推动建立道路交通安全“党政同责、一岗双责、齐抓共管”责任体系。全年发生道路交通事故333起，死亡149人，受伤412人，直接经济损失193.57万元。全年无重特大交通事故。深入开展火灾防控，发现火灾隐患或违法行为2810处，督促整改2736处，全年发生火灾事故710起，死亡4人，受伤1人，直接经济损失894.86万元。深入开展“缉枪治爆”专项行动，全力收缴社会面非法枪爆物品，收缴各类仿制式枪支227支、子弹32598发、炸药4268公斤、雷管29898枚、索类爆炸物品2000米、管制刀具902把。全市未发生一起涉危涉爆安全事故，危爆品信息采集、视频全覆盖、监管全流程“三全”经验在全省推广。

【公安改革创新】探索“110”与“12345”平台无缝平滑对接机制，合理分流非紧急社会求助警情。推进农村交管改革，在江阳区、龙马潭区、纳溪区新建三个交管大队，专管农村道路交通，增强全市基层交管主体力量。自主研发派出所“一网考”系统，与公安10余个业务系统对接，自动制取数据考核，实现考核的标准化、网络化、自动化。“合成侦查+便衣打击”工作模式不断优化，两级合成三级研判工作落地见效。监所特殊病监区投入使用，医疗社会化模式运行，强制医疗所建设全面推进。

【民生服务】以市政府名义出台《关于加快户籍管理制度改革切实加强实有人口服务管理工作的通知》《加强流动人口服务管理工作的通知》等系列户籍改革政策，调整、放宽户口迁移政策，实现城镇入户“零门槛”，在全国首创公共户口落户政策，解决经商、就业人员中租赁、借住房屋落户政策难题。公布行政审批流程图和办事指南，实现同一事项同一标准办理，推行全程网上流转，方便群众网上咨询、网上办事、网上监督。

【防控体系建设】健全以街面、社区（村）、单位和行业场所、区域边际、虚拟社会、线（路）治安防控“六张网”为骨架，打防控一体化运作的立体化社会治安防控体系。按照“网格化布警、全时空覆盖、立体化防控”的思路，做优市级巡防、做强区（县）巡防、做大派出所巡防、做实社区巡防，加快四级图巡建设。

【基础信息采集】采集实有房屋信息1988635条、实有人口信息2676528条、实有单位及从业人员信息785173条；全面采集流动人口信息，登记流动人口、人户分离信息473320条、就业信息14234条、各类重点人员信息6063条，清理并注销虚假重错户籍人口信息10485条。

【防汛抢险救灾】7月14日凌晨，一场突如其来的特大暴雨持续袭击泸州，市公安机关和广大公安民警出动警力1460余人次，出动车辆（舟艇）250余台次，解救遇险群众100余人，疏散转移被困群众1000余人，化解排除重大险情16处，抢救转移生产、生活物资价值500余万元，涉险受灾地区未发生人员伤亡和盗抢等治安、刑事案件，未发生一起较大以上道路交通事故。（李成建）

长江航运公安局泸州分局

【概况】2015年，长江航运公安局泸州分局接处警650起；受理查处行政案件227起；破获刑事案件35起，打击处理13人，抓获网上在逃人员4名；规范处置未知名尸体92具，查明尸源54具，查明率58%。检查各类船舶884艘（次），码头458次，下达责令改正通知书67份。与宜宾市法院、检察院等相关部门达成共识，解决宜宾辖区涉案人员关押及司法管辖权问题。

【打击非法捕捞】2—4月，分局联合地方渔政部门，围绕长江禁渔期开展为期3个月的打击非法捕捞专项行动。破获非法捕捞水产品案14起，抓获犯罪嫌疑人10名，扣押涉案船舶3艘，渔具近30余副。

水上救援演练

【破获“9·21”杀人案】9月21日，停靠在合江县神臂城镇造船厂码头的“津洲626”轮船员许某将同船的蒋某故意杀害（未遂）后逃跑。泸州分局接报后快侦快破，月底在云南将犯罪嫌疑人许某抓获。

【治安防控】组织开展各类专项整治行动，组织并参与涉水单位联合执法35次。圆满完成春节、春运、抗日战争胜利70周年等重大节日和重要时段安保任务。组织泸州市10余家涉水单位的水上力量和船艇，圆满完成2015泸州长江水上“江盾”反恐消防演习。规范水上巡逻工作，制定辖区重点水（区）域，设置必到点和必巡线。加大水上巡逻工作与打击水上违法犯罪、水上查缉演练及创新警务合作模式结合力度，加强社会面管控工作，强化水上和重点港口、码头巡逻防范，严格枪爆刀等危险物品管控。整合地方视频资源450余个，辖区重点单（部）位、场所水域动态监控网络基本形成。

“110”警营开放宣传日活动

【消防监督】研究制定消防监督计划，强化重大节假日、重要季节、重点单位、重点部位的消防检查，开展“重点场所、重点问题”专项整治，加强对“四客一危”重点船舶、危险品码头的治安、消防监督管理，强化重大节假日、重点时段、重点单位和重点部位的治安、消防检查，督促港航社会单位落实治安、消防安全责任制，整改安全隐患。及时扑救、及时调查，依法处理“1·23”江月号和“10·30”顺舟、实录006船舶火灾事故。

（刘钰璇）

司法行政

【普法依法治理】2015年，围绕“六五”普法各项检查验收，创造性推动“法律七进”落地生根。开展“3月综治法治宣传月”“12·4”宪法日等街头集中宣传活动，征集“宪法在我心中”百字心得，8件作品在“全省法治文艺作品征集评选活动”中获奖。播放法治电影1046场次，在泸州电视台制作播出160期《给您说法》《法治泸州行》栏目，营造良好学法用法氛围。实施“文化引领，品牌驱动”普法战略，成功打造江阳区“联一大楼”非遗法治文化教育基地、奢香法治文化公园、龙马潭区杨大山法治文化公园、合江县榕山镇法治文化广场等147个优秀法治文化阵地。开展“一县一品”品牌化普法培育行动；打造出“泸州河”“太平渡”等特色普法阵地，培育出“法娃”普法卡通形象，并成为四川首件获得版权登记的普法作品，在四川省依法治理示范创建统筹推进工作电视电话会上受到肯定。泸县被评为第三批全国法治县（市、区）创建活动先进单位；龙马潭区天立社区、江阳区永兴村被司法部、民政部表彰为第六批全国民主法治示范村（社区）；龙马潭区成功创建省级活动示范区；红星街道被评为省级法治示范街道；市食药监局、合江县检察院被评为省级学法、用法示范机关（单位）。“六五”普法以来，全市培育典型示范单位349个，其中市级107个、省级以上27个，创建数量居全省前列。

【人民调解】启动司法所规范化升级改造工程，持续推进司法所场所、业务规范化。启动“人民调解文化年”建设活动，打造“法为上、调为先、让为贤、和为贵”的人民调解文化。联合市妇联出台《关于加强婚姻家庭纠纷人民调解工作的意见》，加强婚姻家庭矛盾纠纷调处。组织开展“星级人民调解委员会、首席人民调解员、人民调解能手”评定活动。市医调中心建立快速反应处置机制、医疗风险分担机制、 “五个专”机制、“521”调解机制、直接指定和当事人自主选择调解员双向机制，全年调处医疗纠纷142件，调解成功138件。龙马潭区规范化司法所建设、通过政府购买人民调解服务机制走在全市前列。纳溪区成立“道调委”，在云溪温泉国际旅游度假区设立旅游景区调解室；江阳区成立全市首家“爱在家庭”婚姻家庭指导中心，并设置华阳西岸村等4个新村调解室。全年全市调解纠纷17048件，调解成功16679件，成功率97.8%，达成协议金额1.344亿元。

【法律服务】召开历史上首次高规格全市律师工作会议，推进律师事业改革发展。新增四川明炬、四川凯翰等5家律师事务所，全市现有律师事务所43家、执业律师470名。组织“四川同心·律师服务团泸州分团”赴甘孜州乡城县，开展对口援藏法律服务。协助建立法律顾问制度，13名本地律师入围市委市政府法律顾问团，2名律师当选第二届市委市政府决策咨询委员会委员。全市50%以上村（社区）建立“一村（社区）一法律顾问”制度，703家单位聘请法律顾问。2015年律师代理诉讼、非诉讼事务19736件，同比增长36.2%。全市公证机构积极参与拆迁房屋证据保全、安置房分配监督公证等重要事项，诚达公证处连续7年现场公证泸州老窖封藏大典，海天公证处全程公证中国国际酒业博览会最佳新产品品评活动。2015年公证机构办理公证14952件，同比增长48.5%。纳溪区率先在全市开展基层法律服务所脱钩改制，为全市基层法律服务行业改革发展试点探路。2015年基层法律服务机构代理诉讼、非诉讼事务4515件，同比增长15.7%。组织开展司法鉴定案件质量评查和优秀文书评选活动，泸州市选送的3篇文书在“四川省首届优秀司法鉴定文书评选活动”中获奖。西南医科大学鉴定中心申报的《医疗损害司法鉴定制度重构之研究》课题，通过省科技厅获准立项。2015年办理司法鉴定案件8438件，同比增长15.6%。

【社区矫正】运用社区矫正信息化管理平台，实施重点对象手机GPS定位全覆盖。开展社区矫正社会调查评估553件，有关部门采信469件。加强“9·3”阅兵敏感时期社区服刑人员教育监管，按时完成社区矫正特赦工作。市司法局社区矫正科单独设置，市县两级基本落实社区矫正专门机构和人员。各县区积极探索教育矫正新方式，合江县编撰《新路之旅》社区矫正教育课本。江阳区与四川警察学院合作，接收20名应用心理学学生开展教学实践活动。龙马潭区邀请宜宾监狱专家开展社区矫正心理干预培训。纳溪区突出社区矫正“在刑意识”教育，经费保障走在全省前列。全年全市接收社区服刑人员1005人，解除矫正1270人，年底在册1499人。

【安置帮教】对117名重点帮教对象落实“必接必送”。积极延伸帮教进高墙，借助“网络探视”系统，2349名家属与1041名服刑人员实现远程“会见”。叙永县拍摄亲情视频，赴嘉州监狱开展帮教活动。合江县依托少岷职业技术学校，成立全市首个大型社区矫正安置帮教技能培训基地，开展技能培训400人次；在“好时服装”建立就业基地，推荐49人成功就业。2015年，全市衔接刑满释放人员2681人，其中监所回归1536人、解除矫正1145人。安置2608人，安置率97.3%；帮教2644人，帮教率98.6%。

【国家司法考试】国家司法考试泸州考区完成报名参考1891人，比2014年增长6.7%，报考人数位居全省第二，考务工作实现“零差错”。

【强制隔离戒毒】场所安全持续巩固，严格落实场所“四级”安全排查和“三级”安全研判机制；开展“违禁品、违规品”清查行动；完善监控和周界报警，强化警戒护卫，加强应急处突演练；规范探访登记、物品收发、现场管理，场所安全持续巩固。在全省监狱戒毒系统率先实施聘用辅警模式，截至2015年年底，市强戒所警力配备为153名。完成场所基础设施升级改造工程，戒毒人员收治能力提高到600名。启动禁毒教育基地建设，完成戒毒康复医院主体工程。（王良洪）

仲 裁

【仲裁案件】2015年受理案件176件，比2014年增长49%，结案221件，年结案率为125%。其中裁决案件139件，占结案的63%，调解或调解撤案结案82件，占结案的37%；2015年新收案件结案率82%。

【仲裁标的】2014年案件总标的2.1亿元，2015年案件标的6.034亿元，是泸州仲裁委成立以来受理案件标的额最高的一年，同比增长187.33%。

【仲裁领域】2015年增加新类型的仲裁案件：招商引资、物业服务合同、国有土地有偿使用合同等，仲裁受案领域逐步扩大。

【仲裁收费】2015年仲裁收费450万元，比2014年增加180%，2015年仲裁收费是仲裁委成立初期收费额（16万元）的31倍，自2012年起，仲裁委连续4年创收费历史新高。

【仲裁员培训】2015年8月22日，举办“泸州仲裁委员会第四届仲裁员培训会”，仲裁委自成立19年来首次组织培训会，并邀请西南政法大学教授、博士生导师李龙对120余名仲裁员进行培训，讲解仲裁法律制度、仲裁规则、仲裁程序以及仲裁证据等内容。

（邓 静）

经 济

JING JI

经济管理

重点项目建设

【重点项目计划】2015 年，泸州市确定实施重点项目 340 个，计划总投资 5814.9 亿元，年度计划投资 1034.8 亿元。按项目批次分，竣工项目 81 项，年度计划投资 144.2 亿元；加快建设项目 148 项，年度计划投资 704 亿元；新开工项目 82 项，年度计划投资 175.1 亿元；加快前期项目 29 项，未安排年度计划投资任务。按项目性质分，重大基础设施类项目 136 项，年度计划投资 364.4 亿元；重大产业类项目 128 项，年度计划投资 427 亿元；重大民生及社会事业项目 65 项，年度计划投资 218.9 亿元；重大生态环保项目 11 项，年度计划投资 13.1 亿元。

【重点项目完成情况】2015 年，全市 340 个重点项目共完成投资 1099.1 亿元，比 2014 年增长 33%。其中，泸州市南方过滤设备有限公司二期、泸州市欢乐海派公园等 33 个项目竣工，泸州市城乡光纤网络及基站建设、泸州高新区孵化器等 65 个项目开工建设；北辰电力产业、中国酒镇・酒庄等 148 个项目加快建设，完成投资 746.8 亿元。基础设施投资拉动明显，增长 29.9%。成功列入国家综合运输服务示范城市，叙古高速公路叙永至古蔺县城段主体工程完工，长江航道整治工程、川南城际铁路内自泸段、隆黄铁路叙永至镇雄段等项目开工建设，渝昆铁路项目完成预可研评审。

（汪 浔）

发展与改革

【主要经济指标】2015 年，泸州市地区生产总值 1353.4 亿元，比 2014 年（下同）增长 11%，总量居全省第六位、提升 2 位，增速居全省第二位；规模以上工业增加值增长 14%，增速居全省第二位；全社会固定资产投资 1463.7 亿元，增长 23.9%，总量居全省第二位、提升 1 位，增速居全省第一位；社会消费品零售总额 559.7 亿元，增长 13.9%，总量居全省第七位，增速居全省第二位；地方一般公共预算收入 128.3 亿元，同口径增长 10.3%，总量居全省第二位，增速居全省第十一位；城镇居民人均可支配收入 26656 元，增长 8.6%，总量居全省第五位，增速居全省第五位；农村居民人均可支配收入 11359 元，增长 10.3%，总量居全省第十三位，增速居全省第六位。

【项目投资】2015 年，全社会固定资产投资完成

1463.7亿元，增长23.9%，超计划8.9个百分点，总量居全省第2位，增速居全省第一位。重大项目建设加快推进，全市340个重点项目完成投资1099.1亿元，增长33%。精准对接国家发展改革委促投资稳增长政策措施，争取到中央、省预算内资金23.1亿元；争取到国家专项企业债券99亿元，资金总量位居全省第二位；争取到国家四批次专项建设基金29.7亿元。积极鼓励民间投资，引导发展PPP建设模式，全市民间投资占全社会固定资产投资的67%，筛选储备PPP项目107个，计划总投资1102亿元，完成采购阶段PPP项目4个，总投资95亿元。

2015年11月6日，泸州首个全业态体验式购物中心——泸州万象汇开业

【工业转型升级】2015年，规模以上工业增加值增长14%，增速居全省第二位。大力改造提升传统优势产业，白酒、机械、化工、能源四大产业增加值分别增长13%、18.8%、9%、7.1%。加快推进泸天化集团改革脱困，煤气化项目（一期）进入试车阶段，泸天化股份有限公司扭亏为盈；长起、邦立、长机等退城入园项目加快推进。编制中国制造2025泸州行动方案，大力培育现代医药、新能源新材料、信息技术等新兴产业。步长生物制药及新药产业化基地项目开工建设，举办“2015中国医药企业家年会”，签约项目9个，总投资51.8亿元；西南智能电网产业园、东方雨虹新型防水材料基地、航天泸州工业园等项目开工建设；科学有序开发利用页岩气，促进新能源汽车推广应用。加快云计算和大数据中心、无线城市建设等重点项目建设。

【现代服务业发展】2015年，服务业完成增加值378.8亿元，增长10.5%。持续推进商贸物流业发展，华润万象汇开业运营，西南商贸中心二期建材市场试运营；泸州港保税物流中心（B型）封关试运行，泸州进口商品保税直销中心（一期）竣工投用，泸州港完成集装箱吞吐量44.5万标箱、增长39%；泸州机场新增2条航线，通航航线达16条，实现旅客吞吐量84.5万人次、增长18.9%。稳步发展现代金融，启动泸州市商业银行新一轮增资扩股工作，兴泸集团发行第三期定向债券融资10亿元。全市银行业金融机构存贷款余额分别增长13.8%、18.7%。大力推进旅游业发展，实现旅游总收入253亿元、增长37.6%。

【特色农业】2015年，农业完成增加值167.9亿元，增长3.8%。稳定粮食播种面积，粮食总产量202.8万吨，新建高标准农田8375公顷。国家现代农业示范区建设初具规模，八大特色农业产业加快发展，全市建成名优水果基地7.11万公顷、竹基地24.50万公顷、蔬菜基地6.91万公顷、特早茶基地2.54万公顷、酿酒高粱种植面积4.80万公顷，新建生猪规模养殖场52个。

【城镇建设】2015年，中心城区建成区面积达120.1平方公里、城区人口达120.4万人。加快推进“两江新城”建设，实施重点项目32个，完成投资52亿元；城西城市综合体、麒麟组团加快建设。优化提升城镇功能，完成城镇基础设施建设投资72.7亿元，忠山隧道竣工投用，沱江六桥及连接线、城东、城南污水处理厂及截污干管、机场快速通道等项目建设加快推进。成功引进恒大、碧桂园等大企业大集团在泸州投资开发。开工建设保障性住房1960套，实施危旧房棚户区改造16072套。积极创建全国文明城市，通过第六次“国家卫生城市”复审。积极推进新型城镇化试点工作。全市城镇化达46.1%。围绕农业转移人口市民化、城镇化投融资机制、优化行政管理模式、城乡规划管理体制机制改革等方面积极探索并出台工作方案。叙永县、古蔺县列入全国县城深化基础设施投融资体制改革试点县，泸县列入全国农村土地制度改革试点县，纳溪区大渡口镇、合江县九支镇被列为全国建制镇示范试点镇。

【改革开放】进一步简政放权，全面取消市本级非行政许可审批项目，清理公布市、县两级行政权力清单和责任清单；优化投资项目并联审批流程，项目审批提速50%以上。在全国率先启动不动产统一登记示范建设工作，3月1日颁发全国首批不动产权证书。继续开展“先照后证”改革试点，全年全市新增各类市场主体3.2万户、增长14.7%。深入推进财税体制改革，积极扩大小微企业税收优惠范围，全市3210户小微企业享受所得税优惠政策。加快推进农村土地承包经营权确权登记，江阳区和泸县原福集镇通过省级检查验收。科技创新能力不断提高。组织实施“泸州市技术创新示范行动”科技成果转化项目53项，新增产值47.1亿元，培育新增国家高新技术企业13家，高新技术产值实现156亿元、增长42%。全面推进“大众创业、万众创新”，建成大学生创新创业园13个、省级科技企业孵化器5家。开放合作进一步扩大。深化与新加坡交流合作，与韩国平昌郡、德国雷姆沙伊德市签署友好合作协议。积极推动赤水河区域合作发展，主动融入成渝经济区。组织企业参加2015年中外知名企业四川行、俄罗斯国际工程机械展等投资促进活动；主动赴北京、上海、深圳等地招商引资，对接央企、大型国企和知名民营企业。新签约项目103个，投资总额869亿元；到位市外国内资金929.5亿元、增长17.9%。

【社会民生】深入实施10项民生工程，切实抓好20件民生大事，2015年全市民生支出213亿元，占一般公共预算支出的70.3%；民生及社会事业投资完成283.5亿元，增长73.2%。城镇新增就业4.4万人，城镇登记失业率3.53%，各项社会保险参保人数达765万人次；启动实施“渡改桥”三年攻坚行动，开工建设渡改桥7座。脱贫攻坚扎实推进。扎实推进“七大扶贫攻坚行动”，全市投入专项扶贫资金2.1亿元，集中力量突破交通难、饮水难、用电难等贫困地区生产生活瓶颈。全市实现脱贫解困8.6万人，新改建县乡道397.8公里、通村公路713.5公里；解决33.2万农村人口饮水安全问题和农村5.3万户群众用电难问题。社会事业协调发展。推动义务教育均衡发展，新建公办中小学4所、公办幼儿园20所；大力发展职业教育，医教园区建设加快推进。卫生事业加快发展，市人民医院新院、西南医疗康健中心加快建设，叙永县、古蔺县初步构建“五位一体”的全民预防保健体系。文体广电事业蓬勃发展，泸州市文化艺术中心、泸州市体育生态园等项目建设进展顺利，文体惠民活动服务群众逾300万人次，本土广播和电视节目人口覆盖率分别达到85%和67%。生态建设切实加强。全年单位地区生产总值能耗完成省上目标，化学需氧量、氨氮、二氧化硫、氮氧化物完成年度减排目标。建设水生态文明城市，治理水土流失面积138平方公里，管护国有林55.1万亩（3.70万公顷），补偿集体公益林318.6万亩（21.38万公顷），巩固退耕还林61.5万亩（4.73万公顷）。（汪 浔）

物价管理

【价格调控】强化目标责任制管理，保持物价总水平的基本稳定，实现预期调控目标。CPI作为重要的宏观调控目标，泸州市实行价格调控目标责任制，2015年泸州城市CPI同比上涨1.5%，完成省政府下达的控制在3%左右的调控目标任务。

【价格听证】组织召开“制定泸州市城区居民生活

用水阶梯价格听证会”和“制定泸州市城区居民生活用气阶梯价格听证会”，并将听证情况及调整方案上报市政府。

【价格管理】1. 调整华润、西部、川港、化工园区和川油公司非居民用气价格。其中：华润公司非居民用气价格3万立方米以下下调为3.36元每立方米，3万立方米以上下调为2.69元每立方米；西部、川港、化工园区非居民用气价格下调为2.19元每立方米；川油公司非居民用气转供价格下调为1.77元每立方米。2. CNG销售价格由4元每立方米调整为3元每立方米。

【价格改革】1. 制定泸州市城区居民生活用气（水）阶梯方案；2. 公交票价、客运票价、出租汽车运价、燃油（气）附加费和公路客运站收费定价权由原发改部门调整为交通运输主管部门具体行使；3. 放开非居民用天然气销售价格；放开水电气工程安装及检查维修价格；放开非居民和特种行业用自来水销售价格、放开民爆器材（民用爆炸物品）出厂价格和流通费率管理；放开铁路旅客、地方铁路（包括地方合资高铁）客货运输价格及杂项作业收费标准；放开铁路专用线共用收费标准、铁路自备车收费标准、货物运输延伸服务收费和邮政延伸服务收费；放开水利工程供水价格；放开铁路散货快运价格、铁路包裹运输价格，以及社会资本投资控股新建铁路货物运价、社会资本投资控股新建铁路客运专线旅客票价。

【收费管理】1. 向社会公布《四川省定价目录（2015年版）》，规定凡未列入目录管理的项目和价格一律实行市场调节价。2. 编制并向社会公布《泸州市2015年度行政事业性收费目录》《泸州市2015年度涉企行政事业性收费目录》《泸州市2015年度考试考务收费目录》《泸州市2015年经营服务性收费目录》《泸州市2015年度涉企经营服务性收费目录》《泸州市2015年度涉农收费目录》。3. 作为全国不动产登记试点城市出台泸州市不动产登记收费试行标准：住房不动产登记费80元/件、非住房不动产登记费500元/件。

【成本监审】2015年，全市监审自来水、学校、燃气、公共交通客运、电力等6个行业20个单位，审核经营者申报成本66030.82万元，核定成本59648.29万元，审减幅度为9.72%。市本级监审供水1个行业3个单位，审核经营者申报成本43429.20万元，核定成本40597.41万元，审减幅度为6.59%。

【价格监督检查】1. 价格专项检查。组织教育收费、质检收费、涉企行政事业性和中介服务收费、药品价格、资源要素价格、旅游价格等专项检查。检查部门和单位392个，处理价格违法案件45件，实施经济制裁总金额237.16万元，其中：退还用户金额42.06万元，没收违法所得金额102.12万元，罚款92.98万元。2. 市场价格检查。开展元旦、春节、“五一”、中秋、国庆等重大节假日期间和第三届中国（泸州）西南商品博览会、2015中国国际酒业博览会期间的市场检查和巡查，组织检查组32个，出动检查人员390人（次），检查商场超市120个/次、各类摊点门市3600个/次、农贸市场126个/次、客运站42个/次、停车场85个/次。3. 结合价格改革，探索行业监管规则和方法，制订《泸州市机动车停放服务收费明码标价实施细则》；开展泸州市“明码实价示范街”“明码实价示范店”“价格诚信单位”等创建活动，授予5家商家“明码实价示范店”称号。4. 受理价格举报。认真受理“书记市长信箱”“12345”市长热线、全省信访系统转办件和“12358”价格举报投诉等，全年办理各类价费举报投诉和咨询721件，其中咨询件487件，办结率100%，通过群众投诉举报处理价格违法行为29件，实施经济制裁金额109.96万元，其中：退还用户金额33.27万元，没收违法所得金额71.92万元，罚款4.77万元。

（汪　浮）

统　计

【新常态调研】市统计局组织开展新常态下泸州经济发展的调查研究，形成统计调研《新常态下泸州经济发展的统计视野解析》、统计分析《主动适应新常态，首季实现开门红》等7篇文稿。市统计局确立《新常态下泸州经济发展新动力研究》等2015年度6个重点调研课题，《生态功能区环境保护统计监测研究》被列入省社科联2015年“统计发展专项课题”。

【统计预判预警】针对新常态下泸州经济发展的新规律、新特点和企业运营的新模式、新业态，坚持每月对部门、行业的主要指标实施动态监测，及时掌握“先行指标”变化情况，适时对工业、商贸等产业、行业发展状况进行研判，真实有效地反映泸州经济速度变化、结构优化和动力转换，向市委市政府和有关行业、部门预测预警。

【统计服务】参与修订完善市委、市政府目标绩效管理办法，为目标检查考核提供数据资料。开展泸州资源枯型城市转型发展统计监测工作，积极反映发展成果，国家对泸州资源枯型城市转型发展的考核评价结论上升为“良好”。接受市纪委安排，市统计局纪检组承担对11个市级部门和合江县落实党风廉政建设工作，进行为期7个月的督查。做好政协委员提案的答复工作。向市级部门决策和管理提供统计资料。

【统计产品】向党政领导、部门提供主要经济数据定期报告服务、短信快报服务，向有关经济管理部门提供定制数据服务，向社会公众提供现场查询和统计数据证明、网站和微博查阅、电函咨询数据服务，向媒体提供新闻发布、受访供稿数据服务。编印《泸州经济动态》等4种月刊共44期、《川滇黔渝结合部城市综合统计信息》等4种季刊12期，编纂《2014年泸州统计调研课题集》和市内外相关发展数据统计台账；撰写、编印《统计分析》《统计调研》《统计报告》《统计预警》共49期，有8期获市委书记、市长肯定性批示。建立统计“网上问政”平台和统计外网互动栏目，更新统计政务微博，在市统计局外网主动发布298条信息。

【经济普查】在媒体上发布《泸州市第三次全国经济普查主要数据公报》第一至三号。撰写30余篇关于全市第二、三产业的发展规模、产业组织、产业结构、产业技术、服务业、战略性新兴产业、小微企业和高技术产业（制造业）的简明分析、专题分析及调研课题。

【人口与城镇化统计监测】加强与民政、公安、卫计、人社的联络协调，收集年报基础资料，综合比对分析，评估测算出的全市主要人口数据。评估认定区县主要人口数据，及时反馈城镇化率。参与新型城镇化试点工作，对全市新型城镇化综合试点5个方案提出修改意见和建议。完成泸州市新型城镇化综合试点及发展水平考核体系研究，形成《新型城镇化综合试点及发展水平考核体系研究》。

【1%人口抽样调查】市人民政府办公室发布《关于开展泸州市2015年全国1%人口抽样调查的通知》，市县两级和抽中乡镇成立抽样调查工作机构，明确成员单位工作职责。2015年1%人口抽样调查工作经费全部落实到位。5月召开泸州市1%人口抽样调查工作会议，组织1%抽样调查样本框整理培训，6月，完成网报平台信息录入和审核、村级抽样框整理工作。9月至10月完成全市PDA设备检测、保修注册和维护，以及调查指导员、调查员的选聘工作和培训工作。

【党风政风群众满意度首次测评】受中共泸州市纪委委托，市统计局于9—11月，首次对市级各部门、单位进行党风政风行风群众满意度测评。市统计局承担相关软件设计、问卷设计与印制、问卷收集汇总、计算机光电录入和分类统计、意见和建议表梳理等工作。测评发放调查问卷48885张，收回47091张，汇总意见343条、建议314条。

【常规统计调查】依法组织实施全市统计调查活动，完成GDP核算、县级监测统计、农业、工业、能源、投资、房地产、批零住餐业、建筑业、服务业、就业、企业创新调查、科技、劳动工资、妇儿监测、资源枯竭城市转型等项统计调查工作的2014年报、2015年定报及各种临时报表任务。统计法治、统计执法、综合统计、设计管理、统计基础工作、能源统计监测、统计教育培训、办公室工作、一套表改革与联网直报等统计专业、统计管理工作获全省2015年考评一等奖。

【就业失业统计监测改革省级试点】市统计局联合

市人社局，核实就业失业统计监测村级样本，编制换户程序，选聘调查员并组织培训，保证入户调查物资经费。入户调查试点工作圆满完成并获省级改革工作领导组充分肯定。

【投资统计方法制度改革】市统计局反复比对、核实全市 1699 家法人单位，对试点单位进行分类。组织分批培训。开展监督检查，及时分析查找工作中存在的问题和原因。1 月起，在全市范围内开展非金融资产投资改革试点工作。4 月起，按月组织报表单位联网填报《法人单位非金融资产投资情况表（IV501）》和《亿元以上在建项目基本情况表（IV502）》的试点数据。1—12 月试点报表上报率达到 100%，直报率达到 99.47%，均高于全省平均水平。

【城乡住户调查一体化改革】1—2 月，市统计局对样本住宅进行摸底和数据更新，培训新调查住户。到各街道、乡镇以及调查户家中进行走访调查，检查城乡住户基础工作进行，调研城乡居民增收形势。市统计局、泸州调查队、市人社局等 9 部门协调行动，汇总分析城镇居民增收形势，理顺工作关系。组织全市住户调查业务理论培训，现场观摩学习调查点住户调查“5+5”工作模式、调查点相关制度的建立及调查资料的归档管理等，开展现场演练和点评。做好样本户管理，稳定调查户，做好账本审核，圆满完成报表任务。

【统计管理】市政府出台《关于依法统计加强统计工作的意见》。市统计局实行局领导和相关科室定点联系区县统计工作制度。加强对统计报表制度的管理和协调。建立企业“一套表”统计工作联络员制度和工作网络。全市工业统计突出“抓人员、抓基础、抓典型、抓关口”“四个抓手”，保障工业统计数据质量。投资与商贸统计修订完善《泸州市商贸统计数据质量及协调性评估方案》与《泸州市建设领域统计数据质量及协调性评估方案》，建立数据质量协调性评估机制。

【统计规范化建设】落实《县级统计机构工作规范（试行）》《乡镇统计工作规范（试行）》，制定实施《企业统计工作规范》。市统计局对全市统计基层基础及规范化建设作出专门安排部署，将规范化建设纳入市县统计业务目标管理。根据报表单位统计基础工作，分类制定提升目标，分类实施促其提升的管理。在全市推行乡镇统计工作日志网络平台建设，古蔺县、合江县、龙马潭区分别在已建有区县、乡镇统计专网的基础上设计建立乡镇综合统计网站和乡镇统计工作日志网络平台。

（赵世伟）

国家统计局泸州调查队

【住户调查】市委将此项工作纳入目督办督查事项，市政府分管领导就夯实基础工作召集农工委、人社局、财政局等相关部门研究落实。2015 年，市财政落实 80 万元记账补贴专项资金下拨区县，全市城乡记账补贴全部提标到位，调查户的积极性和记账质量得到提高，样本稳定性增强。另一方面，注重健全制度，制定了住户调查 11 项工作制度，涉及调查工作全流程，确保各环节规范开展。

【劳动力调查】市政府专门下发《关于切实做好劳动力调查工作的通知》，要求各区县政府及市级有关部门认真落实调查方案、明确责任分工、加强组织保障，保证劳动力调查工作顺利开展。切实加强与相关部门的协作，争取更大范围的行政支持，与统计局、住建局、人社局、经信局、商务局、工商局等部门建立资源共享机制。

【壮大调查队伍】积极争取市县队地方编制人员到位。2015 年 9 月，泸州调查队会同市委农工委通过公开考试的方式，再次为泸州市经济调查服务中心选调事业编制工作人员 1 名。服务中心 5 个地方编制全部满编。合江县设立合江县涉农监测中心，解决地方编制 3 名。全市各国家调查队均设立了调查中心，共解决编制 12 名。

【统计执法】成立“统计违法案件举报中心”，出台《统计违法行为有奖举报暂行规定》，对举报群众给予适当经济奖励。建立“专业科室提案、法制科室牵头、共同查处”的工作机制。今年，农业科、价格科、产业科分别会同综合科及法规专业联合开展了8次统计执法检查。2015年，在对39个调查对象执法检查的过程中，发现有违法行为的调查对象10个，对其中3个轻微违法的调查对象进行了教育告诫；分别就住户调查、规下企业调查、畜禽调查向泸县统计局、仙潭酒厂、天茂养殖等单位发出了限期整改函；对2家严重违反统计法的企业进行了立案查处，1家处以警告处罚、1家处以罚款3000元。（王泽莲）

审 计

【概况】2015年，泸州市审计机关完成审计和调查项目933个（含计划外项目和跟踪审计项目），审计查出主要问题金额120.41亿元，为政府增收节支和挽回损失6.72亿元，向司法、纪检监察机关和相关职能部门移送违纪违法问题线索41件。向社会公告审计结果54篇，被各级各类刊物采用信息和调研文章67条（篇）。泸州市审计局2015年度审计业务工作绩效考核获评全省优秀单位（全省第1名）。泸州市审计局实施的江阳区张坝景区征地农民安置房结算审计项目被评为全国优秀审计项目，是四川省第一个获此项表彰的项目。

【财政审计】完成财政审计项目127个，延伸审计单位187个，查出未按规定纳入预算管理、未落实收支两条线和专户管理规定、资金滞留闲置等主要问题金额106.97亿元。泸州市审计局在抽查成品油价格补贴使用情况中，查出泸州市道路运输管理局纳溪分局审核把关不严，导致成品油价格补贴被套取49.28万元，补贴资金在审计期间被追回，2名责任人受到行政警告处分，3名责任人被诫勉谈话。

【经济责任审计】对44个单位55名党政领导干部和国有企事业单位领导人员开展经济责任审计，查出领导干部负有直接责任、主管责任的问题金额17.71亿元。在部门主要领导干部经济责任审计中，首次采取与部门预算执行审计结合进行的方式；在省审计厅授权开展的龙马潭区党政领导干部经济责任审计中，首次采取党政主要领导干部同步审计的方式方法；在市委、市政府交办的泸州老窖主要负责人员的经济责任审计中，采取以审计机关为主，整合审计、财政、国资等部门和部分企事业单位内部审计资源，集财会、工程、计算机等专业技术力量于一体。市委办公室、市政府办公室印发《泸州市市管领导干部经济责任审计规划（2014—2018年）》。

【政府投资审计】全市完成政府投资审计项目730个，开展跟踪审计项目94个，累计审减工程投资3.94亿元、审减拨付工程进度款2.77亿元。在张坝景区安置房项目审计核查中，查出涉嫌围标、串标，变更合同实质性内容，弄虚作假骗取工程建设资金400余万元，提前拨付工程进度款8000余万元和超付工程结算款900余万元等严重违法违纪行为，7人被判刑，7人受党纪政纪处分。

【专项资金审计】完成审计和调查项目7个，延伸审计单位56个，送审金额16.70亿元，核减工程结（决）算额85万元，查出未按规定纳入预算管理、未按规定征收缴纳收入、少计少缴税费、擅自动用支配国库库款、资金滞留闲置等主要问题金额13.28亿元。在乌蒙山片区财政专项扶贫资金专项审计中，查出采取提供虚假资料、虚开发票等骗取扶贫资金100余万元，因国家工作人员失职渎职导致扶贫项目贷款贴息资金被套取30万元，擅自增加工程造价200余万元，项目进展缓慢导致资金闲置7000余万元等问题，8件涉嫌违法违纪案件线索（或事项）移送司法、纪检监察机关和相关部门查处。在合江县城乡医疗救助资金审计中，查出合江精神康复医院（原合江县榕山精神病医院）涉嫌私刻印章、虚假票据骗取巨额医疗保险基金，合江县人民医院涉嫌虚假申报医疗保险基金等重大线索并移送合江县人民政府查处。

【对口支援审计】泸州市选派3人对口支援宝兴县审计局开展宝兴县“4·20”芦山地震灾后恢复重建跟踪审计工作，查出部分工程建设项目存在监督部门履职不力、工程承包合同签订不规范、农房聚居点进度缓慢、施工工艺及工程量变动未履行有关手续和程序以及围标、串标、转包和违法分包等问题，累计审减工程造价684.96万元，向

相关单位发出审计整改建议单7份。（刘明春）

工商行政管理

【商事制度改革】推进注册资本登记制度改革，“先照后证”试点成功并在全市推广，采用工商营业执照、质监组织机构代码证、税务登记证和公章刻制的“3+1”模式，全面实施“三证合一、一照一码”改革，加快推进企业信用体系建设，2014年度全市平均企业年报率96.55%。年报抽查1113户企业，合江县试点“双随机”抽查监管模式成功。支持小微企业繁荣发展，指导“个转企”265户，开辟“小微企业名录”专栏，集中公示扶持政策12项，发布多部门扶持工作要闻动态。全市新增各类市场主体3.18万户，比2014年（下同）增长14.65%，其中各类企业5560户，个体工商户25827，农民专业合作社429户；企业增长率为7.79%。全市有各类市场主体19.24万户，增长14.64%，注册资本1730.37亿元。新增从业人员63486人，增加26.43%。全市民营经济增加值为807.4亿元，增速11.5%，居全省第二，对GDP增长的贡献率达63.5%。民间投资为980.6亿，同比增长12.1%。

2015年“携手共治畅享消费”主题宣传活动

【酒类市场专项整治】把32户“小巨人”酒类企业列入“名优企业打假维权重点保护单位”。酒类市场专项整治立案查处案件67件；联合湖南、辽宁等7省市相关部门开展跨区域联动协作打击假仿冒侵权，查处酒类案件39件，查获假冒侵权酒46858瓶，侵权包材8722件。妥善处理国家工商总局交办的泸州老窖股份有限公司虚假宣传案，为企业减少经济损失近30亿元。

【商标注册与保护】实施“个十百千”，确定市级重点联系园区3个，企业20户；推进“商标战略进园区”，泸州酒业集中发展区商标工作指导站被评为省级商标战略进园区工作示范指导站；新培育认定中国驰名商标2件、著名商标10件、知名商标17件；指导企业通过商标权质押贷款18.2亿元；联合广州宝洁有限公司、泸州老窖股份有限公司、劲牌公司等开展打击“傍名牌”专项行动，立案查处侵犯注册商标专用权案件106件，查获假冒“金利来”销售皮革衣服案件，案值110万元，查处侵权茅台白酒819件，查获假冒“劲酒”977瓶。

【要素保障】指导企业以股权、知识产权、债权、非货币财产等形式转增注册资本，盘活企业资产，解决融资难题。办理商标权质押、动产抵押、股权质押等融资640件，融资金额约107.8亿元，融资股份59634万股。

【电子商务】推进电子商务市场主体信用体系建设，引导电商经营者网上亮照、诚信经营；培育四川中国白酒交易中心、泸州老窖官方商城、拉货宝、泸州购等本土电商平台12个，入驻电商近万家。四川中国白酒交易中心成为四川省网商协会第一届副会长单位，泸县、叙永、古蔺被确定为国家级电子商务进农村综合示范县，泸州临港产业物流园区被确定为“国家电子商务示范基地”。

【“红盾春雷行动2015”】开展“整治不正当竞争”“打击侵犯注册商标专用权”“查处侵害消费者合法权益”“农资打假、春耕护农”“酒类市场打假保优”5个专项行动。全市工商系统立案681件，结案640件，结案率95%。泸州市工商局荣获全省工商系统“红盾春雷行动2015”一等奖，江阳区工商局与合江县工商局被评为专项行动先进集体，6人荣获先进（优秀）个人称号。

【投资理财风险防范】牵头开展全市民间投资理财类公司及其他单位和个人非法集资活动风险处置工作，立案查处民间投资理财咨询类公司各类案件25件，其中移送公安机关案件22件。全市注册投资理财咨询类公司458户，正常经营172户。

【广告、合同监管】加强新《广告法》宣传、违法广告监测和调查，查处各类广告违法案件84件；开展旅游行业合同示范文本推进及自制文本规范工作，推进旅游、银行、电信等行业合同格式条款专项整治，受理合同争议29件，查处合同案件19件；开展“守合同重信用”活动，创建国家级“守合同重信用”企业12户、省级79户、市级149户。

【网络市场监管】扎实推进“2015红盾网剑行动”，检查网站4332个，立案涉网案件30件，建档698户，发放电子标识698个，发放率100%，同比增长29.1倍。研发泸州市营业执照电子标识申请系统，对入驻第三方交易平台内的网商发放电子标识64个。

【流通领域商品质量监管】开展强化家具装饰装修材料质量监管等专项整治，严厉打击销售假冒伪劣和不合格商品违法行为，抽样送检商品828批次，立案查处销售不合格商品案件231件，下柜不合格商品价值77.2万元。

【消费维权】报请市政府首次出台《关于切实加强消费者权益保护工作的通知》，明确各部门职责，要求各级财政部门给予经费保障。联合市矛盾纠纷大调解协调中心下发《关于切实推进基层“一会两站”建设的通知》，将消费维权工作纳入矛盾纠纷大调解工作内容，首次明确将“一会两站”纠纷调解成功案例纳入政府个案补助范围，构建人民调解、行政调解与行业自律、社会监督有机结合的消费纠纷调处机制。受理消费者投诉1915件、举报211件，查办侵害消费者权益案件349件，为消费者挽回经济损失108万元。推进“诉转案”对接机制，被四川省工商局评为全省贯彻落实新《消法》及“诉转案”机制先进单位。

（范 雨）

质量技术监督

【概况】2015年2月，泸州市成为11个“全国质量强市示范城市”之一。《泸州市“十三五”质量发展规划》列入全市重点专项规划。市质监局再次荣获国家人社部、国家质检总局表彰的“全国质量监督检验检疫系统先进集体”。2015年11月2日，泸州市质监局在全国企业质量首负责任制度座谈会作经验交流，泸州经验在全国推广。

【质量强市】纳溪区、泸县云龙镇成为全省首批“四川省质量强市示范城市（镇）”。推动市政府实施“企业质量升级计划”，在全市选择23家企业作为企业质量升级试点企业进行培育，对8家质量升级成效明显的企业给予经费补助50万元，通过“先进带后进”的方式，促进全市企业质量管理水平整体提升。

【品牌战略】创新开展第二届市政府质量管理奖评审工作，5家企业和4名个人获奖。纳溪区成功创建为“国家有机产品认证示范区”。合江金钗石斛获批国家地理标志保护产品，江阳张坝桂圆申报国家地理标志保护产品进展顺利。培育20余家企业申报十二届四川名牌。

【标准化建设】市政府出台《关于进一步加快标准建设的意见》，制定《泸州市十三五标准化体系建设规划》，推动全域标准理念实施。全国首个国家级白酒酒庄文化服务标准化试点通过国家标准委验收。2家企业创建为四川省第一批“标准化良好行为企业”，获4A级最高评价。推进泸州市白酒基酒（原酒）标准和《白酒基酒生产技术规范》地方标准制定工作。全年新增3个国家级农业标准化示范项目，发布5项区域性地方标准。建成泸州市标准化文献信息资源服务平台。

【检验检测能力提升】2015年投入1107.65万元资金用于检验检测能力提升。国家酒类包装材料产品质量监督检验中心于2015年8月筹建成功，并获批运行。率先在全省建成四川省城市能源计量中心，高耗能企业能源在线监测平台成功运行，6家企业与该平台建立数据采集协议。特种设备检验检测综合管理平台正式运行。加强科研项目和技术研发工作，市质检所《基于微生物群落特征和风味导向的大曲组合技术及应用》获省科技进步三等奖，市特检所《天然气化工装置压力管道在线检测关键技术研究及应用》获市级重点科研课题立项。

【特种设备安全监管】截至12月底，全市质监系统共检查特种设备使用单位3306家、特种设备6143台次，共检验检测各类特种设备10323台条（套）次，立案查处27个严重违法违规单位。率先在全省探索建立“电梯应急处置指挥中心”，构建应急管理综合平台，开通统一的电梯应急电话96933，全市4401台在用电梯全部纳入应急救援体系，成功处置电梯应急79起。

【消费品质量安全监管】完成对全市工业企业及食品相关产品企业的调查摸底，组织力量开发工业企业及仪器相关产品企业质量监管综合平台。2015年，省级定期监督检验抽检产品245批次，批次合格率达80%；下达并完成市级定期监督检验抽检产品324批次，检验合格309批次，不合格15批次，批次平均合格率95.4%。增强质量惠民力度，重点开展烟花爆竹、农资、钢筋混凝土排水管、农村安全饮水工程PE管材等专项执法打假行动。对全市18家车辆安检机构进行重点专项督查28次。

【民生计量器具检测】全面实集贸市场民生计量器具免费检测并加大监督检查力度，抽查集贸市场175个（次）、加油站1658个（次）、餐饮业625家（次）、眼镜制配场所135个（次）、出租车计价器606台（次）、超市125家（次），维护市场公平交易。

（曹力丹）

成都海关驻泸州办事处

【概况】2015年1—12月，成都海关驻泸州办事处征收两税入库合计6.5亿元，转出两税（二转及蓉关多点）2.8亿元，增长15.6%。进出口报关单5728份；监管进出口货运量22.6万吨；货值35.3亿元。监管集装箱1.8万个；监管车辆770车次，船871艘次。办理减免税36批次，减免税款共计399万元。

2015年5月5日，市委书记蒋辅义（中），市委副书记、市长刘强（左一）在泸州进口商品保税直销中心（一期）考察调研

【泸州港保税物流中心（B型）建设】在泸州港保税物流中心（B型）项目的申报、建设、验收、

宣传过程中，海关坚持一把手督战、全员参与，加强协作，充分发挥海关职能作用，主动服务、专业指导。11 月 19 日，通过国家 4 部委正式验收，联合验收组组长海关总署加贸司巡视员吴华对项目建设给予高度评价：泸州港保税物流中心建设水平一流。12 月 16 日成功举办泸州港保税物流中心政策宣讲暨推介会。

【水运口岸辐射全省】在四川省铁、公、机、水四位一体的口岸对外开放体系中，作为水运口岸海关，泸州办通过“全域通”为全省各兄弟海关验放业务量独占鳌头，1—12 月，验放货物重量 5.4 万吨、货值 1.71 亿美元、税款 1.66 亿元，均排关区各口岸第一，分别占全部验放量的 73.4%，52.8%，55.6%。在海关的大力推动下，泸州港成为成都关区最重要的水运口岸港口。

【导进出口企业规范管理】从稳定大局着眼，针对泸天化集团下属企业欠税 860 万元无力缴纳的情况，协调重庆海关向总署请示暂缓纳税，避免海关对税款强制执行导致企业资金链断裂而破产，影响社会稳定。宽严相济，引导成长型进出口企业规范管理。针对泸州长江机械厂在高速扩张中，管理脱节导致出现严重违反海关管理规定的情况。在法律规定的范围内，全力争取最轻处罚，积极帮助企业做上市准备。

【提前申报业务】允许进口货物在从上海港启运后，运抵泸州港前，提前向海关办理报关手续并递交有关单证、缴纳税费，货物运抵泸州港后直接验放。改变原来进口货物运抵泸州港才能开始报关手续的传统作业模式，平均减少两天左右等待时间，节省进口货物的仓储，滞箱，吊装等费用。全年为 371 份报关单办理提前报关业务，惠及大众、丰田等泸州港主要货源企业。

【关检“三个一”合作】年初，泸州港关检“三个一”平台正式上线运行，海关在成都海关监管通关处、机关服务中心和电子口岸数据分中心等职能部门的指导下开展关检合作“三个一”系统安装和测试，大力开展关检合作，实现“一次申报、一次查验、一次放行”的关检“三个一”模式，提高通关效率，缩短通关时间。（屈成刚）

泸州出入境检验检疫局

【概况】2015 年，泸州局检验检疫出入境货物 447 批、金额 5185 万美元，比 2014 年（下同）分别增长 2.4%、降低 24.11%。其中出境货物 295 批、金额 2197 万美元，分别降低 0.68%、13.44%。出口产品主要有动物、食品、工业品等，销往日本、越南、苏丹等 30 余个国家和中国台湾等地区。入境货物 152 批、金额 2988 万美元，同比分别降低 5.6%、30.41%。进口原产国为日本、澳大利亚、德国等 25 个国家和地区。检验鉴定出口普通货物包装和食品包装、出口危险货物包装 478 批、6414749 件，同比降低 16.58%、降低 36.69%。检出不合格货物 77 批、1522 万美元，批次与货值分别增长 413 %、增长 3208.7%。其中不合格入境货物 77 批、1522 万美元，批次与货值分别增长 670%、增长 4809.68%。签发各类证书证单 2858 份，同比降低 24.39%。其中原产地证书 295 份，签证金额 1764.98 万美元，同比份数降低 1.99%、金额降低 20.41%。

【出口产品检验检疫】检验检疫出口食品 204 批，降低 5.6%；货值 1301.5 万美元，降低 6.5%。其中出口盐渍笋 29 批、重量 478 吨、143.1 万美元，同比增长 70.6%、38%、67.2%、，主要销往中国台湾地区、日本。压榨竹笋 76 批、重量 1962.9 吨、785.5 万美元，同比增长 81%、116.1%、60.2%，主要销往越南、日本和中国台湾地区。白酒 99 批、重量 311666 升、372.9 万美元，同比增长 4.2%、17.5%、24%，主要销往缅甸、新加坡等 24 个国家和中国香港地区。检验检疫动物产品（猪鬃）15 批、重量 43.5 吨、84.1 万美元。同比批次降低 6.3%、25.4%、23.9%，主要销往印度、德国和台湾地区。检验检疫化工品 31 批、701 万美元，同比批次降低 49.18%、27.75%，主要销往澳大利亚、马来西亚和中国台湾地区。检验检疫机电产品 2 批、25 万美元。同比批次不变、货值降低 51.34 %，主要销往苏丹国家和地区。出口货物包装鉴定（包括一般包装性能、危险货物包装性能检验及使用鉴定）478批、6414749件，分别降低6.58%、降低36.69%，其中货物危包使用鉴定批次52批196882件、批次与数量同比分别降低41.57%、降低77.3%。危包性能检验批次375批245867件、批次与数量同比分别降低4.82%、增长13.64%。一般包装性能检验批次51批5972000件、批次与数量同比分别降低43.33%、降低34.00%。

【进口产品检验检疫】全年，检验检疫食品18批，货值450.2万美元，同比批次降低10%，货值增长76.3%，主要来自澳大利亚、新加坡等国家和中国台湾等地区。检出不合格食品5批16.6万美元。其中检验入境（葡萄酒）14批、数重量717576升、货值389.8万美元，同比批次增长7.7%、数重量增长124.7%、货值增长66.8%。检验检疫入境工业品检验检疫44批1131万美元，同比分别降低62.71%、70.93%。其中检验检疫化工品17批，货值357万美元，同比批次、货值分别降低66%、71.21%，来自中国澳门、德国；机电产品20批、货值724万美元，同比批次、货值分别降低54.55%、61.55%，来自中国香港、德国、泰国等。检验硅藻土（工业用途）5批54吨54.5万美元，同比批次相同，重量、货值分别增长25%、25%、33.33%。原产自美国。检验入境植物产品81批、货值1299.6万美元，为纤维板材类产品。其中新增入境产品高粱59批、34766吨、1051.4万美元。检验入境动物产品（牛羊肉骨粉）4批、918.7吨、货值53.1万美元。同比批次相同，重量、货值分别增长100%、199.5%、166.8%。

【外来有害生物监测】按计划完成实蝇布点检测24个点和杂草检测3个点的布点任务。对泸州直属库粮库、泸州直属库合江分库、泸州新希望饲料有限公司3家企业开展进口粮食次生苗和外来杂草的监测，实施企业周边及库内草坪和绿化定期通过照相对比记录的方法进行杂草监测。

【通关业务】2015年，签发各种类原产地证书295份，签证金额1764.98万美元，按照平均5%减免目的国关税计算，预计为企业减免关税88.25万美元。7月1日起，按照《长江经济带检验检疫一体化方案》，在辖区范围内全面实施通关单无纸化。年内有14家企业85批货物、总值为450.65万美元的出口产品，成功从重庆、瑞丽、昆明、上海等地实施出口直放和无纸化通关。按监督管理规定完成对3家企业4个产品及产品系列的原产地地理标志保护产品后续监管工作任务。

【出口食品企业备案及监管】辖区范围内出口食品企业备案共有13家。其中提出注销备案公司1家，未提交复查换证资料1家，新增出口食品企业备案1家。年内完成11家企业监督管理，其中备案现场审核企业1家，采信第三方审核的企业3家，实施年度监督现场检查企业7家，获得HACCP认证1家。

【口岸监管】从进口动植物产品及食品中检出不合格产品55批，货值931.7万美元。分别为进境粮食、红酒、鸡尾酒和牛羊肉骨粉。进口工业品中检出不合格产品12批，主要为进口医疗设备及进口成套、机电设备。入境集装箱检出不合格254批/次、762标箱。截获、检出植物危险性昆虫、医学媒介生物、共计157种、1064次，其中74种有害生物为四川口岸首次截获。泸州水运口岸通关法检货物共1121批，货值33094万美元，同比批次降低15.65%、货值增长42.09%；检验检疫进出境集装箱28097标箱，同比降低12.55%，其中，出境集装箱18416标箱，同比增长降低6.55%；入境集装箱9681个标箱，同比降低22.07%。

【进口粮食指定口岸建设】开通7×24小时预约查验通道，有效避免进口粮食滞港产生额外的物流费用；全年受理进境粮食报检66批、39145吨，货值1233.80万美元，其中大麦1批、高粱59批、大米6批。贸易国为澳大利亚、柬埔寨、泰国。

【实验室建设】2015年申请和落实实验室专用设备18余台套，价值400余万元。完成扩项39项，缩短检测流程1个工作日，为企业节约大量的时间成本。2015年综合实验室共检测样品302批次914个，出具检测数据7600余个，分别较2014年增长4.1%、37.5%、56.6%。累计减免检验检疫费用

20余万元，较2014年降低67%，检出不合格产80/样品共5批次。 （于 垚）

国土资源管理

【土地综合整治】2015年，投资5.3亿元，实施土地综合整治项目38个，硬化农村机耕道路384千米，整治和新建灌溉渠系265千米，建成高标准基本农田38.8万亩（2.60万公顷），增加耕地2.85万亩（0.19万公顷），储备耕地占补平衡指标6万余亩（0.40万公顷）。获2013—2015年度四川省政府农田水利建设“李冰杯”国土项目三等奖，合江县大桥镇改造完善高标准基本农田项目被评为“全省高标准农田建设十大精品项目”。

【项目用地保障】省下达年度用地计划644.30公顷，实际完成报批土地1566.91公顷（其中计划报批土地966.91公顷）），超省下达计划报批土地13747亩（921.04公顷），保障柏木溪滨江路、长江六桥连接线、郎酒三期、海吉星二期、东方雨虹、渡改桥等重大基础设施、重大产业和民生项目用地需求；分别保障泸州高新技术产业园区、泸县医药产业园区、长江经济开发区3000亩（201.34公顷）。

【土地用地复垦】推进工矿废弃地复垦利用试点，第一批13个项目共1.17万亩（790公顷）全部复垦到位并通过终验，在全省率先获得挂钩指标并获省支持使用。推进增减挂钩试点，实施项目16个共0.96万亩（640公顷），通过省级验收3个，新增周转指标0.15万亩（100公顷）。

【节约集约用地】集中清理处置闲置土地，切实通过规模引导、布局优化、标准控制、盘活利用等手段，提高土地利用效率。江阳区、龙马潭区、叙永县和古蔺县4区县首次成功创建省级国土资源节约集约模范区县（全省仅13个），其中江阳区被推荐参加国家级模范区县的评比。

【土地制度改革】泸县成功列入全国33个农村土地制度改革试点县之一，《泸县农村宅基地制度改革试点实施方案》经国土资源部批复并实施，为泸州市城乡统筹发展和新型城镇化建设提供强大动力支持。推进不动产统一登记，成为全国首个完成不动产登记职责整合、首个挂牌成立不动产登记机构、首个完成不动产登记数据成果汇交、首个接入国家级不动产登记信息平台、四川首个实现全域登记发证的地级市；颁发全国首批不动产权证书和全国首本农村宅基地不动产权证书，得到部、省领导充分肯定，多次在全国、全省性会议上作经验交流，载入中国不动产登记历史史册。

【地质灾害防治】实施提前避让317处1309户4667人，成功避险4起，避免了48户250人因灾伤亡，特别是叙永县石埸沟泥石流成功避让，获省政府主要领导肯定性批示和国土资源部通报表扬。全市地灾隐患监测点连续实现“零死亡”，被评为全省地灾防治工作先进集体，市地质环境监测站被评为全国国土资源管理系统先进集体。

【土地资产运营】吸引恒大、万达等龙头房企到泸州市投资，市本级招拍挂土地0.37万亩（248公顷），成交价款46.54亿元，收益到账50.92亿元。通过贷款展期、存量债务优化等方式，有效降低融资成本，每年节约还款利息3000余万元。

【应急救灾支灾】叙永县白腊乡“8·17”洪灾发生后，组织省地质矿产勘查开发局113地质队、广汉地质工程勘察院深入灾区开展地质灾害应急调查和应急处置。争取省级以上资金3000余万元，将重点实施白腊乡高峰村特大地质灾害治理项目、避险搬迁258户和应急排危除险6处。此外，在白腊乡规划实施省投土地整理项目1个，整治规模14743亩（989.46公顷），投入1614万元。

（郭登春）

食品药品监督管理

【制度体系建设】出台《泸州市食品安全“五级监管”责任规定》《泸州市食品药品违法行为举报奖励办法》《泸州市食品生产加工小作坊和食品摊贩监督管理办法》《泸州市生产加工食品安全分类分级监督管理办法》《泸州市食品安全行政约谈管理

办法》《食品药品监管所规范化建设标准》《推进食品生产经营企业落实食品安全主体责任工作的意见》等制度办法。

市食品药品监督管理局开展学校食堂专项检查行动

【行政约谈警示】市食安委出台《泸州市食品安全行政约谈管理办法（试行）》，明确约谈权限、内容、方式、程序、后续处置措施等。将未履职到位的区县政府、食品监管部门、企业同时纳入约谈范围，以"新食安法"宣传贯彻、典型违法案例通报、抽检发现的问题、群众投诉等作为谈话内容，采取集中约谈、重点时段约谈或单独约谈等方式，督促企业加强问题整改。先后对配制酒生产经营单位、桶装水经营企业、学校食堂、乡厨协会等157家企业、83所学校负责人进行约谈。

【"分级分类"监管】为破解食品行业监管服务对象面广量大与监管力量不足的难题，探索实施产品分等、企业分类、监管分级、任务分担的分级分类监管模式。即：根据产品风险进行分等，根据投诉举报、监督检查、抽样检测、行政处罚结果对企业实行分级，经综合评定实行分级分类监管，充分整合市、区（县）、乡镇三级监管力量，确定巡查频次与巡查范围，确保监管既重点突出，又全面覆盖。市级部门每年至少检查指导食品生产、流通、餐饮企业各30家，区县按监管对象30%的比例确定巡查重点，基层所按属地管理的原则对辖区内食品生产经营进行监管。

【检验检测能力建设】启动泸州食品药品检验检测中心建设，在全市主城三区大中型超市、农贸市场推进食品快检体系建设计划。健全完善监管体制，强化监督抽检。全年完成食品抽检6236批次，完成药品抽验801批次，医疗器械抽验24批次，化妆品抽验10批次。全年评价上报药品不良反应报告3750份，达到百万人口750份。建立风险研判例会制度，定期研判食品、药品质量风险，切实解决突出问题隐患。

【食品药品执法】探索开展"交叉执法"与"错时执法"，加大食品药品违法行为打击力度。共出动执法人员31000余人次，检查食品药品生产经营企业（单位）25000余家。全市立案915件，结案1052件（其中当场处罚314件），涉案金额120.24万元，没收物品货值金额38.26万元，罚款金额470.50万元，没收金额23.34万元，移交司法机关28件；全市系统一般程序行政处罚案件信息公开数641件，不予公开案件数70件，符合行政处罚案件信息公开条件的案件已全部在政务网或当地政府网站公开。

【全省落实企业食品安全主体责任现场会】10月26日，由省食品药品监管局主办、市食品药品监管局承办的全省落实企业主体责任暨基层监管所标准化建设现场会在泸州召开。全省食药监系统代表、部分食品生产企业代表、省市新闻媒体记者等200余人参加会议。参会人员实地考察泸州市天立小学、维维豆奶厂、汇通超市配送中心、国家酒检中心、国宝窖池酿造基地等企业（单位）落实主体责任情况，以及泸县牛滩镇食药监所、江阳区泰安镇食药监所的基层能力建设情况。泸州

市政府作落实企业主体责任暨基层监管所标准化建设经验交流发言。 （明 俊 李宗耘）

安全生产监督管理

【概况】2015年，全市发生各类生产安全事故113起，比2014年（下同）减少18起，下降13.74%；死亡66人，减少14人，下降17.50%；受伤67人，减少15人，下降18.29%；直接经济损失1662.92万元，减少783.69万元，下降32.03%。保持未发生较大以上生产安全事故的良好态势。水上交通、农业机械和火灾均为零死亡。

2015年1月22日，市委副书记、市长刘强（中），副市长张文军（右一）在纳溪暗查安全生产工作

【安全考核指标】列入省政府年度安全生产目标考核的绝对控制指标：生产经营性事故死亡63人，占省控指标（97人）的64.95%，低于省控指标35.05个百分点。未发生重大以上生产安全事故，控制在考核指标以内。列入省政府考核的相对控制指标完成亿元国内生产总值生产安全事故死亡率0.055，低于省控指标（0.159）0.104；工矿商贸企业从业人员10万人死亡率为3.92，低于省控指标（4.26）0.34；道路交通万车死亡率为2.80，低于省控指标（2.93）0.13；煤矿百万吨死亡率为1.124，低于省控指标（1.745）0.621。

【安全生产“党政同责、一岗双责”】实行市委书记、市长对安全生产负总责，市委常委联系负责区县，副市长负责所分管行业和领域的安全生产工作责任制；对煤矿实行市领导包县、县领导包矿责任制，全年市委书记听取、研究和检查安全生产工作6次，市长亲自听取、研究和检查安全生产工作15次，其余市委常委、市政府班子成员研究、检查安全生产工作102次；市委、市政府印发《泸州市2015年安全生产工作意见》。

【排查整治安全生产隐患】2015年1—3月，在全市集中开展为期3个月的安全隐患大排查大整治行动，排查整治大批安全隐患；认真督促落实整改国家煤监局和省政府安办、省安全监管局、四川煤监局排查出的有关问题，对国家和省上查出的问题全部整改完毕。通过政府购买服务方式，邀请中国安全生产科学研究院对泸州煤制气项目进行安全论证、对泸州油气输送管道和城镇燃气管线及高新区安全隐患进行现场调研；邀请全国危化品、烟花爆竹安全专家对泸州危化品生产企业家烟花爆竹批发企业进行安全隐患排查会诊；邀请省安全技术中心煤矿安全专家对煤矿试生产企业进行安全条件复查验收把关。2015年，全市重点行业（领域）参与排查治理事故隐患的企业11268家，共排查隐患39105条，已整改39105条，整改率100%，投入治理资金10411.2万元，及时消除一大批安全隐患，避免和减少全市安全生产事故的发生。扎实开展粉尘安全专项整治。全面清理全市粉尘作业场所和涉粉尘企业290家，出动检查329次，发现厂房不合规企业5家，除尘系统无泄爆装置企业30家，无粉尘清扫制度企业27家，无防雷防静电措施17家，企业主要负责人未培训企业5家，限期整改企业135家，停产整顿企业2家。

【安全生产基层基础工作】2015年3月，在江阳区石寨镇召开安全生产基层基础工作现场会，对安全生产基层基础工作提出明确要求。全市“五级五覆盖”和“五落实五到位”覆盖率100%；2015年新启动国家级安全社区建设单位2个、省级安全社区建设单位14个，有13个省级安全社区通过省上专家组验收，国家级安全社区已提出申请待国家验收，龙马潭区安全社区体验中心建设即将完工并投入使用；在工矿商贸、建筑施工、交通运输等高危行业已建成安全生产标准化企业54个；完成职业病危害项目申报企业1815家，完成职业卫生预评价报告审查项目25个、职业卫生防护设施设计审查项目9个、职业卫生控制评价暨竣工验收项目20个，开展职业病危害现状评价企业103个，开展职业健康体检31241人；以企地共建方式新组建了“泸州市矿山化学事故应急救援中心”。全市全年共组织应急演练1500次，参加应急演练的人员达18.6万余人。

【应急救援体系建设】7月31日，市安全监管局与泸天化公司签订《泸州市矿山化学事故应急救援共建协议》，泸天化公司负责派出固定的16名队员作为市救援中心的专职救援队员，每年由市政府划拨共建专项经费用于16名队员的应急救援制服、学习、培训和训练之用。新的泸州市矿山化学事故应急救援中心组建完成，有33名救护队员。6月26日，在龙马潭区四川硅峰有机硅材料有限公司组织开展危化品安全事故应急救援大演练。6月27日，在泸县鑫福煤业有限公司狐狸坡煤矿组织开展煤矿透水事故应急演练。

【安全生产专项行动】开展“百日安全生产”活动，确保冬春季节、“两节”“两会”期间全市安全生产形势平稳。开展城镇燃气安全专项整治，摸清基础底数，开展排查整治，健全管理制度。开展油气输送管道专项整治，对排查发现的128处安全隐患，督促2家责任单位限期整治。开展道路交通安全综合整治，在全市高速公路入口设置双超治理点11处，共检查货车314500辆，带离劝返20755辆，查处“双超”货车17101辆、非法改装货车787辆。开展安全生产大检查，在全市集中开展为期3个月的大排查、大整治，着力解决安全生产中的突出问题和薄弱环节，对发现的问题督促进行限期整改。开展“七打七治”专项行动，全市检查单位和场所16057家，打击安全生产非法违法行为2398起，取缔关闭非法违法5家，向社会公告列入“黑名单”企业1家，配合公检法机关开展典型案例公开处理4次。此外，全年还开展4次安全生产综合督查。

【道路交通安全监管】市政府印发《泸州市道路交通安全综合整治深化巩固年实施意见》。加强源头管理，督促企业落实安全生产主体责任，严格落实“三关一监督”有关要求及例行保养制度，汽车客运站要严格实行“三不进站、六不出站”制度和执行“安全承诺书”和“安全带—生命带”行动，规范GPS和3G视频监控的安装、使用行为及设备的运行、维护、管理，严格落实长途客运“3驾”及停车换人和途中凌晨2时至5时停车休息及客运车辆夜间行驶速度不得超过日间限速的80%制度，严禁客运车辆夜间在达不到安全通行要求的三级以下山区公路运行，检查客运企业512家次、危化品运输企业249家次，查处违反“六严禁”行为93起，处罚车辆停运3个月的有1台，2个月的有1台，1个月的有37台，停运7天的有58台，驾驶员下岗学习1月的有34人，学习7天的有60人，解聘的驾驶员有10人，其余违规驾驶员均受到了教育警告及企业内部罚款处理；开展经常性安全路检路查，加大对道路客运“三超一违”行为的打击查处，打击非法营运黑车开展1249次，抽检车辆36299辆，查获违规车辆2114辆，查获非法营运黑车601辆。强化路面管控。累计检测车辆482677辆，处理超限车辆15211辆，卸载778辆，卸载货物2365.74吨，处罚超限车辆477辆，超限车辆比例控制在3.15%内；完成“平安一号”不系安全带违法行为智能检出系统的建设，查处交通违法行为70余万起，其中无证驾驶3499起，酒后驾驶1054起，超速行驶93701起，客车超员75起，货车超载6445起；执行驾驶员

“黑名单”制度，全年被解聘、列入黑名单的驾驶员128人。加大公路路政巡查养护。对危险路段，桥涵加强监控，对国省县乡公路上违法堆码、占道经营、在公路红线控制区内违法建筑等行为进行集中清理和整顿，及时清排路障，维护公路路产路权，开展桥梁普查90余座，完成路面改造工程交工验收1处，桥梁隐患整治1处，地质灾害（边坡）整治4处，更换绕城路井盖18个，修复波形护栏500余米，修复路面18500余平方米。开展公路安保设施建设。完成公路安保工程（路侧护栏）建设337.3公里，占年度计划的112.43%，超额完成省、市下达的目标任务。

【水上交通安全监管】坚持以“两客一危一砂”为安全监管工作重点，以加大行政执法力度为推手，持续深入开展水上交通安全、客渡运安全和水上危险化学品运输安全专项整治，严厉打击非法抽砂采石行为。全年巡航里程共计100余万公里，派出检查组6100余组，检查人员10000余人次，检查企业5000余次，检查船舶8000余艘次，排查整治安全隐患300余起；开展水上应急救助以及搜救行动72次，救助船舶12艘，营救人员110人次。

【煤矿安全监管】建立完善煤炭行业安全管理“市领导包县、县领导包矿”责任体系，督促煤矿企业认真履行安全生产主体责任，将煤矿安全的责任落实到一线的管理者和操作者层面。严把煤矿企业的复工复产验收关。对春节期间放假或市场低迷等因素停工停产的煤矿，凡要组织复工复产的企业，均由产煤县组织相关部门和专业技术人员进行严格检查验收合格后，方能复工复产，有效地预防和减少了事故的发生。开展遏制煤矿重特大事故攻坚战工作，全市已通过二级标准化验收矿井2处，完成网上申报验收8处；水患示范矿井建设完成并通过验收3处；机械化示范矿井建成并通过验收5处。组织开展瓦斯、水患专项检查整治。5月15日，印发《关于开展通风瓦斯专项检查的通知》，对煤矿“一通三防”管理机构及人员配备、采掘部署、通风系统、瓦斯防治、监测监控、主要通风机、局部通风机、瓦斯抽采、密闭管理等重点环节开展专项检查。6月3日印发《关于开展煤矿防治水专项检查的通知》，并组织开展专项检查，对个别矿井存在随意增设瓦斯监控测点的问题下达局部停产指令，对其他矿井存在的问题责令限期整改。开展煤矿隐蔽致灾因素普查。全市40处地方煤矿中除部分停产停建矿井外，有26处开展第二轮水患现状调查，三个县关闭矿井水害普查全部完成，并由中介机构出具调查报告。开展采掘头面的清理整顿专项行动，检查已批准的采煤工作面26个，掘进工作面60个，对工作面过于集中、技术上不可靠的掘进工作面依法进行处理。开展煤矿安全隐患的排查治理。集中排查共查出隐患1059条，其中重大隐患6条，经济处罚12.6万元。其中，通过政府购买服务方式聘请省安全技术中心专家对市内20处重点矿井开展安全隐患排查会诊，查出隐患395条，其中重大安全生产隐患2条，除个别煤矿因停产原因未整改外，其他全部整改完毕。继续做好小煤矿关闭重组工作，在原已关闭52个、超额完成关闭任务的基础上，2015年又超计划关闭2个煤矿，截至2015年底全市有煤矿48个，生产能力达到1071万吨，全年实际生产煤炭178万吨。

【非煤矿山安全监管】聘请四川省安全技术中心专家对全市在生产和建设的15对地下非煤矿山进行隐患排查“专家会诊”，查出问题和隐患151条，已整改完善116条，其余35条因市场行情不稳企业主动停产；各区县筹资50万元，按照4000元/矿的标准，组织市内专家对所在区县的露天矿山开展“专家会诊”，排查出隐患1380余条，整改完善1347条，整改率97.61%，其余33条正在整改中；开展金属非金属矿山重点县安全生产攻坚克难工作，出动行政执法人员2100余人次，检查非煤矿山262座（次），查出安全隐患1850余条，督促隐患整改完毕1830余条，立案查处15件，罚款15.3万元；开展金属非金属矿山安全生产风险分级，对存在重大安全隐患的D级企业，一律责令停产整改，经整改达不到安全生产条件的，各区县人民政府依法予以取缔关闭；组建以监管部门、技术服务机构、企业业主为主体的微信团队，收集微信号309个并报省安监局和国家安全监管总局入网。全市非煤矿山全市共实质性关闭非煤矿山企业181个、退出99个，占省政府下达关闭退出任务的162.79%，提前超额完成省上下达的整顿关闭工作任务，保留非煤矿山企业176个。

【危险化学品和烟花爆竹安全监管】全部完成两重点一重大（重点监管的危险化工工艺、重点监管的危险化学品名录、危险化学品重大危险源）的自动化控制改造；委托中国化学品协会组织5个检查组共24位专家对泸州市30家危化品企业开展安全诊断检查活动，并对2014年危险化学品企业查出问题的整改落实情况进行抽查；开展危险化学品、烟花爆竹、易燃易爆品大检查大整治和危爆企业专项检查，组织检查小组160余次，检查涉爆单位64家次，危险化学品单位227家次，排查整治安全隐患165起，收缴非法炸药111公斤、雷管91枚、黑火药0.5公斤，确保社会稳定；开展烟花爆竹经营旺季专项检查，收缴非法生产、经营的烟花爆竹3100余件，依法撤销烟花爆竹零售经营许可证14个，注销烟花爆竹零售经营许可证7个。

【建筑施工安全】扎实开展岁末年初全市住建领域安全生产专项整治行动、春节后复工复产安全专项检查、汛期住建领域安全生产专项检查、建设工程落实施工方案专项整治、城乡危房安全隐患排查治理、建筑施工现场彩钢板建筑消防安全专项整治，共组织开展建筑施工安全拉网式检查35次，检查项目105个次，发出督办通知书（函）493份，其中视频监控整改通知462份；立案54件，作出处罚决定40件，处罚金额200.59万元，结案36件，罚款133.87万元。出台《关于加快城乡危房改造的实施意见》，对排查出的11152户城镇危房和55472户农村危房以区县政府为责任主体实施改造；建全诚信体系管理，约谈企业43个次，被记入不良行为记录企业5个、有关责任人21名，吊销安全生产考核证1人，1家租赁企业被停业整顿，集中培训诚信排名企业责任人（每月主城区后十名、县区后两名）318人次；聘请建筑施工安全专家开展监督检查17次，聘请起重设备专家进行起重设备检测13次，发现整治安全隐患30起；开展超过一定规模危险较大分部分项工程专项施工专家论证17次。

【消防安全】将1065家消防安全重点单位和102家火灾高危单位全部纳入监管范围，建立重点单位、火灾高危单位档案、督促社会单位依法履行消防安全职责，督促从事建（构）筑物消防安全管理等人员持消防职业资格证书上岗；先后开展今冬明春火灾防控、劳动密集型企业专项整治、夏季消防安全检查、加强福利救助机构、幼儿园、医院、学校、酒类化工企业火灾防控工作等专项行动，落实消防安全形势分析研判、每日消防监督检查、重要节日重大活动消防安保、火灾隐患举报投诉、重大火灾隐患挂牌督办等常态化火灾隐患排查整治机制，整治消除一大批火灾隐患和消防违法行为，确保全市火灾形势的总体平稳。全市共检查单位5948家，发现火灾隐患或违法行为2384处，督促整改2320处，下发责令整改通知书2029份，下发行政处罚决定书227份，责令“三停”60家，临时查封60家，罚款267万余元，拘留8人，整改销案挂牌督办重大火灾隐患20个。

【特种设备】按照新的《特种设备目录》全面清查全市17000条特种设备现状，组织开展“电梯安全监管大会战”“油气输送管道安全隐患整治攻坚战”“建设工程施工起重机械整治安全专项整治”“燃煤锅炉节能减排攻坚战”“游乐设施和客运索道隐患排查整治”等6次专项检查整治活动，组织节假日、重大活动以及敏感时段的特种设备安全检查，检查特种设备使用单位3306家，检查特种设备6143台次，发现各类安全隐患810处，下达特种设备安全监察指令书164份，对发现的隐患和不安全因素全部督促现场整改或限期整改，对有严重违法违规行为的27个单位进行立案查处。

（刘　洋）

招商引资

【概况】2015 年，全市新签约正式合同项目 103 个，比 2014 年（下同）增加 15 个，投资总额 869 亿元，增长 16.9%。1—2 月，全市新履约市外国内项目 704 个，实际到位市外国内资金 929.45 亿元（含续建），同比增长 17.87%，其中，省外国内到位资金 381.52 亿元，在全省排名第 3 位。2015 年，一、二、三产业新履约项目到位资金分别为 49.5 亿元、568.02 亿元和 311.93 亿元。其中，新履约工业项目 434 个，工业项目到位资金 503.94 亿元，占到位资金总额的 54.22%，工业项目成为推动投资重要支撑。全市新履约投资 5 亿元以上重大项目 59 个（含续建），比 2014 年增加 12 个，到位资金 82.65 亿元（含续建），增加 9.47 亿元，重大项目占位资金占新履约项目到位资金的 8.89%,。新签约 5 亿元以上项目 41 个，投资总额 456 亿元。国电南瑞、华为集团、幸福航空等项目顺利签约落地，新签约新兴产业项目 21 个，占新签约项目的 20.4%；投资总额 203.9 亿元，占 23.5%。

2015 年 9 月 9 日，泸州市招商引资碧桂园入驻江阳区签约仪式暨新闻发布会举行

【重点区域招商】市外省内到位资金（含续建，下同）547.93 亿元，占到位资金总额的 58.95%；省外国内到位资金 381.52 亿元，占到位资金总额的 41.05%。省外国内到位资金中，泛珠三角区域新履约项目 73 个，到位 87.46 亿元，占到位省外资金的 22.92%；长三角地区新履约项目 36 个，到位 63.69 亿元，占到位省外资金的 16.69%；环渤海经济圈新履约项目 29 个，到位 43.08 亿元，占到位省外资金的 11.29%。

【对接招商】成功举办 2015 中国医药企业家年会、西部国际投资大会、长三角泸州投资推介会等活动平台，扩大泸州投资环境的影响力，补充完善医药产业相关企业信息 230 余条、智能电网相关企业 180 余条，大数据、电子商务类企业信息 90 余条，并根据所获信息进行“一对一”上门拜访对接。先后上门拜访对接东北制药、哈药集团、国电南瑞、许继电器、山东达驰等大型企业 280 余家，成功邀请扬子江药业、辉瑞制药、达驰电气等 300 余家大型企业到泸州考察。

【平台招商】1. 依托省级活动平台开展对接招商。充分依托中外知名企业四川行、西部国际投资大会等省级活动平台，积极谋划举办招商推介活动、集中签约仪式、重大项目签约仪式、论坛、市领导会见等专题活动，现场集中签约 20 亿元的南瑞集团西部产业基地项目、投资 10 亿元的华为技术西南大数据中心项目、投资 26 亿元的浙江合盛硅业西南基地项目、投资 18 亿元的重庆鸿发泸州西南建材产业园项目、10 亿元的中国物流城市配送物流园等 74 个项目，投资总额达 607 亿元。2. 依托机构协会开展专题招商。依托省政府驻杭州办事处、上海办事处，以及杭州城研中心、上海商委等机构，跨区域举办杭州、上海投资推介会暨项目签约仪式，积极对接重庆，利用渝洽会期间，在重庆举办泸州投资说明会和渝商四川行等专题招商活动。多次上门对接促进华为公司、中节能实业、长江时代通讯、携程集团、齐家网、中法水务等知名企业320余家。3. 承办展会举办投资活动。积极承办中国国际酒业博览会、中国医药企业家年会等重大活动，精心筹备泸州投资说明会，促成投资15亿元的宝顺宝（泸州）儿科掩味口服制剂技术平台，投资4.2亿元的格润能源50兆瓦天然气分布式冷热电联等一批项目的成功签约。

【驻外招商】调整充实驻外招商工作平台，从各区县、园区抽调优秀干部（2014年外派36人、2015年外派16人），赴天津、广州、上海、厦门、深圳、昆明、重庆、武汉等重点城市，依托省政府驻外办事处开展招商工作。各外派小组分别上门拜访阿里巴巴、复星集团、天圣制药等企业、协会240余户，收集有效招商信息57条，成功邀请美好明天科技有限公司、葵花集团、天津医药集团、青岛碱业等61家企业赴泸实地考察。

【区域合作】重点对接沿江沿海城市、周边城市、其他国家城市以及与泸州市产业发展相符的龙头行业协会，横向、纵向拓展开放合作领域。城市合作方面，上门拜访对接浙江杭州、江苏南通、贵州遵义、云南昭通等城市，与江苏省南通市签订战略合作框架协议；依托俄罗斯国际工程机械展，对接拜访莫斯科市政府领导，并建立量良好的合作关系。行业协会合作方面，主动拜访中国机械行业协会、中国医药企业家协会、中国五交化气动分会等行业协会，并与三家协会签订战略合作框架协议。 （沈彦文）

国有资产管理

【概况】2015年全市地方国有及国有控股企业的资产总额2059.5亿元，比2014年（下同）增长18.1%；所有者权益总额639.9亿元，增长11.3%；实现收入223亿元，增长5.3%；实现利润总额54.8亿元，增长102.7%。其中，市级国有及国有控股企业的资产总额1938亿元，增长18.1%；所有者权益总额575.3亿元，增长11.5%；实现收入218.4亿元，增长5.7%；，实现利润总额54.7亿元，增长106.2%。

【重点国资企业经营情况】1. 泸州老窖集团公司资产总额达到1138.98亿元，增长26.3%，利润总额54.80亿元，增长52.7%。兴泸集团资产总额513.10亿元，增长34.7%，利润总额5.20亿元，增长14.4%。2. 工投集团资产总额达166亿元，完成利润总额2.07亿元，落实融资20.29亿元，完成投资2.07亿元。3. 泸天化集团全年生产合成氨100万吨，尿素160万吨，煤炭220万吨，实现营业收入54.54亿元，完成目标126.8%。4. 新火炬公司积极开拓民用市场，实现销售收入2948万元，增长35%。

【招商引资】全年争取到位国企改革发展资金3000万元，完成市上目标任务的669.64%；成功引进企业、项目近40个，引进资金30多亿元，发起设立总规模30亿元的四川泸州纯粮原酒发展基金。

【国资企业融资】泸州老窖集团发行超短期融资券30亿元和中期票据10亿元、兴泸集团发行“2015兴泸债”10亿元、工投集团向交通银行泸州分行申请贷款10亿元等。全年监管企业为市财政及泸州市基础设施建设实现融资120.8亿元，增长302.67%，超额完成市委、市政府下达市国资委融资15亿元任务，其中兴泸集团完成78.48亿元，工投集团完成20.29亿元，老窖集团完成22.03亿元。

【重点项目建设】2015年6月挂牌成立泸州白酒产业园区管委会。园区全年新增入驻企业4家，累计入驻企业124家。兴泸集团加快推进13个民生项目建设，已完成投资42.4亿元，各项目取得阶段性成果。工投集团承建的长工集团棚户区改造保障性住房建设工程已全面完工，1296套廉租房、700套公租房、311套经适房均搬迁入住。

【泸天化集团划归泸州市管理】2015年，市政府接收泸天化集团100%产权，授权市国资委履行出资人职责。并对泸天化集团实施体制机制改革，推动转型发展，确立发展化工“新肥料、新环保、新材料”三大产业方向，主力发展核心项目聚碳酸酯。泸天化集团在2014年亏损14.9亿元的基础上减亏8.6亿元以上，完成市国资委下达的比

2014年减亏3.2亿元指标的268.8%。泸天化股份公司实现利润1500万元，实现扭亏为盈。

【企业投资】1. 工投集团收购泸天化集团所持有的52.76%的煤气化公司股权，成立机动车检测公司、格林环保公司、西南联交所泸州分所、泸州合江工投公司等，产业基金公司、担保公司、小贷公司等金融实体筹建工作有序开展，“4+N”的经营业态逐渐形成。2. 兴泸集团加大多元化投资力度，做实投资，全年计划投资48.72亿元。截至12月底，已完成投资52.56亿元。对棚户区改造、机场迁建、教科城、定向限价房、垃圾焚烧发电、城市污水处理厂、沱四桥、沙茜开发、截污干管、城市停车场、酒博会场馆、城市排水管网、兴泸综合楼等项目投资34.26亿元。对沱江新城、长湿新城、交投集团、中外运泸州港保税物流公司、停车场基础建设投资公司、纯粮原酒发展管理公司、兴泸担保、兴泸环保、兴泸污水处理公司等股权投资8.17亿元。积极做好三区一县污水管网PPP项目相关工作，完成中介机构选定。

【行政事业单位国有资产管理】1. 经营性资产清收。全年接收、注入24个市级行政事业单位经营性资产291处，建筑面积39765.37平方米，账面原值464万元，评估值约1.9亿元。2. 资产处置的核实审批。全年批准处置国有资产100批（次），账面原值7481万元，其中：处置房屋资产35批次，面积63523.51平方米，账面原值3062万元；车辆15批次，账面原值1081万元；办公设备和其他资产50批次，账面原值3338万元。3. 经营性资产经营收益。2015年，市级行政事业单位经营性资产经营收益2043万元，比2014年增加562万元，增幅37.95%。

（李文生）

工 业

工业综述

【概况】2015年，全市全部工业增加值747.7亿元，比2014年（下同）增长12.7%，对国民经济的贡献率达67.5%。规模以上工业增加值增长14.0%，增速高于2014年1.7个百分点，高于全省平均水平6.1个百分点，居全省第二位。规模以上企业实现主营业务收入1434.2亿元，增长5.9%，增速高于全省平均水平4.2个百分点；实现利润总额90.5亿元，增长4.4%，增速高于全省平均水平9.7个百分点。工业投资完成533.2亿元，增长2.9%；其中，技改投资完成490亿元，增长10.7%，工业投资和技改投资总量均居全省第二位。产业园区实现主营业务收入1632亿元，完成基础设施建设投资25亿元、企业投资137.1亿元，新增建成区面积4685亩（314.43公顷）。

世界最大的天然储酒溶洞天宝洞

【化学工业】2015年，着力巩固化工产业的传统优势，加快转型升级，坚持“存量升级、增量提质”和“提升高端、严控低端”的原则，推动化工产业向煤化工、精细化工、石油化工、高端化肥方向转型发展。落实“稳、改、转”总体思路，推动泸天化集团改革脱困。泸州化工园区原料结构调整项目（一期）进入试生产阶段，泸天化经营形势总体改善，集团减亏7.9亿元，股份公司扭亏为盈，实现盈利1000余万元。20万吨/年聚碳酸酯化工新材料项目加快前期工作。中海金象15万吨/年润滑油加氢项目投入试运行。全年实施化工项目16个，完成投资22.85亿元。2015年，规模以上化工企业完成主营业收入133.8亿元，同比增长5.6%；增加值增速达到9%。

【医药工业】2015年，医药产业以科技创新为引领，加快构建现代医药产业体系，推进医药产业园区建设。出台《关于推进医药产业和医药园区创新发展的实施意见》。生物技术药、现代中药、化学药品和医疗器械等产业加快发展。医药产业园区构建起三纵三横主干道网络，建成区面积800亩（53.69公顷），项目承载区面积2000亩（134.23公顷），2平方公里园区骨架基本形成，建立3亿元的医药产业发展基金、积极筹建4.1亿元的四川泸州高新鼎盛生物医药产业创投基金。投资40亿元的步长生物制药及新药产业化基地等4个项目顺利开工，雷普科技医药中间体等3个项目竣工投产。成功承办“2015年中国医药企业家年会”，成功签约项目9个，总投资51.8亿元。2015年，医药产业实现主营业务收入27.4亿元。

2015 中国国际酒业博览会最佳新产品发布颁奖

【机械工业】2015年，按照“短期快速突破与构筑长远优势相结合、巩固发展基础与打造区域特色相结合、突出拳头产品与形成产业集群相结合”的发展思路，机械产业发展呈现稳中求进、逆势上扬态势，全市规模以上机械装备企业实现主营业务收入103亿元，同比增长13.8%；规模以上增加值同比增长18.8%；全市机械装备企业206户，规模以上企业88户，拥有5个省级企业技术中心及国家科技部授牌全国唯一的高性能液压件高新技术产业化示范基地。全年实施国机重工西南（泸州）产业园、邦立重机大型液压挖掘机异地技改项目、四川长液—厦门海翼合作项目、泸州长江机械有限公司整体搬迁项目等5个重点项目，完成投资约5亿元。南瑞集团正式在泸州启动非晶合金变压器、智能照明、新能源汽车充换电设备等产品研发制造合作项目。成功组团参加2015年俄罗斯国际工程机械博览会、2015年新疆工程机械博览会、2015南南合作贸促会。泸州酒类食品饮料机器人研发、试制生产基地正式签约落户泸州国家高新区，并成功试研酿酒机器人。成功申报川南经济区电镀集中区，落户泸州高新区。国机重工启动在泸州规划布局建设高端节能环保装备生产基地及技术服务公司。对接中国工程机械工业协会、山东大洋泊车设备公司、杭州西子石川岛等，就合作事宜达成初步共识。泸州高新区机械装备产业园新增承载面积2000亩（134.23公顷）。（易泽莲）

泸州白酒产业园区

【概况】2015 年，泸州白酒产业园区全年实现产值和服务性收入 360.3 亿元、比 2014 年（下同）增长 20.1%，规模以上工业增加值 65.2 亿元、增长 20.2%，入库税收 7.1 亿元、增长 20.1%，企业利润 18.1 亿元、增长 20.2%，完成基础设施投资 6 亿元、增长 40%，招商引资项目 32 个、实际到位资金 33.1 亿元，全面完成年度目标任务。

【规划编制】1. 按照“多规合一”原则，委托杭州城研中心编制扩园拓展概念性总体规划。2. 委托北京绿维创景设计院编制工业旅游发展规划。3. 争创国家产城融合示范区，创建总体方案通过省级评审。

【项目实施】全年实施重点项目 21 个，其中，捷艺发二期、华盛玻璃一期、白酒文化综合展示中心等 7 个项目全面竣工，中科玻璃全氧炉窑技改、中远 4.8 万吨酒库、10 万吨酿酒基地等 14 个项目加快推进，完成年度投资 21.6 亿元、进度 127%，超额完成全年目标任务。四川发展纯粮原酒股权投资基金公司成功落户园区，首期到位资金 14.7 亿元。

【项目申报】全年包装申报项目 16 个，申报资金 3.1 亿元，先期到位资金 5030 万元。其中：孵化器建设项目列入国家发改委第四批专项建设债券投资项目，2800 万元资金到账；通过省经信委组织的省级产业园区引导资金项目专家组评审；基础设施及公共服务配套设施改造项目、成品基地路网升级改造项目申报国家发改委第五批专项建设债券投资项目，有望获得资金 2 亿元以上。

【园区公共职能移交】原由老窖集团承担的安全环保、企业服务、基础设施管护等社会管理公共服务职能，于 2015 年 12 月底正式移交管委会，园区由企业化管理向规范化行政管理过渡。

【安全生产】落实“党政同责、一岗双责”，全面推行“十大监管法”，管委会全员参加安全管理人员资格考试。开展新《安全生产法》宣讲，强化企业守法意识，层层签订安全生产目标责任书。会同市级相关部门联合开展安全检查，排查整治隐患 300 余处，全年开展安全生产应急演练 12 次，园区整体安全形势保持稳定，实现安全、环保零事故、零伤亡、零损失。

【园区党建】园区规划、建设、发展等重大事项由党工委会议集体研究决策。开展“三严三实”主题教育和“不作为、慢作为、乱作为”专项整治。党工委全面接管园区内党组织关系，完成园区党员组织关系摸排，28 个独立建党企业党支部和 1 个流动党员党支部党建工作有序开展。（淡　平）

泸州高新技术产业园区

【概况】2015 年，泸州高新区主营业务收入 130 亿元，

酒博会吸引了众多市民和游客

比2014年（下同）增长30.5%；规模以上工业产值127.2亿元，增长30.0%；企业利润7.2亿元，增长30.8%；入库税收2.08亿元，增长30.0%。

2015中国医药企业家年会嘉宾参观园区

【产业发展】长江机械铜环车间和江苏豪能整体搬迁项目、国机重工西南（泸州）产业园小吨位起重机装配车间和环保装备车间项目、邦立重机大型液压挖掘机装配车间、北辰电力产业园铁附件车间、科瑞德二期药物制剂生产线、长江液压大型油缸生产线和铸造生产线等9个项目竣工投产；南瑞集团西部产业基地、华为四川大数据中心建设项目、省联社异地灾备大数据中心项目、廊坊智通机器人泸州高新区项目、东方雨虹新型防水材料生产和研发基地等8个项目开工建设；成功引进国电南瑞、华为公司、软通动力、步长制药、东方雨虹等全国、全球性龙头企业带动发展。高端装备、智能电网、大数据、医药、新能源新材料等5大产业集群布局基本形成。

【科技创新】2月5日，获国务院批复同意升级为国家高新技术产业开发区，启动国家级孵化器创建工作；成功聘请3D打印专家王华明院士、“千人计划”机器人专家甘中学，以及40名智能电网、医药、机械装备等行业领军专家，组建高新区发展顾问团队，与中科院等科研机构建立合作关系。3月2日，获批全国第二批科技服务业区域试点，成为四川省仅有的2个全国第二批科技服务业区域试点之一。

【开放合作】对接并进行投资项目合作洽谈的企业及单位980家，重点考察对接苏州金龙、深圳华大基因、南京国电南瑞集团、深圳比亚迪、上海瑞华、青岛诺力达等目标企业153家。成功与智通机器人、维思达3D打印医疗器械、四川升华化学药制剂生产线等20个项目签约，协议投资资金168亿元。自主举办2015年中国医药家年会和西南智能电网发展论坛2个全国性招商推介大会。

【基础设施建设】完成酒谷大道高新区段景观改造提升二期、三期工程，正在加快推进第四期（国窖大桥至渔子溪段）工程；完成机械大道车行道改造工程、泰安街道道路改造工程、产业拓展区道路工程等市政道路建设26.3公里，“一横多纵”骨干路网全面形成，实现产业与城市有机链接。完成泰安街道泰港小区改造、48套专家公寓和288套公租房装修工程，发展环境得到升级，城市功能更加完善。完成二环路高新区段建设工程、渔子溪河道整治提升工程前期工作。高新区初步形成东南向为产、西北向为城的框架，渔子溪产城结合部为科研金融综合服务区的规划布局，高新区作为泸州产城新区的轮廓逐步形成。

（陈美丽）

泸州长江经济开发区

【概况】四川泸州（长江）经济开发区始建于1993年，前身为四川泸州经济开发区，2015年6月更名为四川泸州（长江）经济开发区并重新被确认为省级经济开发区，其管委会为泸州市人民政府正处级派出机构。总规划面积196平方公里。四川泸州（长江）经济开发区被中共泸州市委表彰为创建“四好”领导班子先进集体，被四川省经济和信息化委员会、四川省财政厅列入四川产业园区“园保贷”试点园区；泸州临港产业物流园区被国家商务部评选为第二批“国家电子商务示范基地”、被中国物流与采购联合会物流园区专业委员会评选为2015年度优秀物流园区。

【经济指标】2015年，四川泸州（长江）经济开发区实现主营业务收入450亿元，比2014年（下同）增长20%；实现规模以上工业增加值117.2亿元，增长22.7%；实现企业利润24.3亿元，增长21.5%；完成企业投资额38.3亿元，增长65.1%；完成基础设施建设5.9亿元，增长54%；招商引资实际到位资金41.87亿元，增长25%；新增建成区域面积2.53平方公里。

2015年4月29日，省委书记王东明（中）莅临泸州考察调研泸州长江经济开发区，市委书记蒋辅义（后排左一）陪同

【项目建设】2015年，实施重点项目33个，其中省级重点项目2个，市级重点项目9个，总投资81亿元。在建项目21个，完工12个，当年完成投资38.5亿元。产业项目建成投产12个，年收入35亿元，尚在建设8个，总投资62.4亿元。空港路完成总工程量的95%。建成通车道路19公里。海吉星项目全面进入爆破平场；西南医药物流园一期仓储设施完成主体建设；进口商品保税直销中心一期开业营运；建成川南首个跨境电商O2O体验中心。

【招商引资】2015年围绕优势产业、龙头企业，加大招商引资力度，签约中国物流城市配送中心、合盛硅业、上海海行机械（泸州）紧固器制造项目等18个，签约资金68.3亿元。其中，投资10亿元以上项目3个。与浙江和润集团、南京才华集团、海尔日日顺、麦德龙公司等20余家公司加强对接，力促产业项目签约落地。

【园区工业】2015年，园区实现规模工业总产值380亿元，增长18%；高新技术产业产值占总产值的25%。园区逐渐形成新材料、食品饮料、装备制造、商贸物流业四大产业集聚群。食品饮料业实现销售收入166亿元，占园区总收入的36.8%，增速19%，占GDP30.5%；精细化工业实现销售收入104亿元，占园区总收入的23.1%，增速20%，占GDP24.9%；装备制造业实现销售收入63亿元，占园区总收入的14.0%，增速19%；占GDP17.6%；商贸物流业实现销售收入101亿元，占园区总收入的22%，增速16%；占GDP27%。新升规模企业8户，新增中小企业28户。实施技改项目16个，完成技改投资1.14亿元，落实技改补贴160万元。设立2000万元科技创新企业孵化资金。公共服务平台7个，省级企业技术中心6个，有效发明专利229个。国际知名品牌有硝化纤维，四川省著名商标有国粹、宝光，四川名牌有北方公司双五牌羟基甲基纤维素、国粹牌国粹酒、宝光牌胃力康颗粒，中国公认名牌产品有宝光牌风湿液。

【对外合作】深化蓉、汉、泸三地物流合作。与成都市青白江区、浙江省嘉兴港区开发建设管理委员会签订合作协议。同飞力达组建合资公司运营龙泉驿公路口岸。与张家港电子口岸组建合资公司建设泸州长江物流信息公共平台。推进泸州与武汉开行天天班轮。新开行泸—宁—日专线集装箱班轮。

【商贸物流】2015 年，泸州港保税物流中心（B型）顺利通过国家验收，封关运行。启动建设泸州港二期及周边基础设施。成立四川省铁水物流服务联盟，设立泸州港成都无水港和攀枝花无水港。新开通泸州—攀枝花的铁水联运班列、泸州港至云南水富港的水水中转航线。出台更加有力的物流通道扶持政策。增添设施，巩固进口粮食指定口岸的优势，进口粮食到港 66 批 3.9 万吨，占全川承运进口粮食的 94%。泸州港完成集装箱吞吐量 44.5 万标箱，同比增长 39%，其中外贸箱占全省的 90%。

【融资工作】2015 年，筹融资工作取得重大成效，采取资产证券化、信托通道、项目贷款、应收债权转让等多种方式融资 27.7 亿元，到账资金 16.2 亿元。

【体制改革】推行与龙马潭区“区区合一”的管理体制，中共泸州市龙马潭区委、泸州市龙马潭区政府印发《关于抢抓机遇加快建设四川泸州长江经济开发区核心区的决定》。深入实施泸州临港产业投资发展有限公司与管委会“政企分开”，建立泸州临港产业投资发展有限公司现代企业制度，完成改革方案，泸州临港公司资产规模达到 53 亿元。

【安全环保】整合企业安监力量分行业交叉排查隐患，实行挂牌限期治理。认真吸取天津“8·12”爆炸事故、深圳“12·20”滑坡事故教训，开展危化品和地质灾害隐患全面排查。将安全环保基金提高到 600 万元。投入 500 余万元对园区安全隐患进行治理。未发生较大以上安全生产责任事故和环境污染事件，安全环保工作形势保持持续稳定。

（樊　涛）

泸州老窖集团有限责任公司

【组织架构调整】2015 年 6 月，泸州老窖集团公司与股份公司实行人员、机构、业务、资产、财务、管理“六个分开”，集团公司和股份公司分设党委，6 月 1 日成立集团公司党委。集团公司按照“1+3+N”的模式，对股份公司、商业银行、华西证券实行统计并表，参与三个公司的考核，行使法律上的股东权利和义务；集团下属的其他子公司由集团公司负责管理。2015 年集团公司主动调整战略，以大食品为主业，强化实业和金融联动发展，编制完成“十三五”发展战略规划，明确产融控股型集团的发展愿景。

2015 年 3 月 21 日，农历二月初二“龙抬头”，泸州老窖 2015 国窖 1573 封藏大典

【领导班子】原泸州老窖集团总裁张良出任集团公司党委书记、董事长，原泸州老窖集团副总裁孙跃出任集团公司党委副书记、副董事长、总裁，曾任泸州市委组织部副部长、市文体广局局长的姚新建出任集团公司党委副书记、纪委书记，原泸州老窖股份公司副总经理郭智勇转任集团公司副总裁，华西证券董事长蔡秋全续任集团公司副总裁，曾任泸州市金融办主任的朱宣明出任集团公司财务总监，通过市场化选聘聘任李锦松为集团公司总工程师。

【集团公司架构优化】集团公司设立企业管理中心、党政管理中心、财务管理中心、企划宣传中心、企业技术中心、法律事务中心、成都协调中心、人力资源中心等八大职能管理中心，建立职能完整的服务管理体系。同时，围绕“贸易与食品、金融与并购、物流与园区、文创与教育、建工与开发”五大业务板块，下设实业投资公司、文旅投资公司、智同商贸公司、龙马兴达小贷公司、宏鑫担保公司、汇鑫融资租赁公司、房地产公司、永盛置业公司、海蛎子跨境电商公司等一级子公司。

【营业收入】2015 年 1—12 月，泸州老窖集团公司实现营业收入 129. 52 亿元，同比增加 3. 62%；利润总额 50. 81 亿元，同比增加 77. 78%；上缴税金 31. 14 亿元，同比增长 38. 15%。（邓文淑）

泸州老窖股份有限公司

【概况】2015 年，泸州老窖股份有限公司实现营业收入 69 亿元，同比增长 28. 89%，实现归属于上市公司股东净利润 14. 73 亿元，同比增长 67. 42%，实现每股收益 1. 05 元，同比增长 66. 67%，远超白酒行业同期平均增速，公司销售初步企稳并实现恢复性增长。

【产品和价格策略调整】实施“三线、五大超级单品”的产品战略，强化由国窖 1573、窖龄酒和泸州老窖（特曲、头曲和二曲）构成的 3 大品牌线，重点打造由国窖 1573、窖龄酒、特曲、头曲和二曲构成的 5 大超级单品。配合实施大单品战略，推进品牌“瘦身”，对现有产品进行清理、整合、淘汰，冻结条码近 2000 个。全面推行高、中、低端产品市场定位恢复工作，品牌体系得到有效巩固。

2015 中国国际酒业博览会酒品展示

【渠道和销售模式调整】通过构建核心客户联盟，稳固核心大客户，形成三大核心战略品牌全国核心市场控盘分利模式；通过推进客户联盟为主导的直分销渠道操作模式，持续扩大直营渠道占比，缩减渠道层级，巩固渠道合理利润，确保公司市场营销策略的执行力；通过推进以控制核心终端、服务核心消费者为中心的双“124”工程，大幅提升终端网点控制力和消费者服务力。（赵明利）

四川郎酒集团

【概况】四川郎酒集团下设郎酒销售公司、郎酒厂公司、泸州郎酒浓香酿酒有限公司、郎信投资公司、宝光房产公司、万华投资公司、宝光数码公司、万华地产、泸州益和纸品包装有限公司、叙永郎酒东方玻璃有限公司、合江县华艺陶瓷制品有限公司等子公司。2015 年郎酒销售公司实行事业部准公司化运作，郎酒厂公司组织机构调整为“一总部（郎酒厂公司总部）、二基地（二郎基地、泸州基地）”。郎酒集团坚持品牌化运作，坚持消费者培育核心，聚焦发展和恢复市场相结合，放权运作和规范管理相结合，整体呈现良性发展势头，销售实现恢复性增长，销售同比增长27%。包装各种出厂酒4.4956万吨，与2013年同比增长6%。

【酿造生产】1. 郎酒：第48批郎酒总投粮25560吨，累计产酒15033吨。2. 曲酒：2015年累计投粮817吨，累计产酒232吨。3. 制曲：高温曲投粮23592吨，产曲20054吨，出曲率85%；中温曲投粮896吨，产曲757吨，出曲率84.46%。

客商品评郎酒

【品牌建设】1. 2015年，郎酒集团继续花重金在中国中央电视台投放广告进行品牌推广，成为中央电视台首个电视剧顶级合作伙伴，独家特约CCTV-1黄金档剧场，并连续第7年成为中央电视台军事节目顶级合作伙伴，继续在央视向全国观众讲述“郎酒故事”。2. 2015年9月，“红花郎”杯全球汉语诗歌拉力赛启动。3. 2015年6月25日，由世界品牌实验室主办的2015（第十二届）“中国500最具价值品牌”排行榜评选结果在北京揭晓，郎酒以405.66亿元的品牌价值位居“中国500最具价值品牌榜”第五十一位，连续7年居白酒行业品牌第三位。

【营销工作】郎酒销售公司事业部准公司化运行体系逐步成型，管理团队管理运作能力得到较大提升。销售质量有所提高，销售团队和经销商信心有较大恢复。红花郎社会库存进一步降低，价格有所提升；特别是郎牌特曲探索营销操作创新有亮点，销售同比实现较大增长；小郎酒运行平稳；老郎酒新品郎哥市场接受度较好；新郎酒在餐饮及宴席渠道找到比较有效突破口。

【酒体研发】1. 开展中度新产品研发，丰富郎酒产品结构层次。完成酱香型、浓香型的产品研发及市场投放，其中44.8%vol红花郎荣获“2015中国国际酒业博览会最佳新产品”荣誉称号。红花郎酒获“1985—2015年中国白酒历史标志产品”称号。红花郎获评中国白酒香型品类领军品牌；郎牌特曲获评中国白酒口感品类领军品牌；郎哥与小郎酒获评中国酒业青春时尚品类榜样。2. 研发上市鉴赏级郎牌特曲（12）（18）两款浓香型新品。研发上市44.8度郎牌郎哥酱香型产品。3. 积极开展配制酒研究，完成赶黄草配制酒的初期研发工作；完成酱香露酒的第一阶段破坏性实验和过滤实验工作，并成功生产酱香露酒5批。3. 完成与四川大学生命科学院签订合作项目协议，启动“制曲工艺中微生物种类初步鉴定与菌群演化规律探究”研究项目；与成都信息工程学院合作，成功开发“无线曲堆温度检测仪”。

【质量监督】1. 加强源头和过程质量监督，确保出厂产品质量符合标准要求，保证和提高供货质量。进一步强化检验标准的执行及工序质量的控制，加强与供应商的沟通，对包材检验、成品检验岗位相关标准进行全面修订，严把包材进厂检验关和成品检验关，有序开展包材、成品检验工作。2. 完成公司生产许可证的年度审核和换证申报，并取得新的生产许可证。3. 获得47批次有机郎酒基酒认证证书；48批次有机郎酒基酒认证已经通过外部审核。4. 郎酒集团获中国酒业流通协会颁发的“中国酒类流通20年卓越贡献企业奖”。

【知识产权】郎酒集团上榜国家知识产权局公布的“2015年度国家知识产权示范企业和优势企业”名单。1. 郎酒包装生产完成外雕码试喷、双头压盖机改造等3项技改，其中“同步链灌装机小贵宾郎酒自动拨轮改造装置研制”项目获得国家授权专利。2. 申报各类技术项目10余项，《酱香型白酒酿造技术创新工程》获四川省科技进步三等奖2项、市科技进步奖7项，顺利通过项目验收3项。3. 新郎酒获中国驰名商标。

【基础建设】1. 郎酒厂红花苑二期安置还房建设项目于9月30日竣工，进入实物资产移交阶段；重新办理红花苑二期施工许可证；完成红花苑小区二期环保验收、防雷验收和消防验收申报。2. 天宝峰B5至B8区储酒库全面完成并投入使用，可实现储酒4万吨的能力，并配合完成天宝峰B5至B8区消防验收和B1至B6区的安评验收；完成天宝峰A7区景观工程。3. 郎酒浓香酿酒有限公司2015年完成投资额8000多万元。其中201车间已修建完毕并交付使用，筑窖池220口。208陶坛库封顶。

【泸州益和纸品包装有限公司】系郎信投资项目，有员工778人。2015年完成订单销售21804万元，同比增长26%。

【叙永郎酒东方玻璃有限公司】有员工856人。全年成品生产情况：贴花产量11823.9万只，完成年度目标的118.72%；烤花产量11564.71万只，完成年度目标的118.49%。

【合江县华艺陶瓷制品有限公司】合江县华艺陶瓷制品有限公司项目占地391.89亩（26.30公顷），一期工程“规划报建面积为88403.34平方米”，2015年获得政府批文；缓建项目包括研发中心、办公楼、展示厅、高级宿舍等。土建图纸修改设计完成后将组织进行审图、土建预算的编制、土建工程建设单位的招标工作及办理土建施工许可证等工作。

（胡基权）

青岛啤酒（泸州）有限公司

【概况】青岛啤酒（泸州）有限公司成立于2001年2月22日，是由青岛啤酒股份有限公司与火炬化工集团合资组建的独立法人企业，公司注册资金11111万元，其中青岛啤酒股份有限公司控股95%，火炬化工集团持股5%。

【运营管理】2015年，泸州公司制定“培养人才 强化执行 锻造高效狼性团队；提升质量 支持市场 打造先进制造工厂”的工作方针。将工作重点放在持续提升产品质量和支持市场发展以及培养人才打造高执行力团队方面，同时，逐步改善员工的工作环境和条件，提升员工的凝聚力，不断夯实公司可持续发展的基础。紧盯BSC积分，每个和积分相关的部门都做看板，数据实时更新，每月以专题回顾会的形式，找差距、找原因，对存在的问题进行深入的分析，但产销量下滑，完成情况不理想。

【质量提升】以“把住质量关”为“新常态”下的工作重点，“让质量基础更牢固”作为2015年公司的质量主题，和标杆比，和竞品比，以典型风味和口味一致性为重点，打造产品核心竞争力，逐步完善质量体系制度，重点关注总部确定的清酒溶解氧、外包装质量和TPO，质量技改逐级落实到位。

【可追溯管理】所有原、辅料添加口均在未生产时进行上锁管理。安装监控摄像头，视频记录保存6个月，更换高清摄像头9个，加强食品安全监控；执行门禁系统进出规定，保证进出的人员全部可控，确保食品安全。每月组织对桶装啤酒销售过程进行食品安全查核；将大米、瓶盖、桶装饮料辅料等送总部进行检测，确保符合食品安全；对生产物资合格供应商的相关资质、证件，按照要求定期进行索取，并及时更新供应商台账，使采

泸州酒业集中发展区一角

购物资随时处于可监控状态。建立包材、PQC、OQI 等检验岗位把关检查要求，并对包材检验流程进行上墙管理。对成品酒仓储，严格按照先进先出原则发货，做到账、卡、物相符；产品批次按照公司《管理手册》和《产品可追溯性管理规定》执行批次记录，公司产品可追溯率达 100%。

【质量控制管理】推进 QA 标准化管理。MQA 和 PQA 制定改进计划；根据质控评价表逐项排查，针对风险点修订检验计划及内控标准，确保产品质量符合出厂标准；对班组长进行微生物取样培训，签订确保样品有效性保证书，在样品上署名，确保微生物取样数据的准确性；每月对检验人员进行相关 SOP 的培训学习，开展 CPCP-R 活动，每季度开展 QA 内审，参加区域中心工厂组织的数据比对；开展现场外包装质量查核，发现问题现场进行解决；2015 年 10 月完成质量控制总部 QA 审计。2015 年第一季度 PQA 有 3 个 CPCP-R 获中心工厂推荐，1 个得到总部推荐。在 5 月份举行的华中区域啤酒比对中获得啤酒综合能力评价第一名。组织品评培训并从中选拔关键品评人，根据 TVS 测试计划，针对品评结果对部分物质开展专项品评培训。（朱冠勇）

泸天化（集团）有限责任公司

【泸天化集团国有产权划归泸州市】按照省委、省政府对四川化工控股集团“分块搞活、转型升级”的要求，2015 年 7 月 10 日，泸州市政府与四川化工控股集团签署《国有产权无偿划转协议》，将四川化工控股集团持有的泸天化集团有限责任公司 100%股权全部无偿划转给泸州市政府。7 月 27 日，该项协议获省国资委批复同意。8 月 24 日，中国证监会核准豁免泸州市国资委因泸天化集团公司国有资产行政划转而控制泸天化股份应履行的要约收购义务，泸天化集团成为泸天化股份公司实际控制人。市政府授权市国资委履行出资人职责。归属关系划转后，市委、市政府加强领导，作出做实泸天化集团的决定，将泸天化集团公司组建成为有实际管控权的企业集团，同时按产权关系对原四川化工控股集团管理的泸州化工版块管理权限进行调整，由泸天化集团公司对泸天化股份公司、天华公司行使管理权，受托对四川煤气化公司、古叙煤田等公司行使管理权。

【做实泸天化集团】按现代企业制度要求，进一步完善泸天化集团法人治理结构，组建党委会、董事会、监事会和经营管理层，构建起“战略管控+运营监控”的管控模式；管控定位为“开放合作平台、资源整合平台、资本运作平台、风险防控平台”，理清泸天化集团公司与各单位的管理关系，明确以“产权管理为核心，以协议托管为辅助，以专项工作专题安排为补充”的管理关系；确定打造“新农化、新材料、新环保”的战略发展方向。设立“二办、七部、五中心”，明确领导分工和部门职责，重新建立完善33项基本管理制度。集团初步搭建起以战略管控、绩效管理、资本运营为主的现代企业管控体系。2015年9月，集团总部完成13名高、中级经营管理和专业管理人员市场化公开招聘。

泸州国家化工新材料高新技术产业化基地顺利通过省级专家评审

【生产经营】2015年，各生产单位长周期运行创下历史最好水平，装置连续运行100天以上长周期共计27个，合成氨、尿素等主导产品产量大幅增长，能耗持续降低。其中泸天化股份公司新系统合成氨、尿素装置打破连续运行332天和205天历史最好纪录，实际连续运行345天和275天。全年，生产尿素181万吨，较2014年（下同）增长80.9%；新型肥料32万吨，增长60%；合成氨127万吨，增长84.3%；煤炭200万吨，下降18%。实现营业收入54亿元，较国资委所下目标48.5亿增加5.5亿元，完成目标任务的113.4%；实现利润总额-7亿元，在2014年亏损14.9亿元的基础上减亏近8亿元。泸天化股份公司实现扭亏为盈，创利润1000万元以上。

【产业转型升级】依托已有化肥、甲醇、1，4-丁二醇、油脂化工产业基础，坚持“原料市场化、产品多元化、风险分散化、效益最大化”的原则，实施企业转型升级，重点发展“新农化、新材料、新环保”三大产业。1. 通过将传统单质肥向复合化、高效化、水肥一体化、有机—无机相结合发展，通过互联网+平台建设，做好传统肥料产业的转型升级。并利用国家“一带一路”的优惠政策，向俄罗斯、东南亚等地加快转移过剩化肥产能；2. 结合工业污水、生活污水、种养殖业废弃物处理，加快拓展新环保产业；3. 确定以碳酸酯为转型升级核心项目，发展化工新材料产业。

【重点项目建设】1. 煤气化项目进入收尾阶段，全年完成投资12.60亿元，完成年计划15.70亿元的80.25%，项目累计完成投资29.30亿元，完成总投资32.4亿元的90.43%。2. 观文煤矿项目于2015年国庆节后恢复建设，经过近3个月的努力，采煤工作面已基本形成，初步具备出煤条件，该项目全年完成投资1.25亿元，累计完成投资14.80亿元，完成项目概算总投资16.52亿元的89%。

（罗 飞）

泸州北方化学工业有限公司

【概况】泸州北方化学工业有限公司是中国兵器工业集团公司所属的国家重点保军和具有自营外贸经营权的综合性大型化工企业。公司具有完善的科研开发、设计、生产、营销、服务、质量保证等多功能、全方位的管理体系。拥有水、电、气、蒸汽等公用工程配套设施，6个生产经营实体、1个产品研究所、1个民品研发中心、1个工程设计研究所、3个全资公司和7个参股控股公司。公司在册员工4153人，其中，各类专业技术人员1000余人。2015年，公司实现主营业务收入14.36亿元。

【重点民品扭亏增盈】1. 纤维素产品。羟乙基产品通过生产线技术改造，产销量同比有较大幅度提升，全年实现销售2100吨；甲纤产品针对市场价格大幅下滑的情况，通过对外加大非建材行业市场开拓力度，对内继续加强生产成本和管理成本控制、加大棉浆使用量，进一步提升产品市场竞争力和抗风险能力。全年实现利润2189万元，较计划增利689万元。2. 油箱产品。积极推进产品结构调整，贴近主机厂的市场需求，完成10款新产品的开发，扩大高附加值油箱产销比重，全年实现销量188万套，实现利润总额4533万元，同比增利2447万元。保持汽车金属燃油箱生产国内第一的地位。3. 农药产品。产品全自动包装线建成并投入生产，提高生产效率。开拓污染土地修复新市场。全年实现盈利24万元。4. 军民结合产品。无击发射钉药片通过优化、改进原有生产工艺，提高无击发射钉药片的产能。

【企业改革】1. 有机硅资产成功实现重组，盘活资产，有效化解经营风险。2. 多措并举做精做强油箱业务。积极拓展印尼海外市场，完成项目可研论证工作；与国际先进金属油箱企业就合资合作共同拓展新能源汽车市场基本达成共识；完成机械公司股份制改造前期尽职调查、审计评估及方案制定等相关工作。3. 甲纤业务重组整合取得实质性的进展，各相关方达成收购天普公司外方股权的框架协议。4. 川安分部“三供一业”实现市场化运作，已就生活用水管网移交事宜与地方政府达成一致。

【精益管理】按照“点面结合”的推进方式，在“面”上开展“基础管理综合整顿”“质量效益全面提升”以及“整洁文明生产”等活动；在“点”上深入开展“精益管理分类对标”及精益管理专题劳动竞赛，在具体问题改善上取得突破，并以班组管理和合理化建议工作为抓手，发动全员精益改善。全年共征集合理化建议5219条，员工参与率99%、提案率131%。（谭文静）

中海沥青（四川）有限公司

【概况】2015年，中海沥青（四川）有限公司（简称中海沥青）全年累计加工原油58.50万吨，实现产品销售量58.55万吨，销售收入20.19亿元，缴纳税金6.56亿元。

【安全生产】2015年，公司以“一岗双责、党政同责、齐抓共管”为管理要求，不断完善QHSE制度体系、落实安全主体责任、强化培训和绩效考核、提升员工执行力。通过建设以行为安全为基础、以工艺安全为重点、以生产过程受控管理为核心的QHSE管理体系，全年实现安全生产“零”事故，达到了“不损害健康、不发生事故、不破坏环境”的本质安全目标。

【技术创新，节能减排】实施机械抽真空系统溴化锂机组改造、换热网络流程优化、原油注碱、原油罐顶保温等技术改造，公司吨油能耗、吨油能源费用、单因能耗同比均呈下降趋势，节能减排目标全部完成，成效显著。

【市场营销】中海沥青通过逆势推价、挺价销售、快速降库、低库存运营等多种手段实现扭亏为盈。1. 抢抓市场需求、调整产品配方，降本增效。根据市场需求，调整工艺，控制生产成本，开源节流，通过应用自制改性沥青高效稳定剂节约辅料成本及生产销售PG分级SBS改性沥青两项措施实现降本增效。2. 通过管理创新、产品结构优化、营销政策调整等一系列措施，成功布局青海、西藏新市场，全年开拓新客户25家，其中油品客户7家，沥青客户18家，终端用户11家，新增沥青客户全年签订的合同量共计5.68万吨，同比增长90%。抓住市场机遇高价出货增效益，成功实现扭亏为盈。3. 创新燃料油销售模式，有效发挥燃料

中海金象加热炉

油资源价值优势。成功与四川石化续签石脑油和蜡油合同，全年石脑油直供0.47万吨，蜡油供应13.9万吨。2015年，中海沥青累计销售产品58.5万吨，2014年同期48.84万吨，同比增长16%。

【科技成果】积极开展各项科技奖励申报及知识产权保护工作，其中“星型SBS改性沥青关键技术研发及产业化应用”取得四川省科学技术厅科学技术成果认证；申请“一种改性沥青用粉状稳定剂加料装置”专利并获得证书；“中海油36-1PG分级改性沥青研究及工业化应用”项目获得油气公司科技进步二等奖，“常减压装置节能降耗”科技项目进入2015年总公司技术革新奖。“高效稳定剂的研制”、“常顶循低温防腐蚀应用研究”、“趸船振动抑制系统”、“装置抗‘晃电’技术应用研究”4项科研项目均完成成果转化。

【重点项目建设】中海金象加氢项目以中海沥青所生产的常二线、常三线、减一线、减二线、减三线侧线油为原料生产变压器油、冷冻机油、导热油和环保橡胶填充油等产品。至11月底完成制氢、加氢、压缩机、储运罐区主要设备的安装，正在进行工艺配管、电器仪表安装、污水处理等公共工程部的施工安装，2015年底完成安装施工，进入调试阶段。中海沥青于2015年年10月16日起，与中海金象公司共同建立周例会机制，定期通报各自就合作事项的进展情况以及沟通需共同解决的问题，合作思路逐渐清晰，整体合作方案获得油气总部批准，为后续工作开展奠定基础。

【“十三五”规划思路】“十三五”期间，四川公司将把产业价值链整合当成长期竞争战略的主线内容，通过合资、战略结盟等方式，致力于建立一条完整高效、链上厂商合力共赢的产业价值链。明确“一体两翼”发展新模式，以四川公司现有“原油一次加工”装置及其配套设施为主体，以做精做优“原油一次加工”业务作为公司事业的根本，利用环烷基原油稀缺性和专业的运营管理能力，捕捉商业机会，为“原油一次加工”的产品提高附加值，以此带动沥青、润滑油产业发展。以“沥青产业”为左翼，发展道路和非道路沥青。以“润滑油产业”为右翼，发展润滑油基础油及终端产品。原油一次加工、沥青、润滑油两两互哺，相生互动，共同组建一个和谐共生的有机整体。（张　龙）

四川长江工程起重机有限责任公司

【企业改革】优化组织结构，合并液压和桥箱分厂，精简生产组织流程；成立科技发展部，抓好市场调研和开发，同时开拓环保新产品和新业务。经过公司人员瘦身改革工作，2015公司共计分流385人，公司在岗人员由重组前的1024人降至639人，分流率达37.5%。

【营销管理】实施渠道改革，细化营销业务管理，明确代理商和办事处的责、权利。开展市场调研，拓展新业务，在湖北地区开始试点以旧换新业务。

加快推进网络、微信等创新营销手段。充分协同两个渠道积极推进出口工作。2015 年在行业总体出口下行的态势下，长起公司出口实现小幅增长

【产品升级】针对出口市场研发了 R 系列右驾产品、K 系列康明斯发动机产品，并重点针对俄罗斯市场，研发 TTC025B 汽车起重机及专用底盘。

【产品转型和新业务】启动实施泸州市乡村污水处理 50 个站点建设的项目工作，并开发研制了餐厨垃圾车及 GHW125A 污泥转运车，其中 3 台污泥转运车实现销售。

【新园区建设】园区土建工程基本完工，EPC 内项目进入收尾阶段，相关 EPC 外项目有序推进。对新园区建设项目做细致梳理，以充分利用现实能力为基础，调整工艺布局。（何　荞）

四川邦立重机有限责任公司

【概况】四川邦立重机有限责任公司（简称邦立重机）主体控股泸州邦立液压有限公司、泸州邦立锻热有限公司、泸州邦立减速机有限公司、泸州邦立设备工模具有限公司 4 个子公司。从 2015 年上半年起，邦立重机主体公司正式启动搬迁工作，公司从原厂址陆续搬迁至位于泸州国家高新区酒谷大道四段的新厂区。至年底，各主要生产工序边清理、边安装调试并恢复全部或局部生产能力。公司新厂区占地面积约 450 亩（30.20 公顷），购置和搬迁各类机械加工设备 180 多台（套）。公司有员工 580 多人，其中有各类专业技术人员 250 多人，工程技术人员 120 多人，有享受国务院政府津贴专家 5 人，省、市学术和技术带头人 4 人，省、市拔尖人才 12 人。

【入围全市“最具成长性十佳企业”】经过对全市重点工业企业进行考评，泸州市“最具成长性十佳企业”考评结果出炉，邦立重机入围并受到泸州市政府的通报表扬。

【邦立全液压挖掘机被列入《四川省名优产品名录》】经省经信委组织专家评审，邦立重机全液压挖掘机产品被列入 2015 年《四川省名优产品目录》，成为四川省重点工程、重大项目近距离采购目标企业和目标产品。（石兆群）

四川长江液压件有限责任公司

【概况】四川长江液压件有限责任公司（简称“长江液压”）主要设计制造液压多路阀、液压齿轮泵/马达、柱塞泵、液压油缸、液压系统、液压/电气集成系统，并为客户特定需求提供成套系统解决方案。有 1 个母体公司（四川长江液压件有限责任公司），下辖 2 个全资子公司（成都长液机械有限公司和四川长江液压天成机械有限公司）、1 个控股公司（四川长液电气有限责任公司）。有泸州和成都温江 2 个园区，其中 2 个全资子公司和 1 个控股公司在温江园区。

【新技术新产品】1. “负荷传感技术平台研发及应用”通过省经信委项目组验收。1 月 22 日，由四川长江液压件有限责任公司承担的四川省重点技术创新项目“负荷传感技术平台研发及应用”，通过省经信委项目验收组验收。2. 某卫星发射基地 3 号塔架液压系统通过验收。1 月，某卫星发射基地 3 号发射塔架改造项目，通过由某部相关领导和专家组成的验收组进行的竣工验收。其中，长江液压承担的液压项目顺利通过验收。3. GQL231 型重型支援桥“液压油缸精品工程”项目通过验收。2 月 5 日，由中国人民解放军总装备部某军代室总代表等组成的验收组，到长江液压对 GQL231 型重型支援桥“液压油缸精品工程”项目进行验收。4. 长江液压“高性能液压件关键技术研究及其产业化”项目通过省科技厅审定。2 月，四川省科技厅组织专家对 2015 年省科技支撑项目进行了申报材料、预算答辩的评审。四川长江液压件有限责任公司“高性能液压件关键技术研究及其产业化”项目通过评审。5. 长江液压为“抗日战争胜利 70 周年”阅兵装备配套产品通过验收 5 月 6 日，二炮某军代局代表以及武汉某军备制造单位质量工

程师等组成验收组，对长江液压承担的“抗日战争胜利70周年”阅兵式某编队装备配套的齿轮泵进行现场验收。

【名牌产品】“长佳”牌高压液压油缸中高压齿轮泵再获“四川名牌产品”称号。3月，四川长江液压件有限责任公司生产的“长佳”牌高压液压油缸、中高压齿轮泵，被四川省政府授予“四川名牌产品”称号。长江液压产品荣登《2015四川名优产品目录》。6月，经四川省经信委组织专家评审，四川长江液压件有限责任公司多个系列产品被成功录入《2015四川名优产品目录》。

【参加展览会】4月中旬，2015年德国汉诺威工业博览会举行，来自65个国家和地区的6500多家展商参加了为期5天的会展。长江液压通过前期精心准备，组织宣传资料并携带产品如期亮相德国汉诺威工业博览会。长江液压的展台与展出的产品吸引了德国、俄罗斯、伊朗、印度、罗马尼亚、土耳其等国几十家客户到展台咨询、交流，。6月2日，2015年俄罗斯国际建筑及工程机械展览会在莫斯科隆重开幕。长江液压携CMK、GPC4、CBY、GDBK齿轮泵，CD15、CDB15、DC20、QKF6多路阀、CJA10VS28柱塞泵和比例驱动头等产品，成功亮相俄罗斯国际建筑机械及工程机械展览会。9月22—25日，第十三届（2015）中国工程机械、建筑机械、工程车辆及设备博览会（BICES2015北京）在中国国际展览中心新馆举行，来自全球三十多个国家和地区近千家企业参展，长江液压携多种产品参展。（缪艳梅）

国网四川省电力公司泸州供电公司

【概况】国网泸州供电公司成立于1981年10月，是隶属于国网四川省电力公司的特二型供电企业，担负着泸州市三县三区、合江县四川天华股份有限公司、贵州省赤天化股份有限公司及季节性趸售贵州省赤水市的供电任务，供电面积9821平方千米，供电人口422万人。

国网泸州供电公司设11个职能部门，7个业务支撑和实施机构，1个直供直管县级供电公司（国网四川省电力公司泸县供电分公司），管理3个全资县供电公司（国网四川泸州市纳溪供电有限责任公司、国网四川叙永县供电有限责任公司、国网四川古蔺县供电有限责任公司），代管1个控股公司（国网四川泸县供电有限责任公司）。公司用工总量5059人，固定资产35.91亿元，35千伏及以上变电站83座，主变140台，总变电容量495万千伏安，35千伏及以上线路144条、2169公里。

2015年，国网泸州供电公司完成售电量51.61亿千瓦时，同比减少0.54%；最大负荷达116.74万千瓦，最大日电量2238万千瓦时；完成电网投资10.3亿元，新增35千伏及以上输电线路187千米、变电容量15.5万千伏安；电费回收双结零，并表口径线损率8.5%；安全生产、影响和损害企业形象的重大服务事件、影响稳定和党风廉政建设重大事件实现“0”目标。截至2015年12月31日，实现连续安全生产3460天。

公司员工王静波被评为四川省劳模，王荣鸣被评为省公司劳模，公司18个集体、51名员工获泸州市及以上先进表彰。

【电网建设与发展】开展电网发展诊断分析，完成“十三五”电网规划、市县两级配电网规划以及农网改造升级专项规划编制，220千伏安宁站等7项工程完成可研，110千伏安富站增容扩建等4项工程取得核准。按期投运220千伏泸杨线等11项重点工程，新增35千伏及以上线路187千米，变电容量15.5万千伏安，主网供电能力显著增强。全面完成±800千伏宾金线房屋拆迁迹地恢复工作。城乡配网建设全面提速提质。

【经营管理】积极应对经济下行压力，千方百计增供扩销，推广以电供热等电能替代项目，超额完成电量替代任务。建立综合计划、项目结算决算周通报机制，完成537项工程决算，清理债权债务，资产运营效益不断提高。加强预算集约调控、资金集中管理、风险在线监控，资金管理实现“四结零”。公司5家会计主体基础工作全部达标

2015 年 8 月 13 日，气温达到了 39℃，电力员工正在开展电缆施工

创优。仓储管理在省公司仓储规范化、标准化检查中排名第一，物力规范管理水平逐步提高。

【安全生产】深入开展安全管理提升活动，层层强化责任落实，严抓全域风险防范，安全生产管控力持续增强。筑牢“计划+现场”安全管控防线，查处各类违章。扎实开展安全大检查，完成线路跨鱼塘、开关柜隐患等 15 个专项治理，消除缺陷隐患，设备健康水平不断提高。实行电网运行风险分级预警，刚性执行检修计划，顺利完成 220 千伏智能变电站首检。发现“三大直流”通道隐患、缺陷，圆满完成四川清洁能源满功率外送安全保障任务。全覆盖开展“安全大讨论”，完成 1129 人次安规调考、普考，全员安全意识和技能持续增强。应急处置高效迅速并纳入政府应急机制，叙永“8·17”抢险救灾应急处置受到市委市政府高度肯定。

【农电工作】开展农网改造工程建设，惠及 22.23 万人；完成 2013 年及以前农网工程清理和决算审计。大力实施精准扶贫，完成 21 个贫困村改造和 508 个“低电压”台区治理。“三大抓手”助推扶贫攻坚，结合“包片进村”，制定未改造贫困村的精准扶贫方案，以西溪村、富民村为示范点，精准实施农改升扶贫工程；提前两月完成古叙小水电供区接收工作；加大低电压的整治力度，农电管理有效规范。完成市县两级供电服务公司组建和农电员工合同签订，解决历史问题，确保农电队伍稳定。公司获省公司“电亮藏区”先进单位。

【优质服务】突出客户体验，主动对接煤气化等 9 项省市重点项目用电服务，开展高危及重要客户安全用电服务 368 次，圆满完成酒博会等 34 次重大保电任务。全面推行“一证受理”和“一站式服务”，梳理内部流程 11 个，居民实现 24 小时接电，高压客户报装接电时间平均缩短 3 天，业扩报装服务提质、工作提效。推广“掌上川电”网上银联缴费等 3 种模式，APP 注册客户达 6 万户。推行配网抢修“网格化”管理，提升抢修效率快速处理客户产权故障抢修 21 起。清理 779 栋老旧居民楼供配电设施，消除 151 处社区遗留用电安全隐患，迁移 173 处杆线等路障。供电服务水平和客户满意度实现“双提升”。

【国网四川省电力公司泸县供电分公司】始建于 1996 年 8 月，担负着泸县 7 个乡镇供电任务，供电范围 515 平方公里，供电人口 37.01 万人；用电客户 88120 户，其中 10 千伏用户 159 户。公司下设 5 个农村供电所和北辰泸县分公司。截至 2015 年 12 月底，全公司有全民职工 59 人，供电所职工 149 人。管辖 110 千伏变电站 2 座，35 千伏变电站 3 座，主变容量 165.65 兆伏安；10 千伏配电线路 26 条，长度 626.77 千米；配电变压器 876 台，配变总容量 13.26 万千伏安。2015 年完成售电量 1.3 亿千瓦时。电费回收率达到目标要求。农网综合线损 10.3%，农网工程结算完成率、优质工程率 100%。

【国网四川泸州市纳溪供电有限责任公司】成立于

2001年1月18日，现为国网四川省电力公司全资子公司。主要担负着纳溪城区及12个乡镇，江阳区、合江县、江安县、叙永县部分乡镇的城乡居民生产生活用电以及新火炬化工厂、银鸽纸业等大中型企业的供电任务，供电面积1335.6平方公里，用电客户16.7万户。公司下设11个乡镇供电所、1个水电运检中心。有员工545人。公司拥有35千伏及以上变电站11座，总容量67.945万千伏安；35千伏及以上线路18回/232.224千米；10千伏线路43回/1516.72千米。共有配电变压器2081台，容量283.679兆伏字。2015年，公司完成售电量4.22亿千瓦时，综合线损率9.31%。截至2015年12月31日，公司连续安全生产2724天。

【国网四川叙永县供电有限责任公司】于2005年12月14日正式挂牌成立，为国网四川省电力公司全资子公司。承担叙永县城以及25个乡镇的部分供电任务，供电面积2928平方公里，供电人口约73.5万人。公司下设20个班组以及集体企业泸州北辰叙永分公司、北辰发电公司。拥有35千伏及以上变电站16座，主变25台，总容量71.93万千伏安。110千伏线路11条，长度195.27公里；35千伏线路13条，长度58.74公里；公用配电变压器共1766台，总容量16.55万千伏安。2015年，公司完成售电量4.1亿千瓦时，日最大电量171万千瓦时。全面完成叙永县全部小水电供区接收工作。截至2015年12月31日，连续安全生产3671天。

【国网四川古蔺县供电有限责任公司】于2001年4月18日正式挂牌成立，为国网四川省电力公司全资子公司。担负着古蔺县社会与经济发展及人民群众生产生活供电任务，供电面积3180平方千米，供电市场占有率92.5%，供电人口83万余人。下设1个供电所和6个发电厂。管辖220千伏变电站1座，220千伏线路总长107.477千米；110千伏变电站3座，110千伏线路总长140.996千米；35千伏变电站10座，35千伏线路总长199.11千米。发电厂总装机3855千瓦。已形成以220千伏冯冲湾变电站为中心的110千伏环网供电格局，最高负荷达11万千瓦，日供电量达183万千瓦时，年供电量约4.8亿千瓦时。截至2015年12月31日，公司连续安全生产6118天。

【国网四川泸县供电有限责任公司】是四川省电力公司控股的县级供电企业，由四川省电力公司和泸县国有资产经营有限公司共同出资组建，于2012年12月13日正式挂牌成立。公司下设11个供电所，1个运检分公司，1个检修分公司，1个全资子公司。公司主要担负着泸县县城、泸县15个镇和龙马潭区5个乡镇供电任务，供电面积1156平方公里，供电总人口达85.6万，供电户数258386户。公司有110千伏变电站2座，35千伏变电站11座，35千伏开关站1座，10千伏开关站1座。35千伏主变总容量175300千伏安。35千伏线路27条，总长208千米。10千伏线路80条，总长1804.454千米。10千伏公用配变1963台，容量85.027兆伏安。低压线路总长12218.52千米。2015年，公司售电量5.45亿千瓦时，线损率11.22%，电费回收率100%。截至2015年12月31日，公司实现连续安全生产1114天。（李栋斌）

四川泸州川南发电有限责任公司

【概况】2015年，四川泸州川南发电有限责任公司累计完成发电量31.01亿千瓦时，上网电量28.78亿千瓦时，平均生产厂用电率6.64%，供电标煤耗327.87克/千瓦时，销售收入11.54亿元，上缴税费0.96亿元。

【安全生产】保障#1机组小修和#2机组大修中两台机组除尘及脱硫系统提效改造、#2炉低氮燃烧改造等5个重大技改项目、17个一般技改项目、550个标准项目的施工安全，全年未发生安全生产事故，是川内600兆瓦等级机组中唯一实现零“非停”的火电企业，被评为泸州市2015年安全生产一等奖单位。

【环境保护】全年机组脱硫投运率100%、综合脱硫效率94%以上，二氧化硫平均排放浓度为296.19毫克/标准立方米，比国家规定限值低103毫克/标准立方米；机组脱硝投运率99%以上、综合脱硝效率80%以上，氮氧化物平均排放浓度为

170.27 毫克/标准立方米，比国家规定限值低 29.73 毫克/标准立方米，全部实现达标排放。#2 机组除尘及脱硫系统提效改造完成并顺利通过环保验收。

【电力营销】及时收集电力市场供需信息，坚持对发电量进行日、周、月分析，积极与电网公司沟通，协调机组多发电。努力抢占电力市场份额，签订直供电 28404 万千瓦时，争取到自备电厂停发挂牌交易电量 8242 万千瓦时，签订火火替代电量 3250 万千瓦时，签订水火替代电量 28400 万千瓦时。

【煤炭采购】根据电力和煤炭市场变化，累计调整 13 次煤炭采购价格，共与 49 家煤炭供应商签订煤炭采购合同，累计进煤 142 万吨，其中泸州煤约占 45%，宜宾煤约占 24%，贵州煤约占 18%，云南煤约占 9%，另有 4%的煤炭来自陕西、山西和甘肃等地。（胡　泰）

农　业

农业综述

【农民收入】全市把助农增收作为全市“三农”工作的重中之重，落实县区委书记、县区长负责制，大力发展现代农业，着力扶持农村新兴产业新型业态发展，助推农民收入持续较快增长。2015 年全市农业增加值增长 3.3%，农民人均可支配收入达 11359 元，比 2014 年增加 1061 元，增长 10.3%，总额、增额、增幅分别列全省第十三、第十、第六位。

【现代农业示范项目】全市以国家级现代农业示范区建设为总抓手，以江阳区董允坝现代农业示范园区、合江现代农业示范园区建设为龙头，全力实施泸县龙眼基地、合江县荔枝真龙柚基地、古

国家现代农业示范区——江阳区董允坝示范区

叙赤水河流域精品脐橙基地、纳溪茶产业等现代农业产业发展示范项目建设，建成“千亿增收示范工程”万亩示范区 11 个，国家级、省级农业标准化示范项目 38 个；建成名优水果基地 102 万亩（6.85 万公顷）、竹基地 357 万亩（23.96 万公顷）、蔬菜基地 101 万亩（6.78 万公顷）、特早茶基地 37.8 万亩（2.54 万公顷）、酿酒高粱种植面积 70 万亩（4.70 万公顷）；建成生猪规模养殖场 721 个、出栏生猪 366 万头、肉牛 7.2 万头。泸县海潮、江阳黄舣、龙马潭胡市、合江虎头等 5 个示范区被认定为国家级标准化生产示范区；合江县虎头镇、泸县太伏镇、纳溪区护国镇等创建为全国“一村一品”示范镇，江阳区创建为国家农业产业化示范基地。创建“三品一标”农产品 248 个，纳溪区成功创建为“中国名茶之乡”，“纳溪特早茶”成为中国—欧盟地理标志保护互认产品。

【农村改革】把农村改革作为激发农村发展活力，加快农业转型升级的重要抓手，全力推进农村各项改革，基本完成农村土地承包经营权等“七权

同确”工作，建立县级农村产权流转交易平台 7 个，乡镇级农村产权流转交易服务窗口 112 个，共流转土地面积 61.8 万亩（4.75 万公顷），占全市农村土地面积的 20.33%。同时农村各项改革试点探索事项顺利推进。泸县全国宅基地改革试点，于 2015 年 3 月率先颁发全国首批不动产权证暨四川第一本农村宅基地使用权及房屋所有权证。纳溪区农村土地流转收益保证贷款试点，累计实现抵押融资 9145 万元。泸县全国农田水利设施产权制度改革和创新运行管护机制试点、全省增加农民财产性收入试点和纳溪区全省深化小型水利工程管理体制改革试点、全省深化涉农资金整合打捆下达农业项目资金试点等 12 项省级以上改革事项取得阶段性成效。

生姜喜获丰收

【农村基础设施建设】大力开展以农村水源工程和饮水安全工程、通乡通村公路改（扩）建、农村电力体制改革和农村电网改造、农村污水治理、农村危房改造为主要内容的“4+1”农村基础设施建设，推进城乡基础设施一体化。合江锁口水库、叙永倒流河水库等一批在建骨干水利工程进展顺利。累计改造低压电网 1.51 万公里、改造农户 11.72 万户，新改建农村公路 5423 公里，建制村通达率和乡镇通畅率均达到 100%；建成农村饮水安全工程 949 处（集中式 770 处、分散式 179 处），累计解决 160.7 万农村人口和 6.8 万农村学校师生的饮水安全问题；全市 128 个乡镇中建有生活垃圾处理场 32 个、村级垃圾收集点 1224 个、生活污水处理厂（站）30 个。

【幸福美丽新村建设】以“业兴家富人和村美”为目标，以省市一、二轮新农村示范县建设为载体，突出基础设施、农房建设、主导产业、生态环境、基层治理五个重点环节，以点带线，以线带片，加大投入，全域强力推进城郊新村、丘区新村、乌蒙新村建设。特别是古蔺、叙永、合江三个乌蒙山连片扶贫地区，积极实施新村建设与精准扶贫“双轮驱动”战略，整合项目资金，探索乌蒙新村建设模式，着力解决乌蒙山区行路难、饮水难、用电难问题。2015 年全市建成幸福美丽新村 200 个，新改建聚居点 160 个，覆盖农户 44.5 万户、163 万人。

【精准脱贫】将脱贫攻坚作为重大政治任务和历史使命，全面落实党政一把手负总责的扶贫开发工作责任制，集中力量投入扶贫开发。到 2015 年年底，全市精准识别、确定贫困村 257 个、贫困人口 23.13 万人，明确了脱贫时间表、路线图；细化了“七大扶贫攻坚行动”建设内容，配套出台 13 个扶贫专项方案，构建“1+7+13”精准扶贫攻坚体系。2015 年，全市农村减贫 8.06 万人，贫困发生率下降到 8%。（李支勇）

种植业

【概况】2015 年，全市粮食作物种植面积 556.03 万亩（37.32 万公顷），粮食总产 202.82 万吨，较

2014 年（下同）增加 4.56 万吨；油菜播栽面积 33.06 万亩（2.22 万公顷），增加 0.91 万亩（610 公顷），油菜籽总产量 4.12 万吨，增加 0.24 万吨。

2015 年 8 月 4 日，省农业厅副厅长涂建华（左二）参观叙永县高山蔬菜生产现场

全市蔬菜种植面积达到 103 万亩（69.13 万公顷），总产量 230 万吨，产值 56 亿元。全市果树面积 177.6 万亩（11.92 万公顷），水果总产量 51.6 万吨，产值 33.7 亿元。茶叶种植面积 37.84 万亩（2.54 万公顷），总产 1.6 万吨，综合产值 26.51 亿元，增长 8%。全年发蚕种 2866 张，收购蚕茧 9.03 万公斤。

全年完成新型职业农民培训 2030 人次，开展农村实用技术培训 150 万人次以上。全年建设高标准农田 22.56 万亩（1.51 万公顷），推广测土配方施肥技术 439 万亩（29.46 万公顷），完成配方肥推广面积 222 万亩（14.90 万公顷）。全市工商注册农民合作社累计达 3100 个，家庭农场达 814 个。农村土地流转规模达 61.8 万亩（4.15 万公顷），占家庭承包耕地面积的 20.22%；适度规模经营面积达 31.7 万亩（2.12 万公顷），占流转面积的 51.3%。

【粮食生产】全市粮食作物种植面积 556.03 万亩（37.32 公顷），粮食总产 202.82 万吨，增加 4.56 万吨，粮食产量实现连续 9 年增产。再生稻总产达 14.08 万吨，增加 1.95 万吨，比历史最好的 1999 年增加 0.03 万吨。

【粮油高产创建】泸县继续纳入农业部水稻高产创建整县整建制推进，落实水稻高产创建示范片 20 个，面积 21.3 万亩（14.30 万公顷）；合江县纳入农业部水稻高产创建整乡整建制推进，落实水稻高产创建示范片 4 个。江阳区、龙马潭区、纳溪区、合江县、古蔺县纳入四川省粮食生产能力提升行动项目县，落实高粱创建示范片 5 个，面积 10 万亩（6710 公顷）；叙永县纳入四川省粮食生产能力提升行动马铃薯项目县，落实马铃薯良繁面积 0.2 万亩（130 公顷）；江阳区、龙马潭区、纳溪区、叙永县、古蔺县纳入四川省粮棉油高产创建示范县，落实水稻高产创建示范片 11 个，面积 11 万亩（7380 公顷）；叙永县落实马铃薯高产创建示范片 2 个，面积 2 万亩（1340 公顷）。泸县水稻高产创建示范片中稻再生稻平均亩产 831.6 公斤，比非示范区 740.5 公斤增加 91.1 公斤，增 12.3%；其中中稻 648.4 公斤，再生稻 183.2 公斤。合江县水稻高产创建示范片平均亩产达 638.8 公斤，单产比 2014 年提高 6.3 公斤。

【农业病虫防治】全年病虫为中等发生程度，病虫草鼠发生面积 1535.94 万亩次，防治面积 1609.04 万亩次。其中：病虫防治面积 1049.85 万亩次，实施绿色防控面积 42.44 万亩次，专业化统防统治面积 403.35 万亩次，占防治面积的 38.42%。挽回粮食损失 32.53 万吨，病虫危害综合损失率为 2.35%。

【特色农业产业】以《泸州现代农业发展规划(2014—2025)》为引领，以实施现代农业重点县、现代农业“千亿示范工程”万亩示范区及重点产业园区建设为抓手，大力发展精品果业、优质蔬菜、特色经作等特色效益农业产业，现代农业快速推进。全市蔬菜种植面积103万亩（6.91万公顷)，总产量230万吨；水果面积达177.6万亩（119.19万公顷）（其中名优水果106万亩(7.11万公顷)），总产量51.6万吨；茶叶面积达37.84万亩（2.54万公顷)，总产量1.6万吨。新建现代农业产业万亩示范区11个。

【农业开放合作】先后外出考察学习、招商引资对接企业13家，引进项目8个，引进资金30.2亿元，年度到位资金总额7.322亿元。先后组织各区县政府、龙头企业、农民合作社等参加全国农交会、四川农博会、菜博会、茶博会等，展示展销泸州优质特色农产品，促进农产品销售。成功举办第三届四川茶叶开展活动周、合江荔枝节、泸县龙眼采摘月、古蔺马蹄甜橙采摘节等活动。

【农村改革】加快推进农村土地承包经营权确权登记颁证，江阳区、泸县、叙永县、龙马潭区通过省级验收，均获得优秀。江阳区开展农村集体资产股份制改造试点，纳溪区开展农村土地承包经营权流转收益保证贷款试点，泸县开展全省增加农民财产性收入试点和宅基地改革试点等，发放土地流转收益保证贷款1.22亿元。启动高粱、烟草、蔬菜种植保险等10个泸州地方特色农产品保险，全年农业保险保费达1.68亿元，较2014年增加0.07亿元。全市工商注册农民合作社累计达3100个，登记注册家庭农场814个。农村土地流转规模达61.8万亩（4.15万公顷)，占家庭承包耕地面积的20.22%。开展农业社会化服务探索，试点政府购买植保病虫害防治公共服务，通过市、县政府购买植保服务共实施4.4万亩（2950公顷）20.6万亩次。

【农业科技】大力开展“四新”示范和“六良”配套，全市引进各类农作物新品种73个，新技术、新模式10项以上，主要农作物良种覆盖率达到95%以上。全市认定农业科技试验示范基地29个，培育科技示范户5546户。开展农村实用技术培训150万人次以上，新型职业农民培训2030人次。加强产学研联盟建设，与省内外近20家科研院所保持常年合作关系，基本形成“专家组+试验示范基地+农业技术人员+科技示范户+辐射带动户”的技术服务模式。大力开展科技扶贫，选派324名农业科技人员参加全省组织开展的“万名农业科技人员进万村开展技术扶贫行动”。

【高标准农田建设】全市通过实施巩固退耕还林成果基本口粮田建设项目、省级高标准农田建设专项资金项目、全国新增千亿斤粮食生产能力田间工程建设项目、现代农业产业强县和粮经复合基地设施建设项目等，新建高标准农田22.56万亩(1.51万公顷)，较2014年度增加2.77万亩(1860公顷)，累计投入资金7.2亿元。按照山、水、田、林、路综合治理、因地制宜、先易后难、集中建设，成片推进高标准农田示范区建设。在6个规划区县集中连片打造7个万亩（4700公顷）以上、4个5000亩（335.57公顷）以上高标准农田示范区。

【农产品质量安全】按照最严格的监管、最严厉的处罚、最严肃的问责，对农业投入品及农产品的生产、加工、流通、销售等各环节监管全覆盖，确保全市重大农产品质量安全事故“零发生”。开展省级风险检测445个，合格率99.5%；草莓、葡萄、蔬菜专项抽检80个，均未发现农药残留超标；市级例行监测和农业行政执法检打联动560个样品，合格率99.8%；农药残留快速检测4902个，快检合格率100%。全市新认证“三品一标”19个，“三品一标”农产品总数达180个。江阳区、合江县创建省级农产品质量安全监管示范县，通过省级专家组技术考核。

【农业行政执法】开展农资打假专项行动，严厉打击坑农害农现象。全年出动农业执法人员2830人次，整顿市场1048个次，检查农资企业3303个次，查获违法货物数量10.9万公斤，货值金额31.41万元，查处违法案件116件，挽回经济损失136.3万元。

【农业生态环境保护】全市推广测土配方施肥技术面积439万亩（29.46万公顷），其中配方肥面积达222万亩（14.90万公顷），在粮油核心区、产业基地、高产创建、标准园创建等区域建立万亩示范区12个。启动化肥使用量零增长行动，制定《泸州市2015—2020年化肥使用量零增长行动总体方案》。专业化统防统治面积达403.35万亩次，全市建立IPM粮经作物重大防控示范园区11个，推广绿色防控技术42.44万亩次；完成水稻ZJS污染状况协同监测394个。

【现代农业示范区建设】2015年1月，泸州市被农业部认定为第三批国家现代农业示范区。根据市政府制定的《泸州市国家现代农业示范区建设实施方案》，按照“一个主导产业示范基地、一个重点龙头企业、一个幸福美丽新村、一条产村相融示范线”的城乡一体化发展新模式，以现代粮食、现代园艺、现代畜牧三大产业为主导产业，以优质高产高效种养业为示范主题，以山地丘陵农业为示范区域类型，以培育新型农业经营体系为示范改革突破口，着力推进泸州国家现代农业示范区建设。重点打造江阳区董允坝现代农业园区、龙马潭走马慈竹现代休闲观光农业示范园区、纳溪三江现代观光农业科技园区、合江县长江村现代农业示范园区、泸州老窖现代农业示范园区等，全市新增现代农业万亩示范区11个。（王　删）

畜牧业

【概况】2015年，全市出栏生猪366万头，比2014年增长（下同）-2.4 %，肉牛7.8万头，增长8.3%；肉羊48万只，增长5.1 %；家禽3565万羽，增长2.4%。肉类总产量34.2万吨，增长-0.4%；禽蛋产量4.3万吨，增长2.3%。畜牧业产值达105.3亿元，增长3.2%，占农业总产值的37.5%；牧业人均纯收入893.9元，增长8.6%。

【项目建设】全年争取肉羊基地县建设、肉牛扩群增量项目等项目10余项，到位资金5273.6万元，同比增长15%。以生猪标准化规模养殖场（小区）建设、现代畜牧业重点县建设、专合社、菜篮子生产发展、畜牧业家庭农场等项目为抓手，深入推进16个畜牧重点项目建设工作，巨星30万头优质生猪一体化、四川景盛边城生态农业开发叙永合乐万只种羊基地、叙永东牛牧场2000头优质肉牛示范场建设、泸州四维禽业金龙蛋鸡基地建设、合江四海食品有限公司60万头生猪屠宰、冷链物流等项目达到确定的年度投资和形象进度。

【畜牧业招商引资】主动对接考察广东温氏、福建圣农公司规模养殖及深加工等项目，争取落户泸州，主动对外招引项目投资额达15亿元。其中，四川巨星30万头生猪一体化项目，总投资2亿元，成都亿都实业万头肉牛项目，总投资3亿元；温氏集团（泸州市）100万头优质生猪产业一体化项目，总投资10亿元，其中纳溪区首期投资4亿元。

【畜禽标准化示范创建】落实好畜牧业扶持政策，抓好畜禽标准化养殖、牛羊标准化生产基地、肉牛扩群增量、生猪调出大县奖励等项目，大力推进标准化适度规模养殖，深入开展标准化示范创建活动，着力创建一批达到国家级、省级的标准化示范场。2015年，各类标准化规模养殖场达780个，新增52个；国家、省级畜禽标准化示范场达31个，新增4个。全市以生猪为主的畜禽规模养殖比例达到71%，提升2%，高于全省平均水平。

【节粮型畜牧业】实施“稳猪禽、兴牛羊”发展战略，做大做强特色优势产业，不断优化产业结构。节粮型畜牧业蓬勃发展。叙永东牛牧场、四川景盛边城生态农业有限公司肉羊一期工程和古蔺郎多多公司肉牛一期工程项目建设顺利完成，随着川天公司肉牛屠宰生产线建设完成并投入运行，四川省畜牧兽医学会养牛学分会2015年年会在叙永县召开，标志泸州市肉牛产业发展进入全省一流水平。泸州东牛牧场正式获批实施南方现代草地畜牧业发展项目，将有力带动全市种草养畜业发展。

【品种保护与改良】积极开展丫杈猪和古蔺马羊品种资源保护工作。全市已建成种畜禽场201个，已获得种畜禽生产经营许可的养殖企业有16个（其中丫杈猪原种保护场1个），生猪人工授精站点40个，牛冷配点71个，以县、乡为主的繁殖改良网络日趋完善。积极开展以DLY生猪和西杂牛为主的畜禽良种推广工作，抓好品种改良，全市生猪、肉牛、肉羊、家禽、兔杂交改良面分别达到88%、73%、96%、94%、95%。

【畜牧业品牌打造】组织叙永富康兔业、泸州田园乐、古蔺三深、纳溪凤林虫草鸡养殖专合社及杉树湾生态禽业合作社等10余家畜牧企业参展中国国际农交会、四川农博会及电商平台交易会。通过内强实力，外塑形象，充分展示泸州市畜产品品牌，提升知名度。2015年，市级知名以上品牌达24个、有机畜产品2个、无公害畜产品15个。“乐道子”鸡和“乐道子”鸡蛋均荣获农业部农产品地理标志称号，“蔺乡”丫杈猪、“乐道子”林下鸡等品牌被认定为四川省著名商标。泸州益康“天鲜配”电子商务平台建设为泸州农产品线上线下融合销售奠定坚实基础。

【畜牧业产业化】坚持以工业化理念谋划畜牧业发展，不断探索发展机制，先后建立“股份制”合作社、“龙头企业+专合组织+适度规模养殖户”“公司+家庭农场”等多方共赢的产业化运作模式，“巨星寄养、利益兜底”发展模式在泸县稳步推进，成功地将分散农户引入畜牧业产业化经营体系，有效增加农民收入。创新风险防范机制，实施生猪、奶牛政策性保险，并辐射到林下土鸡、肉牛、肉羊保险，增强畜牧抵御自然风险能力。创新投融资机制，发挥财政资金导向作用，整合涉农资金，推进畜牧业基础设施和环保设施建设。全市有5个区县进入国家优质商品猪战略保障基地县、6个区县成为四川省生猪调出大县、培育泸县、纳溪等4个四川省现代畜牧业重点县。

【畜产品质量安全】2015年，共完成日常“瘦肉精”检测14.43万头份、生鲜奶中三聚氰胺检测115份、黄曲霉素检测60份，检测合格率100%。对全市77个屠宰场（点）宰杀的生猪按照3%的比例抽检“瘦肉精”，全年共检测7.45万头份，部分屠宰企业按照3%的比例开展“瘦肉精”自检。12个公路动物卫生监督检查站对过往车辆运载的育肥牲畜按照每车3%的比例抽检“瘦肉精”，全年共检测1.12万头份，以上监测结果均为阴性。

【动物疫病防控】集中防疫与日常补免相结合，重点开展春秋季集中防疫。全年共集中免疫口蹄疫（O型、亚洲I型、A型）501.24万头，其中猪427.2万头、牛30.65万头、羊43.39万只；免疫猪瘟461.83万头，高致病性猪蓝耳病388.23万头，高致病性禽流感4673.16万羽，做到畜禽群体免疫密度常年保持在95%以上，应免畜禽的免疫密度达100%，经省动物疫病预防控制中心检测，全市春秋两季防疫抗体总合格率80%以上，防疫效果位居全省各市州前列。一年来未发生区域性重大动物疫情，保证全市清净无疫。全省突发重大动物疫情应急演练现场会在泸州召开。

【动物疫病监测与流行病学调查】2015年完成流调生猪80.23万头次、鸡3549.72万羽次、鸭7.32万羽次、牛1212头次、羊2880头次；监测高致病性禽流感、口蹄疫、猪瘟、蓝耳病、新城疫等重大动物疫病免疫抗体样品达10197头（羽）份；监测高致病性禽流感、口蹄疫、猪瘟、蓝耳病、新城疫等重大动物疫病病原学样品达1700头（羽）份；检测奶牛布病、奶牛结核病各632头，结果均为阴性。

【动物卫生监督】强化监督执法，全市严格执行检疫“四到位”，严厉打击各类违法行为，产地、屠宰检疫率均达100%，有力实现“以检促防，以监促控”，保证全市人民吃上放心肉。2015年，全市共产地检疫生猪124.61万头、牛羊11.11万头只、禽1281.47万羽；屠宰检疫生猪83.56万头、牛羊

7.23万头只；禽749.31万羽。监督环节共无害化处理病（害）死生猪4.81万头、牛102头、羊1692只、禽5.51万只。全市9个省际间公路动物卫生监督检查站和3个无规定疫病区检查站认真履行职责，严格查证验物、消毒，坚持24小时值班，为防止外疫传入起到积极作用。共监督检查车辆2198辆，活畜10.35万头、活禽32.06万羽、动物产品353.5吨。

【饲料监管】加强企业饲料产品免税抽检和备案审查工作。2015年，全市持饲料生产许可证的9家企业全部通过年度备案。对省上抽检质量不合格的1家饲料生产企业和1家经营企业，分别给予2000万元罚款处理。对古蔺县政府重点招商引资企业武汉路德集团饲料生产许可证办理给予全程服务指导，及时通过省级专家验收，办理生产许可证。对所有饲料生产企业开展按《饲料质量安全管理规范》组织生产的指导工作。全市共检查饲料生产企业43个（次），饲料经营门市318个（次），检查畜禽养殖场137个（次），查处及销毁违规饲料产品214公斤，处罚3人次，处罚金额1.2万元；抽检饲料生产企业、经营户、养殖场（户）饲料产品108个（次），有效保证饲料产品质量安全。

【兽医兽药监管】全市出动行政执法人员3320人次，检查兽药经营企业3045户次，养殖场2125个次，依法收缴、销毁标签不规范、过期失效兽药380盒，合计60公斤。加强兽药经营环节监管，全面检查兽药GSP和兽用处方药管理制度落实情况，坚决取缔未达到兽药GSP要求的兽药经营门店，通过GSP认证的兽药经营企业达268家，其中连锁总店22家，批发企业21家，零售企业15家，连锁分店210家，取缔和自然注销不符合条件的兽药经营企业600多家。全年完成动物源细菌耐药性监测抽取猪样品50份，鸡样品50份，全部合格；兽药残留检测抽样猪肉40批次、鸡肉30批次、牛奶80批次，全部合格；兽药质量抽检30批次。开展硝基呋喃类药物残留监测抽样工作，抽检呋喃唑酮类样品389份，呋喃他酮类样品389份，抽样结果全部为阴性。

【生猪屠宰监管】2015年1月，生猪屠宰监管职能由商务部门移交农业部门。全市有生猪屠宰企业117家，其中发生猪定点屠宰资格证的A类企业10家，市政府发文同意延期整改的B类企业69家，有38家屠宰企业在2010年清理换证时未申报换证资料。从11月中旬起，市农业部门会同环保部门对18家通过区县初审的生猪屠宰企业进行审核。18家企业依法获得生猪定点屠宰资格。

（陈　敏）

农业机械

【农机装备】全市农机总动力213.6万千瓦，比2014年（下同）增加9万千瓦，增长4.4%，平均每百亩耕地拥有农机动力34.68千瓦。其中：柴油机动力126.16万千瓦，增长4.58%；汽油机动力9.85万千瓦，增长6.6%；电动机动力77.54万千瓦，增长3.84%。全市农业机械原值达到13.73亿元，增长10.01%。

2015年农业机械拥有量增长情况

项　目	单位	2015年	2014年	增长量	增长率
农机总动力	万千瓦	213.6	204.6	9	4.4%
拖拉机	台	82	79	3	3.8%
耕整机	台	34556	31009	3547	11.44%
水稻插秧机	台	201	193	8	4.15%
联合收割机	台	406	366	40	10.93%
排灌动力机械	台	57408	56657	751	1.33%
农产品初加工动力机械	台	115645	112327	3318	2.95%
畜牧养殖机械	台	51582	50331	1251	2.49%
林果业机械	台	612	408	204	50%
渔业机械	台	10001	9468	353	3.66%
农业机械原值	亿元	13.73	12.48	1.25	10.01%

【农机作业】全市完成机耕面积229.4千公顷，增加12.06千公顷，增长5.55%；机播面积20.32千公顷，增长6.42千公顷，增长46.19%；机收面积79.32千公顷，增加12.17千公顷，增长18.12%。全市主要农作物耕种收机械化水平达到42.9%。

2015年农业机械作业增长情况

单位：千公顷

项目	2015年	2014年	增长量	增长率
机耕面积	229.4	217.34	12.06	5.55%
机播面积	20.32	13.9	6.42	46.19%
机收面积	79.32	67.15	12.17	18.12%
机械植保面积	182.05	179	3.05	1.71%
机电灌溉面积	63.02	64.44	-1.42	-2.2%

【农机投入】全市农机化总投入2.73亿元，增长3.4%；全市农机化经营总收入13.69亿元，增长12.4%；实现利润1.43亿元，增长17.21%。

2015年农机化投入与经营效益增长情况

单位：亿元

项目	2015年	2014年	增长量	增长率
农机化总投入	2.73	2.64	0.34	3.4%
农业机械购置投入	0.51	0.55	-0.04	-7.27%
农机化经营总收入	13.69	12.18	1.51	12.4%
农机化经营总利润	1.43	1.22	0.21	17.21%

【农机服务组织】全市农机化作业服务组织71个，从业人员3474人，农机户达到112577户，农机化作业服务专业户4365户，农机专业户占农机户总数的3.9%。全市乡村农机从业人员达到14.08万人，比2014年增长1.8%。农机维修点252个，农机经销企业和经销点288个。

泸县胱飞农机专合社开展水稻机械化联合收割作业

【农村提灌站】全市新建提灌站27座，改造提灌站22座，全市提灌站拥有量1005座，提水保灌面积91.4万亩（6.13万公顷）。农村机电提灌经营体制改革工作全面完成，确权颁发产权证950个。

【农机安全监管】全年全市农机较大以上事故发生起数为零，控制在省农业厅和市政府下达的安全生产指标范围以内；农机行业签订安全生产责任书和不超限超载责任书（承诺书）5000多份；全年报废、注销拖拉机616台，加强逾期1年以上未办理换证业务驾证清理，全年注销1672人；年检运输型拖拉机3374台，年检率达64%；成功创建平安农机示范乡镇9个。（张承刚）

渔 业

【概况】2015年，全市水产养殖面积7695公顷，水产品总产量74572吨，比2014年（下同）增加2542吨，增长3.4%。其中捕捞产量2319吨，养殖产量72253吨。渔业总产值9.85亿元，增加0.65亿元，增长7%；增加值5.99亿元，增加0.25亿元，增长4%。

【水产专业合作社】2015年水产专业合作社达到67个，比2014年增加7个，增长11%；成员5554人，增长9%，组织成员人均收入26937元，增长1%。

【水产品质量监管】2015年，水产品药物残留抽检样品390个，其中日常监督抽检样品90个，风险监测样品300个，合格率100%。全市开展执法检查300多人次，检查水产专业合作社、水产苗种生产大户、江河船型网箱养殖设施等水产养殖生产单位80多家次。农业部在泸州市进行产地抽检各类水产品样品20个，合格率100%。

【渔业安全】2015年，修改完善渔政与安全执法检查制度，全市开展各类渔业安全生产检查工作287次，出动车196艘次，快艇90艘次，出动人员958人次，其中检查江河渔业船舶256艘次，江河网箱养殖36个。督促5条渔船限期拆除非法改装的渔船设施设备，全年未发生一起渔业安全事故。

【渔政管理】2015年，泸州市渔政和长航公安联合加大对非法捕捞行为的查处和打击力度，增强日常巡查力度，对重要的江河、河段，特别是鱼类繁殖场增加检查次数和力度。全年出动检查车、船373台（次）、参加执法人员1210人次、组织各类检查385次，开展打击违规捕捞专项行动2次，查处非法捕鱼案53起，收缴电鱼工具32台套，收缴销毁“三无”渔船和电鱼船9艘，没收渔获物260公斤，其中放生娃娃鱼2条，销毁违规网具356套，行政处罚5人。长航公安立（破）案4起，临时刑拘2人，取保候审7人。

【渔船检验】全市渔船1053艘，6478千瓦。其中，机动渔船605艘，非机动渔船448艘。渔政执法船10艘，765千瓦。2015年，除龙马潭区、叙永县、古蔺县外均成立船检站，各区县按船检条例在规定时限内完成渔业船舶的年度检验工作，市船检处对龙马潭区、古蔺县、叙永县的合法渔船进行年度检验，船检率达到100%。通过船检继续完善和健全渔船影像档案资料。

【保护区管理】2015年，协助业主单位通过农业部渔业资源环境影响专题评审项目7个，通过省级渔业资源环境影响专题评审项目4个，确认不在保护区范围内的沱江新城工程项目2个。其中郎酒厂、沱江二桥加宽项目工程的渔业资源环境影响专题评价工作通过农业部渔业资源环境影响专家评审。转报张坝河段堤防工程对保护区域的部分补救措施实施方案并取得批复，龙马潭区保护区段在线系统监控系统工程建设完成。（王　删）

林　业

【概况】2015年，全市完成营造林32693公顷，实施森林管护249166.7公顷，巩固退耕还林成果40976.7公顷，实施新一轮退耕还林5246.7公顷。采伐林木蓄积17.2万立方米，占下达采伐限额59.2万立方米的29%。查处各类林业案件568件，打击违法犯罪579人次，挽回经济损失400余万元。全年未发生森林火灾，森林火灾损失率为0。未发生成灾性病虫害，林业有害成灾率为0。全民义务植树1007.8万株，参加人数238.62万人次，新增森林面积5893公顷，新增森林蓄积50.31万立方米，森林覆盖率达到50%。实现林业社会总产值176亿元，农民人均林业获得收入1685元。

【造林绿化】全年完成营造林总面积32693公顷。其中人工造林19267公顷、封山育林646公顷、中幼林抚育5340公顷、低产林改造7440公顷。育苗546公顷，可产合格苗5954万株。实施公路绿化189公里，水系绿化380公里。新增2个省级绿化模范单位和1个省级绿化示范村。全市新增森林面积5893公顷，新增森林蓄积50.31万立方米，森林资源实现连续“双增”。

【天然林资源保护工程】全市完成天保工程公益林建设任务1.2万亩（810公顷），全为人工造林；实施森林管护373.75万亩（250.84公顷），其中：国有林管护55.13万亩（3.7万公顷），集体林318.62万亩（21.38万公顷）；实施国有森林抚育4.6万亩（3090公顷）；实施集体所有公益林生态补偿318.62万亩（21.38万公顷），其中国家级公益林195.46万亩（13.12万公顷），省级公益林123.16万亩（8.27万公顷）；实施养老、医疗、工伤、生育、失业五项保险补助 803 人。全年总投资 7828.29 万元，其中：中央投资 6349.7 万元，省级投资 1478.59 万元。在中央、省级投资中，公益林建设 360 万元，森林抚育 552 万元，国有森林管护 918.5 万元，集体所有公益林生态补偿金 4950.75 万元，养老、医疗、失业、工伤和生育五项保险补助 1038.04 万元，政社支出 9 万元。

【退耕还林工程】 2015 年全年退耕还林工程国家投资 17645.89 万元，完成退耕还林成果巩固 40976.7 公顷，实施新一轮退耕还林造林 5246.7 公顷。巩固退耕还林成果后续产业建设项目，新造短周期工业原料林 3367 公顷、中药材 393.3 公顷、特色经果林 406.7 公顷；品种改良及低产林改造 620 公顷、丰产经营措施 2646.7 公顷；新建和改造畜禽圈舍 33453 平方米。新增巩固退耕还林成果专项建设项目，新造林 1720 公顷，新建林区生产便道 35.6 公里。截至 2015 年年底，完成退耕还林工程造林面积 131447.6 公顷，其中退耕地造林面积 46223.4 公顷，配套荒山造林 49066.7 公顷，封山育林 6799.7 公顷，巩固退耕还林成果新造林 29357.8 公顷。

【全民义务植树】 3 月 12 日，市绿化委员会组织开展以“同种一片绿树，共建美丽泸州”为主题的 2015 年市级机关春季义务植树活动。市委、市人大、市政府、市政协、泸州军分区领导同志，龙马潭区区级领导，以及市级机关团体、企事业单位、高等院校、驻泸部队等 70 个单位 2500 余人，在龙马潭区千凤路（绕城路）外侧规划防护绿地参加义务植树，栽植桂花、红花羊蹄甲、天竺桂、红叶李等城市绿化树木 1.1 万株，植树面积 5.3 万平方米。各区县同步开展全民义务植树活动。植树节期间，市绿化委员会城市组还组织“共青林”“市民林”“成长林”以及认建认养活动。2015 年，全市完成义务植树 10007.8 万株，参加人数 238.62 万人次，新增义务植树基地 13 个。

【林业产业】 按照国家林业局统计口径，2015 年度全市林业总产值 1746653 万元。第一产业为 568030 万元，其中林木育种和育苗 22679 万元，营造林 26194 万元，木材和竹材采运 45113 万元，经济林产品的种植与采集 228579 万元，花卉及其他观赏植物种植 113069 万元，陆生野生动物繁育与利用 75 万元，林业系统非林产业 132321 万元。第二产业为 595622 万元，其中木材加工及木、竹、藤、棕、苇制品制造 214057 万元，木、竹、藤家具制造 160920 万元，木、竹、苇浆造纸和纸制品 105710 万元，林产化学产品制造 1900 万元，木质工艺品和木质文教体育用品制造 9630 万元，非木质林产品加工制造业 7400 万元，林业系统非林产业 5342 万元，其他 90663 万元。第三产业 583001 万元，其中林业旅游和休闲服务 540220 万元，林业生态服务 1180 万元，林业专业技术服务 1116 万元，林业公共管理及其他服务 1933 万元，林业系统非林产业 38552 万元。全市竹业总产值共计

2015 年 1 月 7 日，泸州市政府与国际竹藤中心在北京国际竹藤大厦签署竹产业发展合作协议

371004万元，占全市林业总产值的21.24%。

【林木采伐管理】严格执行“十二五”森林采伐限额，全年全市采伐林木蓄积171591立方米，占全年采伐计划591993立方米（含追加限额）的29%。5月底完成“十三五”森林资源采伐限额编制上报工作。全国林木采伐管理系统正式全面运行，实现全市林木采伐办证网络化。

【林地资源管理】全年征占用林地项目68宗，面积98.5017公顷（其中永久性92.0620公顷，临时性2.5027公顷，林业生产服务用地3.9370公顷）。共清理排查自2006年以来违法使用林地61起，违法使用林地面积19.15公顷，收回林地2.95公顷，对各违法使用林地行为进行了行政处罚。

【森林公安】2015年，全市森林公安机关破获查处各类森林和野生动植物案件456件，其中破获刑事案件96件，查处林业行政案件360件。依法打击处理各类违法犯罪人员471人（次），其中刑事拘留35人，取保候审75人，提请逮捕21人，移送起诉79人，林业行政处罚385人次。收缴木材497.82立方米，为国家、集体和林农挽回经济损失300余万元。

【森林防火】2015年，全市未发生森林火灾，无安全责任事故和人员伤亡，森林火灾发生次数、损失率均为0。2015年，全市开展宣传活动712次，发布戒严令2.6万份，广播电视宣传2340次，发布森林防火信息7000余条，发放《森林防火户主通知书》10余万份、防火传单14万余份，宣传资料63.4万份，手机信息平台发布森林防火信息22000余条。各区县人民政府与各乡（镇、街道）人民政府签订责任书112份，森林防火指挥部与各成员单位签订责任书58份，区县林业（农林）局与各林业站、林场签订责任书33份。各乡（镇、街道）人民政府与下辖村（社区）签订了责任状369份；各村委会与各村民小组和村民签订村组责任书、户主责任书10万余份。2015年，全市各级投入防火专项资金365万元用于购买消防泵、灭火机具、油锯等防火设备2752件（套），装备到基层、到“一线”。2015年5月，省防火办专家、森林武警教官对驻泸武警支队、公安消防支队80名的市级森林防火专业应急队伍开展专业知识和技能培训。2015年，全市组织各级防火培训168次，培训人员12545人次，组织大型森林防火演练9次，一般森林防火演练116次，参加人员达到8600余人。

【林业有害生物防治】2015年，全市林业有害生物发生面积13666公顷，发生率2.7%，其中病害2667公顷、虫害10733公顷、鼠害266公顷，成灾率为零，测报准确率95%。林木种苗产地检疫率100%，林业有害生物无公害防治面积13800公顷，无公害防治率99%。

【野生动植物保护】充分利用“世界野生动植物日”、“3·12”植树节、“爱鸟周”“湿地日”“保护迁徙候鸟执法宣传周”等时机开展形式多样的宣传活动，全年发放宣传资料10000余份。全市有驯养繁殖和经营利用野生动物单位41家，主要涉及梅花鹿、虎纹蛙、野猪、野鸡、竹鼠、鸿雁等，2015年产值达1303.19万元。

【产业发展】1. 基地面积不断扩大。全市营造各类林业产业基地71333公顷，建成一批竹林、商品用材林、经济林、短周期工业原料林、木本药材和苗木花卉基地。到2015年年底，全市建立竹林基地237333公顷、木质工业原料林128933公顷、特色经济林92667公顷。纳溪、合江、叙永、古蔺被命名为省级现代林业重点县。2. 林产加工迅猛发展。2015年，按照“一主两翼三区四带六园区”的产业大展思路，大力推进竹制浆造纸、竹木加工、竹木家具制造、特色林产品发展。全市林产加工企业达600余家，其中：规模以上企业达79家，年销售收入上2000万元的53家，上亿元的有11家。有市级龙头企业26家，省级龙头企业17家，国家级龙头企业1家。竹浆生产能力达10万吨/年，造纸能力达到20万吨/年，人造板产能达88万立方米/年，木竹地板产能达60万平方米/年，木竹家具产能达到224万件（套）/年，初步形成竹制浆造纸、竹木加工、家具制造、林副林化产品加工为主的林产加工体系。3. 林竹产业空前重视。市委、市政府将其作为最具潜力的农业产业来抓，市政府出台《关于加快推进现代林业产业发展突破的实施意见》和《关于加快竹产业发展的实施意见》，市财政每年安排专项资金 5000 万元发展竹产业。10 月，市政府委托国际竹藤中心完成《泸州竹产业发展规划》编制。即：《泸州市竹产业发展总体规划》1 个总规和《泸州竹产业园区规划》《泸州大旺竹景区规划》《泸州国际竹种园规划》《泸州市竹培训基地规划》4 个控制性详规。4. 生态旅游方兴未艾。以森林公园和自然保护区为主要载体的生态旅游业快速兴起。建成国家自然保护区 1 个、国家森林公园 1 个、国家湿地公园 1 个、省级森林公园 4 个、市县级森林旅游区 7 处。森林生态旅游发展势头强，后劲足。2015 年全市接待森林生态旅游 1218.2 万人次，实现旅游产值 54.19 亿元。

2015 年 6 月 12 日，泸州市龙马潭区在长江上游放流胭脂鱼、岩鲤等 4 万余尾珍稀鱼苗

【集体林权制度改革】 全市林权流转面积 33.78 万亩（2.27 万公顷），林权抵押贷款面积 33.23 万亩（2.23 万公顷），涉林贷款 3.67 亿元。森林风险控制机制进一步完善，参保森林面积 705.30 万亩（47.34 万公顷），其中公益林 339.4 万亩（22.78 万公顷），商品林 365.9 万亩（24.56 万公顷），保额达 37.06 亿元。 （梁　杰）

水　务

【概况】 2015 年，泸州市水务局争取到位中央、省级资金 8.4927 亿元，完成目标任务的 102.32%，其中中央资金 6.6697 亿元、省级资金 1.823 亿元。预计完成投资约 14.97 亿元，其中 2015 年项目完成投资约 8.1 亿元，2014 年及以前项目完成投资约 6.87 亿元。

【涉水规划】 编制完成《泸州市水资源综合规划》《泸州市城市饮用水源地保护专项规划》《泸州市“十三五”农田水利基本建设综合示范区建设规划》，通过省厅专家组评审，其中《泸州市水资源综合规划》《泸州市“十三五”农田水利基本建设综合示范区建设规划》经市政府审查通过并批复。启动《泸州市水利发展“十三五”规划》《泸州市水土保持专项规划》《泸州市中小河流治理“十三五”专项规划》《泸州市饮水安全“十三五”巩固提升工程规划》等规划编制工作。配合省水利厅完成《四川省永宁河流域综合规划》，并将永宁大型水库，纳溪玉水、龙古，叙永红岩、清水等中型水库列进该规划；配合长江委启动国务院长江经济带发展领导组组织实施的《长江流域岸线开发利用和保护规划》及《长江流域取水口、排污口布局规划》编制工作。指导古蔺县、叙永县、合江县编制完成《水利扶贫实施方案（2016—2020 年）》，规划项目总投资 54.93 亿元，并上报省水利厅待批复。

【项目建设】 围绕长江经济带发展战略包装生成大型工程、水源工程、长江沱江干支流堤防工程、

水土保持工程、饮水安全巩固提升工程、小流域综合治理等六大类近期及中长期重点项目，总投资620亿元。围绕包装生成的重大项目和重点项目于2015年元月书面上报了水利厅、长江委和水利部，并积极汇报协调，主动对接，力争更多项目挤进国家和省“十三五”规划及专项规划。围绕争取国家和省重点支持的项目，牵头组织项目区县加强与部省规划部门和设计单位沟通协调，加快推进前期工作，为项目落地创造条件。围绕“饮水安全、中小河流治理、抗旱水源工程”等“十二五”中央投资滞后项目，建立了市县政府主要领导任组长，党政分管领导任副组长的领导机构。在8月3日市委深化改革领导小组会议、8月5日市政府专题研究推进“十二五”期间水利项目工作会议上，市委书记蒋辅义、市长刘强专题研究、亲自部署了推进水利项目有关工作，明确了由市委目督办牵头进行综合督查，水务、财政、发改、审计、环保、卫计开展行业专项督查，区县政府每月进行自查，实行月督查、月通报制度。

【政务服务】全面清理公布市级涉水行政许可事项10项，并对委托下放区县的执行情况进行督查。全面落实高新区涉水行政管理事权下放工作，实现公民、法人办事不出园区。主动服务省市重点项目部省审批工作，完成沱江新城康健城（春江路）、滨江路（沱江西路）及国道321泸州沱江二桥加宽改造工程等项目行洪论证、河势稳定评价报告和水土保持方案的省市审批工作；完成长江二桥、长江六桥行洪论证和水土保持方案部（长江委）省级审批工作；完成G321线纳溪至泸县一级公路改建工程安富永宁河大桥涉河建设方案批复、合江县磨刀溪至纳溪区大渡口镇公路工程S308永宁河大桥涉河建设方案批复；完成G8515线荣昌到泸州段（四川境）高速公路工程、四川绿行环保科技有限公司年处置10000吨医疗废物项目水土保持方案的省级技术评审工作；完成纳溪区清溪河小流域申报国家水土保持生态文明小流域的申报工作；明确了“渡改桥”涉水专题报告编报审批责任分工，长江5座桥梁防洪评价及水土保持方案的编制单位已通过竞价比选确定，待市交通局提供桥梁主体设计方案后即可开展编制报告书工作；各区县渡改桥工程涉水前期工作有序推进，市、区（县）水务部门共批复渡改桥项目行洪论证报告11个（其中纳溪区3个、泸县2个、叙永县5个、古蔺县1个），水土保持方案报告4个（其中纳溪区4个）。另有12座渡改桥项目行洪论证报告及6座渡改桥项目水土保持方案报告编制单位确定。

【水利改革试点】积极组织实施泸县全国农田水利设施产权制度改革创新运行管护机制试点和纳溪区四川省深化小型水利工程管理体制改革试点。以此为契机，推动全市水利工程产权制度改革工作，2015年累计完成3座中型和60座小（1）型水库、850座山坪塘、60座石河堰、720口小型蓄水池、700公里小型渠道、60座小型泵站的确权颁证工作。“十二五”期间，全市颁发30681处小型水利工程产权证书，小农水水利设施颁证率达100%。

【防汛抗旱】建立水务、气象、水文、国土等会商机制，实现部门联动，强化预警信息发布，加强与省级平台和长江、沱江、赤水河上游省市县沟通，实现雨情、水情信息资源共享，成功预警“8·17”山洪泥石流灾害，并组织转移人口5000余人，得到国家防总的充分肯定。“十二五”期间，建设简易监测雨量站641个、自动监测雨量站63个、自动监测水位站36个，自动监测水位雨量站40个，简易水位站114个，自动监测视频站32处，图像监测站6处，气象监测站30处；完成7个区县监测预警平台硬件系统设备、会商室设备的升级和完善。

【水生态文明城市建设试点】围绕省政府批复方案确定的107个重点项目、7项重点工作、24项主要指标推进试点工作。1. 着力推进项目建设。2015年完成投资40亿元，完成当年目标任务的

153.8%。2. 完善“三条红线”制度。《泸州市水资源综合规划》通过市政府审查批准；《泸州市城市饮用水源地保护专项规划》通过有关部门组织的专家审查，市政府将按程序批准实施；《泸州市节水型社会建设规划2015—2020》《泸州市水功能区划》《泸州市水资源论证实施细则》《泸州市用水总量统计办法》编制工作全面启动。

【长江沱江干支流堤防工程】包装生成拟建长江沱江干支流堤防180公里，于2014年12月上报省水利厅、长江水利委员会及水利部。其中，2015年目标为完成一期工程29公里可研批复工作。可研报告已于6月通过水利部水规总院复审，并编制完成水保、环评、移民、压覆矿、风险评估、文物调等专题报告。

【重点水源工程】1. 永宁水库大型项目，该项目位于永宁河源头叙永县黄坭乡境内，坝址处海拔500米，控制流域面积144平方公里，总库容1.15亿立方米，估算总投资17.48亿元，设计灌溉面积32万亩（2.15万公顷），供水人口30万人。向省水利厅、长江水利委员会、水利部书面报告，并挤进《长江经济带水利发展专项规划》《永宁河流域专项规划》等国省级专项规划。2. 规划中型水库20座，其中，江阳双河水库可研报告已经省水利厅技术咨询；泸县土公庙水库完成可研报告编制，邀请省水利厅专家现场踏勘和咨询；古蔺关口水库已完成“正常蓄水位选择”“坝址（渠线）选择”“施工总布置”三个专题报告编制，并上报省水利厅；叙永红岩水库编制完成规划报告；纳溪玉水水库正在确定可研编制单位。

【重点项目建设】合江锁口水库完成投资6亿元，完成大坝枢纽工程，启动渠系工程建设；叙永倒流河完成投资3.379亿元，完成枢纽干渠主体工程；纳溪黄桷坝水库完成投资2.7357亿元，大坝填筑完工，完成蓄水验收，主干渠开工建设2.5千米；古蔺观文水库完成投资2.27亿元，启动大坝填筑，主干渠完成60%，分干渠开工，完成征地移民80%；叙永纳坪水库完成投资5400万元，取水隧洞推进800米，完成大坝填筑15米；古蔺朝门水库完成投资10070万元，大坝填筑5米，干渠完成20%，征地400亩（26.85公顷）；叙永龙洞水库完成投资0.2亿元，完成导流隧洞开挖，大坝公路具备通车条件。四是水源工程项目前期工作加快推进。规划拟建86座小型水库（总投资28亿元）已于2015年1月上报省水利厅、水利部，争取更多项目挤入国家小型水库建设规划实施方案。

【病险水库除险加固】2015年，新增77座病险水库争取到位中央资金1.61亿元，项目全面开工。“十二五”期间，完成泸县艾大桥中型病险水库和97座小型病险水库除险加固项目。2015年6月，泸州市“2014年抗旱应急水源工程项目”得到国家防总检查组的充分肯定。

【饮水安全工程】“十二五”期间，全市饮水安全中央项目计划投资86729万元，解决160.67万农村居民和6.8476万农村学生饮水不安全问题。中央、省市资金全部到位，完成投资85758.2万元，完成计划的98.9%。其中，2015年完成投资16016.2万元，解决人口28万人，完成当年目标（民生）的94.3%。完成全市“农村饮水工程现状和需求调查”，规划“十三五”期间巩固提升农村饮水安全覆盖人口110万人，并上报省水利厅。

【水土保持工程】全市包装生成3000平方公里水土流失治理项目，上报省水利厅、水利部，争取进入国家水土保持专项规划。2015年争取到位中央和省级资金3444万元，分别在泸县、叙永、古蔺实施水土治理项目，完成招标工作并全面开工；全年治理水土流失面积138平方公里，完成目标（民生）任务的115%。规划中小河流治理111千米、农村河道治理31千米、排洪沟治理148千米，实施水源地保护129处，实施古蔺河综合整治。“十二五”期间，累计实施33个中小河流治理项目，综合治理河长101公里，完成7个县区的山洪灾害防治县级非工程措施，综合治理水土流失面积550平方公里。

【省级支持重点项目】 1. 重点水源工程。规划拟建6座水库，2015年5座已审批、1座待审批。泸县三星桥、叙永高木顶、古蔺刘家水库等抗旱水源工程总投资2.72亿元，争取到位中央资金1.04亿元。其中，泸县三星桥水库开工建设，完成投资3700万元；叙永高木顶水库完成招标，确定施工单位，完成投资500万元；古蔺刘家水库开工建设完成投资240万元；古蔺石梁子水库完成投资1000万元，征地移民50%，完成招投标工作；古蔺龙洞沟水库完成可研批复。2. 中型灌区工程。纳溪区马庙水库灌区、泸县朱梅滩水库灌区、合江县烂泥水库灌区、叙永县冷水河灌区等4个中型灌区续建配套与节水改造项目争取省级资金3600万元，实施方案经省财政厅、省水利厅审查并批复，建设方案待审批。3. 病险水库除险加固项目。新增8座病险水库争取到位资金1159万元，项目主体完工。4. 小农水项目。2014年小农水跨年度项目全面完工并通过省级绩效考评。2015年小农水项目到位中央、省级资金2.53亿元并开工建设，完成投资2.53亿元，其中，完成中、省财政投资1.39亿元，完成目标（民生）的100%，实现新增有效灌面5.99万亩（4020公顷），完成目标（民生）任务的100%，实现新增节水灌面12.16万亩（8.16公顷），完成目标（民生）任务的100%。“十二五”期间，全市新增有效灌溉40余万亩（2.69万公顷），发展节水灌溉面积70万亩（4.70万公顷）。（梁　静）

气　象

【气候概况】 2015年泸州市气温偏高，降水偏多，日照略偏少。年内高温、干旱、连阴雨、风雹、雷暴等气象灾害较常年偏轻；暴雨、洪涝发生次数多，是2015年的主要气象灾害。综观全年，水热充足，光照基本正常，整个2015年属农业气象年景正常偏好年。

【主要气象灾害】 2015年，全市气象灾害偏轻，主要气象灾害为盛夏低温阴雨寡照和局地暴雨洪涝。

【“4·30”风雹】 4月30日傍晚至5月1日凌晨，纳溪、合江出现局地冰雹和阵性大风天气，过程中还伴随短时强降雨、雷电天气，造成该区县相关乡镇部分农房、工厂受损，人员、农作物受灾，合计经济损失约2000万元。

【低温阴雨寡照】 6月29日—7月6日，全市大部分地方阴雨绵绵，累计日照时数不足10小时，7月4—6日连续三天最低温低于20℃，低温阴雨天气给正值抽穗扬花期的大春作物带来一定影响，造成空秕率增加，受灾田块因此产量损失。

【“7·13”叙永大石泥石流】 2015年7月13日14时开始，叙永县部分乡镇出现短时强降雨，2小时降雨量达43.8毫米，短时强降雨导致合叙路大石至凤凰段被阻断，5户村民房屋损毁，所幸预报准确及时，提前转移人员，此次灾害无人员伤亡。

【“7·14”区域性大暴雨】 从7月14日5时到7月15日8时，泸州市北部普降暴雨，过程累计雨量最大值出现在龙马潭区双加为276.7毫米。最大小时降水量出现在龙马潭区安宁镇，1小时雨强达67.0毫米。从累计雨量和影响范围看，“7·14”强降雨位居历史同期第3位。“7·14”强降雨造成江阳区、龙马潭区、纳溪区、叙永县、合江县、泸县6个区县51个乡镇（街道）发生洪涝灾害，此次强降雨引发的洪涝共造成130651人受灾，经济损失2亿余元。

【“7·22”区域性暴雨】 21日晚至22日，泸州市境内发生区域性暴雨天气。暴雨到大暴雨区域主要发生在泸县、合江、龙马潭区、江阳区、纳溪区的乡镇，累计最大降水量为泸县石桥镇183.1毫米。2015年“7·22”暴雨位居历史同期第二位，仅次于2012年。此次过程直接经济损失达

7058.55万元。

【“8·17”区域性暴雨】8月16日晚至19日晚，泸州市境内发生区域性暴雨天气。累计最大降水量为叙永龙凤宜合165.7毫米，最大1小时雨强为53.8毫米。此次过程降雨时间长、强降雨分布广，伴随明显降温，暴雨引发山体滑坡。“8·17”暴雨过程引发的洪涝及次生灾害给叙永县、合江县、古蔺县、纳溪区30个乡镇造成87176人受灾，因灾死亡13人，失踪12人，紧急转移安置15053人，经济损失2亿余元。

【气象服务工作】2015年泸州市气象台准确预报出7次区域性强降雨天气过程和3次局地暴雨过程，为抗灾救灾争取了主动。“7·13”“8·17”山洪泥石流灾害气象服务成效突出，分别受到国土资源部和省政府领导的高度肯定。2015年泸州市首个中央财政“三农”气象服务专项建设项目在纳溪区顺利推进，纳溪区白节镇被中国气象局认定为标准化气象灾害防御乡镇。

【人工影响天气作业】2015年全市人影部门针对冰雹、干旱等气象灾害，积极开展防雹、增雨作业，降低气象灾害对农作物造成的损失。全年开展防雹增雨作业116次，发射高炮弹2844发，发射火箭弹152枚，累计保护烤烟等农经作物面积87万亩（5.84万公顷）。减少雹灾损失3510万元，增加降水7496万立方米，产生经济效益约3000万元。

（王　翔）

商业·贸易

商业贸易综述

【概况】2015年，全市酒业实现主营业务收入714.7亿元，规模以上酒业增加值同比增长13%；实现社会消费品零售总额559.7亿元，同比增长13.9%，增速居全省第二位；实现服务业增加值378.8亿元，同比增长10.5%，增速居全省第四位；实现货物进出口贸易总额3.13亿美元，同比增长13.7%，增速居全省第二位；实际到位外资7040万美元，同比增长11.7%，完成全省目标任务的140.8%；对外承包工程营业额3000万美元，同比增长50%，对外劳务输出920人；争取省级以上项目资金3392万元。

【酒业发展】1. 强化酒类企业政策帮扶。对泸州老窖、郎酒两大“龙头”、6户酒类骨干培育企业和26户“小巨人”企业制定帮扶政策、落实帮扶措施；组建四川发展纯粮原酒股权投资基金和四川发展酒业投资有限公司，为全市中小酒类企业提供多渠道融资支持；2015年全市累计发放酒类产业担保贷款7.49亿元（含续保），在保余额7.63亿元。2. 夯实酒业发展基础。积极发展纯粮固态酿造，加快推进酿酒专用高粱基地和酿酒窖池建设，全年酿酒高粱种植面积达70万亩（4.70万公顷）。全力推进泸州老窖“一园两基地”、郎酒浓香型白酒生产基地、中国酒镇酒庄、华夏龙窖白酒产业园等12个重点项目建设，全年完成投资70.02亿元，占全年目标任务的116.7%。3. 引导和帮助企业拓展市场。积极组织企业参加中国国际酒业博览会、成都春季糖酒会、贵阳酒博会等全国性展会；鼓励企业积极探索“传统零售+网络销售”结合模式，推动电子商务与白酒产业融合发展。四川中国白酒产品交易中心2015年实现交易额64.3亿元，同比增长16%。

【内贸流通】高标准编制完成《泸州市现代服务业发展规划》《泸州市主城区商业网点规划（2015—2030）》。引进佳乐世纪城华润万象汇、步步高等“一站式”购物中心，海吉星农产品商贸物流园、西南商贸城二期等商贸业重点项目建设正快速推进；红星美凯龙等大型连锁企业落户泸州。江阳区成功申报为省级中心城区转型发展试点区，玄滩镇、水尾镇成功申报为省级重点商贸流通示范镇。成功举办2015中国国际酒业博览会、第三届中国（泸州）西南商品博览会、2015中国酒城·泸州迎春购物月等大型展会。四是市场监管力度持续加强。充分发挥“打击侵权假冒伪劣工作”牵头作用，加强单用途商业预付卡监管，推动商务领域诚信建设；不断强化商务预报和市场运行分析。

【对外开放】截至2015年末，全市培育进出口经营权获权企业289户，进出口实绩企业户83户，较“十一五”末分别翻一番。成功创建泸州市化工基和泸州市农产品基地两个省级外贸发展示范基地，引导开展各类公共服务平台建设，基地产业集聚优势明显，出口配套服务能力显著提升。开放平台建设卓有成效，获批全国第一批进境粮食指定口岸，泸州港保税物流中心（B型）建成投运，泸州综合保税区完成规划，进口商品保税直销中心正式营业，跨境电子商务平台顺利搭建。“十二五”期间，全市初级化工产品出口持续下降，机电产品、食品和农副产品出口大幅增长，轻工产品出口持续扩大，对外贸易条件改善，国际市场竞争力不断增强。先后引进四川奥健生物制药有限公司、四川汇鑫融资租赁有限公司等5家外资企业，泸州市成为全省除成都外第二家引进外资融资租赁企业的市州；与中国国际投洽会组委会、四川省外商投资服务中心等机构建立中介招商合作，先后邀请台湾东方矿业等24家外资企业到泸州实地考察投资项目。继续推进“万企出国门”活动，积极组织企业参加德国科隆食品展、美国纺织服装展等展销活动。组织宏大建设集团、华润地产等知名企业参加酒博会

2015年10月25日国家酒类包材质检中心正式投入运行

2015年9月16日，中国西南商品博览会开幕

西南商贸城

投资推介会、城市土地推介会等泸州市大型招商活动。新开拓塞尔维亚、缅甸等对外承包工程国际市场。

【电子商务】2015 年，全市实现电子商务交易额 135 亿元，同比增长 43%；现有网商 2704 户。泸州临港产业物流园区获批国家电子商务示范基地，泸县成功争创为省级电子商务进农村综合示范县，泸州老窖电商公司、中国白酒交易公司评为省级电子商务示范企业。泸州电子商务产业园完成一期 2 万平方米建设，公共服务平台、企业集聚平台、创新孵化平台三大平台建成运营，入驻齐家网、中智汇、百米生活等电商企业近 40 家。依托本土产业优势，泸州市逐步形成以白酒电商、智慧物流、跨境电商为特色的电子商务体系。有白酒交易中心、泸州老窖官方商城、拉货宝、泸州购、邻家壹佰、中国乡村网购等为代表的本土特色电商平台和直购全球等跨境电商平台。三人炫、京选、古蔺赶黄草、泸州桂圆、陈·伯睿奇围巾、达利拉妈妈鞋等特色产品畅销全国。宏图物流“拉货宝”上线以来，注册司机 7000 余名，实现营业额 5000 余万元。搭建了跨境电商平台“直购全球”，新建进口商品直销中心、联合联众等跨境电商 OTO 体验店 6 个，累计实现销售 1000 余万元。出台《关于推进国家电子商务基地建设、加快电子商务发展的实施意见》《泸州电子商务中心及孵化园扶持办法》等。成立电子商务发展工作领导小组，泸州市、龙马潭区两级共同组建电子商务中心管委会。建成泸州市电子商务政务大厅，入驻工商、税务、商务等部门；杭州市政府、泸州市政府携手共建泸州电子商务公共服务中心，并搭建线上电子商务公共服务平台。泸州电商中心引进杭州东业电商园、中智汇、四川万企共赢等专业服务商。成立电商学院，全市推动电商人才培训 80 余场次，培训电商人才约 4000 人次。

（陈　欣）

供销合作经济

【概况】2015 年，全系统经营服务总额 115 亿元，购进总额 49.6 亿元，销售总额 58.7 亿元，农资供应额 5.4 亿元，农副产品购进 31.2 亿元，再生资源回收 4.4 亿元。帮助农民人均收入较上年增长 23 元，超额完成年初确定的各项目标任务。泸州市供销社系统经营服务总额在全省系统排列第五位，销售总额在全省系统排列第四位。

【综合改革试点】成立综合改革领导小组，负责全市综合改革的总体设计，统筹协调改革试点工作，督促检查各地深化供销合作社改革工作的落实。市社结合实际选择处于丘陵和山区不同地区的泸县、叙永县作为全市供销合作社综合改革试点县，并指导做好综合改革试点方案，加强对两县综合改革试点工作的督促与检查。泸县被省供销社确定为全省四个首批综合改革试点县之一。在改革工作中注重在电子商务进农村、新型基层组织建设等重点领域中探路子、积经验，取得突破。全市的电子商务进农村、基层组织建设经验在全国、全省系统会议上作交流，2015年有南充、广安、达州市和华蓥、中江、梓潼、井研等40多个市县区到泸州考察交流学习。

2015年1月23日—2月15日，成功举办2015中国酒城泸州迎春购物月暨西南特色农产品展销会

【电子商务进农村】按照全国供销总社《关于加快推进电子商务发展的意见》（供销经字〔2015〕1号）和《四川省人民政府办公厅关于印发四川省促进农村电子商务发展实施意见的通知》（川办发〔2015〕49号）精神，切实改变为农服务方式，将电子商务进农村作为为农服务、助农增收的重要抓手，特别是7月15日全市电子商务进农村推进暨天虎云商培训工作电视电话会以来，全市供销社抢抓泸县、叙永县、古蔺县实施“电子商务示范县”的有利契机，积极搭建电商服务平台、打造电商品牌、领办行业协会、整合部门资源、开展乡村网点建设试点，全市供销社电子商务发展取得了阶段性成效。同时，市社同市电信公司、市人保寿险公司、市邮政公司签订战略合作协议，全系统7个区县都组建起供销社持股35%以上、且为第一大股东的电子商务有限公司，建立了5个县级电子商务运营服务中心，牵头组建了5家县级电子商务协会，搭建并启动6个县级电子商务运营平台。2015年实现农村电子商务营业额3276万元。按照“统一规划、统一标识、统一配置、统一服务、统一培训、统一配送”的“六统一”模式，建成了47个乡级店、115个村级站。通过乡村终端服务网络建设，帮助农民实现网上销售农副产品、网上购物、网上庄稼医院、代办快递业务、开展20多项便民服务，有力解决服务农民“最先一公里”和“最后一公里”问题。尤其是泸县的电子商务工作得到国务院副总理汪洋同志的肯定和鼓励。

【基层组织建设】积极探索新型合作社建设，市社同市工商局座谈、调查、研究新型基层供销合作社注册登记事宜，形成新型基层供销合作社按照“1+N”方式进行注册登记的一致意见。新型基层供销合作社以县级供销社作为出资人注册登记乡镇级供销合作社，乡镇级供销合作社为集体企业，通过合同、协议形式，吸纳农民和各类新型农业经营主体加入，开展资本、劳动、土地等多种合作，让农民在组织上和经济上相联结。2015年，全年注册登记新型基层供销合作社15个。继续实施“基层组织建设工程”，以创建“标杆基层社”“星级农村社区综合服务社”“示范专业合作社”为抓手，指导区县供销社探索兴办一批有工商注册登记、有经营服务场地、有组织机构、有经营服务业务、有供销合作社文化标识、有供销合作社控制力的基层社、综合服务社和农民合作社。2015年，全系统组建起各类基层社126个，实现125个乡镇全覆盖。建成农村社区综合服务社593个、农村社区综合服务中心253个、庄稼医院512个。重点抓好食用菌、龙眼、花椒、特色水果等产业农民合作社规范化发展、产品推介、质量认证和地标认证。引导专业合作社继续按照“四有五好”（有组织活动制度、有较大规模、有合作手段、有明显效益和服务成员好、经营效益好、利益分配好、民主管理好、示范带动好）要求加强规范化管理，开展标准化生产和品牌化经营，积极承接有关项目，多形式组织开展农超对接，增强内部活力和发展后劲，促进农业农村经济发展。全市系统年内新培育第六批市级示范社11个，新培育第七批省级示范社9个，累计发展农民专业合作社552个，其中：全国总社示范社23个，省市示范社149个。同时，指导全系统领办的59个专业协会、7个县级农合会继续扩大覆盖面，并做好多种为农服务工作。

【土地托管】为解决“谁来种地”和“地怎么种”的问题，引导所属为农服务企业和基层社积极探索土地托管，采取“农业公司/基层社+专合社+农户/新型经营主体”运行机制，不仅托管水稻、玉米、高粱、油菜籽等大田作物，而且托管水果、花椒等经济作物。2015年全市供销系统各类托管面积14.9万亩（1万公顷）。其中：托管粮油作物8.1万亩（5440公顷），托管经济作物6.7万亩（4500公顷）。

【基础设施建设】指导区县供销社开展流通基础设施建设工作，引进农村现代流通新技术与新装备，加强批发交易市场、冷链物流配送中心和再生资源回收利用分拣中心等基础设施建设。2015年泸州市供销社争取省级财政资金59.6万元用于支持县区供销社新建城市生活垃圾分类处理网点19个、改造城市生活垃圾分类处理网点27个、购置运输车辆15辆、培训回收保洁人员500人次。到2015年12月底，全市供销社系统培育再生资源回收企业9个，报废汽车和再生资源回收分拣中心、市场10个，再生资源回收网点1323个；发展农资企业15个，农资配送中心16个，农资零售网点1156个；发展农产品的流通企业18个、配送中心12个、交易市场8个、展示展销中心9个、直销店132个。全市系统共培育各类企业73个，其中：参控股企业40个；各类经营服务网点6341个，经营网络覆盖80%的行政村。

【项目建设】按照市委、市政府“三主动”（对上争取资金、对外招引项目、对下服务项目）工作要求，积极争取上级部门领导来泸指导、调研，积极争取项目资金。2015年，市社积极指导县区培育项目载体，项目储备和申报工作。指导县区申请了7个土地托管项目、5个产业融合示范项目、19个“新网工程”项目、6个电子商务平台和体系建设项目。其中有1个新型基层社建设项目列入总社“十三五”规划的重点建设项目。正式验收2014年叙永县3000吨婉容甜脆柿加工新建项目。2015年，争取中央和省级供销综合改革及项目资金649万元。（李光凤）

粮 油

【概况】2015年，泸州市完成粮食收购33.13万吨，粮食销售47.45万吨，油菜籽收购0.53万吨，食用油销售1.79万吨。

【基础设施建设】做好中央投资新建粮库项目。认真做好2015年中央安排的第一批新建粮库建设工作，合江城区国家粮食储备库项目、纳溪区渠坝收纳库项目和泸县开元嘉明粮库收纳库项目获得2015年第一批中央预算内投资计划，获得中央投资补助1155万元。启动粮食低温库提升改造项目建设。纳溪区渠坝粮库、合江城区国家粮食储备库获得四川省2014年原粮粮低温库项目，获得省级财政补助1350万元；泸县开元粮食有限公司、叙永县粮食有限公司获得四川省2015年原粮低温库项目，获得省级财政补助1170万元。超额完成“科学储粮小粮仓”任务，以市、区级财政补助和农民自筹相结合的投资方式在江阳区、龙马潭区和纳溪区新建“科学储粮小粮仓”12684个，惠及1万多户农民，每年可实现助农减损增收210万元。

【政策性粮油管理】严格落实中籼稻托市收购政策，审查确定收储企业7家，收储库点8个，指导企业腾并仓容3万余吨。深入开展收购政策宣传，适时开展托市收购巡查，共计收购2015年新产中籼稻4883吨，实现助农增收50余万元。严格执行国家军粮供应政策，提高服务质量和水平，按照“以兵为本”思想服务部队，2015年6月，省双拥办授予市军粮供应站站长高忠丽“拥军优属先进个人”殊荣。

【粮食行业统计】抓好粮油工业、人事、购销、库存等统计工作，对价格监测网络体系进行优化整合，坚持每月进行粮油市场价格走势分析，全年共撰写并报送分析简报15篇。全面开展社会粮食供需平衡专项调查，组织抽调调查人员100余人，调查范围覆盖全市515户农户、205户城镇户、143个涉粮企业和4个涉油企业。

【粮油供应和应急管理】随时掌握当地粮油购销、库存、加工能力及布局情况，指导和督促企业积极入市收购，引导企业跨区域采购本地稀缺品种补充市场，保证市场供需平衡。重点抓好部队、院校等群体性消费单位的粮油供应工作。特别关注城镇低收入居民、下岗职工等群体，防止因粮油价格上涨影响其生活水平。将市级粮食应急网点和价格监测网点工作经费纳入财政预算，2015年共计争取、拨付市级粮食应急工作经费32.8万元。

【粮油监督检查】泸县粮食局在粮食流通监督检查工作中组织体系完善、规章制度健全、执法环境优化，勇于创新工作方式，注重工作成效，工作成绩突出，被评为“全国粮食流通监督检查示范单位”。

【粮油产业发展】加快推进优质粮油基地建设，实施订单收购，落实优质专用粮油订单138.42万亩(9.29万公顷)，发展重点优质粮油基地23.5万亩(1.58万公顷)，收购优质粮源2.2万吨。加快发展和规范专合社步伐，年内新组建粮食专合社7家。扶持粮食龙头企业做强做大，组织全市重点龙头企业和知名粮油企业参加第二届川渝（遂宁）精品粮油展示展销会，提升泸州名优粮油产品知名度；实施名牌产品带动战略，大力倡导和组织龙头企业争创名牌产品，年内新增四川省名牌产品1个、四川省著名商标1个。积极推动放心粮油工程，争取到2015年省级放心粮油专项资金，建立放心粮油标准化配送中心7个，示范店81个(其中社区店33个、乡村店48个)，基本涵盖了泸州市主要城区和乡镇街道。大力推进粮食行业项目建设，2015年全市粮食行业在建项目共20个，计划总投资4.55亿元，年内完成投资7840.5万元。

【粮油质量监管】依托粮食科技活动周、食品安全宣传周、爱粮节粮宣传周、“爱粮日”等组织开展粮油质量安全专题宣传活动，现场解答群众关心的粮油质量辨别技巧和食品安全等问题，发放宣传资料6000余份，大幅增强全民食品安全意识和优劣粮油的辨别能力。组织开展军供粮、储备粮、产新粮食质量调查和品质测报、原粮卫生调查、商品粮库存的质量专项检查活动，抽检样品654个，切实保障全市人民“舌尖上的安全”。

（汪　浮）

烟　草

【概况】2015年，泸州市烟草展卖局（公司）辖区销售卷烟69.51亿支，13.9万箱，比2014年（下同）增长-3.8%。实现“两烟”销售收入43.19亿元，增长32.02%；实现税利11.298亿元，增长42.09%。收购烟叶1.5495万吨（30.99万担），收购均价为24.78元/千克；烟农户均收入（含烟税返还、行业各种补贴、保险赔付）5.91万元，增加35.2%。

【烟基项目】全市行业累计投入1501万元建设烟基项目2080件，烟区综合条件明显改善。叙永纳坪、古蔺朝门水库持续推进，叙永龙洞水库开工建设；新建防雹增雨点8个；完成新建烟叶仓储中心建设用地立项，叙永、古蔺两个新村项目稳步推进。

【烟草执法】全年办结各类案件1492起，查处各类违法卷烟1511万支，价值513万元。刑事拘留17人，提请逮捕12人，判刑6人，查获网络案件8起，破获百万元以上网络案件4起。

（刘　蓉　杨忠辉）

财　税

财　政

【财政收入】2015年，全市地方一般公共预算收入完成128.3亿元，同口径增长10.3%，收入总量连续两年居全省第二位；一般公共预算支出突破300亿元，达到303.2亿元。

【争取上级资金】2015年全市争取到位上级财政转移支付、地方政府债券转贷资金突破200亿元，增长32.1%。其中：争取到地方政府债券转贷资金72.7亿元，总量居全省第二位；争取到均衡性转移支付和县级基本财力保障奖补增量资金5.1亿元，增幅超过30%；争取到城市新区建设专项资金5800万元，总额居全省第二位；省级财政产粮大市奖励资金1000万元，全省仅5个市州获得奖励；中央重金属污染防治专项资金2073万元，占全省分配总额的1/4；纳溪大渡口镇、合江九支镇争取到建制镇示范试点中央资金4000万元。

【财政支出】突出“产业转型发展年”工作主题，市级财政投入工业、农业、金融、商贸物流等产业发展资金超过25亿元，支持改造提升传统优势产业，加快新兴产业培育壮大。整合政府资源（资产），做大投融资平台，创新投融资方式，支持川南城际铁路、忠山隧道等重点项目建设。开展政府与社会资本合作（PPP），完成采购阶段PPP项目4个，总投资95亿元，以政府投资2.9亿元撬动社会投资92.1亿元。支持推进新型城镇化试点，探索建立农业转移人口市民化成本分担机制、城镇化投融资机制。严格控制行政成本性支出，“三公”经费同比下降13.9%。着力改善民生，全市实现民生支出213亿元，占一般公共预算支出的70.3%。支持推进“七大扶贫攻坚行动”，全市投入专项扶贫资金2.1亿元，脱贫解困8.6万人。

【财政体制改革】建立高新区财政体制。在义务教育、城市维护领域开展合理划分市区事权试点。完成机关事业单位基本工资制度改革。清理规范行政事业性收费和政府性基金，目录清单对社会常态化公开。出台《市政府关于进一步加强区县财政管理的意见》，夯实区县财政管理基础。理顺泸州老窖及其下属关联企业税收征管关系，实行市级税务机构直接征管。依法将政府债务分类纳入预算，实行限额管理。积极开展存量债务置换工作，优化债务结构，实现债务期限“短变长”，利率“高变低”，每年节约利息支出4.2亿元以上。开展市级财政专户间隙资金增值管理，通过协定存款等方式增加利息收入1.3亿元。多措并举盘活财政存量资金，调整用于保民生、补短板。继续推进预决算信息公开，除涉密单位外，所有使用财政资金的部门均向社会公开了部门预决算和“三公”经费预决算。（王　毅）

国家税务

【概况】2015年，泸州市累计组织国税收入72.56亿元，比2014年（下同）增收1.58亿元，增长2.2%，收入规模居全省第五位。入库计划口径税收收入67.95亿元，增收6.82亿元，增长11.1%。其中，中央级收入实现51.90亿元，增收5.58亿元，增长12.1%；地方级收入实现16.05亿元，增收1.23亿元，增长8.3%。2015年，泸州市国税局被表彰为全国文明单位。

【依法治税】全面清理落实各项税收优惠政策，依法减免各类税收5.07亿元，办理出口退（免）税5550万元。推行“黑名单”制度，实施“一级稽查”模式。全面推进风险管理体系建设，组建全省最大规模185人的专职风险管理团队，按照“专业化分工+项目制管理”的风险管理模式，统筹推动市县“两级联动”，实现查补收入2.62亿元，占总收入的4.68%，位列全省第四。推进与省国税局的风险管理应对共建项目，风险精准应对经验做法在省国税局局务会上交流。

【征管改革】全面落实行政审批制度改革，稳步推进征管、出口退税、国地税合作和纳税服务“四大规范”落实。扎实开展“金税三期”工程建设，成功开出“金税三期”系统全省第一张税票。稳步推进“营改增”税制改革，全面推行增值税发票系统升级。积极推进跨区域税收征管服务合作，纳溪区和江安县在全省率先启动区县国地税跨区域协作。

【纳税服务】全市国税系统深入推进“便民办税春风行动”，减少行政审批44项，评出A级纳税信用等级纳税人270户。拓宽税收业务“同城通办”范围，车辆购置税在全省率先实现“全市通办”。推行互联网+纳税服务，在龙马潭区国税局实施“互联网+邮寄发票”服务措施。开展经常性税收宣传，借助微信、微博等新兴媒体推送法律法规。新华社《国内动态清样》专题报道泸州市国税局助力实体经济发展的做法，省委常委、常务副省长王宁作出批示。纳税人满意度测评全省排名比2014年提高两位。

（王乾云）

地方税务

【概况】2015年，泸州市地税系统组织各项收入84.94亿元，比2014年（下同）减收0.98亿元，下降1.75%；其中，地方级税收收入67.96亿元，增长1.07%；地方公共财政收入56.30亿元，增长5%。全市地税收入规模总量排名全省市州第四位，较2014年提升1位。

【依法治税】推进行政审批制度改革，落实简政放权，取消115项市级和127项县级非行政许可审批事项，不再保留“非行政许可审批”这一类别；落实税收优惠，支持创新创业、促进产业转型等优惠税金6.87亿元；加强稽查力度，规范税收环境，检查企业126户，组织企业自查402户，实现查补、自查入库总额2.27亿元。

【纳税服务】落实《全国税务机关纳税服务规范》，对9类76项236个服务事项1372个服务规范的各项涉税流程作统一规范；打造网上办税服务厅，推进网上办税，实现网络申报户数2409户，同比增长142%，网报纳税入库金额6.5亿元；探索自助办税，配置8台自助办税终端机，受理各类涉税事项11533件；推进“税银互动”，市国税局、市地税局、农信用社联合社泸州办事处联合签订“银税战略合作框架协议”，加强三方信用信息共享，发放贷款金额1550万元，惠及企业户数6户。

【征管改革】落实《全国税收征管规范（1.0版）》，明确11个业务类别647项税收征管底层业务标准；推进金税三期上线，统一国地税核心征管软件，通过前期大量准备工作，12月1日，金税三期在全市范围内成功双轨运行；推进税收风险管理，加强风险管理和纳税评估，建立印花税模型和驾校行业税收模型，办理任务1.38万条，查补税款和滞纳金1964.89万元；强化信息管税，深化税库银横向联网、存量房交易评税、税收征管电子档案管理等系统建设应用，签约三方协议1868户，累计签约9559户，实现电子缴税31.85亿元，占总收入的37.5%，采集电子财务报表2650户次。

【国地税合作】建立国地税联席会议制度，明确5大类21项合作事宜；加强与国税、工商、质监的沟通协调，推进“三证合一、一照一码”改革，全年承接省局推送“三证合一”登记企业3972户，协作办理税务登记5246户；明确信息传递机制，建立信息共享平台，全年共享信息3万余条；推进联合办税，采取地税进驻国税办税服务厅模式和共同进驻政务服务中心模式，联合开展国地税业务办理，联合开展纳税人培训11次，有效减轻纳税人办税负担，提高办税效率。

（李 芳 文 练）

金 融

金融综述

【概况】截至2015年年末，泸州市有金融机构和准金融机构109家。其中：银行机构14家、保险公司（含代理公司）41家，证券公司营业部8家、期货公司营业部1家，小额贷款公司24家，融资性担保公司（含分公司）21家。全市金融机构本外币存款余额1834.73亿元，比2014年（下同）增长13.75%；各项贷款余额1020.46亿元，增长18.7%；保险业实现保费收入41.69亿元，增长9.71%；在泸证券公司营业部股票有效账户29.38万户，增长23.19%，证券成交总额4526.65亿元，增长183.06%。

2015年12月18日，众邦公司与华西证券IPO启动暨签约仪式

【地方法人金融机构发展】启动泸州市商业银行增资扩股工作，12月8日完成注册资本工商变更，注册资本由7.24亿元变更为12.98亿元。制定泸县改制组建农村商业银行的工作方案，并纳入省联社18家县级农信社改制组建农商行计划。积极推进江阳农商行、龙马潭农商行、纳溪农信社整合组建泸州农村商业银行，上报银监会待批；争取辖外金融机构入驻。天津银行、成都银行在泸设立分支机构获银监会审批。西南联合产权交易所泸州分所和成都（川藏）股权交易中心川南市场培育分中心即将在泸投入运营。积极争取到省信用联社灾备中心落户泸州。新入驻保险公司2家。

【信贷规模争取】出台泸州市《银行业金融机构目标考核奖励办法》，对全市银行业机构新增贷款、贷款余额、支持中小企业和“三农”、存贷比、金融创新以及网点建设等指标进行考核，有力地促进银行机构增加信贷投放，提升服务地方经济发展水平；加强与辖外金融机构的对接和联系，2015年末，国开行在泸贷款余额50.96亿元，较年初新增17.61亿元。争取国开行和农发行合计四批48个项目29.73亿元专项贷款支持；引导金融机构积极运用再贷款再贴现工具，充分发挥投向和价格引导作用，2015年争取央行支农再贷款8.5亿元，支小再贷款5亿元，为金融机构提供成本相对较低的资金投向“三农”和小微企业。

【银行信贷投放】认真落实中央、省市关于稳增长的工作部署，引导金融机构加大对实体经济、重点项目、中小微企业和涉农信贷的支持力度，深入实施“中小微企业金融服务提升工程”和“金融扶贫惠农工程”，创新仓单、林权、动产、商标权等担保抵押方式，出台《关于进一步开展个体工商户动产抵押工作的通知》，引导金融机构不断加强金融产品和服务方式创新，信贷结构进一步优化。2015年末，全市银行业金融机构本外币存款余额1834.73亿元，比2014年增长13.75%；贷款余额1020.46亿元，增长18.7%。银行机构不良贷款率1.39%，除成都市外在全省最低。贷款中：重点项目贷款余额219.16亿元，增长26.19%；中小微企业贷款余额440.5亿元，增长32.35%；涉农贷款余额502.82亿元，增长15.12%；酒类企业贷款余额79.73亿元，增长2.65%；实现表外融资317.97亿元，增长15.5%。

【推动企业上市、挂牌】积极推动符合条件的企业在主板、中小板、创业板和境外市场上市融资，支持不同类型、不同发展阶段的中小企业到“新三板”和“四板”市场挂牌、融资、交易和转让股份。宏图物流于2015年1月在“新三板”成功挂牌，全市在“四板”市场挂牌企业累计达7户。推荐兴泸水务等50家企业为省级上市和挂牌企业后备资源库入库企业，推荐百草堂等5家企业为“创业板行动计划”重点企业库入库企业，向省发改委推荐上报议中管业等9家企业为“新三板”挂牌后备企业。华西证券向证监会申报IPO，议中管业上报新三板挂牌申报材料，发展机械、金鼎印务、鑫霸实业等企业与中介辅导机构签约，并进入股改程序。

【直接融资】2015年，制定出台《关于贯彻落实<四川省人民政府关于发展多层次资本市场服务实体经济的若干意见>的实施意见》《关于贯彻省政府办公厅关于进一步缓解企业融资难、融资贵问题有关意见的通知》，提出积极发展各类投资基金、支持企业发行短期融资券、中期票据、定向债务融资工具和中小企业集合票据以及支持企业加快股份制改造等措施意见，以期提高企业直接融资比例，促进企业通过资本市场做强做大，切实缓解企业融资难、融资贵。筛选百草堂中药饮片公司等105家企业列入直接融资后备企业，实行动态管理，加强跟踪服务。承办四川省2015年“送金融走基层”活动泸州专场活动，邀请金融专家为泸州市企业培训创业板、新三板、四板相关知识，全年共开展证券知识培训48次。2015年，全市直接融资规模迅速增长，社会融资结构进一步优化，全年实现直接融资额125.92亿元。

【保险、证券业】2015年，全市保险业实现保费收入41.69亿元，增长9.71%。其中：财险保费收入16.96亿元，增长9.04%；寿险保费收入24.73亿元，增长9.98%。保险赔付19.93亿元，增长27.1%，其中：财险赔付8.58亿元，增长9.86%；寿险赔付11.35亿元，增长44.22%。政策性农业保险保费收入1.5亿元，赔付0.68亿元。截至2015年12月末，在泸州的8家证券公司营业部股票有效账户数达到29.38万户，增长23.19%；证券成交总额达4526.65亿元，增幅达183.06%。

【“两类”公司监管】截至2015年12月31日，全市有小额贷款公司24家，注册资本57.45亿元，全年累计向1814户发放贷款76亿元，同比减少45%。全市融资性担保公司21家（含5家分公司），注册资本16.3亿元，全年累计担保贷款59.3亿元，下降12.8%；担保贷款余额63.4亿元，下降3.8%。

【打击非法集资】截至2015年12月末，全市查处新发生涉嫌非法集资案件24件，涉案金额12.36亿元，均由公安机关受理并立案侦查，部分案件进入处置阶段。按照“属地原则”成立专门机构应对处置，逐步化解风险。全市非法集资风险整体可控，金融生态环境稳定，金融秩序良好。

（杨洪武）

中国人民银行泸州市中心支行

【执行货币政策】1. 促进辖区融资规模和信贷投放稳定增长。当好地方党政的参谋，积极为经济发展建言献策。围绕“产业转型发展年”工作主题，引导金融机构主动适应经济发展新常态，贯彻落实稳健的货币政策及各项稳增长政策措施，合理安排信贷计划，把握投放节奏。全市货币信贷运行情况总体良好，截至年末，各银行机构本外币存款比年初增加221.92亿元，同比增长13.76%；各项贷款比年初增加172.18亿元，同比增长

18.7%，完成市委市政府下达的目标任务，贷款净增加额近四年来均保持在全省前四位，为稳增长提供金融支撑。2. 用足用优各项货币政策工具。落实定向降准，强化存款准备金管理。实施县域法人金融机构新增存款一定比例用于当地的考核，对达标的3家农信社（农商行）累计下调存款准备金率3.5个百分点，1家村镇银行累计下调5.5个百分点，农业银行1个县级“三农金融事业部”执行比正常标准低1个百分点的存款准备金率。通过全面和定向降准政策，累计释放资金达19.06亿元。同时，依托“名单制、基地化”，推动再贷款、再贴现政策精准有效实施，引导资金向现代农业省级示范基地、粮食产业示范基地、“万家千亿”融资培育的诚信小微企业等重点倾斜。创建4个支农再贷款省级示范基地。12月末，全市再贷款、再贴现余额达11.2亿元。江阳区农商行被全国利率市场定价自律机制批准成为观察成员，在辖内实现零的突破。3. 信贷政策精准有效实施。围绕全市经济发展战略，引导金融机构支持工业结构调整，推进农村基础设施建设和农业现代化，推动新型城镇化建设，加快扶贫攻坚和实施民生工程等，满足实体经济合理资金需求。截至12月末，全市酒类、化工、机械、能源等主导行业贷款余额为183.50亿元。搭建融资对接平台，推动省级金融机构与泸州市银政企对接工作会顺利召开，梳理211个重点项目、166户工业企业融资需求，授信总额度43亿元。改进中小微企业金融服务，创新发展涉农金融服务。土地流转收益保证担保贷款逐步在全辖推广，该项贷款累计发放1.03亿元。同时，深入实施“金融扶贫惠农工程”，推动古蔺县金融扶贫惠农示范县创建工作，持续引导金融资源向集中连片特困地区聚集。加大民生领域金融支持力度，为大众创业、万众创新创造良好外部环境。

【金融改革】关注和引导泸州市商业银行改革进展，督促其贯彻落实改革措施，充实资本实力，培育核心竞争力，提升风险管理能力，实现跨区域经营发展。积极参与地方法人金融机构改革方案制定和实施，着力推动“三区”农信社（农商行）合并组建泸州市农商行，参与省农村信用联社异地灾难备份中心引进到泸州的全过程招商工作。

【金融稳定】做好银行、保险、证券业及具有融资功能机构的风险监测分析和预警。强化房地产、化工、白酒、煤炭等重点领域和重点风险企业的风险监测机制，定期排查风险。坚持专项监测报告制度，组织辖内法人银行机构按时完成第一次投保，确保《存款保险条例》出台和实施工作平稳有序推进。配合地方政府化解企业突发信贷违约、政府融资平台、影子银行等风险。配合地方政府对化控、观文煤矿等困难企业的有效帮扶，对经营遇到阶段性困难、有诚信的企业切实加强帮扶力度，多渠道引导其降低融资成本；对恶意逃废银行债务的企业，综合实施经济、法律等措施，维护金融生态环境。开展金融机构突发挤兑事件应急演练，提高应对和处置突发金融事件的能力。

【直接融资】支持和引导泸州市商业银行的二级资本债发行工作。推进创新型直接债务融资工具的运用，支持泸州老窖集团发行期限为270天的超短期融资券30亿元和5年期中期票据10亿元，泸州老窖直接债务融资余额达40亿元；支持兴泸集团和工投集团在银行间市场和债券市场用好直接融资工具，为企业发展提供良好的流动性支持。截至2015年年末，全市直接债务融资余额达165亿元，居全省第三名。

【金融综合监管】完善金融综合管理联席会议制度，畅通金融综合管理渠道。规范内部操作流程，受理开业备案7件。建立重大事项“零报告”制度，定期汇总高管涉案与企业资金链断裂和挤兑重大事项信息，避免迟报、漏报、瞒报、误报发生。认真开展银行机构综合评价，完成2014年综合评价工作并向金融机构通报评价结果。完成对纳溪联社的综合执法检查。深入开展金融消费权益保护工作，推进“‘12363’金融消费权益保护咨询投诉电话”全面公布，受理金融投诉101起、咨询34起，全面办结，金融消费者满意率100%，有效维护金融消费者的合法权益。

【支付结算】加强支付系统建设和管理，确保支付系统安全稳定运行。第二代支付系统、中央银行会计核算数据集中系统（ACS）、四川支付结算综合服务系统完成上线并正常运行。在全市深入实施支付惠农示范工程，建成助农取款点3391个，农村乡镇布放ATM机155台，农村金融服务覆盖率达到100%，创建助农取款优质服务示范点9个，农村金融综合服务示范站3个，支付惠农示范行2个，省级刷卡无障碍示范街区2个，打造农民家门口的“便民银行”和金融服务“便利店”农村支付结算服务环境不断改善。推广非现金支付工具，加强对金融IC卡多行业应用的推进力度，合江县实现金融公交IC卡刷卡乘车。

【经理国库】扎实做好国库会计核算和国库服务工作，国库资金管理完善，国库经理职责高效履行，确保国库资金安全。深入推进财税库银横向联网建设工作，扩大上线业务种类，推进国库系统信息化建设。做好国债宣传工作，保证国债发行和兑付工作的规范、有序，全年发行储蓄国债14期。建立市高新区财政体制，国家金库泸州高新区支库于2016年1月正式运行。

【货币发行与反假货币】强化发行基金投放回笼管理，确保现金供应。科学预测发行基金投放情况，统筹安排调拨，合理分配库存，保证节假日期间现金供应。加强小面额现金供应，深化人民币净化工程建设，现金清分现场检查覆盖辖内金融机构所有现金中心和48个营业网点，全市金融机构自助设备现金全部实现清分后付出目标，柜台渠道现金清分后付出比例同比大幅提高。加大对银行机构小钞投放力度，充分满足公众对小面额人民币的需求。稳妥推进试点改革工作，古蔺县代理发行库改造完成并经分行批准，将于2016年投入使用。以假币“零容忍”为治理原则，抓好“防范和堵截假币专项治理”工作，持续打击假币犯罪活动。加大对银行机构从业人员的反假货币培训力度，完成对1875人的反假货币培训考试。

【反洗钱监管】强化反洗钱现场检查和非现场监管，完成对辖内9家法人金融机构和33家保险机构的洗钱风险评估，完成对4家机构的反洗钱专项检查。深化反洗钱协调机制建设，联合打击洗钱犯罪力度增强，协助司法部门开展反洗钱行政调查或协查27起，案件类型涉金融诈骗、贪污贿赂、非法集资、走私犯罪、毒品犯罪等多种犯罪，对维护金融秩序和社会稳定发挥了重要作用。积极开展反洗钱宣传培训，全辖反洗钱岗位人员参训率为100%，开展宣传活动62次，取得较好成效。

【征信管理】配合泸州市信用城市建设工作，深化辖区信用体系建设，推动实体化机构和库网平台组建，进一步做好征信服务和监管工作。改善社会信用环境，推动全市22个部门签订“构建诚信，惩戒失信”合作备忘录，与市旅游局、工商局建立旅游企业不良信息公示制度。在没有人民银行查询网点的县（区）推广使用自助查询机具，设置4个自助查询网点，完成安装调试，预计于2016年1季度内投入使用。建立征信宣传教育长效机制，狠抓特色宣传，将征信知识列入叙永县永宁中学、职业高中等4所中学校本课程，取得积极成效。

【外汇管理和跨境人民币业务】积极落实各项改革措施，促进贸易投资便利化。提升外汇服务水平，全力支持泸州港保税中心（B型）建成并投入使用。加强外汇现场检查、核查及非现场核查力度，完成对辖内3家银行机构的外汇业务合规性专项检查、4家银行机构的国际收支现场核查。围绕跨境资金流动重点领域，持续打击虚假转口贸易。推进人民币跨境业务，全年跨境人民币实际收付金额3.93亿元，跨境人民币结算量占国际收支比重提升4个百分点。（黄　维）

中国银行业监督管理委员会泸州监管分局

【概况】截至2015年年末，各项存款余额1805.26亿元，较年初增加216.16亿元，增幅为13.6%。贷款余额1092.96亿元，较年初增加172.18亿元，增幅为18.7%；不良贷款余额15.24亿元，不良率为1.39%。

【服务实体经济和民生金融】积极推动国省市稳增长各项政策措施在泸州贯彻落实，印发《银行业支持泸州实体经济二十七条措施》；2015年小微企业贷款“三个不低于”和涉农贷款“一个不低于”的目标任务全面完成，截至12月末，泸州市小微企业贷款余额303.8亿元，较2014年增加57亿元，增速为23.3%；小微贷款户数37720户，较2014年增加1636户，增幅为4.53%；小微企业申贷获得率96.02%，高于2014年同期水平0.09个百分点；涉农贷款504.7亿元，较2014年同期增加79.76亿元，增幅为18.77%。

泸州银监分局组织召开银企对接活动

【缓解融资难和融资贵问题】组织开展银企对接活动5场，促成全市银行与122户小微企业达成合作意向，签订授信金额11亿元，占对接企业意向融资金额的98.6%，发放贷款9.68亿元，占比88%；配合市政府组织省级银行与泸州市银政企对接工作会1场，签订授信金额43亿元；联合泸州市商务局编印《金融产品汇编手册》1万册，免费提供小微企业使用；督促银行累计取消收费114项、精简整合收费项目578项、降低收费标准114项，责令清退违规收费4起，金额合计21751元。大力督促续贷新政落地，截至12月末，银行办理续贷业务1229笔，金额36亿元，降低企业融资搭桥成本超过8000万元。

【扶贫攻坚】出台《泸州银行业支持帮扶贫困县发展的工作意见》，引导银行支持帮扶泸州3个贫困县。2015年泸州银监分局和全市银行向贫困县捐款283万元，向中国银行业监督管理委员会四川监管局倡议的“扶贫慈善基金”募捐50.79万元；全市银行结对帮扶贫困家庭220户，较年初增加137户，增幅达165%；泸州银监分局团委牵头发起全市银行业“牵手1+1”爱心助学活动，向古蔺县沙杠小学捐助4万余元。

【银行业改革】泸州市商业银行改制工作稳步推进，股权结构不断完善；江阳、龙马潭、纳溪三区的农合机构组建统一农商行以及泸县农村信用合作联社改制农商行的筹建请示已报请中国银行业监督管理委员会四川监管局审查；泸县元通村镇银行完善公司治理结构不断完善；配合市委市政府制定《泸州市金融改革实施方案》和《泸州市“十三五”金融业发展规划》。

【银行业机构网点延伸】2015年天津银行和成都银行在泸州设立分行的规划获中国银行业监督管理委员会审批同意，其中天津银行向中国银行业监督管理委员会四川监管局报送了筹建申请。

【现场检查】2015年开展现场检查项目4个，派出检查组9个，投入1008个工作日，检查金额349亿元，发现违规问题92个，罚款115万元，取消高管任职资格3人。

【融资平台贷款管控】2015年全市地方政府融资平台贷款余额35.86亿元，较年初增加3.36亿元，增幅10.34%，不良贷款率为0.67%。

【流动性风险监测】截至2015年末，泸州市商业银行流动性比例57.724%，农合机构流动性比例68.44%，泸县元通村镇银行流动性比例68.11%。辖内银行业法人机构流动性不明显。

（王　奕　王　珂）

中国农业发展银行泸州市分行

【概况】2015年，累计投放各类贷款31.52亿元，比2014年增加4亿元，增长14.53%；年末各项贷款余额62.76亿元，较年初增加8.82亿元，增长16.35%；投放中国农发重点建设基金9.76亿元；各项存款余额26.56亿元，较年初增加16.98亿元，增长177.16%，呈现出存贷双增的良好态势，继续保持了不良贷款零余额和“四无”工作目标。2015年，在市委市政府目标考核中获得一等奖，在农发行系统全省23个二级分行年度经营绩效考核中位列第五名。

【信贷支农】认真做好粮油信贷主体业务。确认15户粮油企业收购贷款资格，并通过媒体向社会公布，全面覆盖各区县，确保收购不留空白点；及时启动并严格执行最低收购价预案，审批最低收购价贷款5620万元，投放600万元，支持中储粮泸州直属库收购托市稻谷209万公斤；累计投放粮油收储贷款2.33亿元，确保粮油收购资金及时足额供应，未出现“打白条”和“卖粮难”情况。全力抓好中长期项目贷款有效投放。先后向泸州高新区、长江湿地新城、观文水库等8个中长期项目投放贷款15.35亿元，有力地支持泸州整体城镇化建设、水利建设和新农村建设。审核申报农发专项基金投资业务26笔、金额11.68亿元，获批24笔、金额10.94亿元，已全部投放到位。完成了泸州市沙茜片区土地整理等5个项目15.91亿元贷款期限重置工作，有效缓解地方政府和企业筹资还款压力。累计办理流动资金贷款续贷业务37笔，续贷金额14.03亿元，积极支持实体经济发展。此外，办理贷款展期144笔，贷款金额13.77亿元，信贷资产证券化1笔1175万元，委托贷款4000万元，有效拓宽企业融资渠道。

（王梦媛）

中国工商银行股份有限公司泸州分行

【概况】2015年中国工商银行泸州分行综合负债时点余额256.76亿元，比年初净增23.38亿元，增幅10.02%。各项贷款余额193.56亿元，比年初增加37.46亿元；表外业务当年新增余额14.27亿元。连续16年保持“零案件”和无重大差错事故。

【资产业务】抢抓泸州建设长江经济带及区域“中心城市”“交通枢纽”重大机遇，成功向叙古高速、华储物流、泸州老窖等13个项目办理表内、外融资32.7亿元。其中：跨区域为工银金融租赁办理回购型应收租赁款保理业务，为云龙空港办理资产管理计划表外融资，为兴泸环保发展办理垃圾处理类项目贷款3笔融资业务创全省首单；为泸州临港产业“空港路”投放首笔项目贷款，实现城建领域项目贷款零的突破。法人表内贷款余额突破100亿元，个人信贷净增15.12亿元，继续保持在同业第一。

【互联网金融业务】融e购电商平台交易额5.9亿元。泸州首家融e购O2O线下体验店在龙透关支行开业，社会和同业反响强烈。

【资产质量】不良贷款余额3081万元，不良贷款率0.16%，清收处置不良贷款5279万元，继续保持信贷资产质量全省先进水平。

【渠道建设】把2015年作为离行式自助银行建设的攻坚年、提升年，新建离行式A类自助银行9个，装修改造离行式A类自助银行3个，新建离行式C类自助银行2个。新增自动柜员机28台，更换7台，新增智能柜员机14台。完成泸县支行、泸县龙城支行、合江榕山支行搬迁。（陈江浩）

中国农业银行股份有限公司泸州分行

【概况】2015年，中国农业银行股份有限公司泸州分行各项人民币存款余额237.9亿元，净增17.98亿元；各项人民币贷款余额127.78亿元，净增10.82亿元；拨备前利润5.04亿元，拨备后利润4.22亿元。不良贷款占比0.33%。

【存款业务】实施对公转型打造机构存款支撑和网点转型打造个人存款支撑，双向双线管控夯实稳存基础的“两转一稳”战略，实现对公存款余额60.96亿元，净增3.14亿元；个人存款余额176.94亿元，净增14.84亿元。。

【贷款业务】对泸州地区重大项目及各类行业企业客户提供授信额度95.45亿元，贷款余额73.81亿元。其中，酒类行业贷款余额28.67亿元；能源类行业5.07亿元；化工类行业15.46亿元；机械类行业9465万元；医药类行业2500万元。提供项目贷款余额21.16亿元，其中如泸州益佳投资有限公司“佳乐世纪城”基础设施建设、四川高速公路建设开发总公司等重点项目贷款15.59亿元，占项目贷款的73.67%。住房公积金中心贷款突破总行政策，当年投放贷款4亿元，成为泸州金融同业和全省农行首笔新业务。同时加大中小微企业支持力度，中小微企业贷款余额14.69亿元，增量1.47亿元，增速11.12%，高出全行贷款平均增速1.77个百分点，中小微企业贷款获得率和贷款户均高于同期水平，达到银监“三个不低于”的监管目标。

【三农服务】对接新型城镇化、金融扶贫及“三农”政策抢大单、做特色，激发三农县域活力。涉农贷款余额67.73亿元，净增6.12亿元，增速9.93%，高出全行贷款平均增速0.68个百分点；推进重点工程建设，对西南商贸城二期（川南大市场）等项目实施“精、快、准、高、严”服务，争取省农行“千百工程”新增重大项目政策，投放贷款2.05亿元；支持农村专业大户、家庭农场等新型农业经营主体253户，贷款增加6559万元，居全省前列；首笔“财补贷”产品在泸县支行实现投放。着力优化农村支付渠道，惠农卡总量达到456063张，激活率99.4%；全年净增惠农通有效服务点482个，银讯通服务点布设222个，完成省分行计划的106%。

【中间业务】通过加快传统中间业务升级和新兴中间业务提速及发展互联网金融，强力夯实创新增效“三大基础”，创新红利逐步显现。中间业务收入1.57亿元，计划完成率104.15%，系统排名上升1位，增速5.25%。新兴中间业务收入8888万元，对全部中间业务收入贡献度达60.18%，上升6.72个百分点。拓宽激活线上交易渠道，个人电子银行活跃客户净增32.78万户，系统排名第4，电子渠道销售基金、理财占比提升4.1和16.2个百分点，新增电子商务有效商户36户，企业网银对账签约率全省排名第二，市分行营业部成功创建银行业协会“五星级网点”称号。（武亚波）

中国银行股份有限公司泸州分行

【概况】截至2015年年末，中国银行股份有限公司泸州分行各货币折人民币存款余额为113.23亿元，增幅8.61%；各货币折人民币贷款余额为84.58亿元，增幅9.39%；实现中间业务收入0.54亿元，增幅3.93%；实现净利润1.72亿元；不良贷款占比0.22%，不良额、不良率控制在优良水平，实现了各项业务健康、稳定、可持续发展。

【存款业务】个人储蓄存款规模创新高，截至2015年末，人民币储蓄存款余额68.23亿元，较2014年新增7.98亿元，市场份额为13.92%，较2014年增长0.36%；外币存款余额1759万美元，新增637万美元，余额及新增额均为建行以来最好水平。

【贷款业务】2015年加大信贷投放的力度，一方面坚持做实传统产业授信，另一方面不断拓展金融服务领域，将授信业务重点转向新领域、弱经济周期以及城市公用基础设施行业，全力支持地方经济建设，截至2015年末，公司贷款较2014年新增 4.16 亿元，个人贷款较 2014 年新增 3.10 亿元，新增贷存比达 80%以上。

【金融创新】依托互联网、大数据等信息技术手段，倾力打造“沃金融”特色服务，融合“互联网 E+”产品、服务、管理，通过网络平台向小微企业提供一揽子金融服务，实现客户批量拓展，提升服务客户效率和客户体验；充分利用中国银行多元化及国际化的网络优势，倾力打造“贷款+投资+上市”“境外+境内+本地”的融资模式，联动帮扶小微企业直奔“新三板”，打开小微企业的直融之路；紧跟“一带一路”战略方针，依托中国银行全球小微企业投资合作对接服务机制和平台，跨境激活中外小微企业交流合作，帮扶小微企业迈出国门，走向世界；全力推广互联网金融业务创新—中银 e 社区，构建金融服务新模式，通过互联网为社区提供多渠道、多接口的交互方式，为客户提供一站式社区金融与商务服务。将传统金融服务平台打造为金融+民生的服务平台，将互联网金融理念向传统业务客户逐步渗透，从而推动传统金融业务向网络金融的发展。

【渠道建设】新增自助服务点 5 个、自助银行 2 个，截至 2015 年年末，有营业网点 23 个、自助银行及自助服务点 37 个；全力推广智能化网点建设，对分行营业部、江城支行、纳溪支行营业部、合江支行营业部 4 个网点进行了智能化改造，提升网点综合效能，实现传统金融服务向智能化、网络化、互动化和综合化转变，提升网点的自助服务能力，为广大客户提供了方便、快捷、安全及优质的金融服务。（蒋　兰）

中国建设银行股份有限公司泸州分行

【概况】2015 年年末，中国建设银行股份有限公司泸州分行，一般性存款、各类贷款、中间业务净收入、拨备前利润总额增幅分别达到 7.24%、18.15%、9.16%和 13.52%，连续 14 年实现无案件、无重大违规违纪违法事件和无重大责任事故“三无”目标。

【存款业务】1. 实现机构存款增长常态化。主抓财政社保存款，关注各级财政资金保值增值动态，适时提供精准方案，获得市县（区）级国库定期存款的较大份额；营销拓展社保客户，实现四县三区“五险”账户全覆盖，完成社保银社直联、手机 APP、微信平台等项目基础工作；主动响应重点学校医院等事业法人客户；新增机构类客户 101 户。2. 加强对重点客户的市场营销，全额归集高速公路通行费，积极推进票据池产品并取得初步成效；加强部门和上下联动，促进业务转型，积极推动水费代收；加强对市、县（区）棚改项目营销，积极争取承接国开行棚改资金；加强对存量中型骨干客户的维护和拓展，新增有效客户 172 户，年末公司类存款增幅 5.16%。3. 开展旺季个人目标客户营销；抓好县域市场务工人员返乡资金归集，通过理财产品客户名单制营销有效利用到期理财资金，持续开展代发工资业务拓展，年末储蓄存款增幅 10%。

【贷款业务】1. 全力支持重点项目建设。全年向纳黔高速、叙古高速、酒业集中发展区、中水泸州项目和泸州市城投公司项目投放贷款 12.6 亿元。2. 积极扶持房地产行业健康发展。向市住房公积金中心投放贷款 3.5 亿元；认真抓好楼盘储备和个人住房贷款投放，全年发放个人住房贷款 68 亿元，其中公积金委托贷款 14.6 亿元；继续加大对县域房地产市场的支持，在合江、叙永、古蔺三县共投放个人住房贷款近 4 亿元；加强业务创新，新增公积金商转公、公积金贴息等贷款品种，均为全省系统内首办业务。3. 努力满足中小微企业资金需求。年末中小微企业贷款增幅达到 73.69%。4. 积极发展表外融资业务。通过代理发行资产收益权、股权投资类理财产品，年末表外融资新增 4.35 亿元；通过开展银政合作项目和地方政府债务置换，延长企业理财产品期限，为地方政府融资和推动区域发展服务。

【中间业务】积极发展投行、代理、财务顾问、增值等业务，全年净收入增幅为 9.16%，收入额在系统内名列第二。

【渠道建设】1. 针对主城区、主要街道、大型社区服务空白点，在交易需求较大的口岸新安装存取款机 16 台，仅城区自助设备全年现金交易就达 496 万笔，存取现金 100 亿元，分别较 2014 年增加了 22 万笔和 10 亿元。2. 不断拓宽个人银行渠道，年末信用卡净增客户数名列全省系统第三，ETC 发卡和安装分列全省系统第一和第二，代发工资个人户当年新增位居全省系统第一，收单商户新增数为全省系统内第三。3. 加强自助银行设备运营维护和故障检修，城区自助设备年度缺钞率控制在 1.37%以内，低于全省系统平均缺钞率。4. 促进传统柜面业务向移动端迁移，组建校园“学生惠”QQ 群，为学生提供在线解决方案；拓展本地优秀电商企业、本土特色农业优质商户入驻善融商城，拓宽客户销售渠道，助力传统企业向“互联网+”转型；完成川医大第一附属医院等 10 个单位网上缴费、微信公众号缴费、水费代收等民生项目 16 项；全年移动金融替代率达到 30.86%，较 2014 年提升 10.38 个百分点。

【内控管理和风险防范】1. 抓好信贷管控三大环节。信贷部门严格执行贷前调查、贷中审查和贷后管理，风险管理部门实施贷前、贷中、贷后平行作业，组织开展现场检查，客户评级覆盖率达到 100%，2015 年新发放信贷、票据业务达到零风险。2. 加强贷款风险甄别判断。全年先后开展区域信贷风险监测、白酒行业风险排查、企业担保圈风险调查、信贷业务押品风险调查等一系列风险管理专题调查调研工作。3. 加强个贷风险监测和不良压缩。制订压缩不良个贷“一户一策”“一户多策”，明确压缩目标和工作方案，及时采取应对措施，确保不良贷款控制在年初计划以内。

（杨家金）

交通银行股份有限公司泸州分行

【概况】2015 年年末，人民币各项存款余额 36.35 亿元，较年初增加 10 亿元；贷款余额 30.34 亿元，较年初净增 2.05 亿元，并通过多种金融工具融资 50 余亿元全力支持地方经济社会发展。全行业务高位运行，站上新的发展台阶。

【经营业绩】2011—2015 年度连续评为交行系统内四川省分行先进集体。2013 年泸州市政府目标绩效考核 2 等奖，2014 年、2015 年荣获 1 等奖。经营业绩和质量效益持续创造新佳绩。

【服务实体经济】其中存款较年初增长 10 亿元，完成泸州市政府职能目标任务 200%；新增贷款 50 余亿元，完成市级职能目标任务新增 8 亿元的 600%。积极扶持小微企业，中小微企业贷款余额 12.72 亿元，较年初增加 0.75 亿元。增幅 6.27%。

【渠道建设】经过近 5 年的发展，有物理网点 2 个（即：分行本部、泸县支行），建成在行式自助银行 2 个，离行式自助银行 7 个，离行式单机点 4 个，共有 25 台 ATM 自助机具。2015 年新建南光路、龙马潭两家社区银行，金融服务能力进一步增强。

（罗 翔）

中国邮政储蓄银行股份有限公司泸州市分行

【概况】2015 年中国邮政储蓄银行泸州市分行（含邮政代理）资产规模达到 268.4 亿元，新增 30.7 亿元；各项存款余额（含邮政代理）259.21 亿元，新增 27.73 亿元；各项贷款余额 24.29 亿元，新增 1.35 亿元。2015 年全年银行实现自营收入 24916.43 万元，增幅 10.05%；实现利润总额 7877.09 万元，增幅 13.05%。不良贷款率为 1.13%，资产质量良好，风险总体可控。

【服务“三农”】2015 年先后在合江、叙永、古蔺等 3 个县区建立 4 个金融扶贫工作站。全市 6 个支行均获得家庭农场（专业大户）、农民专业合作社贷款的业务开办权，其中，泸县支行、合江支行、纳溪支行、江阳支行等 4 个支行累计发放新型农业经营主体贷款 19 笔，金额 784.12 万元。成功发放农村产权抵押融资首笔贷款业务 100 万元（授信 200 万元），成为泸州市对接农村产权制度改革、金融服务创新的破冰试水之举。

【新产品开发】从行业特色、业务模式、增加企业授信等方面，先后开发“园保贷”“原酒抵押贷”“政府采购贷”“税贷通”“互惠贷”“科技贷”“小水电贷”“流水贷”“船舶贷”“经车贷”等新产品，推出“特色支行+产业”的信贷作业模式，帮助企业获得更多发展的机会，实现“融资”和“融智”的高效结合。可以说，从最初单纯的信贷支持小微个体，实现一揽子综合化金融服务，邮储银行泸州市分行同泸州中小微企业的成长紧密度越来越高。

【渠道建设】截至2015年年末，全行营业网点208个，建成自助银行6个，安装ATM机、CRS280机台。（牟　聪）

招商银行股份有限公司泸州分行

【概况】截至2015年年末，招商银行泸州分行有员工42名，营业网点1个、离行式自助网点8个。截至2015年12月，泸州分行自营存款时点余额162179万元，其中对公存款126060万元、储蓄存款36119万元。各项贷款余额152775万元，其中对公贷款70968万元、个人贷款余额81807万元。（余龙泉）

兴业银行股份有限公司泸州分行

【概况】截至2015年末，分行各项存款余额为30.94亿元，各项贷款23.84亿元，实现利润0.7亿元。2015年兴业银行泸州分行在人行金融业务十二个方面考核综合评价为A等，金融统计工作中被评为A等，外汇业务工作中被评为A等，全市银行业金融机构安全评估中被评为优秀。

【特色业务】由兴业银行出资20亿元与四川发展控股有限责任公司、泸州市国资委共同组建四川泸州纯粮原酒发展基金。积极与泸州市公积金中心合作，推动“公转商”贴息贷款项目；2015年形成以投资银行、财富管理、资产管理、资产托管、绿色金融、养老金融等品牌业务、特色业务的产品。（黄　委）

泸州市商业银行

【概况】截至2015年末，资产规模314.73亿元，比2014年末（下同）增加86.45亿元，增幅37.87%。各项存款余额203.83亿元，增加59.35亿元，增幅41.08%。贷款余额（包括贴现）98.87亿元，增加22.52亿元，增幅29.50%。在提取拨备0.89亿元的情况下实现净利润4.34亿元，增长0.97亿元，增幅28.64%，净资产收益率19.70%。

【增资扩股】2015年，完成第一步增资扩股工作，注册资本从7.24亿元扩充至12.98亿元。

【风险控制】截至12月末，流动性比例57.72%，存贷比51.50%，达到监管要求；不良贷款率0.30%，比年初下降0.02个百分点达到监管要求，为全省城商行最低水平；拨备覆盖率869.05%，贷款损失准备充足率1168.21%，比年初提高47.05个百分点，达到监管要求。

【客户发展】截至12月末，全行客户数量437845户，比年初增加52176户，增幅13.53%，其中：公司类4348户，增加454户；个人类433497户，增加51722户。发行社保卡297244张，新增银行卡9297张，新增短信用户85507户，新增网银用户4241户。

【小微服务】截至12月末，小微企业贷款余额601653.35万元，较2014年增加138567.7万元，占全行贷款60.95%，增幅29.92%，高出全行各项贷款平均增幅0.3个百分点，实现“三个不低于”的目标。（付荟如）

四川省农村信用社联合社泸州办事处

【概况】2015年年末，泸州市农信系统各项存款余额达到405.70亿元，存款规模占全市银行业金融机构的22.11%，在全市银行业金融机构中排名第一；较年初净增60.56亿元，存款增量在全市银行业金融机构中排名第一。各项贷款余额达到248.29亿元，贷款规模占全市银行业金融机构的22.77%，在全市银行业金融机构中排名第一；较年初净增28.70亿元，贷款增量在全市银行业金融机构中排名第二。2015年上缴税收4.05亿元。

【业务营销】依托“惠农兴村、扶微助小、融城旺社”三大工程建设，服务民生，提升金融服务水平。提升对城区居民、小微企业、农村农户等群体的金融服务质量。加大对战略型客户、高价值客户等高端客户的维护与拓展。强化信贷营销，服务地方经济。依托“卡贷通”业务，加大开发农村消费信贷市场；推广“放心贷”产品，实现自助机具随借随贷；试点发行“银税卡”，创新推出“蜀信·税金贷”无抵押信用贷款金融产品；强化对农业龙头企业的支持，试点发放土地承包经营权抵押贷款；积极配合市财政、担保公司建立“泸州市酒类企业转贷基金”，2015年成功为15家酒类企业提供过桥资金贷款1.58亿元，为企业节约融资成本510万元，帮助酒类企业渡过经济下行期困难。

【业务创新】积极向省联社争取新项目试点，实现“行行有试点、社社有项目”。实施网点转型工作，探索出一套行之有效的网点转型模式。大力发展O2O社区服务平台项目，成功试运行智能O2O“惠生活”交易平台，为社区居民提供线上预约下单、线下消费体验的全新商业模式，将金融服务主动融入“互联网+”。试水国际业务实现新突破，泸州成为全省农信系统最先获得国际业务资质的地区。打造圈链营销项目“泸州式”样板市场，实现银行、客户、商户“三位一体”的互惠互利发展格局。推出“放心贷”“财付通”“贴膜卡”等新业务。管会系统、信贷档案管理相继在泸州成功上线，为全省开展精细化管理和成本预算管理提供有力支撑。争取到省联社异地灾备中心项目落户泸州，承接一项事关四川农信电子化建设的重大项目。

【改革转型】2015年3月末，泸州、泸县两家农商银行筹建工作正式启动。分别成立筹建工作小组，开展清产核资和整体资产评估工作，广泛开展征集发起人工作，完成工商预登记。泸州农商银行的筹建申报材料于9月底按时报送至中国银行业监督管理委员四川监管局进行初审，并于10月转送到中国银行业监督管理委员会进行审定。全市农信系统股份结构进一步得到优化。（任玉琦）

中国人民财产保险股份有限公司泸州市分公司

【概况】中国人民财产保险股份有限公司泸州市分公司有员工411人，下辖8个区县支公司和5个直属经营单位。主要经营机动车辆保险、货物运输保险、企业财产保险、家庭财产保险、责任保险、保证保险、人身意外伤害保险和健康保险等200多个险种的业务，年承保各类风险总额达3600亿元。公司积极承办全市政策性农业保险、农房保险、农村小额人身保险、城镇职工补充医疗保险、校园（方）责任保险、医疗责任保险、环境污染责任保险等政策性“民生”保险。2015年，公司占财产保险市场份额41.79%，在泸州产险市场始终处于引领地位；处理各类赔案131418件，赔款支出36365.5万元；全年实现税利10461万元。

【业务发展】2015年，泸州市分公司实现保费收入7.09亿元，比2014年增长8.8%，排全省系统第七位。其中，农险保费收入1.48亿元，同比增长2.94%；车险实现保费收入4.09亿元，同比增长10.99%；非车非农险实现保费收入1.52亿元，同比增长9.35%。特别是在“三农”保险上，大力推进“网点、人员、服务”三下乡工作，进一步强化农村服务网络建设，制定规范的管理办法，调整优化农网布局，充实农网人员，提高农网人员整体素质，在全市建立26个乡镇营销部（中心服务站）、135个乡镇三农保险服务站，构建拥有1895名服务人员的农村保险服务网络；通过主流媒体对“三农”保险进行广泛宣传，编写印制农险宣传资料50多万份，在农村广为散发，制作农险宣传专题片在全市各乡村巡回放映1100多场次，积极开展“送农网培训下乡”工作，召开“农宣会”1060场次，让农业保险宣传和培训直通乡村、直达农户；大力开展政策性农业保险和涉农保险业务。

【保险服务】全险种万元以下理赔周期为8.47天，在全国678家地市级理赔机构中排第86名，客户满意度测评、亿元保费有效投诉量这两项客户服务满意度指标均在泸州保险行业名列前茅；深化人保之友客户俱乐部建设，结合省公司微信公众平台和俱乐部管理系统，完善增值服务举措，提升客户满意度和忠诚度。（张　然）

中国平安财产保险股份有限公司泸州中心支公司

【概况】2015年，中国平安财产保险公司泸州中心支公司实现保费收入3.17亿元，同比增长12.84%，市场占有率18.65%，在泸州产险市场份额排名第二。

【理赔服务】平安产险最新的理赔服务包括：平安好车主APP3.0版本将涵盖车主的车保险、车服务、车生活，致力解决用户在投保、理赔、服务等方面的多项痛点。电话直赔将车险理赔极致简化为三个步骤：电话报案、上传照片、接收赔款。电话直赔平均时效为0.39天，最快完成理赔的案件时效仅为7分钟。修理厂自助理赔授权修理厂在一定权限内自助完成理赔服务，自助报案、自助定损、自助收单等等，车主可随时查询维修进度。口袋理赔三步搞定车险理赔，小安在线指引，客户出险后，在理赔过程中对案件的进展无简单有效途径进行查询，能随时查询查勘员的位置，查勘服务点评，理赔指引，同时可在线交资料理赔。（王盐红）

中国太平洋财产保险股份有限公司泸州中心支公司

【概况】中国太平洋财产保险股份有限公司泸州中心支公司有员工78人，下辖5个基层公司。主要经营机动车辆保险、企业财产保险、家庭财产保险、工程保险、责任保险、船舶/货运保险、短期健康/意外伤害保险、信用保证保险、农业保险等经中国保监会批准的业务。2015年泸州中心支公司实现收入12281.57万元。截至12月底，泸州中支在泸州保险市场份额占比7.24%，排名第四。

【业务发展】2015年公司综合成本率和车险综合赔付率居于低位，守住了“保效益”的底线经营指标。2015年实现承保盈利636.37万元。

【理赔服务】2015年全年赔款金额7719.92万元。1.快速响应，及时查勘。接到车险客户报案后，查勘员15分钟内主动与客户联系，确认查勘地址，约定查勘时间；2.上门理赔，立等可取。对损失金额5000元以下且单证手续齐全的车险上门理赔客户，公司立即受理，现场完成理赔并支付赔款，万元以下车险案件，1个工作日内赔付。对于超出承诺期限的，每日按5倍银行活期利息支付罚金；3.人伤案件，专业支持。车险人伤案件提供“一对一、全流程”服务。公司提供“一对一服务”专线电话，人伤服务专业团队为客户提供轻微人伤现场调处协助、住院伤员定期探视、伤残鉴定陪同、医疗救援指导、人伤理赔及诉讼调解全方位咨询、协助，并提供诉讼咨询及律师推荐服务。根据确定损失情况，提供合理化解决方案建议，应客户要求提供车险事故双方调解协助指导服务并免费提供调解场地；4.异地出险，全国通赔。在全国范围内任意地区出险，客户根据需要可直接在出险地进行报案、查勘、交付索赔资料等，无须返回承保地办理。（骆　宁）

中国人寿保险股份有限公司泸州市分公司

【概况】中国人寿保险股份有限公司泸州市分公司建立市、县、镇（乡）三级分支机构，下辖7个县（区）支公司和103个镇（乡）营销服务部，拥有员工近200人，保险营销人员2500余人。

【业务发展】2015年，泸州市分公司实现总保费收入6.8亿元，同比增长21.49%，总保费规模全省系统排名第七位。市场份额为27.48%，继续保持全市保险业市场领先地位。其中：个险渠道保费收入34785.67万元，同比增长23.29%，占市场份额29.43%，团险渠道保费收入16988.96万元，同比增长3.67%，占市场份额86.66%，银保渠道受宏观经济环境、银行保险监管政策的影响，以及银行理财产品等金融产品冲击，仍实现保费收入16195.52万元，同比增长42.71%，占市场份额15.66%。公司除承办城乡居民大病保险和精准扶贫附加医疗保险，还积极开办城乡居民小额人身意外保险和城乡居民大病补充保险等惠民保险。

【理赔服务】全年短期险赔付48183件、金额14371.02万元，死亡医疗给付11949件、金额1990.89万元，满期给付52033件、金额36300.81万元，年金给付10654件，金额1957.95万元，退保73431件，金额18649.22万元。2015年公司各类赔款及满期给付（不含退保）54620.67万元，占全市寿险行业总给付的48.11%，高于公司保费所占市场份额20.63个百分点。（晏　伟）

中国平安人寿保险股份有限公司泸州中心支公司

【概况】平安人寿在泸州市设有1家中心支公司，5家支公司和2家营销服务部，2015年泸州中心支公司个险业务共计实现保费收入40629.96万元，年末保险营销员2343人，内勤管理人员100人。

【理赔服务】全年短期险赔付4672件、金额385.12万元，死伤医疗给付469件、金额2687.33万元，满期给付11108件、金额3220.64万元，年金给付2405件、金额515.70万元。（黎　敏）

中国太平洋人寿保险股份有限公司泸州中心支公司

【业务经营】2015年全年新增保单61540件，实现保险业务收入1.93亿元，保费排名全省系统达成率第一，增长率第一，泸州中心支公司营销人力全年增长排名全公司第一，缴纳各项税收15.13万元。

【优质服务】太平洋寿险泸州中心支公司采用“95500”客户服务系统，为客户提供365天、每天24小时全天候咨询和报案服务。2015年泸州中心支公司全年给付金额13022.88万元，其中处理死伤医疗赔付金额626.80万元、年金给付金额660.13万元、满期给付金额11664.18万元。

（邓　梦）

城建·环保

住房和城乡建设

【住房保障】2015年，全市保障性住房开工1960套，全部为公共租赁住房，全市分配给农民工的公共租赁住房为416套。2015年，改造各类棚户区16072套，投入资金27.67亿元。2015年，全市农村危房改造，竣工20806户，完成投资105090万元。截至2015年年底，百万安居工程中农村住房建设完工20336户。

【房地产业】2015年，完成房地产开发投资196.87亿元，比2014年（下同）增长2.2%；商品房销售面积403.37万平方米，增长32.02%；销售总额186.36亿元，增长42%；房地产业完成税收24.99亿元，占全市地税收入总额的29.42%。全市有房地产开发企业288家（其中一级1家、二级43家、新成立12家)，2015年1家开发企业晋升为一级开发资质，2家开发企业晋升为二级开发资质。新增二级物业服务企业3家。出台《关于促进房地产建筑市场平稳健康发展的28条措施》，支持合理住房需求，支持合理融资需求，鼓励居民购房，调整保障性住房安置办法，改善配套服务，优化市场发展环境。

2015年10月27日，全市房地产建筑业代表到优秀企业学习取经

【园林绿化】2015年，新增各类城市绿地265公顷，建成区绿地总面积4241公顷，城市人均公园绿地面积9.5平方米，建成区绿化覆盖率39.89%，建成区绿地率35.32%，城市公园绿地服务半径覆盖率71.3%。办理行政许可158件；开展景观方案审查、初设审查、施工图审查备案23项；办理配套绿地竣工验收备案92项；办理公共绿地移交19项，移交绿地面积5.6公顷。起草并印发《关于规范城市移植砍伐树木、临时占用城市园林绿化用地审批的通知》。组建成立兴泸园林绿化有限公司。组织季节工备选库遴选，通过公开透明的程序遴选出6个专业施工班组。建成武汉园博园泸州园。举办首届泸州盆景展，展出盆景作品100余份，并从中挑选出20盆优秀作品，参加四川省“川派盆景展”，获得金奖2个、银奖6个、铜奖3个。完成蜀泸大道四期道路景观绿化建设，该项目全长3.28千米，含5米绿化隔离带及道路两侧30米绿化带，面积达23万平方米

【建筑业突破】2015年是市委、市政府确定的“产业转型发展年”，开发建筑业列入全市加快发展、重点突破的先导产业。2015年，全市完成建筑业总产值575.3亿元（其中完成省外产值215.5亿元），增长10.84%，建筑业总产值全省排名第二，完成省目标450亿元的127.84%；完成税收收入19.01亿元，增长4.89%。2015年新增一级施工企业13家，泸州市一级企业个数在全省地市州中排名第二。新办施工企业45家，为22家建筑施工企业办理增项业务52项，为24家企业办理资质升级，为25家企业办理了资质延续，为174家企业办理了资质变更。全市有建筑施工企业497家，其中一级企业34家、二级企业87家、三级企业372家（含劳务企业）；有监理企业9家、招标代理企业3家。全市有一级建造师982人，二级建造师7342人。5月，代表四川省接受住建部开展的“工程质量治理两年行动”检查，受住建部好评。

【城建档案管理】截至2015年年底，接收和审核建设工程竣工项目54个，移交组卷47个工程，签发备案意见书55份，城建档案接收进馆率达96.5%，入库城建档案2718卷，有馆藏档案37808卷，有13个大类、73个小类。积极清理抢救历史遗留积存城建档案，全部完成301个工程积存档案，共计1459卷，将横跨两个世纪均未完成的积存城建档案全部清理抢救入库。提供利用城建档案714人次。

【建设科技推广应用】2015年，全市建设领域认真落实国家节能减排政策，继续巩固“禁实禁粘”成果，市规划区全年推广新型墙体材料5.31亿块（折标砖），新型墙材使用比例达到80%，节约土地378.79亩（25.42公顷），节省标煤3.28万吨，减少二氧化硫排放658.13吨。全年完成散装水泥总量266.501万吨，水泥散装率达到59.62%，减少粉尘排放2.68万吨，节省标煤6.13万吨，减少二氧化硫排放520.55吨。获得全国散装水泥行业统计工作先进单位荣誉称号。

【勘察设计市场监管】2015年，完成建设项目初步设计审查总建筑面积485.16万平方米，道路总长度约12.1千米，应审项目初步设计审查率100%。完成房屋建筑和市政基础设施建设工程施工图审查备案总建筑面积573.7万平方米，道路总长度约49.59公里，施工图审查备案率100%。严格执行建筑节能和绿色建筑标准。城市规划区内建设项目民用建筑节能设计审查备案率达100%。完成民用建筑节能审查备案项目总面积525.6万平方米，执行绿色建筑标准项目总面积456.774万平方米。

【跨江桥梁和城市隧道】沱江六桥及连接线工程全面推进，南、北引桥全部完成下部结构，主桥主塔完成中塔柱，马屋基立交、连接线高架正在加快实施桥梁下部结构。长江二桥（城东长江大桥）及连接线工程：通航论证报告已获得交通运输部批复，对长江上游珍稀特有鱼类国家级自然保护区影响评价报告环保部批复，环境影响评价报告已获得环保厅批复，已完成初步设计。长江六桥（邻玉长江大桥）及连接线工程：通航论证报告已获得交通运输部批复，行洪论证与河势稳定评价报告已获得长航委批复，对长江上游珍稀特有鱼类国家级自然保护区影响评价报告已获得环保部批复，可行性研究报告已完成评审待批复，完成全线初步设计，北段施工图设计。忠山隧道主体工程全面完工。

【骨干道路】机场快速通道主体工程全面完工。二环路建设快速推进，其中，二环路（纳溪段）：环评已上报待批；可研报告已经基本编制完成；完成施工图设计。二环路东段（龙港路）：完成主体工程，即将竣工通车。二环北段（千凤路段）：项目完成勘察设计招标，正在进行方案设计。

2015年6月10日，以省住建厅副厅长于桂（前排左三）为组长的省政府专项督查组莅临泸州督查棚户区改造项目

【交通节点缓堵】蓝田进出口通道全面完成。石洞进出口通道全面完成。蜀泸大道四期工程已全面完成。全面推进全市主要交叉路口立体交通改造、立体人行过街通道建设工程，蜀泸大道与龙马大道交叉口工程，已完成施工图设计；城区人行天桥加快推进纳溪百梯路口、三九灯饰城、城南江阳职高等3座人行天桥勘察设计。

【污水处理】城东污水处理厂截污干管工程、城南（泰安）污水处理厂截污干管工程、龙涧溪截污干管工程全面推进。城东污水处理厂土建工程综合形象进度完成90%；设备采购及安装工程综合形象进度完成80%。城南污水处理厂一期工程，土建工程综合形象进度完成90%；设备采购及安装工程综合形象进度完成80%。

【供水设施】组织各区县政府和市级有关部门对全市供水、排水与污水处理设施安全隐患排查开展拉网式的安全隐患排查，排查出供水、排水与污水处理设施安全隐患73处，整治完成27处，剩余46处安全隐患已制定整治方案。正在编制《泸州市应急备用水源规划》，将明确主城区应急备用水源点及其保护区范围。完善供水设施建设及水源地保护，城市规划区内新建改造供水管网105公里；开展南郊二水厂、北郊水厂技改工程施工建设，启动主城区长江、沱江沿岸32个排污口排污支管建设。

【供气设施】办理“燃气经营许可证”8家，办理“燃气经营许可证”变更2家。出台《泸州市住房和城乡建设局关于规范室内燃气管道安装工程管理的通知》，有效解决室内燃气管道安装过程中存在的突出问题。组织各区县开展全市农村燃气安全隐患专项整治行动，对部分农村燃气公司燃气生产状况进行抽查，促进农村燃气安全工作的开展。

【城乡统筹】以新型城镇化建设为主线，扎实推进全国建制镇示范试点、四川省百镇建设行动试点镇建设和纳溪区大渡口镇、合江县九支镇等7个市级新型城镇化试点镇建设，重点推进22个重点小城镇建设。至2015年底，城市建成区面积达120.1平方公里，城市人口达120.4万人，全市城镇化率达到46.08%。指导“两点两线”幸福美丽新村农房建设、农村人居环境治理和传统村落保护工作，全面推广《泸州市幸福美丽新村农村住房建设技术导则》和新农村住房建设图集。2015年，全市完成小城镇建设投资17亿元，完成农房建设投资12亿元，就近就地吸纳农业人口1.5万人。（陈晓冬）

城乡规划管理

【概况】2015年，全市新增建成区面积12.5平方公里，其中，中心城区6.8平方公里，三区（乡镇）1.7平方公里，四县4平方公里。截至2015年年底，中心城区建成区面积达120.1平方公里，人口达120.4万人，是全省除成都以外的三个百万人口大城市之一。

2015年10月19日，市委书记蒋辅义（中）率队督查重点项目推进

【规划许可】2015年，受理“一书三证”事项580个，其中选址意见书87个，建设用地规划许可证受理159个，工程规划许可证242个，乡村规划许可证92个，规划核实235个。全年新增用地面积为4875675.12平方米，规划许可面积为8228003.04平方米，规划核实建设面积为6473172.81平方米，新增道路总长度40461.548米，规划核实道路总长度为15144.23米。

【规划编制】完成《泸州市

枇杷沟改造概念性规划设计》《两江新城分区规划及课题研究》《泸州白酒产业园区邻玉酒文化特色

2015 年 5 月 25 日，泸州市创建全国文明城市动员会召开，市委书记蒋辅义（左四），市委副书记、市长刘强（右四）为泸州市新创的全国文明单位、全国文明村镇授牌

产业园规划研究》《泸州市南滨公园景观工程》《泸州市养老设施布点规划》《泸州高新区核心区城市设计》《泸州市智慧城市基础设施 4G 专项规划》《泸州白酒产业园区“多规合一”概念规划》等专项规划编制工作。启动《泸州市主城区公共文化服务设施布点规划》《泸州市主城区农贸市场专项规划》《泸州市老城有机更新战略研究》《方山景区规划》《泸州市轨道交通线网规划》等专项规划编制工作。

【“多规合一”】按照全市“规划一张图、建设一盘棋、管理一张网”的要求，积极探索推进以经济社会发展规划为统领，土地利用总体规划、城乡总体规划、生态环境保护规划、基础设施建设规划为一体的“多规合一”模式。编制完成泸县“多规合一”规划和泸州市白酒产业园区“多规合一”概念规划。启动大渡口镇、九支镇“多规合一”规划研究，探索乡镇“多规合一”规划编制模式。

【规划体系】围绕构建川滇黔渝结合部区域中心城市的目标，坚持规划引领，不断完善规划编制体系，逐步形成科学合理、层级清晰的城镇规划体系。抢抓“长江经济带发展战略”和“一带一路战略”等重大历史机遇，抓紧启动总体规划评估工作，开展长江经济开发区总体规划、枇杷沟改造规划设计、老城有机更新战略研究和两城三园区的规划优化整合；完成新能源充换电设施布点规划、地下空间利用规划、健康养老设施布点规划、综合防灾规划、农贸市场布点规划、停车场布点规划等专项规划，做到功能齐全、设施配套，提升城市综合承载力。

【规划研究】深入推进与杭州国际城市学研究中心、中央美术学院等机构的战略合作，积极开展园区和各类专项规划战略研究。2015 年 6 月 29 日，泸州市邀请住房和城乡建设部总规划师唐凯，浙江省委原常委、杭州市委原书记王国平，中央美术学院原院长、中国美术家协会原副主席潘公凯等 7 位全国城市规划建设方面的知名专家学者参与泸州城市发展战略研讨会，共谋泸州未来城市发展。

（刘浈淇）

城乡环境卫生管理

【城管体制建设】2015 年，调整充实市城管委成员单位，市城管委成员单位由 20 个增加到 28 个。明确三区政府及市级 25 个成员单位在城市管理工作中的目标任务和具体工作职责，完善市城管办工作机构、市城管委及其办公室运行机制，起草印发《市城管委成员单位主要职责》《市城管委及其办公室会议制度》，市城管委运转迈入规范化轨道。泸州市人民政府出台《关于进一步加强城市管理工作的意见》，提出“市级为主导、区级为主体、街道为支撑、社区为基础，各城市主体共同参与”的城市治理新格局。完善监督考核体系，市城管委分别与三区政府及市级各成员单位负责人签订2015年城市管理工作目标责任书，并由市城管办牵头，对三区政府和市级成员单位城市管理工作开展情况进行周检查、月考评月通报、季通报和年度综合考评，对重点问题跟踪督办，切实提升城市管理工作实效。

【城乡环境综合治理】开展“四大突破”“五大提升”和“五类集镇整治”行动，完成全市“环境优美示范城镇乡村”创建工作的考核评定，服务指导泸县云锦镇、合江福宝镇等8个乡镇（街道）和江阳区华阳街道西岸村、叙永县天池镇盐井村等45个村（社区）开展2015年度全省“环境优美示范城镇乡村”创建工作。指导开展市域交界集镇、国省市重点集镇、文明卫生集镇、四批全省环境优美示范集镇、赤水河流域集镇等“五类集镇”的街道的风貌塑造。全市农村生活垃圾治理工作顺利通过住建部、中央农办等国家10部委验收。印发《主城区砂石堆场环境秩序治理工作实施方案》，积极开展联合执法和督促检查，并对部分有安全隐患的砂石堆场进行清理整治。

【四大专项治理】狠抓主城区违法建设、广告店招、老旧城区环境秩序、砂石堆场环境秩序“四大专项”治理行动。主城区违法建设治理方面，按照“严格控制增量，逐步消除存量”的思路，依托三区和市级有关部门，组织一线执法力量，迎难而上推进执法工作。2015年主城区累计拆除违法建设45251平方米，责令停止建设25900平方米。广告店招治理方面，拆除了主城区、进出口通道周边区域大型户外违规广告牌562块，整治拆除店招店牌4823块，净化城市立面空间。老旧城区环境秩序治理方面，累计清理卫生死角2600余处，清除“牛皮癣”10万余张（处），清理垃圾19000余吨，完成76个老旧院落改造。砂石堆场环境秩序方面，起草印发《泸州市政府办公室关于加强主城区砂石堆场环境秩序治理的通知》，积极推动各级各有关部门开展砂石堆场治理工作。扬尘治理方面，治理施工现场扬尘污染978处，查处抛洒建筑垃圾车辆2359辆，查处机动车扬尘污染570起。

【环境卫生管理】加大资金投入，添置机械化作业车辆，全市有各类洗扫、清运车辆367辆，对中心城区主、次干道进行全面、轮回冲洗，中心城区机械化清扫率达85%。落实直管公厕24小时免费开放和全天候保洁值守，提升公厕便民服务水平。全年完成清运主城区垃圾库垃圾8.76万车次，清运垃圾25万余吨，生活垃圾无害化处理率达到100%。森泰垃圾处理场全年处理生活垃圾28.16万吨，日均处理771吨；处理渗滤液1.7万吨，日均处理45.6吨。

【环卫设施建设】一期投资5.7亿元、日处理生活垃圾1000吨的泸州市生活垃圾焚烧发电厂建成投入运行。日处理垃圾600吨的城南垃圾压缩中转站、日处理渗滤液350吨的森泰垃圾处理场渗滤液扩容工程投入运行。完成中心城区4座公厕、2座地埋式垃圾库改造。城市生活垃圾处理率100%。加强生活垃圾处理设施建设运行监督管理，对全市生活垃圾处理设施进行全面排查，完成县城非正规生活垃圾堆放点和不达标生活垃圾处理设施排查及环境风险评估工作。

【数字化城管】加强数字化城管信息平台运行管理，发现问题，及时通报，及时处置。2015年市级平台共印发作通报20期，受理城市管理问题17929件，立案17780件，立案率99.2%；责任单位应处置17760件，实际处置17653件，处置率99.4%；按期处置8407件，按期处置率47.3%。通过“96198”城管投诉热线受理群众投诉1301件，办结1111件，办结率85.4%。开展市民代表走进数字化城管体验活动。（罗　强）

沱江新城管理委员会

【项目建设】沱江新城实施重点项目 29 个，投资 45.9 亿元，实际完成投资 49 亿元，超额完成全年任务。医教园区年度计划完成投资 8 亿元，实际完成投资 8.7 亿元，西南医科大学搬入新校区，泸州综合实践基地完工，泸职院一、二、三期主体工程完工，正在进行装饰装修，泸职校一期工程完工、二期工程一标段基本完工、二标段完成总工程量 60%，园区内 3 条道路正积极实施；西南医疗康健中心年度计划完成投资 2 亿元，实际完成投资 2.3 亿元，一期完成住院楼 18 层建设，主体工程封顶，门诊医技楼主体工程封顶；佳乐世纪城年度计划完成投资 21 亿元，实际完成投资 21 亿元，奢香公园和酒城大道东段下穿通道建设完成、8 号地块外幕墙装修完成，6 号地块、住宅地绿韵进行主体施工，华润购物中心于 11 月正式营业，城西变电站开工建设。其余重点项目中，九狮路、春雨路、公交枢纽站主体工程全面完工，蜀泸大道四期、奥体公园、绕城高速胡市进出口通道已竣工并投入使用。

【新推项目】江新城管委会新包装推出重点招商项目 3 个，均按照计划顺利推进：1. 沱江南北滨路及滨江公园项目计划总投资 11.6 亿元，该项目采取 PPP 合作模式，于中旬确定中选单位并开工建设，计划两年内建成投入使用。2. 泸州沱江新城整体城镇化建设项目规划用地面积 5051 亩（338.99 公顷），项目征地费用、基础设施建设计划总投资 32.6 亿元。3. 学士山组团建设项目规划用地面积 3919 亩（261.27 公顷），项目计划总投资 40 亿元，拟利用学士山的自然资源和人文资源，打造泸州市首个文创产业基地、新型城镇化和生态城市样本。该项目于 10 月在市投促局网站上发布招商公告，有意向企业报名参与。

（曾　烨）

长江生态湿地管理委员会

【概况】泸州长江生态湿地新城北至机场路、南联紫阳大道、西邻长江、东接宜泸渝高速公路，规划面积约 40 平方公里（其中纳溪区约 30 平方公里，江阳区约 10 平方公里），人口规模 40 万人。规划形成“一带、一廊、四组团”的空间结构。“一带”为长江自然生态带，“一廊”为长江倒流河湿地北部核心区配套环境工程生态廊道，“四组团”包括倒流河北部组团、倒流河南部组团、五顶山组团、邻玉组团。以长江生态湿地公园为特色，打造兼具文化价值、旅游观光、绿色人居为一体的生态文明建设示范区。

【项目规划】进一步整合、优化新城各类规划，完成《泸州长江生态湿地公园概念性总体规划》《泸州长江生态湿地公园一期景观设计方案》《倒流河南北部核心区城市设计》等规划，加快编制《北部核心区控规优化提升》。

【项目融资】通过主动对接，争取各类资金 27.88 亿元（其中，北部核心区整体城镇化建设项目获得农发行贷款 23.5 亿元，首批资金 5.8 亿元已发放到位；通过包装项目，获得第四批专项建设基金 4.38 亿元，首批基金 1 亿元已发放到位）。努力做实做强投资公司，在仅到位资本金 1.1 亿元的基础上，通过招拍挂将新城范围内 5 处地块［约 190 亩（12.75 公顷），资产估价约 5.3 亿元］顺利注入公司，切实增强公司融资能力。

【项目推进】1. 保证项目投入。长湿新城 3 个重点项目完成投资约 3.15 亿元，完成全年投资目标任务（3.1 亿元）的 101.6%。其中，倒流河北部核心城区道路一期一标段（工业路一期）项目完成投资 0.18 亿元，完成 300 米道路建设并实现通车；北部核心区建设项目完成投资约 0.94 亿元，泸州长江生态湿地公园一期（起步区）项目完成投资约 2.03 亿元。2. 加快前期筹备。其中，北部核心区建设项目招商方案通过审批，正加快编制 PPP 实施方案，项目建议书获得市发改委批复，基本完成项目可研、环评、地灾、压覆矿等编制，抓紧开展勘察设计单位招标；全力推进 1360 亩（91.28 公顷）集体土地征收，2016 年 3 月底前可实现交地。泸州长江生态湿地公园一期（起步区）项目完成立项审批、方案深化和施工图设计，着手开展预算编制和财政评审。3. 加强协调服务。积极有效地做好市中医院城南医院、纳溪中学、纳溪区中医医院等项目的服务工作，确保项目顺利推进。4. 狠抓安全管理。严格实行安全工作“党政同责、一岗双责”，坚持项目安全预案入档入册，组织专人定期排查各类安全隐患，全年未发生较大以上安全责任事故。

【项目招商】包装优质项目，利用“渝洽会”、“酒博会”、“两江新城推介会”等各类经贸推介活动，主动出击招商。全年共对接中建市政工程公司、中铁城投、川铁城乡投资、四川发展、亢龙集团等央企、大型国企和知名民企 100 余家，并与 10 多家企业达成合作意向。（艾李健）

环境保护

【环境质量】2015 年，全市城区环境空气质量达到Ⅱ级以上天数 266 天，达标率 73%。长江干流泸州段、赤水河泸州段和永宁河水质保持优良；沱江泸州段水质持续改善，其中总磷指标保持稳定，其余指标达Ⅲ类。城市集中式饮用水源地水质达标率为 100%。

【污染物减排】2015 年，省政府下达泸州市的年度减排目标：化学需氧量削减 0.30%，氨氮削减 0.50%，二氧化硫削减 0%，氮氧化物削减 10.10%。经环境保护部和环境保护厅核定，全市化学需氧量削减 0.96%，氨氮削减 1.06%，二氧化硫削减 9.02%，氮氧化物削减 16.86%

【大气污染防治】2015 年，加快实施《泸州市大气污染防治行动计划实施方案》及 2015 年度实施计划，制定《关于加强可吸入颗粒物（PM10）浓度常态化管控的通知》《泸州市 2015 年大气污染防治目标考核评价办法》《泸州市城市环境空气质量考核激励办法》《泸州市建成区“煤改气”专项整治实施方案》等一系列文件，与川南三市签订《川南地区大气污染防治联防联控工作协定》，实施大气污染区域联防联控。环保和气象部门签订《加强大气污染防治合作协议书》，建立重污染天气预警预报和应急处置机制。多次组织对城区工业烟粉尘整治及“煤改气”专项整治、扬尘污染整治、道路扬尘污染整治、弃土砂石煤灰等固体废物运输车辆扬尘整治和秸秆禁烧工作等开展综合督查。综合运用经济、法律、行政手段推动大气污染防治各项工作有力、有序开展。全面完成水泥企业脱硝系统改造，淘汰 10 蒸吨/小时及以下燃煤小锅炉 165 台。全面推行机动车环保标志管理，建成机动车环保检验机构 1 家，在建 2 家。2015 年，全市发放新注册机动车环保标志 44212 份、在用机动车环保标志 47723 份。淘汰黄标车及老旧车辆 11349 辆。改造 207 座加油站和 2 座油库油气回收设施，全面供应国Ⅳ车用汽油和柴油。

【水污染防治】实施《重点流域水污染防治规划（2011—2015 年）》，截至 2015 年年底，列入规划的 21 个项目完成 18 个，重点项目完成率达 86%；列入考核的沱江一桥和长江沙溪口 2 个断面水质达标率分别为 92%和 100%，重点项目完成率和考核断面水质达标率均满足考核要求。开展农村生活污水、畜禽养殖污染治理，新建乡镇生活污水处理厂 21 个，实施规模化畜禽养殖场治理 64 家。

【工业污染治理】督促泸州川南发电有限公司、四川泸天化股份有限公司等燃煤电厂及大型工业锅炉完成除尘设施升级改造，确保污染物稳定达标排放。推进强制性清洁生产审核，完成四川银鸽竹浆纸业有限公司、泸州鑫福化工有限公司、古蔺郎酒厂等 11 家企业的强制性清洁生产审核，完成中国航天川南机械厂、伊顿液压（泸州）有限公司、泸州北方硝化棉股份有限公司等 5 家企业的清洁生产审核验收。

【饮用水源保护】2015 年，全市城市集中式饮用水源水质达标率 100%。取缔长江五渡溪饮用水水源地一级保护区内砂石码头。整体租赁长江石堡湾饮用水水源地一级保护区内砂石码头。完成长江五渡溪饮用水水源地和石堡湾饮用水水源地一级保护区隔离设施建设。在长江五渡溪饮用水水源地设置水质自动站，24 小时对饮用水水源地水质进行监测预警，定期对长江五渡溪、石堡湾、观音寺等 3 个城市集中式饮用水水源地水质开展监督性监测。

【土壤污染防治】古蔺县石屏镇历史遗留工矿污染治理工程被列为全国首批试点项目之一，争取第一期中央资金 1800 万元，实施综合整治。组织实施历史遗留龙马潭区铬渣堆场迹地修复工程。

【排污许可证制度】推行排污许可证制度，所有工业企业全部纳入排污许可证的发放范围，提高排污许可证发放工作质量。按照分级发证、分级管理的原则，全市共发放排污许可证 573 个。完成全市 18 个国控污染源排污许可证发放。

【建设项目专项检查】印发《关于调整建设项目环境影响评价审批权限的通知》，推进简政放权、放管结合，提高环境管理效能。同时，明确高新区的环境保护权限，推动高新区环境保护工作规范有序开展。2015 年，对 18 个建设项目开展环保设施竣工验收，强化建设项目全过程监管，督促完善环保设施和运维管理，确保污染物长期稳定达标排放。制定《关于全市建设项目环境违法行为检查专项行动工程方案的通知》，各区县共清理建设项目 2252 个，存在环境问题建设项目 274 个。市政府 7 个检查组抽查各区县存在环境问题建设项目 39 个，后督查发现，关闭企业 1 个，停产或停止使用企业 4 个，补办环评手续企业 4 个，通过环保验收 5 个，立案查处 12 个，其余完成整改。

【网格化环境监管】市政府办制定《关于印发泸州市网格化环境监管划分方案的通知》，建立网格化日常运行领导机构，主动向社会公示，接受社会监督。各区县、市级有关部门和园区管委会分别制定具体工作方案，落实网格责任，实施网格环境监管，实现市、区县（部门）、企业的网格全覆盖，促进全市环境监管工作有力有序开展。

【环境监察专项稽查】组织对江阳区、泸县、合江县开展环境监察执法工作专项稽查。稽查涉及建设项目管理、生态和农村环境监察、环境违法行为查处、环境污染和生态破坏纠纷调解处理、危险废物监管等内容，查阅 2014 年环境监察档案 16 卷、巡查记录簿 18 册、案件卷宗 12 个、信访资料卷宗 11 卷。对部分区县环境监察能力标准化建设达不到要求、现场监察频次不足、建设项目管理不到位、案件调查证据单一、危险废物管理不规范等问题，督促各区县落实整改。经后督察，各区县按照稽查工作要求完成整改。

2015 年 6 月 5 日，市环保局组织世界环境日宣传，向过往群众发放宣传资料

【环评审批】2015 年，隆黄铁路叙永至毕节段等 4 个建设项目环评获得环境保护部审批，四川中海金象 15 万吨/年润滑油加氢项目、泸州长江机械整体搬迁项目等 20 个建设项目环评获得省环境保护厅审批，泸州市高新投资机器人研发中心项目（一期）等 10 个建设项目环评顺利取得市、县

（区）环境保护局批复。长江上游火焰碛水道安全隐患航道疏浚工程、泸州市城市停车场建设项目、泸州市易地扶贫搬迁建设项目（一期）等取得环评批复。中外运泸州港保税物流中心基础设施建设项目（B保中心）通过竣工环保验收。2015年，市本级办理环评审批101件，其中报告书19个、报告表23个、登记表50个、补充报告5个、规划环评4个。

【环境应急管理】制定《泸州市突发环境事件应急管理与处置预案》《泸州市辐射事故应急预案》。修订完善环境风险重点企事业单位突发环境事件应急预案86个，组织不同规模、不同情境设置的应急演练，提升应对和处置能力，形成沿长江各应急处置单位的协同和增援机制。建立区域间环境管理联动机制，与贵州省遵义市、云南省昭通市、重庆市永川区和江津区等签订环境保护联动协议，有效预防、处置跨省界突发环境事件和环境污染引发的社会纠纷，保障长江流域水环境安全。组织力量对全市工业集中区和重点排污企业开展为期两个月的环境安全隐患的排查整治工作，出动执法人员299人次，出动执法车辆180车次，共排查出环境安全隐患65起，全部整改到位。启动2次环境空气区域Ⅲ级黄色预警，各成员单位及时采取响应措施，有效改善环境空气质量。与气象部门、公安消防部门分别签订《加强大气污染防治合作协议》和《应急联动工作机制协议》，提高大气污染防治工作水平和突发环境事件应急处置水平。

【核与辐射安全管理】截至2015年，有核技术利用单位260家，其中放射源单位20家，全市使用放射源60枚、其中Ⅰ类放射源2枚、Ⅱ类放射源5枚，Ⅲ类放射源8枚；全市使用射线装置300台。2015年依法审批核与辐射类建设项目7个，完成部分电信基站建设项目的审批、验收；换发辐射安全许可证的核技术利用单位186家，注销10家，新领16家。组织检查人员500余人次开展放射源专项检查、野外（室外）使用放射源与射线装置单位辐射安全专项检查，责令2家放射源单位依法送贮废旧放射源。组织对各区县、市管企业、移动通讯公司、电力公司、医院等200家核技术利用单位开展核与辐射安全管理培训。全年未发生群体性核与辐射信访事件，未发生核与辐射事故。

【生态细胞创建】2015年，纳溪区白节镇等18个乡镇创建成省级生态乡镇。拟划定生态保护红线面积1088.852平方千米。

【环境违法行为查处】全面贯彻落实新《环境保护法》及配套办法，与公安机关建立联动机制。2015年，全市立案110件，下达行政处罚决定书79份，结案79件（其中使用配套办法案件28件，按日计罚2件，查封扣押4件，限产停产18件，拘留移送3件，犯罪移送1件），处罚款256万元，执行率100%，并依法予以公开。无因被处罚单位对处罚决定有异议而引起的行政复议或行政诉讼案件。排污收费 全面完成2015年度排污申报，共计1076家企业。制定《关于进一步规范排污费征收工作的通知》，对全市排污核定及排污费征收技术规范进行明确，确保排污费征收工作有序开展。2015年，全市通过系统开单并征收排污费企业364家，解缴入库1784.2万元。深入7个区县46家企业开展排污费征收稽查，追缴排污费34.49万元。

【环境保护大检查】成立全市环境保护大检查领导组，分解工作任务，制定工作方案，明确工作内容、责任分工、时限要求等内容。联合畜牧、经信、国土、城管、安监等部门全面开展环境保护大检查工作。全市共出动环境执法人员5800余人次，检查企事业单位2865家次。清理出存在环境问题的建设项目133个，存在环境违法行为的企业434家。责令72个项目停止建设，责令122家企业停产整治，责令271家企业限期改正。

【环境监测】2015年，新购环境监测仪器33台/套，设备原值4432万元。新增环境空气和废气、大气降水、水和废水、噪声和振动、辐射、生物、土壤和沉积物、固体废物等8大类232个项目的监测能力。应急监测能力建设项目顺利通过验收。在全省率先开展环境空气质量预报工作和县级环境空气自动监测站事权上收工作。沱二桥水质自动监测站顺利搬迁，新建五度溪水质自动站。稳步推进环评机构体制改革，实现环境科学研究所的剥离。开展“质量管理深化年”活动，深化质量管理体系，质量管理工作取得明显成效，并作为典型范例在全省进行经验交流。大气和水质自动监测站运行管理工作多次获得国家和省上通报表扬，在四川省辐射国控、省控点的考核中获得优秀。市环境监测中心站荣获四川省环保系统“十二五”先进集体荣誉称号，全省环境监测绩效考核第一名。

【污染源信息监控】2015 年，全市已联网并运行自动监控设备共 54 套，其中废气设备 18 套、废水设备 36 套。验收废气自动监控设备 4 套。全市国家重点监控企业污染源自动监控系统数据传输有效率 98.8%。积极推进全省国控重点污染源监控中心运维绩效评估工作。 （张井平）

交通·邮政·信息产业

交通建设和交通运输管理

【高速公路建设】1. 叙古高速全年完成投资 26.32 亿元，占年计划投资 20 亿元的 131.6%。叙永至古蔺县城段主体工程基本完工，加快处置该段突发地灾及古蔺县城至太平段建设。2. 宜叙高速全年完成投资 3.21 亿元，占年度投资目标的 101%。3. G8515 泸渝高速 2015 年 5 月获得省政府同意按政府还贷方式建设，项目公司已注册，资金、人员已到位，编制完成项目工可及相关专题报告，部分取得批复。4. 叙威高速列入省规，与云南昭通达成接线协议，编制完成项目工可报告，省交通运输厅已初审，其他专项报告同步编制，与省铁投、中建、中铁等潜在投资人进行项目推介和洽谈，研究制定招商引资优惠政策。5. 泸永高速：纳入省高网。6. 董允坝、法王寺、方山、福宝等互通及高速公路收费站建设有序推进。

【长江泸渝深水航道建设】承办交通运输部长江黄金水道“2+2”座谈会两次，决定长江泸渝航道维护水深从 2.7 米提升至 2.9 米；交通运输部同意长江泸渝段率先整治、单滩治理泸州先行；加快协调推进项目前期工作，2015 年 11 月举行长江泸渝段火焰碛浚深工程开工仪式。

【航运物流中心建设】推进泸州港续建工程，借助成都铁路局拓展建设 6 个无水港，与云南昭通、四川攀枝花签订港口物流发展战略合作框架协议，成功开通“泸州—南京—日本”航线和 6 条铁水联运班列，2015 年完成集装箱吞吐量 44.5 万标箱，完成率 131%。

【渡改桥】2015 年，泸州市渡改桥项目成功列为全省试点示范工程。计划完成投资约 42 亿元，建成渡改公路桥 44 座、渡改人行桥 2 座，全面撤销江河客渡码头，消除渡运安全隐患。2015 年开工建设 8 座桥梁，加快开展前期工作 38 座。

【国省公路干线改造】1. 纳福港城大道全年完成投资 3.13 亿元，占年计划投资 3.1 亿元的 101%，挖方完成 100%，填方完成 100%，涵洞整体完成 83 座，完成率 98.7%，桥梁完成率 95.8%，玉蟾山隧道开挖支护 2525.5 米，洞身二衬 2505.5 米，隧道开挖贯通，隧道完成率 94.5%；路面垫层累计铺筑 12.1 千米，水稳层浇筑 3.6 千米。2. 泸合产城大道全年完成投资 4.03 亿元，占年计划投资 4 亿元的 100.8%，挖方完成 95.7%，填方完成 88.2%，涵洞完成 76 座涵洞，完成率 93.7%，桥梁完成率 83.5%，赤水河特大桥 5#主墩左幅 17#梁段完成、右幅 11#梁段完成，6#主墩左幅 18#梁段完成、右幅 12#梁段完成；笔架山隧道累计完成开挖支护 847 米，二衬 550 米。3. S307、S308、G321、G246、G353、沱江二桥加宽改造、自泸大件公路等项目前期工作进展良好。4. 完成国省干线“迎部检”工作。

【客运站建设】城北公交枢纽站全年完成投资 1.19 亿元，占年计划投资 0.751 亿元的 158.5%，全面

2015 年 9 月 8 日，市委书记蒋辅义（中）调研督导古叙高速公路建设

完成主体工程并通过验收，推进附属设施建设；城西客运站基本完成征地拆迁工作。

【民生工程建设】全年建成农村公路 1111.3 公里，占年计划 350 公里的 301.5%；其中县乡道改造 397.8 公里，占年计划 150 公里的 265.2%，村道建设 713.5 公里，占年计划 200 公里的 356.8%。公路安保工程建成 316.5 公里，占年计划 300 公里的 105.5%。

【水路运输】2015 年 1—12 月，泸州港完成货物吞吐量 3247.09 万吨，比 2014 年增加 3.62%。其中，集装箱吞吐量为 44.5 万标箱，比 2014 年增加 31.1%。全年竣工验收码头 2 座，在建 1 座，开展前期工作 3 座。全市拥有水运企业 46 家，水路运输服务企业 6 家，港口经营人 77 家，经营性船舶 387 艘，其中营业性客渡船舶 41 艘，货运船舶 346 艘，净载重吨 520582、1012 客座、142672 千瓦，完成水上货运量 1984.24 万吨、货物周转量 1289020.93 万吨，分别比 2014 年增长 0.22%、20.27%。

【道路运输】成功获批国家综合运输服务示范城市（全国 16 个、西部唯一）。优化调整客运班线 21 条、客运车辆 88 台；坚持城市公交优先发展，加快实施公交国有控股改制。全市有客运车辆 3169 辆、客运线路 997 条，通达全国 19 个省市区、全省各市州和全市各区县。开展出租车服务质量综合治理专项行动，建立健全企业、驾驶员服务质量管理考核机制，主城区出租车 1344 辆，出租车客运量平均每天 30 万人次，分担率 14.78%。

【现代物流】鼓励企业积极争创国家 4A、5A 级物流企业。扶持骨干港航企业，支持港口集装箱、汽车滚装、重大件等专业化运输发展，加快推进港口转型升级，促进公水、铁水联运发展。全市道路货运企业 614 户，物流企业 500 户，其中西部百强物流企业 5 家，四川省 50 强物流企业 10 家，A 级物流企业 19 家，数量和经营规模仅次于成都。全市拥有水运企业 46 家，水路运输服务企业 6 家，港口经营人 77 家，经营性船舶 387 艘，完成水上货运量 1984.24 万吨、货物周转量 1289020.93 万吨公里，分别比 2014 年增长 0.22%、20.27%。道路和水上货物周转量增幅均处于全省前列。

【城乡客运】稳步推进城乡客运一体化建设，江阳区完成农村客运线路公交化改造 13 条，泸县实现牛滩、喻寺片区城乡公交改造和区域化营运模式，龙马潭、纳溪区、古蔺县加快公交化改造工作。有农村客运车辆 1715 辆、农村客运班线 555 条，平均日发 4630 班次，年客运量 2381.02 万人次，旅客周转量 173628.06 万人，乡镇、建制村客车通达率分别达到 100%、80%。

【应急处置】2015 年全市遭受“8·17”暴雨灾害，全市公路水毁直接损失 1.4 亿元，重灾区白腊乡“两（叙永两河镇）高（威信高田乡）路”主干道彻底冲毁12公里。经全力抢险，受损交通基础设施得到妥善处置和恢复，“两高路”36公里路段完成了临时通道建设，预计2016年6月底完成道路恢复重建。

【智慧交通】全面推进智慧交通建设，加快完善车载GPS及3G视频监控功能，开发“智慧交通”手机APP功能，加快建设公交电子站牌，建设完善“12328”服务监督电话运行平台，加快推进交通运输日常监测与应急指挥中心建设。

2015年12月25日，在泸县福集镇沙土村与全省同步举行2015年底重大项目集中开工仪式

【公共交通】2015年全市公交线路122条，公交车1244辆，其中主城区公交线路111条，公交车1050辆，公交客运量平均每天58万人次，公交分担率32%。全省二级城市最大公交枢纽—城北公交枢纽站主体工程完工，泸州二中、体育场公交首末站建成投用；完成了主城区11个公交站港湾式停靠站改造，城区港湾停靠站达270个；“无线城市掌上公交”查询范围扩大到89条公交线路89辆公交车，建成投用公交电子站牌6个；推广应用新能源公交车数量达89辆。

【交通安全】强化企业安全生产主体责任和管理部门监管责任，落实“一岗双责”；改变管控方式，加强在线营运车船和渡口码头抽查，严查重处水上运输违法行为和道路客运驾驶员违反“六严禁”铁规行为，全年共查处水上违章214起，销毁非法船舶27艘，查处道路客运违反“六严禁”行为93起；持续开展道路运输非法经营整治专项行动，处置非法运营车辆601台。全年水上未发生交通安全事故，道路运输行车事故死亡11人，低于省市控制指标75个百分点，交通建设安全事故死亡2人，低于省市控制指标60个百分点，全市交通运输安全平稳有序。

【公路路政管理】开展路域环境“八个无”专项整治活动，圆满完成“迎部检”工作；开展道路交通安全综合整治深化巩固年活动，联合公安、交警、运政等部门，采取固定治超和流动治超相结合的方式，加大路面治超力度，遏制恶意非法超限运输，全市国省干线公路车辆超限运输率3.41%，远低于省市下达4.5%以下的控制指标；路政巡查持续强化，全年未发生一起因路政管理不善而导致的安全责任事故，公路巡查案件查处率、结案率100%。

【公路养护】探索制定《养护工程项目管理工作机制》，全年承担公路维修维护工程和基础建设项目共13个，大中修工程项目投资17967.93万元，投资比重占“十二五”期间工程项目总投资25060.74万元的72%。实现管养公路临水临崖高差3米以上危险路段安保工程全覆盖。连续17年保持安全生产无事故、无经济损失、无人员伤亡的良好态势。应急值守全年常态化，完成交通战备物资仓库储备中心、机械化养护中心和公路应急保通中心“三心合一”建设项目。

2015年泸州市交通运输能力概况

公路交通运输内河航运运输			
通车里程	总里程（公里）13550.354		
	其中	高速公路	425
		一级公路	41.562
		二级公路	815.058
		三级公路	222.95
		四级公路	8203.052
		等外公路	3842.732
公路密度	按国土面积计算：每百平方公里112.9公里		
	按人口计算：每万人32.1公里		
通达程度	通公路的乡镇128个，占乡镇100 %		
	通公路的村1472个，占村100%		
客运站	总数（个）157		
	其中	一级站	3
		二级站	10
		三级站	10
		四级及以下站	134
营运车辆	总数（辆）22070		
	其中	客车3074辆	82578座
		货车18996辆	159643吨
公路运量	客运	客运量（万人次）	8741.307
		客运周转量（万人公里）	642246.448
	货运	货运量（万吨）	6503.188
		货物周转量（万吨公里）	1188130.835

内河航运运输			
通航里程	总里程（公里）340.1		
	其中	三级航道	136
		四级航道	
		五级航道	92.5
		六级航道	
		七级航道	111.6
港口（码头）	总数（个）107		
	吞吐量	旅客吞吐量（万人次）	
		货物吞吐量（万吨）	3247
水路运量	客运	客运量（万人次）	35.09
		客运周转量（万人公里）	351
	货运	货运量（万吨）	1984.2415
		货物周转量（万吨公里）	1289020.93
营运船舶	总数（艘）387		
	其中	客船41艘	座
		货船346艘	吨

城市公交运输	
营运车辆	1244辆
公交线路	122条
公交站	1712个
运量	2.3015亿人次
备注	

（陈昌群）

航务管理

【船舶检验】截至2015年12月底，全市有营运检验船舶686艘，458275总吨，206637千瓦，3471客位；建造检验船舶44艘，33434总吨，13407千瓦，205客位；审图15套；检验费合计2191377元。全市全年共有船厂14家，造船31艘，总吨18793，载重吨11752；改建船10艘，总吨9987，载重吨18360；修理船7艘，总吨8760，载重吨13400；修改建造合计48艘，总吨37540，载重吨43512；总产值10919.6万元，营业收入3785.52万元；利润总额548.94万元。

【船员培训】全年开展基本安全培训考试4期，共215人参加，合格198人。换发新版适任证书57本，办理新版《船员服务簿》238本，办理“基本安全培训合格证”227份，办理客船特殊培训合格证23份 。

【运输生产】截至2015年年底，全市拥有水运企业

46家，水路运输服务企业6家，港口经营人77家，经营性船舶387艘，520582载重吨，同比增长4.06%，142672千瓦，其中营业性客渡船舶41艘，1012客座。全市千吨级以上船舶184艘（包括南京油运31艘）。泸州市省际船舶共有282艘，510159载重吨，均占全省的一半以上。省际运输企业42家。2015年，泸州港完成货物吞吐量3247.09万吨，比2014年（下同）增加34%。其中，集装箱吞吐量为420375TEU，增加68%。主要货种煤炭吞吐量为448.63万吨，增长13.64%；原油吞吐量为52.6万吨，增长39.86%，矿建材料吞吐量为1957.4万吨，减少7.18%。2015年，泸州市完成客运量35.09万人，增长126.53%；旅客周转量351万人公里，增长117.07%；货运量1984.24万吨，增加0.22%；货物周转量1289020.95万吨公里，增长20.27%。泸州港集装箱先后开通泸州—昆明、泸州—成都、泸州—乐山的铁水联运集装箱班列。截至2015年年底，泸州港完成铁水联运集装箱吞吐量达25102标箱，增长125.13%。

泸州港国际集装箱码头进港铁路，实现了铁水联运

【港口建设】2015年，全社会港口建设完成投资1.815亿元，新增年货物通过能力130万吨，年底全港综合年货物通过能力达到3710万吨。港口建设形象进度分别为：新溪口油品码头、神仙桥码头竣工验收；安达、财湾、香炉石3座码头进入竣工验收准备阶段；集装箱码头二期续建、青利码头在建；石龙岩、泰安件杂货、新街河3座码头继续开展前期工作。（李　俊）

长江泸州航道管理

【航道维护】2015年3月26日，长江泸州航道局试运行提高辖区航道维护尺度标准，配合上级和地方政府部门开展提高辖区航道维护等级的前期工作；加大航标质量检查评比力度，航标维护、航道测绘、航道疏浚、整治建筑物维修工作量均超计划完成；应对溪洛渡、向家坝水电站蓄水造成的低水位和洪水期多次较大洪峰，维护性疏浚水师碛、小米滩、中坝河段，完成秤杆碛上丁坝、冰盘碛丁坝、神背嘴潜坝等多座整治建筑物维修。制定推广应用方案，在辖区正式运行长江电子航道图（V3.0）系统；成立航道生产值班室，完善值班制度，强化息传递和应急处置；强化航道行政管理，配合地方政府开展砂石全面禁采工作，严格办理专设航标许可，航道行政执法工作更加规范高效。

【基础建设】江津航标维护基地工程完成选址，白沙、永川航道管理处趸船及接岸设施改造工程工可报告报部待批，办理航道测绘基地用地审批手续。全年完成项目投资1695万元，纳溪处业务用房、合江和榕山处趸船和码头正式投入使用，江阳、合江和榕山处业务用房建设项目顺利推进，漕房和通路口信号台房改造完工并交付使用，麻沙桥仓库置换房屋改造基本完工。编制上报“十三五”基础设施建设规划，清理在建项目设计变更情况；新投入使用2艘30

米航标艇、1艘13米测量快艇，“泸道标201”航标艇技术改造工程全面完成，船舶装备设施建设完成。（钟南宇）

民航管理

【运输业务】机场运输业务快速增长。机场通航城市16个，列全省12个支线机场的第二名。完成旅客吞吐量844624人次，比2014年（下同）增长18.9%；飞机起降8932架次，增长13.4%（其中运输起降8874架次，增长13.9%）。继续保持川南和川滇黔渝结合部区域机场的领先地位。

2015年9月24日，泸州至南京、丽江航线开通新闻发布会

【运输服务】狠抓航班正常各环节保障，消除本场原因造成的航班延误；针对航班不正常，做好信息传递、预先分流和现场服务，及时化解旅客情绪，尽力满足旅客需要，全年发生延误航班261个，涉及旅客21315人次，未发生群体性事件和性质恶劣的有效投诉。认真做好全国政协领导、中国国际酒业博览会、红军“四渡赤水”战役胜利80周年纪念活动等重要航班保障服务。

【基础建设】积极配合推进机场迁建，完成新机场总规、初步设计评审及批复，市政府与成空签订施工组织协议，新机场具备全面开工建设条件。努力改善保障服务硬件。完成航管二次雷达信号引接投用；完成气象自动观测站（备用）建设，实施RVR和云高仪等气象设备采购；完成消防自动报警系统安装调试；完成候机楼自动播音系统安装调试，提升服务档次；完成候机厅升降电梯的安装，满足出港高峰期旅客候机需求；实施机场环岛路智能交通管理系统工程，强化机场道路交通管理秩序。

【基地公司引进】积极推动市政府和世界500强排名156位的中航工业集团合资在泸组建基地航空公司。及时组织双方考察，牵头进行协调磋商，于12月23日市政府与中航工业幸福航空控股有限公司正式签订《组建幸福泸州航空有限公司暨战略合作框架协议》，共同出资10亿元（其中幸福控股7亿元，泸州市属国企3亿元）组建全国第一家以支线机场为主运营基地的航空公司，也是注册地在地级市并以地级市城市名命名的两个筹建航空公司之一。

（张寮川）

川铁（泸州）铁路有限责任公司

【概况】2015年，川铁（泸州）铁路有限责任公司完成货运量330.13万吨，货物周转量29227.68万吨公里；实现营业收入15165.99万元。机车累计走行6.4万公里，实现安全生产7964天，安全行车4927天。公司铁水联运再次实现突破，实现运量35万吨，同比增长66.7%；水泥熟料运输实现60万吨，同比增长33.3%。

【内控管理】坚持依法治企，继续聘请专业律师作为公司常年法律顾问，对重大制度修订、经济合同、路伤纠纷等提供法律咨询，全年律师参与审核各类经济合同23份，参与路伤处理3起。加强资金流管理，全年归还招商银行2500万元短期贷款，归还其他银行贷款本金7750万元、融资租赁租金12671.76万元，支付银行贷款利息（含融资租赁租金）10833.31万元。通过与交通银行的沟通协调，争取到续贷1500万元，缓解公司资金压力。（许小翠）

泸州市邮政管理局

【概况】2015年全市邮政企业和快递企业累计完成业务收入5.06亿元，比2014年（下同）增长18.86%，累计邮政行业业务收入占全省比重的4.15%，在全省位居第四；累计完成邮政业务总量4.3亿元，增长13.57%，累计邮政行业业务总量占全省比重的3.11%，在全省位居第六。

【快递业务】2015年全市累计完成快递业务收入1.54亿元，增长20.84%，累计快递业务收入占全省比重的2.45%，在全省位居第三；累计完成快递业务量1015.07万件，增长23.02%，累计快递业务总量占全省比重的2.08%，在全省位居第四。

【邮政快递企业】全市有邮政企业市公司1个、县分公司6个、开办法定邮政普遍服务的乡镇邮政营业网点251个，设立“三农”服务网点54个，邮亭（书报亭）117个。全市有取得许可备案快递企业28家，其中法人企业11家，未在泸州法人快递企业设立的分支机构17家，各企业在全市区县设立快递营业网点约270个，邮政、快递服务汽车200辆，邮政及快递业直接从业人员约2800人。

【空白乡镇邮政局所补建】泸州市有补建空白乡镇邮政局所24个，分布在古蔺县等老少边贫地区。市邮政管理局积级协调市发改委、区县相关部门和邮政企业，2014年“补白”工作全面完成，2015年重点开展补建收尾工作：一是要求邮政企业全面完成24个补建局所的登记备案；二是对补建网点开展核查，确保运营局所符合《邮政普遍服务标准》；三是按照“一点一档”的要求，建立24个补建局所档案。

【村邮站建设】多次与市农工委协调，确定村邮站的建设工作由区县农工委与邮政企业共同推进，鼓励邮政企业发挥原有的网络优势和平台作用，整合农村邮政网络资源，将已有的邮政便民服务站、“三农”服务站等服务终端改造转型为村邮站。2015年度完成省邮政管理局下达33个村邮站的建设目标。

【快递服务制造业】快递企业与泸州老窖及其他各品牌白酒企业合作，开展白酒产品寄递服务。2015年泸州邮政EMS、申通、圆通等8家主要快递企业收寄本地酒类产品约计400万瓶，业务收入合计约2000万元，运送白酒产品价值约10.6亿元。

【寄递渠道清理整顿】2015年10月，印发《关于开寄递渠道清理整顿专项行动的通知》，开展一系列专项行动：10月30日召开新闻通气会，向各新闻媒体、社会各界宣传行动内容和重要性；11月1—2日分别到重点快递营业网点对实名制执行情况进行巡查；11月5日组织各企业召开寄递渠道清理整顿专项行动和快递业务旺季服务保障工作会；11月16日联合市综治办、公安等部门联合开展“三个100%”落实情况和“双十一”旺季安全检查；12月泸州市政府成立危爆物品寄递物流清理整顿领导小组，市邮政管理局为小组成员单位；12月25日泸州市委副书记、市危爆物品寄递物流清理整顿领导组组长曹建国率市综治办、公安、邮管等部门到企业进行寄递渠道安全工作督查。

（王 芹）

中国邮政集团公司泸州市分公司

【概况】2015年，泸州邮政公司实现业务收入39127万元，比2014年（下同）增长13.81%，绝对值增加4750.33万元，完成省公司计划105.3%，“十二五”期间规模实现翻番。全年完成利润12644万元，列全省第1，同比增长13.47%，绝对值增加1500万元。全年新增邮储余额17.7亿元，余额规模达到176.27亿元。

【改革转型】2015年根据省公司部署完成“子改分”，企业名称于5月1日正式更名为中国邮政集团公司泸州市分公司，各县区、网点分支机构也进行相应改制工作。加快实施包裹快递业务改革，市级邮速联合成立改革领导小组，设立函件包裹局，建立和完善市、县（区）二级包裹快递业务的经营组织架构，并推进叙永试点县改革运营。顺利完成ERP系统上线工作，促进企业科学运营。持续推进代理金融转型，加快转型模式导入，强化电子银行发展，截至2015年末，全市标准版网点22个、简化版网点39个，共计61个，转型覆盖面达35%。2015年全市转型网点点均新增总资产2125万元，点均新增余额是全省平均的1.55倍。

【网点发展】全市有邮政网点226个，其中金融网点178个，全面完成24个空白乡镇局所补建计划并实现营业，建成报刊零售终端158个，“三农”分销店66个，便民服务站315个，乡镇覆盖率为100%，村级覆盖率为23.4%。2012年来完成网点标准化改造53个，金融网点转型升级建设37个，新购置网点7个，搬迁低产网点1个，并对10个营业面积小、结构不合理的网点进行房屋面积扩建和结构改造，成为全省金融网点结构改造的成功典型。加大自助机具投放，全市布放ATM/CRS共134台，商易通758台，新增打印机384台、电脑341台、身份证复印机216台、补登折机155台、发电机194台，A类点钞机670台，排号机47台，UPS电源78套，监控探头481个。

【营业服务】重点规范营销话术和服务语言，用户满意度连续五年超过80分，机要通信连续29年质量全红。将邮区中心局转运组和包刷组合并一个大班组，并进行场地改造，拓宽200平方米，从11月起调整新作业流程，以车代库实现流水化作业模式；调整优化全市邮路，并将县区分拣前置，全面提升网运速度和效率。优化投递作业组织，城区精简3个段道，成立商投队伍，设商投段道10个，建成人工自提点185个、布放首批智能包裹柜6台、手持PDA智能终端155台，并组建投递小夜班。成立并加强数据运营中心建设，完成数据分析课题16项，落实应用的课题8项；完成全市141个金融网点的WIFI建设，投入90万元资金建设覆盖全部金融网点的LCD电子显示屏178台。

（贾清钦）

信息化管理

【智慧城市和信息化建设】2015年，泸州市获批为国家智慧城市建设试点城市、四川省智慧城市示范城市，编制《泸州市智慧城市建设概念性规划》《泸州市智慧城市建设实施意见》及《泸州市推进智慧城市建设三年行动计划》，与电子科大签订全面合作协议，委托其为泸州市编制智慧城市示范城市建设总体规划与各类专项规划，完善智慧城市建设的顶层设计；制定印发《泸州市信息基础设施管理办法》《泸州市智慧城市信息化项目管理办法（试行）》，科学规范信息基础设施规划建设以及市级政府投资信息化项目建设的相关程序；组建成立泸州市数据资源中心、智慧城市和信息产业众创协会等机构，为智慧城市建设提供有力的组织保障；成功引进华为大数据中心、省农商行数据灾备中心等重大项目落地泸州，为智慧经济发展增添后劲；实施“宽带乡村”“光进铜退”

等一系列信息基础设施提升工程，使泸州成为“中国第一个全光网大城市”，并实现主城区 WI-FI 的全覆盖；帮助企业争资争项，全年有 4 户企业获得省级“两化融合”专项资金 405 万元；在智慧党建、智慧医疗、智慧交通、智慧社区、电子商务等方面都有新突破。

【无线电管理】2015 年，全市无线电管理共完成无线电日常监测 7612 小时、专项监测 10 次。审批新设无线电台（站）736 个，全市有各类无线电台站 7835 个，检测无线电台（站）95 个，完成新设台站数据录入达 100%。为民航广兰空中大通道保驾护航，查处干扰航空飞行安全事件 4 起。切实做好国家级各类考试无线电安全保障工作，防范和打击利用无线电设备进行考试，出动车辆 96 台次、出动监测技术人员 278 人次、监测 478 小时。进一步做好军地无线电管理协调配合，为泸州军地合用新机场开展电磁环境测试 2 次，配合驻泸空军部队查处广播发射信号干扰空军地空通信频率事件 1 次；建立与法制办、公安、工商、技术监督、广电等部门密切协作和联合执法的长效机制，查处卫星电视接收器受干扰投诉 4 起；查获非法广播电台 1 部；查获城区“伪基站”5 座；加大依法监督检查力度，制定并严格落实年度监督检查，开展辖区内非法设台执法检查活动 26 次；开展销售市场执法检查 8 次；加强对无线电频率资源精细化管理，强化无线电监测、干扰查处的技术手段能力，基本实现日常无线电管理、执法和监测区域从泸州中心城区有效延伸至各区县以及乡镇。

（易泽莲）

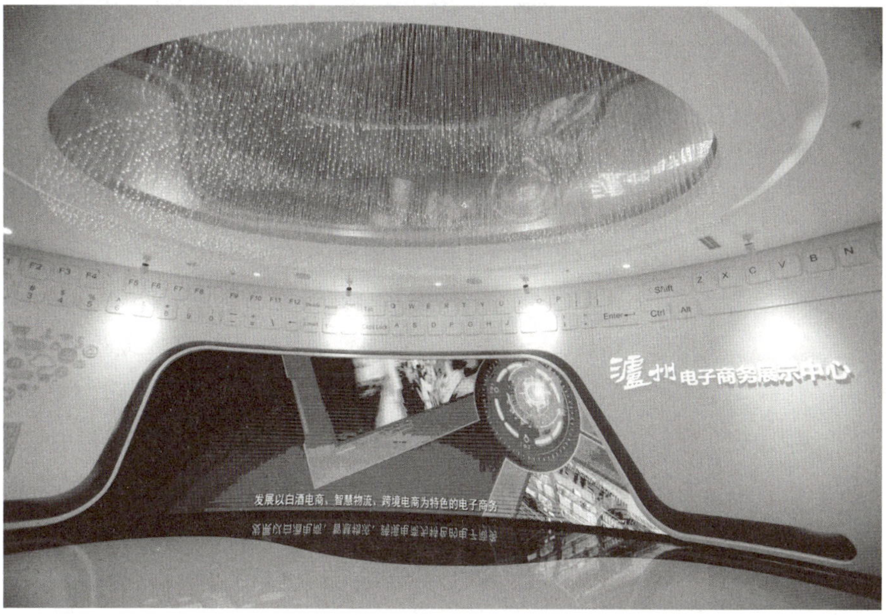

全国首家电子商务展示中心

中国电信股份有限公司泸州分公司

【概况】2015 年，中国电信泸州分公司成功建成光网城市，深耕“宽带乡村”。光纤宽带、电信电视、移动业务等齐头并进，用户规模快速增长，市场份额稳健提升。收入达 8 亿元，排名全省第三，同比增幅 7.7%。

【基础网络】打造三张精品网络。1. 全光宽带网。6 月 29 日，成功建成“中国第一个光网大城市”（500 万人口以上），全市高速光纤宽带用户占比达 95%，用户宽带上网平均速率居于全国一流，实现“百兆到户、千兆到楼、T 级出口”，成功构建起“智慧城市”发展的底层基石 .2. 4G 无线网。开通近 2000 个 4G 基站，实现泸州城区、场镇的全覆盖，优化 200 余个行政村的弱覆盖问题，客户通话感知显著提高。3. 4K 电视网。建成全球领先，国内唯一的 4K 超高清电视网，平台容量达 75 万户。

【农村信息化】全面深度推进四县三区“宽带乡村惠民工程”建设，自筹资金数亿元，合作引资上千万元，投入上千人，完成 4 批宽带乡村建设计划，新建FTTH端口十余万个。2015年建成开通光纤宽带行政村近千个，覆盖率70%以上，覆盖住户数近30万户。依托光网的各类新模式、新应用、新技术如雨后春笋般发展，以建促用，以用带建，最偏远的乌蒙山区，广大农民也能享受到IPTV、农技宝、点亮村小、村医E通、智慧课堂、同步课堂、小额支付等丰富的信息服务。

【智慧城市】积极配合相关部门开展智慧城市建设规划的研讨、编制、修订。积极培育智慧应用，依托差异化信息应用的优势，通过网格E通、天虎云商、智慧校园、居家养老等项目的成功实施，从智慧政务、智慧民生、智慧产业三个领域全面支撑泸州智慧城市建设工作。全面实施宽带大提速，普及100M光网，平均宽带单价下浮60%。积极创新信息惠民，通过刷手机坐公交、加油、购物等促进泸州信息化消费内容与方式的加快转变，通过蓝光杜比、4K超高清影视、想家等创新应用不断提升市民生活品质。（刘　川）

中国移动通信集团四川有限公司泸州分公司

【概况】中国移动通信集团四川有限公司泸州分公司，是一家提供互联网、移动电话、固定电话和多媒体业务的基础通信运营商。下设8个县区分公司，有员工917人。2015年公司年收入超过13亿元，用户达到225万户，通信基站数突破7000个。

【网络运营】1. 实施村通工程。连续实施12年的村通工程建设，截至2015年底，累计建成村通基站1102个，实现全部1346个行政村移动网络覆盖，为13606个偏远自然村开通移动电话。2. 4G跨越发展。累计建成4G基站3500个，4G综合覆盖率超过98%，建成川南地区规模最大、覆盖最广的4G网络，泸州市内每10个4G客户中就8个是中国移动客户。3. 实施宽带基础设施建设工程，

泸州市人民政府和华为公司共同打造云计算数据中心合作签约仪式

新增84000个宽带接入端口建设，实现泸州城镇小区街道光纤宽带100%覆盖；新增538个行政村宽带接入，实现泸州行政村宽带100%覆盖。

【业务发展】1. 大力推进宽带建设和业务拓展，城区和乡镇实现无查勘受理，宽带覆盖超过1000个村，借助组播技术发展电视业务，使得偏远地区的农民也可以享受信息化的方便快捷。2. 搭建立体全覆盖的渠道体系，通过2000多家渠道营业网点，为全市城镇和农村居民提供通信和信息化服务，农村乡镇和行政村覆盖率均达到100%。3. 创新设立社区移动服务厅，一站式解决百姓通信、宽带、信息化、水电缴费等需求，并提供便捷的社区服务。4. 不断致力于“提速降费”，流量综合单价比2014年同期下降30%。

【服务全市信息化建设】2015年重点解决水电气查缴、客运订票、预约挂号服务、便民政务服务等

民生问题，为泸州市民提供一系列民生服务，大力推进泸州智慧城市建设。公司积极配合各级政府部门推动政务信息化建设，包括叙永县城市监控报警联网系统、高新区 IDC 大数据平台、泸县学校教育天网监控等，并注重与企事业单位联合，推出各类行业应用产品，助力城市信息化建设。

（聂禄玲）

中国联合网络通信有限公司泸州市分公司

【概况】中国联合网络通信有限公司泸州市分公司（简称：泸州联通）由原联通泸州市分公司和原网通泸州市分公司于 2008 年 10 月融合组成，属国有大型综合电信业务运营公司，隶属于中国联合网络通信有限公司四川分公司，负责中国联通在泸州行政区域范围内的网络建设、业务发展、客户服务。2015 年是泸州联通“聚合·发展”年，也是全面深化改革的开局之年。分公司以“提升企业的转型与竞争能力”为目的，以“聚集九大关键领域，提升企业综合实力”为主线，“内聚合力、外放能力”，通过转型发展与创新经营为抓手，实现公司可持续发展。

【网络建设】2015 年公司完成投资 3.01 亿元，加快 4G 网络建设，移动网络能力显著提升。同时，加强对城县区主要交通干道、风景区、高速路沿线等网络深度覆盖，改善网络质量；全年分公司为地方提供数十次应急通信保障；开展市区一体化维护体制改革，运营体系逐步形成；加强物资成本管控，2015 年通过利旧节约资金 11.6 万元。

【市场营销】加强渠道转型，运营上从“421”转型到店长承包制模式转型，促进营业厅发展。强化社会渠道建设，实施“联盟、联动、联合”三联策略，深化名单制分类分级管理体系，根据渠道贡献和级别差异，匹配激励政策，提升渠道效能。强化存量经营，本地通过六大抓手落地开展工作，开设存量电话营销台席，与信导中心配合共同开展存量维系相关工作。开展全员高价值用户一对一保有回访工作，提升用户的感知及点对点的服务渗透。2015 年泸州联通集团业务取得重大突破，泸州天网项目、危化品车辆项目等一系列城市智慧项目。

（巫旭娜）

文 化

WEN HUA

科学技术和知识产权

【概况】2015年，泸州市科学技术和知识产权局获省科技创新工作先进单位，全省综合排名第三；获第三届中国（绵阳）科技城国际科技博览会先进集体，邹维、罗永松获先进个人；四川泸州高新技术产业园区正式升级为国家高新技术产业开发区，泸州市成功申报创建“国家知识产权试点城市”，江阳区被列为国家可持续发展实验区。

2015年9月17—20日，市委副书记、市长刘强（前排左二）带队参加绵阳科博会

【重大科技项目】全年完成对上争取资金7171万元，其中市本级及三区5897万元，分别超额完成目标任务的139.03%和163.26%。争取到国家和省级重大科技项目17个，资金4774万元。其中：国家富民强县项目资金290万元，国家星火计划100万元，省级科技支撑计划1184万元，省级创新基金100万元，省级战略性新兴产品资金100万元。全年安排市级科技专项资金1232万元，项目89个。其中：科技计划资金626万元，立项项目66个；科技创新基金334万元，立项项目15个；科技成果转化资金272万元，立项项目8个。实施“酒城科技英才”计划，立项科技创新苗子项目16项，资助创新苗子34人。招引来泸州投资项目3个，投资金额4.7

亿元。

【科技服务】全面推进“双创”工作，加快发展科技服务业。根据市委、市政府关于推动大众创业、万众创新的实施意见，制定印发配套政策5个。主动向国家科技部、国家知识产权局和省科技厅汇报，争取到省科技厅支持泸州市智慧城市建设专项资金3000万元。指导“国家固态酿造工程技术研究中心”申报科技部第二批科技服务业行业（固态酿造行业）试点；支持泸州国家高新技术产业开发区申报科技部第二批科技服务业区域试点。在市政务服务中心设立“创新创业”服务窗口，并派驻专人为创新创业人员提供政策咨询服务。梳理汇总科技创新补助优惠政策，并印制宣传画册，对泸州市“大众创业、万众创新”政策进行广泛宣传。全年全市科技服务业规模以上企业实现营业收入31.14亿元。

【科技成果转化】全年组织实施“泸州市技术创新示范行动”科技成果转化项目53项，实施新增产值47.14亿元。组织企业申报省级重大科技成果转化项目立项1项，获100万元资金支持。立项市级科技成果转化项目8项，资金支持272万元。累计完成技术合同登记83项，合同成交金额4.71亿元。推荐参加2015年度四川省科技奖励评选科技成果15项，4项成果获2014年度省科技进步奖，其中二等奖1项、三等奖3项。颁发2014年度市级科技进步奖33项，科技进步管理奖13项。“川南（泸州）科技成果与专利技术实体交易市场”建设按计划推进。成功举办2015年川南（泸州）科技金融对接暨科技成果发布会。

【高新技术产业发展】全年新增国家高新技术企业13家，全市高新技术企业累计49家，高新技术产值实现156亿元。全年认定技术开发项目75个，技术开发总额1.69亿元。2月经国务院认定，四川泸州高新技术产业园区正式升级为国家高新技术产业开发区。

【对外科技合作】继续推动与四川大学、四川医科大学（后更名为西南医科大学）的战略合作项目。自2013年合作至2015年，与两所高校累计投入项目资金5810万元，组织实施项目355项，合作项目争取国、省科技计划项目资金2290万元，其中川大—泸州战略合作项目新增产值10213万元，新增利税1655万元。主动与北京机械研究总院、北京中关村沿江技术转移中心、中关村等机构建立合作关系。泸州将依托泸州国家高新技术产业开发区设立中关村（泸州）科技产业示范园，并以此为载体承接中关村产业转移。

【知识产权】全市累计完成专利申请1858件，发明专利完成576件。新增专利实施215项，新增产值28亿元，发放专利资助45万元。

市科学技术和知识产权局开展节前知识产权联合执法检查

【农业科技发展】组织实施国、省、市农业科技项目63项。其中：国、省科技富民强县行动计划10项，国、省农转资金3项，省级重大成果转化工程2项，国家科技项目1项，省级科技支撑计划项目17项，市级科技研发项目30项。项目实施实现产值46.36亿元，新增产值11.35亿元。验收江阳区石寨镇、纳溪区打古镇、龙马潭区特兴镇、泸县太伏镇、合江县实录乡、叙永县水潦彝族乡、古蔺县双沙镇7个“2014—2015年度科技进步示范乡镇”。抓好江阳区、泸县、合江县、纳溪区4个省级新农村示范片农业科技园区建设。组织开展科普活动周和科普活动月系列活动，发放宣传资料万余份，组织培训讲座100多场。复审省级科普基地5个，新申报2个；新认定市级科普教育基地4个。

2015年泸州市创新创业项目大赛

【依法行政】全面清理全市科技系统行政权力，保留泸州市科学技术和知识产权局行政权力10项。其中：行政处罚3项，行政强制1项，行政确认2项，行政裁决1项，行政检查1项，行政奖励1项，其他行政权力1项。

【“十三五”规划】2015年初启动《泸州市“十三五”科技创新规划》编制工作。完成“十二五”期间科技发展规划实施总体评估工作。积极配合国家、省、市开展经济社会“十三五”规划编制工作，努力将科技和知识产权发展内容融入国家、省、市发展的基本思路、重大课题中。（李燕梅）

泸州市科学技术协会

【服务“创新驱动”战略】在重点产业企业创建省级院士（专家）工作站1个。通过院士（专家）工作站，为泸州引进院士2人、顶级专家23人。在泸州医药产业园举办科技信息服务暨专利应用工程师培训，13家企业30余人参加。在泸州化工园区举办化工企业知识产权运用培训，70多家企业120余人参加。成功推荐川南机械厂庹昌春和泸州老窖公司杨平2位青年科技工作者入选四川省第13届青年科技奖；推荐北方公司贺孝军为第12届泸州市拔尖人才。元旦和春节期间慰问科技工作者代表10多名。

【服务农业产业发展】全年全市有7个“基层科普行动计划”项目获中国科协、财政部表彰；有10个项目获省科协、财政厅表彰，共获奖补资金217万元。争取省级科普惠农项目资金150万元，支持基层科普阵地实施建设。推行“银会合作”为基层农技协、科技示范户开辟融资渠道，市科协与邮储银行泸州市分行合作，全年发放贷款金额4120万元，支持农业特色产业发展。

【精准扶贫】实施“产业扶贫”“智力扶贫”，向对口联系的叙永县观兴镇河坝村，选派“第一书记”驻村帮扶，制定扶贫规划，发展特色产业。为河坝村引进林下鸡养殖技术，组织农民外出学习先进养殖技术，邀请科技人员现场培训养鸡技术，出资7.2万余元为贫困户购买鸡苗。投入3万余元创建科普示范村。运用“互联网+”思维积极探索发展电子商务推销农产品。多次到合江县榕山镇回洞桥村、叙永县水尾镇西溪村、水潦乡高坪村帮扶，争取到省科普扶贫资金70万余元。

【学术活动】市科协出资6万元支持四川医科大学科协承办高规格、具有国际影响力的第五届国际离子通道学术大会，来自美国、英国、德国等国家的院士和著名科学家400余人参加会议。全年市级学（协）会开展各种学术活动100余场。

【科普宣传】在全市组织开展第二十届“科技之春”科普活动月、“全国科普日”和“三下乡”等科普宣传活动。市科协在得胜镇仁和村举行泸州市第二十届“科技之春”科普宣传月活动启动仪式，发动全市开展以“科技创新驱动三农发展”为主题的科普宣传月活动。据不完全统计，全市科协系统共组织160多个部门、企事业单位、学（协）会1800余名科技工作者和科普志愿者开展100余项各具特色的科普宣传活动，提供科技资料110余万份，科技咨询服务30万人次，举办专题讲座187期（场），培训1.5万人次，推广科技成果50多项，义诊1000余人次。

【科普信息化建设】开发科普资源，创新和丰富《科普小松鼠》科普信息内涵，利用移动手机彩信、网络、平面媒体微信和手机客户端等信息平台，每周向公众免费发送科普信息1期，全年48期288条，信息受众100多万人次。编印12期《科学与生活》科普折页，免费向市领导、各部门、县区领导、市学会会员等发放1.2万余人次。50余项科普资源参加四川省第二届科普资源双年展，《科普小松鼠》手机彩信等5项被省科协评为优质科普资源。

【科普阵地建设】在全市开展科普示范创建活动。泸县创建成为2016—2020年度全国科普示范县；创建全国科普示范社区1个，省级科普示范社区2个。市科协投入资金126万元创建市级科普示范农技协5个、基地3个、村7个、社区7个、企业7个、学校8所；建LED电子科普显示屏7个，开发科普资源项目14个。

【青少年科技教育】组织参加全国、省青少年科技创新大赛，在第30届全国青少年科技创新大赛获2枚银牌、2枚铜牌，第30届省青少年科技创新大赛获一等奖10项、二等奖34项、三等奖40项。机器人比赛获全国二等奖2项、特别奖4项，省一等奖1项、二等奖2项、三等奖1项。举办第31届全市青少年科技创新大赛，全市中小学1000余名学生和辅导员选手共934件作品参赛，评出一等奖105项、二等奖206项、三等奖317项。举办全市第五期青少年科技辅导员骨干培训，培训科技辅导员100余名。组织专家和优秀科技辅导员深入叙永县、纳溪区帮助基层培训青少年科技辅导员。

【组织建设】新建泸州高新区科协、泸州质检所等企事业科协组织4个。截至年底全市有企事业科协31个。

（许毅华）

泸州市社会科学界联合会

【概况】2015年，泸州市社科联被四川省社科联评为综合工作先进市州社科联、学会工作先进单位、信息工作先进单位，叙永县社科联、古蔺县社科联被评为全省先进社科联；在10月15日四川宜宾召开的全国大中城市社科联工作会议上，泸州市社科联、叙永县社科联、古蔺县社科联被评为全国先进集体，张希孟、陈洋、李宗蔺、李琼4人被评为全国社科工作先进个人。

【学术交流】1. 四渡赤水战略思想的历史及现实意义座谈会于6月24日在古蔺县召开，由中共泸州市委市政府、四川省社科联、四川省委党研室主办，泸州市委宣传部、泸州市社科联、泸州市委党研室承办。元帅陈毅之子陈昊苏、主席毛泽东的外孙王效芝、总理周恩来的侄子周秉和、元帅朱德的外孙刘建等红军后代和中央、省级专家代表应邀参加座谈会，就新时代如何发扬传承红军长征精神作深入探讨交流。省社科联党组书记、副主席赵英在会上围绕新时期如何弘扬长征精神作专题发言。2. “宋元四川战争中的神臂城”高峰学术交流会于5月16日在泸州召开。100余名来自日本、韩国和中国港、台地区的宋、元史研究领域的专家及川滇黔渝有关市、县学者和嘉宾，围绕宋元交替时期的蒙宋战争在四川和泸州的进程、泸州在历史上的战略地位及其在长江经济带战略中的启示和启发作用开展研讨。这是泸州市建市以来规格最高、规模最大的一次人文社科学术交流活动。3. 召开“抢抓重大战略机遇，加快建成区域中心”专题研讨会。特邀四川大学教授、博士生导师、享受国务院特殊津贴专家邓玲莅临研讨会作专题报告，相关部门、学会在会上作主题发言。

2015 年 8 月 24 日，泸州市科技、酒城英才奖励暨第二届市委市政府决策咨询委员会成立大会召开

【社科研究与成果转化】1. 组织申报国家级、省级课题。通过专家合作、高校合作、部门合作、高校与部门合作等方式开展重点攻关。获省社科规划课题立项 9 项，其中包括由市委常委、宣传部长鞠丽牵头的《长江上游工业城市绿色转型研究》，市委常委、常务副市长曹俊杰牵头的《全面深化改革视域下成渝城市群一体化发展研究》。2. 开展市级课题立项。围绕市委、市政府“产业转型发展年”主题，围绕加快建设全国重要区域性综合交通枢纽、加快建设长江上游产业转型升级示范区、加快建设川滇黔渝结合部区域中心城市开展规划课题申报立项。全年全市申报社科课题 210 多项，立项 120 项。3. 完成《红军长征路线文化资源丛书（泸州段）》编撰。该书对红军长征泸州段文化资源及其他文化资源进行全面梳理，重点对红军文化的历史贡献、核心价值、保护构想、品牌传播等进行融合提炼，提出利用红军文化资源创新推动长征路线申遗及泸州经济社会发展、文化繁荣的对策举措。4. 组织汇编《泸州市第十三次哲学社会科学优秀成果推选获奖成果选编》《泸州市哲学社会科学研究——2015 重点课题成果选编》两部资料，发送各级干部学习，并与相关部门对接，做好社科研究成果的推介工作。

【酒城讲坛】1. 以市图书馆固定讲座为核心，改造提升酒城讲坛固定讲座举办点，围绕文化历史、道德教育、艺术鉴赏、经济金融、法治教育、形势教育、民生热点等 9 大专题开展讲座 38 场次。2. 邀请一批全国、全省知名的社科专家莅泸讲座，拓展干部群众视野，提升讲坛影响力。全年先后邀请著名网络时评人周小平、著名摄影家李少白、原南海舰队政治部副主任陈俨少将、原总参谋部办公厅主任林建超少将、首都医院刘玄重教授、原深圳交响乐团团长姜本中、知名教育家柳恩铭等 8 位专家作客酒城讲坛。还邀请西南财大、省保密局、电信局专家等莅泸讲座。3. 深入机关、学校、企业、军营、街道、社区开展社会主义核心价值观、形势教育、心理健康、道德教育等讲座，累计开展 60 多场次，继续扩大酒城讲坛教育覆盖面。4. “多版并进”广泛覆盖。继续利用泸州电视台、泸州日报、泸州晚报、泸州电台、泸州社科网站等播放和刊登泸州地方人文知识讲座。利用泸州新闻网、微博、微信等新媒体，实现讲座和听众之间的互动，改进讲座的形式，提升酒城讲坛的质量和影响。5. 表彰 2014 年度十大优秀讲师，召开酒城讲坛讲师分组学习交流会 3 次。6. 在龙马潭区设立天府人文讲坛普及基地，秉承“传承中华文明、服务社会大众”的根本理念，优选 10 余名市区级专家到讲坛讲授，围绕社会主义核心价值观、国学智慧、道德文明、理想信念开展讲座 17 场次。

【基层基础建设】1. 市社科联第五次代表大会于 2015 年 12 月 3 日召开，省社科联书记赵英出席大会，成都、乐山、宜宾、自贡、资阳等市州到会祝贺，市委书记、市长在内的市委、市人大、市政府、市政协有关领导出席大会。大会选举产生新一届社科联理事会。2. 多举措推动区县社科联、高校社科联和学会工作。召开社科工作促进会，对区县社科联、高校社科联每季度工作进行推动和督促；全力推动学会工作，对全市社科联所属35个学会开展调研，对不能正常开展活动的学会进行清理整顿，培养发展其他社科研究学会成为团体会员；评选2014年度优秀学会，以项目补助的形式给予奖励和资助；每季度召开学会工作交流会，促进学会与学会之间的了解和合作。3. 8月，泸州市社科联与自贡市社科联合作，到厦门大学举办理论社科骨干培训班，培训的主要内容为依法治国、一带一路、台海局势与两岸关系、中西文化比较、新时期理论社科干部的领导力与执行力提升等。（辛春艳）

教育行政管理

【“十二五”教育事业发展主要指标】2010年，学前幼儿在园人数13.83万人，学前三年毛入园率（3—5岁）72.81%；2015年，学前幼儿在园人数14.56万人，学前三年毛入园率（3—5岁）81.2%，在园人数增长5.28%，毛入园率增长8.39个百分点。2010年，九年义务教育在校生58.39万人，九年义务教育巩固率93.51%；2015年，九年义务教育在校生58.59万人，九年义务教育巩固率92.21%，在校生增长0.34%，巩固率增长-0.14个百分点。2010年，高中阶段教育在校生17.35万人，高中阶段教育毛入学率85%；2015年，高中阶段教育在校生15.42万人，高中阶段教育毛入学率93.2%，在校生增长-11.12%，毛入学率增长9.65个百分点。2010年，中等职业教育在校生9.21万人；2015年，中等职业教育在校生7.34万人，在校生增长-20.3%。2010年，从业人员继续教育50.94万人次；2015年，从业人员继续教育27.32万人次，增长-46.37%。

2015年泸州市教育事业发展情况统计表

学校类别		学校数（所）	毕业生数（人）	招生数（人）	在校生数（人）	教职工数（人）	
						合计	其中：专任教师
基础教育	1. 普通中学	217	81137	86377	252531	16230	14958
	高中	25	25091	26813	80280	5228	4884
	初中	192	56046	59564	172251	11002	10074
	其中：民办	11	3449	4573	12387	936	526
	2. 小学	260	65788	61451	413648	19088	17953
	其中：民办	9	2019	1606	10852	525	338
	3. 幼儿园	676	69345	92093	145650	7391	4683
	其中：民办	554	26969	41345	74227	5809	3436
	4. 特殊教育学校	7	69	139	708	144	129
中等职业教育	1. 中职学校	20	27767	29881	73387	2563	2095
	其中：民办	9	9729	8214	23137	927	737

【教育改革试点】市级以上改革试点统筹推进。7月，省教育体制改革领导小组确定，泸州市教育综合改革试验区建设为省级教育改革试点项目。协调、跟踪督办9大改革项目推进情况及区县、直属学校落实情况，全年开展全市性统一调研督查综合改革项目12个（次），各项改革稳步推进。国家中小学教育质量综合评价改革，市教育局5月编制《泸州市初中生综合素质评价方案》，泸州市教育体制改革领导小组10月制定并下发《泸州市教育综合改革试验区实施方案》，市教育局11月编制《泸州市小学生综合素质评价指导意见》。开展泸州市中小学生学业负担、中小学教师职业发展专项监测报告的撰写、报告解读和指导改进等工作。2015年春期启动“泸州市中小学教育质量综合评价数字化管理平台”招标研发。

【市域内素质教育综合改革】市域内素质教育综合改革深入实施。加大社会主义核心价值体系和中华优秀传统文化教育力度，举办2014年“感恩·奉献”美德少年电视展播和颁奖活动，启动以“诚信”为主题的新一轮德育行动计划。巩固和深化“三开减负三开放”工作，巩固小学、初中成果，工作重心向村小、完小下移，工作重点向普高延伸，强化体、音、美、科学以及实验操作等课程开设，进一步加强综合实践课程建设。大力推进“两增两减一提高”教学结构改革，全市中小学覆盖面达到100%。积极推动校园足球运动发展，推荐上报30所中小学校为全国校园足球示范特色学校。举办第二届全市师生书画大赛，组织开展第八届中小学生艺术节。2015年，中国陶研会泸州论坛、全国中小学实验教学研讨会、2015年区域教育发展协同创新项目年度会议三个全国性会议在泸州召开。

民警护送小学生过马路

【教育均衡发展】2015年，新建、迁建泸师附小城西分校、龙马潭区玉带河学校等城镇中小学5所；新建梓橦路幼儿园、纳溪区河东幼儿园等城区公办幼儿园4所；创建教育均衡发展乡镇29个；江阳区、龙马潭区均以97.5分的高分（满分100分）通过县域义务教育发展基本均衡县评估督导。

【医教园区教科城项目建设】医教园区教科城项目建设快速推进。全年完成投资8.24亿元，电大（市教育实践基地）正式搬迁入驻，泸州职业技术学院15栋房屋封顶，市职业技术学校基本建成，四川医科大学二期工程投入使用。

【教育民生】全年享受减免政策学生高达712699人次，资助各类贫困学生41700人次，开工建设义务教育学校用房64584平方米，开工建设农村义务教育学校食堂18534平方米，实施农村义务教育学生营养改善计划275833人，建设农村教师周转房990套。

【依法治教】深入推进依法治校。开展现代学校制度建设试点。打击非法办学活动，全市清理排查出各类非法办学机构138所，其中无证办学的非学历培训机构60个，依法取缔24个，关停12个，要求整改后再按程序申报办学4个，并将江阳区、龙马潭区两个区非法办学校点名单和地址在泸州电视台公开曝光。开展依法治校示范校创建活动，评估验收了泸州外国语学校等 14 所学校为市级依法治校示范校，对第一批 30 所市级依法治校示范校进行复评。累计创建省级依法治校示范校 9 所，市级依法治校示范校 67 所，县级依法治校示范校 169 所。全市所有中小学配备法治副校长、法治辅导员，上法治课 2 次以上。推动落实法治教育以课堂为主渠道，做到教材、师资、课时、经费、考试“五落实”。健全“法律进学校”工作评价考核机制，开展督导检查。

【学前教育】学前教育快速发展。10 月，市教育局下发并全面实施《泸州市第二期学前教育三年行动计划》，积极推进城镇小区配套幼儿园建设和普惠性幼儿园认定与扶持工作，进一步规范幼儿园办学行为，“小学化”倾向得到有效扭转。

【义务教育】素质教育深入实施，扎实推进“三开减负三开放”、课堂教学结构改革、群文阅读试验、科技教育、语言文字等工作。先后于 4 月、10 月下发《泸州市教育局关于进一步规范义务教育阶段学校招生管理的意见》和《泸州市教育局关于进一步深化教学结构改革的实施意见》。全市新增课堂教学结构改革先进学校 10 所，新增群文阅读实验学校 24 所；义务教育以县为主的管理体制进一步完善，均衡发展快速推进，江阳区、龙马潭区顺利通过省政府督导评估验收；教育质量综合评价体系不断完善，评选表彰全市初中优秀学校 40 所。

【普通高中教育】2015 年，市教育局按照“四分两促一提高”（即分类管理、分层教学、合理分科、分段考核，促进学校人文管理、促进学校教学改革、提高教育质量）的管理思路，狠抓高中教育管理，促进学校内涵发展。全市上本科线学生人数 10951 人（不包括政策加分、保送、公派留学、艺体、飞行员，下同），比 2014 年增加 566 人。其中，应届生增加 473 人，往届生增加 93 人。全市重本上线 3377 人，比 2014 年增加 1325 人。其中：应届生上重本线学生人数 2849 人，比 2014 年增加 998 人；往届生上重本人数 528 人，比 2014 年增加 327 人。本科上线率为 42.8%，比 2014 年增长 5.2 个百分点。重本上线率为 13.2%，比 2014 年增长 5.8 个百分点。通过专项调研、督导检查等方式，促使全市高中学校推进年级组管理改革、教学结构改革，加强学校人文管理；通过组织开展片区教研活动、片区教学设计比赛、片区备课组活动方案设计比赛等，建构市域内普通高中大教研格局。以 3 所试点学校为重点，在全市普通高中学校开展“三选一评”（即选修、选课、选班、评价）改革试点，应对高考新制度带来的变化。

【职业教育】现代职业教育体系初步构建。2015 年 1 月，市政府印发《关于加快发展现代职业教育的意见》。泸职校、江阳职高继续巩固国家中等职业教育改革发展示范学校建设成果，发挥国示学校的示范引领作用。泸县建筑职业中专学校接受省教育厅组织的第三批国家中等职业教育改革发展示范学校项目建设第二次督查并保持全省排位第二名。推荐、支持并指导泸县政府申报创建国家级农村职业教育和成人教育示范县。继续实施中高职一体化衔接改革，重点探索单独招生、技能拔尖人才面试和中高职贯通培养的考试招生改革，稳步增加高职单独招生考试录取规模。泸职院牵头成立泸州商贸职教集团、学前教育职教集团。至年底，泸州市组建 7 个职业教育集团。

【继续教育】泸州电大牵头的“社区大学服务学习型城市建设改革实验”及社区教育与成人教育工作顺利推进。泸州市及纳溪区、龙马潭区被全民终身学习活动周工作小组、中国成人教育协会评为“全民终身学习活动周成功组织奖”（四川省仅有 2 个地级市获此殊荣），江阳区荣获“全民终身学习活动周优秀组织奖”。

【特殊教育】加大特殊教育经费投入。2 月，市政府全面实施《泸州市特殊教育提升计划》，安排专项资金 50 万元用于特殊教育内涵建设；进一步强化特教教师队伍建设，推进“送教上门”“随班就读”工作；进一步完善职特融通办学机制，形成从小学到高中阶段完整的学段链接，不断加快特殊教育发展。

【民办教育】切实加强民办教育审批和管理，深入开展打击非法办学活动。对民办学校存在的违规办学行为督促整改，对问题严重的给予终止办学、停止招生等处罚。全年全市新审批民办幼儿园12所、小学1所、非学历培训机构6所。全年引进投入民办学校建设民间资金5.9亿余元。

【社区教育】市政府成立社区教育工作领导小组，挂牌成立泸州社区大学，积极探索社区大学服务学习型城市建设试验。至年底，社区教育辐射社区36个，辐射人口40余万人。全市有8所中职学校开展社区教育培训，4所中职学校开展老年教育讲座，全年有2218人次接受社区教育培训，1325位老年人参加教育讲座。

【藏区“9+3”免费职业教育】抓好3所“9+3”学校学生顶岗实习、就业、双招、单招、对口升学和招生宣传工作，2012级共有195名“9+3”毕业生，就业率100%；落实2013级174名“9+3”学生顶岗实习。11月，省委副书记、宣传部部长尹力到泸州调研时，对泸州“9+3”工作给予肯定。

【平安教育】认真落实《学校安全工作“十不准”》《中小学生安全行为“十不准”》等一系列安全工作制度，大力推进学校安全管理规范化建设，严格执行学校安全隐患挂牌督办、每月通报和及时销账制度，全市未发生学校安全责任事故，妥善解决了退养民师以及区县退休教师反映生活补贴等诉求问题。

【教师教育】全年，全市培训中小学幼儿园（含职教）干部教师56159人次，参培率146%。其中，选派和组织21548名教师干部参加市级以上各类培训，参培率56%；区县级培训34611人，培训率90%。

【古叙送教】开展第三轮古叙送教培训活动，以提高教师开展教学研究能力为主题，通过专题讲座、同课异构、展示成果，问题探究等多种形式，指导古叙教师开展教学研究。培训分为集中培训、跟岗研修和网络研修三个阶段。送教培训师资300余人，分11门学科、44个班级，4900多名教师接受了培训。

【教师招考】2015年，市教育局指导协调四县三区通过面向社会公开考试方式，新招聘教师2311人。按照招聘特岗教师相关政策，组织公开考试招聘“特岗教师”190名。根据《教育部直属师范大学免费师范毕业生就业实施办法》规定，协助安置泸州籍国家免费师范生22名，完成四川省免费师范生139人的审核、签约工作。组织合江县、叙永县和古蔺县在市教育局现场公开考核招聘省级免费师范毕业生（学前教育专业）11人。

【教育督导】完成江阳区、龙马潭区申报全国义务教育基本均衡县（市、区）省检目标。对2014年4个未达标的乡镇以及2015年规划达标的29个乡镇教育均衡发展开展督导评估。加强教育督导责任区建设和中小学校责任督学挂牌督导工作。组织开展中小学校素质教育督导评估工作，完成对纳溪区2015年阅读素养监测抽查。开展对古蔺县筛查出的9所租借民房上课的村小开展专项督查，对全面改善贫困地区义务教育薄弱学校基本条件工作开展专项督导。

【教育科学研究】实施精准教学视导，加强学科精准教研，关注精准决策调研，开展精准课题研究，构建全域大教研新格局。全市现有在研课题291项（2014年在研课题222项），其中省级及以上在研课题41项，市级在研课题250项。

【学校后勤管理】大力推进学校后勤标准化建设和规范化管理，评选7个市级“标准化学生食堂”和3个市级“标准化学生宿舍”。扎实推进城乡环境综合治理“进学校”活动。加强以节电、节煤、节水、节粮为主要内容的节约型学校建设。做好校方责任险和学生实习责任保险工作，进一步规范学生平安保险工作。做好学生作业本集中招标采购工作和学生用品、校园服务采购工作，加强标准、质量、价格和服务监管。全年督查全市学校后勤服务保障工作100余校次。

【教育宣传工作】围绕教育中心工作和重点工作，大力宣传教学改革、均衡发展、素质教育等重点内容，大力宣传先进和典型，积极为教育改革与发展提供宣传服务。《泸州教育通讯》《泸州教育简报》、泸州教育网及市教育局官方微博、微信及时发布全市教育信息。加强新闻宣传组织策划，抓住重要节点、重大主题进行集中宣传，泸州教育改革发展的典型事例在《四川日报》《中国教育报》《四川教育》《教育导报》等中央、省级报刊、杂志发表稿件80余篇。2015年教育部全国实验教学交流研讨会在泸州召开，中国陶行知研究会在泸州举办全国论坛，两个全国性会议均被中央电视台报道。加强网络舆情工作，定期编发《泸州教育网络舆情》《泸州教育舆情动态》。做好国家、省级优秀教育报刊发行工作。（杨 科）

泸州高中

【概况】学校占地180亩，校舍建筑面积86139平方米。可容纳1500个床位的新建学生公寓兰蕙苑正式投入使用，住校生4900人。春期有教学班122个，学生6373人；秋期有教学班130个，学生7024人。新生录取线548分，招收2201人，其中计划内招生1612人，委培生359人，市外生230人；组建12个尖子班，27个实验班。恢复招收补习生，招收520人；组建8个班，其中理科班5个，文科班3个。有在职在编教职工458人，专任教师428人，其中高级教师158人；学历达标率100%，研究生毕业65人，38人在职进修硕士课程。教师江红梅被评为全国师德标兵，宋永平被评为省优秀教师，王晓荣被评为第十一批省学术和技术带头人，学校获教育质量综合评价全市一等奖，被授予华南理工大学优质生源基地、南方医科大学优质生源基地、教育部语文出版社十二五语文教师专业化试点项目语文教师专业化发展工程基地校、省优质教育促进会会员单位、市青少年科技教育示范学校，被评为2014年度国家教育考试优秀考点、2014年度空军招飞工作先进学校、市学校安全稳定工作目标考核先进单位、市教育信息宣传工作先进集体。启动国际生态学生创建活动。高三支部书记曾庆均被市委表彰为优秀党务工作者，援建雅安宝兴县的办公室副主任蒋毅被评为四川省“4·20”芦山强烈地震灾后恢复重建先进个人，学校工会被评为模范职工之家，工会主席王晓荣被评为全国优秀工会工作者。陈林许被评为全国最美中学生。

【德育工作】坚持以社会主义核心价值观为引领，以“崇德、博学、求实、健身”的传统校训为目标，制定具有泸高特色的《德育工作纲要》作为学校德育工作指南。根据学生在学年各阶段的不同特点，将每学年的德育工作有序地划分为五个阶段，即重塑自我的首月效应学段、展现自我的期中学段、挑战自我的期末学段、完善自我的下期开学学段、超越自我的学年冲刺学段，每个学段都确定相应的工作重点和对策，形成指导性文件，并在相应的时段发给年级组。制定《泸州高中班主任三年培养规划》，着力加强班主任队伍建设，倡导“德行天下、美在泸高”“唤醒生命的教育”。2013级班主任陈建军获“全国百佳班主任”荣誉称号，教师张小华设计的主题班会课《幸福6+1》获全国优秀主题班会课设计一等奖，教师翟晓根的文章《一名留守学生成长记的教育启发》获优秀育人故事一等奖，教师黄译的论文《共建孩子心理健康的长城》获全国优秀德育论文一等奖并受组委会邀请作专题发言。健全和落实规章制度，修缮《年级管理奖惩条例》《班主任管理奖惩条例》《生活指导教师管理奖惩条例》《寝室督察组教师管理条例》《学生自主管理委员会章程》，明确职能部门在管理育人中的引领和服务作用。号召全校师生争做“四有教师”“四优学生”，在市委宣传部、市教育局组织的“诚信立德，最美师生”评选活动中，2014级年级副组长周建定被评为全市“最美教师”，2013级39班何海峰、2014级3班陈林许、2014级41班瞿婷婷被评为泸州市“美德少年”，并且何海峰、陈林许被评为“四川省最美中学生”，陈林许被推选参加“全国最美中学生”评选。

【教育科研成果】课题《关于高中班干部选拔方式的调查报告——以泸州高中为例》获省教科所评比一等奖，《地理课堂教学模式的实践研究》与《聚焦数学课堂教学模式课题实践与研究》分别获市级一等奖和三等奖，《提高高中课堂教学有效性的调查报告及对策研究》获市政府优秀奖。有126名教师申报微型课题，其中省级立项课题2项，市级立项课题2项，校级立项课题28项。1人论文获全国一等奖，4人论文获省级一等奖，8人论文获省级二等奖，27人论文获市级奖项。教师在国家级刊物上发表文章22篇。全年出版《泸高教育园地》4期，刊发62位教师的文章96篇。

【师资培训】近三年新分新调教师，分为高一、高二、高三3个群体，针对各自特点开展培训，对刚进校的高一教师开展为期7天的岗前培训，并每月开1次座谈会；对高二年级教师进行1次业务培训，1轮个别谈话；对高三年级教师开展2次业务培训。继续实施青蓝工程，即通过建立“一对一师徒帮扶”关系，由具有丰富经验的老教师帮助新教师、年轻教师实现“一年立足、两年成长、三年成才、五年成熟”的目标。大多数青年教师各项考核指标均居同年级同层次前列。

【教师赛课】举办第九届青优课总决赛和第十届青优课初赛。制定公开课安排，开展年轻教师上研究课、老教师上示范课活动；高三开展复习课与讲评课展示活动。在“一师一优课，一课一名师”评选活动中有9名教师的优课送省参评，其中英语教师翟晓根、政治教师王薇、物理教师赵治国、美术教师张文娟获一等奖，历史教师唐方乔、化学教师夏思钊、生物教师林悠琳获二等奖，语文教师冷显勇、音乐教师王琛获三等奖。在青年教师优质课大赛中，赵进获全国历史优质课竞赛一等奖，语文教师冷显勇获全省语文优质课竞赛一等奖。

【高考成绩】牟星奕以671分获全市理科第一名、川南第一名、全省第五名；甘雨以662分获全市理科第二名；李浩以643分获全市文科第二名、全省第四名；田炼以642分获全市文科第三名、全省十六名。全市理科前10名占6人，分别是1、2、4、6、8、10名，居全市第一；全市文科前10名占5人，分别是2、3、5、6、7名，居全市第一；600分以上的拔尖生，文科占32人，理科108人，共140人，居全市第一。全校1937人参考，本科硬上线人数1611人，创历史新高。重本硬上线834人，实现连续5年强势攀升，突破800人雄关，是2011年的2.7倍，重本上线率近50%。文科小尖班平均分617.1分，理科小尖班平均分635.8分，小尖班重本上线率100%；8个尖子班重本上线率95%～100%。有3名学生获清华“领军计划”、北大“博雅计划”10分至30分的加分资格，为川南仅有；有86人通过“211”和“985”重点名校自主招生加分资格审查。6名学生考入清华、北大。

【艺体和学科竞赛】足球队获泸州市比赛第一名，全省第七名；田径队获泸州市比赛第二名，全省第七名；篮球队获泸州市比赛第三名。在省第八届中小学生艺术节展演活动中，舞蹈《送红军》获一等奖第一名，学校获优秀组织奖。组织和选派何海峰、康玲、隆晋威3名学生参加清华大学夏令营，何海峰在土木系举行的竞赛中获二等奖；2013级37班的学生康玲和38班的学生刘熠伟于暑假去北京大学参加第六届全国优秀中学生历史和地理学夏令营；李映雪和梅晋晗两名优秀学生去北京大学参加夏令营。9名学生去北京参加第十届全国中小学生作文创新大赛全国总决赛，获全国二等奖2人、三等奖7人。获全国二等奖的余雨恒、刘睿冰获2016年高校自主选拔测试推荐资格。第十四届全国创新英语大赛，获全国一等奖3人、二等奖2人、三等奖3人，获西南赛区一等奖3人、二等奖6人、三等奖6人。在数学竞赛中，获全国二等奖2人、三等奖6人，获省一等奖3人、二等奖14人、三等奖13人。在全国中小学生生物学科联赛中，获全国二等奖4人、三等奖6人，省一等奖1人、二等奖5人、三等奖11人，市级奖210人。第29届中国化学奥林匹克竞赛，获全国二等奖2人、三等奖4人，省一等奖12人、二等奖7人、三等奖1人。在第32届全国中学生物理竞赛中获全国二等奖5人、三等奖14人，获省一等奖9人、二等奖23人、三等奖36人，市级奖210人。

【外事工作】英国皮卡特学校代表团23人来访11天。

（古帮伦）

泸州老窖天府中学
（泸州市第二中学校）

【概况】泸州老窖天府中学（泸州市第二中学校）始建于1912年。1912年创办的育群女中和1937年创办的天府中学于1950年合并为泸州二中，2008年泸州二中增挂“泸州老窖天府中学”。是全国现代教育技术实验学校、首批四川省示范性普通高中、泸州市教育局直属学校。学校占地463亩。截至2015年12月，有117个初高中教学班，近6000名学生，471名教职工。其中：正高级教师1人，高级教师108人，一级教师125人，二级教师137人；全国模范教师1人，全国优秀教师2人，特级教师5人，国家、省市级知名教师、骨干教师102人，拥有硕士学位教师98人，外籍教师2人。学校通过国际质量管理体系和国际环境管理体系双认证。

【师资队伍建设】全年校级领导参加学习培训3人6次，中层干部21人次。举办研训活动2次，28名毕业班教师上公开课，44名毕业班教师进行学情分析和高考分析交流。7名教师攻读在职教育硕士学位，2名2011级（第二批）攻读在职教育硕士教师完成论文答辩，5名免费师范生申请攻读在职教育硕士学位。组织21名新进教师开展岗前校本培训。各学科以教研组和备课组为基本单位，每周组织开展1次主题校本研修活动。教研组每学期组织4次学科课堂教学主题研究。3月成立泸州老窖天府中学教师读书会，有会员40余名。组织教育信息化骨干教师和各教研组长72人参加培训。组织开展第四批22对学科教学师徒结对。开展“天府讲坛”（第七届）学科系列培训，邀请四川师范大学数学系教授周思波，全国优秀外语教师、江苏省梁丰高中副校长、原点英语创始人、教育部国家级教学成果奖得主葛文山，内江师院数学学院教授赵思林到校为2500余名师生作培训。63名语文教师参加全国真语文系列活动四川泸州站的培训。选送298人次参加泸州市各类培训，选送14名教师、实验员参加四川省各类培训，选送28名教师、实验员参加教育部组织的国培。教师文强被评为“四川省劳动模范”，张莹荣获“四川省优秀教师”称号，王远波在2015全国中学数学说课（微课）大赛中获特等奖；韩敏、段开放、潘绿玫在全国真语文微课大赛西南分赛中获全国一等奖，潘绿玫、韩敏在全国真语文系列活动年终总结活动中以第一名、第二名的成绩分获全国高中组金奖和银奖；邓杰在泸州市2015年高中物理学科教学结构改革课堂教学展评活动中获一等奖第一名，在四川省2015年中学物理新课程教学展评活动中获省一等奖；陈定友在泸州市初中物理

学生参加泸州市礼仪操比赛

教师实验操作技能大竞赛中获一等奖，在2015年四川省初中物理教师实验操作技能竞赛活动中获大赛最高奖项“创新实验奖”；叶礼娟在四川省第四届中小学心理健康教育活动课优质课展评活动中获一等奖；鲁航在四川省2015年高中生物教师优质课展评活动中获二等奖。在泸州市第十届职

工职业技能大赛中小学青年教师多媒体技能比赛中，杨刚获一等奖，彭娜荣获三等奖。在泸州市2015年现代教育技术与实验教学优秀论文评审活动中，范保林、彭娜、熊利琴分获一、二、三等奖。在2015年度泸州市教育教学信息化大赛中，何国丽获一等奖，姚远获二等奖，安小飞、彭勇、钟冉获三等奖。杨春燕获首届“寻找川南好老师”大型公益评选十佳“学生最爱好老师”称号。教师论文获省级二等奖1篇，市级一等奖10篇，二等奖11篇、三等奖13篇；在国家级刊物发表45篇，在省级刊物发表7篇。

【德育工作】多形式组织学生从国家、社会、个人三个层面学习社会主义核心价值观基本内容。开展以“弘扬雷锋精神、共建文明校园”为主题的“学雷锋”活动和“小红帽”志愿者活动，全校拥有青年志愿者1352名。开展主题班会观摩活动和“学身边典型”主题德育活动。组织收看中央电视台以“英雄不朽”为主题的2015年《开学第一课》节目。开展反腐倡廉主题教育系列活动。举行以爱国主义为主题的诗歌朗诵比赛。开展“我爱校园”“节约粮食、节约水电”等环保活动和“文明就餐、光盘行动”。开展以“心存感恩·与爱同行”为主题的校园文化节活动。组织扫墓活动。举办以“成长·感恩·奉献”为主题的高2011级毕业典礼。对高一学生开展军事训练工作。对留守儿童、单亲家庭儿童和问题儿童进行摸底排查，登记造册，并开展结对帮扶，开展班团队帮扶—年级团总支帮扶—学校心理教师帮扶和教育疏导工作。开展全员读书活动。在教学区创建7个“自助借阅”书架区，组织学生阅读励志图书。评选省、市、校级“三好学生”“优秀学生干部”“先进班集体”和“优秀学生会干部”。继续开展感动校园“孝老爱亲之星”“助人为乐之星”“文明礼仪之星”等“校园之星”好学生评比活动。定期组织班主任月工作例会。同时拓宽培养渠道，派出近40人先后参加北师大和《德育报》社组织的班主任培训。积极做好家校互通。

【安全教育】把安全工作纳入德育常规管理，及时做好各种安全教育和安全隐患排查工作。学校自编《中学生安全手册》人手一份。组织学生观看电影《毒品的危害》和《青涩的记忆》。邀请学校法治副校长和法制辅导员对全校师生进行法制教育讲座一次；举行法治故事演讲比赛、法治手抄报和黑板报比赛，开展法治宣传和教育。邀请泸州市健康教育所所长为学生作“艾滋病预防教育”专题讲座。组织全校学生开展宪法晨读活动，观看教育局安全警示片《警钟》，参加第四届四川省网络安全知识竞赛，参加给亲人的一封安全书信征文大赛。配合大假、归宿假进行学生交通安全教育，季节性进行防溺水、防煤气中毒等安全教育。12月11日，承办泸州市首届教职工安全知识技能大赛，学校代表泸州市直属学校参赛获冠军。

【安全管理】紧密联系辖区茜草街道办事处、派出所、金沙社区，完善群防群治工作和综合治理工作。与市教育局、街道、社区签订安全责任书，与全校教职工层层签订安全维稳责任书，细分安全责任，落实安全网格化管理，强化各项工作及各时段、各地点的安全管理责任。修订实施《泸州老窖天府中学安全管理考核办法》，制定实施《车辆出入和校内行车安全管理办法》。启用校门走读生电子校牌和人像识别系统。改组护校队，完善反恐防爆应急预案。利用学校短信平台通报全国各地学校安全事故，发布预警信息等。组织全校性教室和寝室安全疏散演练2次，消防灭火培训和演练2次。健全传染病预防和控制工作的管理制度，掌握、检查学校疾病预防控制措施的落实情况。加强食品卫生管理。每天对校园周边、楼道、教学生活区域等地方进行巡查，每月组织进行安全大检查、消防专项检查。每次行政会通报安全情况，校长定期召开安全工作例会研究安全工作。组织全校教职工进行学校安全管理知识专题集中培训，对新进教师进行岗前安全培训。

【教学常规】定时对教情和学情进行问卷调查，并反馈到年级和老师。做好教师上课、作业批改情况等教学常规检查。定期召开备课组长工作例会，备课组研训活动正常开展，示范课、公开课活动质量明显提高。初中教师开展校内大教研活动，整合初中三个年级共同教研。初一、初二，高一、高二每周定时开设两节选修课。开展以高三教学工作为主体的高中大教研活动，召开高三备考冲刺研讨会，成立高三命题室和高三特优生辅导组。演示实验开出率达98%以上，分组实验开出率100%，并在相应的实验操作考核中，达到参考率99%，合格率98%以上。组建高中物理实验尹崇荣工作室。图书馆书刊外借流通率保持在40%以上，图书流通率达到50%。学生到馆率80%以上，到馆时间生均达到10次以上。将阅读课列入课程，并作为语文教学中的课时计划。在校园内开辟图书角，周末开放图书室。组织学生参加数学、物理、化学竞赛，获全国二等奖5人，全国三等奖13人，省一等奖12人，省二等奖19人，省三等奖32人。

【教改科研】进一步推进主体协同课堂教学结构改革。组织编写各学科《学习指导书》。组织教师参加翻转课堂的系列学习。组织开展“2+4”学制改革。采取全员培训、骨干教师培训、教研组培训、备课组培训四级培训模式，每学期举行1—2次培训，深入学习课改的“两增两减一提高”基本理念。编写各学科课堂教学操作流程，课堂操作流程主要包括备课，课堂交流与互动，课后反思要求与流程；分为新课、复习课、讲评课三种类型。制定编写、使用课堂教学操作流程基本要求。每周开展一次课改研究课建设活动。成立以9名名优特教师为成员的课堂教学结构改革督导组，逐渐发展成立教学督导室，采取随机进课堂听课和教师个人申报评审的方式，从课程设置、教师配备到各个具体教学实施环节进行督促、检查和指导。组织1次非毕业年级主体协同课堂探索与实践阶段性总结工作，从学科教师、备课组、学校不同层次，从课改实施过程中遇到的问题、采取的办法和效果、改进措施，对《课堂操作流程》的各个环节，展开总结分析。组织2次毕业年级的教师反思“教与学”—“分析·思考·改进”行动，从学科教师、备课组、班主任不同角度，从课改实施过程中遇到的问题、采取的办法和效果、改进措施，对《课堂操作流程》的各个环节，展开总结分析。1个课题获省级三等奖。市级课题立项4个，校级微型课题立项36个。省级在研课题2个，市级在研课题9个，校级在研微型课题133个。制定《泸州老窖天府中学一师一优课一课一名师活动实施方案》，开展晒课、录课、视频的简单处理等培训，推选出22节优课上报市教育局，市教育局评选出4节优课上报省教科所。

【质量认证】完成外审不合格项纠正与预防措施报告，顺利获得质量环境管理体系双体系认证证书。

【教育研修工作室】完成9个“泸州市教育研修工作室”的申报、评级准备工作。5个教育研修工作室获评级，其中泸州市高中数学名师李建军工作室、高中物理成荣工作室、泸州本土文学教育工作室被市教育局评为四级工作室，高中物理实验尹崇荣工作室、书法教学研究工作室被市教育局评为三级工作室。

【李含良数学基金】开展数学尖子生竞赛辅导；高中数学竞赛班每周培训两次；组织初高中学生参加各级各类竞赛。

【科技创新实践活动】发挥现代教育技术优势，建立科技创新实验室，由专（兼）职教师指导学生开展辅导，培养学生动手能力和创新实践能力。组织学生参加第六届青少年机器人活动中国区选拔赛，获初中组全国亚军；组织学生参加第31届泸州市科技创新大赛，获一等奖1项、二等奖1项。

【对外教育教学交流】2015年春期有2位外籍教师，担任高一和初一年级的英语听说课教学工作，协助外事办培训参加新加坡项目考试和意向留学生的英语口语，协助外事办完成《泸州老窖天府中学外籍教师听说课程》高、初中上、下册校本教材的后期工作。高2013级学生李雨霏、谢卓凡通过由新加坡国立大学、新加坡南洋理工大学和新加坡科技与设计大学举行的笔试，并顺利通过英语口试，成为2015年新加坡留学项目（全额奖学金）四川省29名录取学生中的佼佼者。天府中学再次成为泸州市唯一获此殊荣的学校。高2012级4名学生阮杰屿（国立济州大学）、张丹莹（国立釜山大学）、苟智杰（国立济州大学）、俞铁诚（国立济州大学）于7月留学韩国。高2013级4

名学生廖欣羽、曾科荣、梁甜甜、李果于8月赴国家留学基金管理委员会大连留学预科学院学习韩语。多次与英美姊妹校沟通，商谈教育教学交流互访活动。与澳大利亚、美国两所学校商议建立新的姊妹校。10月15—22日，副校长王建波赴台湾参加由四川省教育厅组织的“两岸文化教育交流”活动。8月2—8日，3名教师陪同19名学生到北京参加由美国常青藤大学组织的模拟联合国活动。

【艺体教育】坚持每天上午9：30—10：00和晚上6：40—7：10的大课间室外和室内活动，班主任全程参与并监督，保证学生每天锻炼1小时。全面实施《国家学生体育健康标准》，完成测试数据上报。贯彻执行《学校艺术教育规程》，严格执行泸教办〔2008〕103号文件。艺体场馆周末对学生开放。健康教育课程开设率100%，学生健康知识知晓率和健康行为形成率80%。举办春、秋季学校田径运动会。组织参加泸州市男女篮球和田径比赛；组织参加泸州市第八届中小学生艺术节比赛，舞蹈获泸州市第一名，2幅绘画和2幅摄影作品获泸州市一等奖；组织参加四川省第八届中小学生艺术节比赛，舞蹈获四川省一等奖，1件绘画和1件摄影作品获四川省一等奖。成功申报为国家级非物质文化遗产川剧中小学传习普及基地，完成泸州河川剧传习基地办理工作，在初一、初二学生中开展川剧传习培训学习；学生表演的川剧《梅花绝句》参加四川省教育厅和文化厅举办的川剧展演演出，获一等奖。成功申报为中国美术教育改革实验学校、中国体育教育示范校，举办教师李聆个人画展、教师童杨个人摄影作品展、本校师生书法作品展。举行纪念“12·9”运动暨元旦文艺汇演活动。

【高考、中考成绩】高2015届高考参考1410人，重本上线204人，本科上线865人，创历史新高。初2012级（初2015届）中考总平均分居江阳区公立学校第一，数学、英语、生物、化学平均分居江阳区公立学校第一。学校在泸州市2015年普通高中教育质量综合评价中（A类学校）获一等奖，在泸州市2014—2015学年度初中素质教育综合评估中被评为优秀学校。

【承办各级各类会议、培训】6月23—24日，承办全国真语文微课大赛（西南赛区）比赛。9月23日，承办全国中小学实验教学交流研讨会暨“三开”和“三开放”现场会。10月23日中国教科院全国2015年区域教育发展协调创新项目年度会议，10月26日中华诗词学会四川省诗词进校园研讨会在泸州举行，学校作为泸州市普通高中重要的或唯一的现场点，接受各级领导和专家的指导。国家总督学顾问陶西平，教育部基教一司司长王定华、基教二司副司长马嘉宾、教育装备研究与发展中心副主任刘诗海、基础教育二司装备处处长乔玉全，四川省教育厅副厅长何浩等各级领导先后莅临学校指导工作。

【现代学校制度探索】积极进行现代学校制度建设，初步探索构建“政府管理为主，企业扶持为辅，社会各界参与，学校办学自主”的办学模式；主动建立实施依法办学、自主管理、民主监督、社会参与的现代学校制度和政府、学校、社会之间的新型关系。10月，来自各省市自治州参加“中国教科院全国2015年区域教育发展协调创新项目年度会议”的100多名教育工作者到学校参观考察，对学校的新型办学模式给予高度赞扬。

【结对帮扶】先后派出多名教师外出支教。周灿彬到雅安市宝兴县驻守支教1年，朱大军到宝兴中学支教2个月；9月27—30日，副校长王建波带领成荣、赵华、韩敏、肖飒、王远波到宝兴中学上示范课；王通到叙永二中，胡光明到马岭中学分别驻守支教1年；费章程和邹静到贵州羊街中学支教。

（杨雪）

西南医科大学

【学校更名及发展规划】2015年4月28日教育部发文同意泸州医学院更名为四川医科大学，12月14日又发文同意四川医科大学更名为西南医科大学。学校章程正式公布实施，并起草了学校《“十三五”事业发展规划（2016—2020年）》《西南医科大学一学科建设规划方案》《西南医科大学学科提升规划方案》。编制并上报学校基本建设“十三五”规划。

2015 年 6 月 6 日，四川医科大学发展推进会在中国酒城大剧院举行

【学科建设】学校获批调整确认临床医学硕士、中医硕士专业学位授权点，获批成为卓越医生（中医）教育培养计划项目试点高校。临床药学、中医学 2 个专业列入四川省普通本科第一批次录取招生。截至年底，有硕士学位一级学科授权点 7 个（科学学位），专业学位 7 个，省部级重点学科 7 个。有 25 个普通本科专业，其中国家特色专业 3 个。本科第一批次招生专业 7 个，双学位专业 5 个。组织四川省临床医学硕士专业学位研究生培养与住院医师规范化培训衔接试点座谈会。推荐申报成都中医药大学和澳门科技大学兼职博导 13 人，招收博士研究生 10 人。遴选新增硕士研究生指导教师 9 名。申报 2015 年中央支持地方高校建设项目（心血管和影像医学）。

【招生就业】截至年底，在校本专科生、研究生、留学生总人数 17483 人。2015 年招收新生 4387 人，其中本科生 3782 人、研究生 540 人、留学生 65 人；2015 届毕业生 3752 人，其中专科生 389 人、本科生 2924 人、研究生 398 人、留学生 41 人。2016 届毕业生就业双选会成功召开，本专科毕业生就业率 94%，研究生就业率 100%。

【人才培养】博士后科研工作站顺利通过国家评估。培养的首批 2 名博士后正式出站。获国家级卓越医生（中医）培养计划试点项目 1 个、国家级大学生创新创业训练计划项目 50 项、省级质量工程建设项目 7 个、省级大学生创新创业训练计划项目 100 项。完善学校专业认证工作方案；推进口腔医学专业认证工作。修订完善食品卫生与营养学、公共事业管理等专业人才培养方案。修订临床医学、中医学、口腔医学等专业学位研究生培养方案。2014 届临床医学、口腔医学、预防医学、中西医临床医学专业毕业生执业资格考试通过率均高于全国 9.66~22.15 个百分点，临床医学专业通过率排序在全国 148 所高校中排第 15 名。

【人才建设】学校和三所附属院有在职教职工 5000 余人，其中高级专业技术职务 976 人，硕士生导师 581 人，博士生导师 13 人。有教育部“长江学者”讲座教授、国家“百千万人才工程”第一、二层次人选、省学术技术带头人、享受国务院政府特殊津贴专家等高层次人才 300 余人，聘请包括邱蔚六、樊代明、付小兵等院士在内的 20 余名国内外专家为客座教授、兼职教授。学校兼职硕士研究生导师阎锡蕴教授当选中国科学院院士。新增“享受国务院政府特殊津贴”专家 3 名。全年引进博士 15 人，聘请学术院长、兼职（客座）教授 12 名。送培 14 名专业教师脱产攻读博士（硕士）学历学位。组织骨干教师赴台湾学习交流。

【获奖】学校蝉联全国高等医学院校大学生临床技能竞赛西北西南赛区一等奖，并获全国总决赛三等奖；获第五届全国高等医学院校大学生中医药创意设计竞赛一等奖；获全国医药院校药学专业大学生实验技能竞赛二等奖、第八届中国大学生计算机设计大赛一等奖、四川省医学生基本技能及创新竞赛一等奖；获第十五届全国多媒体课件大赛一等奖1项、二等奖1项、三等奖1项；医学专业学生参加国家执业资格考试通过率连续多年位居独立设置的医药院校前列；毕业留学生回国参加执业医师考试通过率81.88%。

【科研工作】2015年度立项课题235项，其中国家自然科学基金13项，科研纵向经费2088.5万元，配套经费897.2万元，横向经费1250万元，共计4235.2万元。获得中华医学三等奖1项、省科技进步三等奖4项。发表三大检索（SCI/EI/ISTP）论文110篇，单篇最高影响因子11.47分。完成第二轮省属高校科研经费专项调研等各级检查。

2015年6月6日，市委书记蒋辅义（右）向四川医科大学颁发“四川医科大学高端人才引进基金”奖牌

【技术推广】2015年12月2日，学校医药创新平台建设与科技成果发布会在泸州市南苑会议中心召开。泸州市副市长马宗慧，市卫计委、市科技局等有关部门及周边区县各大医院领导、四川杏林集团等医药企业嘉宾以及媒体记者参加会议。会上发布的细胞治疗转化仪、导管头皮针、供氧吸痰管、解渴养生茶等10余项医药科技成果得到了与会嘉宾的高度关注。

【对外交流】成功承办第五届国际离子通道会议、肿瘤医学高端研讨会、2015年中国大学生毽球锦标赛、生命科技伦理法律与医药卫生法治建设研讨会等大型会议和比赛。（杜　薇）

四川警察学院

【教育综合改革】以学院《改革实施纲要》为基础和遵循，确定2015年重点推进的十大改革任务，作为党政工作的重心和主线，统揽全年的改革工作。9次党委常委会、8次改革领导小组会议专题研究部署和检查督办改革工作。为各重点改革任务制定具体实施方案，有重点、有步骤地推进改革工作，通过整体扎实有序推进，一大批重点改革项目取得显著成效，形成一批工作亮点。

【现代大学制度建设】以《四川警察学院章程》为核心，推进现代大学制度建设。历经规划、撰稿、征求意见、修改、讨论、审定、上报等程序，学院《章程》经教育行政主管部门核准施行。通过制度建设“废改立”工作，涉及党的建设、党风廉政、干部人事、行政管理、教学管理、科研管理、学生管理、服务保障等48项制度相继修订建立，与学院章程相配套的内部制度体系框架基本形成。教代会召开执委会13次，召开全体代表大会5次，制订实施《教代会民主管理与监督工作制度》和《教代会提案工作办法》。

【办学定位调整】按照“回归公安本位，贴近公安实战，服务公安工作”重大转型决定，完成学院办学定位调整改革工作，审定印发办学定位表述及释义。办学宗旨、办学理念、办学目标、办学规模、办学层次、办学类型、培养模式、学科专业、培养目标、服务面向、办学特色等一系列重大办学定位问题得以科学准确界定，公安院校“姓公”的属性和地位得以归位和突显，并由学院

《章程》明文规定。

【学科专业建设】围绕行业需求，全力发展主体学科，以此为统揽调整专业结构，科学设置与公安实战需求紧密对接的公安特色专业。建立起公安学、公安技术、法学3个一级学科统领下的8个本科专业和若干专业方向，形成“3+8+X”的学科专业发展思路和态势。侦查学、治安学、公安管理学、刑事科学技术、交通管理工程、法学等传统主体专业得到进一步优化和巩固；网络安全与执法、禁毒学、国内安全保卫、现场勘查、视听技术、涉藏治安管理、消防管理、公安指挥等现代警务工作急需的专业或专业方向已建立并开始招生；公安信息与大数据应用、网络空间安全、民族宗教、反恐防暴、装备管理、警察公共关系等方面的新型专业课程正在抓紧筹建研发。交通管理工程专业成为全国公安院校交通管理工程专业中唯一被确定为公安部部级重点专业培育点，交通管理工程虚拟仿真实验教学中心获评省级虚拟仿真实验教学示范中心。专业结构调整加快，贴近公安实战、注重职业化应用型的专业建设特点逐渐显现。

【本科教育】围绕专业类国家标准和各警种岗位要求，遵循“宽口径、厚基础、大平台、小专业”的思路，严格控制毕业总学分，采取“2+2”大类培养模式，设置4大课程平台，强化实践教学并改革考核方式，汇集3大学科大类培养方案、8个专业培养方案和7个实践教学环节培养方案，全面修订完成2015版本科专业人才培养方案，自2015级新生起全面施行。积极组建“双师双能型”教学团队，创新课程体系，扎实推进职业化、实战化教学改革，积极构建“教、学、练、战”一体化教学模式。立足省情，主动服务国家安全大局，在全国公安院校中率先开展藏区警务人才培养，在治安学专业下设置涉藏治安管理方向并已招收首届本科生。

【研究生教育】全额完成国家下达的招生计划，录取8名警务硕士研究生。进一步探索警务硕士研究生培养模式，强化实训，着力培养提高研究生应用能力，由实战专家与校内导师共同指导审定2014级研究生学位论文选题，由公安实战专家在专业实践基地为2015级研究生讲授6门相关课程。组织完成2013级毕业生警务硕士学位论文送审、答辩等工作，9名毕业生顺利毕业并获得学位。

【科研工作】聚焦实战，大力推进服务型引领型科研改革。现代警务研究中心筹建工作稳步推进。着力围绕四川省警务工作重点难点开展研究，积极参与省部级智库建设，与地方公安机关开展课题联合攻关，社会治理创新、藏区警务研究、公安思想政治建设、公安扁平化指挥体系、警用无人机应用、网络安全攻防系统研究、侦查勘验一体化信息平台等一批重点警务科研项目已取得阶段性成果。成功举办学院“第一届警务创新暨科技月”活动。举办中国公安新疆反恐行动报告会、中国公安反分裂行动报告会等高水平学术讲座近50余场。组织多批次科研人员深入藏区实地调查研究，汇集出版《藏区警务工作研究专集（第一卷）》，受到藏区公安机关的关注和好评。申报的某项目已列入四川省公安发展“十三五”规划。引导2015年院级科研立项围绕服务公安工作、公安实战、公安改革和学院改革项目展开，教师公开发表论文200余篇，核心期刊30余篇，取得省级以上课题20余项，出版专著、教材40余部。

【招生与毕业生就业工作】持续控制招生规模，调整专业结构，停招除法学专业外的其他非公安专业，将在校生人数控制在近6500人的合理范围，把有限的精力和资源投入到公安人才培养、民警教育训练、警务科学研究和服务公安实战中，全力保障公安教育训练主业。落实招录政策，一次性完成提前批次录取计划，新生报到率达99.3%。公安专业毕业生入警率达89.7%，全年为全省公安机关输送公安类专业新警1100余名。积极开展普通专业毕业生就业指导培训，实现2015届毕业生总就业率达91.21%，超额完成省教育厅要求的85%目标任务。学院生源和就业质量显著提高，出口畅、进口旺的良好办学局面已初步形成。

【师资队伍建设】有效实施教师招录、辅导员选调、战术教官选调、特殊人才调动等措施，优化师资结构。组织9名教师利用暑假赴实践教学基地开展实践调研，协调26名教师赴基层公安机关专业部门实践锻炼，制定“双千计划”实施方案，22名公安民警和学院教师互换角色共赢成长。鼓励教职工在外学习进修培训137人次，攻读硕、博士学历（学位）5人，资助赴英美国家留学2人。组织开展学院第二届青年教师讲课技能比赛。组织教师参加第三届全省公安机关教官比赛，荣获实战教官团体第3名，警务技能公开课个人第7名，反暴恐实训课个人第5名；荣获理论教官团队“十佳教官”和“精品课件奖”。制定落实学院荣誉制度和慰问工作实施办法，修订《志祥园丁奖评奖办法》，组织完成年度教师节庆祝表彰活动；荣获国家级、省级、厅局级集体表彰3个，个人表彰34个。

【干部队伍建设】加强干部队伍教育、培养、管理，营造风清气正的良好政治生态。完善干部选任制度，修改出台学院处科级领导干部选拔任用工作实施办法，严格遵守干部选任各项规程，选拔调整处级干部32名，科级干部93名，协助上级选拔厅级干部2名。清理整顿选人用人工作，规范完善干部选任资料并顺利通过省委组织部考核检查。组织干部参加各级各类培训76人，多渠道提升干部把握宏观形势和推进公安高等教育的能力水平。举办科级干部培训班，对新提任的科级干部进行专门培训；组织实施寒暑假教职工培训。落实干部个人事项报告制度，规范干部出入境管理。积极争取政策和上级主管部门支持，顺利完成公务员登记，有序推进公务员工资套改和全院教职工养老保险工作，为学院转型发展奠定基础。

【学生教育管理】将培养学生的人民警察核心价值观放在更加突出的位置，深化思政课教学改革，推进思政教育模式创新，持续强化校园静态和动态政治育警的氛围，积极谋划构建更加系统科学的“大思政”育人格局。进一步严格学生的日常警务训练和警务化管理，重点推进学业指导教师制度，在每个区队配备学业指导教师，组织召开学院学业指导工作总结暨推进会，学业指导工作不断加强，学生教育管理齐抓共管机制逐步形成。

【校园文化建设】大力开展社会主义核心价值观教育。组织首届警院好人评选、“五四青年说”表彰和职业荣誉仪式以及道德讲堂等活动。打造“警史回眸长廊”等多个文化设施。组织师生参与公安部“人民·宪法·警徽”主题征文比赛，获团体优秀组织奖和全部80个个人奖项中的20个。原创舞蹈《他乡月，故乡情》获得泸州市2015群众舞蹈大赛一等奖，原创作品女声独唱《雪域高原的老警察》在省公安厅政治工作会议文艺汇报晚会演出并获得好评。组织教职工参加四川省首届警察男子足球锦标赛获第8名，参加四川省首届警察羽毛球锦标赛获个人第8名、团体第16名；举办学院第八届警察体育运动会，创新打造设置警体比赛项目。积极引导师生开展节能减排，促进节约型校园和育人阵地建设，被确定为国家级第二批节约型公共机构示范单位。

【目标绩效管理】初步建立目标绩效管理制度规范，年初根据各部门职能职责、承担的改革任务和其他专项工作，下达各部门年度目标任务。年底对管理部门和教学系部实施分类目标考核，将排名与奖惩挂钩。通过考核的激励导向作用，推动各部门明确目标任务，认真履职尽责，规范内部管理，提高运行效能。

【“战训合一”】按照省公安厅“战训合一”战略部署，在全省九大战训基地中率先完成基础设施建设并顺利开班。全年举办“战训合一”3期教官培训班和7期定期训练班，举办其他各级各类民警培训班12期，合计培训4400余名民警，培训的任务量和好评度均创下多年来新高。全面参与省公安厅“战训合一”顶层设计，承办省公安厅第三届教官教学技能比武大赛和全省公安机关“战训合一”工作推进会。牵头负责全省战训课程建设和教官队伍建设，优化课程模块设置和培训方案，改进训练方法和手段，规范基地运行标准，构建专业化、实战化、系统化的训练模式，相关工作经验和做法由省公安厅推广复制到省内各大战训基地。全面更新升级公安核心机房，在公安校园网搭建运维安全管理系统，强化公安网络系统的信息化管理，实现主动向全院教师、在训民警、战训教官推送信息服务的功能。学院战训基地引领全省公安教育训练的示范辐射作用充分体现，“战训合一、值守四川”的功能逐步显现。

【校局互动】学院及相关系部积极与省公安厅禁毒、国保、刑侦等多个警种对接，在专业建设、课程开发、人才培养和科研创新等方面开展广泛合作，与各地公安机关加强双向互动。进一步规范调整全省实习实践基地建设和布局，在峨眉山市公安局、乐山市中区公安局、民航四川机场公安局、金堂县公安局等单位新建校外实践教学基地，成功申报四川警察学院校外实践教学长宁基地为四川省大学生优秀实习基地。与泸州市公安局签订全面战略合作框架协议，共建创新实践基地，采用“专班对接、定期会商、互聘专家、业务协作”等方式，构建双向交流、互动互助的常态工作机制，校局合作深度推进。

【教育交流与合作】先后邀请美国长滩加利福尼亚州州立大学教授王政、韩国国立警察大学教授李东熹、日本成城大学教授指宿信到学院开展学术交流。邀请香港警务处前处长曾伟雄到学院考察并作题为《香港警察行动与训练》报告。组织首批25名教师教官赴香港公共行政学院研修，全面学习香港警务和警察教育的先进理念。（谢梦昕）

泸州职业技术学院

【概况】2015年，学院有商学院、白酒学院、高新区学院、机械工程系、电子工程系、建筑工程系、信息工程系、人文社科系、外语系、艺术系、基础部、思政教研部、继续教育处13个二级教学单位。开办机械、土建、商务、电子信息、生物工程、财经、旅游、文化教育等类别高职专科教育专业36个，拥有全日制在校生近9000人。有教职工552人，其中专任教师450人。专任教师中，教授16人，副教授、高级工程师、高级实验师等副高级105人，博士、硕士学位人员260人，常驻外籍教师2人；程序员、工程师、建造师等各类“双师型”教师251人。拥有省级突出贡献专家、省级学术和技术带头人后备人、市级学术和技术带头人、市级拔尖人才等20余人，省级优秀教学团队2个。建立了由200多名行业企业专家、经理、技术能手组成的兼职教师资源库。

2015年11月27日，省委副书记、宣传部部长尹力（中）在江阳职业高级中学校调研

【新校区建设】新校区一期工程的15栋单体建筑完成主体封顶，其中13栋完成大部分装饰装修，进入收尾阶段；基础配套工程正抓紧施工。机械系教学工厂和运动场项目启动施工。全年完成工程投资近3亿元，实际支付工程款2亿多元。

【中高职衔接改革】着力推进泸州市中高职一体衔接改革项目，建立中高职衔接改革保障体系，实现省、市、校三级专项经费配套；健全中高职校际合作机制，搭建“校长联席会工作机制、联合教研室工作机制、专委会工作机制”三大互动平台，成立商贸职业教育集团和学前教育职教集团，全方位拓展政行企校四方合作，受到省教育厅领导的肯定。

【师资队伍建设】全年引进优秀人才25名，其中博士2人、硕士18人、副高级职称4人。全年选送15名干部参加国家教育行政学院、省高校干培中心等培训；选派216名教师参加高职院校骨干教师国家级和省级培训；遴选出学术和技术带头人9人、专业带头人19人、中青年骨干教师62人；3名教师取得教授任职资格，7人取得副教授任职资格，10人取得中级职务任职资格。

【教学科研】成功申报省级精品资源共享课程2项，省级重点建设专业3个，省教育厅教改课题2项；被批准立项纵向项目85项，其中四川省科技厅立项1项，四川省教育厅科研项目23项，泸州市科技计划研究项目10项，泸州市哲学社科研究项目23项；与政府、企业、事业单位合作开展横向课题研究3项。

【招生就业】建立15名教职工组成的招生宣传队伍，注重立体化招生宣传。2015年省教育厅下达招生计划2950人，学院录取新生3755人，实际报到3199人，新生报到率85.2%；积极拓展就业渠道，推进校企合作定向培养，全年新增合作企业6个，建立就业"一对一"帮扶机制。2015届毕业生就业率97.2%。

【奖学助学】完善贫困学生资助保障机制。2015年完成国家奖学金、国家励志奖学金、国家助学金、院级优秀奖学金等奖助3874人893万余元，减免754名学生学费53.1万元，提供学生勤工助学岗位90余个。

【社会服务】先后完成泸州市教育局"第十五期中学校长任职资格培训"和赤水市教育局"赤水市中学班主任培训""赤水市小学班主任培训""赤水市学校办公室主任培训""赤水市幼儿园园长培训"；完成古蔺县、合江县共10个SYB班300人的培训任务；泸州市消防支队"官兵技能培训""士官高考辅导"和古蔺县就业局"SYB培训"、"劳动预备制培训"等培训任务，共培训各级各类人员1516人次。

（胡　蒙）

四川化工职业技术学院

【概况】四川化工职业技术学院是化工类高等职业院校，是四川省示范性高院院校。学院占地387527平方米，总建筑面积约16万平方米，固定资产19550余万元，教学仪器设备总值约6100万元；图书馆藏纸质图书约41万册，电子图书58250GB，电子期刊约1万种；在校学生7300余人，教职工500余人，专任教师365人，专任教师中教授、副教授（高级职称）100余人，"双师型"教师260余人。设有化学工程系、制药与环境工程系、机械工程系、自动化工程系、信息工程系、经济管理系及基础教学部。有四川省教改试点专业2个，中国化工教育协会教改试点专业4个，四川省重点建设专业3个，四川省首批现代学徒制试点专业3个。建有4幢实验实训大楼，建有中央财政资助的应用化工技术实训基地、电类综合实训基地和泸州市人社局电类综合高技能人才培训基地。有27个实验实训中心（基地），107个实验实训室，构建化工综合实训平台等5大实训平台，实训室覆盖所有专业，实验实训开出率100%。设有国家职业技能鉴定站，能进行37个工种的技能鉴定，覆盖学院所有专业。

【示范性高职学院建设】全力实施省级示范院校建设"315"工程（3个体制机制创新项目、1个公共服务平台项目和5个重点专业（群）建设项目）。积极探索创新办学体制机制和校企合作长效机制，形成政府、行业、企业、学校"四方联动"的工作格局；建立"培养方案共定、培养过程共管、质量评价多元"的校企专业共建机制；探索并实践具有行业特色的"三能为本、虚实结合"人才培养模式；形成基于学生职业能力养成和可持续发展能力培养的"练—学—思—拓"训练模式；建设的四川化工产业公共服务平台，积极服务地方经济和社会发展，面向社会特别是广大中小微企业开展技术服务和员工培训。2015年1月经四川省教育厅、财政厅专家组验收，学院被评为优秀级且排名第一，建成省级示范性高等职业院校。

【内部治理】不断完善内部治理结构，建设现代大学制度，促进学校依法治校、科学发展。学院《章程》通过省教育厅核准。

【师资队伍建设】继续全面实施师资队伍建设“三大工程”，建立健全《专业负责人管理办法》《教职工培训实施办法》等一系列配套制度，大力加强专业负责人的培养，通过营造氛围、倾斜政策、专项投入，加大师资队伍建设力度，师资队伍的双师结构、学历结构、职称结构、专兼职教师比例得到进一步优化。选送10余名教师攻读博士硕士学位；通过教师下厂锻炼、外出培训、主持科研项目、参与项目工作室、参与实训室建设等途径提高双师素质，优化双师结构。全年教师参加各类培训300余人次，56名教师到企业锻炼，选派21名骨干教师赴澳大利亚、法国等境外学习考察；内培和外引并举，积极推动名师工程，创建优秀教学团队。

【招生与就业】2015年，录取新生3172人，报到2728人，报到率86.00%。鼓励毕业生到基层、中小企业就业，自主创业，灵活就业；鼓励毕业生应征入伍；主动联系老客户，开拓新客户促进就业。2015届毕业生2402人，签约2284人，毕业生就业率95.08%（2015届省教育厅公布全省高职毕业生就业率76%）。

【专业建设】制定《专业评估实施办法》《专业负责人管理办法》，对学院专业建设情况进行适应性评价，根据评价差异化配置资源。完成应用化工技术等3个省级重点专业建设任务。积极开展专业设置的调研和申报准备工作，2015年新设置测绘与地理信息技术专业。

【课程建设】学院精品课程建设新增教学视频113个、实验动画92个（其中电子课件、电子教案217个、习题64套）。建成《化工机器》《高聚物生产技术》《流体输送与传热》《大学生素质训练》《PhotoShop 图像处理》5门省级精品资源共享课程，33门院级精品资源共享课程。

【创新创业】制定《关于促进大学生创新创业的实施意见》；成立创新创业俱乐部，建立校内创业基地，通过讲座、宣传栏、就业网站、短信平台、微信等多种宣传方式，鼓励自主创业，在校园内营造“大众创业，万众创新”的良好氛围；为74名学生申办营业执照；组织70名创业个人进驻创新创业俱乐部下设的创业“梦工场”；组织学院创新创业部分项目和产品参加在泸州西南商贸城举办的以“创新发展、转型升级”为主题的2015年第三届中国（泸州）西南商品博览会；为54名学生申请2015年大学生创新创业补贴；正在孵化5个创业项目；开展校内创业指导师资培养，学院校内创业指导师40余人。

【教育教学改革】根据生源特点和专业特色，高分子材料应用技术专业与四川海大橡胶有限公司，酒店管理专业与成都城市名人酒店集团、泸州聚祥餐饮文化有限公司，测绘与地理信息技术专业与四川空间信息产业发展有限公司开展现代学徒制试点。对《英语》《环境监测》等31门课程应用“练—学—思—拓”能力训练模式的教学改革进行检查验收，并组织专家组对各环节进行质询。

【实训条件】紧紧围绕人才培养目标，按照“五结合、五合一”的理念和“设备生产化、环境真实化、过程虚拟化”的方式加强对实训基地的建设。继续加大投入对实训基地进行改扩建，建设空间信息校中厂，新增1572万余元的实验实训设备。按“厂中校”理念，加强校外实习基地建设，完善相应规章管理制度，加强校外实训管理，开展学生认识实习、专业实习和顶岗实训。

【学生获奖】学生参加全国高职院校工业分析检验技能大赛，获全国二等奖；参加全国化工生产技术大赛，获团体三等奖；参加全国职业院校技能大赛“化工设备维修”赛项获团体三等奖；参加“注协杯”四川省高职院校会计技能大赛获二等奖；参加“蓝桥杯”全国软件和信息技术专业人才大赛四川赛区获一等奖。

【校园文化建设】重视校园文化建设，组织开展以“青春在行动，共筑中国梦”为主题的校园文化艺术节、“化院青春榜样”评选等活动。组织学生参加泸州市“天赐泸州”大型音舞诗画演出，获得表彰；参加“群众文化艺术节”舞蹈大赛获四川省舞蹈家协会主席及现场观众一致好评；参加四川省高职院校运动会，打破省记录，获优异名次；参加全国书法大赛获一等奖1名、优秀奖4名。

（吕松洋）

泸州市职业技术学校

【概况】泸州市职业技术学校是由原泸州市树风职业高级中学校与泸州财经学校于2012年12月31日合并，系泸州市教育局直属公办学校，是全国教育系统先进集体，全国首批“国家中等职业教育改革发展示范校”、泸州市职业教育中心、泸州旅游学校、泸州市第三中学。2015年，仍实行“一校两区”（凤凰校区和罗汉校区）管理模式，校园面积139亩；有在校学生5109人，教职员工284人，其中专任教师240人、研究生10人、市级名师7人、高级教师83人、中级教师83人，“双师型”教师占70%。

泸州职业技术学校白金十分钟急救大讲堂

【新校区建设】位于泸州医教园区的新校区于2013年正式建设，校园面积将扩至230亩，总投资3.26亿元。

【专业设置】开设12个专业：学前教育、旅游服务与管理、中餐烹饪、汽车运用与维修、会计电算化、服装制作与生产管理、电子电器应用与维修、机械加工技术、计算机平面设计、电子商务（市场营销）、建筑工程施工、楼宇智能化设备安装与运行。与泸州职业技术学院、四川西南航空职业学院联办有学前教育、汽车检测与维修技术、空中乘务、机场运行、航空物流、飞机机电设备维修等6个五年全日制大专专业，自2016年正式招收学生。与四川大学、西南财经大学等高等院校进行联合办学，开办大专、本科高等教育，形成短期职业培训和中专、大专、本科学历教育为一体的多层次的办学模式，毕业生就业率达98%以上。全年开展短期培训4次，在校大专人数362人，本科人数127人。

【获奖】学校团委被评为四川省五四红旗团委；学校被评为先进基层党组织，获泸州市中等职业学校对口升学综合评价二等奖、泸州市平安建设示范街区创建活动“优秀单位”称号；学校工会获市总工会一等奖。组织诗朗诵《人民万岁》节目参加泸州市总工会“五一”劳动节文艺演出，获二等奖；组织学生参加泸州市第八届中小学生艺术节文艺节目展演，获中学合唱类一等奖；编排的《赶摆路上》《茉莉花》两个节目获四川省第八届艺术展演中学声乐二等奖；学生作品“酒城葫芦”“花开时节”获全国职业院校学生技术技能创新成果交流赛优秀项目三等奖；组织学生参加大课间团体操比赛获二等奖；组织学生参加全省技能比赛，交通运输类专业获3个三等奖，服装设计与服装工艺专业获3个二等奖、3个三等奖；组织学生参加泸州市中职学校学生文明风采大赛，其中“我的梦——成就出彩人生的职业理想梦”征文比赛6篇作品获一等奖、12篇获二等奖、13篇获三等奖，“中职生职业生涯规划设计方案”竞赛4篇作品获一等奖、6篇获二等奖、7篇获三等奖；组织学生参加泸州市中等职业学校第十一届学生技能大赛暨第三届礼仪风采大赛，其中加工制造类专业、文化艺术服务类专业获团体一等奖，信息技术类专业获团体二等奖，文明礼仪风采大赛获优秀展示奖，单项取得5个一等奖、10个二等奖、5个三等奖。

泸州职业技术学校中餐烹饪专业实训

【招生就业工作】2015级学籍注册人数1643人，其中市内1612，市外31人。积极与市内外多家企业商家联系，将2013级秋季的学生安排在北京二炮、南京二炮、泸州三和陆驰车业有限公司、海太半导体（无锡）有限公司、宁波华联电子公司、德力西电器（芜湖）有限公司、天津新煮意餐饮有限公司、广州和实有限公司、重庆长安、重庆纬创资通有限公司、重庆仁宝有限公司、上海巴国布衣有限公司、波司登有限公司、江苏众泰有限公司、昆山微盟有限公司、电讯盈科（永川）公司、泸州酒城乐园、山水驿站度假酒店等10多家企业和自谋单位进行顶岗实习，顶岗实习率达到98%以上。

【“9+3”学生】2015年度在校学生215人（其中2012级112人、2013级82人、2014级21人），实现安全零事故。牵头组织的省教科所全省“9+3”学校新生入学教育优秀光碟评选活动获一等奖，在涉藏班级中进行的社会主义核心价值观教育主题班团会“我爱我专业”获一等奖。常态化开展2012级“9+3”学生“高职单招”和“双招”工作，被录用公务员1名（全省招录7名），录用事业单位工作人员9名（全省招录135名），录用人数超过省平均录用人数的2.5倍。3名学生综合成绩岗位排名第一，其中王强笔试和面试成绩均名列全省第一。高职单招41人参考，32人上线。强化安全教育，提出“9+3”学生“安全行为十不准”。动员指导“9+3”学生参加校内外的各种有益活动，向校团委、学生会推荐表现突出的学生参与学校管理。推荐优秀学生参加党课和团课学习，2015年度有9名学生参加业余党校学习，15名学生参加业余团校学习。针对学生再就业安置和顶岗实习开展行为养成、纪律意识和就业前教育，全年开设专题讲座和主题教育宣传活动20余场。并组织收看阿坝州大型口述历史纪录片《历史的记忆　和谐的家园》。（崔　烨）

泸州广播电视大学

【概况】泸州广播电视大学成立于1983年11月21日，是泸州市人民政府主办、市教育局直接管理，业务上接受四川广播电视大学指导的泸州市唯一一所融成人高等教育、现代远程高等教育、奥鹏网络教育、中等职业教育为一体的综合性成人高等学校。下辖龙马潭、纳溪、泸县、合江、叙永、古蔺6个电大工作站（分校），叙永党校、鹏程职校等3个办学点，有各级各类在籍学生8700余人。

【招生工作】全年招收各种层次学生1441人，其中成人专科和本科916人、网络教育242人、中职283人。

【教学工作】按照国家开放大学专业规则和四川广播电视大学网络教学要求，开设面授课和网络课程；组织学生登录“四川广播电视大学形成性测评系统”“国家开放大学学习网”新平台中进行选课、学习和考核，并在手机中下载安装APP或者扫描二维码，实现通过手机终端学习。

【科研工作】继续划拨2万元教育科研经费，用于教师教学科研工作。成功申报四川省社科联、四川省教育厅哲学社会科学重点研究基地—四川省教育发展研究中心课题《社区大学服务能力建设研究》；教师于文全等发表的《学分银行在中高职教育衔接中应用的技术操作问题探析》、张邦奎发表的《论现代远程教育中教师信息化素养的培养——以泸州电大为例》获四川电大优秀科研成果。

【短期培训】拓宽办学渠道，承接助理会计师资格考前培训63人；与泸州市商务局合作，开展家政服务项目培训共3期150人；继续承接中央财政支持的国家级家政服务培训项目，培训750人次；泸州社区大学依托国家培训项目——“家政培训”，在杜家街社区、合道街社区、纳溪合面等多个社区开展15期697人的培训，在杜家街、邻江社区开展青少年暑期活动，培训社区学生6000人次；“九·九养生堂”培训社区老年人3000人次。

【教师队伍建设】通过“3个1”创新外出送培学习方式，顺利完成各类送培任务；每位教师参加学校组织开展的校本研修64学时；制定教育研修管理工作制度，并划拨专项经费予以保障。

【社区教育】与泸州市教育局职成教科共同承担教育综合改革项目《社区大学服务学习型城市建设改革实验》；积极争取政府支持，探索社区教育管理、运行模式；4月15日，全国人大常委、致公党中央副主席闫小培，四川省政协副主席、致公党四川省委主委杨兴平一行莅临泸州社区大学杜家街社区教育学习中心进行调研；开展社区教育专兼职教师队伍培训；开设“爱·系列”课程；开展特色项目建设活动；进行社区教育志愿者队伍建设。

（张　锐）

文化·体育·新闻出版·广播电视

【概况】2015年，市文化体育新闻出版广电局先后荣获文化部“全国文化市场综合行政执法先进集体”、省政府“第五届中国成都国际非遗节组织工作先进集体”、首届四川艺术节文华奖和群星奖等国家、省级荣誉8项，承办全国性会议4场、全国性体育比赛2场、全省性活动3次，2次在全国性会议上交流“泸州经验”。局团委获四川省“五四”红旗团委称号，党员杨朝嘉获四川省第七届劳动模范称号。

【编制“十三五”规划】明确发展目标：到2020年人均公共文化（体育）设施面积达到1.80平方米，年均增速8.8%；文化（体育）产业增加值100亿以上，实现占全市GDP比重达到5%以上，年均增速15%，成为国民经济支柱性产业，建成“川滇黔渝结合部区域文化体育传媒中心”和“成渝城市群南部文化体育传媒中心”。明确重点工作：构建“五个体系”，现代公共文化（体育）服务、现代文化（体育）产业、现代传播、优秀传统文化传承、现代文化市场。突出“五个抓手”，抓规划、抓项目、抓改革、抓人才、抓机制；树立“五种思维”，“互联网+”思维、“文化+”思维、法治思维、改革创新思维、底线思维；狠抓三大保障要素，党建、安全、“三主动”。

【启动“1+4”公共文化服务体系设计】落实中办、国办《关于加快构建现代公共文化服务体系的意见》和《国家基本公共文化服务保障标准》，制定出台《加快构建现代公共文化服务体系的意见》《公共文化设施建设标准》《基层公共文化设施服务规范》《公共文化服务示范区创建方案》《社会力量购买公共文化服务管理办法》和《政府购买公共文化服务采购目录》，进一步建立健全各级公共文化服务体系建设协调机制、公共文化服务考核机制、第三方评估机制、落实好本级经费投入机制等。

【产业发展】全年，全市实现营业收入174.0亿元，同比增长14.6%；增加值52.06亿元，占GDP3.8%。培育成长型文化企业16家，其中投资近1亿元新办大型印刷企业6家，泸州益和纸品包装有限公司获省级印刷示范企业，全市印刷复制企业收入20.5亿元，同比增长10.8%；城市电影票房收入4397万元，同比增长186%，增速全省第一；体彩销售首次突破亿元大关，同比增长

2015 年 5 月 5 日，核心价值观百场讲坛——走进四川泸州，市委常委、宣传部部长鞠丽（中）与众人合影

10%，创历史新高；招商引资到位资金 5.2 亿元，同比增长 208%，实现历史新高，并第一次申请到国家发改委项目债券 2000 万元；布局“一园四区”（泸州市文化创意产业孵化园、川南文化创意产业园区、影视传媒创作区、张坝艺术区、茜草工业遗址展示区）、“一核两带多基地”（城市体育产业核心区，水上运动娱乐服务带、民俗体育休闲旅游服务带，户外运动基地、汽车露营基地、漂流基地、长江沱江游泳基地）产业空间，泸州市文化创意产业孵化园创建为省级文化产业示范园区；泸州印务园区被评为省级文化产业示范基地和全省首个印刷示范基地，2 个企业被评为全省印刷示范企业，占比全省市州第一。

【艺术创作】以繁荣艺术生产为主线，创作《第一纵队》《四渡赤水 · 古蔺》等优秀文艺作品 300 余件，评选 10 个门类优秀作品 85 件，“中国梦”题材全面推开。其中，重点围绕“十大艺术作品创作项目”，组织《家国烽火》《铁血护国之青年朱德》《红色川南人》《川江抢运》《酒城故事》《报恩记》《酒魂系列音乐作品》《蒋兆和》《乡关何处》等创作生产。话剧《蒋兆和》完成国家大剧院、成都、重庆、泸州第二轮 6 场巡演。《天赐泸州》完成第三轮演出。红色题材电视剧《第一纵队》全国热播。重大历史题材《铁血护国之青年朱德》获中办、中宣部、国家新闻出版广电总局立项筹拍。

【惠民工程】围绕“十大事业项目”建设，推动泸州书画艺术展览馆、文保设施、泸州市体育生态园、泸州市文化艺术中心、泸顺起义旧址、川南自然博物馆、泸县公共体育场、二郎红军街一期等工程，总投资 7.02 亿元，2015 年计划投资 3.2 亿元，完成投资 3.5 亿元，占全年任务 109.4%。其中，市本级重点项目中，奥体公园基本建成并投入运行；泸州市体育生态园完成投资 8000 万元，完成综合训练馆主体框架工程；泸州市文化艺术中心完成投资 1480 万元，完成主体工程。实施“文化民生工程”，建成幸福美丽新村农家文化院坝示范点 27 个，占全年任务 100%；完成农村公益电影放映 18440 场次，占全年任务 114%；建成农村固定电影放映点 20 个，占全年任务 118%；完成广播电视“户户通”59263 户，占年度目标的 130.67%；完成行政村“村村响”260 个，占全年任务 100%；完成有线电视数字化整体转换 6690 户，占全年任务 102.9%；完成有线电视双向网络改造 69000 户，占全年任务 100%；建成农民健身工程 180 个、全民健身路径 50 条，占全年任务 100%；建成阅报栏（屏）15 个，占全年任务 214.3%；实施第二期本土节目覆盖工程，在全国首批、全省第一个组建地面数字电视单频网，本土广播和电视节目人口覆盖率分别为 85% 和 67%。全市“三馆一站两书屋”和 8 个体育场馆全部实施免费开放，接待群众逾 200 万人次。

【惠民活动】围绕纪念中国人民抗日战争暨世界反法西斯战争胜利 70 周年主题，组织一系列演出、一系列音乐会、一系列展览、一系列比赛、一系列抗战影片播放等“五个一”系列活动。持续开展泸州市群众文化艺术展示、“醉美泸州 · 百姓舞台”、送文化下乡、“非遗”进校园、文化扶贫、法治宣传、全民阅读、免费开放等文体惠民活动，服务群众逾200万人次，社会反响良好。全面开展“深入生活、扎根人民”主题实践活动，100名文艺工作者下基层送文化、种文化、促创作。

“奥运五金王”邹凯铜像

【体育工作】贯彻落实《全民健身条例》，在全市开展适合不同人群的全民健身赛事活动，支持各区县、各协会结合群众健身需求开展“一地一品牌”的全民健身活动。组织和承办市中小学生田径比赛、四川省青少年篮球和足球锦标赛（男子）、全国部分城市体育舞蹈（国标舞）邀请赛等国家、省、市比赛20余次。青少年足球队获得2015年四川省青少年校园足球冠军杯联赛冠军，并代表四川省参加全国比赛。中学生代表队参加全省中学生田径锦标赛首夺团体总分第一名。杨健参加全国跳水冠军赛获单人10米跳台冠军。舒思瑶角逐2015年艺术体操世界锦标赛，成功获得2016年里约奥运会入场券。全市培养二三级社会体育指导员500人次以上，办理二级运动员技术等级证书33人，注册运动员850人。大力推进体育惠民扶贫工程，资助贫困运动员98人。人均占有体育设施面积1.27平方米，经常参加体育锻炼人数比例33.4%。

【文化遗产保护与利用】加大对省级以上文化遗产规划保护力度，古蔺二郎红军街、泸县屈氏庄园等传统村落，市博物馆馆藏文物微环境保护、合江汉代崖墓、神臂城、报恩塔、叙永春秋祠、古蔺太平渡红军四渡赤水遗址、泸县龙脑桥维修保护工程获得国家文物局立项，争取到位资金近3000万元，全省领先。开展第一次全国可移动文物普查，完成市级审核、上报文物5614件，质量位居全省第三。文物利用工作持续推进，“泸州八景”、蒋兆和画作及馆藏字画珍品的文化创意产品不断推出。保持文物安全督查高压态势，建立一个文物一台账，全年文物安全管控位居全省中上水平。图书古籍保护工作持续推进，修复古籍78册950页，清理审校古籍书目10200条，抢救珍贵地方文献3种。非遗项目展示、展演、展销活动影响广泛。国家级、省级“非遗”代表性项目动态管理。持续推动“泸州河”川剧、纳溪民歌、古蔺花灯等“非遗”进校园教学。新增市级“非遗”项目28个。积极参加第五届成都国际非遗节。

【市场监管】加大“扫黄打非”和文化新闻出版广电市场综合执法力度，查处了一批典型案件。创新文化市场管理、执法、服务新模式，文化市场联席会议制度进一步完善，市场巡查和问题抄报制度得到强化，“泸州经验”在全国文化市场管理工作会上作交流发言。完成和完善行政权力运行、两法衔接、全国文化市场技术监管与服务“三个网络平台”建设，省市县三纵联动审批事项模式在全省试点，应用范围不断扩大。

【安全生产】开展安全生产教育“六个一”（印发一张“明白卡”、制定一套安全生产制度、组织一系列培训演练、制作一部安全生产专题片、编印一本案例教育读本、开展一场警示教育），组织文化娱乐场所、公共文化文物阵地、新闻出版企业、广播电视安全播出4个重点安全隐患排查整治。特别是天津滨海新区爆炸事故发生后，对全市2100余家网吧、歌舞娱乐场所、印刷企业、电影院、体育场馆、文物保护单位、广电阵地等进行100%拉网式安全生产隐患大排查大整治工作，登记在册的218个安全隐患点，全部整改到位。积极发挥广播电视主流媒体优势，开展安全生产大宣传活动，营造“平安泸州”良好氛围。全年未发生一起安全生产和消防事故，实现“零伤亡”“零插播”“零事故”。

【外宣工作】始终坚持团结稳定鼓劲、正面宣传为主的方针，紧紧围绕长江经济带发展、两会、酒博会、创文创卫等市委、市政府中心工作，先后推出“依长江 抢机遇 谋发展”“直通酒博会”“今日视点”等节目栏目，形成强大舆论宣传声势。市电台、市电视台外宣发稿量分别位居全省第一名、第三名。其中电台在省级以上媒体发稿450件，在中央人民广播电台用稿115件，居全省市州第一名。电视台在央视播出新闻79条，其中，中央台《新闻联播》8条，四川电视台541条，用稿量列全省第三名。16件作品获全省广电节目奖评选最高奖，以绝对优势位居全省市州第一。

【媒体融合】探索“广电+”与“互联网+”契合点，全力打造“智慧融媒体”，市电台实现广播和微信、微博、“泸州通”手机客户端的融合，市电视台“大时段新闻”实现在新媒体平台的全向发布。电视新媒体融合项目列入省级媒体融合发展重点项目，微博微信粉丝突破40万。《酒城新报》社交平台影响人群超过100万，覆盖川滇黔渝；掌上泸州微信公众服务号已成为本土媒体第一大号。

【精准扶贫】选派1名干部到帮扶村——叙永县水潦乡田坝村任驻村第一书记。制定《市文体广系统驻村帮扶工作方案》，全系统72名科级以上干部结对帮扶93户贫困户。干部职工筹集捐款14.6万元，解决田坝村180余户1300余人和牲畜饮水问题等。引进恒达公司进行产业扶贫，带领贫困户种植核桃3700亩。投资20万元，为水潦乡建成10个村广播站。协调市教科所为水潦乡中心校捐赠15台电脑，价值5万余元。争取市双拥办、驻泸工兵团支持，实地察勘村内“断头路”，实施修建工作。

泸州市龙马潭区“清风颂廉 百姓舞台”廉政专场文艺会演

【版权管理】加强《著作权法》宣传教育，以青少年和社区居民为重点，组织开展“打击盗版 保护正版”版权宣传教育活动，在小街子小学、罗汉镇社区等学校、社区向少年儿童和市民发放宣传画及“打击盗版 保护正版”绿书签等宣传资料500余份，向广大市民提供正版、盗版出版物鉴定咨询。组织参加上级组织的有关版权管理和软件正版化工作培训。组织参加全省性著作权知识竞赛及选拔活动。推进机关软件正版化长效机制建立，完成全市各级机关软件使用情况统计工作。扩大作品登记范围，指导泸县、龙马潭区创建全省国家知识产权强县工程试点示范县（区）有关版权管理和保护工作。申请作品版权登记46件，内容涵盖音乐、舞蹈、文学、广告创意等。其中，争取省上为泸州市39件“非遗”作品进行免费登记。与市中级法院、江阳区法院建立版权司法保护联系机制，参与有关版权案件合议或审判。

【报刊转型发展】全市报刊公开发行单位8家，共发行报刊2200.2万份（册），总收入5420万元（其中泸州日报3250万元、泸州晚报1510万元、泸州广播电视报660万元）。泸州日报形成酒城学苑手机报、泸州日报微信、看见泸州微信、泸州日报微博、新华社泸州发布客户端、人民日报客户端政务中心泸州发布六大产品，总用户突破30万户；泸州晚报形成“一报一网两微一端”（泸州晚报、泸州新闻网、爱泸州客户端、泸州新闻网微信、泸州全搜索微信、泸州新闻网微博、泸州那点事儿微博）等七个主要媒体形态，各类用户和粉丝达114.5万人（户）；泸州广电报成立以“三微一端”为主的新媒体矩阵，影响人群超千万，成立智慧家庭民生项目、“泸+购”电子商务平台、“点点客”商务平台。通过传统媒体与新媒体整合，融媒体发展框架基本形成。

【“扫黄打非”】开展全市“净网”“清源”“秋风”“固边”“护苗”行动。组织开展元旦、春节出版物市场专项整治、互联网“微领域”专项整治、民营医院非法出版物专项整治等整治行动，严查“一刀论坛”等涉藏有害信息，组织开展寄递企业履行收寄验视制度检查。出动检查人员8900余人次，检查图书、报刊、音像等出版物发行网点、印刷企业4583家次，查办案件40起，处罚金额8.19万元，处罚非法出版物及印刷复制企业9家，出具出版物鉴定报告书18份，销毁盗版及非法图书、报刊及音像制品、电子出版物3.2万余册（盘）。

【电影工作】招商引资2.9亿元建设城市影院，新增3家影院，放映厅19个、银幕19张、座位3072个，建成川南唯一一个国际化的专业连锁影院CGV星聚汇影城IMAX观影厅。举办泸州市第二届微电影大赛，评选一等奖2名、二等奖3名、三等奖5名，最佳导演、最佳编剧、最佳摄影各1名。推进“互联网+电影”合作新模式，扶持泸州畅影网络科技有限公司入驻泸州市文化创意孵化园创业。运用卖座网，逐步实现全省各个市区全面覆盖，支持线上提前选座、线下票房兑换双通道的电影票及电影卡的销售。

【节目监管】在全省率先开展资深媒体人“两台一报”一月一监管模式。印发《监听监看》简报12期，工作成效位列全省前列。

【依法治市】贯彻执行《中共泸州市委关于全面深入推进依法治市的决定》和《泸州市2015年依法治市工作意见》精神，推进依法执政、依法行政、简政放权等工作。广泛开展法治宣传教育，邀请国家司局级领导和省市专家举办法律讲座5起，与司法部门合办法制教育基地，编制印发《以案说法警示手册》2000余册，汇编行政审批资料和学法大纲，以文艺的形式，开展群众喜闻乐见的法制宣传。推进行政审批制度改革，建立行权清单和主任清单，清理优化500项行政权力事项。推进和完善“三个平台”建设，及时对案件进行评查。完成各项规范性文件、合同的合法性审查，完成三局整合后执法人员资格考核和申办工作。

（张　鉴）

泸州日报社

【概况】2015年，《泸州日报》围绕“六个突破、两个率先”发展战略和“产业转型发展年”“区域交通枢纽建设”“建成区域中心”“扶贫攻坚”“生态文明”等主题，创新策划、融合传播。全年没有出现政治性、导向性差错。《泸州日报》全年安全出报293期，对开1468个版，酒博会特刊四开80个版；《泸州晚报》全年安全出版5000多个版；“泸州新闻网”开设专题网页近120个。日报、晚报（新闻网）、新媒体矩阵已形成，总用户突破60万户。

【广告经营】在经济新常态下，在报业转型期，2015年全国报纸广告平均降幅超过30%，《泸州日报》却超额完成年初制定的广告经营必保目标，实现广告总收入1274万元；《泸州晚报》（含新闻网）实现广告收入2600万元，印刷厂收入1293万元。

【荣誉录】2015年度，泸州日报社获得市领导书面批示表扬15次。被市委、市政府授予“全市打黑除恶专项斗争暨社会治安专项整治工作”先进集体，被市委宣传部、市直机关工委、市国资委授予“身边雷锋　时代榜样”——争创“岗位学雷锋先进集体”，在市委宣传部等7家联合举办的第五届群众文化旅游艺术展示活动中获优秀组织奖。泸州新闻网荣获省网信办“抗战胜利70周年重要纪念活动网络工作”先进集体。《民生连线》《看见泸州》《新闻故事》《重磅报道》获市级优秀品牌栏目。外宣用稿和获奖作品数量和质量都创新高。

（杨基德）

泸州市人民广播电台

【概况】2015年，泸州电台紧扣“着力六个突破，实现两个‘率先’”目标任务，突出“产业转型升级年”“加快建成区域中心”“两江新城”“长江经济带”“依法治市”“从严治党”“社会主义核心价值观”“创建全国文明城市”等主题活动和重点宣传，加强宣传报道的策划工作。开设专栏，对重点工作常态化，全年推出“建成区域中心　共享发展成果”“决战全面小康　全力精准扶贫——贯彻落实市委七届十次全会精神”“决胜全面小康　建成区域中心——学习贯彻市委七届十一次全会精神”“一心一意谋发展　聚精会神抓党建”“加强农村党建工作　筑牢基层战斗堡垒”“加强依法治市　构建和谐泸州”“大众创业　万众创新”“巩固国卫成果　建设美丽泸州”“军民共筑双拥模范城”“创建全国文明城市　建设幸福醉美泸州”“加强安全法治　保障安全生产”“不作为、慢作为、乱作为”专项整治曝光台、“廉洁之声”“今天你文明了吗”“创建全国文明城市市民调查专栏”“创建全国文明城市记者调查专栏”“禁毒”等40多个大型主题专栏，重点推出6集系列报道“黄金水道看泸州作为”、32集系列报道“记者走基层——交通建设看泸州变化”、16集系列报道“记者区县行——探访产业发展”等大型系列报道。采用消息、录音报道、专题报道、系列报道、连续报道、评论等宣传方式，并利用传统广播和网站、新媒体相互配合及广播节目之间相互补充、正面报道与舆论监督配合等方式，多角度、全方位、多形态地开展宣传。全年在《泸州新闻》《整点播报》《记者行动》《新闻早高峰》《新闻晚高峰》《新闻茶馆》等各类节目共播出各类新闻稿件39439件。结合泸州市创建全国文明城市、社会主义核心价值观、依法治市、党风廉政建设、国卫复审、禁毒等内容，通过制作、交换、展播各类公益广告100多条，共播出109500多次。

【内部改革】对原有8个内设机构进行调整重组。保留总编室、办公室、广告经营中心、技术播出部4个部门，将新闻频率、交通音乐频率、对农经济生活频率、泸州广播网4个部门重组调整为新闻采编中心、节目管理中心、活动策划部和新媒体拓展部。对中层干部和全体职工实行双向选择、竞争上岗，打破身份限制，实行干部能上能下、择优录用。

【频率改版】3个频率紧扣各自的频率定位，对节目进行进一步优化调整，突出频率特色。对节目版块设计、包装进行全新改版。

【对外宣传】全年，在省级以上媒体发稿459件，其中在中央人民广播电台用稿115件，名列全省市州第一；在四川电台发稿344件，名列全省市州第三位。

【节目创优】全年，有42件作品分获中央、省、市优秀好新闻作品奖，其中8件作品在四川省广播电视节目奖中获优秀奖，2件作品获提名奖；1件作品获全国人大新闻三等奖，1件作品获四川人大新闻奖二等奖，2件作品获泸州市宣传人大制度好新闻（1件一等奖，1件三等奖）；4件作品获四川新闻奖（1件一等奖，1件二等奖，2件三等奖）；9件作品获泸州市广播电视优秀作品评审优秀奖，14件获提名奖；少儿节目《智慧乐园》获2014年度少儿节目精品及国产动画发展专项资金项目奖优秀少儿广播栏目三等奖。

【媒体融合】搭建起 pc 端网站（泸州广播网）、三大频率微信、微博、移动客户端（泸州通）四大新媒体矩阵，实现全台节目网络在线直播和碎片化点播，开发建设广播视频节目网络播出项目。建成集新闻信息采集、加工、多渠道分发，多元传播，多平台互助于一体的全媒体新闻采编发平台。

【广播系统升级】全年，投入 50 万元对纳溪、泸县、叙永、古蔺、合江的广播差转设备的天馈系统进行升级改造，广播节目信号覆盖面进一步扩大，各区县的收听效果更好。

【产业经营】全年，开展“泸州电台第四届汽车文化节”“1050 关爱抗战老兵活动”“平安畅通　文明出行——百天无交通违法记录挑战赛”“内蒙古音乐风情之旅”“体验文明劝导员”“年货大派送”等各种大中小型活动 20 多个，并在活动中植入“互联网+”和媒体融合发展等元素，仅第四届汽车文化节活动 3 天就销售车辆 1045 辆，销售金额超过 1.5 亿元。全年实现经营性收入 1200 万元，居全省地市州同行业前列，成为川滇黔渝结合部区域最强广播媒体。（郭隆江）

泸州市电视台

【新闻宣传】2015 年，在央视播出新闻 79 条，其中《新闻联播》播出 8 条。在四川电视台播出 541 条，其中四川卫视播出 445 条、四川公共频道播出 96 条。外宣用稿数量列全省 21 个市州台第三名。全台全年自制节目 1300 多小时，发稿 7 万多条。节目创作获奖项 50 个，其中省级政府优秀奖 6 件，提名奖 9 件；市级政府奖优秀奖 14 件；全国性专业类（如中国电视艺术家协会、中广协会等）奖项 21 件，居全省市州台电视类第二名。《泸州新闻联播》改变“板着面孔说教”模式，通过精简会议报道、改变话语方式、创新报道手法等，节目内容更加丰富，文风更加朴实、报道更加鲜活。网站全新改版，共刊播图文稿件 3.3 万余条，视频 7200 余条 7 万多分钟；发布泸州电视台微博 3700 余条，微信 2000 余条；微博粉丝达 11 万，新浪微博、微信粉丝达 3 万。

【产业经营】面对严峻的经营形势，泸州电视台积极调整经营思路，与川台合作、与区县联动、为部门服务，以活动经济为载体，一业为主，多元经营，凭借活动经济拉动本土广告市场，既保证了经济效益，又兼顾了社会效益，完成全年目标任务。

【播出情况】全年总停播时间 0 小时，异态播出时间 92 分钟，异态率 0.0035%，低于不超过 0.45% 异态率的目标考核标准。获全省技术质量二等奖。未出现一起被广电总局和省、市局查处通报情况。在 2014 年搭建的全媒体协同工作主干平台基础上，进行扩充和完善，同时搭建泸州网内容管理平台，包括媒资管理、播放器管理、直播管理、用户管理、广告管理等功能模块，可支撑新兴媒体的直播、点播、图文展示及运营等。

【酒城新报】成立“四川三泸微融大数据网络科技有限责任公司”，抓住智慧家庭民生项目、“泸+购”电子商务平台、“点点客”商务平台等项目；抓住以“三微一端”为主的新媒体矩阵的产品，加快转型，依托新媒体平台试水电商。策划报道“中国文化新势力：长江文化带”“抗战老兵系列报道”“神臂城古堡遗址”“泸州话里好多大名堂”等大型选题，取得良好的社会反响。组织“泸州市第三届十大经济人物”“百大孝子评选”“宋元四川战争中的神臂城”“古代西南丝绸之路（川黔边段）专家考察活动”等一系列在全市甚至川南片区具有影响力的活动。（张万平）

社 会

SHE HUI

卫生和计划生育

【卫生资源】2015年，泸州市医疗卫生机构总数4566个，床位24548张。其中：中医医院13所，床位3676张；卫生院131所，床位7150张；每千人床位5.73张，比2014年增加7.5%。全市卫生人员总数30722人，卫生技术人员总数22418人，每千人口拥有卫技人员5.23人。其中：执业医师（助理）8638人，占常住总人口2.02‰，占卫生人员总数28.12%；注册护士9224人，占常住人口总数2.15‰，占卫技人员数41.15%。

全市22418名卫生技术人员中，本科以上5669人，占25.29%，大专7622人，占33.4%，中专6929人，占30.91%，无正规学历1425人，占6.35%，无学历人员与2014年比下降6.62%；执业医师6863人，占30.61%，执业助理医师1775人，占7.92%，注册护士9224人，占41.15%，药剂人员1153名，占5.14%，检验人员745人，占3.32%；正高287人，占1.28%，副高966人，占4.31%，中级2822人，占12.59%，助理/师6445人，占28.75%，员/士8518人，占38%，其他3380人，占15.08%；中高级职务人员数与2014年比上升10.08%。

【卫生计生经费】全年，中央、省、市、区县各级财政投入卫生计生经费总计107298万元，其中区县级投入卫生计生经费65112万元。各级财政对医疗机构补助经费53094万元，比2014年增加8.2%，财政补助经费占医疗机构总收入16.96%。

2015年8月22日，以“共享经济、互联网时代创新与共赢”为主题的2015中国医药企业家年会在泸州举行

各级财政对卫生计生机构补助经费54204万元，比2014年增加30185万元（增加的主要原因为2015年计生机构合并），财政补助经费占卫生计生机构总收入69.13%。

【人口概况】截至2015年9月30日，泸州市总人口508.9万人；2014年10月1日至2015年9月30日，出生55498人，出生率10.96‰，同比上升0.15‰；死亡29785人，死亡率5.88‰，同比下降0.12‰；人口自然增长25713人，自增率5.08‰，同比增长0.87‰；出生人口性别男女比106∶100，控制在103—107正常区间。

【分级诊疗】2015年医改重点贯彻国家六部委《关于建立完善分级诊疗制度的意见》及系列文件规定，推动建立基层首诊、双向转诊、急慢分治、上下联动的分级诊疗模式。全市有146所乡镇卫生院（社区卫生服务中心）与2所以上二级医院签订双向转诊协议，21所二级以上医院（包括省属驻泸医疗机构）与5所以上基层医疗卫生机构签订双向转诊协议。大力宣传分级诊疗政策和操作流程，引导群众理性就医，县域内首诊率达90%。

【公立医院综合改革】全市县级公立医院改革实现全覆盖，实行取消药品加层政策造成的医院减收按规定弥补，财政补助共计1559万元，占35.36%。合理调整医疗服务价格，建立可持续的保障运行新机制。落实医院自主经营权，健全院长选拔任用，任期目标管理和问责机制。完善医院绩效考核评价体系，强化行业监管。实行基本医疗保障费用直接结算。控制公立医院规模不合理扩张和超标准装修。按照“三医联动、上下联动、区域联动、内外联动”要求，继续在市中医医院开展城市公立医院改革试点。

【基本药物制度】巩固政府办基层医疗卫生机构和村卫生室实施基本药物制度成果，扩大非政府办基层医疗卫生机构实施基本药物制度覆盖面。加强基层药品配备使用管理。鼓励公立医院和其他医疗卫生机构优先使用基本药物，二、三级公立医院使用基本药物占药品总金额比例分别达52%、35%以上，80%公立医院达到基本药物使用比例。落实公立医院药品集中采购制度和医疗器械阳光采购机制，降低药品和医疗器械采购成本和价格，公立医院、政府办基层医疗卫生机构上网采购药品金额比例分别达95%以上、100%，2015年全市上网采购药品66692万元。

【医疗质量管理】实施“进一步改革医疗服务行动计划”。严格落实首诊首问负责制，改革服务态度，改进服务流程，二级以上医院开展网上或电话预约挂号服务，减少门诊拥挤排队现象。开展优质护理服务，全市21所二级以上医院100%开展优质护理服务，并覆盖80%的病房，三级医院病房覆盖率100%。严格控制治疗费用，在加强医疗质量控制基础上，落实检查检验结果互认、医务公开制度，促进合理检查，降低患者就诊费用。2015年为1569例贫困白内障患者实施免费复明手术。

【对口支援】全面落实城市三级医院对口支援县级公立医院等对口支援机制，下派人员196人。完成中央补助中西部地区卫生人员培训项目，开展乡镇卫生院院长等4个培训班，共有800余人受到提升业务和管理能力培训。启动社区卫生服务提升工程，规范社区卫生服务管理。推进乡镇卫生院综合改革，开展“建设群众满意的乡镇卫生院”活动。进行村医培训，稳定和优化村医队伍。开展社区、乡村医生签约服务，全市乡村（社区）医生签约125.28万户，341.05万人，户签约率83.08%。继续进行雅安市宝兴县卫生系统地震灾后重建和民族地区的乡城县、稻城县、喜德县、会东县医疗卫生机构及乡镇中心卫生院技术援助工作。

【队伍建设】加大基层医疗机构空岗补员招聘力度，乡镇卫生院在职集体所有制人员357人通过考试考核纳入全民体制管理，解决基层集体所有制性质退休人员1005人补差经费。完成2015年农村订单定向医学生免费培训计划21名协议签订工作，以及2010年农村订单定向生就业安排。完成叙永、古蔺民族地区16名“阳光天使计划“考核招聘工作。市政府出台《加强卫生计生人才队伍建设实施意见》《乡村医生队伍建设实施方案》。

选派市直属单位 57 名中级职称以上专业骨干下到乡镇卫生院和社区卫生服务中心帮助基层提高医疗服务水平。

【民营医疗】实施社会办医促进工程，重点支持妇产、儿童、肿瘤、康复、养老护理院等专科特色医院，鼓励社会资本兴办高端医疗服务机构。加强行业监管，引导社会办医规范执业。2015 年，新引进 2 家民营医疗机构，全市共有民营医疗机构 114 家，占地面积、床位数、诊疗量分别较 2014 年提高 10.8%、11.5%、8.4%，民营医院已成为泸州市医疗服务体系的重要补充。

重点领域实现新突破。慢性病综合防治网络和工作机制健全，慢性病健康管理率提高。龙马潭区完成慢病综合防控示范区创建验收，江阳区和纳溪区启动慢病综合防控示范区创建。高血压、糖尿病管理率分别达到60%、50%，严重精神障碍患者检出率达 4‰。

【妇幼健康服务】优化整合服务资源，推进妇幼保健机构标准化建设。规范实施民生工程，孕优项目城乡目标人群覆盖率达到 90%以上，婚前医学检查率 74%，同比提高 6.3%，推进农村孕产妇住院分娩补助、农村育龄妇女增补叶酸、预防艾滋

2015 年 9 月 15 日，农村贫困地区卫生预防保健服务体系试点单位座谈总结会在巨洋饭店举行

【公共卫生】2015 年，人均基本公共卫生服务经费财政补助标准提高到 40 元/人。基层医疗卫生机构与专业公共卫生机构分工协作机制健全。按照国家基本公共卫生服务规范要求，为城乡居民提供健康档案管理等 12 类服务，对 0—6 岁儿童、孕产妇、65 岁以上老年人、高血压患者、糖尿病患者、严重精神障碍患者进行健康管理人数分别为 31.88 万人、1.89 万人、45.16 万人、38.37 万人、15.87 万人、1.44 万人。城乡居民健康档案规范化电子建档率 97.19%。全市饮用水监测乡镇覆盖率 100%。

【疾病防控】传染病监测、信息收集、分析、报告、通报制度进一步完善。疫苗规范化、精细化管理、儿童预防保健牵手行动继续推进，国家免疫规划接种任务全面完成。传染病保持下降态势，重大传染病综合防控加强，艾滋病、结核病防治病、梅毒和乙肝母婴传播、农村妇女“两癌”检查项目等妇幼重大公共卫生项目。2015 年，孕产妇系统管理率 96.75%，孕产妇住院分娩率 99.92%，孕产妇死亡率 12.58/10 万，3 岁以下儿童系统管理率 96.11%，婴儿死亡率 4.1‰，5 岁以下儿童死亡率 7.22‰。规范计划生育技术服务，开展两纲中期评估。

【食品安全】推进食品安全信息化建设，实施食品安全风险监测计划，累计完成 2343 个样品，17497 项次实验室检测，食品安全风险监测覆盖率 100%。开展食品安全风险监测示范单位创建活动，食源性疾病哨点医院覆盖 80%县级行政区域。

【全民预防保健试点】该项试点工作扩展到叙永县全部乡镇和古蔺县大寨乡。省、市、县三级财政累计投入 4000 余万元，截至 2015 年 12 月底，体检人数累计 28.7 万人，初步建成“五位一体”的

全民预防保健体系。9月15—17日，农村贫困地区卫生预防保健服务体系试点单位座谈会在泸州召开，泸州经验得到原国家计生委主任、政协人口资源环境委员会原主任张维庆高度肯定，向国务院报告工作情况得到习近平总书记、李克强总理等国家领导人的批示。

2015年9月16日，国家人口和计划生育委员会原主任、第十一届全国政协人口资源环境委员会主任张维庆（中）参观叙永县水尾镇卫生院预防保健服务体系建设

【爱国卫生】2015年6月，泸州顺利通过国家卫生城市省级复审；9月，高分通过全国爱卫办专家组暗访。探索建立爱国卫生常态化管理机制，提升卫生创建管理质量。深入开展卫生创建，推动城乡环境卫生整洁行动，加强病媒生物防制长效机制建设。至年底，累计投入病媒生物防制专项经费500余万元，全市卫生县城、卫生乡镇、卫生村覆盖率分别达到100%、25.6%、24%，超额完成省下达的20%、1.6%和4%的任务。

【健康城市建设】全国爱卫办确定泸州作为联系点，要求泸州积极探索建设健康示范城市，走在全国前列。市委、市政府决定将国家卫生城市和健康城市工作有机结合，创造健康城市建设可推广、可复制的新经验。聘请专家团队编制完成《泸州市健康城市发展规划》初稿，年内完成征求意见，由市政府发布实施。

【中医药事业】全市乡镇卫生院、社区卫生服务中心设置中医科（室）提供中医药服务。全年，举办中医类医师规培60人，省级中医全科医师班4期200人，中医药适宜技术推广等培训班1900余人次。积极推广运用中医药适宜技术，推动中医药“进农村、进社区、进家庭”，宣传倡导中医药“简、便、廉、验”优势，中医药文化知识普及行政村100%、家庭90%以上。实施中医药“三名”工程，加强市、县中医医院、综合医院和妇幼保健院中医重点专科（专病）建设，市人民医院建成全国综合医院中医药服务能力示范单位。古蔺县、叙永县争创国家基层中医药工作先进单位。成立泸州市中医中药学会，搭建中医中药学术交流平台，促进中医中药事业发展。

【重点项目建设】西南医疗保健中心完成投资2.3亿元，医疗区一期工程住院楼、门诊楼、医技楼及辅助用房已完工。市人民医院新院建设项目完成投资7023万元，一期项目主体工程完成装饰装修，二期项目于8月9日开工建设。

【计划生育基层基础工作】巩固和完善基层计划生育工作网络，稳定和加强基层工作队伍。创新和完善人口服务管理。全面实施社会抚养费征收管理改革，严格执行征收标准、征收程序、征收结果“三公开”和处理与征缴，收入和支出“两分离”规定。全面推进计划生育证件改革，全面实行网上预约、审核、审批，证件平均受理仅3.41天。彻底核查人口基础信息，全面提升数据质量。稳妥实施单独两孩政策，全年再生育（含单独两孩）网上预约981人，预约处理960人，预约处理率97.86%。流动人口计划生育“一盘棋”基础巩固，流动人口统计信息工作加强。

【居家养老照护全国试点】通过搭建市、县、乡镇（街道）、村（社区）四级居家养老照护服务平台，依托现有各类养老机构、建立志愿者队伍，探索建立系统完整的计划生育家庭居家养老照护支持体系，改善老年人生活质量，提高老年人健康水平。确定江阳区、龙马潭区先行试点、分步实施，探索经验，全市推开。

【计划生育奖励扶助】全年，全市农村计划生育家庭奖励扶助、特别扶助总人数122320人，发放奖特扶助金13838.76万元；计划生育独生子女专项奖励家庭150026户，发放奖励金1800万元。

【依法治理】深化行政审批制度改革，市本级行政审批项目6项，下放区县10项（含委托下放2项），推进“两集中、两到位”，优化项目办理流程，严格依法依规审批。推进行政权力依法规范公开运行，完成行政权力清单和责任清单清理工作。强化对医疗机构日常监督，促进依法依规执业。健全卫生计生综合监督体系，坚持有案必查，违法必处。依法处理泸州久正骨科医院行政许可事项。妥善处理涉绿苑·香山美树小区业主与泸州久正骨科医院矛盾纠纷问题，依据《行政许可法》规定，市卫生计生委于8月16日在江阳区华阳街道办事处召开泸州久正骨科医院行政许可听证会，充分听取利害关系人、申请人的意见。

【信息化建设】开展智慧医疗建设，推进数字化医院创建工作。全市有10个二级以上医疗机构通过省卫计委数字化医院评审，二、三级医疗机构通过数字医院评审比例分别为50%和100%。区县卫生计生专网和县级数据中心建成，县级基础平台完成搭建，龙马潭区、合江县进行数据升级，其余区县公共卫生功能全面投入使用。完成叙永县级区域卫生平台建设，25个乡镇卫生院实现信息资源互联互通和共享。

【宣传工作】全市卫生计生宣传工作统筹协调和业务指导加强，新闻发言人和宣传通讯工作体系逐步建立和完善。传统媒体和新兴媒体有机整合，形成《健康泸州》“两微一站一平台”的新闻宣传矩阵体系。围绕全市卫生计生重点工作，开展系列深度报道，发送信息898条，主流媒体用稿147条。加强宣传队伍建设，开展能力培训。完善舆情监测和处理工作制度，提高新媒体条例下的舆论引导能力，处理网络问政108条，网络舆情34条，处理率、满意率均达100%，无卫生计生重大负面舆情。 （岑龙柱）

泸州市人民医院

【医院基础建设】2015年，医院设有编制床位620张，业务用房23782平方米。有职能科室19个，临床科室33个，医技科室10个。有在岗职工872人，其中专业技术人员775人，高级职称141人，中级职称204人。“恩德思医学科学技术杰出成就奖”1人，中华中医药学会肛肠分会中医肛肠学科名专家2人，四川省学术和技术带头人1人，四川省有突出贡献的优秀专家1人，四川省名中医1人，四川省卫生厅学术和技术带头人1人，硕士研究生导师1人，泸州市学术和技术带头人7人，泸州市后备学术和技术带头人1人，泸州市拔尖人才2人。

【业务综述】2015年，医院总收入32203万元，比2014年增加2687万元，增长率9.1%。其中：业务收入30918万元（含财政基本补助收入600万元），比2014年增加3036万元，增长率10.89%；财政项目补助收入1279万元，比2014年增加853万元，增长率200.23%；科教项目收入6万元，比2014年减少4.6万元，增长率为-44.4%。门诊人次约32.8万人次，比2014年增加约3.5万人次，增长率12.04%；出院人数约2.54万人次，比2014年增加1780人次，增长率7.5%；死亡率0.7%，与2014年持平；“120”急救站全年出诊2017次，接病人1555人次；全年收治职工医保患者5376人次，各类医保患者19035人次；济困病人出院9人次，优惠费用约1.03万元；门诊济困病人免挂号635人次；全年回访出院病人9355人，回访率36.8%，有效回访率32.7%，满意率92.7%。

【医疗质量与安全】加强对医疗质量与安全指标监

控和医疗工作中的环节质控，开展以“规范病历书写，提升医疗质量内涵”为主题的病历质量管理年活动。病历质量管理中心前移，将重点监管终末病历转变为环节病历监管，即改事后管理为事中管理，病历书写质量得到较大提升。坚持开展医疗质量环节、重点部门检查，对重点科室、高危科室加强监管力度，对医疗质量与安全指标管理统计表数据进行收集和整理，及时发现医疗过程中存在的问题及安全隐患，并提出整改意见，督促各临床科室进行整改，实现质量与安全持续改进。深入开展和推进“优质护理服务示范工程”“患者安全目标管理”“护理团队——基础知识与技能提升年”工作，组织69人次护理人员外出参加短期培训项目35项，其中省外5项7人次。组织23人外出进修14个专业，14人取得9个专业领域的专科护士资格。调配机动库护士30人次支援各科室792天。

【感染监测】对医院环境卫生、消毒、灭菌效果进行监督、检查，及时汇总、分析反馈与改进；发现医院感染存在的危险因素，寻找有效的预防和控制办法，减少和控制医院感染的发生，提高医疗质量。全年感染率监测25394人次，发生医院感染453人次，感染率1.78%，达到卫生部规定的≤10%要求；全院外科手术6212例，I类手术2424例，切口感染3例，感染率0.12%，符合卫生部≤1.5%的标准。法定报告传染病2329例，网报1042例，无传染病漏报，报卡率100%。

【科研工作】申报四川省科技厅科研项目3项、四川省医学科研青年创新课题2项、四川省医学科研课题2项、泸州市科学技术和知识产权局科研项目4项、泸州市卫生和计划生育委员会科研项目4项；获得四川省科技厅2015年立项1项、四川省医学科研青年创新课题立项1项、四川省医学科研课题立项1项；获得泸州市科技进步二等奖1项、三等奖1项，申报四川医学科技奖（青年奖）1项，获得实用新型专利2项。

【学术活动】全年引进境外专家参访交流两批5人次，派出临床医师5人赴境外研修。开展国家级继教项目1项、省级继教项目5项、市级学术会议2项、市级继教讲座73项、院内继教讲座15项。参加继续医学教育19951人次，专业技术人员参加继续医学教育覆盖率100%，参加各种学术会议、短期培训学习568人次，派出进修学习51人，接收进修生74人。举办第三期卫生部内镜与微创普外科、妇科培训基地培训班，招收学员52人（普外科28人、妇科24人），经考核52人全部合格。全年发表各类学术论文137篇，其中SCI发表1篇，中国科技核心期刊（A类）45篇。

【学科建设】肛肠科通过国家中医重点专科中期评估及省级重点专科复评；儿科通过四川省医学重点专科动态管理检查；肾病科通过四川省医学重点专科验收；医学检验科、创伤外科、麻醉科申报市级医学重点专科获得立项。

【市病案质量控制中心组建】成立泸州市病案质量控制中心，挂靠市人医；市人医随后完善了中心的组织架构和工作制度、职责，制定2015年度的工作计划，并逐步实施。

【分级诊疗、双向转诊】逐步完善推行分级诊疗制度。成立以院长姚健为领导小组组长的分级诊疗双向转诊领导小组，成立分级诊疗双向转诊办公室，由专人负责双向转诊工作。制定分级诊疗双向转诊工作制度，明确双向转诊规范，制作双向转诊流程图。先后与51家基层医疗机构签订转诊协议，与2家上级医疗机构签订转诊协议，建成上下级医疗合作网络，有效实现转诊功能。全年转出病员410例，接收转入病员597例，患者均得到有效救治。市政府批准泸州市“三个中心”（影像网络远程诊断中心、检验网络远程诊断中心和心电网络远程诊疗中心）在市人医建设；8月被省卫计委确定为“泸州、宜宾医疗作战区牵头医院”。

【对口支援】选派3名医师和1名检验师分别到甘孜州乡城县人民医院、宝兴县人民医院、稻城县人民医院开展对口支援。全年接收乡城县人民医院14名医务人员到院进修学习，接收稻城县3名卫计局工作人员到院进修学习，针对进修人员主要就心血管内科、消化内科、呼吸内科、普通外科、骨科、妇产科、放射科、检验科等方面进行带教培训。派出管理团队先后指导合江县人民医院、古蔺县人民医院、纳溪区人民医院、纳溪区护国医院、泸县第二人民医院的创建工作，纳溪区护国医院顺利通过二级乙等综合医院验收。

【公益活动】向定点帮扶的古蔺县丹桂镇金华村实施精准扶贫工作；开展义诊、下乡服务等活动；以开设“济困病房”“工会会员”优惠等办法，减免贫困患者医疗费用约 12.5 万元；工会会员、军人、残疾人等各类就医免挂号 33382 人次；参与各种大型活动的医疗保障 26 次，派出医护人员 94 人次；对市卫校的 10 名贫困学生开展帮扶活动，帮助解决贫困学生在思想、学习、生活等方面的困难；开展栋梁工程“一日捐”捐款 1 万元，向困难职工捐款 5 万余元，“扶贫日”捐款 3 千元。

（许庆元　康　琪）

泸州市中医医院

【基础建设】泸州市中医医院是国家三级甲等中医医院、国家重点中医医院建设单位、四川省精品中医医院建设单位、泸州市中医与中西医结合类别执业医师实践技能考试基地、泸州市中医类别全科医师培训基地。2015 年，有职工 761 名，其中卫生技术人员 660 名，占总人数的 86.7%；主任医师 9 名、副主任医师 43 名、主治医师 90 名、医师 140 名；高级专业技术职务 62 人、中级专业技术职务 130 人；正高 11 人、副高 55 人。

【科室建设】医院有编制床位 520 张，开放床位 667 张，设有骨伤科、针灸康复科、心脑血管病科、肺病科、糖尿病科、结石病、治未病科、外科、妇产科、重症医学科、手麻科、肿瘤科等 19 个临床科室。其中，骨伤科为国家中医药管理局“十一五”重点专科，肺病科为国家中医药管理局“十二五”重点专科建设项目单位，重症医学科为国家中医药管理局“十二五”重点专科培育项目单位，心脑血管病科为四川省中医药管理局重点中医专科，针灸科为四川省中医药管理局重点中医专科（专病）项目建设单位，结石病科、糖尿病科为泸州市重点中医专科，治未病科为国家中医药管理局第四批“治未病”预防保健服务试点单位。

【业务综述】全年实现业务收入 2.5 亿元，同比增幅 19.84%。其中：药品收入 9430 万元，中药收入 5267 万元，占药品收入的 55.86%；饮片收入 2107 万元，占药品收入的 22.35%。住院 18277 人次，中医治疗率 83.93%；门诊 255912 人次，中医治疗率 91.92%。

【医疗技术】全年新技术申报通过 30 项，无一例不良事件出现。脊柱颈椎手术、上肢肩关节和足踝外科、膝关节置换、胃肠镜治疗技术、B 超引导下经皮肝穿刺胆道引流技术等日趋完善，医院疾病诊疗技术和手段提高。开展无痛新技术 2 项——无痛纤支镜检查和超声引导下神经阻滞项目。

【中医护理】全年开展中医护理技术 40 项，服务 40 万余人次，执行中医护理方案 52 个，全院八个护理单元开展护理新技术 9 项。住院病区全面实施责任制整体护理模式，优质护理服务遍及全院，优质护理病房覆盖率 100%。

【科研教学】全年组织申报各级科研项目 43 项，获专利授权 3 项；全院发表论文 47 篇，其中统计源期刊 7 篇。成功获批四川省首家中医全科医师培训试点单位。新制剂研发有了实质性进展，院内“硝矾洗剂”完成前期实验研究、申报资料的整理并通过市药监局初审。

【信息化建设】引入分诊叫号系统，在医院门诊诊室安装叫号小屏 52 个、大屏 12 个。安装自助机 12 个，开通自助发卡、当日挂号、预约挂号、自助缴费、一日清单查询、住院预交金缴纳、医院收费项目查询等功能。实现银医一卡通项目，将纸质诊疗卡升级为磁卡，预约患者实名制，保证患者就诊信息的唯一性，同时扩大使用范围。全院安装窗口报价器 13 个，实现收费、找零、统筹支付等报价功能。

【项目建设】完成城南新院建设项目前期工作（包括可研、能评、环评、水保、地灾、安评）、详勘工作、建设用地批准书等。开展辅助项目申请，成功申请全科医生临床培养基地重点项目，获得配套资金 2300 万元；上报申请城南医院子项目 3

个（城南医院医养中心建设项目、城南医院住院楼建设项目、城南医院门诊楼建设项目），被列入2016年重大项目滚动投资计划范围，拟申请中央预算内投资12663万元，地方投资6468万元。

（任庆洪）

西南医科大学附属医院

【基础建设】西南医科大学附属医院是国家三级甲等综合医院，为川、滇、黔、渝等地3000多万人提供临床医疗服务、社区卫生服务及基层辅导业务工作，承担西南医科大学及卫校学生的临床教学与毕业实习任务。2015年，职工总数3191人，其中正高职称212人，副高职称304人；专业技术人员2838人，卫生专技人员2674人。有享受政府特殊津贴人员15名、省学术技术带头人7名、省卫计委学术技术带头人47名、省学术技术带头人后备人才58人、省卫计委学术技术带头人后备人才78名、省有突出贡献优秀中青年专家12人、省卫计委有突出贡献优秀中青年专家2人、第二批省拔尖中青年中医师1人。医院被批准为“国家卫生计生委脑卒中筛查与防治基地”；急诊科、儿科被评为全国巾帼文明岗。

【医疗综述】2015年，门诊人次比2014年增长12%，住院人次比2014年增长7%，手术台次比2014年增长11%，平均住院日11.21，基本药物使用占比33.57%，抗菌药物DDD值全年平均<44.8。医院有中药饮片492个品规，中成药290个品规，院内制剂35个品种。

【公立医院改革】积极参与公立医院改革工作，探索医院管理集团和医疗联合体模式，做好技术帮扶医院的管理和专科发展，发挥区域中心医院的辐射带动力。有12家帮扶合作医院，全年向受援医院派驻、派遣专家84人次，帮助受援医院成功通过省级重点专科建设1个，申报市级课题2项，医院被评为省城乡医院对口支援工作先进集体。贯彻落实分级诊疗双向转诊工作要求，完善双向转诊绿色通道，与62家医疗机构签订《分级诊疗双向转诊协议书》。加快推进医院远程医学中心建设，完成包括远程会诊信息平台的技术规划和招标前期工作，有30家医疗单位初步确定入网合作。持续开展“切实改善医疗服务行动计划”，加强医疗质量管理，推广日间手术开展一、二级手术，日间手术量同比增长20%。内分泌科被评为全国“糖尿病健康教育管理示范单位”。

【护理服务】加强护理内涵建设，推动发展专业、规范的优质护理服务，新成立伤口造口、PICC、糖尿病教育和慢性肾脏病管理等专科护理门诊，初步建立多学科协作，联合医院、社区、家庭和志愿者的多层次延续护理工作方案。完善、修订质量标准和护理操作标准，推进品管圈活动。加强专科护士培训基地建设，9个省级专科护士培训基地全年完成196名专科护士的培训及考核工作，考核通过率98.47%。

【依法治院，依法执业】推进依法治院，依法执业，抓好职工医疗安全教育及法律法规学习，从控制医疗缺陷入手，加强医疗安全防范，畅通投诉渠道，注重医患沟通，常规组织医疗鉴定，法医会诊，完善医疗纠纷人民调解和医疗责任保险工作，妥善处置医疗纠纷。做好医院感染管理工作，做好各类流行病公共卫生项目监测，推动完善艾滋病、肝炎等重点疾病管理治疗工作。贯彻落实国家医疗保险制度，加强与各级医保中心的对接，完成职工医保、居民医保、新农合三网合并工作，三、四级手术开展率73.33%

【公共卫生和应急工作】加强公共卫生和应急工作，完善卫生应急体制和人才队伍建设，高标准做好各类突发公共卫生事件的医疗救援备勤。全年组织开展2次专项应急演练，牵头完成“7·14”炭黑厂暴雨灾害医疗救援和“8·6”叙永隧道垮塌事件的医疗救援工作。积极参与“服务百姓健康行动”全国大型义诊、“欢乐藏区行——三下乡”活动和泸州市“三下乡”活动，各类物品捐赠及现金达120万元。组织“爱心助学团”“青年志愿者”帮助社会弱势群体，筹建义工组织。

【新技术推广】坚持推进医疗技术创新，2015年核准并开展川南地区首例“颅内动脉支架取栓术”、四川省首例“无管”单孔胸腔镜手术切除纵隔肿瘤等新技术25项。为首批11名贫困聋儿成功进行人工耳蜗植入手术，建立全省首个超早产儿室。

【教学工作】加大对临床师资的培养力度，尤其是青年教师教学能力的提升，选派教师参加国内省内外教学方法、教学管理培训，开展教学方法研究，推动卓越医师培养计划，深化PBL教学改革。组织临床医学院教师课堂教学、双语教学、多媒体课件大赛，2015年有2人获“金教鞭”奖，2人获“金教鞭之星”奖。组织参加全国高等医学院校大学生临床技能大赛，荣获全国高等医学院校大学生临床技能竞赛西南西北赛区一等奖、全国总决赛三等奖。开展首届学生教学设计大赛，承办西南医科大学学生临床技能大赛。完成各级各类学生临床教学和质量工程建设任务，2015年毕业生就业率87.8%，考研上线率28.8%。

【人才引进与培养】1. 加强医院学科专业，扩大医院可持续发展动力，加强人才管理、激励机制建设等工作，多渠道引进高层次人才，优化人才梯队。2015年归国博士后1人，博士15人，硕士69人。四川省博士后创新实践基地招收博士后1名，联合澳门科技大学招收博士3名。2. 注重对职工的职业生涯规划与教育培训，加快高级卫生人力资源培养步伐。组织完成2015年度归国人员项目资助申请工作，卫生技术职称竞聘工作，教授刘文君荣获“首届四川省卫生计生领军人才”称号。3. 强与国内、国际间交流与合作，2015年派出近300名专业人员赴国内外一流单位进修学习。与英国赫尔大学护理学院、以色列希勒雅法医疗中心、日本金泽医科大学签署合作备忘录。邀请美国、英国、德国等国知名专家教授来院交流、讲学，与德国医学促进会开展乳腺外科的合作。4. 加强医院继续医学教育工作，科学制定管理体系，大力开展医护人员规范化培训，储备医院发展后备力量，加强规范化培训基地建设。启动“继续医学教育行政管理平台”，完成国家级和省级继续医学教育项目33项，共有外院医务人员3250人次参加医院举办的项目培训。通过临床专业学位认证，通过全科医师培训基地动态管理评估。开展“临床专业学位研究生与住院医师规范化培训接轨”项目和第一届技师、药师规范化培训，其中参加住院医师规范化培训人员347名，护理人员327人，技师、药师21人。组织参加全省第三届住院医师规范化培训学员临床技能竞赛，获得团体一等奖。

【科研工作】2015年新增消化内科、护理学科、耳鼻咽喉科为四川省医学重点建设学科。核医学科在复旦大学2014年度最佳专科排行榜中获西南地区核医学科第二名。积极申报国家自然科学基金项目等高层次课题，2015年组织申报科研课题683项（中标280项），其中省部级以上课题87项，国家自然基金课题5项，基础4项，三方联动78项。加大科研成果管理，推进科研成果转化。2015年组织6项成果鉴定，获得中华医学科技进步三等奖1项，省政府科技进步三等奖3项，省医学奖8项。收报期刊论文892篇，其中中文核心及国家级期刊320篇，其中SCI60余篇，影响因子10分以上1篇。获得授权专利40项，建立4个科研转化平台。

【重大项目】1. 积极推进忠山院区总规建设，加大西南医疗康健中心建设力度。新门急诊综合大楼于6月建成投入使用，西南医疗康健中心一期土建工程项目建设封顶。2. 加快数字化医院建设步伐，完善医院综合管理平台和远程医疗服务建设，统一设计PACS及EMR、HIS系统，实现病理系统与HIS、EMR融合。推进院内无线网络覆盖及移动医疗信息系统、门诊预约APP、医佳云门诊平台及银医自助系统，方便患者就诊。3. 加快高新设备、急需设备的采购配置，引进3D高清内窥镜在临床手术中试用，全院医疗设备总值达7.3亿元。

（周 媛）

西南医科大学附属中医医院

【医疗工作】实施临床路径和优势病种中医诊疗方案，医院有48个临床路径病种、60个优势中医诊疗方案病种。获准限制医疗技术国家级3项、省级23项，全年申报新技术项目60项。积极开展分级诊疗工作，与61家基层医疗机构签订双向转诊协议，全年收治转诊患者300余人。全年开展中医体质辨识130余例。开展中医药预防保健基层行活动63次，其中义诊咨询22场次，受众6000余人次，讲座49场次，听众4500余人次。医院为国家中医应急医疗队成员单位，完成在雅安、西昌举行的应急演练；全年组织急救演练3次，42人次参与；120出诊4800余次；组织医务人员参加公共卫生活动17次，保障群众4000余人次。建成四川省首家临床智能营养治疗中心、胸痛中心。全年门急诊91.73万人次，比2014年增长27.46%；住院4.99万人次，同比增长14.35%；总收入9.6亿元，同比增长22.45%。

【教学工作】1名教师获金教鞭奖，在第三届全国中医药院校青年教师教学基本功竞赛中4名教师获三等奖。召开第二届科教大会。39名教师参与全国中医药行高等教育“十三五”规划教材、国家卫计委十三五教材申报，开展数字化教材、数字化课程建设。成立课程评估领导组，开展20门必修和A选课的课程评估。组织教师申报校级教改课题16项。“省级大学生校外实践教学基地”和“卓越医生（中医）教育培养计划改革试点”获批立项。中西医结合学院中医学获一本专业和五年制本科人才培养模式改革试点项目。临床技能综合培养中心获四川省大学生校外实践教育基地建设项目。6个项目获国家级大学生创新创业训练计划项目立项。10个项目获四川省教学改革研究项目立项。在校生获第五届“天堰挑战杯”全国高等医学院中医药创意设计大赛“新媒体类创意设计”一等奖，第三届泛珠三角区域中医大学生临床能力竞赛获团体三等奖、中医外科操作站单项第二名，第十三届“挑战杯”大学生课外学术科技作品竞赛省级三等奖。承办四川医科大学第二届大学生中医临床技能竞赛，医院2个代表队分获一等奖、二等奖。2010级毕业生就业率达98%以上，其中考研上线78人，占毕业生总人数的35.3%，占考研总人数的56.7%。新招中西医结合专业硕士研究生57名，完成2012级39名硕士研究生毕业答辩工作。

【继续教育】获批为国家级全科医师培训基地、国家级全科医生规范化临床培养基地、中国修复重建外科继教基地（首家）、四川省专业技术人员继教基地。招收2015级规范化培训医务人员181名。获18次国家级、省级继教项目。主办或承办各级各类学术会议51场次，共7000余人次参会。全年选派120余人到国内外进修学习。举办院内讲座9次，听众共1800余人。

【科研工作】聘请香港中文大学教授蓝辉耀担任学术院长。全年申报课题234项，其中国家自然科学基金8项，国家中医临床研究基地业务建设第二批科研专项课题4项；立项课题51项，其中国家科技重大专项“十二五”计划子课题1项，四川省科技厅课题2项，四川省中医药管理局课题5项，吴阶平医学基金会课题1项，四川省教育厅课题11项，四川省医学会课题1项，泸州市科技局课题7项，泸州市社科联课题2项，学校课题21项；2015年有10项课题结题，其中四川省科技厅课题1项，泸州市科技局课题3项，泸州市社科联课题3项，学校课题3项。国家级学会请奖1项，省级请奖1项，市级3等奖2项。发表论文300篇，其中SCI论文10篇，外文期刊2篇，中文核心期刊40篇；申请专利17项，授权7项。搭建了灵长类动物——猕猴疾病模型平台；开展遗传工程灵长类动物模型构建并取得阶段性成果。开展科研培训15次。

【“三名”建设】新增四川省学术技术带头人1名、四川省突出贡献专家1名、四川省中医药管理局学术技术带头人5名、四川省中医药管理局后备人选8名。四川省拔尖中青年中医师4名、四川省名中医11名。孙同郊、王明杰、陈隆晖3名全国名老中医药专家传承工作室建设有序推进。脑病科、耳鼻喉科、重症医学科中期评审居全国前十名之列。西南医科大学附属中医医院进入全国大型医院前50强之列，在香港艾力彼医院研究中心发布的全国中医、中西医结合医院排名中排第47名，在全国知名中药企业公号排行榜居全国第十八位。全国24家单位先后来院参观考察。

【人才建设】全年新进人员141人，其中卫生专业技术人员121人，其他专业技术人员和行政后勤人员20人；引进副高以上职称专家10人、硕士研究生31人、博士研究生1名。30余名职工报考硕士、博士研究生，外出进修学习100余人次。

【“医联体”建设】召开“泸州市中医医疗集团2015年年会”，新增16家单位。继续推动与周边基层单位的合作，新增2家分院（纳溪分院和富顺分院）、4家技术指导医院（龙马潭区中医医院、平安中医骨科医院、赤天化集团医院、仁康医院）。

【文化建设】中医药文化·院史博物馆被四川省中医药管理局授予“四川省中医药文化宣传教育基地”，全国中医药文化宣传教育基地通过验收；全年接待中外嘉宾1000余人；被泸州市文物局列入专业指导单位。完成第一住院大楼标识标牌梳理及统计、完成第二住院大楼标识标牌制作安装。完成《名中医话养生》《关节疾病的防治》《奔跑吧，川医大》拍摄。

【网络建设】移动医疗手机APP正式上线。建立区域影像中心，并建立3个远程中心（远程心电中心、远程会诊中心和远程教学培训中心），与13家基层医院建立远程诊断平台。实现全院医生诊间挂号，移动医疗系统、传染病上报系统、手麻系统顺利上线。

【医保工作】成为四川省唯一一家贵州遵义地区省内异地联网结算单位，成为赤水公务员体检定点医院。

【基础设施建设】第二住院大楼（综合楼）投入运行；启动第三住院（内科楼）建设项目，完成初步设计审查、全过程跟踪审计的比选、施工图设计审查及校核、消防审查等工作。

【“一带一路”响应】响应国家“一带一路”号召，推动与国际医疗机构合作，与捷克克劳迪安医院签订共建中医中心合作备忘录。

【公益服务】到云南省镇雄镇、贵州省土城镇等30个地区开展“中医药预防保健及康复服务能力建设项目基层行”活动。选派41名医护人员参与城乡医疗卫生对口支援工作。合江县神臂城镇卫生院、泸县龙桥中医医院、合江县人民医院等12家医院新加入泸州市中医医疗集团，累计有133家集团医院；免费为成员单位500余人次提供培训20次。

（陈孟利）

西南医科大学附属口腔医院

【医院简介】西南医科大学附属口腔医院前身是有60多年历史的泸州医学院附属医院口腔科，1986年成立泸州医学院口腔医学系，2002年成立泸州医学院附属口腔医院并实行院系合一，2016年更名为西南医科大学附属口腔医院；是四川省卫生计生委直属的三级甲等口腔专科医院，是国家住院医师规范化培训基地、四川省首批专科医师规范化培训基地、四川省继续医学教育基地、四川省口腔医学会副会长单位和泸州市医学会会长单位，是享誉川滇黔渝的口腔医疗、教学、科研中心。医院拥有院本部和城北门诊部，编制床椅位170张。医院有职工182人。设有牙体牙髓病科、牙周粘膜科、口腔颌面外科、口腔修复科、口腔正畸科、口腔预防保健科、儿童牙病科、口腔种植科、医疗美容科、急诊室及放射科、检验科、消毒供应室12个临床及医技科室；开设有普通门诊、专家门诊、特需门诊、便民门诊等多层次服务。医院拥有口腔锥形束CT、ORTHPHOS XG5 DS数字全景机、椅旁CAD/CAM系统、根管显微镜、手术显微镜、麻醉机及心电监护仪等先进医疗设备。

【医院发展】在两江新城获得50亩（3.36公顷）土地划拨，截至2015年底着手规划红线图和制定新院区建设规划。完成“十二五”发展规划执行情况总结，启动“十三五”发展规划的编制。开展临床科室设置改革和干部调整，口腔内科分设为牙体牙髓病科和牙周黏膜科，口腔预防保健科·儿童牙病科分设为口腔预防保健科和儿童口腔科，新设置口腔种植科。通过四川省数字化医院评审。通过三级等保的定级、备案、整改和测评。完成医院手机APP项目建设。完成院本部住院信息系统正式库及测试库环境的搭建和住院医保接口的开发。综合信息办公（OA）系统顺利上线。与建设银行签订银联合作协议。积极筹备迎接口腔医学专业认证。1人当选第六批泸州市学术技术带头人，1人当选第三届四川省卫生计生委有突出贡献中青年专家，1人当选四川医科大学青年岗位能手。

【医疗工作】健全院、科、组三级质量管理体系，建立定期考核评价及双向反馈机制，加强医院感染管理，全年无院感爆发事件发生。积极推进临床路径管理。全年门诊121091人次，住院人次比2014年同期增长11.33%。患者对医院医疗质量满意度达到95%以上，无群体性医疗事故上访事件发生。口腔颌面复杂种植诊疗技术通过四川省医学会技术审核专家组审核。全年有6项新技术新项目获得立项。实行抗菌药物分级管理，药品实施网上阳光采购。

【教学工作】全年招收研究生38人、本科生99人，本科录取线超过四川、重庆一本线近60分，研究生录取线超过国家线10分。2015届毕业研究生28人、本科生63人。口腔实验教学中心获四川省实验教学示范中心称号，中心面积由原来的423平方米扩展到1120平方米，建成数字化综合实验室，建立口腔实验教学中心专门网站。口腔颌面外科学、口腔正畸科学获批省级首批专科医师培训基地。口腔医院获批为国家级住院医师规范化培训协同单位。口腔颌面外科学获批四川省医学重点建设学科。青年教师贺涵获全国高校口腔医学青年教师教学技能竞赛二等奖，聂敏海、贺涵分别荣获第四届“泸州老窖”金教鞭和金教鞭之星。组织开展国家级继教项目1项、省级继续医学教育项目5项。

【科研工作】全院有32个项目获得各级科研课题立项，获经费支持44.7万元。其中：省科技厅课题1项；口腔疾病研究国家重点实验室课题1项；省教育厅课题4项；省医学会课题2项；大学生创新创业项目国家级2项，省级5项，校级3项；四川医科大学自然科学课题8项，社会科学课题1项，教改课题4项。职工发表各级各类论文70篇，其中SCI 6篇，核心期刊27篇。修订完善科研工作管理细则。

【学生管理】1. 德育为先，重视学生思想政治教育。2. 加强学生专业思想教育。在两校区开展系列专业讲座。3. 以人为本，做好学生日常管理。做好学生的各类评优评奖、贫困资助、安全稳定等工作，学生科在全校的示范学生科办公室评比中获优秀。4. 重视学风建设和学生综合素质培养，举办第二届口腔医学院临床技能大赛以及第六届巧手灵心手工技能大赛和第七届口腔医学院寝室文化风采大赛。全国大学生英语竞赛获得一等奖2名，二等奖3名，三等奖4名。5. 口腔2012级第一团支部被授予“四川省五四红旗团支部”荣誉称号。

【社会服务】开展“9·20”爱牙日系列宣传活动，深入学校、社区、部队、农村、乡镇，针对不同人群开展义诊、口腔健康及疾病预防宣教及讲座，为市民发放免费就诊卡10000余份，口腔健康指南及各类宣传册10000余份。开展“服务百姓健康行动”，在泸州市6所中小学设立口腔健康宣教点。组织实施多种义诊宣教活动。坚持每月一次的口腔健康大讲堂活动。利用医院网站、官微及时发布医院动态，为公众发布口腔保健知识，医院网站被省卫计委评为优秀。选派3名医疗骨干到阿坝州人民医院开展对口支援工作。扶助叙永县口腔卫生人才队伍建设和人才培养，开展叙永全县口腔人员专业培训。获省卫计委对口支援先进单位。组织召开2015年泸州市口腔医学会学术年会及泸州市口腔质控专家会，对泸州四县一区20家口腔医疗机构进行口腔状况调查。（熊　芊）

民政工作

【社会救助】出台《泸州市建档立卡贫困户低保兜底实施办法》，连续5年提高低保保障标准，城乡低保累计月人均分别补助306.7元和137.24元。健全低保监督管理制度和居民家庭经济状况核对机制，利用居民家庭经济状况信息核对平台，排查疑似对象4000余人。在全省率先出台困难群众重特大疾病补充医疗救助实施方案。制定《泸州市城乡困难群众临时救助实施细则》，全年城乡医疗累计救助30.9万人次，支出救助资金1亿元。在叙永县开展国家级“救急难”工作试点，累计开展急难个案救助会商20余次，主动救助455人，带动895名社会力量参与救助工作。全面建立“一门受理、协同办理”工作机制，设立“社会救助服务窗口”152个。

【养老体系健全】出台《泸州市养老服务业综合改革试点方案》《泸州市健康养老服务设施布点专项规划（2015—2030年）》。市社会福利院扩建工程、纳溪融汇故里情源、中颐泸州金色颐养园、江阳区福音养老护理院等4个大型养老福利项目集中建设，投资总额突破6.5亿元。每千名老年人拥有养老床位数达到31张。建立养老机构责任保险补贴制度；以政府购买服务形式，为民办机构提供法律服务。全年新增各类养老机构床位2720张，改造公办养老机构床位1450张，建设城乡社区日间照料中心84个、农村幸福院110个，创建省级养老服务社会化示范社区1个。开通12349服务热线，为全市12万名老年人提供居家养老信息化服务。

【涉军服务】全面启动第七届“全国双拥模范城创建”工作。8月15日，泸州市被省委、省政府命名表彰为省级双拥模范城。规范和完善优抚政务公开，公开面100%。重点优抚对象全部纳入基本医疗保险，参保参合率100%。全面实现优抚对象住院医疗费“一站式”即时结算。全面完成抗日战争胜利70周年系列纪念活动。加强烈士褒扬，启动市烈士陵园升级改造，举办烈士公祭活动。全年接收退役士兵2183人。退役士兵接收安置率100%，符合安排工作条件的退役士兵安置工作率100%；有培训意愿的退役士兵培训率100%；参训退役士兵职业资格证书和毕业证书获取率99.4%，就业率98.8%。接收安置军休干部2人，无军籍退休职工1人。

【减灾救灾】编制《十三五防灾减灾规划》《泸州市市级救灾物资储备规划》。争取救灾专项资金和冬春生活救助资金5479.9万元，保障了38.45万名受灾群众基本生活。整合项目资金，帮扶446户因灾倒房户开展灾后重建。建成全省第一个市级综合防灾减灾馆并投入运行。龙马潭区化工苑社区、叙永县东外社区创建为全国综合减灾示范社区。

龙马潭区“微力量”——爱心妈妈牵手特殊儿童启动仪式

【慈善福利】推进民族地区“三无”“五保”对象和孤儿集中供养全覆盖。建成市县两级儿童福利指导中心，运营管理和督导制度初步建立。加强对全市1505名孤儿和7名艾滋病病毒感染儿童的权益保障工作，按月足额发放基本生活费。实施孤残儿童手术康复计划，完成孤残儿童初级护理员培训和职业鉴定。基本建立老年人关爱服务体系。市精神病医院创建为二甲医院。全年销售福利彩票3.6亿元，募集福彩公益金1.2亿元。接收捐赠善款120万元、物资折资90万元，支出善款4622万元，帮扶困难群众9万余人次。

【“三社联动”】高标准建设社区项目39个，全市社区平均用房面积534平方米。打造康乐社区、化工苑社区等综合体标杆，创建全国民主法治示范村（社区）2个，省级依法治村（社区）示范单位2个。深化社会组织管理体制改革，全市直接登记“四类组织”32个；支出专项资金209.5万元，推动政府在扶贫救助、居家养老、助孤助残等领域向社会组织购买服务。进一步加强社会组织党组织建设和诚信自律建设、强化监督管理。吸引71名专业社工人才到岗，创建省级社会工作试点单位1个。组织492人参加2015年全国社会工作者职业水平考试，全市持证社会工作者人数达到231人。

【社会服务】12个乡撤乡设镇、2个镇撤镇设街道办事处获批。全市第二次全国地名普查工作有序推进，全面完成边界联检任务。出台市级《关于贯彻落实党员干部带头推动殡葬改革实施意见的通知》，惠民殡葬扩面提标，文明殡葬初见成效。加强留守儿童关爱救助，推动开展未成年人社会保护工作。健全主动救助长效机制，实现救助服务网络“四级联动”。婚姻登记合格率100%、收养登记合格率100%。指导纳溪区创建3A级婚姻登记机关。（郝玲敏）

社会保障

【概况】在全省率先建立统一的城乡居民基本养老、基本医疗保险制度。全市“五项社会保险”（含城乡居民基本养老保险、城镇居民基本医疗保险、新型农村合作医疗保险）参保人数累计766.7万人次，基金征缴累计86亿元，待遇支付90.13亿元。全市累计发放社保卡230万张。

【养老保险】全市企业职工养老保险参保人数77.55万人，城乡居民基本养老保险154.33万人，累计参加养老保险231.88万人。实现城乡养老保险制度衔接，建立城乡居民养老保险与企业职工养老保险制度双向转移衔接通道，组织3.97万名农民工参加企业职工养老保险。

【医疗保险】整合城乡医疗保险政策，统筹推进城乡医疗保障体系，实现城乡居民医疗保险市级统筹，做到了在“医保政策、参保范围、缴费标准、待遇水平、经办流程、信息系统”六个方面的统一。开展异地就医联网即时结算，与省内其他市州201家医院实现联网，开通贵州遵义地区与西南医科大学附属中医医院的异地就医联网结算。全年城镇职工基本医疗保险参保人数41.99万人，城乡居民基本医疗保险参保人数433.38万人，参保率稳定在98%以上。

【失业、工伤、生育保险】全市失业保险参保人数20.38万人，工伤保险参保人数22.06万人，生育保险参保人数17.01万人。

【收入分配制度改革】严格执行全市最低工资标准，发布全市企业工资指导线，继续落实人力资源市场工资指导价位制度，全市最低工资标准由2014年的1100—1250元/月上调为1380元/月。（詹远波）

老龄工作

【老龄事业发展“十二五”规划终期评估】评估结果显示，“十二五”期间，泸州市老年社会保障水平快速提高，超额完成社会保障目标。大力提升医疗现代化水平。养老服务体系得到逐步完善，全力推进养老服务业综合改革试点，统筹推进养老服务设施建设，全面加强居家养老服务，大力发展社区互助养老，老龄产业体系逐步形成。老年人身心健康得到更加重视。老年教育设施稳步推进。老年文体生活日趋丰富，更加关注关怀老年人精神需求。老年人权益保障力度逐步加大。

【老年人关爱服务体系建设】出台《泸州市人民政府办公室关于加强老年人关爱服务体系建设的通知》，着力在养老、医疗保障，社会养老服务体系，老年公共服务设施建设，老年维权，老年文化体育等八方面对老年人实施关爱服务。制定帮扶空巢老人工作目标及主要内容。指导居家养老服务工作，重点指导江阳区“好孝心居家养老服

志愿者为老年人问诊体检

务中心”、龙马潭区“小蚂蚁”服务中心。泸州市养老服务福利协会举办泸州市首届养老服务技能大赛，116名养老服务员参加老年人健康评估资格认定和中级养老员培训。积极推进银龄老年人意外伤害保险工作，老年人意外伤害保险在江阳区分水、丹林启动。

【第四轮敬老模范县（市、区）创建】经过检查验收，龙马潭区、泸县被省政府办公厅认定为四川省第四轮敬老模范县（市、区）。

【老龄宣传调研工作】完成《酒城故事》之《酒城社区的大叔大妈们》室内轻喜剧。与《泸州晚报》联合创办晚霞周刊；与《泸州新闻网》合作，设立“老龄”专题。指导合江、古蔺8个乡镇、32个社区完成第四次中国城乡老年人口状况抽样调查调研任务。编印《泸州市2014年老年人口数据手册》。

【法治阳光温暖老龄专项服务】市老龄办会同市司法局、市民政局、市法律援助中心等部门，开展“法治阳光温暖老龄”专项宣传活动。与中豪律师事务所签订协议，委托其对神望、中颐金色、无忧阁等3家民办机构提供法律援助服务。发放《老年人防诈骗手册》5000册，新老年法、法律援助知识等1万余份。

【老年文化体育活动】成功举办全市纪念抗日战争暨世界反法西斯战争胜利70周年重阳节老年文艺汇演，参加市直机关工委“走在前列，党旗飘扬”歌咏比赛、“醉美泸州，百姓舞台”重阳节专场、泸州市第五届群众文化旅游艺术展示等系列文化活动。泸州电视台、《泸州晚报》全程报道泸州市老科协第三届婚庆活动。

【创先争优】龙马潭区民政局、叙永县法律援助中心、泸县玄滩镇政府被评为全省老龄系统及涉老部门先进集体，江阳区马世碧、合江县杨耘涛、纳溪区赵文忠3人被评为省级先进个人。全市有7所老年大学被评为四川省A级老年大学、3所被评为B级、5所被评为C级。13个窗口单位获市级敬老文明号称号。江阳区分水岭镇董允坝村老年人协会等7个基层老年协会被评为四川省示范性基层老年协会。

（陈　静）

残疾人工作

【个性化服务】贯彻落实省残联《关于印发〈关于全面深化改革推进“量体裁衣”式残疾人服务的实施意见〉的通知》精神。实施领导联片和中层干部包区县指导督查制度，全面推行“三公开一公示”。全市进网入库残疾人179342人，落实服务178573人，落实覆盖率105.82%，持证残疾人落实覆盖率99.67%，落实总项次1527238项次，人均落实9.05项次；现场督查2585人，网上抽查21834人，督查村（社区）269个。

【民生工程】城乡残疾人居家灵活就业完成39732人，占目标任务数30470人的130%；居家灵活就业直接补贴完成3411人，占目标任务数3069人的111%；扶持农村贫困残疾人发展生产完成20550

人，占目标任务数5500人的374%；为贫困残疾人适配亟需的基本辅助器具完成10193人，占目标任务数2700人的378%；救助贫困家庭脑瘫儿童351人，占目标任务数328人的107%；贫困智力残疾儿童康复救助完成166人，占目标任务数160名的104%；实行阳光家园计划，资助残疾人托养服务机构3家，居家托养智力、精神和重度残疾人完成2986人，占目标任务数2544人的117%；为残疾人家庭无障碍改造完成659户，占目标任务数430户的153%；救助贫困家庭重度听力残疾儿童完成65人，占目标任务数56人的116%；资助重度残疾人护理费用发放护理补贴35562人，占目标任务数35216人的101%；龙马潭区、纳溪区、合江县、叙永县、古蔺县残疾人服务中心全面建成。

【组联工作】举办全市推进“量体裁衣”式残疾人服务残联干部培训班，全市、区（县）、乡镇（街道）210名残联干部和市级各专门协会主席参加培训。全市办理第二代残疾人证145005名，总办证率40.3%。

【康复工作】全市大力加强康复机构建设，“彩金”“七彩梦”康复项目工作进展顺利，救助精神病患者6983人，配发各类残疾人辅助用具6160件，完成聋儿机构康复训练64人，自闭症儿童训练22人，白内障患者复明手术587人。在“爱耳日”和“爱眼日”，分别围绕“安全用耳，保护听力”和“告别沙眼盲，关注眼健康”的主题，组织专业医生开设咨询热线，开辟宣传专栏，印发宣传手册，广泛宣传普及爱耳、爱眼卫生知识以及残疾预防知识。

【残疾人教育】继续实施圆梦助学工程，257名符合条件的残疾大学生和贫困残疾人子女大学生得到各级残联给予助学补助金92万元。配合教育部门实施民生工程，义务教育阶段在校残疾学生1169名。开展“交通银行特教园丁奖”推荐参评工作，古蔺县特校教师崔海英获教育部办公厅、中国残联办公厅、交通银行办公室“交通银行特教园丁奖”。

【扶贫解困】全市围绕国家、省、市关于残疾人扶贫解困工作的总体部署，结合地方实际，开展基层党组织帮扶等残疾人扶贫解困工作。“单位包村、干部包户”“一帮一”“众帮一”等助残扶贫活动持续开展，帮扶贫困残疾人14480人。

【社会保障】全市符合条件的60岁以上农村低保老年残疾人100%纳入新型农村社会养老保险。新型农村社会养老保险试点县，100%出台农村重度残疾人由政府代其全额缴纳最低标准的养老保险费政策。农村重度残疾人参保率100%，其他残疾人参保率高于当地平均水平。城镇和农村低于最低生活保障线的贫困残疾人实现应保尽保。市政府出台《泸州市城乡居民基本医疗保险试行办法》，规定从2015年1月1日起，全市一、二级重度残疾人可免费享受第一档90元/人·年的城乡居民基本医疗保险。

【残疾人就业】全市残疾人就业保障金征收总额3414万元（其中，市本级1190万元，县区2224万元）。继续实施《泸州市残疾人就业创业扶持资金实施暂行办法》，安排资金71.5万元，扶持和发展71名残疾人通过自主创业实现就业。举办8场残疾人就业专场招聘会，实现就业620人，城乡残疾人实现居家灵活就业34597名。落实资金188.44万元，为3286名残疾人开办保健按摩、车工、家电维修、农村实用技术、电子商务等各类培训。开展雇主培训70余人次，为残疾人创业提供理念、技术、信息等支持。组织并选送16名盲人参加省残联组织的盲人保健按摩技师培训，组织8名盲人参加全国盲人医疗按摩考试，组织选拔2名残疾人（杨清云、刘军）参加第五届全国残疾人职业技能大赛，两名选手分别获得盲人按摩第15名与网页设计优秀奖；组织1名残疾人选手（童修健）参加第二届全国残疾人展能节，其参选项目非物质文化遗产“油纸伞”获得一致好评。

【文体宣传活动】配合省残联，做好全国第九届残运会暨第六届特奥会相关工作。泸州市残疾人运动员胡洋代表四川轮椅击剑男队和队友一同获得第九届全国残疾人运动会暨第六届全国特殊奥林匹克运动会轮椅击剑比赛项目花剑、佩剑团体铜牌。各级新闻媒体大力宣传残疾人工作，在《泸州日报》《泸州晚报》泸州新闻网开办专栏，刊发残疾人事业稿件5万字。

【法制维权】开展“温暖万家行”活动，各级党政部门和残联深入乡镇（街道）、村（社区）走访慰问特困残疾人67012户，发放慰问金、慰问品近千万元。各级残联接待残疾人来信来访1312件次，领导批示件和信访案件办结率100%，全市无非法越级上访和群访。通过阳光政务热线和参加泸州新闻网网络直播节目，对残疾群众提出的问题进行深入调查和及时解答处理。

【信息统计】继续落实“信息直报”制度，提高残联信息报送速度和质量。全市向中国残联、省残联、泸州新闻网等各门户网站和《中国残疾人》《三月风》等杂志报纸报送各类工作信息131条，各级残联编发残疾人工作简报62期。按时完成2015年残疾人事业统计年报快报工作，残疾人基层统计台账建设工作进一步加强，统计数据质量得到保证。（王 娟）

民族工作

【概况】泸州是四川省少数民族散杂居工作重点市。2015年年底，全市有48个少数民族成分，少数民族人口11.47万人；有2个少数民族地区待遇县、8个民族乡、342个民族村寨。

【民族乡经济】实现地区生产总值6.61亿元，同比增长17.23%；工业增加值6835万元，增长10.16%；全社会固定资产投资12.5亿元；社会消费品零售总额3.68亿元；地方财政收入1874.7万元；农民人均纯收入6501元，增长9.31%。

【少数民族地区待遇】实现两个少数民族地区待遇县共留成资金24307万元，留成资金全部按要求安排用于民族乡和少数民族民生事项。2015年，两个少数民族地区待遇县考生人数7921人，录取人数7088人，升学率89.5%，其中少数民族考生录取人数379人，升学率85%。

【市委民族工作会议】市委民族工作会议暨市政府第五次民族团结进步大会于3月30日在南苑会议中心召开。会议传达贯彻中央、省委民族工作会议精神，通报表扬2006年以来的20个民族团结进步先进集体和50名先进个人。省民族宗教委副主任李凯作讲话。

【民族团结进步创建】开展民族团结进步宣传，刊发民族团结进步稿件8篇，开展集中宣传80余次，发放宣传资料6万余份。开展示范创建，全年指导和培养四川省民族团结进步模范单位4个、模范个人5人。加强矛盾纠纷调处，维护少数民族群众的合法权益和社会稳定。举办少数民族干部培训班1期，受训少数民族和民族地区干部46人；举办民族宗教政策讲课2次，受训人员200人次。

【少数民族民生事业】全年，新、改建通村公路125公里，解决饮水困难群众安全饮水20840人，实施农网改造28个台区，帮助815户住房困难少数民族群众建房。

【民族文化传承】全年举办古蔺县大寨苗族乡“宝佤山踩山节”、合江县五通镇“苗族踩山节”、叙永县石坝彝族乡“彝族火把节”、古蔺县箭竹苗族乡“苗家风情节”。（范正莲）

宗教工作

【概况】2015年，全市有佛教、道教、伊斯兰教、天主教、基督教5个宗教；登记开放宗教活动场所111处，其中佛教87处（固定宗教活动处所6处）、道教5所、伊斯兰教2处、天主教5处、基督教12处（固定宗教活动处所3处）；备案宗教教职人员110人，其中佛教89人（比丘63人、比丘尼26人），道教6人（乾道2人，坤道4人），伊斯兰教1人，天主教5人（神父2人、修女3人）、基督教9人（牧师1人，副牧师4人、长老4人）。

【法律进宗教场所活动】4月，会同市依法治市领导小组办公室、市司法局联合出台《泸州市2015年“法律进宗教场所”工作方案》，建立泸州市法律进宗教场所工作推进联席会议制度。全市开展法制讲座30场，法治宣传45场次，散发各类法治宣传资料3万余份，受教育人数2万余人。在全市111处宗教场所设置宣传栏90处，制作宣传横幅100幅，宣传标语150条，完成1期《给您说法》电视法治栏目。

【宗教事务管理】全面完成全市宗教活动场所开立银行集体账户和申办组织机构代码证工作。完成佛道教场所挂牌信息核实上报和111处宗教活动场所登记换证工作。开展宗教活动场所主要教职任职备案专项，全市备案主要教职人员13人。完成3名佛教教职人员的认定备案。按时办结市人大代表建议1件、市政协委员提案3件，答复满意率100%。解决5大市级宗教团体办公经费补助费15万元，解决宗教界政协委员、宗教团体主要负责人共8人的生活补助700元/人·月。全面清理规范行政许可事项，抓好行政权力清理、认定和公布，细化规范行政权力执法裁量权标准，制定责任清单。加强行政权力平台建设和联网运行。受理宗教行政许可审批项目1件。

【宗教自身建设】在宗教界开展以“教风”为主题的和谐寺观教堂创建活动，把宗教政策法规学习月、“法律七进”活动和学习中共十八届四中、五中全会作为“教风年”主体创建活动的重中之重，全年举办学习培训会20次。完善市级宗教团体财务管理制度，开展对宗教团体和个别宗教活动场所的财务检查监督工作。市佛协选送会长释德祥参加清华大学宗教研修班学习；市天主教爱国会选送修女肖顺正参加全省修女院长培训班学习；市佛教协会与内江等五地市佛协在内江联合举办僧伽培训班，受训信众130多人。小市清真寺顺利换届。稳步推进“宗教慈善周”活动。全市宗教界募集款物26.53万元。开展扶贫、济困、助残、救灾、养老、助学、支教、义诊等宗教慈善活动，支出善款23.14万元，受益人数5018人。

【宗教领域安全稳定工作】与各县区民宗部门和市级宗教团体签订《综治维稳责任书》和《目标管理责任书》。坚持在特殊敏感时期和重大宗教节日开展经常性的安全隐患排查工作，全年开展安全督查30次。召开民族宗教情况联席工作会4次。全年收到群众来信5件，领导批阅率100%，妥善处理5件；接待来访群众10人。宗教领域没有发生进京到省上访事件。

【宗教文化建设】10月，中国社会科学院佛教研究中心泸州方山云峰寺调研基地在泸州授牌。全年宗教文化建设投入资金500万元。　（景　江）

旅　游

【概况】2015年，全市实现旅游总收入253亿元，增长37.6%；接待游客3257.6万人次，增长28.3%，人均消费776元/人/天，其中接待入境游客3009人次；旅游行业直接就业约8万人，带动间接就业约32万人。

【旅游资源】泸州历史源远流长，文化积淀深厚，民族风情浓郁，旅游资源富集，形成了以名酒文化、生态文化、红色文化、历史文化、长江文化为代表的五大特色旅游资源。区域内有国家级自然保护区2个，国家级森林公园1个，全国红色旅游经典景区1个，省级风景名胜区8个。全市景区景点46个，其中：A级景区19个——国家AAAA级旅游景区6个（老窖旅游区、黄荆老林、太平古镇、张坝桂圆林、天仙硐景区、清溪谷·花田酒地），国家AAA级旅游景区5个，国家AA级旅游景区8个；全国首批工农业旅游示范点3个，全国休闲农业与乡村旅游示范点4个，省级乡村旅游示范区2个，省级旅游示范乡镇15个，省级旅游示范村29个。星级宾馆23家（5星级1家，4星级5家），星级农家乐35家；旅行社26家，旅游车公司3家。旅游商品企业68家，市级特色旅游商品49种，其中分水油纸伞2015年获得国家旅游局颁发的中国特色旅游商品银奖。

【旅游规划策划】开展泸州市旅游总体规划修编和泸州市旅游“十三五”规划、泸州市旅游公路规划的编制工作，加强泸州旅游总体规划与交通、农业、现代服务业等多行业规划的衔接；将旅游公路规划纳入全市交通规划中，并争取景区通道优先实施。编制《泸州市加快旅游发展行动计划

（2015—2020 年）》《泸州市旅游扶贫五年行动计划（2015—2019 年）》《泸州市智慧旅游建设三年行动计划（2015—2017 年）》；制定《乡村旅游道路、建筑、公共服务设施建设规范》，加大对乡村旅游景点旅游公厕建设的指导和规范。集中投入市级财政资金 3000 万元，重点支持纳溪区 10 个重要景区景点及全域旅游建设中旅游公厕、标示标牌、步游道等旅游基础设施和配套接待设施建设，推动重点突破。全市启动建设旅游发展投资公司，搭建投融资平台；江阳区、纳溪区、合江县成立县区级旅游景区管理委员会，将辖区的重要景区景点统一管理、统一规划、统一招商、统一运营，解决景区多头管理的问题。

【旅游招商引资】全年完成 14 个旅游项目招商引资，签约金额 265.4 亿元。向上争取国家、省级旅游基础设施补助专项资金 1552 万元，其中古蔺县红军四渡赤水太平渡纪念地基础设施项目获中央预算投资 1172 万元，争取省旅游局补助黄荆老林创建国家旅游度假区、龙桥文化生态园乡村旅游提升等 5 个项目资金 380 万元。1 月 6—7 日，省旅游局局长郝康理到泸调研指导旅游工作。

【旅游项目建设】全年旅游项目 30 个，项目总投资 372.9 亿元，年度计划投资 52.3 亿元，实际完成投资 56.7 亿元，增长 24%。其中：新开工项目 2 个，竣工项目 5 个（含 2 个新开工项目），续建项目 20 个，储备项目 5 个；总投资 10 亿元以上项目 16 个，6 亿元—10 亿元项目 5 个，5 亿元以下项目 9 个。中国酒镇酒庄项目入选 2015 年度旅游发展基金重点支持的全国优选旅游项目名录。向上争取国家、省级旅游基础设施补助专项资金 1552 万元。

【旅游宣传营销】整合宣传营销资源，充分运用智慧旅游营销平台和新媒体载体，增强营销的针对性和实效性。指导举办纳溪早茶节、双沙菜花开放月、“5·19”全市庆祝活动、叙永文化旅游活动季等 13 个大型旅游节庆活动；举办“微信达人”免费体验醉美泸州第一季——名酒文化之旅，实现精准宣传营销约 30 万人次；实施重庆旅行社业界微信达人考察体验醉美泸州活动，并发布泸州旅游线路产品 5 条；发挥在重庆设立的旅游营销中心作用，实现秋季旅游旺季重庆游客每天组团游泸州；开展公开征集旅游宣传口号、旅游摄影作品、旅游散文等活动，进一步丰富完善泸州旅游数据库，提升泸州旅游的知名度和影响力。加强区域合作，与海口市旅游委签订《旅游合作框架协议》；与宜宾、自贡、内江、遵义、毕节、昭通、江津 7 市、区共同签署《川滇黔渝结合部旅游联盟合作协议书》；与上海、重庆、武汉等沿江城市就区域旅游合作对接；邀请成都、重庆、贵阳、昭通等周边地区 10 余家自驾游旅行社来泸考察旅游线路，达成合作意向 5 项。加快推进智慧旅游建设，完成泸州旅游数据中心、智能 APP、基于 HTLM5 的 WAP 网站建设方案并启动建设；新建泸州旅游资讯网站，全方位为游客提供“吃、住、行、游、购、娱”旅游咨询服务；开办“泸州外侨旅游快讯”手机报；在城区和高速公路服务区安装旅游导向指示标识牌 43 块，完善全市旅游导向标识系统。

【精品景区打造】全面贯彻实施《四川省旅游质量等级提升标准》（A+标准），着力提升 A 级景区的管理和服务能力。大力推动清溪谷·花田酒地、龙桥文化生态园、尧坝古镇创建国家 AAAA 级景区，其中清溪谷·花田酒地通过省级检查验收；推动凤凰湖创建国家湿地公园，大旺竹海建设国家森林公园。

【精品线路打造】与成都、乐山、宜宾等地在跨区域线路打造、宣传营销等方面达成共识，与宜宾、自贡、内江、遵义、毕节、昭通、江津 7 市、区共同签署《川滇黔渝结合部旅游联盟合作协议书》，全力推动打造“醉游中国”白酒金三角旅游线、“长征丰碑”红色旅游线和城郊白酒文化生态旅游线。

【乡村旅游】实施乡村旅游行动计划，大力开展旅游扶贫，着力推动乡村旅游提档升级。成功申报中国酒镇酒庄为 2015 年全国旅游优选项目；古蔺县大寨乡富民村被确定为省级旅游扶贫试点村。创建全国休闲农业与乡村旅游示范区 1 个（纳溪区），创建国家、省级乡村旅游示范品牌 41 个，乡村旅游精品村寨4个、特色乡镇2个；成功创建全国乡村旅游“百千万品牌”，含1家乡村旅游模范村、2家乡村旅游模范户、17名乡村旅游致富带头人；创建四星级饭店1家。推动“厕所革命”，全市新建旅游厕所25座，改建2座，总投资821万元，建设面积2116平方米。

【旅游行政审批】开展行政权力清理66项，其中行政许可2项，行政处罚64项；全年新设立国内旅行社4家（云航旅行社、美途旅行社、泸州老窖旅游文化有限责任公司、泸州飞狮国际旅行社有限公司），完成旅行社业务经营许可证变更备案1家、旅行社业务经营许可证遗失补办1家；完成旅行社设立分社备案3家、旅行社分社变更备案1家；完成旅行社设立服务网点备案8家、旅行社服务网点变更备案1家；新办、换发导游证IC卡52张，注销导游证IC卡1张；新办领队证18张；完成导游资格证遗失补办1张。

【旅游行业监管】加强对各区县旅游管理部门的行业指导，健全旅游市场综合治理、质量监管、行业自律、工作联动和旅游行政执法责任制工作。积极开展依法治旅工作，节假日期间联合安监、交通、运管、公安、消防、食药监、卫生、工商等部门，对全市旅行社、旅游景区、星级饭店和旅游车公司等企业进行市场秩序检查，发出整改通知60余份。10月31日组织全国导游人员资格考试（泸州考点）工作，全市通过考试72人；完成2014年全市227人的导游年审工作，通过年审160人，不予通过67人；9月集中开展2015年全市导游年审培训，邀请省、市有关专家进行专题讲座，参训人员170余人。开展导游（讲解员）、旅游执法、旅游安全等各类培训，参训人员共4500余人次。组织开展宾馆酒店服务技能大赛、导游大赛和旅游商品评比等，提高旅游行政管理人员的业务能力和涉旅企业员工服务水平。与泸州电视台共同制作30秒泸州文明旅游宣传片，在市内电视、网站上播出；组织全市涉旅企业在春节期间开展文明旅游宣传活动；完成国内旅游抽样调查3200份。在旅游行业开展“以案说法”工作。特邀12名市级行风政风监督员开展暗访督查；处理旅游投诉5件，办结率100%。全年无一例群体性上访事件和较大以上旅游服务质量投诉发生。

【旅游安全】贯彻落实新《安全生产法》和《四川省生产安全事故报告和调查处理规定》；与各区（县）旅游局签订《2015年旅游安全责任书》，层层落实责任；建立安全隐患排查治理体系，督促旅游企业建立安全生产标准，加强安全应急演练。深入学习贯彻落实《旅游法》，健全和完善全市旅游市场综合治理、质量监管、行业自律、工作联动和旅游行政执法工作机制，大力开展旅游市场专项或联合执法检查，规范旅游市场秩序，提高旅游服务质量。全年印发或转发安全文件22份、发放旅游安全宣传资料和手册1500余份；分别组织相关单位人员以明查和暗访的方式对90多家涉旅企业进行重点抽查，出动检查人员150余人次，向涉旅企业提出整改意见和建议200多条。2015年全市未发生较大以上旅游安全责任事故。

（刘世琼）

区县概况

QU XIAN GAI KUANG

江阳区

【概况】江阳区位于四川省南部，是川滇黔渝四省市结合部的交通枢纽和重要物资集散地，面积649平方公里，辖8个镇、9个街道办事处、1个景区办事处，年末总人口66.47万人。全年，实现地区生产总值400.26亿元，同比（下同）增长12.1%；地方公共财政收入18.2亿元，增长9.8%；全社会固定资产投资337.82亿元，增长20.2%；规模以上工业企业增加值增长14.2%；社会消费品零售总额163.06亿元，增长14.2%；城镇居民人均可支配收入30656元，增长8.5%；农村居民人均可支配收入13929元，增长10.1%。

【政策扶持】制定出台稳增长、促转型系列政策措施，增强企业发展信心。设立1.5亿元现代服务业专项扶持资金、5000万元工业发展扶持资金、1500万元现代农业发展基金、3000万元工（商）企业转贷金，将工业企业贴息贷款资金提高到500万元。积极搭建政银企对接平台，帮助企业融资28亿元，推荐担保贷款2.2亿元，提供应急转贷1.1亿元，争取直购电、富余电优惠3000余万元，兑现产业扶持资金1.3亿元。

【工业经济】改造提升传统产业，白酒、机械、建材三大支柱产业实现规模以上工业总产值482.7亿元，增长17.4%。加快培育生物医药、新能源新材料、节能环保等新兴产业，百草堂、金兰科技、南方过滤等企业发展壮大。轻工业园区升格为泸州高新区江南科技产业园。全年，实施技改项目89个，完成技改投入74.5亿元。新增规模以上工业企业6家、国家高新技术企业7家，培育省级成长型企业和专精特新企业6家。

【第三产业】江阳区成功列入全省服务业中心城区转型发展试点区，西部地区现代服务业研究院落户江阳。出资1亿元与世界500强中航工业集团组建幸福泸州航空公司。泸州首个全业态购物中心华润万象汇正式开业。金融商业中心入驻金融、准金融机构20家。电商平台实现交易额62亿元，增长13%。乡村旅游持续升温，实现旅游综合收入59.4亿元，增长38.5%。房地产市场触底回升，成交商品房131.2万平方米，实现销售额64.3亿元。第三产业实现增加值119.2亿元，增长12%。

【现代农业】完成董允坝国家级现代农业示范区核心区路网、水网等基础设施建设，成功引进山东寿光集团合作建成200亩（13.42公顷）高标准蔬菜大棚。华阳全国休闲农业与乡村旅游示范带提档升级。新增高标准农田2.3万亩（1543.62公顷），蔬菜、高粱、水果等特色产业基地巩固拓展到49万亩（3.29万公顷）。“三品一标”认证面积14.8万亩（9932.89公顷）。新培育市级农业龙头企业3家、专业合作社18个。成功创建全省现代农业重点县、全省农产品质量安全监管示范县。

江阳区公交全域图

【项目投资】全年，实施区属重点项目54个，完成投资115亿元，其中12个重大项目投资突破100亿元。沙茜片区拆迁安置征收签约率超过95%，安置分房7000余套。忠山隧道、摩尔商场周边区域完成征收拆除。滨江路二期、枇杷沟等棚户区改造强力推进。分水岭高速互通及连接线建成通车。争取上级资金16.3亿元，通过国资平台发债融资7.2亿元。成功引进全国十强房企碧桂园、恒大集团入驻，引进5亿元以上项目22个，引进市外国内到位资金181亿元。

【城市管理】完善江阳公园、张坝景区等城市公园配套设施，新建龙驰路、白招牌公共停车场。规划设置城区便民市场10个，主城区11个农贸市场完成升级改造。华阳康乐社区综合体建成投用，城市社区阵地改造基本完成。坚持建管并重，强化城市管理综合执法，规范小区物业管理，“三无院落”整治深入推进。精细化实施城市管理，顺利通过第六次国家卫生城市复审，全国文明城市创建工作扎实推进。

【镇村建设】完成丹林、石寨等5个集镇规划编制，通滩镇列入全市新型城镇化试点镇，泰安、况场撤镇设街。全年新增建成区面积2.5平方公里，城镇化率75%。加快推进幸福美丽新村建设，建成黄舣马道子新村综合体，新建新村聚居点6个，启动分水岭董允坝、黄舣罗湾新村示范点打造。新改建农村道路208公里，完成泰二路、玉龙路等9条区间道路建设，改造农村电网58公里，全区行政村实现光纤宽带全覆盖。

【生态环境】全面落实新《环境保护法》，以控煤、控尘、控污为重点，着力强化污染防治。新建黄舣马道子污水处理站，城南污水处理厂及截污干管建设加快推进。主要污染物减排任务全面完成，万元GDP综合能耗下降2.5%。实施农村面源污染综合治理，全面落实长江河道禁采工作，严厉打击非法采砂行为。治理水土流失面积11.2平方公里，森林覆盖率38%。成功创建省级国土资源节约集约示范区。

【民生工程】全年，完成民生投入26.2亿元，占公共财政支出的75.9%。大力实施“大众创业、万众创新”，新增就业9712人，扶持创业1109人，城镇登记失业率2.9%。社会保险扩面提质，城乡居民养老、医疗保险全面并轨。社会救助持续增强，低保、五保应保尽保。扶贫攻坚脱贫4813人。改造棚户区3857户、农村危房569户，农村D级危房全面消除，竣工保障性住房1099套。农村公交全覆盖工程全面完成，新能源公交车在全省率先开进农村，实现城乡公交无缝换乘。

【社会事业】教育三年攻坚计划圆满收官，新（改）建学校66所，新增学位2万余个。卫计事业加快发展，分级诊疗全面铺开，基本药物制度全面落实，优生优育水平不断提升。养老服务体系不断完善，建成茜草敬老院，新建城乡日间照料中心17个。文体事业统筹发展，川南自然科普博物馆、全民健身中心主体完工。完成专利申报465件，发明专利135件，江阳区成功列入国家可持续发展实验区。

【社会治理】在全市首推执法跟踪系统，成立农村交管大队，全区危险路段全面安装波形护栏，成功创建全国安全产业示范基地。全年无较大以上安全生产事故发生。大力推进社会治安防控体系建设，集中开展“打黑除恶”“扫黄打非”等专项整治，在全省率先建成可视化勤务指挥调度平台。落实领导包案包片责任，积极化解积案难案，深入开展建设领域突出问题专项整治，社会大局保持和谐稳定。

【改革重点】深化行政审批制度改革，保留区本级行政许可项目141项，全面取消非行政许可审批。深化商事制度改革，实现“三证合一、一照一码”。在全省率先试点警务运行机制和执法权力运行机制改革。实行全口径财政预算管理。泸州兴阳投资集团公司完成组建。启动机关事业单位养老保险并轨。启动不动产统一登记。农村产权制度改革基本完成，启动农村集体资产股份合作制改革试点。

【镇街（景区）概况】南城街道　位于泸州主城区，面积2.8平方公里，辖6个社区，总人口6.5万人。全年，实现地区生产总值31.65亿元，全社会固定资产投资总额4.82亿元，规模以上工业增加值增长3.7%，社会消费品零售总额9.97亿元，城镇居民人均可支配收入31248元。

北城街道　位于泸州主城区，面积1.96平方公里，辖5个社区，总人口3.87万人。全年，实现地区生产总值119.39亿元，全社会固定资产投资总额4.85亿元，规模以上工业增加值增长14.2%，社会消费品零售总额48.28亿元，城镇居民人均可支配收入31743元。

大山坪街道　位于泸州主城区，面积10平方公里，辖9个社区，总人口6.78万人。全年，实现地区生产总值68.73亿元，全社会固定资产投资总额3.53亿元，规模以上工业增加值增长14.7%，社会消费品零售总额59.96亿元，城镇居民人均可支配收入32445元。

江阳区泰安镇撤镇建街新貌

华阳街道　位于泸州西部，面积42平方公里，辖2个村、7个社区，总人口8万人，其中农业人口1.5万人。全年，实现地区生产总值8.14亿元，地方公共财政收入4540万元，全社会固定资产投资总额37.04亿元，规模以上工业增加值增长14.6%，社会消费品零售总额1.43亿元，城镇居民人均可支配收入29631元，农村居民人均可支配收入15074元。

况场街道　位于泸州西部，面积69.8平方公里，辖10个村、1个社区，总人口4.74万人，其中农业人口4.34万人。全年，实现地区生产总值9.14亿元，地方公共财政收入1568万元，全社会固定资产投资总额5.88亿元，规模以上工业增加值增长12%，社会消费品零售总额1.96亿元，农村居民人均可支配收入13567元。

邻玉街道　位于泸州西南部，面积17.44平方公里，辖4个村、1个社区，总人口2.03万人，其中农业人口1.35万人。全年，实现地区生产总值21.19亿元，地方公共财政收入2248万元，全社会固定资产投资总额10.62亿元，规模以上工业增加值增长14.3%，社会消费品零售总额0.7亿元，农村居民人均可支配收入15630元。

蓝田街道　位于泸州南大门，面积42.99平方公里，辖7个村、6个社区，总人口5.06万人，其中农业人口1.95万人。全年，实现地区生产总值22.9亿元，地方公共财政收入4320万元，全社会固定资产投资总额23.45亿元，规模以上工业增加值增长15.3%，社会消费品零售总额24.04亿元，城镇居民人均可支配收入29279元，农村居民人均可支配收入15070元。

茜草街道　位于泸州南岸，面积18平方公里，辖1个村、8个社区，总人口3.77万人，其中农业人口0.12万人。全年，实现地区生产总值36.42亿元，地方公共财政收入2755万元，全社会固定资产投资总额47亿元，规模以上工业增加值增长14.2%，社会消费品零售总额2.76亿元，城镇居民人均可支配收入29185元，农村居民人均可支配收入14650元。

泰安街道　位于泸州东郊，面积36.3平方公里，辖4个村、3个社区，总人口2.18万人，其中农业人口1.48万人。全年，实现地区生产总值4.93亿元，地方公共财政收入2688万元，全社会固定资产投资总额11.5亿元，规模以上工业增加值增长14.5%，社会消费品零售总额1.25亿元，农村居民人均可支配收入14202元。

张坝景区　位于泸州南岸，面积6.2平方公里，辖4个社区，总人口8700人，其中农业人口392人。全年，实现地区生产总值1.56亿元，地方公共财政收入1662万元，全社会固定资产投资总额16.62亿元，规模以上工业增加值增长13.7%，社会消费品零售总额0.21亿元，农村居民人均可支配收入13854元。

方山镇　位于泸州西南部，距泸州城区15公里，面积52.75平方公里，辖7个村、1个社区，总人口2.87万人，其中农业人口2.75万人。全年，实现地区生产总值5.91亿元，地方公共财政收入907万元，全社会固定资产投资总额4.41亿元，规模以上工业增加值增长13.7%，社会消费品零售总额2.43亿元，农村居民人均可支配收入13656元。

丹林镇　位于泸州西部，距泸州城区25公里，面积37.5平方公里，辖5个村、1个社区，总人口2.4万人，其中农业人口2.3万人。全年，实现地区生产总值2.5亿元，地方公共财政收入915万元，全社会固定资产投资总额3.4亿元，规模以上工业增加值增长-6.2%，社会消费品零售总额0.75亿元，农村居民人均可支配收入13295元。

江北镇　位于长江北岸，距离泸州城区32公里，面积47.5平方公里，辖7个村、1个社区，总人口3.025万人，其中农业人口2.73万人。全年，实现地区生产总值11.9亿元，地方公共财政收入990万元，全社会固定资产投资总额4.42亿元，规模以上工业增加值增长-24.9%，社会消费品零售总额2.12亿元，农村居民人均可支配收入13292元。

通滩镇　位于泸州西郊，距泸州城区18公里，面积80平方公里，辖12个村、1个社区，总人口5.5万人，其中农业人口5.1万人。全年，实现地区生产总值8.75亿元，地方公共财政收入678万元，全社会固定资产投资总额13.08亿元，规模以上工业增加值增长13.8%，社会消费品零售总额1.53亿元，农村居民人均可支配收入13490元。

石寨镇　位于泸州西部、沱江南岸，距泸州城区30公里，面积30.5平方公里，辖6个村、1个社区，总人口2.25万人，其中农业人口2.13万人。全年，实现地区生产总值7.08亿元，地方公共财政收入735万元，全社会固定资产投资总额3.82亿元，规模以上工业增加值增长15.1%，社会消费品零售总额0.97亿元，农村居民人均可支配收入13327元。

黄舣镇　位于泸州东南部，距泸州城区12公里，面积65.53平方公里，辖7个村、2个社区，总人口4.05万人，其中农业人口3.48万人。全年，实现地区生产总值29.16亿元，地方公共财政收入1599万元，全社会固定资产投资总额34.32亿元，规模以上工业增加值增长14.4%，社会消费品零售总额1.85亿元，农村居民人均可支配收入13564元。

弥陀镇 位于泸州东南部，距泸州城区22公里，面积44.73平方公里，辖7个村、1个社区，总人口3.29万人，其中农业人口2.96万人。全年，实现地区生产总值3.57亿元，地方公共财政收入1157万元，全社会固定资产投资总额3亿元，规模以上工业增加值增长13.8%，社会消费品零售总额1.3亿元，农村居民人均可支配收入13268元。

分水岭镇 位于泸州东南部，距泸州城区19公里，面积69平方公里，辖10个村、1个社区，总人口3.65万人，其中农业人口3.4万人。全年，实现地区生产总值3.96亿元，地方公共财政收入649万元，全社会固定资产投资总额5.04亿元，规模以上工业增加值增长13.9%，社会消费品零售总额1.55亿元，农村居民人均可支配收入12996元。 （胡 骥）

龙马潭区

【概况】龙马潭区是1996年泸州市调整区划新成立的县级行政区，面积333平方公里，辖6个镇、6个街道（1个厂区办事处）。有45个村（593个村民小组）、44个社区（503个居民小组），户籍人口36.39万人，常住人口35.97万人，城镇化率76.65%。2015年，实现地区生产总值190.15亿元，比2014年增长12%；第一、二、三产业的贡献率分别为1.3%、78.6%、20.1%，三次产业结构由2014年的5.1 ∶ 71.3 ∶ 23.6调整为5 ∶ 70.2 ∶ 24.8；地方公共财政收入12.44亿元；规模以上工业增加值增速14.2%；全社会固定资产投资206.27亿元；社会消费品零售总额52.84亿元；城镇居民人均可支配收入30587元；农村居民人均可支配收入14838元。

【项目推进】完成集体土地征地1158亩（77.72公顷）、国有土地上房屋征收14.7万平方米；实施杆管线迁改项目12个。全年，实施郎酒集团泸州基地、中海金象15万吨/年润滑油加氢等重点项目61个。其中，总投资10亿元以上项目19个，5亿元以上项目8个，1亿元以上项目21个；11个项目建成投用，50个项目加快推进。

【园区发展】加强与周边经济区、重点节点城市、港口的深度合作，全力支持园区做大做强做优，泸州长江经济开发区成功创建省级经济开发区、全国优秀物流园区。泸州港保税物流中心（B型）封关运行。泸州进口商品直销中心（一期）正式营业。浮吊趸船正式投用。泸州长江物流公共信息平台启动建设。港口二期、重型装备产业园区建设加快推进。龙港路、九港路、檀木湾片区道路加快建设，新增园区道路19公里。和美家园、港城新居等安置房项目加快建设。实现筹融资27.7亿元；完成主营业务收入460亿元，增长22.6%；入库税金8.3亿元，增长20.3%。

【工业发展】全年实现工业增加值124.73亿元，比2014年增长13.2%，拉动GDP增长9个百分点，贡献率达75.1%。全区有规模以上工业企业131家，工业总产值457.1亿元（其中，区属企业436.8亿元，市属企业20.3亿元（中海油20.3亿元））。规模以上工业企业（年主营业务收入2000万元以上的企业）中，酒类企业45家，涉酒包材企业18家，化工企业16家，机械制造及加工业24家，建材9家，生物、医药制造业1家。年销售收入达亿元以上工业企业64家，其中5亿元以上企业32家，10亿元以上企业16家。食品、化工、机械三大支柱产业共实现工业生产值377.3亿元，同比增长15.2%。沥青产量34.08万吨。加快工业转型升级，实施投资5000万元以上工业技改项目69个。武骏技术玻璃制品项目全面投运，中海金象15万吨/年润滑油加氢项目试运行，航天泸州工业园项目启动主体工程建设，东方雨虹防水保温材料生产基地项目、合盛硅业有机硅装置改造项目落户龙马潭区。

【酒业发展】全区有规模以上酒类生产企业45家，白酒产量20万千升，全年实现酒业销售收入99.7亿元，同比增长16.3%；入库税金57963万元，同比增长5.7%。郎酒集团泸州基地完成投资9.6亿元，201酿酒车间投产运行，4万吨储酒罐区加快建设，启动三期825亩（55.37公顷）征地；国之荣耀白酒生产基地完成投资3亿元，桂康酒业、玉蝉酒业等项目加快推进。三溪酒业、鑫霸实业、桂康酒业入选首批市级骨干培育企业。鑫霸实业、金豪包装“新三板”股权融资挂牌有序推进。

【商贸物流】全区商贸物流业实现入库税金4.36亿元。进出口总额16166万美元，同比增长9.4%。其中：外贸出口额完成15633万美元，同比增长19.8%；进口额533万美元。全年实现货运量699734万吨，陆上增长16%、水上增长39%。泸州国际集装箱码头货物吞吐量42.04万标箱，增长31.1%，占全省的67.8%；全区有47个专业市场（西南商贸城、王氏商城、公交商城等），市场面积94万平方米，限额以上经营单位（年批发2000万元、零售500万元、住宿餐饮200万元以上的企业）92家，规模以上物流企业（营业额300万元、税收20万元以上企业）81家。

成功举办第三届中国（泸州）西南商品博览会。国家电子商务示范基地加快建设，泸州电子商务中心、电商双创孵化园初具规模，引进京东、58同城、保税中国进出口有限公司、天虎云商等31家知名电商入驻。西南商贸城二期建材市场试营业。步步高大都会商业综合体、海吉星农产品商贸物流园、川滇黔电商快递分拨中心、中国物流泸州城市配送物流园、西南医药物流园、西南建材园等项目加快推进。

【城市建设】投入29亿元，启动、推进投资1000万元以上市政项目19个。九狮路、春雨路、吉甫大道、城北5号路延长线等道路全面完工，迎宾大道二段道路改造基本完成，郎酒大道、机场快速通道、港城大道、齐关路、玉雨路、银带路、罗小路改造等项目顺利推进。陶然路、龙马广场停车场建设快速推进。城东污水处理厂、城东截污干管、石洞雨污分流管网、玉带河污水管网改造等项目加快建设。完成龙南路、新民街、伍复街等7处老城区排污管网改造。学士山、驿通片区、二道溪污水处理厂周边等旧城和棚户区改造

龙马潭区长安乡慈竹新村

项目加快推进。抚琴山水、竹林馨居、机场安置房加快建设，在建安置房7675套，面积92万平方米。完成红星、安宁等12个农贸市场升级改造，完成晶玉街、水井坎等10个农产品便民市场整治。扎实推进城市管理综合执法，加强砂石堆场、货车进城、夜市扰民、扬尘噪声整治，依法拆除大型户外广告和店招店牌1300余块、违章搭建2.9万平方米。安排资金1400万元，新（续）聘环卫保洁人员467人。深化环卫保洁网格化管理，城市保洁率95%。城市生活垃圾分类收集深入推进。完成36个“三无院落”整治。改造完善10个被征地农民安置小区配套设施。完成门楼牌清理规范工作。扎实推进国卫迎复审、文明城市创

建，市民文明素养不断提高，市容市貌、环境秩序进一步提升。

【招商引资】全年引进企业 105 家，总投资 390.37 亿元，实现国内市外到位资金 158.14 亿元。加强对外开放合作，积极参与知名企业四川行、西博会等重大活动，全年签约项目 27 个，总投资额 199.8 亿元。

【财税金融】2015 年全区财力总量 262579 万元，地方公共财政支出 22.62 亿元，地方公共财政支出中用于民生方面 15.38 亿元，占地方公共财政支出的 68%。

【社会民生】民生工程九大项 78 小项全面完成。义务教育均衡发展通过省政府验收。安排资金 1675 万元，配置完善教学仪器设备。玉带河学校、江北学校建成投用，满足 3800 余名学生就读；阳雀山学校一期、玉带河幼儿园、泸州十二中经开校区一期项目加快推进。区人民医院、区急救中心建成投用，区妇幼保健院、区疾控中心迁建项目加快推进。完成龙祥、化工苑社区综合体建设，全区社区阵地面积突破 3 万平方米。加强食品药品安全监管，实现食品药品安全“零”事故。全面落实计生惠民政策，发放各项计生扶助资金 1716 万元。文化事业、文化产业健康发展，“两馆一站”免费开放。区全民健身中心建成投用。城镇新增就业 7156 人，城镇登记失业率控制在 4% 以内。企业职工和城乡居民社会养老保险覆盖 16.63 万人，基本医疗保险覆盖 31 万人。发放城乡低保、医疗救助金、特殊困难群众补助 3570 万元。发放优抚金 1300 万元、义务兵家庭优待金 550 万元、优抚对象救助金 110 万元。养老服务体系不断完善，新增养老床位 750 张。建设保障性住房 200 套。区财政发放购房补贴 2029 万元。

【农业农村】全年，完成农林牧渔业增加值 9.74 亿元，比 2014 年增长 3.91%；粮食总产量 7.67 万吨，比 2014 年增加 0.3 万吨，增长 4.21%。全面推进幸福美丽新村建设，投入资金 2851 万元，提档升级走马—慈竹、双加“新渔村”新村基础设施，完成道路改造 12 公里，园区环线道路基本形成。完成双加、金龙等 4 个镇小农水重点县项目，完成胡市场镇沱江防洪堤工程、龙溪河鱼塘石洞罗汉段堤防工程，完成农村公路改扩建 57.2 公里、农村公路安保工程 66 公里。石洞“双挂钩”项目全面完成，建成 11 个新村聚居点，603 户 2051 人入住新居。金龙、胡市、双加实现北郊水厂供水。国家现代农业示范区建设顺利推进。发展酿酒高粱 8 万亩（5369.13 公顷）、精品果业 6 万亩（4026.85 公顷）、特色蔬菜 10 万亩（6711.41 公顷）、健康水产 2.6 万亩（1744.97 公顷），龙马乌鸡出栏 380 万只，生猪出栏 22.06 万头。成功创建国家、省级、市级养殖示范场 8 个。完成农村集体土地所有权、农村集体建设用地使用权、农村集体林权确权登记。全力实施精准扶贫，脱贫 667 户 2247 人，双加镇大冲头村整村脱贫。

【街镇概况】小市街道　面积约 3 平方公里，辖 5 个社区，44 个居民小组，总户数 10947 户，户籍人口 27423 人，有汉族、回族等 12 个民族，街巷 41 条，航运码头 1 个。辖区内有国家级文物保护单位泸州老窖窖池群和宝莲街，省级文物保护单位蒋兆和故居，市级重点文物保护单位清真寺、葆真观。琴台霜操（抚琴台古迹）、余甘晚渡被列入泸州八景，接官厅保存完整，余公街、凌子街、宝莲街等多条老街历史悠久。全年，完成地方公共财政收入 1863 万元；实现规模以上工业总产值 8.2 亿元，规模以上工业增加值增长 14.4%；全社会固定资产投资 10.5 亿元；社会消费品零售总额 5.3 亿元，累计增长 22%；引进市外国内到位资金 6 亿元；城镇居民人均可支配收入增长 8.9%。

莲花池街道　面积 4.5 平方公里，辖 5 个社区、58 个居民小组，有商住小区 59 个，户籍人口 22026 人。全年，实现地区生产总值同比增长 11.8%，地方公共财政收入 4876 万元，招商引资到位资金 15.38 亿元，全社会固定资产投资完成 12.89 亿元，规模以上工业总产值 8.3 亿元，规模以上工业增加值同比增长 14%，城镇居民人均可支配收入同比增长 9%；酒业销售收入完成 16733 万元，仓储物流营业收入 3.27 亿元。

红星街道　面积 6.5 平方公里，辖 8 个社区，80 个居民小组，户籍人口 49605 人，人户分离和暂住人口各4万余人，约13万人。被四川省依法治省领导小组办公室、省司法厅评为“四川省法治示范街道”，天立社区被全国普法办命名为“全国法治示范社区”，新民社区被省人社厅认定为“省级充分就业社区”。全年，地方公共财政收入3584万元；规模以上工业总产值5.98亿元，增速20.6%；实现工业利润3054万元，增速18.1%；社会消费品零售总额增长率21.1%；仓储物流业实现营业收入1.8亿元，增速20%；酒业销售收入完成8200万元，增速20.6%；招商引资企业45家，到位资金23.76亿元；城镇居民人均可支配收入31311元，同比增长9.1%。

石洞镇永远村新村聚居点

罗汉街道　面积23.6平方公里，辖5个行政村、4个社区，54个村民小组，61个居民小组，户籍人口39350人，是四川泸州长江经济开发区、泸州临港产业物流园区的核心区，是四川省安全社区、四川省文化先进镇、泸州市思想政治工作先进单位、泸州市双拥模范镇、泸州市十强乡镇。交通便捷，拥有“天府首港”之称的泸州（国际）集装箱码头，龙港路、进港公路、进港铁路、成自泸赤高速连接线等横贯全境。产业基础雄厚，拥有中海沥青、泸州北方、泸州老窖基地、川南机械厂、海科机械、国粹酒业、北辰制造、叁陆运业等支柱企业。全年，地区生产总值54.45亿元，地方公共财政收入4761万元，规模以上工业增加值48.71亿元，全社会固定资产投资30.57亿元，招商引资19亿元，城镇居民人均可支配收入30787元，农村居民人均可支配收入13510元。

鱼塘街道　面积20.5平方公里，辖4个行政村、4个社区，66个村民小组、34个居民小组，户籍户数8867户，户籍人口22653人。被省委宣传部、省精神文明建设办公室等部门联合评为首届“书香之镇”。成功创建省级安全社区。全年，实现地区生产总值22.87亿元，同比增长30%；地方公共财政收入3680.8万元；规模以上工业增加值17.94亿元，同比增长14.1%；全社会固定资产投资17.6亿元，同比增加15%；农村居民人均可支配收入13164元，同比增长11%。实施工业技改项目6个，技改到位资金8.34亿元；招商引资引进项目36个，市外国内到位资金15.3亿元。

安宁街道　面积46平方公里，辖6个社区、3个行政村，7个村民小组，66个居民小组，户籍人口32753人。拥有“三站三线”交通资源（泸州火车站、客运中心站和规划的城际铁路中心站，龙马大道北延线、蜀泸大道拓展线、绕城线），背靠“两城两港一区”（教科城、西南商贸城、空港、水港、经济开发区），拥有离泸州主城区最近的国家AA级九狮风景区和特色农业产品“中华名果”—九狮柚。全年，实现地区生产总值14.71亿，地方公共财政收入2640万元；规模以上工业增加值同比增长14.2%，全社会固定资产投资37.56亿元；工业技改投入完成5.6亿元；酒业销售收入完成3.47亿元，入库税金3146万元；引进市外国内到位资金16.43亿元。

石洞镇　面积51.4平方公里，辖8个行政村、3个社区，80个村民小组，11个居民小组，户籍人口44935人，为中华诗祖周太师尹吉甫故里，是泸州市十强酒业乡镇、川南十大魅力乡镇、四川省小城镇建设重点镇。321线、龙马大道北延线、X001线、X089线在石洞交汇，成自泸赤高速路、南渝泸高速公路穿境而过，泸州机场迁建石洞，“四纵两横一半环”、“水陆铁空全覆盖”的多元化空港交通网络正在形成，区位优势明显。全年，实现地区生产总值14.69亿元，同比增长12.3%；地方公共财政收入5024万元，同比增长10.32%；全社会固定资产投资24.4亿元，同比增长41.04%；规模以上工业增加值11.27亿元，同比增长14.5%；农村居民人均可支配收入14395元，同比增长11.9%；签约引进新项目14个，引进投资总额35.31亿元。

胡市镇　面积44.7平方公里，辖5个行政村，2个社区，99个村民小组，5个居民小组，户籍人口30109人，是省级文化先进镇、省级小城镇建设试点镇、省级民兵工作先进单位。全年，完成地区生产总值约9.51亿元，同比增长14.3%；地方公共财政收入完成1693万元；规模以上工业企业生产总值实现32.49亿元，同比增长24.4%；社会消费品零售总额完成2596万元，同比增长32%；全社会固定资产投资总量完成99360万元(其中技改完成62086万元)；引进招商引资新项目5个，实现市外国内到位资金7.47亿元。

特兴镇　面积46平方公里，辖6个行政村、2个社区，108个村（居）民小组，户籍人口28006人；是全国重点镇、四川省百镇建设试点镇、泸州市综治模范镇、市级园林单位、市级平安乡镇、市级文化先进镇、市级科普示范镇、市级敬老模范镇、市成人教育示范镇、市级科技进步示范乡镇和市级卫生集镇；拥有“走马蔬菜”“罗沙贡米”“魏园生姜”和“桐兴桂圆”四大农业特色品牌；工业以酒业、机械为主；走马乡村旅游享誉泸州。全年，地区生产总值6.38亿元，同比增长12.2%；地方公共财政收入1878万元，同比增长10.8%；全社会固定资产投资7.89亿元，同比增长24.6%；规模以上工业增加值增长13.9%；社会消费品零售总额增速39%；招商引资7.7亿元，同比增长6.2%；农村居民人均可支配收入13116元，同比增长10.4%；实施重点项目19个，总投资近9亿元。

双加镇　面积37平方公里，辖6个行政村、2个社区，33个村民小组，66个居民小组，户籍人口28057人；成功创建“省级生态乡镇”，拥有龙马潭区最大水库—松滩桥水库，是四川省确定的万亩无公害水产养殖基地。水产养殖面积1.1万亩(738.26公顷)，成鱼产量2570吨，实现产值4100万元。种植有机订单高粱2000亩（134.23公顷)，产量660吨，产值567万元。引进中国柑橘文化博览园、简氏乡村有机（生态）农业园区等一批具有示范带动效应的现代农业项目。整合现有罗基古寨、松滩等旅游资源，打造集生产、观光、餐饮、休闲避暑等为一体的乡村旅游区，促进一、三产业融合发展。全年，实现地区生产总值5.94亿元，地方公共财政收入1465万元；规模以上工业总产值完成18.98亿元，同比增长22.7%，其中规模以上工业增加值同比增长14.4%；社会消费品零售总额5.17亿元，同比增长38%；招商引资3.6亿元，同比增长20%。

金龙镇　面积40.77平方公里。辖4个行政村、2个社区，54个村（居）民小组，户籍人口23383人；是典型的农业镇，以红粱、龙眼、花椒、枇杷为主，二、三产业以建筑、酒类、商贸物流为主。全年，地区生产总值4.6亿元；地方公共财政收入967万元；规模以上工业产值2.94亿元，同比增长25.03%；累计完成投资4.6亿元；招商引资到位资金完成2.73亿元；运输仓储业完成主营业务收入1.06亿元；酒业销售收入完成5401万元；农村居民人均可支配收入14103元，同比增长10.9%。

长安镇　面积21平方公里。辖4个行政村、1个社区，22个村民小组，45个居民小组，户籍人口15612人，是四川省文化先进镇、四川省环境优美示范镇、四川省卫生镇、泸州市综治模范镇、泸州市村民自治示范镇、泸州市科普示范镇、泸州市园林镇、泸州市生态文明镇。全年，实现地区生产总值14.52亿元，同比增长11.8%；地方公共财政收入1562万元；规模以上工业总产值95785万元，同比增长13.9%；全社会固定资产投资99323万元，同比增长10.18%；社会消费品零售总额16563万元，同比增长34.5%；农村居民人均可支配收入12779元，同比增长9.4%。酒类企业完成投资3.687亿元，新增储酒能力2.2万吨；酒类企业原酒产量3.5万吨，销售收入2.5亿元。

（刘俊宏）

纳溪区

【概况】面积1150.22平方公里。2015年末，辖大渡口、护国、打古、上马、合面、丰乐、白节、天仙、棉花坡、新乐、渠坝、龙车12个镇及安富、永宁、东升3个街道办事处，176个村民委员会，1838个村民小组，22个城市社区，21个农村社区。年末总人口47.22万人，其中非农业人口9.73万人。人口自然增长率3.75‰。全年完成GDP124.1亿元，同比（2014年，下同）增长11.2%；规模以上工业增加值同比增长13.9%；地方一般公共预算收入8.2亿元，同比增长14.7%；全社会固定资产投资170.4亿元，同比增长24.1%；社会消费品零售总额63.9亿元，同比增长13.7%；农村、城镇居民人均可支配收入分别达到12607元、27495元，同比增长10.4%、8.6%。

【化工产业】泸天化改革脱困顺利完成，10万吨车用尿素、15万吨硝基复合肥项目建成投产。煤气化（一期）项目基本竣工，锅炉、水循环等系统投入试运行；新火炬“重氧水”、东辰燃气“DME”等项目加快建设；东方农化环保设施完成升级改造。泸州化工园区获评“省级科技企业孵化器”。规模以上化工企业完成产值30亿元，化工园区实现产值170亿元。

【白酒产业】围绕泸州白酒产业“一区两园”总体布局，全力推进“中国酒镇·酒庄”建设。中国白酒文化展示中心（一期）、致帛酒庄、纳贡庄园基本建成，顺成和、花间邀月等酒庄加快建设；新引进嘉仕酒类等酒庄项目10个。积极开辟酒庄酒定制市场，成功推出“江湖”“N度”等15款自主研发产品；顺利举办全球“酒庄酒”首发仪式，“龙泗1号”被评为最佳新产品。“中国白酒酒庄文化服务综合标准化示范区”通过验收，“天府春”荣获第20届世界烈性酒大奖赛银奖，“泸渡酒”获评“四川省著名商标”。华明酒业列入全市酒类骨干企业培育库，江潭窖、活之酿升级为规模以上酒类企业。完成白酒产量14.6万千升，实现销售收入46.7亿元。

【旅游产业】花田酒地（二期）建成开放，成功创建“国家AAAA级旅游景区”；云溪温泉正式运营，荣获“西部最美锶温泉”称号；欢乐派海滩公园、清溪河和黄龙湖漂流开业迎宾。凤凰湖“国家湿地公园”、大旺竹海生态景区完成规划，鼓楼山、山画山旅游开发招商成功。举办“四川省第六届乡村文化旅游节”“四川纳溪民歌节”等活动，荣获“全国休闲农业与乡村旅游示范区”称号。全年接待游客575.4万人次；实现旅游收入42.8亿元，同比增长65%。

【林产业】区林业局荣获“四川省林业产业先进集体”称号。新建林竹基地3.1万亩，建成林下养殖基地10万亩，实现林地综合开发利用产值13.9亿元。泸州竹产业园区、泸州竹种园、国际竹藤中心培训基地等规划通过国家林业局评审；中国竹酒博物馆建成投用。发展延伸下游产业，四川银鸽5万吨醋酸纤维技改项目加快建设，邦博纸业1.2万吨生活用纸项目竣工投产。完成林业总产值39.1亿元。

【茶产业】新建茶园1.4万亩，茶叶投产面积15万亩。顺利承办“中国·四川第三届茶叶开采活动周”。特早茶与西湖龙井结成“姊妹茶”，“亲情夏日”“岩缝雪芽”等品牌荣获第四届“中国（四川）国际茶业博览会”金奖。开展泸州茶产业科技园区前期工作，凤岭茶庄完成主体建设。实现茶业综合产值25亿元，带动茶农人均增收2600元。

【建制镇试点】按照“就近就地、宜居宜业、三产融合、城乡一体”的思路，加快大渡口镇“全国建制镇示范试点”建设。以“中国酒镇·酒庄”为引领，统筹酒业、旅游、现代农业等优势产业融合发展，“梦里水乡”“知青山寨”等乡村旅游知名度和影响力不断提升。布局5个以酒文化为主题的“指尖小镇”，完善“平桥小镇”“渡口小镇”公共配套设施，就地城镇化加快推进，集镇品质整体提升。创新投融资体制机制；“大部制”机构改革顺利完成。试点工作成效及经验获得省委、省政府领导批示肯定，在“生态文明贵阳国际论坛年会”上作交流发言。

【城市建设】长湿新城北部核心区整体城镇化项目获得国家农发行23.6亿元授信贷款；麒麟组团大梯步文化广场全面建成；北部核心区、长江生态湿地公园（一期）启动招商；市中医院城南分院加快前期工作。丝厂、麻柳沱等旧城及棚户区项目启动改造，未来城（一期）、江南名城等城市开发项目全面竣工，新建房屋25.4万平方米。紫阳停车场、上坝棚户区道路建成投用；城区8条次干道“白加黑”、高速路连接线升级改造、15个“三无院落”整治全面完成。第六次国家卫生城市通过省级复审，“全国文明城市”创建工作顺利推进。

【特色集镇建设】护国镇立足“山水城镇”特点，推进现代农业、乡村旅游、红色文化融合发展，“区域中心小城市”初具形象；天仙“全国特色景观旅游名镇”、丰乐“四川省质量强市示范镇”创建成功；合面“国家级教育示范性综合实践基地”正式授牌；上马“麒麟水镇”初具形象；白节“中国特色生态旅游镇”、打古“手工苕粉之乡”、渠坝“健康养老镇”等加快建设，构筑多点支撑发展格局。全面放开落户限制，引导和鼓励农业转移人口1412人落户城镇。

【新农村建设】纳溪区荣获全市唯一“全省‘三农’工作先进县（区）”称号。新村建设有序推进，新乐三江、丰乐马村基本建成，完成“两点、两线、一基地、一龙头”幸福美丽新村建设任务。特色产业不断壮大，新发展护国柚、茵红李等特色水果1万亩，红花油茶5000亩；瀚源“莲心三华”荣获“第十三届中国国际农产品博览会”金奖。“智慧三江”现代农业示范园、都市生态农业旅游示范园区打造初具形象。实现耕地保有量58.4万亩；完成粮食总产量21.6万吨。新改扩建渠道149.6公里，整治山坪塘408口，解决农村5万余人饮水安全问题。新增市级以上龙头企业5家，新发展市级示范农民专合组织9个。

【项目建设】实施重点项目139个，完成投资166.6亿元，占年度计划的106.9%，其中：43个省、市重点项目完成投资123.7亿元。宝晶玻璃生产线改造、高特自控阀门等42个项目全面建成；银鼎建材、丰驰科技等83个项目加快建设；普照山旅游开发、玉水水库等14个项目开展前期工作。G246、G546列入国家公路网规划，“中国酒镇·酒庄”入选全国500个优秀旅游项目名录，西南医科大学附属中医院纳溪分院整体迁建项目列入国家发改委PPP推荐项目库。完成全区“十三五”规划编制，梳理上报旅游集散中心、城际铁路泸州南站等45个重大项目争取上级支持。450亩工矿废弃地复垦在全省立项，长江干流防洪治理工程通过国家水利部复审；纳入全省首批“涉农资金整合打捆下达试点县（区）”；成功争取国家专项建设基金3.9亿元、上级补助资金20.4亿元。实施土地“双挂钩”项目2个、土地整理项目8个，分别新增建设用地指标890亩、耕地9180亩。完成第二期企业债券发行申报工作；金土地、超强机械等5家企业纳入省级上市后备企业库；为中小企业担保贷款6.6亿元。水、电、气、通信等基础设施不断完善，纳溪污水处理厂（二期）全面建成，纳溪至大洲驿110千伏输电线工程等竣工投用，江津至纳溪输气管道投入运行，“宽带乡村”实现所有行政村全覆盖。

【重点改革】推进行政审批制度改革，调整、下放行政审批事项36项；认真落实“两集中三到位一杜绝”，办结行政审批和公共服务事项708万件。农村产权制度改革确权登记基本完成，纳溪区成功列入全省首批“农村产权抵押融资试点县（区）”。财政预算管理不断加强，国库集中支付改革完成向镇（街道）延伸。完成不动产统一登记、工商“三证合一、一照一码”登记模式等制度改革。区国资公司实现由平台公司向实体企业改革转变。

【园区建设】纳溪特色科技园纳入泸州国家高新区范围，泸州纳溪电子商务双创产业园启动建设。成立金秋老教授科技工作站，实施市级创新基金项目2个，实现高新技术产值4.7亿元。品牌建设有力推进，“国家有机产品认证示范区”启动创建，“省级质量强市示范城市”创建成功；鸿海印务获评“全省首批4A级标准化良好行为企业”；“酒城贡芽”茶、“杉树湾”土鸡荣获“四川省著名商标”，“纳溪滋味”区域商标申报注册。

【招商引资】坚持“走出去、请进来”，组团参加西博会等重大招商活动，包装、推介具有纳溪特色的重大项目40个；主动对接天津荣程集团、广东温氏集团、广西新龙物流集团等167家知名企业和商业团体，成功签约天仙硐文化生态旅游园区、泸州石龙岩综合贸易港、100万头优质生猪产业一体化等亿元以上项目6个。利用商会、在外知名人士等资源，整合闲置土地、厂房等资产，开展“以商招商”，成功引进建筑垃圾资源一体化、润泽春天投资体验式商贸体等项目入驻纳溪。全年新引进项目140个，完成市外到位资金130亿元，同比增长12.9%。

【生态建设】完成8镇33村“小农水”建设，上马防洪堤（二期）、渠坝防洪堤（一期）竣工投用，清溪河成功创建全省首个“国家水土保持生态文明清洁小流域”。大力整治河道非法采砂，治理水土流失面积25平方公里。垃圾焚烧发电厂（一期）建成投运，10个镇级污水处理厂投入运行。“国家生态文明建设示范区”启动创建；大渡口镇、安富街道等7个镇（街道）获评“省级生态镇”，龙车利合、合面周咀等7个村被评为“省级环境优美示范村”。万元GDP综合能耗下降2.7%，主要污染物减排任务全面完成。

【民生工程】民生支出占地方公共财政支出比重达78.3%。全力推进脱贫攻坚，帮助4952人脱贫解困，打古普照、护国德红等3个省级贫困村完成“摘帽”。纳溪区荣获“全省转移就业农村劳动力实名制动态管理先进县（区）”称号，实现新增城镇就业5750人。在全市率先出台村级定点医疗机构监督管理办法，“五项社会保险”覆盖40.1万人次。实施城乡困难群众社会救助34.7万人次，城市、农村低保月人均标准分别提高到342元、124元。“泸州融汇·故里情源”养老综合体加快建设，农村“五保”集中供养率达68%。开工建设保障性住房3946套，改造棚户区住房3908套、农村危房2451户；完成地质灾害避险搬迁165户。新开通城镇公交线2条，渠坝河沟子、棉花坡双河场等4座渡改桥加快主体工程建设。

【社会事业】义务教育均衡发展稳步推进，“四育合一”特色教育全域推广。新乐中心校、合面幼儿园建成投用；应届重点本科上线人数同比增长12%；江南职高引进国际品牌企业建成服装实训基地；特校学生在全国特奥会上摘夺“两金一银一铜”。“四川省妇幼健康优质服务示范区”创建成功。食品药品工作全省领先，10个市级基层食药监所规范化建设全面完成。“三馆一场一站一室”免费开放；电视连续剧《第一纵队》上映播出，《超级战士》《小城大爱》等3部影视剧完成取景拍摄；乐道古村获评“川南民歌第一村”。举行“中国人民抗日战争暨世界反法西斯战争胜利70周年”系列纪念活动。民兵预备役、双拥共建、外事侨台、新闻、人才、气象、区志、保密、人防、老龄、残疾人、妇女儿童、民族宗教等工作取得新成绩。

【社会治理】人民路社区获评“全国科普示范社区”，上坝社区列入“全省首批智慧社区建设试点单位”。扎实推进安全生产“五级五覆盖”“五落实五到位”；集中开展“五大行动”，完成市级以上重大安全隐患整改12处，安全生产“四项指标”全面下降。妥善处置“8·17”暴雨洪涝等灾害，顺利承办全省突发重大动物疫情应急演练。“一标三实”有序推动，服务实战成效明显；集中开展“社会治安综合整治”“百城禁毒”等专项行动，办理社会治安和破获刑事案件2296件；畅通和规范群众诉求渠道，落实领导包案制度。纳溪区被评为“全省平安建设先进县（区）”。

【镇（街道）概况】大渡口镇　面积129.82平方公里，辖19个行政村、1个社区，总人口4.1万人；有25个党支部，党员951人（流动党员168人）；集镇规划面积11.25平方公里，建成区面积1.6平方公里，镇区常住人口2万余人。全年地区生产总值26.3亿元，同比增长41%；规模以上工业增加值10.4亿元，同比增长24%；全社会固定资产投资17.8亿元，同比增长46%；社会消费品零售总额41.4万元，同比增长17.5%；地方公共财政收入1.36亿元，同比增长29%；农民人均纯收入13600元，同比增长13.2%。“龙洄庄园1号酒”被中国酒业协会评为最佳新产品，中国白酒酒庄文化服务综合标准化示范区通过国标委验收。花田酒地创建国家级4A级景区顺利通过检查验收，凤凰湖创建国家湿地公园试点通过国家林业局评审。

丰乐镇　面积82.09平方公里，总人口3.76万人。辖11个行政村和1个社区，154个农业社。是“省级环境优美示范镇”“省级卫生镇”“省级乡村旅游示范镇”。全年，全镇GDP达到6.9亿元；规模以上工业增加值完成3.4亿元，完成目标任务的112%；全镇固定资产投资完成11亿元，完成目标任务的105%；地方公共财政预算收入完成1415万元，完成目标任务的100%；城镇居民人均可支配收入达到10567元，同比增长12%。马村李家大院被列入川南名居传统村落保护项目。沙坪农村社区申报“省级美丽乡村”通过验收。

白节镇　面积124.68平方公里，辖17个行政村，1个社区，总人口4.3万人，集镇建成区面积2平方公里，常住人口近万人。全年，全镇完成GDP 85862万元，同比增长12.17%；规模以上工业增加值23021万元，同比增长29.6%；地方公共财政收入2242万元，同口径增长40.6%；全社会固定资产投资120953万元，同比增长30.8%；社会消费品零售总额14286万元，同比增长20.4%；农村、城镇居民人均可支配收入分别达到11829元和29395元，同比增长13%和12%。超强机械纳入省级上市后备企业库。云溪温泉国际旅游度假区建成投运，承办四川省第六届乡村文化旅游节（纳溪会场）开幕式，成为“四川省旅游协会温泉分会常务理事单位”，荣获“西部最美锶温泉”称号。成功举办“中国·四川第三届茶叶开采活动周暨中国特早茶—纳溪品牌推介投资说明会”，瀚源有机茶“莲心三华”荣获“第十三届中国国际农产品博览会”金奖等多项国家级奖项。

护国镇　面积175.86平方公里，下辖28个行政村、3个城镇社区、1个农村社区、301个村（居）民小组，总人口7.5万人（含外来人口），其中城镇居住人口2.3万人，是纳溪区第一人口大镇。拥有三大特色农产品知名品牌：护国陈醋、护国柚、纳溪特早茶。全年完成地区生产总值（GDP）14.5亿元，同比增长12%；规模以上工业增加值预计完成1.68亿元，同比增长19.5%；全社会固定资产投资预计完成15.2亿元，同比增长22%；社会消费品零售总额预计完成6.1亿元，同比增长16.5%；招商引资市外到位资金完成9.78亿元，同比增长25%；农民人均纯收入完成12391元，同比增长13%。

打古镇　面积133.64平方公里，总人口34314人，辖17个村、1个社区，是“省级环境优美示范镇”“省级卫生镇”“省级生态镇”“省级安全社区”。全年，实现国内生产总值6.7亿元，同比增长11.5%；规模以上工业增加值完成1.07亿元，同比增长32.9%；地方公共财政一般预算完成收入1607万元，同比增长31%；社会消费品零售总额完成1.6亿元，同比减少13.8%；全社会固定资产投资完成7.5亿元，同比增长18.5%；农民人均纯收入1.16万元，同比增长11%。普照山茗粉专业合作社被中科协、财政部评为科普惠农型村先进单位，并列入“基层科普惠农计划”。

上马镇　面积107.03平方公里，辖10个行政村、1个社区，总人口3万余人。森林覆盖率68%，水资源丰富，有全市最大的水利工程——黄桷坝水库。全年，地区生产总值完成80217万元，同比增长17.2%；规模以上工业增加值完成22455万元，同比增长27.7%；地方公共财政收入完成

2042万元，完成目标任务的130.6%；固定资产投资完成80201万元，同比增长22.2%；农民人均纯收入12061元，同比增长11.6%。

合面镇　面积89.11平方公里；辖15个行政村，1个社区居委会，184个农业社，5个居民小组。除合面场镇外，另有沙岭、马桥和太山3个中心村，共3.9万余人。全年，全镇国内生产总值（GDP）实现6.14亿元，为任务的109%，同比增长12%。固定资产投资实现7.82亿元。社会消费品零售总额实现12294万元，为任务的108%。农民人均纯收入增长15%。城镇居民人均可支配收入增长12.5%。地方财政一般预算收入实现1827万元，为任务的104%。国家教育部副司长雷朝滋，省教厅副厅长何浩、省总督学刘东等领导视察“天人共育？教育名镇”工作，并给予高度评价。镇中心幼儿园参加“第十一届飞天杯？金色童年全国青少年儿童书画大赛”，获得艺术教育成果优秀集体奖。

天仙镇　面积67.61平方公里，耕地总面积1858.55公顷，境内森林覆盖率82%，总人口1.8万人，辖8个村和1个社区，是国家AAAA级旅游景区天仙硐所在地。成功创建“全国特色景观旅游名镇”“全国休闲农业与乡村旅游示范点”。全年，全镇地区生产总值35580万元，同比增长12.3%；地方公共财政收入2698万元，同比增长53.6%；固定资产投资达86822万元，同比增长22.77%。全年新引进企业42家，招商引资实际到位资金68806万元；社会消费品零售总额182303万元，农民人均纯收入12244元。成功创建川南民歌村。

棉花坡镇　面积46.69平方公里，年末总人口2.4万人；辖10个行政村，105个农业社。全年，地区生产总值完成5.2821亿元，增长10.04%；工业总产值完成10.4043亿元，同比增长23.2%；工业增加值完成1.2625亿元，增长23.5%；固定资产投资完成7.8364亿元，同比增长21.35%；全社会消费品零售总额完成1.5131亿元，同比增长26.78%。

新乐镇　面积41.53平方公里，总人口20624人，辖7个行政村（长安村、大河村、石银村、石龙村、桂花村、三江村、铜鼓村）、84个农业社。全年，全镇地区生产总值完成70880万元，规模以上工业企业增加值增速为15.5%，社会固定资产投资完成123100万元，社会消费品零售总额增速为24.5%，地方财政一般预算收入完成3396万元。

渠坝镇　面积45.03平方公里，年平均温度16.6度，森林覆盖率62%，辖9个行政村和1个社区居委会，总人口约2万人。全年，完成地区生产总值6.34亿元，同比增长12.5 %；规模以上工业增加值1.86亿元，同比增长17.05%；固定资产投资实际到位资金9.8亿元；社会消费品零售总额总量完成2.2亿元，增速23.37%；公共财政预算收入1596.67万元。

龙车镇　面积72.17平方公里，总人口3.1万人。下辖14个行政村，1个社区。全年，全镇国内生产总值完成4.6亿元，同比增长8.6%；社会消费品零售总额完成11518万元，同比增长3.5%；农民人均纯收入1.2万元，增长13%；地方公共财政收入完成2065万元，同比增长28%。

永宁街道　面积10.58平方公里，下辖永宁路、人民路、较场坝、胜利街、建陶、五顶山、打渔山7个社区居委会和紫阳、先农、朱坪3个村民委员会，76个居（村）民小组，常住人口6.2万人，流动人口2万余人。全年，固定资产投资5.8435亿元，同比增长12.5%；规模以上工业增加值完成10.49亿元，同比增长22.1%；社会消费品零售总额完成2.18亿元，同比增长17.1%；地方公共财政收入1603.81万元，同比增长29%。

安富街道　面积7.29平方公里，辖上坝、顺江街、友谊路、丙灵路、火炬、百梯6个社区和炳灵1个行政村，常住人口4万余人（其中农业人口3322人）。全年，完成地区生产总值11.35亿元，固定资产投资完成23.4亿元，规模以上工业增加值4.15亿元，社会消费品零售总额完成10.1亿元。

东升街道　面积17.09平方公里，辖柿子村、九川村、大林村、大溪村、五顶村5个行政村，50

个村民小组；总人口15750人，其中农业人口9905人，非农业人口5845人，共3475户。全年，全社会固定资产投资完成82600万元，规模以上的工业增加值完成增速15.5%，社会销售零售总额完成60500万元，地方财政一般预算收入完成2648万元。川南最大的海滩公园——欢乐派海滩公园于7月12日成功开园营业。

（刘学奇　周　燕）

泸　县

【概况】全县辖区面积1532平方公里，辖1个街道，19个镇，46个城镇社区居民委员会，198个居民小组，251个村民委员会，2396个村民小组。2015年末，总人口107.73万人，非农业人口13.09万人，农村人口94.64万人。全年，实现地区生产总值248.8亿元，增长11.2%。其中：第一产业增加值44.3亿元，增长3.8%；第二产业增加值154.1亿元，增长14.2%；第三产业增加值60.1亿元，增长11.4%。三次产业结构由18.2∶59.0∶22.8调整优化为17.1∶59.6∶23.3。全社会固定资产投资252.8亿元，增长24.3%；社会消费品零售总额94亿元，增长13.8%；一般公共预算收入11.5亿元，增长14.8%；城镇居民人均可支配收入26174元，增长8.8%，农民居民人均可支配收入12573元，增长10.5%。

【工业经济】工业增加值133.54亿元，增长13.3%。实现利税总额27.36亿元，增长7.5%，盈亏相抵后实现净利润16.88亿元，增长3.9%。医药产业园加速发展，科技创新创业服务中心建成投用，道路骨架、景观节点基本形成，维思达医疗器械、西蜀九锦项目落地建设，医药产业主营收入突破30亿元，入库税收增长26%。经济开发区加快转型，华夏龙窖白酒产业园转型发展以白酒为主的绿色食品产业集群，临港经济园转型发展以原料药、新材料、新能源为主的临港产业集群，园区主营收入突破200亿元，入库税收1.6亿元。工业技改投资110亿元，规模以上工业企业新增7家。30家扶优扶强企业产值占工业产值的26%、税收占工业税收的63%。“1+3”主导产业实现产值207亿元，拉动工业增长8.7个百分点。建筑业实现总产值223.34亿元，增长13.1%。

【农业和农村经济】全年实现农林牧渔业总产值75.01亿元，增长4.3%。其中：农业总产值39.02亿元，增长5.8%；林业总产值1.75亿元，增长3.0%；牧业总产值29.39亿元，增长2.2%；渔业总产值4.15亿元，增长6.3%；农林牧渔服务业总产值0.7亿元，增长7.0%。省级新农村示范片建设巩固提升，新改扩建新村聚居点35个，建成幸福美丽新村50个。现代农业不断发展，农业“三项补贴”调整到位；成功培育种养大户2330个、家庭农场216个、农民合作社346个、农业龙头企业98家；万亩水稻高产创建示范片建成20个，粮食总产53.3万吨；6000亩（402.68公顷）泡菜原料基地、万亩现代农业产业示范园基本形成；30万头生猪寄养工程快速推进，标准化规模养殖场（小区）发展到112个，生猪出栏110万头；省级农机示范县建设成效显著，农业机械化水平达到44%，信息化泵站建设全省领先。全国农村土地承包经营权确权登记试点通过省级验收。全国城乡地籍信息整合试点通过国家验收。

【第三产业】社会消费品零售总额94亿元，增长13.8%；服务业增加值完成60.1亿元，增长11%。省级电子商务进农村综合示范县、全国供销总社电子商务示范县建设成效凸显，电商营运、孵化、展示、配送中心完成建设，20个镇级电商服务店、80个村级电商服务站顺利建成，电商交易总额12.5亿元。限额以上商贸企业发展到111家，物流企业注册191家，粮食现代物流产业园完成主体建设，物流配送网络覆盖全县90%以上区域。玄滩镇创成省级现代商贸流通示范镇，云龙镇创建全省质量强市示范镇通过验收。玉龙湖、道林沟景区建设有序推进，屈氏庄园整体保护利用项目加快建设，宋代石刻博物馆主体工程顺利竣工。龙桥文化生态园、玉蟾温泉国际度假区形成接待能力。龙桥社区创成中国乡村旅游模范村，泸县创成中国曲艺之乡，旅游综合收入29.4亿元。

泸县电子商务孵化运营中心

【城镇建设】城镇建成区面积57平方公里，城镇化率提高到38%。编制完成多规合一全域规划，城西新区初步形成格局，形成20平方公里城市环网骨架。旧城镇改造统筹推进，食品厂棚改工程启动，得胜、立石、毗卢、天兴、福集等镇棚改项目实施，棚户区改造完成487户。公租房、廉租房并轨运行，公租房新建500套。玄滩、云龙完成总体规划，镇级精品小区有序开发。城镇社区实现100兆光网、4G网络全覆盖。文庭、惠民雅苑街道建成；立石、兆雅、云锦场镇主干道完成"白+黑"建设。绿化亮化工程持续实施，九曲河中心公园（一期）建成投用，花园干道、踏水桥北沿线完成路灯改造；福集、云龙、玄滩等镇完成路灯建设。建立城管综合执法机制，违规占道经营、车辆乱停乱放现象得到遏制。垃圾清运、公共绿地管护基本到位。整治"三无院落"（无门卫、无物业管理、无管理组织的院落），加强小区物业管理。云锦创成全国、百和创成全省卫生镇和环境优美示范镇。

【基础设施建设】神仙桥水厂二期、三星桥水库、朱梅滩灌区渠系配套等6大工程加快建设，"小农水"、抗旱应急水源等7大工程竣工，集中供水管网延伸200公里，散居户分散打井2000口，农村居民饮水安全工作经验全省推广。35千伏永兆线、百和输变电工程建成投运，城北110千伏、云龙35千伏输变电工程开工建设。726个低压台区改造全部启动，完成435个。港城大道路基工程全面完成，福清路、云百路建成通车，县乡道路改造67.4公里，通村水泥路新建62公里，"安保工程"建成77.6公里，渡改桥、危桥加固、路面维修工程扎实推进，城乡公交通达99个行政村。二级场镇污水处理厂新建14座，镇级生活污水日处理能力达到2.4万吨。淘汰落后产能生产线5条；企业生产废水转移处理9700吨。畜禽养殖污染治理项目竣工10个。农村生活垃圾处理通过国家级验收。潮河、方洞、毗卢创成省级生态镇，全县省级以上生态镇达到8个。"百万安居工程"建成2890户，其中农村危房改造完成2775户，农村D级危房实现动态消除。

【社会事业】2015年全国知识产权强县工程试点县通过验收。在建教育项目148个，新建学校16所；"三通两平台"教育信息化工程覆盖85%的学校、60%的班级；高考本科上线人数蝉联泸州市25连冠；成功申报全国学前教育改革发展试验区、社区教育示范区、农村职业教育和成人教育示范县。城乡居民和职工养老保险覆盖55.2万人、医疗保险覆盖100.7万人。卫生计生机构完成整合；中医院康复大楼建成投用，公共卫生中心启动建设；卫生院中医综合服务区建设率达到100%；120救护车配备实现镇级全覆盖。规范化食药监所全面建成。劳动保障服务体系延伸到村、社区。医疗保险实现市级统筹，"一单制"结算。城乡医疗、临时生活救助金支出3711万元。孤儿、残疾人、精神病人扶助政策全面落实。城乡低保应保尽保，低保资金发放7519.9万元。福集镇敬老院完成整体搬迁，区域性养老服务中心建成3个，五保人员妥善供养，成功创建省级第四轮敬老模范县。顺利创成第五轮双拥模范县。城镇新增就业6000人、登记失业率3.0%；农村劳动力转移输出36

万人，实现劳务收入52亿元。

【重点项目】重点建设项目实施129个，完成投资140.2亿元。其中，市级重点项目41个，完成投资125.2亿元。泸州（云龙）机场限价房、西南药械集散中心、白云酿酒及嘉明等镇防洪治理工程顺利竣工，城乡规划展览馆、众邦医药、步长泸州制药基地等项目加快建设。

【区域合作】举办中国医药企业家年会，签约项目9个，投资总额51.8亿元。承办渝西川东八区县（8+3）经济社会发展协作会，签订合作协议26个，濑溪河流域连片治理、区县边界联防实现合作共赢。引进秦巴中药、科信必成、格润能源等项目120个，到位资金167亿元；签订川发展、川能投、中昆集团合作协议，落地项目投资突破10亿元。外经外贸稳步发展，外贸进出口3100万美元，外资利用620万美元。泸县融入泸州一体化发展步伐加快，被明确定位为泸州城市副中心。

【脱贫攻坚】精准扶贫计划深入实施，“八大扶贫攻坚行动”扎实开展，项目、资金等发展要素向贫困村快速集中。资金整合到位6000万元，贫困村“4+1”基础改善项目优先建设；贫困人口实用技术培训2万人，从事种养项目1.4万人，纳入农村低保2.2万人，医疗救助1.9万人。8个贫困村成功“摘帽”，12646名贫困人口实现脱贫。

【镇（街道）概况】玉蟾街道　地处川渝结合部、泸县县城所在地，东邻得胜镇，西、北与福集镇相连，南与天兴镇、牛滩镇接壤，面积79.5平方公里，辖10个社区、12个行政村。下辖58个居民小组，城镇户籍人口4.7万人；119个村民小组，农村户籍人口4.8万人；流动和暂住人口5万余人。2015年，完成国民生产总值（GDP）33.78亿元，其中第一产业增加值2.22亿元，第二产业增加值16.53亿元，第三产业增加值14.36亿元；规模以上工业增加值11.90亿元，全社会固定资产投资49.87亿元，社会消费品零售总额13.042亿元，农民人均纯收入13316元，城镇居民人均可支配收入29294元。财政税收1.104亿元（其中地方财政一般预算收入5469万元）。

泸县天凤段黑木耳专业合作社栽培的天凤黑木耳

福集镇　位于泸州西北部，境内濑溪河、九曲河环绕，东邻方洞镇，西接富顺县，北与嘉明镇、喻寺镇相连，南与天兴镇、泸县玉蟾街道办事处接壤。辖2个社区和16个村，总人口5.68万人，面积82.4平方公里。2015年，实现GDP8.48亿元；完成地方公共财政收入1018万元，完成目标任务排名居全县镇（街道）第二位；完成固定资产投资9.2亿元；实现规模以上工业增加值2.32亿元；实现社会消费品零售总额3.36亿元；城镇居民人均可支配收入28166元，农民人均纯收入11837元。

嘉明镇　地处泸州北部，北距隆昌县城12公里，南距泸县县城12公里，东与喻寺镇、重庆市石燕桥镇相邻，西与福集镇、隆昌县山川镇接壤。

面积46平方公里，辖1个社区、10个农业行政村，总人口43123人。2015年，实现地区生产总值19.1亿元，规模以上工业增加值13亿元，全社会固定资产投资17.6亿元，社会消费品零售总额3.4亿元。财政一般预算收入完成1279万元；城镇居民可支配收入29992元，农村居民可支配收入12293元。

喻寺镇　地处泸县北部，东与方洞镇、石桥镇相邻，南与玉蟾街道、福集镇、得胜镇、奇峰镇相接，西与嘉明镇连界，北与方洞镇及隆昌县接壤。辖11个农村行政村、2个社区，总人口50202人。2015年，实现地区生产总值7.88亿元，其中第一产业增加值1.95亿元，第二产业增加值3.49亿元，第三产业增加值2.44亿元；规模以上工业增加值4.63亿元；全社会固定资产投资10.48亿元；社会消费品零售总额4.52亿元；一般公共预算收入606万元；城镇居民可支配收入30036元，农民人均纯收入11775元。

方洞镇　位于泸县东北部，与重庆市荣昌县清江镇、清升镇、安富镇相临，与隆昌县李市镇接壤，是川渝三县交接的结合部。面积73.15平方公里，辖12个村民委员会和2个社区，总人口48771人。拥有国家级非物质文化遗产雨坛彩龙、国家级文物保护单位“屈氏庄园”、国家级历史文化名村“石牌坊村”3张国家级名片。2015年，实现生产总值93410万元，其中第一产业完成28196万元，第二产业完成42742万元，第三产业完成22472万元；地方财政一般预算收入完成784万元，其中国税302万元，地税482.4万元；社会消费品零售总额28480万元；农村居民人均纯收入11872元。

天兴镇　地处泸县西部，东与玉蟾街道相邻，南与牛滩镇相接，西与潮河镇连界，北与富顺县接壤，距泸县县城13公里，距成自泸赤高速公路瓦子出口3公里。面积48平方公里，辖8个行政村、1个社区，总人口29033人。2015年，实现生产总值94292万元，其中第一产业增加值16823万元，第二产业增加值58827万元，第三产业增加值19450万元；财政收入473万元；全社会固定资产投资78901万元；社会消费品零售总额21721万元；农民人均纯收入11793元。

牛滩镇　位于泸州北大门，泸县西南部，面积76平方公里，辖2个社区、16个农业村、147个村民小组。总人口4.7万人。2015年，实现地区生产总值10.45亿元；工业增加值5.9亿元，其中规模以上工业增加值4.82亿元；社会消费品零售总额4.3亿元；全社会固定资产投资10.51亿元；城镇常住居民人均可支配收入28080元，农村常住居民人均可支配收入12363元；地方公共财政收入975万元。

潮河镇　地处泸州北部、泸县西部，与自贡市富顺县接壤，是泸县、富顺边境物资集散中心，被列为四川省无公害优质水果生产基地，农业部南亚热带名优水果基地，素有“川南龙眼大镇”“中国晚熟龙眼之乡”的美誉。面积82.5平方公里，总人口6.2万人，总耕地面积3.86万亩(2590.60公顷)。2015年，实现生产总值7.17亿元；规模以上工业增加值1.35亿元；社会消费品零售总额4.55亿元；全社会固定资产投资8.15亿元；地方财政一般预算收入558万元；农民人均纯收入12401元，城镇人均可支配收入25814元。

海潮镇　地处泸县西南部，沱江下游；东与龙马潭区胡市镇接壤，南靠沱江与江阳区通滩镇相望，西与富顺县怀德镇接壤，北与泸县牛滩镇、潮河镇接壤。面积54平方公里，总人口3.4万人，辖7个行政村、1个社区、69个村民小组。2015年实现生产总值50891万元，其中第一产业增加值15010万元，第二产业增加值16900万元，第三产业增加值18981万元；地方公共财政收入845万元；社会消费品零售总额18146万元；全社会固定资产投资72020万元；农民人均纯收入12448元。

得胜镇　位于泸县南郊，素有泸县南大门之称，321国道、万得路、纳福港城大道等重要道路贯境而过。面积88平方公里，辖14个农业行政村、3个社区及141个村民小组、5个居民小组，总人口57972人。2015年，实现地区生产总值79469万元，规模以上工业增加值7689万元，全社会固定资产投资166210万元；全社会消费品零售总额42950万元；地方公共财政收入1068万元；农民人均纯收入12732元，城镇居民人均可支配收入26508元；引进到位国内市外资金85110万元；第三产业实现增加值2.8亿元。

云龙镇 位于泸州北部，泸县南部，面积60平方公里，南与龙马潭区石洞镇接壤，东、西、北分别与泸县兆雅镇、得胜镇、奇峰镇相连。省道泸荣公路和县道万得公路呈十字交叉贯穿全镇，区位优势明显。辖13个农业行政村、1个社区和107个农业合作社、8个居民小组，总人口51442人。2015年，实现地区生产总值24.8亿元，其中第一产业2.4亿元，第二产业19.6亿元，第三产业2.8亿元；全社会固定资产投资13.54亿元；城镇居民人均可支配收入30251元，农民人均纯收入11944元。

奇峰镇 位于泸州北部、泸县中部，距县城福集28公里，距泸州30公里。面积68平方公里，辖12个农业村、3个社区、114个村民小组，有耕地面积3.58万亩（2402.68公顷），人口4.88万人。2015年，实现地区生产总值7.665亿元；规模以上工业增加值2.114亿元；固定资产投资11.42亿元；社会消费品零售总额4.23亿元；地方公共财政收入733万元；城镇居民人均可支配收入28990元，农民人均纯收入12100元。

玄滩镇 位于泸县东北部，东临永川，西连福集，南通泸州，北接荣昌。面积115平方公里，辖20个农业行政村、5个社区，总人口9.2万人。城镇建成区面积3.2平方公里，常住人口3.4万人，城镇化率40%。2013年列入四川首批“百镇建设试点行动”试点镇，2014年列为全国重点镇。2015年，实现全社会固定资产投资16.04亿元；社会消费品零售总额8.51亿元；发放农业“三项补贴”788万元，第一产业实现增加值3.8亿元；新引进投资项目8个、跟踪项目10个，实际到位资金9.54亿元；实施工业技改项目6个，投入资金5.17亿元；实现工业总产值142414万元，工业增加值56823万元，其中规模以上工业增加值13566万元；地方公共财政收入1911万元；农村居民人均纯收入13134元，城镇居民人均可支配收入28389元。

泸县天展名人温泉度假酒店

石桥镇 位于泸县东北部，距离泸县县城33公里，距泸州市区47公里，距重庆市荣昌区24公里。辖12个行政村、2个社区及114个村（居）民小组，总户数12798户，总人口44908人。2015年，实现地区生产总值（GDP）8.23亿元；地方财政收入884万元；规模以上工业增加值2.45亿元；全社会固定资产投资9.78亿元；社会消费品零售额2.91亿元；城镇居民人均可支配收入29885元，农村居民人均纯收入12032元。

毗卢镇 位于泸县东北部，东临重庆市永川区，西连泸县石桥镇和玄滩镇，北抵重庆市荣昌县宝丰镇，南接泸县立石镇。面积72平方公里，辖12个村民委员会、3个社区。总人口43324人，其中城镇常住人口4246人，城镇化率9.8%；流动人口9238人。2015年，实现地区生产总值58110万元，第三产业增加值17750万元，财政收

入1354万元，社会消费品零售总额31110万元，农民人均纯收入11556元。

兆雅镇　位于泸州市中部，泸县东部，南依万里长江，西南与龙马潭区长安乡相邻，东与太伏镇、云锦镇，北与云龙镇接壤，面积67平方公里，辖8个行政村、2个社区和117个村民小组、8个居民小组，总人口4.45万人，总耕地面积3.2万亩（2147.65公顷）。2015年，实现地区生产总值17.5亿元；工业增加值11.9亿元；工业技改投入6.2亿元；第三产业增加值2亿元；农村居民人均收入12811元，城镇居民可支配收入28264元；地方一般公共财政收入1190万元。

太伏镇　位于泸县东部，距泸州27公里，距泸县县城40公里，与永川、合江相邻。面积114平方公里，辖2个社区、18个农业行政村，总人口77026人。2015年，实现地区生产总值122332万元；规模以上工业增加值36290万元；固定资产投资总额112130万元；社会消费品零售总额53000万元；地方公共财政收入769万元；农村居民人均可支配收入12532元，城镇居民人均可支配收入26114元。

云锦镇　位于泸县东部，泸州东北部，地处重庆永川与泸州的结合带，距泸州27公里，距县城福集40公里，距永川市区42公里，总面积106.34平方公里。2015年，实现地区生产总值14.32亿元；地方公共财政收入8646万元，其中地方财政一般预算收入1456万元；全社会固定资产投资11.40亿元；重点项目投资0.65亿元；规模以上工业增加值5.07亿元；社会消费品零售总额5.55亿元；城镇居民人均可支配收入2.9万元，农民人均可支配收入1.4万元。

立石镇　位于川、渝结合部，泸县东部，与重庆市永川区吉安镇接壤，南连百和镇和云锦镇，西连玄滩镇，北连毗卢镇。面积72平方公里，耕地面积22930亩（1538.93公顷），下辖10个行政村、1个社区，总人口42374人。2015年，实现地区生产总值13.0123亿元；社会固定资产投资7.85亿元；社会消费品零售总额4.24亿元；规模以上工业增加值7.79亿元；招商引资90808万元；城镇常住居民人均可支配收入28466元，农民常住居民人均可支配收入11575元；地方一般公共财政预算收入1451万元。

百和镇　位于川、渝结合部，泸县东部，东面与永川区朱沱镇交界，东南面与合江县参宝乡接壤，南面与太伏镇、西面与云锦镇、北面与立石镇毗邻，是泸州市实施“融入重庆”发展战略的桥头堡。面积81平方公里，辖11个行政村和1个社区，总人口5万余人。2015年，完成社会固定资产投资6.849亿元，地区生产总值（GDP）6.967亿元；规模以上工业增加值1.748亿元；农民人均纯收入11816元，城镇居民可支配收入27427元。　（熊　敏　高　翔）

合江县

【概况】面积2414平方公里，辖25个镇、2个乡，284个行政村、41个社区，年末人口91万人。2015年，实现地区生产总值161.74亿元，增长10.0%；地方一般公共预算收入8.89亿元，增长9.4%；全社会固定资产投资217.3亿元，增长24.1%；社会消费品零售总额76.5亿元，增长13.7%；城镇居民人均可支配收入22249元，增长8.7%；农村居民人均可支配收入12027元，增长10.2%。

【工业经济】组建临港工投，与市工投集团共同组建合江工投公司，到位资金5.1亿元。加强园区基础设施建设，园区大道及绿化工程、排污管网等基本建成。出台《企业创新创业奖励实施细则》。议中管业二期、中能能源等项目建成投产，金田纸业一期、凯发玻璃科技等项目进展顺利，聚碳酸酯项目开工建设。新培育规模以上工业企业9家，规模以上工业增加值增速15%。

【农业经济】新发展真龙柚6.1万亩（4093.96公顷）、金钗石斛等中药材2万亩（1342.28公顷），示范改良荔枝2020亩（135.57公顷），荔枝、真龙柚产量分别达1460万千克、3500万千克。与西安临潼区结为友好区县，成功举办合江“妃子笑”

荔枝重返长安系列活动。在西安、重庆等地设立营销网点，宣传推介合江荔枝和真龙柚，完成销售收入14.8亿元。种植无公害蔬菜25万亩（1.68万公顷），稳定10亿斤粮食生产水平。新培育市级龙头企业3家、示范农民合作组织8个，新建家庭农场52个。合江金钗石斛获国家地理标志产品保护。密溪乡被评为全国“一村一品”示范乡镇。省农产品质量安全监管示范县、现代林业建设重点县顺利通过验收。

【服务业】成立旅游景区管理委员会，强化全县景区建设和管理。金龙湖旅游开发项目开工建设，建成旅游公路路基工程8.6公里。玉兰山琴蛙湖大坝完成总工程量的91%，与省能投集团签订佛宝景区合作框架协议。尧坝古镇创AAAA工作进展顺利。成功举办“荷塘荔色”乡村旅游节、尧坝古镇文化旅游节等活动。全年接待游客607万人次，实现旅游收入37亿元。大力发展电子商务、金融服务等产业，京东商城、苏宁易购等电商平台入驻合江，成功引进乐山商行，实现金融业税收1.28亿元，培育规模以上服务企业10家。

【重大项目建设】合江县与中交第二公路工程局有限公司签订20亿元的基础设施建设PPP项目，长江公路大桥、西扩2#线、泸合路西扩段改造等子项目开工建设。泸合路大修、天魂路（天堂坝—洞坪段）加宽改造工程全面完工，法王寺互通项目道路工程基本建成。泸合产城大道完成总工程量的75%。12座渡改桥项目前期工作顺利推进。全年实施重点项目64个，完成投资25.5亿元。

【城乡建设】荔枝文化广场上广场完成施工图设计，城西湿地公园完成总工程量的70%。举办合江首届房交会，出台房地产29条新政。省级园林县城通过检查验收，撤县设市进展顺利。推进九支镇新型城镇化建制镇示范试点，九支产城通道建成投用，场镇实现“白+黑”全覆盖。大桥长江村、白沙灵丹村等幸福美丽新村示范点加快建设，新建幸福美丽新村20个。全县城镇化率36.9%。

【资金项目引进】争取上级各类补助资金27亿元，增长12.5%。成功获批地方政府债券6.6亿元、农发行专项建设基金3.61亿元、农发行易地扶贫搬迁项目贷款7亿元；上争建设用地指标3794亩

合江县农家新居

（254.63公顷）。成功引进重庆燃气集团LNG综合利用、赞宇科技等一批项目。

【基础设施建设】锁口水库枢纽工程主体建成，月台安置点交付使用，庙岭埂安置点主体完工。小农水重点县项目进展顺利，新建和整治渠系182公里、山坪塘195口、蓄水池341口，新建提灌工程4座，建成高效节水灌溉农田1720亩（115.44公顷）。实施农村安全饮水项目，解决13.8万农村群众饮水安全问题。完成龙潭220千伏输变电一期工程，改造43个村、807千米低压线路。建成农村公路改善工程、通村通畅工程等137公里。

【脱贫攻坚】出台《扶贫攻坚决定》，制定16个扶贫攻坚专项实施方案，落实“五个一批”精准扶

贫计划，加快实施特色产业发展、公共服务、生态建设等“十大脱贫攻坚行动”。完成22686户、68813人的贫困对象精准识别。落实64个贫困村“六个一”工作组，提高帮扶的针对性和实效性。新建福宝镇鲤鱼村等13个贫困村通村公路54.8公里，完成农村D级危房改造942户。省委常委、省总工会主席李登菊牵头联系合江县脱贫工作，省委编办、四川医科大学、泸州老窖集团等单位定点帮扶成效显著。

【社会事业】投入1.1亿元实施农村薄弱学校改造等123个项目，恢复3个村级教学点，新建5所乡镇公办幼儿园。职业教育发展壮大，三河职业学院改建项目开工建设。加快公立医院改革，启动县中医院搬迁、县疾控中心和卫监大队等项目建设；完成妇幼保健院及3个乡镇卫生院改扩建项目。合江荔枝古道列入“蜀道”世界自然与文化遗产项目提名地。建成保障性住房1712套。贯彻落实新《食品安全法》。成功创建省级双拥模范县。开展“大众创业、万众创新”，设立“双创”引导基金1000万元，新增城镇就业5536人，城镇登记失业率3.73%。

【体制改革】加快行政体制改革，深入推进事业单位分类、医药卫生体制改革。精简审批程序，承接上级下放审批事项74项，保留行政审批事项182项。探索县级审批事项下放，激发乡镇活力。农村集体土地使用权确权登记颁证工作全面启动，建成产权流转交易服务平台。全面实施国库集中支付改革和会计县级委派制度。全县新登记注册各类市场主体4790户。

【社会治理】推行安全生产“三级五覆盖”，开展隐患大排查大整治行动，排查整改安全隐患1236个，关闭和退出非煤矿山56家，实施县城垃圾处理厂、一转盘地下商场安全隐患整治工程，全年未发生较大以上生产安全事故。持续开展矛盾纠纷排查调处，落实领导包案督办制度，全县集中化解信访积案25件。强化社会治安综合治理，新改建高清天网点位183个，集中开展“打黑除恶”“飓风扫毒”等专项行动，刑事案件发案率下降9.88%。

【乡镇概况】合江镇　县城所在地，面积75平方公里，辖18个农业村、8个社区，年末总人口108768人。全年，完成生产总值280735万元，财政收入23014万元，农民人均纯收入12925元。

密溪乡　位于县城西隅，面积48平方公里，辖9个农业村、1个社区，年末总人口23222人。全年完成生产总值32266万元，财政收入5500万元，农民人均纯收入12534元。

白米镇　位于县城以北，面积74平方公里，辖12个农业村、1个社区，年末总人口43601人。全年，完成生产总值74377万元，财政收入4205万元，农民人均纯收入12667元。

望龙镇　位于县城以北，面积55平方公里，辖10个农业村、1个社区，年末总人口33275人。全年，完成生产总值51949万元，财政收入5572万元，农民人均纯收入11202元。

白沙镇　位于县城以北，面积33平方公里，辖7个行政村、2个社区，年末总人口23135人。全年，完成生产总值41863万元，财政收入7924万元，农民人均纯收入11791元。

神臂城镇　位于县城西北面，与泸县接壤，面积34平方公里，辖7个农业村、1个社区，年末总人口21461人。全年，完成生产总值38825万元，财政收入7046万元，农民人均纯收入11851元。

参宝镇　位于县城以北，与泸县、重庆永川区接壤，面积44平方公里，辖11个农业村、1个社区，年末总人口28173人。全年，完成生产总值37201万元，财政收入4310万元，农民人均纯收入11389元。

佛荫镇　位于县城西南，面积64平方公里，辖12个农业村、1个社区，年末总人口40008人。全年，完成生产总值75269万元，财政收入4773万元，农民人均纯收入12804元。

大桥镇　位于县城西南，面积69平方公里，辖15个农业村、1个社区，年末总人口44714人。全年，完成生产总值74949万元，财政收入12547万元，农民人均纯收入12698元。

尧坝镇　位于县城西南，与江阳区、纳溪区

接壤，面积 68 平方公里，辖 9 个农业村、1 个社区，年末总人口 30501 人。全年，完成生产总值 51859 万元，财政收入 9196 万元，农民人均纯收入 12060 元。

先市镇　位于县城西南，面积 65 平方公里，辖 12 个农业村、2 个社区，年末总人口 42512 人。全年，完成生产总值 69044 万元，财政收入 13913 万元，农民人均纯收入 12306 元。

法王寺镇　位于县城西南面，面积 99 平方公里，辖 12 个农业村、1 个社区，年末总人口 34684 人。全年，完成生产总值 49427 万元，财政收入 5095 万元，农民人均纯收入 12056 元。

九支镇　位于县城西南面，与贵州省赤水市隔江相望，面积 122 平方公里，辖 12 个农业村、3 个社区，年末总人口 37693 人。全年，完成生产总值 76897 万元，财政收入 22698 万元，农民人均纯收入 12095 元。

五通镇　位于县城西南，与纳溪区、叙永县和贵州省赤水市接壤，面积 101 平方公里，辖 9 个农业村、1 个社区，年末总人口 27031 人。全年，完成生产总值 35451 万元，财政收入 6580 万元，农民人均纯收入 11235 元。

车辋镇　位于县城南面，与贵州省赤水市接壤，面积 85 平方公里，辖 9 个行政村、1 个社区，年末总人口 24390 人。全年，完成生产总值 38193 万元，财政收入 6779 万元，农民人均纯收入 11537 元。

实录镇　位于县城南面，面积 61 平方公里，辖 8 个农业村、1 个社区，年末总人口 27200 人。全年，完成生产总值 38937 万元，财政收入 7100 万元，农民人均纯收入 12101 元。

凤鸣镇　位于县城南面，与贵州省赤水市接壤，面积 128 平方公里，辖 15 个农业村、1 个社区，年末总人口 37598 人。全年，完成生产总值 62725 万元，财政收入 9296 万元，农民人均纯收入 12154 元。

虎头镇　位于县城东南隅，与贵州省赤水市接壤，面积 63 平方公里，辖 8 个农业村、1 个社区，年末总人口 29770 人。全年，完成生产总值 52731 万元，财政收入 12282 万元，农民人均纯收入 12322 元。

榕山镇　位于县城东面，与重庆市江津区接壤，面积 88 平方公里，辖 12 个农业村、3 个社区，年末总人口 49360 人。全年，完成生产总值 157567 万元，财政收入 20471 万元，农民人均纯收入 12868 元。

榕右乡　位于县城东面，与贵州省赤水市接壤，面积 71 平方公里，辖 6 个农业村、1 个社区，年末总人口 19754 人。全年，完成生产总值 24186 万元，财政收入 4190 万元，农民人均纯收入 9778 元。

白鹿镇　位于县城东面，面积 77 平方公里，辖 11 个农业村、1 个社区，年末总人口 38200 人。全年，完成生产总值 56166 万元，财政收入 10327 万元，农民人均纯收入 12369 元。

甘雨镇　位于县城东面，面积 83 平方公里，辖 11 个农业村、1 个社区，年末总人口 29749 人。全年，完成生产总值 42113 万元，财政收入 8394 万元，农民人均纯收入 11747 元。

南滩镇　位于县城东南面，与重庆市江津区接壤，面积 46 平方公里，辖 6 个农业村、1 个社区，年末总人口 15749 人。全年，完成生产总值 22855 万元，财政收入 4769 万元，农民人均纯收入 10196 元。

石龙镇　位于县城东南面，与重庆市江津区接壤，面积 55 平方公里，辖 7 个农业村、1 个社区，年末总人口 15294 人。全年，完成生产总值 19492 万元，财政收入 3269 万元，农民人均纯收入 9980 元。

先滩镇　位于县城东南面，与重庆市江津区接壤，面积 92 平方公里，辖 11 个农业村、1 个社区，年末总人口 22444 人。全年，完成生产总值 30867 万元，财政收入 4541 万元，农民人均纯收入 9874 元。

自怀镇　位于县城东南面，与重庆市江津区接壤，面积 189 平方公里，辖 7 个农业村、1 个社区，年末总人口 14495 人。全年，完成生产总值 17969 万元，财政收入 2544 万元，农民人均纯收入9765元。

福宝镇　位于县城东南面，与贵州省赤水市习水县接壤，面积425平方公里，辖18个农业村、2个社区，年末总人口36448人。全年，完成生产总值63514万元，财政收入6919万元，农民人均纯收入11740元。（伍家华　王大琼）

叙永县

【概况】叙永县辖区面积2976.8平方千米，其中耕地面积55.08万亩，森林面积236.9万亩、森林覆盖率55.2%。辖18个镇、7个乡，其中苗族乡3个、彝族乡2个；231个村、1657个村民小组，30个社区、210个居民小组。2015年末，总人口72.34万人，其中非农业人口11.41万人，少数民族人口7.6万人、占全县人口10.4%，苗族5.8万人、彝族1.4万人。全年实现生产总值（GDP）实现102.25亿元，比2014年增长（下同）11.0%；全社会固定资产投资108.40亿元，增长35.20%；地方一般公共预算收入7.01亿元，增长16.20%；规模以上工业增加值实现12.9亿元，增长14.4%；社会消费品零售总额54.57亿元，增长13.7%；城镇居民人均可支配收入20354元，增长8.5%；农村居民人均纯收入9023元，增长10.50%。人口出生率11.42‰、死亡率8.53‰、自然增长率2.89‰，城镇化率31.22%。

【工业经济】2015年，实施重点企业培育工程和创新驱动战略，引导企业技术创新，重点培育企业“小升规”和小微企业“个转企”，建成省级小企业创业示范基地。工业园区入驻企业27家，投产企业23家，其中规模以上工业企业15家。重点培育泸州赛德水泥有限公司等10家优势骨干企业，向规模化、集约化发展。全年，工业增加值42.6亿元，比2014年（下同）增长13.5%。其中规模以上工业增加值同比增长14.6%。规模以上工业企业主营业务收入47.25亿元，增长9.8%。利润9199万元，下降52.3%。建筑业增加值4.53亿元，增长24.0%。具有资质等级的总承包和专业承包建筑业企业实现利润3.45亿元，增长13.2%。房屋施工面积124.72万平方米，增长18.3%。其中，住宅施工面积76.12万平方米，下降4.7%。商品房销售面积28万平方米，增长53.4%，商品房销售额9.54亿元，增长51.4%。

【农村经济】及时推出稳增长“21条”措施，加快川南黑山羊基地、倒流河水库、金桂生态园等项目建设。建成油茶3万亩、甜橙4万亩、核桃4.5万亩、烤烟种植3万亩、高山反季蔬菜基地7万亩；发展“熊猫城”跨境电商平台、天赐供合商城上线运营，建成乡、村电商服务站20个。建立“三资”综合运用平台，实行网络账务处理；25个乡镇和6个重点村实现会计核算电算化，监督检查信息化，公开公示电子化。建设水稻、水果、茶叶等标准化示范基地4.5万亩。产销“清凉洞牌”水磨糯米磕粉5000余吨，实现产值4000余万元，并获得有机转换认证证书。农作物播种面积125.46万亩，其中粮食种植面积89.79万亩、经济作物播种面积35.67万亩。粮食总产量23.98万吨，增长2.5%；油料产量4881吨，增长1.6%；糖料产量2119吨，增长1.1%；烟叶产量6112吨，增长6.8%；蔬菜及食用菌产量21.85万吨，增长5.9%，产值3.38亿元；茶叶产量1245吨，增产2.5%，产值1.10亿元；水果产量2.01万吨，增产2.0%，产值3.25亿元。生猪出栏46.47万头，下降2.8%；肉牛出栏4.3万头，增长40%；肉羊出栏6.1万只，增长30%；家禽出栏400万羽，增长12.5%。肉类总产量3.94万吨，下降0.2%；畜牧业总产值现价17亿元。营造林18.98万亩，义务植树206万株；新增森林面积2.68万亩，新增森林蓄积27.6万立方米，森林覆盖率提高了0.6个百分点；新建林竹产业示范基地1.85万亩，改造低产低效林3万亩，新增竹林面积71737亩。打造4000亩油茶产业、1500亩核桃产业、2000亩用材林、2000亩林下中药材种植示范基地。争取到位林业项目资金10831.33万元，引进四川乌蒙山雨阳生态农业有限公司投资1亿元开发油茶精加工产品，完成固定资产投资6061万元，林业总产值实现35.828亿元（林业统计口径），农民从林业上获得的人均纯收入达2258元。全县农林牧渔业总产值实现33.61亿元，增长4.4%。农业、林业、牧业、渔业及农林牧渔服务业协调发展，分别实现产值17.40亿元、2.88亿元、12.60亿元、0.35亿元和0.36亿元，分别增长3.6%、8.2%、4.6%、5.9%、6.3%。全年农民人均可支配收入9023元，增长10.50%。农村劳动力转移输出20.55万人，实现劳务收入38.23亿元。

【商贸经济】着力开展商贸、物流、旅游、餐饮、住宿等重点服务业行业管理，探索推进电子商务进农村工作，扶持本地电商平台加快发展，新培育入统商务企业13家，其中新增规模以上服务业企业5家，新增限额以上社会消费品零售企业8家。商务领域呈现“稳定增长，加快转型”的态势，实现服务业增加值32.87亿元，增速10.0%。实现社会消费品零售总额54.57亿元，增长13.7%，城镇消费品零售额33.64亿元，增长13.3%；乡村消费品零售额20.93亿元，增长14.5%。进出口总额333万美元，增长64%；利用外资800万美元。

【财税金融】清理规范整改税收等优惠政策，提出稳增长政策措施和相关招商引资对策，实现所有财政资金都通过“大平台”支出。2015年，全县地方公共财政预算收入7.01亿元、同口径增长16.2%，其中税收收入4.46亿元，增长12.7%。地方公共财政预算支出40.02亿元，增长24.3%。其中：一般公共服务支出1.94亿元，增长22.4%；公共安全支出1.64亿元，增长54.5%；教育支出9.47亿元，增长25.6%；科学支出7731万元，增长137.3%；社会保障和就业支出4.44亿元，增长14.1%；医疗卫生支出4.59亿元，增长25.0%；节能环保支出1.46亿元，增长18.5%；城乡社区事务支出4814万元，增长18.8%；农林水事务支出8.52亿元，增长18.6%。

贯彻执行稳健货币政策，合理安排信贷资金投向，鼓励金融机构向房地产企业及个人购房提供贷款财政措施和缓解企业融资难、融资贵。全社会各项存款余额109.81亿元，增长14.42%。其中：城镇居民储蓄存款余额44.43亿元，增长13.8%；农村居民储蓄存款余额37.52亿元，增长21.9%。全社会各项贷款余额64.57亿元，增长31.3%。

建设中的叙古高速螺丝寨特大桥

【文化卫生事业】全年投入1373万元，购置多媒体“班班通”设备271套、学生计算机1290台。学前教育提质扩容，新建兴隆、天池和大石等3所乡镇中心幼儿园。全县2015年年底有各级各类学校364所，教职工5076人，在校学生12.12万人，其中民办学校在校生1.02万人，在园幼儿1.87万人。完成职业教育4845人，中职招生1165人，应届初中生职前培训8477人，培训面100%，就业培训10万人次。高考本科上线1512人，其中重本上线298人，叙永一中连续4年获得泸州市A类学校评估一等奖，叙永二中连续3年获得泸州市B类学校评估一等奖。

县人民医院、县中医医院建成二级甲等医院，两家县级医院共增加业务用房2.7万余平方米。举办民营医院6个，门诊2个，社区卫生服务站9个。新招录医务人员194名，新注册乡村医生552名，培训乡（镇）村两级卫生人员3500余人次。新增村级中医药人员276名，增加中医药服务阵地5715平方米，购置中医药诊疗设备889台。落实计划生育奖励扶助、特别扶助等政策资金966万元。全民预防保健累计体检30.9万人，开展健康管理，管理慢病高危人群、疾病人群等77098人，开展“2+1”精准管理7475人。探索出“3513”农村贫困地区预防保健服务模式——“泸州模式·叙永经验”，得到中央第四巡回督导组组长张维庆肯定。

【社会保障】全年，个体新参保1315人，城乡居民基本养老保险向企业职工基本养老保险转移3394人，征收养老保险基金5275.6万元；城乡居民基本养老保险参保14.79万人，城乡居民社会养老保险参保缴费5.01万人；城乡居民基本医疗保险参保66.75万人，其中新型农村合作医疗56.74万人、居民基本医疗保险6.62万人；失业保险参保1.48万人，领取失业保险金3005人；工伤保险参保1.8万人，其中农民工8630人；生育保险参保9810人。享受城镇最低生活保障7381人，发放低保金2450.1余万元；享受农村最低生活保障35395人，发放低保金5663.5万元。发放医疗救助金799.2万元、自然灾害生活救助资金213.6万元、“五保”、孤残儿童供养金1402.4万元。投资678万元，新建儿童福利院、新增床位100张，10个城乡日间照料中心，16个农村幸福院。鼓励社会力量投资80万元，新增民办养老机构1个，床位100张。启动推进第二批农村危房改造6001户，补贴廉租房1000户（其中新增保障对象100名）、14所中小学新建公租房303套，改造棚户区开工6077套。全年全县投入4700万元，在全国率先开展全民预防保健试点工作，累计体检31.8万人，管理慢病高危人群、疾病人群等7.71万人，开展“2+1”精准管理7475人。探索出“3513”农村贫困地区预防保健服务模式——“泸州模式·叙永经验”，得到中央第四巡回督导组组长张维庆肯定。

【环境资源】全年全县供应国有建设用地97.42公顷，其中工矿仓储用地19.2公顷、房地产用地44.26公顷、商服用地28.06公顷、公共管理与公共服务用地2.29公顷、交通设施用地3.61公顷。完成人工造林3379公顷，其中林业重点工程人工造林3046公顷；天然林资源保护工程人工造林333公顷，退耕还林工程人工造林2713公顷。年末，全县森林覆盖率55.2%，年平均气温18.9℃，相对湿度89%，降水总量1432.4毫米。规模以上工业企业能源消费27.46万吨标准煤，增长21.9%。其中煤炭消费量增长16.8%，占能源消费总量的80.5%；天然气消费量769万立方米，占能源消费总量的2.8%；电力消费量增长11.7%。年末城市污水处理厂日处理能力1.3万立方米，城市污水处理率83%，提高1.2个百分点。建成城区绿地率27.5%，提高0.5个百分点。

【农村改革】开展农村土地承包经营权确权登记颁证，完成全县25个乡镇233个村1669个社16万农户的信息收集、航拍（1∶1000）、调查、确认、公示、信息录入和合同签订；确权登记农户13.71万户，地块131.06万块，面积144.17万亩，占98.72%，承包经营权确权登记颁证率97.4%；建成农村产权流转交易平台和服务窗口，承包经营权流转率12.27%。农村集体土地所有权、集体建设用地使用权确权登记颁证完成25个乡镇1670宗集体土地所有权的外业测绘、内业制作、代码转换、发证台账、资料扫描和数据库建库。集体林权确权登记率96.2%，颁证率97.8%。农村房屋所有权确权登记颁证74.2%，录入21%。完成52座提灌站的确权颁证。林地重新确权颁证20677本37507宗21.84万亩。

【精准脱贫】扶贫开发建档立卡“回头看”，锁定全县20394户贫困户77240名贫困人口，按照“五个一批”量身定做脱贫方案；推进“十大扶贫攻坚行动”，投入扶贫专项资金1.4亿元，整合行业部门资金5.9亿元，动员社会力量投入资金1590万元，实施扶贫项目181个，脱贫解困19432人；水尾西溪旅游扶贫示范项目加快推进。投入4700万元，开展全民预防保健试点工作，探索建立农村贫困地区预防保健服务体系。累计体检31.8万人，并对贫困人口重点人群实行“2+1”精准健康管理。全年民生事业支出33.3亿元，占地方公共财政支出的83.1%。开展社会兜底保障，救助困难群众62万人次；解决了农村7.12万人饮水安全和1.5万户用电难问题；完成地质灾害避险搬迁528户；改造农村危房10086户。创建全市唯一的省级科技扶贫示范县。

叙永县水潦乡高标准农田示范区

【乡村旅游】 丹山休闲养生旅游，水尾何家沟休闲度假区、江门古寨开门迎客，赤水河流域万亩花海游客首次突破30万人次；江门桃花坞旅游度假村、向林天河风景区等项目正加快前期工作；举办大型赏花节、文化旅游活动，乡村旅游接待游客200万人次，实现经营收入6亿余元。

【撤乡建镇】 12月6日，泸州市人民政府根据《四川省人民政府关于同意叙永县调整乡镇行政区划的批复》（川府民政〔2015〕24号）精神和行政区划调整的有关规定，行文（泸市府函〔2015〕363号）同意叙永县调整部分乡镇，撤销麻城乡、营山乡、兴隆乡、向林乡，设立麻城镇、营山镇、兴隆镇、向林镇，分别辖原麻城乡、营山乡、兴隆乡、向林乡所属行政区划，各镇人民政府驻地仍为原乡人民政府驻地址。

【“8·17”重大洪灾】 2015年8月16日20时—17日8时，叙永境内遭受暴雨袭击成灾，死亡15人，因灾失踪9人；受灾面积3989.86公顷，成灾2328.78公顷，绝收642.5公顷，毁坏耕地30公顷；受灾人口113905人，房屋倒塌713户2169间，严重损坏房屋2219户5496间，一般损坏房屋3400户8103间；直接经济损失44204.26万元，其中家庭财产损失16499.2万元。受灾最严重的白腊苗族乡高峰村一带，山洪暴发，沿高山峡谷地带房屋被冲毁，道路、通讯、电力等基础设施全部中断，全乡受灾人数12150人，确认死亡15人、失联9人，经济损失2.9亿元。

17日凌晨1点半，县委、县政府主要领导立即赶赴白腊苗族乡，组织开展抢险救援工作。凌晨4时，启动防洪四级响应；凌晨4时45分，启动防洪二级响应，并迅速成立叙永县“8·17”抗洪抢险指挥部，建立“县—乡—村—社”四级联动工作体系，下设人员搜救组、善后安置组、电力通讯组、后勤保障组、宣传报道组、医疗卫生组、交通保畅组7个工作组，统筹开展抗洪抢险工作。13点半，县委主要领导率领公安、武警、消防、应急民兵等40余人，从白腊乡政府徒步36.8公里，于22点半抵达重灾区高峰村，现场指挥抢险救灾。随后组织武警官兵120人、消防官兵90人、民兵100人，分成7个工作搜救队，进行全方位、全覆盖搜救。同时，沿河开展拉网式搜寻，在永宁河设置3道拦河网，在龙凤镇、马岭镇设置2个打捞点，积极协调市上及其他区县海事部门，在下游纳溪、合江等设置3个观察点。按照“一户一人”原则，实行专人负责，及时对死亡失联人员家庭做好情绪稳控、日常生活、后事办理等工作。及时对已确认的死亡人员，按照每人6867元标准发放死亡抚恤金；对死亡或失联人员家庭，按照每人1000元的慰问标准，走访慰问；对受灾群众，按照“乡干部包村、村干部包社”“户申请、社审核、村公示”的原则，确定临时救助对象，发给每人每天1斤粮、10元钱和每月1桶油，确保受灾群众基本生活有保障。督促县人保财险公司，本着“从优理赔、优先理赔”的原则，及时开展理赔。筹措发电机20台、打米机10台、汽油2500升、柴油2500升、食用油2000桶、军用棉被300床、蜡烛1万支、折叠床300床、大米100吨、雨衣100件、手电筒100只等救灾物资陆续送往灾区。全力抢通水、电、路、通讯设施，积极协调泸州工兵团，投入大型器械4台，于8月25日全力抢通云南威信—白腊乡天堂坝的“生命通道”，确保抢险人员、装备、物资及时运达灾区；本着“先通主线、再通支线”的原则，全力抢修受损电路，及时恢复主干线供电；及时改设高峰场镇取水点并铺通管道，恢复场镇700多人供水；组织移动、电信、联通等全力抢修，于8月18日全面恢复通讯。及时落实交通、国土、地灾防治等职能部门对白腊苗族乡境内地质灾害隐患点，进行全面摸排调查，加强监测预警，避免次生灾害发生。并根据中央、省、市关于“8·17”抗洪救灾及灾后重建的批示精神，科学编制总体规划，有序开展灾后重建工作。

“8·17”洪灾发生后，紧急转移安置受灾群众4784人，县财政紧急划拨应急救助资金200万元，发放抚慰金16.48万元、救灾帐篷301顶、大米14.62万斤、食用油1280桶、棉被3030床、大衣200件、蜡烛28420支、手电筒240支、折叠床220张。募集善款196.7万元全部如数划拨白腊灾区。至12月底，下拨救灾资金1161.3万元，其中生活救助资金213.6万元；因灾重建资金535.2万元，援助446户每户1.2万元；冬令春荒生活救助金412.5万元；冬春物资大米76.5万斤、大衣5150件、棉被5950床、绒衣裤112套、棉胎156床、防寒衣450件、短棉衣150件、棉鞋100双。

【建成首个城市公园】2015年12月，鱼凫公园竣工向市民开放。该项目作为重大民生工程，于年初正式启动建设。公园核心区面积150亩，由广场区、中心湖区、起步区、郊野公园及商业步行区等几个部分组成，项目有近5000亩的自然山体，山脉连绵起伏、山野郁郁葱葱，登高远眺，总览县城全貌，自然景观极佳，是城市的后花园。

【乡镇概况】叙永镇　叙永县城所在地、四川省安全社区、泸州市第一人口大镇、市级科技示范镇。叙永县城是四川省首批历史文化名城、省级贸易开发区。境内有国家级重点文物保护单位——春秋祠。辖区面积117.4平方千米，其中耕地2.84万亩、林地6.66万亩。辖17个村、105个村民小组，9个社区、127个居民小组。总人口10.16万人，其中农业人口4.10万人。2015年，地区生产总值（GDP）27.60亿元，粮食产量1.39万吨，社会消费品零售总额24.76亿元，公共财政预算收入12178万元、预算支出3369万元，农民人均可支配收入11439元。

江门镇　位于叙永北端，素称叙永“北大门”。镇政府驻地距县城37千米。全国人口和计划生育依法行政示范乡镇。辖区面积164.7平方千米，其中耕地2.81万亩、林地15.57万亩。辖11个村、84个村民小组，1个社区、3个居民小组。总人口3.65万人，其中农业人口3.06万人。2015年，地区生产总值（GDP）4.04亿元，粮食产量1.55万吨，社会消费品零售总额2.15亿元，公共财政预算收入1180万元、预算支出1505万元，农民人均可支配收入10931元。

马岭镇　位于县城北面，镇政府驻地距县城27千米。辖区面积102.7平方千米，其中耕地3.10万亩、林地6.39万亩、森林覆盖率30%。辖11个村、81个村民小组，1个社区、10个居民小组。总人口3.66万人，其中农业人口3.09万人。2015年，地区生产总值（GDP）3.31亿元，粮食产量1.74万吨，社会消费品零售总额2.12亿元，公共财政预算收入566万元、预算支出1374万元，农民人均可支配收入10233元。

天池镇　位于县城北面，镇政府驻地距县城29千米。辖区面积66.7平方千米，其中耕地1.63万亩、林地4.71万亩。辖5个村、35个村民小组，1个社区、3个居民小组。总人口2.07万人，其中农业人口1.80万人。2015年，地区生产总值（GDP）2.23亿元，粮食产量8121吨，社会消费品零售总额1.72亿元，公共财政预算收入358万元、预算支出 1202 万元，农民人均可支配收入 10516 元。

水尾镇　位于县城东北面，镇政府驻地距县城 42 千米，全国百佳绿化乡镇。有“竹木之乡”“绿色明珠”之称。辖区面积 237.4 平方千米，其中耕地 2.18 万亩、林地 26.07 万亩。辖 11 个村、54 个村民小组，1 个社区、5 个居民小组。总人口 2.82 万人，其中农业人口 2.34 万人。2015 年，地区生产总值（GDP）3.59 亿元，粮食产量 1.18 万吨，社会消费品零售总额 2.03 亿元，公共财政预算收入 591 万元、预算支出 3126 万元，农民人均可支配收入 10230 元。

两河镇　位于县城西南面，镇政府驻地距县城 11 千米，全国亿万农民健身活动先进乡镇。辖区面积 139.9 平方千米，其中耕地 3.47 万亩、林地 8.54 万亩。辖 10 个村、111 个村民小组，1 个社区、8 个居民小组。总人口 3.58 万人，其中农业人口 3.30 万人。2015 年，地区生产总值（GDP）3.113 亿元，粮食产量 1.20 万吨，社会消费品零售总额 1.86 亿元，公共财政预算收入 281 万元、预算支出 2133 万元，农民人均可支配收入 9674 元。

落卜镇　位于县城南面，镇政府驻地距县城 15 千米。辖区面积 101.6 平方千米，其中耕地 1.63 万亩、林地 6.07 万亩。辖 9 个村、55 个村民小组，2 个社区、6 个居民小组。总人口 3.67 万人，其中农业人口 3.11 万人。2015 年，地区生产总值（GDP）8.77 亿元，粮食产量 9648 吨，社会消费品零售总额 1.91 亿元，公共财政预算收入 883 万元，预算支出 2398 万元，农民人均可支配收入 9780 元。

后山镇　位于县城南面，镇政府驻地距县城 27 千米。辖区面积 127.4 平方千米，其中耕地 1.97 万亩、林地 9.18 万亩。辖 9 个村、56 个村民小组，1 个社区、4 个居民小组。总人口 2.62 万人，其中农业人口 2.42 万人。2015 年，地区生产总值（GDP）8.35 亿元，粮食产量 9808 吨，社会消费品零售总额 1.70 亿元，公共财政预算收入 474 万元、预算支出 2293 万元，农民人均可支配收入 8710 元。

分水镇　位于县城南面，镇政府驻地距县城 54 千米，木格倒村入选中国首批传统村落。境内最高海拔罗汉林主峰 1902 米，是叙永县最高峰，也是泸州市最高峰。辖区面积 148.7 平方千米，其中耕地 2.86 万亩、林地 10.62 万亩。辖 12 个村、81 个村民小组，1 个社区、5 个居民小组。总人口 3.30 人，其中农业人口 3.18 万人。2015 年，地区生产总值（GDP）1.82 亿元，粮食产量 1.01 万吨，社会消费品零售总额 1.39 亿元，公共财政预算收入 858 万元、预算支出 1756 万元，农民人均可支配收入 8177 元。

摩尼镇　位于县城南面，镇政府驻地距县城 62 千米。辖区面积 138.5 平方千米，其中耕地 3.26 万亩、林地 9.02 万亩。辖 12 个村、70 个村民小组，1 个社区、8 个居民小组。总人口 3.54 万人，其中农业人口 3.11 万人。2015 年，地区生产总值（GDP）1.71 亿元，粮食产量 9550 吨，社会消费品零售总额 1.40 亿元，公共财政预算收入 766 万元、预算支出 1688 万元，农民人均可支配收入 7433 元。

赤水镇　位于县城南面，镇政府驻地距县城 97 千米。辖区面积 164.2 平方千米，其中耕地 2.69 万亩、林地 13.11 万亩。辖 13 个村、97 个村民小组，1 个社区、9 个居民小组。总人口 3.32 万人，其中农业人口 3.15 万人。2015 年，地区生产总值（GDP）1.65 亿元，粮食产量 9782 吨，社会消费品零售总额 1.73 亿元，公共财政预算收入 711 万元、预算支出 1593 万元，农民人均可支配收入 7462 元。

龙凤镇　位于县城北面，镇政府驻地距县城 5 千米。辖区面积 123.2 平方千米，其中耕地 2.69 万亩、林地 9.35 万亩。辖 11 个村、65 个村民小组，1 个社区、1 个居民小组。总人口 3.51 万人，其中农业人口 3.22 万人。2015 年，地区生产总值（GDP）5.82 亿元，粮食产量 1.16 万吨，社会消费品零售总额 1.84 亿元，公共财政预算收入 1038 万元、预算支出 2433 万元，农民人均可支配收入 10227 元。

正东镇　位于县城南面，镇政府驻地距县城

17千米。辖区面积128平方千米，其中耕地2.10万亩、林地9.19万亩。辖11个村、158个村民小组，1个社区、3个居民小组。总人口3.11万人，其中农业人口2.90万人。2015年，地区生产总值（GDP）11.12亿元，粮食产量8668吨，社会消费品零售总额1.20亿元，公共财政预算收入1233万元、预算支出2528万元，农民人均可支配收入9473元。

观兴镇　位于县城南面，镇政府驻地距县城57千米。辖区面积119.7平方千米，其中耕地1.91万亩、林地11万亩。辖10个村、66个村民小组，1社区、6个居民小组。总人口2.49万人，其中农业人口2.35万人。2015年，地区生产总值（GDP）2.40亿元，粮食产量7762吨，社会消费品零售总额9632万元，公共财政预算收入779万元、预算支出1537万元，农民人均可支配收入7265元。

向林镇　位于县城北面，镇政府驻地距县城52千米。辖区面积146平方千米，其中耕地2.09万亩、林地13.98万亩。辖8个村、62个村民小组，1个社区、2个居民小组，总人口2.36万人，其中农业人口2.24万人。2015年，地区生产总值（GDP）2.53亿元，粮食产量1.43万吨，社会消费品零售总额1.03亿元，公共财政预算收入478万元、预算支出1127万元，农民人均可支配收入9600元。

兴隆镇　位于县城北面，镇政府驻地兴隆场黄家坝距县城17千米。辖区面积88平方千米，其中耕地1.76万亩、林地5.88万亩。辖7个村、47个村民小组，1个社区、4个居民小组。总人口2.51万人，其中农业人口2.35万人。2015年，地区生产总值（GDP）2.51亿元，粮食产量1.22万吨，社会消费品零售总额9410万元；公共财政预算收入206万元、预算支出948万元，农民人均可支配收入9521元。

营山镇　位于县城南面，镇政府驻地距县城46千米。辖区面积79.6平方千米，其中耕地1.42万亩、林地4.82万亩。辖6个村、38个村民小组。总人口1.47万人，其中农业人口1.38万人。2015年，地区生产总值（GDP）2.09亿元，粮食产量5250吨，社会消费品零售总额6190万元，公共财政预算收入498万元、预算支出1147万元，农民人均可支配收入7130元。

麻城镇　位于县城南面，镇政府驻地距县城54千米。辖区面积87平方千米，其中耕地2.53万亩、林地4.63万亩。辖8个村、42个村民小组。总人口2.00万人，其中农业人口1.87万人。2015年，地区生产总值（GDP）9440万元，粮食产量7001吨，社会消费品零售总额7522万元；公共财政预算收入502万元、预算支出1536万元，农民人均可支配收入7242元。

大石乡　位于县城最北端，乡政府驻地距县城54千米。辖区面积120.4平方千米，其中耕地2.29万亩、林地11.62万亩。辖8个村、59个村民小组，1个社区、2个居民小组。总人口2.16万人，其中农业人口2.07万人。2015年，地区生产总值（GDP）1.79亿元，粮食产量1.38万吨，社会消费品零售总额9449万元，公共财政预算收入155万元、预算支出1085万元，农民人均可支配收入9377元。

黄坭乡　位于县城南面，乡政府驻地距县城30千米。辖区面积156.6平方千米，其中耕地2.81万亩、林地14.32万亩。辖11个村、81个村民小组。总人口2.49万人，其中农业人口2.42万人。2015年，地区生产总值（GDP）1.29亿元，粮食产量7971吨，社会消费品零售总额1.02亿元，公共财政预算收入207万元、预算支出1354万元，农民人均可支配收入7282元。

合乐苗族乡　位于县城东南面，乡政府驻地距县城22千米。辖区面积90.9平方千米，其中耕地1.33万亩、林地7.74万亩。辖5个村、30个村民小组。总人口1.28万人，其中农业人口1.24万人。2015年，地区生产总值（GDP）6551万元，粮食产量4206吨，社会消费品零售总额4676万元，公共财政预算收入573万元、预算支出1079万元，农民人均可支配收入6568元。

白腊苗族乡　位于县城南面，乡政府驻新店村距县城21千米。辖区面积126.1平方千米，其中耕地 2.08 万亩、林地 11.48 万亩。辖 7 个村、65 个村民小组。总人口 2.06 万人，其中农业人口 2.01 万人。2015 年，地区生产总值（GDP）9999 万元，粮食产量 8267 吨，社会消费品零售总额 4668 万元，公共财政预算收入 154 万元、预算支出 2800 万元，农民人均可支配收入 6407 元。

枧槽苗族乡 位于县城南面，乡政府驻地距县城 54 千米。辖区面积 81.4 平方千米，其中耕地 1.42 万亩、林地 5.97 万亩。辖 5 个村、36 个村民小组。总人口 1.28 万人，其中农业人口 1.16 万人。2015 年，地区生产总值（GDP）5924 万元，粮食产量 3890 吨，社会消费品零售总额 5372 万元，公共财政预算收入 404 万元、预算支出 1069 万元，农民人均可支配收入 6999 元。

水潦彝族乡 素有"鸡鸣三省"之称。位于县城最南端，乡政府驻地距县城 86 千米。辖区面积 83.1 平方千米，其中耕地 1.70 万亩、林地 6.97 万亩。辖 10 个村、53 个村民小组，1 个社区、3 个居民小组。总人口 2.31 万人，其中农业人口 2.18 万人。2015 年，地区生产总值（GDP）8450 万元，粮食产量 5133 吨，社会消费品零售总额 6336 万元，公共财政预算收入 688 万元、预算支出 1989 万元，农民人均可支配收入 7220 元。

石坝彝族乡 位于县城南面，乡政府驻地距县城 79 千米。辖区面积 37.7 平方千米，其中耕地 0.64 万亩、林地 2.56 万亩。辖 4 个村、26 个村民小组，1 个社区、1 个居民小组。总人口 0.93 万人，其中农业人口 0.86 万人。2015 年，地区生产总值（GDP）4699 万元，粮食产量 2220 吨，社会消费品零售总额 4121 万元，公共财政预算收入 167 万元、预算支出 835 万元，农民人均可支配收入 7418 元。（黄永红　王　伟）

古蔺县

【概况】2015 年，全县面积 3184 平方千米；辖 10 个乡（其中 3 个苗族乡）、16 个镇，社区 23 个，行政村 269 个。全年实现地区生产总值 128.1 亿元，增长 8.1%；地方公共财政收入 15.7 亿元，增长 5.1%；全社会固定资产投资 170.7 亿元，增长 23.9%；社会消费品零售总额 54.8 亿元，增长 13.6%；城镇居民可支配收入 22182 元，农村居民人均纯收入 9604 元，分别增长 8.3%和 10.3%。年末总人口 86.1 万人，其中非农业人口 9.5 万人，常住人口 70.29 万人。

【工业经济】白酒产业触底回升。郎酒集团转型提升取得新突破，红花郎、青花郎等中高端品牌销量增幅明显，"新郎酒"被认定为驰名商标。仙潭、金美等小巨人酒企圆满完成销售任务，中小酒企营销策略调整取得新进展。全县实现白酒销售收入 132.2 亿元。煤炭产业深度调整。观文煤矿启动试生产，箭竹坪煤矿重启建设，建兴煤矿技改扩能获准立项，龙山、大村煤炭物流基地建设稳步推进。实现原煤产量 134 万吨，销售收入 5.3 亿元。新兴产业加快发展。大理石矿权设置和出让工作进展顺利，大理石集中加工区加快建设，肝苏退城入园项目初步达成协议，箭竹、德耀风电项目完成前期工作，大村煤层气项目启动招商，大寨页岩气项目试采顺利结束。东城园区产业策划终评顺利完成，粮食仓储、物流园区等重点项目加快推进。全面推进电子商务产业发展，成功争取全省供销系统电子商务进农村示范县项目，蔺州蜜源、淘淘农家乐网店销售额突破 100 万元，20 个村级电子商务服务点初步建成，乌蒙蔺州等一批本土电商品牌迅速崛起。

【农村经济】全年出栏生猪 51.1 万头、肉牛 3.3 万头、商品羊 7.4 万只、家禽 113.5 万羽，新发展水果 1.35 万亩、蔬菜 1 万亩、茶叶 2000 亩、核桃 1.5 万亩、中药材 1 万亩，种植烤烟 7.5 万亩、完成收购 10 万担。

【民生工程】解决 14 万农村人口饮水不安全问题；新改建高低压线路 1675 千米，升级改造农村电网 34 个村 22278 户；危房改造 6068 户，建成保障性住房 400 套，实施地灾避险搬迁 254 户；中城中学运动场建设顺利推进，乡镇卫生院、寄宿制学校、中心幼儿园等建设目标全面实现；"宽带乡村"惠民工程圆满完成；火星山森林公园改造一期工程全面完工，新增城区公共停车位1002个，西区农贸市场启动建设；扶持创业1000人、免费培训农民工2000人，城镇新增就业5106人。

古蔺县高标准农田建设示范区

【招商引资】全县引进到位市外国内资金72.32亿元，完成市下达目标任务的103.3%，同比增长18.56%，其中省外国内到位资金30.23亿元。在省市招商活动中签约重大项目10个，签约资金45.8亿元。完成投资76.7亿元，优先保障重大、重点项目建设资金，建成重大项目5个，新开工重点项目12个，路、水、电、通讯等保障能力不断提升，209个项目被列入省市“十三五”规划。

【精准扶贫】出台扶贫攻坚实施意见，制定交通、水利、电力等18个专项扶贫方案和《财政专项扶贫资金项目管理办法》等3个配套文件，与《古蔺县农村扶贫开发规划（2011—2020年）》形成“2+18+3”的政策组合拳。开展精准识别“回头看”工作，清理核实建档立卡贫困户信息，开展“百千万”帮扶行动和“第一书记”驻村帮扶，实现117个贫困村驻村帮扶全覆盖。逐步改善贫困村基础条件。实施整村推进项目21个、精准扶贫项目26个、产业扶贫项目3个，建成通村水泥路71公里，解决1.1万贫困人口饮水不安全问题；完成630千米高低压线路、5886户户表的农网改造，贫困村农网改造全部列入规划；完成易地扶贫搬迁183户850人。

【旅游产业】深入推进全域旅游发展战略，《古蔺县乡村旅游发展示范片总体创意策划》启动编制，黄荆老林、太平古镇等重点景区改造提升工程有序实施，箭竹乡牛王洞、古蔺镇漆山村等旅游开发稳步推进，古蔺镇三道水、花果园等近郊乡村旅游目的地初步成型，箭竹大黑洞、东新青龙洞、水口两江沟瀑布等景区成功招商并启动开发。实现第三产业增加值32.5亿元。

【美丽城乡建设】《古蔺县城市总体规划（2008—2030年）》评估工作顺利启动，高速路收费站方案设计、火星山公园景观概念规划等落地实施。精致县城建设：西区连接线竣工投用，迎宾大道二期亮化工程等市政项目顺利完工，金融商贸综合体、中央花园等开发项目稳步实施；东城24米主干道完成路基工程，长沙二四社安置还房进展顺利；旧城改造，改造棚户区面积1.6万平方米。精品集镇开发：太平镇被列入全市新型城镇化建设试点镇，二郎、双沙、大村等3个区域中心城镇加快建设，石宝、水口等小城镇加快开发，土城、金星、护家、石屏撤乡建镇，永乐城市印象、水口怡居小镇等房地产项目主体完工，建设面积7.6万平方米。精美山村稳步实施：双沙白马、太平走马新村示范点稳步推进，水口柏腊、桂花香楠等14个新村聚居点建设进展有序。

【深化各项改革】古蔺县被列入国家县城基础设施投融资体制改革试点。完善财政国库集中支付资金管理办法，完成乡镇财政收入基数调整，合理划分乡镇财政收支范围，促进财权、事权统一。完成国有资产清理核查。有序实施农村产权制度改革，出台产权交易管理办法，县级农村产权交易中心进入试运行阶段。不动产登记中心正式运行，全面受理登记颁证业务。启动农村交管体制改革，调整充实农村交管力量。优化行政权力事项，清理并公布行政权力6499项。精简行政审批项目，保留182项。完善政府法律顾问制度，组建县政府法律顾问团，依法治县基础不断夯实。

【人民生活】全县全年城镇常住居民人均可支配收入22182元，增长8.3%。其中，工资性收入12512元，增长7.6%；经营净收入3877元，增长10.2%；财产净收入1487元，增长8.0%；转移净收入4306元，增长9.0%。城镇常住居民人均消费性支出12570元，增长12.2%，其中食品烟酒支出6759元。

全年农村常住居民人均可支配收入9604元，增长10.3%。其中，工资性收入4617元，增长8.4%；经营净收入3062元，增长12.8%；财产净收入132元，增长25.2%；转移净收入1793元，增长9.9%。农村常住居民人均消费性支出8179元，增长8.0%，其中食品烟酒支出3678元。

全年实现全社会用电量48720万千瓦时，增长4.4%。其中，工业用电量22579万千瓦时，增长5.2%；居民用电量16148万千瓦时，下降4.5%。

【财政金融】全年实现地方公共财政收入15.7亿元，增长5.1%，其中税收收入6.8亿元，增长12.2%。实现地方公共财政支出41.5亿元，增长9.5%，其中一般公共服务支出3.7亿元，增长14.8%。一般公共服务支出中，教育支出9.5亿元，增长23.9%；社会保障和就业支出4.6亿元，增长11.0%；医疗卫生和计划生育支出5.6亿元，增长31.4%；农林水事务支出9.8亿元，下降4.5%；住房保障支出1.2亿元，增长78.0%。全年金融机构各项存款余额101.73亿元，增长13.7%，其中住户存款余额62.77亿元，增长17.4%。金融机构各项贷款余额83.30亿元，增长10.2%。

【社会事业】古蔺职高综合楼、蔺阳中学运动场、进修校附小加快建设，古蔺县实验学校、大村希望小学建成投用，学前教育保教费减免、义务教育“三免一补”等惠民工程扎实开展，古蔺县被列入首批全国营养改善计划“阳光校餐”试点县。稳步推进县人民医院门急诊大楼建设，改扩建皇华、石宝等4个乡镇卫生院，全面实施乡村医生签约服务，成功创建“省卫生应急综合示范县”。“三馆一站”免费开放，269个村级文化室配齐设备，成功举办四渡赤水战役胜利80周年纪念活动。年末全县参加企业职工养老保险5.34万人，参加城乡居民社会养老保险28.3万人；参加城镇基本医疗保险10.5万人，参加新型农村合作医疗保险69万人；参加失业保险2.6万人。各种社会福利收养性单位29个，床位数2990张，享受城镇居民最低生活保障9623人、农村居民最低生活保障38009人。继续实施天保工程、退耕还林等生态项目，新增森林面积2.2万亩，森林覆盖率达50.4%。

位于古蔺县与贵州省仁怀市接壤处的赤水河岸悬岩上摩崖石刻“美酒河”

【乡镇概况】古蔺镇　辖区土地面积284平方公里，辖26个村民委员会、198个村民小组、7个社区委员会、85个居民小组，年末总人口118423人。2015年，实现地区生产总值226988万元，地方公共财政收入5370万元，固定资产投资104484万元。农民人均可支配收入10523元，粮食产量20814吨。

龙山镇　辖区土地面积90平方公里，辖9个村民委员会、79个村民小组、1个社区委员会、4个居民小组，年末总人口33113人。2015年，实现地区生产总值19540万元，地方公共财政收入168万元，固定资产投资24630万元。农民人均可支配收入9479元，粮食产量11269吨。

永乐镇　辖区土地面积136平方公里，辖13个村民委员会、128个村民小组、1个社区委员会、4个居民小组，年末总人口46799人。2015年，实现地区生产总值28230万元，地方公共财政收入260万元，固定资产投资54230万元。农民人均可支配收入9640元，粮食产量12390吨。

太平镇　辖区土地面积101平方公里，辖9个村民委员会、99个村民小组、1个社区委员会、6个居民小组，年末总人口37568人。2015年，实现地区生产总值118515万元，地方公共财政收入466万元，固定资产投资58244万元。农民人均可支配收入10089元，粮食产量8857吨。

二郎镇　辖区土地面积90平方公里，辖15个村民委员会、109个村民小组、2个社区委员会、7个居民小组，年末总人口47764人。2015年，实现地区生产总值507055万元，地方公共财政收入871万元，固定资产投资105995万元。农民人均可支配收入10424元，粮食产量13831吨。

大村镇　辖区土地面积92平方公里，辖10个村民委员会、89个村民小组、1个社区委员会、3个居民小组，年末总人口32385人。2015年，实现地区生产总值27680万元，地方公共财政收入201万元，固定资产投资28612万元。农民人均可支配收入9082元，粮食产量12122吨。

石宝镇　辖区土地面积177平方公里，辖16个村民委员会、151个村民小组、1个社区委员会、3个居民小组，年末总人口52072人。2015年，实现地区生产总值29600万元，地方公共财政收入247万元，固定资产投资30839万元。农民人均可支配收入9184元，粮食产量14913吨。

丹桂镇　辖区土地面积115平方公里，辖14个村民委员会、113个村民小组、1个社区委员会、5个居民小组，年末总人口41995人。2015年，实现地区生产总值19230万元，地方公共财政收入168万元，固定资产投资25970万元。农民人均可支配收入8843元，粮食产量11461吨。

水口镇　辖区土地面积185平方公里，辖15个村民委员会、125个村民小组、1个社区委员会、4个居民小组，年末总人口40868人。2015年，实现地区生产总值28450万元，地方公共财政收入391万元，固定资产投资32420万元。农民人均可支配收入9099元，粮食产量11928吨。

观文镇　辖区土地面积126平方公里，辖13个村民委员会、83个村民小组、1个社区委员会、4个居民小组，年末总人口34264人。2015年，实现地区生产总值20570万元，地方公共财政收入483万元，固定资产投资56622万元。农民人均可支配收入8725元，粮食产量11387吨。

双沙镇　辖区土地面积198平方公里，辖15个村民委员会、131个村民小组、1个社区委员会、5个居民小组，年末总人口49480人。2015年，实现地区生产总值33120万元，地方公共财政收入540万元，固定资产投资30287万元。农民人均可支配收入10189元，粮食产量13735吨。

德耀镇　辖区土地面积99平方公里，辖8个村民委员会、62个村民小组、1个社区委员会、2个居民小组，年末总人口20513人。2015年，实现地区生产总值16540万元，地方公共财政收入186万元，固定资产投资28040万元。农民人均可支配收入9088元，粮食产量8852吨。

护家镇　辖区土地面积90平方公里，辖9个村民委员会、72个村民小组、1个社区委员会、2个居民小组，年末总人口24026人。2015年，实现地区生产总值16710万元，地方公共财政收入168万元，固定资产投资40722万元。农民人均可支配收入9048元，粮食产量8979吨。

鱼化乡　辖区土地面积82平方公里，辖9个村民委员会、76个村民小组，年末总人口29487人。2015年，实现地区生产总值13678万元，地方公共财政收入133万元，固定资产投资21851万元。农民人均可支配收入8135元，粮食产量8584吨。

石屏镇 辖区土地面积82平方公里，辖10个村民委员会、88个村民小组、1个社区委员会、5个居民小组，年末总人口37227人。2015年，实现地区生产总值66330万元，地方公共财政收入219万元，固定资产投资47584万元。农民人均可支配收入10177元，粮食产量9684吨。

东新乡 辖区土地面积60平方公里，辖9个村民委员会、70个村民小组，年末总人口27081人。2015年，实现地区生产总值10280万元，地方公共财政收入175万元，固定资产投资22700万元。农民人均可支配收入8359元，粮食产量8428吨。

土城镇 辖区土地面积67平方公里，辖7个村民委员会、66个村民小组、1个社区委员会、5个居民小组，年末总人口29050人。2015年，实现地区生产总值15430万元，地方公共财政收入184万元，固定资产投资26620万元。农民人均可支配收入8666元，粮食产量9298吨。

皇华镇 辖区土地面积129平方公里，辖15个村民委员会、118个村民小组、1个社区委员会、6个居民小组，年末总人口41502人。2015年，实现地区生产总值23380万元，地方公共财政收入156万元，固定资产投资25128万元。农民人均可支配收入8425元，粮食产量14467吨。

白泥乡 辖区土地面积63平方公里，辖4个村民委员会、45个村民小组，年末总人口15362人。2015年，实现地区生产总值6640万元，地方公共财政收入82万元，固定资产投资20418万元。农民人均可支配收入8202元，粮食产量6745吨。

椒园乡 辖区土地面积98平方公里，辖8个村民委员会、55个村民小组，年末总人口22695人。2015年，实现地区生产总值7100万元，地方公共财政收入89万元，固定资产投资30040万元。农民人均可支配收入8221元，粮食产量8040吨。

马嘶苗族乡 辖区土地面积78平方公里，辖5个村民委员会、38个村民小组，年末总人口13477人。2015年，实现地区生产总值3730万元，地方公共财政收入94万元，固定资产投资23087万元。农民人均可支配收入8515元，粮食产量5928吨。

马蹄乡 辖区土地面积134平方公里，辖9个村民委员会、72个村民小组，年末总人口24923人。2015年，实现地区生产总值8630万元，地方公共财政收入106万元，固定资产投资19378万元。农民人均可支配收入8563元，粮食产量8193吨。

箭竹苗族乡 辖区土地面积163平方公里，辖8个村民委员会、54个村民小组，年末总人口15278人。2015年，实现地区生产总值18760万元，地方公共财政收入249万元，固定资产投资28111万元。农民人均可支配收入9873元，粮食产量6670吨。

大寨苗族乡 辖区土地面积49平方公里，辖3个村民委员会、21个村民小组，年末总人口7514人。2015年，实现地区生产总值4020万元，地方公共财政收入139万元，固定资产投资20997万元。农民人均可支配收入8735元，粮食产量2735吨。

桂花乡 辖区土地面积126平方公里，辖6个村民委员会、36个村民小组，年末总人口12615人。2015年，实现地区生产总值6350万元，地方公共财政收入73万元，固定资产投资20648万元。农民人均可支配收入8275元，粮食产量5372吨。

黄荆乡 辖区土地面积270平方公里，辖4个村民委员会、26个村民小组，年末总人口5108人。2015年，实现地区生产总值4211万元，地方公共财政收入204万元，固定资产投资33762万元。农民人均可支配收入8759元，粮食产量818吨。

（唐云德　曾凡艳）

附 录

FU LU

泸州市人大常委会工作报告

2016年2月3日在泸州市第七届人民代表大会第六次会议上

泸州市人大常委会主任 陈 雁

各位代表：

我受泸州市人民代表大会常务委员会委托，向大会报告工作，请予审查。

2015年的主要工作

2015年，市人大常委会在市委的坚强领导下，深入贯彻落实党的十八大及十八届四中、五中全会精神和习近平总书记系列重要讲话精神，按照中央、省委、市委关于加强和改进人大工作和建设的新要求，紧紧围绕“着力六个突破、实现两个率先”目标任务，依法行使宪法和法律赋予的各项职权。全年听取和审议“一府两院”工作报告24项，开展工作评议、执法检查2项，组织专题视察5次，开展调研43项，作出决议决定19项，任免国家机关工作人员72人次，为推动全市经济社会发展和法治泸州建设做出了积极贡献。

一、围绕全市工作大局，致力推动经济建设

始终坚持党的领导，将促进市委决策实施作为依法履行监督职责的重点，主动服务经济建设，推动全市经济社会平稳较快发展。

自觉坚持党的领导。准确把握市委确定的目标任务，把落实市委决策部署、服务改革发展、推进依法治市作为全年工作重点。市委作出创建全国文明城市的决定后，常委会及时贯彻落实，制定了促进创建工作的三年计划，号召各级人大代表带头参与创建活动。对创建工作推进情况开展视察，视察建议得到市委市政府主要领导的重视，促进了老旧农贸市场改造和新建农贸市场列入今年城市建设规划。主动服务发展大局，积极参与“六个突破”督导、沱江新城建设、扶贫开发、酒业市场拓展等中心工作，推动泸州对接国家长江经济带、“一带一路”和城市群发展战略布局，促进市委决策部署顺利实施。坚持党管干部

与人大依法任免相结合，及时审议表决“一府两院”提请的任免事项，为市委决策实施提供组织保证。积极争取党对人大工作的领导，认真贯彻中央、省委加强和改进人大工作的要求，专题调研县乡人大工作情况，协助市委召开人大工作会议。市委出台了《关于进一步加强人大工作和建设的实施意见》，为人大依法履职提供了有力保障。

推动产业转型发展。围绕“产业转型发展年”主题，组织人大代表献计出力。针对我市酒业发展面临的困难和问题，常委会积极引导代表予以关注，提出发挥白酒产业专项资金杠杆作用、建设原酒标准化体系、加快酒类企业科技创新等建议，为酒类企业调整结构、抢占市场拓宽思路。组织在泸全国和省、市人大代表对我市医药产业园区发展、西南医疗康健中心建设等开展调研，提出了发挥医疗资源优势，发展健康养老产业，加强园区配套设施建设等建议。密切关注农业产业发展，听取和审议创建现代农业产业示范园区、农业机械化促进法贯彻实施情况等专项工作报告，分别提出发挥核心园区示范带动作用和健全机械化建设体制机制等审议意见，促进我市国家现代农业示范区的创建和农机化发展进程。高度重视第三产业发展，对物流业、旅游业等发展情况开展调研，要求加大综合投入、夯实基础工作、把握发展机遇。继续加强对口岸建设的跟踪监督，为泸州港保税物流中心（B 型）、国家进境粮食指定口岸等建成投运发挥了推动作用。

促进重大项目建设。主动服务综合交通枢纽和城市基础设施建设，对沱江六桥、龙透关大桥、忠山隧道、白招牌停车场、泸州垃圾焚烧发电厂、城东污水处理厂及截污干管工程等重点项目建设情况开展视察，针对部分重点项目建设进度滞后、资金短缺等问题，向市委市政府提出了建议意见。全市 15 个市人大代表小组还分别围绕“两江新城”建设和农村道路联网升级改造、叙古高速建设等一批重大基础设施项目，开展调研视察，督促加强质量监管、抢抓工程进度、强化资金保障。主动服务区域中心城市建设，根据重点项目建设需要，及时审议高新区整体城镇化一期建设、中心城区棚户区改造等重点项目的议案，作出相关决议决定，保障项目建设顺利推进。围绕“两江四岸”管理工作开展调研，促进城市环境卫生、公共秩序管理、公共设施建设等职能职责进一步落实。两次视察调研茜草工业遗址保护情况，提出合理化建议，推动有关部门不断完善项目规划。

推进经济良性运行。常委会密切关注“十二五”规划完成情况，积极参与“十三五”规划编制工作，多次征求人大代表意见。组织召开经济形势分析座谈会，听取和审议财政、计划工作报告，审查批准 2014 年财政决算和 2015 年度预算调整的决议，批准市政府 2015 年地方债务限额，对政府债务实行限额管理。听取和审议审计工作报告及审计查出问题整改情况报告，针对部分国有资本经营收入解缴不规范、部分单位预算和“三公经费”未及时公开等问题，督促有关部门整改落实。建立全口径预算编制及执行情况常态化监督审查工作机制，组织专家对市本级一般公共预算、政府性基金预算、国有资本经营预算和社保基金预算开展初审工作，“四本预算”及市级各部门预算草案提交人代会审查，预算监督实现从程序性向实质性转变。

二、围绕民生工程建设，全力维护群众利益

坚持把改善民生作为人大工作的出发点和落脚点，加大监督力度，积极回应社会关切。

助推民生事业发展。加强对城市饮用水源保护工作的监督，将调研时拍摄的水源地现状视频在审议会场播放，揭示的问题引起市政府及相关部门的高度重视，加大了治理力度。听取和审议市政府关于公共文化服务体系建设情况的专项报告，提出的加大社会购买公共服务力度、加强文化基础设施建设等多条建议在《泸州市加快构建现代公共文化服务体系的实施意见》中得到运用。继续加强对食品安全、安全生产两项工作的跟踪监督，对评议意见落实情况开展调研，促进大型

超市与农贸市场快检室和矿山化学事故应急救援中心建设等工作顺利推进，食品安全和安全生产监管工作进一步加强。配合省人大常委会开展四川省“环保世纪行”宣传活动，营造全社会共同推进生态文明建设的良好舆论氛围。对国卫复审迎检、城市管理执法、社区阵地建设等开展视察督查，治理违法建设等群众反映强烈的问题被提上重要日程，城市管理工作积极推进。对公立医院改革、校外托管机构管理、妇女儿童发展规划执行和社区矫正、侨务、人防等工作开展调研，促进改革发展成果更多更公平地惠及全市人民。

维护社会和谐稳定。社会治安状况事关广大群众生命财产安全，继2014年开展专题调研后，去年常委会又加大监督力度，对社会治安专项整治工作进行评议。各调查组深入基层开展了为期六个月的明察暗访，广泛收集群众意见。评议大会采用评议和询问相结合的方式，既充分肯定我市社会治安专项整治取得的阶段性成果，又严肃指出治安防控体系不健全、侵财和涉毒案件多发等突出问题，从健全机制、落实责任、强化保障等方面提出具体的评议意见，并对市政府及有关部门履职情况进行满意度测评。市政府及有关部门高度重视评议工作，坚持边评边改，认真查找问题，切实加强整改，社会治安呈现平稳可控的良好态势。认真做好信访和申诉控告工作，全年共受理人民群众来信和申诉控告256件次，接待群众来访756人次，督促有关方面妥善解决群众反映的问题。

积极推动脱贫攻坚。参与市委精准扶贫督查工作，深入各区县对精准扶贫实施情况进行综合检查。配合省人大常委会对我市贯彻实施《四川省农村扶贫开发条例》情况开展执法检查，针对我市贫困县农村基础设施薄弱、“造血”功能欠缺等现状，向检查组提出大力支持基础设施建设、给予县级项目统筹权力、切实扶持农村教育卫生事业发展等建议。关注少数民族待遇县发展，通过调研，从完善发展规划、发挥资金效益等方面提出建议意见。加强联村帮扶工作，完善联系村产业发展规划，协调落实村级公路、水利设施、农网改造等建设项目。通过加强技能培训、联系就业岗位、推动危房改造等途径，对贫困家庭真帮实扶。深入贫困山区开展水利工程建设、农村饮水安全等专题调研，督促有关部门将小农水、饮水安全等问题列为精准脱贫的关键指标。

三、围绕民主法治建设，大力推进依法治市

坚持发挥人大在依法治市中的主导作用，推动宪法和法律法规在我市的贯彻实施，促进“一府两院”依法行政、公正司法。

着力推进立法工作。认真做好地方立法筹备工作，组建立法机构，加强队伍建设，对市政府近五年相关规范性文件进行全面清理，梳理了立法需求，以扎实的筹备工作获得了我省首批地方立法权。组建地方立法专家库，制定了2016年立法计划和《泸州市地方立法条例（草案）》。我市地方立法权的取得，对推动全市经济社会发展和依法治市工作必将产生深远影响。常委会还配合上级立法机关开展《农民专业合作社法》、《高速公路管理条例》等18部法律法规修订征求意见工作，为上级立法机关科学立法提供参考。

加强法律监督工作。加大执法检查力度，开展《大气污染防治法》执法检查，督促和支持市政府切实加强防治工作。围绕《职业教育法》、《预防职务犯罪工作条例》、《森林防火条例》等法律法规实施情况开展调研，推动相关法律法规在我市正确贯彻实施。加强司法监督工作，听取和审议市法院审判执行工作情况和市检察院强化内外监督、规范司法工作情况的报告，分别提出加强社会诚信机制建设、提高队伍执行能力和健全检务公开机制等审议意见，促进司法公正。加强规范性文件备案审查工作，全年共受理审查市政府、区县人大常委会报送备案的规范性文件117件，对市政府《关于加强国有公房管理的实施意见（试行）》等规范性文件提出了审查意见。

强化法治宣传教育。坚持发挥人大在依法治

市工作中的主导作用，开展国家宪法日宣传活动，对“六五”普法推进情况开展调研，督促和支持市政府及有关部门认真实施“六五”普法规划。改进任前法律知识考试方式，增强被任命人员法治意识。充分利用视察和执法检查等活动开展法治宣传教育，将宣传宪法法律、弘扬法治精神融入人大履职行权的全过程，彰显人大法治工作特色。注重加强与新闻媒体的联系，办好人大网站，不断改进人大宣传工作，增强全社会的民主法治意识。《泸州市人民代表大会志》编纂工作全面完成，为推动人大制度在泸州的实践留下了一部珍贵的历史资料。

四、围绕优化服务保障，努力发挥代表作用

坚持尊重人大代表主体地位，完善服务保障工作机制，支持人大代表依法履职。

*增强代表活动实效。*扩大代表对常委会工作的参与面，邀请省、市人大代表列席人大各类会议、参加评议调查、执法检查、视察调研等活动，组织代表参加听证会、政风行风监督和庭审活动，拓宽代表知政知情及履职渠道。改进代表小组视察调研工作，各代表小组围绕社会热点难点问题开展专题调研和集中视察，形成14篇较高质量的专题报告。深化主任接待代表日活动，将接待室“搬”到代表所在区县、乡镇，广泛听取意见。推行在人代会上代表作专题发言，激励代表加强调研，对有关工作提出切实可行的建议意见。加强代表培训工作，组织200多名人大代表参加全国、省人大常委会培训活动，提升代表素质。

*完善代表联系制度。*深入开展常委会组成人员联系人大代表活动，采取调研、座谈等形式加强与代表的联系。进一步推进代表联系群众工作，指导试点区县完善基层代表向选民述职等制度，强化代表履职责任感。充分发挥代表在帮贫助困中的作用，认真开展“扶贫攻坚——代表再行动”主题活动，将参与扶贫作为代表履行职责、联系群众的重要内容。全市各级人大代表共联系走访困难群众8万多人次，落实帮扶资金3900余万元，帮助解决困难8200件次，得到群众好评。

*强化代表建议办理。*高度重视代表建议办理工作，督促承办单位加强与代表的联系，落实办理工作责任，市七届人大五次会议期间代表提出的112件建议和闭会期间提出的14件建议已全部按期办理完毕。改进代表满意度反馈方式，常委会相关工作机构直接收集和统计满意度情况，较好地避免代表“被满意”问题。坚持重点督办和常态化督办相结合，将“加强物业管理”等10件建议作为重点督办件，通过召开督办促进会、视察办理工作、向社会公开建议内容、对办理情况开展满意度测评等方式，不断加大督办力度，增强办理实效。

五、围绕提升履职能力，着力加强自身建设

坚持以开展“三严三实”专题教育为抓手，完善制度，提升效能，主动作为，树立地方国家权力机关的良好形象。

*加强思想建设。*健全常委会班子集体学习机制，深入开展理论学习，增强政治定力，坚定制度自信，强化责任担当，严守政治纪律。坚持党对人大工作的领导，重大事项及时向市委请示报告。严格执行中央、省委、市委有关要求，加强思想政治建设，树立一线意识，强化一线履职，发挥一线作为。进一步巩固党的群众路线教育实践活动成果，深入开展“三严三实”专题教育，认真梳理存在问题，制定落实整改措施，修订完善党组议事规则等多项制度，促进工作科学化、规范化运行。

*狠抓作风建设。*建立完善以密切联系群众为重点的作风建设长效机制，深入开展“走基层、惠民生”等活动，打通联系群众的“最后一公里”，努力为基层解决实际困难。切实加强调研工作，对优秀调研报告进行评选和通报，提高调研质量。一年来，常委会及各专门委员会、办事工作机构围绕全市工作大局和人大制度建设，广泛开展调研，形成了一批具有较高质量的调查报告。不断增强人大工作公开性，拓展公民参与民主政

治的渠道，向社会发布公告征集监督课题，公民提出的加强大气污染防治等监督建议列入常委会监督内容。

注重能力建设。常委会机关进一步加强学习平台建设，深入开展学理论、学法律、学先进等活动，邀请法律专家和党校教授举办立法法、预算法等法律法规专题讲座，夯实依法履职能力基础。选派市、区县人大机关和乡镇、街道人大工作者参加上级培训，增强责任意识和工作能力。注重加强与区县人大常委会的联系，在开展监督工作中坚持上下互动，提高全市人大工作水平。认真落实省委、市委人大工作会议精神，切实加强县乡人大工作和建设，区县设立人大专门委员会等工作得到妥善解决。

各位代表，回顾2015年，常委会各方面工作取得了新的进展。这些成绩是在市委正确领导下，"一府两院"及社会各界密切配合，全体人大代表、常委会组成人员、人大工作者共同努力、辛勤工作的结果，也是全市人民充分信任、大力支持的结果。在此，我代表市人大常委会表示衷心的感谢！

我们也清醒地认识到，无论是在实施监督、讨论决定重大事项和发挥代表作用等方面，都还存在很多不足，与新形势对人大工作的新要求和人民群众的新期待相比，还有较大差距。这些都需要我们在今后的工作中认真加以改进。

2016年的主要任务

2016年是实施"十三五"规划的开局之年，也是全面深化改革和推进依法治市的重要一年。市人大常委会工作的总体要求是：认真贯彻落实党的十八大和十八届四中、五中全会，习近平总书记系列重要讲话，中发18号文件以及省委、市委人大工作会议精神，坚持党的领导、人民当家作主和依法治国有机统一，紧紧围绕"四个全面"战略布局，按照市委七届十一次全会的总体部署，充分发挥人大制度和人大工作的优势，依法行使宪法和法律赋予的各项职权，为推进"十三五"发展和加快依法治市进程，推动实现"决胜全面小康，建成区域中心"提供有力的法治保障。

一、强化法治意识，着力推进依法治市

积极推进地方立法工作，建立完善立法工作机制。加强立法需求调研，坚持科学立法、民主立法，推动法规起草工作，力争制定出台城市管理方面的地方性法规。加强对法律法规实施情况的监督，对《社区矫正实施办法》《地方志工作条例》等法律法规在我市的贯彻实施情况开展执法调研。深入开展以宪法为主的法治宣传教育，增强各级领导干部的法治意识。修订完善讨论、决定重大事项的规定，依法作出决议决定。加强和规范任免工作，探索任后监督措施，落实选举任命人员面向宪法宣誓制度。切实做好人大代表换届选举工作，加强组织领导，强化指导培训，确保代表选举风清气正、选举结果人民满意。加强规范性文件备案审查工作，促进行政机关依法行政。认真办理人民群众来信来访，依法维护群众合法权益。

二、强化监督意识，促进改革发展稳定

服务全市工作大局，增强"五大发展理念"，加强对"十三五"规划实施情况的监督。贯彻落实预算法，加强预决算审查监督，促进预算公开。建立健全覆盖所有政府性资金和财政运行全过程的监督体系，加强对财政转移支付的审查监督。把握"两个率先"工作要求和"产业创新发展年"主题，对我市经济运行、重大项目建设、市属开发区建设、不动产登记、农村电子商务发展、竹产业发展、服务台胞台属台资企业等工作开展专题调研，推动经济转型发展、创新发展。加强对重点民生工作的监督，听取和审议市政府推进国家水生态文明城市建设和贯彻实施《四川省农村扶贫开发条例》，推进教育精准扶贫、就业精准扶

贫、少数民族地区扶贫攻坚等专项工作报告，对全国文明城市创建、养老服务业、学前教育、调整完善农业三项补贴政策等工作开展视察调研，对安全生产、食品安全、社会治安、大气污染防治等工作加强跟踪监督。探索开展专题询问等监督方式，不断加大监督力度。加强对司法工作的监督，听取和审议市法院行政审判和市检察院开展未成年人检察工作报告，维护司法公正。

三、强化主体意识，充分发挥代表作用

狠抓代表学习培训，提高履职能力。扩大代表参与执法检查、视察调研、专题询问等活动的覆盖面，进一步发挥人大代表在反映民情、集中民智、扶贫攻坚等方面的积极作用。总结和推广代表联系群众试点区县成功经验，探索建立代表退出机制和履职监督激励机制，建立完善直选代表向选民述职制度。健全常委会主任接待代表日制度，督促解决代表反映的问题，使代表接待日活动成为代表在闭会期间联系群众、为民办事的重要载体。加强和改进代表建议办理工作，强化办理责任，提高办理实效，进一步推动建议办理由“答复型”向“落实型”转变。

四、强化自身建设，切实增强工作实效

加强班子思想政治建设，坚持正确政治方向，坚定不移贯彻执行中央关于人大工作的方针政策，在履职行权过程中自觉贯彻党委重大决策和工作部署。加强人大干部培训工作，增强责任担当，提升履职能力，适应治理体系、治理能力现代化和依法治市新要求。抓好作风建设，巩固扩展“三严三实”专题教育成果。加强调查研究和联村帮扶等工作，主动深入基层，了解群众期盼，使人大工作更加符合民情民意。加强人大机关信息化建设，提高履职效能。全面落实省委、市委人大工作会议精神，加强县乡人大工作和建设，完善上下级人大沟通联系制度，联动开展立法、监督、选举等工作，提升全市人大工作整体水平。

各位代表，新的一年孕育着新的希望，新的起点承载着新的使命，让我们在市委的坚强领导下，以时不我待的责任意识、勇于担当的为民情怀和奋发有为的工作激情，坚定信心，锐意进取，攻坚克难，努力推动人大工作与时俱进，为把泸州加快建成川滇黔渝结合部区域中心城市，夺取全面建成小康社会新胜利而努力奋斗！

泸州市人民政府工作报告

2016年2月1日在泸州市第七届人民代表大会第六次会议上

泸州市人民政府市长　刘　强

各位代表：

现在，我代表市人民政府，向大会报告工作，请予审查，并请市政协委员提出意见。

2015年工作回顾

2015年，是充满挑战、成果丰硕的一年。面对复杂严峻的经济形势，在省委、省政府和市委的正确领导下，在市人大、市政协的监督支持下，我们紧紧围绕“产业转型发展年”的工作主题，主动适应新常态，主动作为稳增长，经济实现平稳较快发展，社会保持和谐稳定。全市完成地区生产总值1353.4亿元、比2014年（下同）增长11%，经济总量在全省排名提升2位，跃居第6位；规模以上工业增加值增长14%，全社会固定资产投资1463.7亿元、增长23.9%，社会消费品零售总额559.7亿元、增长13.9%，地方一般公共预算收入128.3亿元、同口径增长10.3%，城镇居民人均可支配收入26656元、增长8.6%，农村居民人均可支配收入11359元、增长10.3%。在此，我向大会报告，市七届人大五次会议确定的主要目标任务较好完成，向全市人民承诺的民生实事全部兑现！

一、着力稳增长，经济总量实现跨越升位

精准施策稳增长。积极应对经济下行压力，突出重点领域精准发力。在工业经济、企业融资、投资促进、要素价格管理、房地产建筑业发展等方面，出台103条政策措施，促进了全市经济平稳较快发展，经济总量在全省排名提升2位，跃居第6位。

投资拉动稳增长。实施340个重点项目，完成投资1099.1亿元、增长33%。激发民间投资活力，完成民间投资980.6亿元、增长12.1%。叙古高速公路叙永至古蔺县城段主体工程完工，叙宜高速公路加快建设。叙大铁路叙永段投入运营，川南城际铁路内自泸段、隆黄铁路叙永至镇雄段开工建设。

扩大消费稳增长。积极组织企业参加市场拓展“三大活动”。全市实现商品零售476.5亿元、增长14.4%。新培育限额以上批发零售企业63户。大力促进住房消费，房地产开发健康有序，完成商品房销售面积403.4万平方米、增长32%。大力提升旅游休闲消费，努力扩大教育文化体育消费，积极促进健康养老家政消费。

开放合作稳增长。成功举办“2015中国国际酒业博览会”、第三届中国（泸州）西南商品博览会、“2015中国医药企业家年会”等重大投资促进活动。与韩国平昌郡、德国雷姆沙伊德市签署友好合作协议。着力招大引强，引进华为公司、南瑞集团、恒大集团、碧桂园集团等知名企业，到位市外国内资金929.5亿元、增长17.9%。启动实施“外向型经济三年攻坚行动”，进出口总额增长13.7%，到位外资增长11.7%。

要素保障稳增长。组建30亿元四川发展纯粮原酒股权投资基金，设立了18亿元规模的企业应急转贷资金。积极争取上级财政转移支付129亿

元、国家专项建设基金29.7亿元、国家专项企业债券99亿元。成功获批全国第一支城市停车场项目收益债券。全市金融机构各项贷款余额1093亿元，较年初增加172.2亿元。争取各类用地指标2.3万亩。工业用电量39.7亿千瓦时，工业用气量12.9亿立方米，成品油供应53.2万吨。

二、着力调结构，产业转型升级取得重大突破

工业转型发展步伐加快。着力改造提升传统优势产业，白酒、化工、能源、机械四大产业增加值分别增长13%、9%、7.1%、18.8%。加快培育发展智能电网、大数据、高端装备制造、新能源新材料、现代医药等新兴产业。北辰电力产业项目建成投产，煤气化项目（一期）进入试车阶段，中海金象年产15万吨润滑油加氢项目试运行，步长生物制药及新药产业化基地、南瑞集团西部产业基地、华为四川大数据中心、东方雨虹新型防水材料基地、航天泸州工业园等项目开工建设。成功列入四川省绿色建材产业化示范基地、“互联网+制造”区域试点城市。

现代服务业优化升级。华润万象汇开业运营，西南商贸中心（二期）建材市场试营业。泸州临港产业物流园创建为国家电子商务示范基地，泸州电子商务中心（一期）建成运营。全市电子商务交易额135亿元、增长43%。泸州港保税物流中心（B型）封关试运行，泸州进口商品保税直销中心（一期）建成投运。成功创建为全国综合运输服务示范城市。泸州港完成集装箱吞吐量44.5万标箱、增长39%。泸州机场通航航线达16条，实现旅客吞吐量84.5万人次、增长18.9%。引进中航工业集团，组建幸福泸州航空有限公司。天津银行、成都银行在我市设立分支机构进展顺利。玉蟾温泉国际度假区（一期）、欢乐派海滩公园等旅游项目建成运营。花田酒地被评定为国家4A级旅游景区。纳溪区成功创建全国休闲农业与乡村旅游示范县（区）。全市实现旅游总收入253亿元、增长37.6%。

现代农业提质增效。扎实推进国家现代农业示范区建设，新建“千亿增收示范工程”万亩示范区11个，建成国家级、省级农业标准化示范项目38个，粮食总产量202.8万吨。新培育市级农业产业化龙头企业29家。新增农民专业合作社省级示范社17个。引进广东温氏集团100万头生猪一体化产业项目。山东寿光蔬菜产业集团、中国海升果汁控股有限公司入驻泸州。合江锁口水库、叙永倒流河水库主体工程完工，泸县三星桥水库开工建设。

“三大园区”竞相发展。泸州高新区创建为国家高新区，主营业务收入增长30.5%。泸州长开区创建为省级经济开发区，主营业务收入增长20%。泸州白酒产业园区实现扩区扩能和品质提升，主营业务收入增长20.1%。

三、着力抓统筹，新型城镇化建设迈出坚实步伐

新型城镇化综合试点有序推进。探索建立农业转移人口市民化成本分担机制、城镇化投融资机制，积极创新行政管理模式。泸县列入全国农村土地制度改革试点县，叙永、古蔺列入全国县城深化基础设施投融资体制改革试点县。纳溪大渡口镇、合江九支镇被列为全国建制镇示范试点镇。12个乡撤乡设镇，2个镇改设街道办事处。完成城镇基础设施投资72.7亿元、增长14.6%。建筑业实现总产值575.3亿元、增长10.9%。全市城镇化率达46.1%。

城市功能不断完善。积极推进“两江新城”建设，大力改造提升老城区。忠山隧道、蜀泸大道四期竣工投用，西南医疗康健中心（一期）、城北公交枢纽站主体工程完工，医教园区、城西城市综合体、沱江六桥及连接线等项目加快建设，长江六桥及连接线工程、沱江新城南滨公园和北滨公园开工建设。列入国家智慧城市试点市、四川智慧城市示范市，建成全国第一个全光网大城市。中心城区建成区面积达120.1平方公里、人口达120.4万人。

城市管理水平持续提升。加快建设智慧交通、智慧城管，城市精细化管理水平逐步提高。城乡

环境综合治理有效开展，积极推进“三大专项治理行动”，城管综合执法体制机制不断完善。扎实开展全国文明城市创建工作。顺利通过国家卫生城市第六次复审。

四、着力促改革，体制机制创新纵深推进

行政体制改革不断深化。全面取消市本级非行政许可审批项目，清理公布市、县行政权力清单和责任清单，推进行政权力依法规范公开运行。深化政府机构改革，完善农业监督管理体制。实施商事制度改革，积极开展“先照后证”改革试点，“三证合一、一照一码”改革有序推进，新增各类市场主体3.2万户、增长14.7%。在全国率先开展不动产统一登记示范建设工作，颁发了全国首批不动产权证书。

经济体制改革深入实施。深化财政体制改革，开展合理划分市区事权范围试点。依法将政府债务分类纳入预算，实行限额管理。泸州农村商业银行组建工作进展顺利。国资国企改革加快推进，泸州老窖集团公司与股份公司的管理体制进一步理顺；泸天化集团改革脱困取得新成效，股份公司实现扭亏为盈。深化投融资体制改革，完成采购阶段PPP项目4个，总投资95亿元。

创新能力得到加强。深入推进“大众创业、万众创新”，整合创新创业引导资金2.4亿元、人才引进基金1亿元，新建“众创空间”40个，建成省级科技企业孵化器5家。新增国家高新技术企业13家，实现高新技术产值156亿元、增长42%。实施科技成果转化项目53项，新增产值47.1亿元。我市成功获批国家知识产权试点城市，江阳区列入国家可持续发展示范区。

五、着力惠民生，民生事业取得新成效

民生实事全面完成。全年民生支出213亿元，占一般公共预算支出的70.3%。十项民生工程和20件民生大事全部兑现。城镇新增就业4.4万人，城镇登记失业率3.53%。城乡居民医疗保险合并实施。各项社会保险参保人数达765万人次。开工建设保障性住房1960套，实施危旧房棚户区改造16072套。启动实施“渡改桥”三年攻坚行动，开工建设渡改桥7座。实施地质灾害避险搬迁1209户。

社会事业协调发展。教育领域综合改革不断深化，素质教育深入实施，义务教育均衡发展有序推进，教育质量稳步提升。医药卫生体制改革全面推进，公共卫生保障能力持续增强。计生服务管理水平不断提高。市人民医院新院加快建设。全民预防保健试点工作得到中央领导的关注和批示。文体广电事业协调发展。市民中心主体工程完工，体育生态园加快建设。食品药品安全监管得到加强。

脱贫攻坚扎实推进。坚持区域扶贫与精准扶贫“双轮驱动”，大力推进“七大扶贫攻坚行动”，落实“五个一批”要求，投入专项扶贫资金2.1亿元，脱贫解困8.6万人。新改建县乡道397.8公里、通村公路713.5公里。解决了33.2万农村人口饮水安全问题、5.3万户群众用电难问题。

生态环保持续加强。强化节能减排，大气质量不断改善，可吸入颗粒物（PM10）比2013年（考核基准年）下降9.1%。全国水生态文明城市建设试点工作通过中期评估。泸州市垃圾焚烧发电厂试运行。新建乡镇污水处理厂24个。治理水土流失面积138平方公里。管护国有林55.1万亩，补偿集体公益林318.6万亩，巩固退耕还林61.5万亩，森林覆盖率达50%。

社会保持和谐稳定。认真落实安全生产责任，扎实开展安全生产大检查大整治，安全生产形势持续稳定，成为全省未发生较大以上安全生产事故的4个市州之一。深入开展“打黑除恶暨社会治安专项整治行动”，严厉打击各种违法犯罪活动，社会治安平稳可控。稳步推进信访制度改革，信访秩序进一步好转。

国防动员、人民防空、民兵预备役建设不断加强。妇女儿童、青少年、慈善、残疾人、老龄事业持续发展，对口援藏、民族宗教、台湾事务、外事、侨务、统计、消防、保密、档案、气象、地方志等工作取得了新成绩。

各位代表，过去一年，我们扎实开展“三严三实”专题教育，集中整治政府系统“不作为、

慢作为、乱作为”，切实加强政府自身建设，政风行风明显改进，行政效能持续提升，联系群众更加紧密。法治政府建设深入推进，依法行政水平进一步提高。“六五”普法圆满完成。自觉接受市人大、市政协的监督，严格执行人大决议、决定。办理人大代表建议 117 件、政协委员提案 313 件，办结率 100%。加强党风廉政建设，强化行政监察和审计监督，严厉查处政府系统违纪违法案件 251 起，始终保持惩治腐败高压态势。

各位代表，2015 年全市经济社会发展取得的成就，是省委、省政府和市委正确领导的结果，是市人大、市政协监督支持的结果，是全市上下真抓实干的结果。在此，我代表市人民政府，向全市人民致以崇高的敬意！向人大代表、政协委员，向各民主党派、工商联、各人民团体，向驻泸部队官兵和社会各界人士，表示衷心的感谢！

在肯定成绩的同时，我们也清醒地看到，发展中还存在一些困难和问题。一是经济结构性矛盾还比较突出，产业层次低、创新能力不强等问题依然存在。二是改革开放任重道远，体制机制活力不强，开放型经济规模不大。三是保障和改善民生任务繁重，脱贫攻坚任务艰巨，安全生产和信访维稳形势仍然严峻。四是工作作风有待进一步转变，少数政府机关和公务人员存在“怠政”“懒政”等现象。对这些困难和问题，我们将采取有力措施，切实加以解决。

“十三五”时期总体目标任务

“十二五”时期，是泸州经济社会爬坡上行、提档升级的五年，开创了发展新局面，为在更高起点上加快发展奠定了坚实基础。五年间，全市经济总量在全省排名上升 3 位，全社会固定资产投资由第 11 位跃升至第 2 位，地方一般公共预算收入由第 6 位跃升至第 2 位。

未来五年，是我市“决胜全面小康、建成区域中心”的关键时期。按照市委的建议，市政府组织编制了《泸州市国民经济和社会发展第十三个五年规划纲要（草案）》。“十三五”时期，我们要深入学习贯彻习近平总书记系列重要讲话精神，紧紧围绕“四个全面”战略布局，牢固树立创新、协调、绿色、开放、共享的发展理念，坚定“着力六个突破、实现两个率先”总体目标，主动适应新常态，统筹推进经济、政治、文化、社会、生态文明建设，建成全国重要区域性综合交通枢纽、长江上游产业转型升级示范区、川滇黔渝结合部区域中心城市、生态文明美丽泸州。

“十三五”时期的主要目标任务：地区生产总值年均增长 9% 以上，到 2020 年经济总量超过 2000 亿元。城乡居民收入到 2020 年达到或超过全国平均水平。一是建成全国重要区域性综合交通枢纽。推动轨道交通发展突破，加快高等级广覆盖公路网建设，建成长江上游川滇黔航运物流中心，打造区域航空运输中心和国际航空港。到 2020 年，铁路里程突破 400 公里，公路里程达到 1.5 万公里，集装箱吞吐量达到 100 万标箱，泸州机场旅客吞吐量达到 175 万人次。二是建成长江上游产业转型升级示范区。改造提升传统优势产业，积极培育新兴产业，大力发展现代服务业，加快推进农业现代化。到 2020 年，新兴产业增加值占规模以上工业增加值的比重达到 20%，三次产业结构调整为 10∶57∶33。三是建成川滇黔渝结合部区域中心城市。全面推进新型城镇化综合试点，完善城镇发展体系和城市服务功能，建设现代化大都市。到 2020 年，中心城区形成面积 200 平方公里、人口 200 万人的大城市骨架。四是建成生态文明美丽泸州。强化资源节约和环境保护，森林覆盖率达到 51%，重要江河湖泊水功能区水质达标率 80% 以上，万元 GDP 综合能耗累计下降 12%。五是共建共享幸福美好生活。构建合理有序的收入分配格局，完善社会保障体系，积极推进社会事业发展，提高社会文明程度，建成全国文明城市。六是全力推进脱贫攻坚。到 2019 年，全面消除绝对贫困。

各位代表，上述目标任务，综合考虑了未来发展的趋势和条件，是时代的要求、人民的期待。我们将科学把握发展规律，主动适应和引领新常态，锐意进取、开拓创新，奋力谱写泸州发展的辉煌篇章！

2016年工作安排

2016年，是“十三五”的开局之年。做好今年的政府工作，要牢牢把握“稳中求进、进中求好、好中求快”的工作基调，以“产业创新发展年”为工作主题，统筹稳增长、调结构、惠民生、防风险，全力推进“着力六个突破、实现两个率先”，不断开创泸州经济社会健康发展新局面。

2016年主要预期目标是：地区生产总值比2015年（下同）增长9%，规模以上工业增加值增长11%，全社会固定资产投资增长16%，社会消费品零售总额增长11.5%，地方一般公共预算收入同口径增长9%，城镇居民人均可支配收入增长9%，农村居民人均可支配收入增长10%。

围绕上述目标，重点做好以下工作：

一、专注发展定力，千方百计稳定经济增长

强化投资拉动。围绕国家重点投资领域，着力扩大投资规模，优化投资结构，提高投资效益。突出基础设施、产业发展、民生及社会事业、生态环保等领域，实施重点项目481个，完成投资1207亿元、增长16%。加快推进区域综合交通枢纽建设，确保叙古高速公路叙永至古蔺太平段、叙宜高速公路建成通车，加快推进川南城际铁路内自泸段、隆黄铁路叙永至镇雄段、泸州机场迁建工程等项目建设，加快渝昆铁路、叙威高速、泸永高速公路前期工作。

扩大消费需求。实施“六大消费工程”，加快培育消费热点。大力发展白酒电商、跨境电商、农村电商、社区电商等新业态，电子商务交易额增长45%。实施“宽带乡村”工程，实现村村通宽带，促进信息消费。推进全国养老服务业综合改革试点，扩大养老消费需求。积极引导库存消化和市场开发，促进房地产市场健康发展。大力推广应用新能源汽车。

培育骨干税源。强化企业运行监测，完善要素保障联席会议制度，协调解决企业生产经营中的困难和问题。积极筹建产业发展基金。实施“小巨人”“成长型”企业培育工程，完善“一企一策”帮扶机制。认真落实国家减税降费政策，帮助小微企业发展壮大。

二、加快产业转型升级，提升产业核心竞争力

大力发展现代制造业。优化提升白酒、化工、能源、机械四大产业，培育发展新能源新材料、高端装备制造、现代医药等新兴产业。以泸州老窖、郎酒为引领，优化白酒产品结构，实施原酒战略，打造“泸州酿”区域品牌。启动建设泸州老窖10万吨酿酒基地、中远物流4.8万立方米固态酿造智能化储酒基地。加快建设聚碳酸酯项目（一期）、年产1000吨乙基纤维素项目。确保合盛硅业扩能技改项目、观文煤矿投产运行。开采页岩气1亿立方米。确保智通机器人研发和生产基地、国机重工西南（泸州）产业园建成投产。加快建设航天泸州工业园、西南智能电网产业园、东方雨虹新型防水材料基地，规划建设四川临港装备产业园。推进化工医药融合发展。加快步长生物制药及新药产业化基地、维思达医疗器械及耗材生产、四川西蜀九锦现代中药生产基地等项目建设。

加快发展现代服务业。推进华为四川大数据中心、省信用联社异地灾备大数据中心项目建设。依托智慧城市建设，加快智慧产业发展。推进华润购物中心、西南商贸中心（二期）、泸州海吉星农产品国际商贸物流园等项目建设。加快国家电子商务示范基地建设，推动传统产业与电子商务融合发展。支持华西证券、兴泸水务、川南大市场有限公司等企业上市，支持议中管业、金鼎印务等企业在“新三板”或区域性场外市场挂牌。鼓励银行金融机构增加信贷投放。力争幸福泸州航空有限公司开航运营，泸州机场新开通2条航线，旅客吞吐量突破90万人次。大力发展文化产业，着力打造“一园四区”。加快建设中国酒镇·

酒庄旅游区、玉蟾温泉国际度假区（二期）、太平古镇旅游综合开发等项目，推动旅游景区提档升级，确保旅游总收入突破300亿元。

积极发展现代农业。突出抓好“八大特色农业产业”，粮食总产量稳定在200万吨以上，种植酿酒高粱70万亩、烤烟12.5万亩，新发展优质茶叶基地1万亩、竹林基地5万亩、核桃基地5万亩、油茶基地3万亩、精品水果基地2万亩。积极招引现代农业龙头企业，大力发展农产品精深加工和休闲农业，着力打造江阳区董允坝现代农业示范园、纳溪区都市生态农业示范园、合江县现代农业示范园。加快建设古蔺观文水库、叙永龙洞水库，积极推进烟区水源工程建设。加强山、水、田、林、路综合治理。严守耕地红线，耕地保有量达到38.4万公顷。建立健全农产品质量安全监管体系。认真做好第三次全国农业普查工作。

提升园区集聚功能。泸州高新区重点发展智能电网、大数据、高端装备制造、现代医药、新能源新材料五大产业，主营业务收入增长18%。泸州长开区积极争创国家级经济开发区，突出发展现代商贸物流、临港装备制造、新材料等主导产业，完成军民融合产业示范区规划，主营业务收入增长15%。泸州白酒产业园区积极争创省级经济开发区，主营业务收入增长15%。启动泸州空港产业园区规划建设。

三、加快新型城镇化建设，推进城乡一体发展

有序推进中心城区建设。完善骨干路网，加快长江六桥及连接线、沱江六桥及连接线、沱江二桥加宽改造工程、沱江新城南滨路和北滨路等项目建设。加快建设二环线。完成城西客运站主体工程，确保城北公交枢纽站、主城区第一批停车场建成投用。探索推进地下管廊、海绵城市建设。确保主城区污水管网建设及改造工程、南郊二水厂（一期）等项目竣工。加快西南医疗康健中心、医教园区、沱江新城南滨公园和北滨公园、长湿新城湿地公园（一期）、长江滨江路小关门至柏木溪段等项目建设。完成沙茜片区拆迁安置，加快上坝、二道溪、小市麻沙桥等老城和棚户区改造。实施城市建设项目95个，完成投资66.4亿元。

提升城乡治理水平。完善数字化城管系统，加强城市精细化管理，推动全国城市管理综合执法体制改革试点。大力开展主城区环境秩序专项治理行动，推进农村生活垃圾治理体系建设，力争创建4个省级“环境优美示范乡镇”、45个省级“环境优美示范村庄”。大力推进全国文明城市创建，巩固提升国家卫生城市、国家园林城市创建成果。

抓好新型城镇化综合试点。坚持以人的城镇化为核心，稳步推进农业转移人口市民化，探索建立行政管理创新和行政成本降低的新型管理模式，统筹实施投融资机制改革、城乡规划管理体制机制改革。推进“宜居县城行动”，加快县城和重点集镇基础设施、公共服务能力建设，提高城镇化水平和质量。加快纳溪大渡口镇、合江九支镇等7个试点镇建设。大力实施幸福美丽新村“五大行动”。

四、全面深化改革开放，持续增强发展动能

深化重点领域改革。加快商事制度改革，大力推进注册资本登记制度、“三证合一、一照一码”、“先照后证”等改革。积极推进供给侧改革，不断激发市场活力。深化国有企业改革，稳步推进泸天化集团改革脱困。推进国有资产证券化。深化投融资体制改革，加强融资平台建设，发挥PPP项目投资基金作用，鼓励社会资本参与公共项目建设运营。推进地方法人金融机构改革，力争泸州农村商业银行挂牌。加快农村土地承包经营权确权登记，积极稳妥实施农村集体资产股份制改革、农户土地承包经营权入股及规范流转、农村土地流转收益保证贷款等试点。

提升开放合作水平。深化国际合作，积极参与全省“一带一路”战略“251三年行动计划”。深化沿江经济合作，围绕产业互接、通道共建、信息共享，加强与重庆、上海等沿江沿海城市合作。深化与毗邻地区合作，积极打造川渝合作示

范区，推动赤水河流域合作发展。发挥泸州港保税物流中心（B型）、国家进境粮食指定口岸等优势，促进外向型经济发展。办好“2016中国国际酒业博览会”和第四届中国（泸州）西南商品博览会。坚持“三为主”招商模式，力争到位市外国内资金突破千亿元大关。

大力实施创新驱动。深入开展“大众创业、万众创新”，优化完善扶持政策，多渠道、多形式推动创新创业。加快推进知识产权试点城市建设，建成“川南（泸州）科技成果与专利技术实体交易市场”。实施标准化战略，开展商标战略进园区活动。建设科技创新服务平台，积极打造“智慧园区”和“众创空间”，建成一批孵化中心、企业服务中心和大学生创业园。充分发挥泸州高新区孵化器作用，启动泸州长开区、白酒产业园区孵化器建设。大力引进教育、医疗卫生等专业人才，进一步加大政策支持，激励科技人才创新创业。

五、全力推进扶贫攻坚，加快脱贫致富步伐

深入实施区域扶贫。以古蔺、叙永、合江三个贫困县为主战场，实施连片扶贫开发，推进“七大扶贫攻坚行动”，集中力量破解基础设施、产业发展等难题。统筹解决“插花式”贫困问题，确保江阳、龙马潭、纳溪、泸县4个区县全面脱贫。力争全年减少贫困人口10万人以上。

扎实抓好精准扶贫。按照“六个精准”“五个一批”要求，严格实施“一村一计、一户一策”，确保项目到村、扶贫到户。扎实推进教育扶贫、医疗扶贫、文化扶贫、旅游扶贫、电商扶贫。新增农村转移劳动力5.9万人。切实抓好易地扶贫搬迁，实现搬迁安置1.6万人。落实救济救助、低保等政策，兜底保障特殊贫困群体基本生活。

健全扶贫工作机制。坚持“扶贫与防返贫”相结合，进一步完善扶贫资金使用、督查考核、驻村帮扶等机制。注重“输血与造血”相结合，充分发挥扶贫资金撬动作用、合作组织纽带作用、贫困群众主体作用，确保扶贫工作取得实效。持续推进“定点扶贫”“扶贫结对网络行”“百企联百村”活动，进一步凝聚脱贫攻坚力量。

六、加强和创新社会治理，切实增进民生福祉

深入实施民生工程。持续加大民生投入，确保公共财政用于民生支出的比重保持在70%左右。全面落实就业促进政策，城镇新增就业3.6万人，城镇登记失业率控制在4.0%以内。进一步完善社会保障体系，扩大社会保险覆盖面，提高社会保障水平。大力推进“渡改桥”三年攻坚行动，开工建设渡改桥37座，建成10座。完成重大地灾工程治理4处、中小型地灾排危除险15处、避险搬迁1361户。强化食品药品监管，确保泸州食品药品检测中心建成投用，积极创建国家食品安全示范城市。

全面发展社会事业。积极推进教育综合改革试验区建设，大力改善办学条件，加快教育信息化进程，努力促进教育均衡与教育公平。繁荣文化艺术创作生产，实施舞台艺术精品工程、振兴川剧百戏工程。加快推进公共文化服务体系建设，实施“高清泸州·智慧广电”工程。办好泸州市第七届运动会。深化医药卫生体制改革，夯实基层医疗基础。加强重大疾病防控。全面实施“两孩”政策。积极创建健康城市。力争完成市人民医院新院主体工程。积极推进全民预防保健服务体系建设。认真做好新一届全国双拥模范城创建迎检工作。完成第十届村（居）委会换届工作，稳妥推进农村社区建设试点。加强国防动员和国防教育，强化国防后备力量建设。切实做好民族宗教、老龄、台湾事务、外事、侨务、保密、档案、气象、人防、地方志等工作。

切实维护安全稳定。深入贯彻执行《安全生产法》，全面落实“五级五覆盖”“五落实五到位”，夯实安全生产基层基础，强化安全隐患动态排查治理，加强应急救援体系、防灾减灾体系建设，持续开展“打非治违”专项行动，确保人民生命财产安全。积极推进“阳光信访、责任信访、法治信访”建设，提高信访工作法治化、规范化和信息化水平。加强社会治安综合治理，开展专项整治行动，依法严厉打击违法犯罪活动，加强社区矫正对象、吸毒人员等特殊群体管控。积极

支持工会、共青团、妇联、残联等人民团体参与社会治理。

着力建设“生态文明美丽泸州”。巩固退耕还林成果，加强天保工程（二期）、新一轮退耕还林、石漠化治理、国家储备林基地建设，加强水土流失治理。加快推进全国水生态文明城市创建，落实最严格的水资源管理“三条红线”制度。强化重点行业污染整治，抓好大气、水和土壤污染防治，深入开展“两江四河”综合治理，全面完成节能减排目标任务。

七、加强政府自身建设，增强政府执行力和公信力

加快法治政府建设。严格执行市人大及其常委会决议、决定，自觉接受市人大、市政协监督，认真办理人大代表建议和政协委员提案。广泛听取民主党派、工商联、无党派人士、人民团体的意见和建议，自觉接受社会监督。依法行使权力、履行职责，严格执行重大行政决策程序规定。加强政府立法工作，建立政府立法体制机制。完善行政执法体制，积极推进城市管理、城乡规划建设、农业、水务等综合执法工作。

加快效能政府建设。进一步简政放权，全面推行“三张清单”制度。切实加强执行力建设，强化对重大决策、重点工作落实情况的跟踪督查，确保政令畅通、执行有力。建设政务大数据互联互通平台，加强电子政务与网站建设，强化行政效能电子监察。加强政务公开监管，继续推进行政权力依法规范公开运行。

加快廉洁政府建设。全面落实从严治政各项规定，坚持“三严三实”标准，持续整治“四风”，巩固提升“为民、务实、清廉”的政府形象。严格落实党风廉政建设责任制，抓好省委巡视组反馈问题整改落实，健全完善土地出让、项目建设、招投标、国有资产管理等机制，切实加强行政监察和审计监督。加大政府系统违纪案件查处力度，坚决整治损害群众利益的不正之风，打造风清气正的政务环境。

各位代表，回顾“十二五”，辉煌成就令人鼓舞；展望“十三五”，宏伟蓝图催人奋进。泸州发展已站在新的历史起点上，让我们紧密地团结在以习近平同志为总书记的党中央周围，在市委的坚强领导下，开拓创新、奋勇拼搏，为实现泸州“决胜全面小康、建成区域中心”而努力奋斗！

注解：

1. 2015年全市主要经济指标在全省排位情况：地区生产总值1353.4亿元，比2014年（下同）增长11%，总量居全省第6位、提升2位，增速居全省第2位；规模以上工业增加值增长14%，增速居全省第2位；全社会固定资产投资1463.7亿元，增长23.9%，总量居全省第2位、提升1位，增速居全省第1位；社会消费品零售总额559.7亿元，增长13.9%，总量居全省第7位，增速居全省第2位；地方一般公共预算收入128.3亿元，同口径增长10.3%，总量居全省第2位，增速居全省第11位；城镇居民人均可支配收入26656元，增长8.6%，总量居全省第5位，增速居全省第5位；农村居民人均可支配收入11359元，增长10.3%，总量居全省第13位，增速居全省第6位。

2. “十二五”期间取得的主要成就：“十二五”时期，是泸州市经济社会爬坡上行、提档升级的五年，开创了全市经济社会发展新局面。过去五年，是综合实力显著增强的五年。地区生产总值年均增长12.8%，增速稳居全省前3位，总量由第9位跃升至第6位。全社会固定资产投资五年累计完成4707亿元，是“十一五”时期的3.6倍，年度投资规模由全省第11位跃升至第2位；地方一般公共预算收入总量由全省第6位跃升至第2位。过去五年，是产业结构明显优化的五年。三次产业结构调整为12.4∶59.6∶28，非农产业增加值占比提高2.8个百分点。传统优势产业加快转型升级，新兴产业加快培育发展，电子商务、智慧城市等新业态、新模式蓬勃发展。2015年，全市工业增加值实现747.4亿元，比2010年增加370.5亿元，增长104.9%；全市服务业增加值实现378.8亿元，比2010年增加176.5亿元，增长

68.2%。过去五年，是基础设施水平大幅提升的五年。列入全国综合运输服务示范城市。高速公路通车里程389公里，比2010年增加340公里，里程数居全省第3位、川南第1位。泸州港建成长江上游首个铁水联运百万标箱大港，完成货物吞吐量3247万吨，比2010年增加1474.7万吨、增长83.2%，其中：集装箱吞吐量44.5万标箱，比2010年增加37.5万标箱。泸州机场成为全省第三大航空港，机场迁建工程加快推进。川南城际铁路内自泸段、隆黄铁路叙永至镇雄段开工建设，渝昆铁路前期工作进展顺利。“水、公、铁、空”四位一体综合交通运输体系日趋完善。过去五年，是城乡面貌深刻变化的五年。“一主四副多点”城镇体系不断健全，城市辐射带动能力和综合服务功能全面提升，中心城区建成区面积120.1平方公里，人口120.4万人。重点小城镇聚集能力提高，幸福美丽新村建设全面推进。过去五年，是改革开放成果丰硕的五年。行政审批、财税体制、农村产权、国有企业、社会事业等改革取得积极进展。开放水平不断提升，累计到位市外国内资金3338.5亿元，是“十一五”的3.3倍；实际到位外资2.5亿美元，是“十一五”的2.8倍；累计实现进出口贸易总额10.5亿美元，是“十一五”的2.3倍。过去五年，是人民生活水平明显改善的五年。城镇居民人均可支配收入年均增长12.1%，农村居民人均可支配收入年均增长14.2%。累计新增就业18.9万人，完成保障性住房建设和危旧房棚户区改造11.4万套，城乡居民基本养老保险参保率86%以上，城乡居民基本医疗保险参保率98%以上，城乡低保实现应保尽保。深入推进扶贫开发，五年累计消除绝对贫困人口58.5万人。

3. 市场拓展“三大活动”：即“惠民购物全川行动”、“川货全国行”活动、“万企出国门”活动。

4. 千亿增收示范工程：即在全省建设1000个，平均亩产值达1万元以上、规模超万亩的亿元产值示范区。

5. 两江新城：即沱江新城和长江生态湿地新城，总规划面积100平方公里，人口规模100万人，其中：沱江新城南临长江、北抵九狮山、东至希望大道、西接城市规划外围道路，规划面积60平方公里，人口规模60万人；长江生态湿地新城北至机场路、南联紫阳大道、西临长江、东接宜泸渝高速公路，规划面积约40平方公里，人口规模40万人。

6. 三大专项治理行动：即在主城区开展违法建设、广告店招、老旧城区环境秩序治理行动。

7. 先照后证：即先向工商部门申请办理营业执照，再到许可审批部门办理许可审批手续。

8. 三证合一、一照一码：即将现行企业需要依次申请，分别由工商行政管理部门核发营业执照、质量技术监督部门核发组织机构代码证、税务部门核发税务登记证的登记制度，改为企业一次申请、通过“一窗受理、互联互通、信息共享”，由工商行政管理部门核发一个加载法人和其他组织统一社会信用代码营业执照的登记制度。

9. PPP（Public-Private-Partnership）：即政府和社会资本合作模式，是指政府采取竞争性方式择优选择具有投资、运营管理能力的社会资本，双方按照平等协商原则订立合同，明确责权关系，由社会资本提供公共服务，政府依据公共服务绩效评价体系向社会资本支付相应对价，保证社会资本获得合理收益。

10. 众创空间：即通过市场化机制、专业化服务和资本化途径，为小微创新企业成长和个人创新创业提供低成本、便利化、全要素的开放式综合服务平台。

11. 10项民生工程和20件民生大事：“十项民生工程”即就业促进工程、扶贫解困工程、民族地区帮扶工程、教育助学工程、社会保障工程、医疗卫生工程、百姓安居工程、民生基础设施工程、生态环境工程和文化体育工程。“20件民生大事”即改善农村通村公路700公里、解决29.7万农村人口及学校师生安全饮水、农村电网升级改造、改造城市危旧房棚户区1.6万户、建成美丽幸福新村、向农民工定向出租410套公租房、为12.1万名老人提供居家养老服务、提高60岁以上城乡居民基础养老金发放水平、帮助3100名在校大学生和高校毕业生创业就业、继续提高城乡居民基本医疗报销水平、为“老幼病孕”等免费提供基本公共卫生服务、为贫困白内障患者实施免费复明手术、为边远贫困地区农村教师建设835套周转房、提高全市24所公办普通高中办学经费、免除5800名民办中职学校三年级学生学费、治理6处地质灾害隐患点及避险搬迁安置1164户、对全市1346个村提供公共服务经费补助、建设5个残疾人服务中心、推行全民预防保健试点工作、深入推进城区“三无院落”整治等20个项目。

12.“渡改桥”三年攻坚行动：我市从2015年开始，用3年时间，总投资42亿元，建成渡改公路桥44座、渡改人行桥2座，全面撤销客渡码头154座，取缔区间客运船舶，全面消除江河水上客渡运交通安全隐患。

13. 七大扶贫攻坚行动：即基础设施建设、新村建设、特色产业培育、能力提升、公共服务、生态建设和基层组织建设攻坚行动。

14. 五个一批：即扶持生产和就业发展一批、移民搬迁安置一批、医疗救助扶持一批、低保政策兜底一批、灾后重建一批。

15. PM10：又称可吸入颗粒物，指空气动力学当量直径≤10微米的颗粒物。

16.“四个全面”战略布局：即全面建成小康社会、全面深化改革、全面依法治国、全面从严治党。

17. 着力六个突破、实现两个率先：“着力六个突破”即在产业发展、投资拉动、城镇建设、开放合作、县域经济、民生事业等六个方面取得突破。“实现两个率先”即率先全面建成小康社会、率先实现次级突破。

18. 六大消费工程：即信息消费、绿色消费、住房消费、旅游休闲消费、教育文化体育消费、养老健康家政消费。

19.“宽带乡村”工程：即由国家发改委、财政部、工业和信息化部联合组织实施的推进农村地区宽带发展工程。

20. 新三板：即由科技部、证监会、证券业协会、深交所、北京市中关村管委会五方共同为扶持国家级高科技园区的科技含量较高、自主创新能力较强的中小股份制企业而设立的融资服务平台。

21. 区域性场外市场：即为特定区域内的企业提供股权、债券的转让和融资服务的私募市场。

22. 文化产业“一园四区”：即根据泸州市文化产业总体布局情况和发展方向，在奥体中心规划建设泸州市文化创意产业孵化园，在医教园区规划建设川南文化创意产业园区，在茜草规划建设泸州工业文化遗址展示区，在泸州白酒产业园区规划建设泸州影视传媒创作区，在张坝桂圆林规划建设张坝艺术区。

23. 八大特色农业产业：即《泸州现代农业发展规划（2014—2025）》中提出的精品果业、绿色蔬菜业、特色经作业、高效林竹业、现代养殖业、粮食产业、加工物流业、休闲农业。

24. 二环线：全长52.5公里，串联沱江新城城北、城西组团、长江湿地新城、泸州高新区、泸州长开区等规划组团。串联区域面积约150平方公里。规划定位为快速交通环线，主要解决城市各组团之间的快速联系。

25. 主城区环境秩序专项治理行动：即在主城区继续开展违法建设、广告店招、老旧城区环境秩序“三大专项”治理行动，开展砂石堆场环境秩序治理、建筑弃土消纳场规范建设管理和主要街道风貌塑造专项行动。

26. 宜居县城行动：即坚持以“创新、协调、绿色、开放、共享”五大发展理念指导县城建设，把宜居放在首位，高水平推进县城建设、创新城市管理，建成一批和谐宜居、富有活力、各具特色县城的行动。

27. 幸福美丽新村“五大行动”：即以“扶贫解困、产业提升、旧村改造、环境整治、文化传承”为内容的幸福美丽新村建设行动。

28. 全省“一带一路”战略“251三年行动计划”：即围绕“一带一路”建设，锁定20个国家进行重点开拓、深度开拓；优选50个重大项目开展重点跟踪、强力促进；精选100家优势企业实施重点引导、形成示范，全面提升四川与沿线国家经贸合作水平。

29.“三为主”招商模式：即坚持以园区为主、以区县为主、以企业为主进行招商引资。

30. 智慧园区：即通过“感知”系统，在传统园区各单一系统间实现“互联”，并通过多维度“智能”分析，借助云计算、物联网等IT技术有效整合，使园区基础设施运行更加智能、绿色，使园区的运营管理更加规范与高效，使园区为客户提供更加优质与便捷的增值服务体系，以提升园区的差异化竞争优势，进而改善园区以往相对单一的盈利模式。

31. 六个精准：即扶贫对象精准、措施到户精准、项目安排精准、资金使用精准、因村派人精准、脱贫成效精准。

32. 扶贫结对网络行：即运用网络这一新兴载体，将农村建档立卡贫困户的基本情况、致贫原因、帮扶需求录入平台。社会扶贫力量只需登录泸州扶贫网站，就可查阅贫困农户的基本状况，直观了解贫困农户的生产生活条件，并根据企业和个人实际，自主选择帮扶对象，自愿与贫困农户结对，直接开展无偿帮扶。

33. 百企联百村：即将贫困村基本情况、致贫原因、帮扶需求公开公示，倡导有爱心、愿奉献、乐扶贫的民营企业在全市扶贫信息平台中自主选择、自愿结对、直接无偿帮扶贫困村，促进100家以上爱心企业结对帮扶100个以上贫困村。

34.“高清泸州·智慧广电”工程：即利用互联网平台和信息通信技术，推动广播影视内容、渠道、平台、终端的高清化、宽带化、智能化，实现从“功能”向“智能”的转型升级，形成全业务、全流程、全网络的智慧化行业生态。

35. 五级五覆盖：“五级”是指省、市（州）、县（市、区）、乡镇（街道）、行政村（社区）。“五覆盖”是指“党政同责”全覆盖、“一岗双责”全覆盖、“三个必须”（管行业必须管安全、管业务必须管安全、管生产经营必须管安全）全覆盖、政府（行政）主要负责人担任安委会主任全覆盖、各级安委会办公室向本级纪检、组织部门报送安全生产情况全覆盖。

36. 五落实五到位：“五落实”是指必须落实“党政同责”要求，董事长、党组织书记、总经理对本企业安全生产工作共同承担领导责任；必须落实安全生产“一岗双责”，所有领导班子成员对分管范围内安全生产工作承担相应职责；必须落实安全生产组织领导机构，成立安全生产委员会，由董事长或总经理担任主任；必须落实安全管理力量，依法设置安全生产管理机构，配齐配强注册安全工程师等专业安全管理人员；必须落实安全生产报告制度，定期向董事会、业绩考核部门报告安全生产情况，并向社会公示。“五到位”是指必须做到安全责任到位、安全投入到位、安全培训到位、安全管理到位、应急救援到位。

37. 两江四河：“两江”即长江、沱江；“四河”即赤水河、永宁河、濑溪河、龙溪河。

38. 三张清单：即权力清单、责任清单、负面清单。

中国人民政治协商会议
泸州市第七届委员会常务委员会工作报告

2016年1月31日在政协泸州市第七届委员会第五次会议上

巫俊明

各位委员、各位同志：

我受政协泸州市第七届委员会常务委员会委托，向大会报告工作，请各位委员审议，请同志们提出意见。

2015年工作回顾

2015年是“十二五”规划的收官之年。一年来，市政协常委会在中共泸州市委的领导下，围绕协调推进“四个全面”战略布局和实现泸州“两个率先”目标任务，按照“懂政协、会协商、善议政”的要求，认真履行三大职能，积极推进协商民主，发挥优势凝心聚力，对接重点主动作为，为助推泸州经济社会平稳较快发展做出了积极贡献。

一、围绕中心议政建言，全力服务改革发展

社会进步，发展为要。常委会坚持把助推改革发展作为履职第一要务，紧紧围绕市委的决策部署和目标任务，建睿智之言、献务实之策、尽助推之力。

（一）建言决策施政。紧扣党政工作中心，着眼泸州长远发展，围绕“十三五”规划系统建言。在多次调研考察、协商论证的基础上，召开七届十七次常委会专题议政，形成《关于推进我市“十三五”期间产业转型升级》专题报告，得到市委主要领导签批；针对《“十三五”规划纲要（初稿）》开展专题协商，从规划对接、指标设置、发展定位等6个方面，提出37条具体协商意见，为《纲要（初稿）》修改完善提供了重要参考；围绕《市委关于制定“十三五”规划的建议（征求意见稿）》，组织各县区政协、各党派团体和部分界别代表进行深度研讨，召开专题协商座谈会建言献策，市委主要领导到会听取协商意见，对政协提出的建议意见给予充分肯定；利用省政协常委会议政平台，结合省政协“谋划‘十三五’规划”议政主题，通过大会发言等形式，大力呼吁把大型装备制造、汽车整车生产、临港优势产业纳入省上规划沿江布局，关于“西部大开发‘十三五’规划应更加注重政策配套”的建议被全国政协和省政协采用。召开政协全委会进行整体协商，市政协七届四次全委会期间，组织委员围绕我市经济社会发展中的重大问题，开展小组讨论45场，组织大会发言16个，整理建议意见6个方面34项70余条，通过联组讨论向党政集中反映重点意见68条，不少建议得到采纳。

（二）共谋转型发展。立足泸州产业发展现状，围绕“产业转型发展年”主动思考、集中建言。针对传统产业转型发展，市政协主席会议成员深入调研泸酒发展，多次组织委员围绕“白酒产业转型升级”深度研讨，提出的对策建议得到市委、市政府肯定和采纳；积极争取省政协莅泸调研，邀请全省酒类行业专家学者，就我市白酒产业发展“把脉会诊”，形成了不少有价值的参考意见。针对旅游产业发展瓶颈，围绕“我市交通

枢纽及旅游通道建设情况”开展主席视察，大力呼吁强化交通旅游协同互动、加快景区通道建设，促进旅游公路“毛细血管”与交通“主动脉”无缝对接；《关于我市旅游产业发展情况的视察报告》经市委领导批示后，相关部门认真采纳落实。针对新兴产业发展领域，组织委员视察我市医药产业园建设情况，从理顺园区体制、加强政策扶持、培育引进人才等方面提出12个方面的具体建议；密切关注我市新能源产业发展，先后向市委、市政府报送了《关于我市新能源产业发展情况的调研报告》和“关于加强我市新能源汽车配套产业培育”的社情民意信息，围绕电子商务产业发展组织大会发言，引起党政领导高度重视。

（三）聚焦改革难点。结合泸州发展定位，密切关注改革进程。持续关注行政审批制度改革，在去年开展主席视察、大会发言的基础上，再次组织委员赴上海、广东等地学习先进经验，主动联合党政部门、县区政协和专家学者开展深入调研，专题召开七届十八次常委会进行研讨论证，形成“关于推进我市行政审批制度改革”的议政成果，市政府领导签批办理，关于“我省行政审批制度改革亟需调整完善”、“行政审批权下放应注重解决好几个问题”等社情民意信息分别被全国政协、省政协采用。积极建言对外开放，主动参与侨务引智招商引资工作，会同市外侨旅游局、市侨联开展联合调研，认真借鉴外地侨务工作经验，形成专题报告供党政决策参考。密切关注环境保护治理，围绕“我市重点水利工程建设及水资源保护利用情况”，组织开展主席会议成员视察，针对“地方配套资金比例过大、日常运行维护难以保障、专业技术力量严重匮乏”等突出问题建言，得到市委重视采纳，要求相关部门认真整改。关于《加快推进水生态文明城市建设、打造幸福宜居泸州》《改革完善农村宅基地管理、切实保护泸州土地资源》等大会发言，引起广泛关注；关于“加强我市污水处理和截污管建设”、“加强大气污染治理提升城市空气质量”等重点提案，得到相关部门的重视和办理推动。

二、发挥优势献计出力，助力改善社会民生

关注民情，心系民生。常委会牢固树立履职为民理念，充分发挥政协职能优势，密切关注服务群众“最后一公里”，积极协助党委政府保障和改善社会民生。

（一）着眼民生开展视察调研。密切关注民生疾苦，持续助力扶贫攻坚。围绕市委《关于全面推进扶贫攻坚，确保全面建成小康社会的决定》开展专题协商，针对贫困山区基础教育问题组织主席会议成员视察，提出“定向培养乡村全科教师、招聘优秀大学生到县任教”等具体建议被市委采纳，通过多方协调推动，促成贫困山区村小道路硬化问题得到逐步解决落实，一大批重大项目落地见效；综合运用履职载体，重点关注扶贫攻坚中的薄弱环节和突出问题，围绕“如何构建科学健全的精准扶贫体系”，利用省政协议政平台积极建言，关于“精准扶贫‘不精准’应引起高度重视”、“扶贫工作中存在问题亟待解决”等社情民意信息被省政协采用。在政协系统中扎实开展“我为扶贫攻坚做件事”活动，组织动员政协委员为扶贫攻坚献计出力，通过多渠道、多形式倾力帮扶，市县两级政协委员先后为贫困山区落实帮扶产业720余个，协调项目资金2亿多元，捐款捐物共计2500余人次。围绕“农产品质量安全”开展视察调研，召开七届十九次常委会专题议政，形成《关于进一步提升我市农产品质量安全水平的建议》，提出“加强农产品标准化生产、完善认证认定体系、落实产地准出和市场准入制度”等对策建议，积极为保障群众“舌尖上的安全”鼓与呼；组织主席会议成员视察“我市安全生产工作”，围绕“我市防灾减灾”、“缓解市民打的难问题”开展深入调研，针对“忠山烈士陵园建设改造”召开专题座谈会，部分建议意见进入党政决策视野，促进相关问题得以解决。

（二）运用提案强化民主监督。高度重视提案工作，切实把政协提案打造成为委员参政议政的重要载体和协商议政的重要手段。抓住提案征集、交办、回复和督办等关键环节，不断创新提案工

作办法，规范提案办理程序，完善提案工作机制，促进提案办理质量不断提升。坚持重点提案重点督办，从300多件提案中遴选出14件重点提案，由政协主席会议成员领衔督办，现已全部办复；坚持热点提案持续跟踪，针对社会关注、群众关心的热点问题，积极开展跟踪督办，推动相关问题得以解决；坚持难点提案协力推进，通过承办部门主要领导包案、提案委员会协调办案、现场调研协商办案等形式，促使“建设航运物流中心”、“改进驾驶培训考试管理”等一大批提案得到有效办理，发挥了政协提案监督建言作用。

（三）畅通渠道反映社情民意。注重发挥社情民意信息的独特优势，帮助各级党委政府识民情、听民声、汇民智。一年来，市政协收集汇总社情民意信息1023条，编辑上报全国政协和省政协193条，向市委、市政府报送《社情民意专报》38期，向相关部门转送《社情民意信息》10期。其中，关于“推动长江经济带建设应更加注重国家层面的统筹协调”“成品油价格调整需进一步公开透明”等10条信息被全国政协采用；关于“在全国范围内推广藏区‘9+3’免费教育计划”“谨防政策性农业保险成为新的农民负担”等33条信息被省委、省政府、省政协采用，“回乡务农原国民党抗战老兵发放补助出现认证困难”的信息，被省政协转送省民政厅后引起高度重视，及时采取措施予以解决；关于“改进我市城乡居民医疗保险缴费方式”“加强少数民族干部人才选拔培养”等20余条信息被市委、市政府领导签批督办，“增设机动车驾驶证考试考场的建议”得到市政府采纳落实，目前叙永、古蔺两县已经启动驾校考场建设前期工作。我市社情民意信息工作在全国政协21个信息直报点中排名第四位，连续9年在全省市州政协中排名第一。

三、顺应形势探索创新，着力推进协商民主

在继承中汲取智慧，在创新中谋求发展。常委会认真贯彻中央、省委、市委关于推进协商民主的新部署，充分发挥协商民主重要渠道和专门协商机构作用，全力推进协商民主广泛多层制度化发展。

（一）进一步拓展协商空间。协同市委、市政府制发《年度协商工作计划》，贯彻落实市委政协工作会议精神，协助市委制定出台《关于新形势下进一步加强和改进人民政协工作的实施意见》，主动加强与党委、人大、政府之间的沟通协调，完善重要政情通报等知情明政机制，保证政协工作有计划、有组织、有针对性地开展。围绕政治、经济等重大问题和党政重点工作开展协商，密切关注社会事业、民生项目、生态环境等涉及群众切身利益的现实问题，围绕“公益性事业发展”、“社会综合治理”“文物保护利用”“南寿山人文纪念公园建设”等课题组织专题视察，开展对口协商；召开主席会、常委会听取纪委、法院、检察院、公安等部门的工作情况通报，围绕我市党风廉政建设、社会治安现状、依法治市工作等开展重点协商，不断拓展协商领域。在继续开展专题协商、对口协商、提案办理协商的同时，积极延伸协商触角，邀请基层委员参与协商活动，探索建立社情民意信息现场协商办理机制，与承办单位面对面开展协商讨论，促成相关问题得到更好的办理落实。

（二）进一步提升协商质量。针对七届四次全委会联组讨论中委员反映强烈、党政高度重视的重点问题，及时组织力量，围绕“打造创业环境、解决融资难问题、强化基础教育工作”等选题，持续开展深度调研，广泛听取各方意见，形成重点协商成果，得到市委主要领导批办；围绕“我市旧城改造和新区建设”进行协商论证，提出“明确城市定位、完善旧城功能、注重历史文化传承与保护”等建议，引起市委、市政府重视；针对社区矫正中存在执法力量薄弱、执法权责不一、工作保障不足等问题，形成《关于我市社区矫正工作的调研报告》，市委领导认为“政协的调研报告反映的问题及建议，对全市加强社区矫正工作有重要参考作用”，要求相关部门专题研究吸纳；加强与农口部门的联系配合，针对我市农机推广和供销系统综合改革情况开展对口协商；关注文化产业发展，围绕我市传统媒体与新兴媒体融合、

文化产业健康发展等问题开展视察调研，切实把协商民主贯穿于政协履职全过程，把协商成效体现于政协工作各方面。

（三）进一步推动成果转化。建立健全协商成果整理报送机制，密切关注报送和办理流程，及时收集和反馈采纳落实情况，推动专题报告、协商意见、社情民意专报等履职成果及时报送。建立健全跟踪落实反馈机制，主动加强与市委办、市政府办的沟通协调，促成党委政府将政协履职成果采纳落实情况列入督查督办内容。建立健全考核评价机制，争取党委把政协工作纳入总体工作部署和重要议事日程，加大问责力度，推动形成党委重视、政府支持、政协主动、各方协同的工作格局。今年，市政协形成的《关于我市社区卫生服务情况的调研报告》报送市委、市政府后，先后得到4位领导签批，为市政府出台《关于进一步加强社区卫生服务体系建设的意见》提供了重要参考。市政协全年向党委政府报送视察调研报告22篇，其中市委、市政府领导批示29人次，责成相关部门办理落实具体事项12个，40余条建议意见转化为党政具体举措。

四、外引内联强化互动，努力凝聚发展合力

团结凝聚力量，互动激发活力。常委会充分发挥大团结大联合优势，始终发扬求同存异、体谅包容的优良传统，最大限度地凝聚人心、促成共识、形成合力。

（一）合作共事更加深入。积极促进社会各界的团结合作，通过政协全委会、常委会、专题协商座谈会、中秋新年茶话会等多种形式，主动为各民主党派、工商联和各族各界人士参政议政创造条件、搭建平台。一年来，各民主党派、工商联积极参与政协组织的视察调研、协商讨论、学习联谊活动，撰写集体提案46件，反映社情民意信息500余条，在政协网站和各级媒体刊物发表宣传稿件100余篇。关于“修改完善食药品管理相关法规”“儿童用药说明书内容缺失亟待重视”等社情民意信息被全国政协、省政协采用。通过与市级各民主党派的合作联动，积极争取全国政协副主席齐续春、刘晓峰，民革中央副主席刘家强、何丕洁，民盟中央副主席龙庄伟、致公党中央副主席闫小培等10余位民主党派中央和省委领导莅泸调研指导工作，在推动我市酒业发展、社会扶贫、职业教育、致泸合作、高新区升级、城际轨道交通发展等方面给予大力支持，为泸州经济社会发展提供了实实在在的帮助。

（二）协同互动更为密切。加强上下联动，注重联谊交流。协助完成全国政协、全国台联关于“对台工作情况”的考察调研，配合省政协完成“对接‘一带一路’、推进长江经济带建设”等10余项调研任务，积极参加省政协常委会、主席学习会、全省地方政协联席会等活动，先后在省政协作了《依托黄金水道，加快长江经济带发展》、《把握关键环节，强化顶层设计，着力推进协商民主广泛多层制度化发展》等4个专题发言。加强同县区政协的协同互动，联合开展“委员队伍建设管理工作”等调研，积极开展对口专委会之间的交流互动，主动加强对各县区政协的业务指导，有针对性地开展信息业务培训600余人次；组织召开市县区政协主席学习会，围绕“协商民主”主题交流经验做法和工作成效，推动了政协履职水平整体提升。热情为全国政协、省政协、兄弟城市政协来泸考察调研提供服务保障，组织委员赴上海、深圳等地开展学习考察，借鉴先进经验，宣传推介泸州，寻求更多合作契机。

（三）宣传文史工作更有成效。充分利用宣传媒体，切实加大宣传力度。通过《四川政协报》、《泸州日报》、政协网站等各级各类媒体，刊发报道政协新闻信息400余条，广泛宣传政协履职成果和委员履职风采，扩大了政协组织的影响力。积极参与跨地区、跨省市文史资料交流暨政协史料编纂工作，编辑完成《泸州抗战回忆录》等文史资料，支持诗书画院出版《酒城醉墨》书画作品集，积极为昆明市政协拍摄纪念辛亥革命影视资料提供文史素材，修编完成《泸州政协志（1991—2011）》，充分发挥了政协文史资料存史、资政、团结、育人的作用。

五、多措并举固本强基，大力加强自身建设

源静水自清，本固木方荣。常委会着眼政协事业长远发展，以改革思维、创新理念、务实举措，不断强化自身建设，夯实履职基础，提升政协工作科学化水平。

（一）夯实思想基础。坚持把政治理论学习摆在自身建设的首要位置，认真落实政协党组会、主席会、常委会以及政协机关等多个层面的学习制度，在学习中统一思想、凝聚共识。认真开展对党的大政方针、重要会议和重要讲话精神的贯彻落实，不断深化各党派团体、各界别阶层的思想认同和政治认同。深入学习中共中央《关于加强社会主义协商民主建设的意见》和《关于加强人民政协协商民主建设的实施意见》，不断增强把握新要求、适应新形势、体现新作为的自觉性和主动性。扎实开展“三严三实”专题教育活动，精心安排富有政协特色的集中研讨，大力开展“不作为、慢作为、乱作为”专项整治，从严整改“不严不实”问题，不断强化履职责任感，提升工作积极性。

（二）强化队伍建设。坚持把队伍建设作为提升履职成效的前提和保障。加强教育培训，利用全国政协、高校党校等平台，分批集中培训委员400余人次、政协系统干部100余人次。规范队伍管理，扎实整顿履职不力的行为，对履职不到位的市政协委员下达整改通知书，对完成“五个一”活动不及时的驻泸省政协委员进行诫勉谈话，对5名违法违纪的委员按照《政协章程》规定撤销委员资格。强化纪律约束，严格落实“两个责任”，出台党风廉政建设意见，学习贯彻《中国共产党廉洁自律准则》和《中国共产党纪律处分条例》，层层签订责任书，教育引导政协委员和政协干部恪守法纪、遵章履职。

（三）推动工作创新。坚持在创新中发展、在发展中提高。加大建章立制力度，对政协《全委会规则》《常委会规则》等30余项制度进行清理修订，健全了政协例会和机关管理制度体系，使政协工作有规可守、有章可循。推进政协信息化建设，不断完善党政网政协网页、互联网短信平台、提案管理系统等三大平台，进一步提高履职能力现代化水平。增强机关服务保障能力，制定市政协机关《公文处理办法》、《办事规范和负面行为清单》等工作制度，推进各项服务保障工作标准化建设和社会化改革，着力打造服务型、效能型、节约型机关。

各位委员、同志们，过去一年市政协工作取得的新成绩，是中共泸州市委高度重视、坚强领导的结果，是市人大、市政府及有关部门和社会各界大力支持、积极配合的结果，是广大政协委员、政协各参加单位团结协作、辛勤工作的结果。在此，我代表市政协常委会，向所有重视、关心、支持政协工作的同志们、朋友们致以诚挚的敬意，表示衷心的感谢！

在总结成绩的同时，我们也清醒地认识到，与政协工作面临的新形势新任务相比，与人民群众的期望相比，我们在协商民主制度的进一步落实、委员主体作用的进一步发挥、政协工作水平的进一步提升等方面还存在不足和差距，这些都需要我们在今后的工作中努力改进。

2016年工作建议

2016年是“十三五”规划的开局之年，也是本届市政协任期的最后一年。新的一年，市政协工作的总体要求是：深入贯彻落实中共十八大和十八届三中、四中、五中全会精神，在中共泸州市委的领导下，牢牢把握“稳中求进、进中求好、好中求快”的工作基调，紧紧围绕“决胜全面小康、建成区域中心”的奋斗目标，突出团结民主两大主题，坚持服务发展第一要务，充分发挥政协优势，切实履行政协职能，为促进泸州科学发展、加快发展做出积极贡献。

一、把握新要求，凝聚思想共识激发新活力

始终高举大团结大联合旗帜，把坚持和发展中国特色社会主义作为巩固共同思想政治基础的

主轴，团结引领广大政协委员增强道路自信、政治认同和行动自觉，切实把思想和行动统一到中央、省委、市委的决策部署上来，把智慧和力量汇聚到“决胜全面小康、建成区域中心”的目标任务上来。加强理论学习，巩固思想基础，坚持求同存异，增进团结合作，增强履职责任感和紧迫感。自觉服从和维护党委的领导，切实把政协工作融入全市工作大局，确保市委的决策部署在政协工作中得到全面贯彻落实，为新一轮改革发展减少阻力、增添动力、凝聚合力。

二、明确新任务，助推改革发展力求新作为

充分发挥人民政协的智库优势，紧扣“十三五”规划和市委的重大决策、重要部署、重点工作，找准服务改革发展的着力点和切入点，主动协商建言、积极献计出力。聚焦产业创新发展，围绕传统产业转型升级、新兴产业培育壮大、园区建设稳步推进等重点领域，开展视察调研，提出对策建议。聚焦区域中心建设，围绕交通枢纽打造、中心城市定位、城乡一体化发展等重点课题，认真研讨论证，积极建言献策。聚焦扶贫攻坚，继续关注贫困地区基础设施建设、公共服务保障、特色产业培育、生态环境保护等重点问题，主动献计出力。继续发挥政协组织优势，积极向上对接、多方借力，加强与全国政协、民主党派中央的沟通汇报，尽力促成民主党派中央主办的赤水河流域保护开发研讨会在泸召开，协力推动地区合作，全力争取政策机遇。

三、立足新起点，促进协商民主实现新发展

认真贯彻中央关于推进协商民主“两个意见”和省委、市委政协工作会议精神，充分发挥政协作为协商民主重要渠道的作用。协助市委制定2016年《年度协商工作计划》，进一步明确协商内容，完善协商形式，健全协商机制，增强协商实效。深入开展专题协商、提案协商工作，创新对口协商、界别协商办法，探索网络议政、远程协商形式，按照协商于民、协商为民的要求，稳步推进政协基层组织建设，建立健全委员联络专门机构，推动协商民主纵深发展。按照商以求同、协以成事的原则，加强与党政部门、党派团体、县区政协、专家学者的联合调研、协商互动，努力营造既畅所欲言、各抒已见，又理性有度、遵章合法的良好协商氛围。

四、适应新形势，推进自身建设再上新台阶

准确把握新形势，努力适应新要求，以提升政协工作科学化水平为主题，不断推进人民政协理论创新、制度创新、工作创新。认真践行“三严三实”，严格遵守纪律规矩，深入改进工作作风，着力增强政治把握能力、调查研究能力、联系群众能力、合作共事能力、廉洁自律能力。不断加强委员队伍建设，探索完善委员进出机制，搭建平台、强化服务、规范管理，充分调动委员履职积极性和主动性。切实加强政协机关建设，建立健全各项工作运行机制，不断提高机关服务保障能力和水平。

各位委员、同志们，“两个百年”奋斗目标振奋人心，改革发展进程任重道远，政协事业舞台广阔，政协工作大有可为。让我们在中共泸州市委的坚强领导下，凝心聚力、真抓实干，齐心协力、奋发作为，不断开创政协工作新局面，为泸州决胜全面小康、建成区域中心做出新的更大的贡献！

泸州市中级人民法院工作报告

2016 年 2 月 1 日在泸州市第七届人民代表大会第六次会议上

泸州市中级人民法院院长　刘学锋

各位代表：

我代表泸州市中级人民法院向大会报告工作，请予审查，并请市政协委员提出意见。

2015 年主要工作

2015 年，在市委坚强领导和市人大有力监督下，在市人民政府大力支持和市政协民主监督下，全市法院认真贯彻落实党的十八大、十八届三中、四中、五中全会精神，紧紧围绕“努力让人民群众在每一个司法案件中都感受到公平正义”的目标，按照市委“三抓三主动”要求，确立了“双轮驱动”①工作思路，认真履行审判职能，稳步推进司法改革，不断加强队伍建设，各项工作有了新发展。

一、认真履行职能，服务改革发展

全市法院狠抓执法办案，不断延伸审判职能，服务改革发展，共受理各类案件 45679 件，审执结 42921 件，收、结案同比分别上升 8.24%、6.32%；市中院受理各类案件 2723 件，审执结 2565 件，同比分别上升 18.49%、17.12%。

严厉惩治刑事犯罪。全市法院受理刑事案件 2671 件，同比上升 15.58%，审结 2430 件，结案率 90.98%；其中，市中级人民院受理 325 件，同比上升 12.85%，审结 300 件，结案率 92.31%。全市共判处故意杀人、伤害案件 201 件，两抢一盗案件 530 件，涉黄赌毒案件 331 件，集资诈骗等经济类案件 32 件，职务犯罪类案件 66 件。开展全市集中整治社会治安专项审判行动②，依法严惩犯罪，重刑适用率为 22.4%，比同期高出 11.6 个百分点，非监禁刑适用率为 16.4%，比同期低 22.4 个百分点。审结了张永强等 27 人组织、领导、参加黑社会性质组织犯罪案等一批重大案件。落实人权保障、司法文明相关规定，刑事在押被告人或上诉人出庭受审不再着囚服，坚持罪刑法定、疑罪从无，2015 年宣判无罪案件 1 件 1 人，我院《坚持严格司法，强化人权保障》做法，在全省法院工作会作经验交流。完成了纪念抗战胜利 70 周年特赦案件审理工作；承办了全省法院非法集资案件和量刑规范化调研片会；专题调研近三年来全市职务犯罪案件审理情况，提出了相关建议。

积极促进社会和谐。全市法院受理民商案件 31403 件，同比上升 3.76%，审结 29823 件，结案率 94.97%。审结婚姻家庭、邻里纠纷案件 5379 件，审结涉金融、房地产、建设工程等商事案件 15729 件，标的额 71.45 亿元。市中级人民法院受理各类民商案件 1700 件，同比上升 27.34%，审结 1629 件，结案率 95.82%。制定了《服务保障全市实体经济发展十六条措施》；召开了全市非公有制企业代表座谈会，梳理出 2012 年以来全市商事案件中反映出的问题和风险，提出了建议，在市工商联组织的企业家培训会上，进行了重点讲解；针对高发案件，制定了劳动争议、机动车交通事故责任赔偿的类案指导意见，以及保险纠纷诉讼与调解对接机制的实施细则。

依法审理行政案件。全市法院受理行政诉讼

案件776件，同比上升53.36%，审结746件，结案率96.13%；市中级人民法院受理271件，同比上升93.57%，审结263件，结案率97.05%。其中，涉政府信息公开、劳动人事工伤认定类涉众案件上升较大，分别达到10.08%、7.89%。全市法院共确认行政行为违法、撤销或变更行政行为、责令履行法定职责44件，同比上升207.69%，审理的梁玉全诉市食药监局食品监管行政处罚案入选2015年四川法院十大典型案例。全市法院受理非诉执行案件875件，审结875件；其中，准予执行614件，申请人撤回执行申请81件，不准予执行176件、不予受理4件。印发2014年行政案件司法审查白皮书，报送新行政诉讼法实施前相关工作建议；与市人民政府共同推动出台行政机关负责人出庭应诉工作规定，行政机关负责人出庭率达到62.07%。

大力强化执行工作。全市法院共受理执行案件10829件，同比上升49.47%，执结9922件，执结率91.62%，执行到位金额9.79亿元，同比上升78.32%。其中，市中级人民法院受理427件，同比上升33.44%，执结373件，执结率87.35%，执行到位金额2.08亿元，同比上升49.64%。对生活困难的当事人实施司法救助63人74.65万元。加大了惩处拒执行为的力度，限制高消费561人、限制出境319人、拘留28人、移送涉嫌犯罪线索29件、移交拘留线索125件；纳入失信被执行人名单2535人，4次在电视、报刊、网络、中心城区LED显示屏公开曝光“老赖”1026人，在中国法治APP泸州频道曝光后，最高点击量达到5万余次。曝光后，有63人自动履行了债务1375.99万元；推进裁执分离③，推出“申请执行人权利清单”④，强化监督制约；严格执行“三个一”制度⑤，强化执行案款管理；建成综合指挥中心，与贵阳、昆明、重庆等7家中级人民法院、渝西川东八区县法院建立了执行协作关系。

二、推进司法改革，促进司法公正

在上级法院和市委的统一领导下，确定了以审判权运行机制改革为核心内容的12项改革任务。

推动审判权运行机制改革⑥。探索“以审判权为核心、以审判监督权和审判管理权为保障”的审判权力运行机制，落实司法责任制。完善院长（副院长）、庭长、审委会委员办案机制，明确了案件讨论规则，厘清了院庭长、合议庭、承办人权力界限，“谁办案、谁负责”，并出台了过问案件留痕制度与之配合运行。指导合江、叙永、纳溪人民法院开展了本项改革试点工作，改判、发回重审案件明显减少，改革成效显著。

落实立案登记制改革⑦。制订详细操作流程，召开新闻发布会解读改革精神。改革实施当日，两级法院院长和分管副院长值守立案窗口，邀请了人大代表、政协委员、政法委相关领导视察指导，确保改革平稳过渡。为防止年底“立案难”反弹，要求不得以任何理由拒绝立案，兑现向社会作出的承诺。纳溪区人民法院、合江县人民法院实行“全域立案”⑧，方便当事人递交立案材料。改革实施以来，全市法院当场立案17196件，占比97.38%。

创新未成年人司法保护模式。一是打造专业机构，两级法院均建成未成年人综合审判庭，统一审理涉未成年人案件；二是建立专业团队，5名法官通过了国家心理咨询师考试；三是完善制度建设，加强判后回访，建立了社会观护员制度⑨，落实未成年人犯罪记录封存制度⑩、三书一报告制度⑪；四是加强普法延伸⑫，选派优秀法官担任法治副校长，成立了未成年人法治教育宣讲团，区县法院成立宣讲小分队，江阳区人民法院“萤火虫”普法志愿队被团市委评为“醉美青春团队”，合江县人民法院建成全省法院系统第一个青少年法治教育基地，国家、省、市10余家媒体到泸州采访报道。

加强法庭专业化建设。全市法院均建成知识产权案件综合审判庭或合议庭；江阳区人民法院成立了专门审理医患纠纷的医事法庭；纳溪区人民法院把江宁女子法庭明确为家事法庭，集中审理家事案件；叙永县人民法院成立摩尼少数民族法庭，针对民族风俗习惯，巡回审判，上门服务，着重调解。

强化律师执业权利保障。全市两级法院9次召开律师座谈会，认真听取律师队伍意见。市中级人民法院主动征求司法行政机关、律师协会意见，制定了贯彻“两高三部”《关于依法保障律师执业权利的规定》[13]的实施意见，有条件的法院建立了律师会见、阅卷、休息室，为律师查阅、摘抄、复制案卷材料提供便利，庭审充分尊重律师发问、质证、辩论等权利。

网络司法拍卖全覆盖。两级法院已全部入驻淘宝网，实施网络司法拍卖，零佣金、受众广、透明度高，防止恶意竞买，最大限度保障当事人合法权益。2015年上网拍卖48次，成交率39%，溢价率均达20%以上。受邀参加最高人民法院关于网络司法拍卖工作规定的修订，并在全省法院工作会上交流经验，推广全省。

三、加强宣传引导，推进依法治市

全市法院不断深化司法公开，加强法治宣传，弘扬法治精神，全力推进法治泸州建设。

拓宽渠道深化公开。市中级人民法院2015年召开新闻发布会8次，定期发布法院工作信息、典型案例、失信被执行人名单；开通官方微信，推送信息61期240条，在全省率先开通中国法治APP地方频道，发布信息85批，单篇信息平均点击量达2000余次。继续加强三大平台建设[14]，两级法院2015年共上网裁判文书16816份。加强院长信箱管理，做到有反映必有回应，共收到各类咨询、投诉信件55封，已处理回复45封。

案例引导以案说法。利用微博开展庭审直播11次；发布了8件典型案例；与泸州电视台互动频道《给您说法》栏目合作，制作播报法制宣传片13期；集中开展了“知识产权周”“6·26禁毒宣传周”、“新学年第一堂法制课”等主题宣传活动。我市法院文化建设专题片在全省法院文化建设推进会上播放，泸县人民法院制作的微电影《梦想在这里启航》获四川电视台金熊猫奖。

走进法院参与互动。市中级人民法院在全市主要媒体发布公告，邀请基层群众代表和企业家代表各10名，与人大代表、政协委员、民主党派人士一起，集中视察了合江县人民法院、泸县人民法院及牛滩人民法庭；开展“中国法治·法院活动日”活动，解答全国各地网友300多条法律咨询，被确定为“中国法治客户端法院活动日示范单位”；泸县人民法院建成全省法院系统首个百姓法律书屋，接待群众1000余人次。

四、接受各方监督，改进法院工作

全市法院自觉接受人大监督、政协民主监督和社会各界监督，不断改进法院工作。

加强联络工作。市中级人民法院主动向市人大、政协报告、通报重大工作6次。接受市人大常委会审议执行工作、社会治安专项整治工作，向市政协主席会议报告法院工作情况；先后6次征求人大代表、政协委员对法院工作的意见，开展了代表委员“一对一”走访活动，收集意见建议43份；邀请代表、委员旁听庭审426人次；向人大代表、政协委员发送手机报5期7500余条、《人大代表政协委员联络专报》1000余份。

接受社会监督。落实“两员两卡”监督机制[15]，从社会各界群众中选聘105名廉洁司法监督员，在两级法院资深法官中选任58名廉政监察员，召开座谈会3次，收集建议意见30余条并全部整改；随机抽取陪审员参与案件审理，充分保障人民陪审员履职监督，一审案件陪审率达77.34%。

五、加强思想建设，打造过硬队伍

全市法院坚持将思想政治建设摆在首位，落实“两个责任”，不断加强班子队伍建设。

深化思想政治建设。扎实开展“三严三实”专题教育活动，提出“五个引领”[16]的思想政治建设工作思路，召开思想政治建设工作专题会议，加强政治纪律、政治规矩意识；组织开展了“司法廉洁教育、爱院爱家乡爱祖国教育、司法规范化建设教育”集中教育活动；召开了退休法官、老法官座谈会，为三十年法官颁发天平奖章；组织纪念“七一”系列活动，召开了理想信念教育报告会，请退休老法官、老党员及藏区法官作报告，举行了“学习邹碧华，甘当‘燃灯者’”演讲比赛；对全市法院系统干警思想状况进行了调查分析，提高队伍管理的针对性；举办全市法院首届运动会，增强队伍活力。

加强人才培养选拔。强化实务培训，组织全市80名优秀干警到中国政法大学参加“新时期法院系统工作实务培训班”，安排22名执行干警接受省法院执行专项培训，选派14名纪检干部参加省法院纪检监察业务综合培训。邀请专家学者开展讲座4次，举办“法官讲坛”8期。市中级人民法院开展署名推荐人才，提拔干警4人，轮岗交流26人。古蔺县人民法院推行“一考一库”[17]新型管理机制，泸县人民法院“梦想在法庭起航”人才培养计划被评为“全省法院十大文化特色项目”。

加强司法廉洁建设。推行“五个一”[18]廉政工作机制，市中级人民法院院长与纪检组长“双约谈”了7个区县法院院长与纪检组长，提前一年完成对所有基层法院的司法巡查；认真接受省法院巡查，认真进行整改；开展“静默监督”[19]，及时纠正发现问题；全面落实“两个责任”，代表全省法院在全省政法系统“三严三实”专题会上作交流。

2015年，两级法院共获得市级以上集体荣誉93项，其中国家级1项、省级37项、市级55项；90名干警获得市级以上荣誉，其中国家级1人、省级55人、市级34人。市中级人民法院在全省法院系统争创“两个一流”[20]活动中，荣立集体二等功，获得全省法院系统先进集体称号，市中级人民法院党组被市委表彰为争创“四好”班子先进集体。这些成绩的取得，是党委正确领导、人大有力监督、政府大力支持、政协民主监督和社会各界关心帮助的结果。在此，我代表全市法院表示衷心的感谢！

全市法院工作还存在着一些问题和困难：一是少数案件质量不高，涉诉信访老案积压，特别是涉征地拆迁案件化解难度很大；二是各类案件数量不同程度上升，法院办案压力增大，需要进一步完善多元化纠纷解决机制；三是少数干警司法理念、司法能力、工作作风还不适应“新常态”要求，队伍建设需要进一步加强；四是全市法院信息化建设滞后，服务能力有待提高。

2016年工作打算

各位代表，2016年全市法院工作的总体思路是，深入贯彻党的十八届五中全会精神，坚持“创新、协调、绿色、开放、共享”理念，推进司法改革，提高队伍素质，为民司法、公正司法，服务经济社会发展。

进一步深化服务大局。自觉将法院工作置于全市“十三五”工作大局，履行职能，惩治犯罪，化解矛盾，维护稳定；平等保护各类主体，支持创新，促进转型，服务发展；加强专题调研，创新工作方法，加强审判管理，提高办案质量；发挥司法评价和指引功能，推进法治社会、诚信社会建设。

进一步深化司法改革。完善2015年推出的12项改革。梳理审判执行、审判管理、审判监督权责清单，落实审判权运行机制改革；拟制被执行人义务和法律后果清单，加强打击拒执行为力度；推动庭审实质化改革，强化庭审在证据查证、事实认定和法律适用中的实质性、关键性作用；完善律师执业权利保障，推动建立律师参与化解和代理涉法涉诉信访案件制度。

进一步深化阳光司法。大力推进信息化建设，将信息化建设与“三型”人民法庭[21]建设深度融合，对接“智慧城市”建设，加强司法数据运用，提升“四个服务”[22]能力。加强诉讼服务中心建设，为当事人提供一站式、综合性、低成本的服务。

进一步深化队伍建设。自觉培育和践行社会主义核心价值观，充实“五个引领”，加强文化育警，深化思想政治建设，加强政治规矩和政治纪律教育；强化“两个责任”，持之以恒开展党风廉政建设；引导干警正确理解改革，增强认同感；实施“卓越法官”培养计划，培育审判业务专家、业务骨干、业务新秀；加强日常管理，增强制度可操作性，做到精细化管理、精准化监督。

各位代表，新的一年，全市法院将坚定信心，扎实工作，开拓进取，完成本次代表大会提出的各项任务，为“决胜全面小康、建成区域中心”提供有力的司法保障！

注解：

1. “双轮驱动”工作思路：一是以稳步推进司法改革为轮，推动审判工作进一步发展；二是以加强思想政治建设为轮，推动队伍建设水平进一步提升。

2. 全市集中整治社会治安专项审判行动：市委2014年年底部署了全市社会治安集中整治行动，全市两级法院先后制定下发了《关于积极配合全市整治社会治安专项行动，努力做好相关刑事案件审理工作的实施意见》《关于打黑除恶和社会治安整治专项审判相关工作的通知》，依法从重、从快严惩了一大批严重危害社会治安的犯罪分子。

3. 裁执分离：将执行实施权与执行裁判权配置到不同业务庭室，相互制约，解决执行效率不高、执行不透明等问题。

4. 申请执行人权利清单制度：全市法院于2015年5月1日推出该制度，具体做法是将申请执行人依法享有的权利印制成清单，在立案时发放给申请执行人，使申请执行人更清楚自己所享有的权利，从而有利于申请执行人对执行过程的监督。

5. “三个一”制度：指对执行案款实行制度化、信息化的管理制度，即“设立一个案款收费账户、建立一套完整案款台账、确立一条专门拍卖渠道”，主要为了规范执行财产处置及执行案款的管理。

6. 审判权运行机制改革：该项改革的主要目标是建立符合司法规律的审判权运行机制，界定审判组织的职权范围，理顺相关关系，并强化监督制约，做到权责统一。市中级人民法院还明确了院长（副院长）、庭长的办案规则，确定了办案数量，2015年实现了所有院领导直接参与办案。

7. 立案登记制改革：是中央全面深化司法改革确定的一项重要任务，目的是为充分保障当事人诉权，切实解决人民群众反映的“立案难”问题。人民法院对当事人的起诉不再进行实质审查，仅仅对形式要件进行核对，除不属于登记立案规定的情形外，对当事人提交的诉状一律接收，出具书面凭证。起诉状和相关证据材料符合法律规定条件的，当场登记立案；不符合条件的，一次性书面告知当事人补齐后立案。

8. 全域立案：为方便当事人诉讼，基层人民法院和派出人民法庭对属于该法院管辖的案件，不论当事人选择是向基层人民法院立案庭，还是向任何人民法庭提起诉讼，只要符合诉讼法规定起诉条件的，一律立案受理，立案后再将材料转交相关具体承办业务庭。

9. 社会观护员制度：在涉及未成年人案件中，委托社会观护员开展家庭访视、社会调查、提交观护报告、独立发表观护意见、协助调解、判后回访等工作，对危害未成年人权益的行为进行干预和援助。该项工作可以让全社会更多的关注和保护未成年人权益，同时也是一种群众监督的方式，可以有效避免法官在审判过程中出现倾向性，确保司法的公正和公开。

10. 未成年人犯罪记录封存制度：《中华人民共和国刑事诉讼法》第二百七十五条规定：“犯罪的时候不满十八周岁，被判处五年有期徒刑以下刑罚的，应当对相关犯罪记录予以封存。犯罪记录封存的，不得向任何单位和个人提供，但司法机关为办案需要或者有关单位根据国家规定进行查询的除外。依法进行查询的单位，应当对被封存的犯罪记录的情况予以保密。”该制度有助于消除未成年人犯罪记录的负面“标签效应”，有利于未成年人重新回归社会。

11. 三书一报告制度：人民法院在对未成年人适用非监禁刑时，必须要具备以下材料：被告人悔过书、被害人谅解书、帮教承诺书和社会调查报告，尽可能将惩治犯罪与保护未成年人相结合。

12. 区县人民法院未成年人法治宣传情况：江阳区人民法院成立了“萤火虫”普法志愿队，共开展法治宣讲活动25场次，3万余名学生参加；合江县人民法院成立“蒲公英”普法志愿队，开展“育苗工程”护航青少年成长，其青少年法治教育基地2015年共接待25批次3500余名学生；泸县人民法院开展了模拟法庭活动；纳溪区人民法院开展了“国家宪法日”送法进校园活动。“法治中国·走进四川”大型采访团到合江县人民法院实地采访了青少年法制教育工作。

13. 律师执业权利保障：律师执业权利保障是十八届四中全会关于司法改革的一项重要内容，系新中国成立来首次明确提出，目的是充分发挥律师在化解社会矛盾中的作用。最高人民法院、最高人民检察院、公安部、国家安全部、司法部于2015年9月联合出台了《关于依法保障律师执业权利的规定》，从会见、阅卷、发言等方面保障律师权利，市中级人民法院在全省法院系统率先制定了实施细则。

14. 司法公开三大平台：2013年以来，为贯彻中央关于进一步深化司法体制改革的总体部署，推进阳光司法，最高人民法院出台了《关于推进司法公开三大平台建设的若干意见》，提出建立审判流程公开、裁判文书公开、执行信息公开三大平台，力争全国法院三年建成。四川省高级人民法院提出两年建成，我市两级法院用一年时间，在全省率先全面建成，比最高人民法院要求提早两年、比省法院要求提早1年完成。

15. 两员两卡监督机制：指当事人及其代理人到法院立案窗口立案时，立案工作人员会随案发放“审务效能监督卡”、“廉政监督卡”。当事人可对办案全过程进行监督，在监督卡片上对办案工作进行评价、反映问题，案件办理完毕后寄（交）回法院监察部门。同时，从社会各界群众中选聘廉洁司法监督员、在院内资深法官中选任廉政监察员，协助两级法院开展纪律监察工作。

16. 五个引领：指抓思想政治建设工作五个方面的具体内容：一是指强化理想信念，解决队伍深层次的认识、信仰等问题；二是推动司法改革，提升队伍正确理解、积极参与司法改革的热情；三是加强反腐倡廉，回应思想政治建设的刚性需求，起到监督、警示、惩处作用；四是落实激励关爱，提振队伍精神，鼓舞队伍士气；五是深化法院文化建设，陶冶情操，激发队伍活力。

17. 一考一库制度：“一考”，即审执业务、技能比拼、队伍建设三个方面的绩效考核量化评分标准。“一库”，即个人业绩、先进典型、纪律作风等信息数据档案库。通过一考一库制度，对干警日常工作行为的动态追踪，将其正反优劣表现都记入干警个人信息数据库，作为干警评先选优、晋职晋级、提拔交流、遴选法官的参考依据。

18. “五个一”廉政制度：是市中级人民法院探索建立的一套落实“两个责任”的制度体系，具体包括“建立一份廉政档案、开展一次廉政约谈全覆盖、实行一套党风廉政建设职责纪实簿、实行一个廉政监察员履职报告制度、开展一次述责述廉”。

19. 静默监督：静默监督是对双方当事人反映强烈、上级法院督办交办以及可能出现司法不廉、不公的案件，实行事前报备、事中参与和事后跟踪，纪检监察部门在不参与案件表决和决策、不干扰案件审理和执行的前提下适时介入，及时向承办法官和当事人了解情况、沟通意见、提出建议，既保证法官依法公正履职，又推动党风廉政建设。

20. “两个一流”：是2012年省法院党组提出的目标，即“打造一流的队伍，争创一流的业绩”。中院在全省近三年来全省法院争创“两个一流”中荣立集体二等功，是唯一一个获省法院最高表彰荣誉的中级人民法院。

21. 三型人民法庭：服务型、阳光型、效能型人民法庭，是省法院2015年提出的法庭建设理念，旨在推进法庭建设规范化，提升服务人民群众的水平。

22. 四个服务：是最高人民法院于2015年在全国法院信息化建设推进会中提出的目标，具体是通过信息化建设，加强司法数据的分析和运用，提升服务审判、服务群众、服务管理、服务大局的能力。

泸州市人民检察院工作报告

2016年2月1日在泸州市第七届人民代表大会第六次会议上

泸州市人民检察院检察长 罗 乐

各位代表：

我代表泸州市人民检察院向大会报告工作，请予审查，并请市政协委员提出意见。

2015年主要工作情况

2015年，全市检察机关在市委和省检察院的领导下，在人大及其常委会的监督、政府的大力支持和政协的民主监督下，紧紧围绕全市工作大局，顺应群众对公共安全、司法公正、权益保障的新期待、新要求，忠实履行检察职能，各项检察工作持续健康发展，为泸州经济社会发展做出了积极贡献。

一、着力服务转型升级，护航经济健康发展

强化保护，打造良好营商环境。对经济转型升级中出现的新情况、新问题加强研判，与公安、法院等部门密切配合，加大对非法吸收公众存款、非法经营等破坏市场经济秩序犯罪的打击力度，共批捕48件68人，起诉50件88人。设立派驻园区检察室、建立涉企案件快速办理机制，对影响企业生产经营的犯罪批捕8件8人，起诉8件13人。与泸州老窖等重点酒类企业建立检企衔接工作机制，对侵犯名优酒知识产权的犯罪批捕7件11人，起诉8件10人。开展预警预测和风险防控，为重点项目招投标提供行贿犯罪档案查询服务438件次。积极维护公平竞争的市场环境，查办与企业进行权钱交易、影响市场公平竞争的职务犯罪30件34人。

打防并举，营造清廉政务环境。认真贯彻落实中央既打“老虎”又拍“苍蝇”的要求，在交通运管、国土住建、农牧农机、医疗卫生以及村级组织等领域开展专项办案活动，全年共查办133件151人，涉案金额9089万元，其中贪污贿赂案件118人，渎职侵权案件33人，大案[①]142人，副县级以上干部要案7人。同时，结合办案开展预防工作，与30个企业结成对子，为其提供法律帮助；坚持开展职务犯罪预防“五进”活动[②]，针对制度机制上的问题发出书面检察建议36份，开展预防警示教育和上法制课38次。

精准扶贫，服务全面小康建设。积极主动作为，争取上级支持，省检察院邓川检察长先后5次到泸州检查指导扶贫攻坚工作并引进扶贫资金。市检察院6次到古蔺、叙永县联系村开展调研，帮助制定脱贫攻坚促进发展的措施。针对查办危害群众利益职务犯罪中发现的问题，及时向政府提出加强惠民资金管理的建议，并配合市上组织的专门检查清理活动，开展查办农机补贴、农房改造等扶贫领域职务犯罪专项行动，立案查办45人。主动向交通、电力等部门协调争取项目资金，为联系村修建道路、改造农网。联系外地种植、养殖大户，与联系村签订了种植、养殖项目协议3个。

二、着力服务平安建设，维护社会和谐稳定

开展专项整治活动，严打突出刑事犯罪。积极开展打黑除恶专项斗争暨社会治安专项整治活

动，共批捕各类刑事犯罪1178件1581人，起诉1942件2572人，其中涉及“黑拐枪、盗抢骗、黄赌毒”的犯罪批捕838件1100人，起诉908件1207人。市检察院侦监处、江阳区检察院、合江县检察院被市委市政府表彰为专项整治工作先进集体。开展危害食品药品安全和破坏生态资源环境犯罪专项监督活动，共监督有关部门移送涉嫌犯罪案件线索32件，起诉这两类犯罪65件119人。

强化人权司法保障，杜绝冤假错案发生。在依法严厉打击犯罪的同时，对犯罪情节轻微、无社会危险性的案件进行宽缓处理，不批捕523人，不起诉107人。加强对强制措施适用的监督，对捕后无羁押必要性的38人提出释放或者变更强制措施的建议；慎用指定居所监视居住措施，完善特别重大贿赂案件指定居所监视居住的方式方法。加强未成年人权益保障，制定《关于加强和规范未成年人刑事案件办理工作的实施办法》，规范未成年人刑事案件的办理程序，对未成年人涉罪案件不批捕45人，不起诉43人。

延伸检察工作触角，夯实社会和谐基础。立足基层检察室和检察联络站，将检察工作重心下移，零距离倾听群众诉求，化解矛盾纠纷70件；强化对社区矫正工作的监督，社区矫正缓刑罪犯被撤销缓刑收监执行20人。创新“二位一体三层次”的未成年人检察工作办案模式[③]，搭建跨系统、跨部门的未成年人工作社会支持体系，建设酒城成长护航团、涉案未成年人观护基地、“纳爱”基地等，全力开展涉案未成年人帮教工作，帮助35名未成年人重返校园，受到省检察院的充分肯定，并在泸州召开全省检察机关未成年人检察工作座谈会，推广了此经验做法。

三、着力规范权力运行，助力法治社会建设

强化诉讼监督，全力维护司法公正。一是强化刑事诉讼监督。加强立案监督，坚持对有案不立、立案不当等问题进行监督，督促立案后被判处有期徒刑的77人，督促撤案12件。加强侦查监督，对侦查活动中的违法情况提出纠正意见112件次，追捕[④]42人、追诉[⑤]96人。加强行政执法监督，建成行政执法与刑事司法衔接信息共享工作平台，制定应用管理工作机制，督促行政机关移送案件线索71件。加强审判监督，提出刑事抗诉9件，法院采纳8件，已依法改判5件。开展量刑建议[⑥]工作，向法院提出量刑建议240人，法院采纳223人。加强刑事执行监督，督促看守所按期按规定交付执行罪犯527人次，纠正监管活动中的违法情形257件。开展特赦罪犯监督工作，依法监督不予特赦1人。二是强化民事行政诉讼监督。完善对法院诉讼结果、诉讼过程和执行活动的多元化监督格局，对诉讼结果进行监督，提出抗诉和再审检察建议73件，法院采纳53件；对诉讼过程和执行活动进行监督，提出检察建议38件，法院采纳32件。

强化问题整治，大力规范司法行为。针对群众反映强烈的司法不公、不规范等问题，开展规范司法行为专项整治[⑦]工作，组织开展检察开放日、知识更新考试、“规范司法，从我做起”主题演讲比赛、征文比赛、典型案件剖析、征求政法部门和律师意见、邀请人大代表政协委员视察等活动，厘清干警思想认识的误区，找准执法上的差距。对照省检察院指出的10个方面突出问题，组织专门力量评查案件2314件，梳理出6大类87个问题，见人见事见责任，切实进行整改，并完善工作机制27项。省检察院在泸州召开了川南五市检察机关规范司法行为专项整治工作现场会，市人大常委会专题听取和审议了市检察院关于强化内外监督规范司法行为情况的报告。

强化矛盾化解，着力突出司法为民。搭建信访绿色通道，认真落实检察长接访、下访巡访、首办责任制等制度，探索网上受理工作方式，努力把涉检信访处置在初始阶段，共接待群众来访865人，全部依法及时办结。深入开展涉检信访案件清理工作，对9起案件实行领导包案、部门负责，全部办结息诉。探索民事行政、刑事案件申诉人权利与风险提示告知制度，最大限度保障申诉人的合法权利，引导其依法、有序、理性申诉维权。强化刑事和解[⑧]、检调对接[⑨]工作，对民事

申诉案件、轻微刑事案件促成当事人和解29件。建立多元化被害人救助机制，帮助家庭经济确有困难的60名刑事被害人申请司法救济资金30.09万元，聘请心理学专家对17名受害女童及其家长进行了心理疏导。

四、着力开展“八化”⑩建设，提升检察工作水平

深化执法规范化标准化建设。一是强化内部监督。加强案件日常流程监控，实行每天一日志、每周一预警、每月一提醒、每季一通报，书面预警到期案件420件，通报不规范案件记录98条。认真落实党风廉政建设“两个责任”，健全廉政谈话机制，强化检务督察，通报和处理不严格执行检务公开、安全工作规定和纪律禁令等问题8人次。二是主动接受外部监督。坚持人民监督司法原则，邀请人大代表、政协委员、人民监督员、特约检察员参加检察开放日、执法专项检查、旁听案件审理和案件质量评查145人次。主动向同级人大、政协报告、通报工作25次，其中市检察院报告、通报4次。深化检务公开，建立完善检察门户网站、案件公开查询系统、微博微信等平台，公开案件程序性信息4308件、重要案件信息284件、法律文书1355份。制定《关于保障律师执业权利的实施办法》，该办法施行后，律师申请事项当日办结率从68%上升到91%。

推进队伍专业化职业化建设。将开展“三严三实”、“学先进转作风”教育活动和“不作为、慢作为、乱作为”问题专项整治工作融入日常教育，强化队伍思想政治建设。坚持和完善党组议事制、民主集中制，积极开展“四好”班子创建活动，全市两级检察院党组均被同级党委表彰为创建“四好”领导班子先进集体。继续实施“人才强检、素质兴检”战略，运用“互联网+”培训方式，组织1687人次参加各类教育培训活动89期。开展检校合作，依托本地高校教学资源，对不同业务门类的检察人员进行轮训，24名检察官获得国家三级心理咨询师资格；50人参加了中国政法大学泸州教育基地考研培训。制定《2015—2020年援藏工作规划》，抽调办案能手、网络技术人员27人到阿坝州金川、小金县检察院，开展对口援助。选派14名区县检察院干警到市检察院、3名市检察院干警到区县检察院接受错位轮岗锻炼。

力促管理科学化信息化建设。部署全国检察机关统一业务应用系统⑪，对所有案件的受理、分流、立案、办理、法律文书制作等进行全程监督管理。建成电子卷宗系统⑫，实现案件卷宗网上流转。建成侦查信息网络平台，使职务犯罪侦查、预防、查询、分析更加便捷。建立专家辅助人出庭支持公诉、职务犯罪侦查全面运用现代信息技术等工作机制，相关做法被省检察院肯定和推广。加强科技强检工作研究，在全国首届科技强检征文比赛中，获得特等奖1名、一等奖1名、优秀奖1名，是此次征文活动中获奖最多、奖次最高的参赛市级检察机关，也是全省检察机关唯一的获奖单位。

加强保障现代化实用化建设。增强经费保障能力，深化“三公”经费科学管理，提升装备科技化水平。主动适应大数据时代对检察工作的新要求，市检察院建立电子证据实验室，为职务犯罪侦查工作提供坚实的技术支撑。加强“两房”建设，建成办案中心，有力地推动全市职务犯罪侦查规范化、信息化、智能化。纳溪区检察院被最高检命名为科技强检示范院。

2015年，全市检察机关各项工作持续健康发展，13项工作在省级以上会议上作经验交流发言，共获得市级以上表彰奖励117项，其中省级以上60项，市检察院在全省检察机关综合目标考评中继续保持先进。这些成绩的取得，是党委坚强领导、人大加强监督、政府大力支持、政协民主监督以及社会各界和人民群众关心、支持、监督的结果。在此，我代表市检察院和全市检察人员表示衷心的感谢！

回顾2015年，我们工作中还存在一些问题和不足：一是队伍管理机制有待进一步完善和强化，治理“庸懒散浮拖软”需常抓不懈。二是司法理念没有适应执法形势变化，程序意识、证据意识没有牢固树立，凭经验执法办案，个别案件质量

不高。三是司法行为不规范的现象仍有发生，一定程度上影响了司法效果。这些问题和不足，将在今后的工作中认真加以解决。

2016年工作打算

各位代表，2016年是"十三五"的开局之年，全市检察工作的总体思路是：深入学习贯彻党的十八届四中、五中全会、省委十届七次全会、市委七届十一次全会精神，围绕市委"决胜全面小康，建成区域中心"战略目标，以依法、规范、文明司法为根本，以夯实基层基础、提升履职能力、加大办案力度、维护公平正义为主线，以推进"八化"建设为重点，以科技强检推进年为抓手，严惩各类刑事犯罪，依法查办和预防职务犯罪，为全市经济社会持续健康发展提供强有力的司法保障。

一、坚持整治治安突出问题，严惩各类刑事犯罪。针对泸州社会治安现状，坚持开展常态化严打整治工作，严惩危害社会治安犯罪。针对群众对危害食品药品安全、生态资源环境安全犯罪进行严厉打击的迫切要求，依法严厉打击生产销售假冒伪劣商品、滥伐盗伐林木、非法采矿等犯罪。针对侵害留守儿童合法权利犯罪比较突出的问题，严惩侵害未成年人权益犯罪，扎实开展未成年人检察工作，并认真做好向市人大常委会报告未成年人检察工作的相关准备。依法惩治利用网络实施的犯罪，净化网络环境。

二、坚持优化发展软环境，严肃查办和积极预防职务犯罪。保持反腐败高压态势，围绕市委战略目标，深入查办道路交通等基础设施建设和产业园区发展过程中造成国有资产资源损失的犯罪。深入查办和预防发生在基层、发生在群众身边、损害群众利益的职务犯罪，特别是在精准扶贫资金、惠民资金和专项补贴的申报审核、发放管理、检查验收等环节侵犯群众合法权益的职务犯罪。强化打击行贿犯罪。针对履职缺位、错位问题，开展专项活动，严肃查处重特大安全事件、食品药品安全事故背后的职务犯罪。

三、坚持公平正义主题，强化诉讼监督。认真整改开展规范司法行为专项整治工作清理出的问题，巩固和拓展活动成效。全面加强诉讼监督，维护司法公正和司法权威。充分发挥行政执法与刑事司法衔接信息共享平台的作用，不断推动信息通报、联合检查、案件移送等工作向机制化、常态化发展。认真落实《关于保障律师执业权利的实施办法》，切实保障律师执业权利。利用"两微一端"[13]等新媒体做好普法宣传，大力开展法律"七进"活动[14]，积极营造依法治市的法治氛围。

四、坚持司法改革方向，加强班子队伍建设。进一步引导全市检察人员正确认识和面对司法改革，统一思想，形成共识，为司法改革实施奠定坚实的基础。结合市、区县换届工作，选好配强领导班子。认真组织开展"两学一做"学习教育活动，加强党风廉政建设和思想政治建设，着力打造一支"忠诚、干净、担当"的检察队伍。继续规范司法行为，狠抓检察业务培训，进一步完善工作机制，推进基层院"八化"建设。

各位代表：全市检察机关将认真落实本次大会精神，在市委和省检察院的领导下，不断提高法律监督能力水平，全力履行检察职能，为泸州实现"十三五"良好开局和"决胜全面小康，建成区域中心"做出新的贡献！

注解：

1. 大案：是指国家工作人员贪污贿赂5万元以上，或者挪用公款10万元以上，或者私分国有资产50万元以上的经济犯罪案件，以及造成国家、集体、公民的人身、财产遭受重大或者特大损失的国家工作人员渎职侵权犯罪案件。

2. 职务犯罪预防"五进"活动：是指预防职务犯罪工作中开展的检察官进机关、进企业、进学校、进农村、进社区活动。

3. "二位一体三层次"的未成年人检察工作办案模式：是指市、区县两级检察院整体联动，各区县检察院在市检察院的统一组织协调下各尽其责，互为一体，依托三个层面（即以规范司法为核心的检察执法体系，以联动保护为核心的司法协作体系，以挽救和保护为核心的社会支持体系）开展未成年人检察工作的办案模式。

4. 追捕：是指检察机关在审查侦查机关移送的提请审查逮捕案件过程中，发现侦查机关应当提请批准逮捕而没有提请批准逮捕的犯罪嫌疑人时，通知侦查机关追加提请批准逮捕或者直接决定逮捕的工作。

5. 追诉：是指检察机关在审查侦查机关移送的审查起诉案件过程中，发现侦查机关应当对犯罪嫌疑人或者犯罪嫌疑人涉及的其他罪名移送审查起诉而没有移送审查起诉时，直接追加起诉的工作。

6. 量刑建议：是指检察机关对提起公诉的案件，根据被告人犯罪的事实、犯罪的性质、情节和对社会的危害程度，依法向人民法院提出的判处被告人一定刑罚的建议。

7. 规范司法行为专项整治：是指按照最高人民检察院的部署，从2014年12月开始在全市检察机关开展的规范司法行为专项整治工作，重点整治司法作风简单粗暴、执行办案规范纪律规定不严格、不依法告知当事人诉讼权利、滥用强制措施、滥用退回补充侦查等规定、追求考评成绩弄虚作假、案件集中管理与条线管理不到位、受利益驱动办案、私下接触当事人及律师、接受吃请收受贿赂办关系案人情案等十个方面突出问题。

8. 刑事和解：是指人民检察院在办理轻微刑事案件中，发现双方当事人有和解的意愿，可以促成犯罪嫌疑人与被害人及其亲属进行和解，或者建议有关部门通过人民调解或司法调解，促使犯罪嫌疑人真诚认罪悔过，积极对被害人或其亲属赔礼道歉、精神抚慰和给予经济赔偿并切实履行，被害人及其亲属对犯罪嫌疑人给予宽恕和谅解，要求人民检察院对犯罪嫌疑人予以从宽处理，从而使被犯罪嫌疑人破坏的社会关系得以及时修复，社会矛盾得以及时化解，人民检察院根据犯罪嫌疑人的犯罪事实、性质、情节、对社会的危害程度、悔罪表现，可以依法对其从宽处理。

9. 检调对接：指由专业调解机构就轻微刑事案件所涉及的民事赔偿部分先行调解，并出具具有法律效力的调解协议书，检察机关综合考虑案件情节、加害人悔罪表现、被害方谅解程度、赔偿履行情况等方面因素，并根据调解机构和被害方分别出具的对犯罪嫌疑人从轻、减轻处理的建议和请求，或商请公安机关撤销案件，或做出不起诉决定，或向法庭提出从轻、减轻处理的量刑建议。或者是检察机关在办理申诉案件的过程中，与人民法院、司法等机关相互配合，做好民事调解工作，对申诉人进行思想疏导，缓解情绪，促使其息诉。

10. “八化”建设：指最高检对基层检察院提出的“执法规范化、标准化，队伍专业化、职业化，管理科学化、信息化，保障现代化、实用化”等八个方面的建设要求。

11. 全国检察机关统一业务应用系统：是指由最高人民检察院按照“统一规划、统一标准、统一设计、统一实施”的总体要求组织开发，适用于全国检察业务工作，融业务办理、管理、统计于一体，在各级人民检察院互联互通，及时、全面、实时、动态地交换数据的计算机信息系统。

12. 电子卷宗系统：是指依托数据影像、文字识别、数据库等媒介技术将纸质案卷材料通过扫描、拍照等方式制成具有特定格式的电子文档并加以深度利用的信息化软件系统。

13. “两微一端”：是指微信、微博和新闻客户端。

14. 法律“七进”活动：是指依法治市工作中开展的进机关、进学校、进乡村、进社区、进寺庙、进企业、进单位活动。

关于泸州市2015年国民经济和社会发展计划执行情况及2016年计划草案的报告

2016年2月1日在泸州市第七届人民代表大会第六次会议上

泸州市发展和改革委员会主任　李　锋

各位代表：

受市人民政府委托，现将2015年泸州市国民经济和社会发展计划执行情况及2016年计划草案提请市第七届人民代表大会第六次会议审查，并请市政协委员提出意见。

一、2015年国民经济和社会发展计划执行情况

2015年，面对复杂严峻的宏观经济形势和经济下行压力，在市委的坚强领导下，在市人大、市政协的监督支持下，全市上下紧扣“产业转型发展年”工作主题，围绕“着力六个突破，实现两个率先”的目标任务，突出“三抓三主动”，精准施策稳增长，攻坚克难抓发展，推动全市经济社会发展保持了总体平稳、稳中有升的运行态势，较好地完成了市七届人大五次会议批准的2015年经济社会发展计划。

（一）经济运行总体平稳

千方百计稳增长、主动适应新常态，全面贯彻国务院和省政府一系列稳增长政策，针对资源要素管理、缓解企业融资难融资贵、加强和改进投资促进工作、大力开拓市场扩大产品销售等方面出台系列政策措施，设立30亿元四川发展纯粮原酒股权投资基金、18亿元规模的企业应急转贷资金等，大力支持实体经济发展。全市完成地区生产总值1353.4亿元，比2014年（下同）增长11%，增速超计划2个百分点，总量跃居全省第6位；增速高于全国、全省4.1、3.1个百分点，居全省第2位。地方一般公共预算收入128.3亿元，同口径增长10.3%，总量居全省第2位；城镇居民人均可支配收入26656元，增长8.6%，增速居全省第5位；农村居民人均可支配收入11359元，增长10.3%，增速居全省第6位；居民消费价格上涨1.5%，控制在预期目标范围内。

抢抓机遇，巩固和扩大跨越发展的政策优势。抢抓长江经济带发展机遇，即将发布的《国家长江经济带发展规划纲要》将泸州定位为重要节点城市、区域交通枢纽、重要港口、高端装备产业集群工程机械基地，长江航道整治工程、渝昆铁路、隆黄铁路、叙威高速公路、机场迁建等重大项目纳入规划。即将发布的《国家成渝城市群发展规划》将泸州定位为四川第二大城市、将合江定位为川渝合作示范区，将泸州高新区定位为成渝城市群发展的主要园区。泸州市资源枯竭城市顺利通过中期评估，成功争取到后续五年政策支持。成功列为中欧社会保障改革合作项目实施试点城市。成功申报全国循环经济示范市。

（二）内需活力不断激发

项目投资拉动强劲。全社会固定资产投资完成1463.7亿元，增长23.9%，超计划8.9个百分点，总量居全省第2位，增速居全省第1位。重大项目建设加快推进，全市340个重点项目共计完成投资1099.1亿元，增长33%。其中，泸州市南方过滤设备有限公司二期、泸州市欢乐海派公园等33个项目竣工，泸州市城乡光纤网络及基站建设、泸州高新区孵化器等65个项目开工建设；北辰电

力产业、中国酒镇·酒庄等148个项目加快建设，完成投资746.8亿元。基础设施投资拉动明显，增长29.9%。成功列入国家综合运输服务示范城市，叙古高速公路叙永至古蔺县城段主体工程完工，长江航道整治工程、川南城际铁路内自泸段、隆黄铁路叙永至镇雄段等项目开工建设，渝昆铁路项目完成预可研评审。精准对接国家发展改革委促投资稳增长政策措施，争取到中央、省预算内资金23.1亿元；争取到国家专项企业债券99亿元，资金总量位居全省第2位；争取到国家四批次专项建设基金29.7亿元。积极鼓励民间投资，引导发展PPP建设模式，全市民间投资占全社会固定资产投资的67%，筛选储备PPP项目107个，计划总投资1102亿元，完成采购阶段PPP项目4个，总投资95亿元。

充分释放消费潜力。社会消费品零售总额完成559.7亿元，增长13.9%，增速居全省第2位。大力发展网购消费，泸州临港产业物流园成功创建为国家电子商务示范基地，全市实现电子商务交易额135亿元、增长43%。着力打造“春酒秋商”展会品牌，“酒博会”签约金额498.4亿元，“商博会”成交金额32.4亿元。组织“惠民购物全川行动”重大展会，实现销售（成交）金额20.8亿元。加快发展信息消费，成功获批国家智慧城市试点市，建成全国第一个全光网大城市。稳定住房消费，出台了促进房地产市场平稳健康可持续发展的28条意见，完成商品房销售面积403.4万平方米、增长32%。

（三）产业结构持续优化

三次产业结构由上年同期12.7∶60.2∶27.1调整为12.4∶59.6∶28。工业转型升级成效明显。规模以上工业增加值增长14%，增速居全省第2位。大力改造提升传统优势产业，白酒、机械、化工、能源四大产业增加值分别增长13%、18.8%、9%、7.1%。加快推进泸天化集团改革脱困，煤气化项目（一期）进入试车阶段，泸天化股份有限公司扭亏为盈；长起、邦立、长机等退城入园项目加快推进。编制中国制造2025泸州行动方案，大力培育现代医药、新能源新材料、信息技术等新兴产业。步长生物制药及新药产业化基地项目开工建设，举办“2015中国医药企业家年会”，签约项目9个，总投资51.8亿元；西南智能电网产业园、东方雨虹新型防水材料基地、航天泸州工业园等项目开工建设；科学有序开发利用页岩气，促进新能源汽车推广应用。加快云计算和大数据中心、无线城市建设等重点项目建设。

现代服务业加快发展，完成增加值378.8亿元，增长10.5%。持续推进商贸物流业发展，华润万象汇开业运营，西南商贸中心二期建材市场试运营；泸州港保税物流中心（B型）封关试运行，泸州进口商品保税直销中心（一期）竣工投用，泸州港完成集装箱吞吐量44.5万标箱、增长39%；泸州机场新增2条航线，通航航线达16条，实现旅客吞吐量84.5万人次、增长18.9%。稳步发展现代金融，启动泸州市商业银行新一轮增资扩股工作，兴泸集团成功发行第三期定向债券融资10亿元。全市银行业金融机构存贷款余额分别增长13.8%、18.7%。大力推进旅游业发展，市实现旅游总收入253亿元、增长37.6%。

特色农业稳步推进。农业完成增加值167.9亿元，增长3.8%。千方百计稳定粮食播种面积，粮食总产量达202.8万吨，新建高标准农田12.5万亩。国家现代农业示范区建设初具规模，八大特色农业产业加快发展，全市建成名优水果基地106万亩、竹基地365万亩、蔬菜基地103万亩、特早茶基地37.8万亩、酿酒高粱种植面积71.4万亩，新建生猪规模养殖场52个。

集约集聚水平不断提升。“三大园区”建成区面积达56.3平方公里，入驻规模以上企业435家、占全市的71.7%。泸州高新区创建国家长江经济带转型升级示范园区进展顺利；泸州长江经济开发区创建为省级经济开发区。

（四）发展动力持续增强

深化改革释放发展活力。进一步简政放权，全面取消市本级非行政许可审批项目，清理公布市、县两级行政权力清单和责任清单；优化投资项目并联审批流程，项目审批提速50%以上。在全国率先启动不动产统一登记示范建设工作，3月1日颁发了全国首批不动产权证书。继续开展“先照后证”改革试点，全年全市新增各类市场主体3.2万户、增长14.7%。深入推进财税体制改革，积极扩大小微企业税收优惠范围，全市3210户小微企业享受所得税优惠政策。加快推进农村土地承包经营权确权登记，江阳区和泸县原福集镇通过省级检查验收。

科技创新能力不断提高。组织实施“泸州市技术创新示范行动”科技成果转化项目53项，新增产值47.1亿元，培育新增国家高新技术企业13家，高新技术产值实现156亿元、增长42%。全面推进“大众创业、万众创新”，建成大学生创新创业园13个、省级科技企业孵化器5家。

开放合作进一步扩大。深化与新加坡交流合作，与韩国平昌郡、德国雷姆沙伊德市签署友好合作协议。积极推动赤水河区域合作发展，主动融入成渝经济区。组织企业参加2015年中外知名企业四川行、俄罗斯国际工程机械展等投资促进活动；主动赴北京、上海、深圳等地招商引资，对接央企、大型国企和知名民营企业。新签约项目103个，投资总额869亿元；到位市外国内资金929.5亿元、增长17.9%。

（五）区域中心城市加快建设

大力推进中心城区提质扩面。中心城区建成区面积达120.1平方公里、城区人口达120.4万人。加快推进“两江新城”建设，实施重点项目32个，完成投资52亿元；城西城市综合体、麒麟组团加快建设。优化提升城镇功能，完成城镇基础设施建设投资72.7亿元，忠山隧道竣工投用，沱江六桥及连接线、城东、城南污水处理厂及截污干管、机场快速通道等项目建设加快推进。成功引进恒大、碧桂园等大企业大集团在泸投资开发。开工建设保障性住房1960套，实施危旧房棚户区改造16072套。积极创建全国文明城市，通过第六次“国家卫生城市”复审。

积极推进新型城镇化试点工作。全市城镇化达46.1%。围绕农业转移人口市民化、城镇化投融资机制、优化行政管理模式、城乡规划管理体制机制改革等方面积极探索并出台了工作方案。叙永县、古蔺县列入全国县城深化基础设施投融资体制改革试点县，泸县列入全国农村土地制度改革试点县，纳溪区大渡口镇、合江县九支镇被列为全国建制镇示范试点镇。

（六）民生福祉不断改善

民生改善成效明显。深入实施10项民生工程，切实抓好20件民生大事，全市民生支出213亿元，占一般公共预算支出的70.3%；民生及社会事业投资完成283.5亿元，增长73.2%。城镇新增就业4.4万人，城镇登记失业率3.53%，各项社会保险参保人数达765万人次；启动实施“渡改桥”三年攻坚行动，开工建设渡改桥7座。

脱贫攻坚扎实推进。扎实推进“七大扶贫攻坚行动”，全市投入专项扶贫资金2.1亿元，集中力量突破交通难、饮水难、用电难等贫困地区生产生活瓶颈。全市实现脱贫解困8.6万人，新改建县乡道397.8公里、通村公路713.5公里；解决了33.2万农村人口饮水安全问题和农村5.3万户群众用电难问题。

社会事业协调发展。推动义务教育均衡发展，新建公办中小学4所、公办幼儿园20所；大力发展职业教育，医教园区建设加快推进。卫生事业加快发展，市人民医院新院、西南医疗康健中心加快建设，叙永县、古蔺县初步构建了“五位一体”的全民预防保健体系。文体广电事业蓬勃发展，泸州市文化艺术中心、泸州市体育生态园等项目建设进展顺利，文体惠民活动服务群众逾300万人次，本土广播和电视节目人口覆盖率分别达到85%和67%。

生态建设切实加强。全年单位地区生产总值能耗完成省上目标，化学需氧量、氨氮、二氧化硫、氮氧化物完成年度减排目标。建设水生态文明城市，治理水土流失面积138平方公里，管护国有林55.1万亩，补偿集体公益林318.6万亩，巩固退耕还林61.5万亩。

对照市七届人大五次会议批准的2015年全市国民经济和社会发展计划，城镇居民人均可支配收入、农村居民人均可支配收入与计划目标有一定差距。

——城镇居民人均可支配收入增速低于全年预期目标0.9个百分点，主要原因是经济下行导致企业生产经营困难、效益下滑，制造业和采矿业企业就业岗位流失较大，加之服务业就业不稳定，一定程度影响了城镇居民增收。

——农村居民人均可支配收入增速低于全年预期目标0.7个百分点，主要原因是宏观经济下行导致农村居民工资性收入、经营净收入等均有所下滑。

二、2016年宏观经济形势和主要预期目标

2016年是“十三五”规划的开局之年，也是完成“率先实现全面小康、率先实现次级突破”的关键之年，正确认识和把握宏观经济形势，是科学制定今年经济社会发展预期目标、做好各项经济工作的基础。

从外部环境看，国内外发展环境依然错综复杂。从国际看，和平与发展的时代主题没有变，世界经济在深度调整中曲折复苏，新一轮科技革命和产业变革蓄势待发，但经济总体增长动能不足、新兴经济体经济增长普遍放缓的问题仍然存在。从国内看，我国经济发展正面临传统优势加速弱化、结构调整任务艰巨、动力转换青黄不接等困难。IMF预测我国2016年经济增速低于2015年增速。但我国经济发展长期向好的基本面没有变，经济韧性好、潜力足、回旋余地大。十八届五中全会指出，“十三五”时期我国年均经济增速的底线为6.5%。预计未来较长时期，我国有条件保持中高速增长。从我省看，四川经济持续增长的良好支撑基础和条件没有变，经济结构调整优化的前进态势没有变，经济整体仍有望保持在合理区间内平稳运行。

从泸州自身看，虽然当前发展面临工业经济企稳回升基础尚不牢固、固定资产投资高位运行压力较大、土地等要素制约依然明显等困难和问题，但也有不少积极因素和有利条件。一是中央强调把稳增长放在更加重要的位置，出台了降息降准等一系列政策措施，有利于促进经济持续健康发展。二是国家大力实施长江经济带、“一带一路”等开放合作战略，有利于我市在更大范围内整合要素、资源，搭建更广阔的发展平台。三是国家加快供给侧结构性改革，加大减税降费力度，启动实施“中国制造2025”“互联网+”行动计划，积极推进国际产能和装备制造合作，有利于推动我市产业转型升级，形成经济发展新动能。四是国家加大中央投资，发行专项建设基金和项目收益债，有利于我市一批重大项目加快推进。五是国家、省、市出台的一系列促进房地产持续健康发展的政策措施，有利于促进房地产市场回暖和房地产投资平稳增长。

统筹考虑我市“着力六个突破、实现两个率先”目标任务，并与“十三五”规划目标相衔接，2016年我市经济社会发展主要预期目标建议是：地区生产总值比2015年增长9%，规模以上工业增加值增长11%，全社会固定资产投资增长16%，社会消费品零售总额增长11.5%，地方一般公共预算收入同口径增长9%，城镇居民人均可支配收入增长9%，农村居民人均可支配收入增长10%。

三、2016年经济社会发展的重点任务

2016年全市经济社会发展的总体要求是：坚持稳中求进、进中求好、好中求快的工作基调，突出“产业创新发展年”工作主题，主动适应新常态，坚持“着力六个突破、实现两个率先”不动摇，坚持“稳增长、调结构、惠民生、防风险”，突出全面创新改革牵引，着力加强结构性改革，在适度扩大总需求的同时，去产能、去库存、去杠杆、降成本、补短板，确保实现“十三五”良好开局。

（一）*以增强投资消费拉动为重点，努力扩大有效需求。*一是千方百计促进有效投资。努力在基础设施、产业发展、民生改善、生态建设等方面全面实施项目攻坚，确保全市固定资产投资保持快速增长，全年完成投资1697.9亿元。主动对接国家重大战略、重点区域规划和重要改革试点，抢抓各类试点、示范政策机遇，围绕国家“11+6+3+1”投资重点领域，创新项目生成机制，谋划生

成一批重大项目，滚动充实项目库。精准对接2016年全国专项建设基金、项目收益债发行等政策，尤其突出产业项目、城市地下管廊项目等，多领域谋划包装一批项目，保障重点项目资金需求。二是下大力气提振消费需求。实施好养老家政健康、信息、旅游休闲、绿色、住房、文化教育体育六大应用消费工程。建设完善国家电子商务示范基地，大力培育跨境电商、农村电商、社区电商等新业态，电子商务交易额增长45%。积极实施“宽带乡村”工程，实现所有行政村通宽带。办好“2016中国国际酒业博览会”和“第四届中国（泸州）西南商品博览会”。组织参加“惠民购物全川行动”“川货全国行”和“万企出国门”等活动，扩大产品市场。

（二）*以加快重点项目建设为重点，夯实基础促发展*。全年实施重点项目481个，总投资6290亿元，年度计划投资1207亿元、增长16%。实施重大基础设施类项目146个，完成投资303.5亿元，确保叙古高速公路叙永至古蔺太平段、叙宜高速公路、产城大道、港城大道等项目建成通车，加快泸州机场迁建工程、叙大铁路、川南城际铁路内自泸段、隆黄铁路叙永至镇雄段等项目进度，力争G353泸州—江安段等项目开工建设。实施重大产业类项目236个，完成投资601.9亿元；实施重大民生及社会事业类项目83个，完成投资293.7亿元；实施重大生态环保类项目16个，完成投资8亿元。按“四个一批”分，确保国机重工西南（泸州）产业园、油气井用爆破器材生产点整体搬迁扩能改造等103个项目竣工，完成投资243.4亿元；开工建设泸州基地航空、智慧电能终端等143个项目，完成投资274.1亿元；加快四川西蜀九锦现代中药生产基地建设、新火炬化工技改等180个项目建设，完成投资689.4亿元；积极做好渝昆铁路、沿江铁路宜宾—泸州—重庆段、泸永高速公路等55个项目前期工作。

（三）*以加强供给侧结构性改革为重点，推动产业结构调整升级*。一是巩固提升传统产业。优化白酒产品结构，发挥泸州老窖、郎酒引领效应，提升纯粮酿造白酒品质，积极拓展销售市场。做优做精化工产业，认真落实“稳、转、改”总体思路，加快泸天化改革脱困，确保煤气化项目（一期）投产运行，合盛硅业扩能技改项目建成投产。做大做强机械产业，加快航天泸州工业园等重大项目建设，试点建设并示范推广一批“智能工厂”“智能产品”。恢复提升能源产业，确保观文煤矿投产。加快化解落后产能，积极稳妥处置“僵尸企业”，争取国家、省在资金和政策上支持我市泸天化公司、火炬公司等特困企业的改革脱困。二是积极培育新模式新业态新产品。培育壮大医药产业，加快推进步长生物制药及新药产业化基地、秦巴GAP研究中心等重点项目建设。高标准打造高端装备产业，规划四川临港装备产业园、机器人产业园、节能环保示范基地建设。加快发展新能源新材料产业，积极开发利用页岩气、煤层气等新能源，加快新能源汽车推广应用。实施“宽带中国”战略，培育物联网、云计算、大数据等新一代信息技术产业。三是积极发展现代服务业。构建“一主三副”的中心城区商业布局，加快建设西南商贸中心（二期）、泸州海吉星农产品国际商贸物流园等项目。继续加大与武汉、南京、上海等港口的合作。积极引进市外银行机构入驻，稳步推进泸州市商业银行增资扩股工作，力争泸州农村商业银行挂牌。四是加快发展现代农业。以建设国家现代农业示范区为引领，加快发展八大特色农业产业；尽快建成一批高产稳产粮田，做好粮食仓储设施建设，加快培育新型农业生产经营主体，做大做强农业龙头企业，促进农民致富增收。五是推动产业园区提档升级。泸州高新区积极争创国家科技服务业区域试点，搭建国家级科技孵化平台。泸州长江经济开发区依托四川军民融合创新试点，规划建设军民融合示范园区。泸州白酒产业园区积极争创省级经济开发区，以技术创新引领白酒产业发展。启动泸州空港产业园区建设，及时组建党工委和管委会，尽快启动园区规划编制，精心谋划一批临空产业项目，积极推动园区投融资发展平台建设。

（四）*以先行先试为重点，扎实推进全面创新改革*。一是进一步简政放权。进一步清理规范全市各级行政许可项目、非行政许可审批，清理和减少审批权限、简化环节。二是深化国有企业改革。稳步推进泸天化集团、老窖集团改革，加快兴泸集团向公共事业、金融服务、建筑等方面多元化发展。推行混合所有制经济实行员工持股，推动兴泸鸿阳小额贷款公司等骨干企业加快股份制改造。三是深化投融资体制改革。强化民间投资主体地位，加大推广PPP模式力度，提高在能源、铁路、电信、教育文化、医疗卫生等领域的民间投融资占比。继续精简下放投资审批权限到县区、园区，推动城商行产权制度改革，建立多元融资体系。用好资本市场，探索设立新兴产业股权投资基金，积极引进风险投资机构或在泸设立分支机构，大力推动风险投资基金发行。四是推进资源要素市场化配置。加快推进电力、天然气改革，完善水电上网电价形成机制，加快实施居民生活用水、用气阶梯价格制度。深化土地要素配置和差别化用地机制改革。推动机关公务用车制度改革。五是大力实施创新驱动。扎实推进“大众创业万众创新”工作，优化完善创新创业扶持政策，用好用活2亿元创新创业引导资金，多渠道、多形式推动创新创业。夯实创新创业载体，强化科技创新服务平台建设，积极打造“智慧园区”和“众创空间”，确保完成“川南科技成果与专利技术实体交易市场”建设。

（五）*以强化城乡统筹为重点，大力推进新型城镇化试点。*抢抓泸州作为全省首批全国新型城镇化综合试点市机遇，加快城镇化体制机制创新，力争在户籍管理、土地管理、财税金融、行政管理等关键领域取得突破。不断完善“一主四副多点”的新型城镇体系。按照“北进西延，南跨东拓，拥江发展”的思路，加快“两城三园区”建设。推进沱江新城南滨公园和北滨公园建设，启动康健中心组团基础设施、学士山组团建设。加快长江湿地新城湿地公园（一期）、北部核心区路网建设，开工建设麒麟滨江路、麟祥大道。完成沙茜片区拆迁安置，全力推进上坝、二道溪等旧城和棚户区改造。积极推进“宜居县城行动”，提升县城品质，打造城际经济带和城市副中心。加快纳溪大渡口镇、合江九支镇等7个试点镇建设。力争创建全省“环境优美示范乡镇”4个、“优美示范村庄”45个。深入推进农村“百万安居工程”，有效改善困难群众住房条件。不断提升城镇公共服务水平。加强城市公共绿地、城市公园建设，大力推进全国文明城市创建，巩固提升国家卫生城市、国家园林城市创建成果。

（六）*以抓好民生工程和脱贫攻坚为重点，切实改善和保障民生。*加大民生投入力度，确保民生投入占一般公共预算支出的比重在70%左右。实施“五个一批”精准脱贫计划，深化“七大扶贫攻坚行动”，力争减贫10万人以上。加大公共服务供给能力。重点加快医教园区、康健中心、市人民医院新院、泸州书画艺术馆和泸州体育生态园等一批教育、医疗、文化和体育事业重点项目建设。强化社会保障力度。实施灵活就业政策，确保全年新增就业3.6万人以上，城镇登记失业率控制在4.5%以内；巩固社会保障提标扩面成果，加速推进城市污水处理截污干管、污水处理和垃圾处理厂等项目建设，加快危旧房、棚户区和农村危房改造，不断改善居住条件和环境。加强生态文明建设。积极建设全国循环经济示范市，争创全国新能源和新生活示范市。实施农村面源污染治理、小流域综合治理和长江出川断面污染治理，加强天然林资源保护，巩固退耕还林成果；扎实推进节能减排工作，全面完成省政府下达的节能减排目标任务。

附件：1. 泸州市2016年国民经济和社会发展计划主要指标（草案）

2. 泸州市2016年重点项目

附件 1

泸州市 2016 年国民经济和社会发展计划主要指标（草案）

序号	指标	单位	2015 年		2016 年	
			完成数	比 2014 年±%	计划数	比 2015 年±%
一	GDP	亿元	1353.4	11	1475	9
	第一产业	亿元	167. 9	3. 8	173	3. 3
	第二产业	亿元	806. 7	12. 5	886	10#
	规模以上工业增加值	亿元	—	14	—	11
	第三产业	亿元	378. 8	10. 5	416	10
二	人均 GDP	元	32917	11	35880	9
三	地方一般公共预算收入	亿元	128. 3	10. 3	136. 5	9
四	全社会固定资产投资	亿元	1463. 7	23. 9	1697. 9	16
五	社会消费品零售总额	亿元	559. 7	13. 9	624	11. 5
六	居民消费价格指数	%	101. 5	1. 5	按省上下达任务数安排	
七	农村居民人均可支配收入	元	11359	10. 3	12494	10
八	城镇居民人均可支配收入	元	26656	8. 6	29055	9
九	城镇登记失业率	%	3. 53	控制在 4. 5%以内	—	控制在 4. 5%以内
	城镇新增就业人数	万人	4. 4	超市人代会目标 0. 5 个百分点	3. 6	—
十	人口自然增长率	‰	5. 08	控制在 5. 6‰以内	—	控制在 6. 6‰以内
十一	城镇化率	%	46. 1	提高 1. 3 个百分点	47. 5	提高 1. 4 个百分点
十二	旅游总收入	亿元	253	37. 6	308	21. 7
十三	进出口总额	万美元	31343	13. 7	按省上下达任务数增加 1 个百分点	
	#外贸出口	万美元	28422	13. 6	—	与上年持平
十四	实际利用外资	万美元	7040	11. 7	按省上下达任务数增加 1 个百分点	
十五	招商引资实际到位资金（市外国内）	亿元	929. 5	17. 9	1004	8
十六	耕地保有量	万公顷	38. 43	—	38. 43	—
十七	主要污染物总量控制 化学需氧量	吨	71696	-0. 35	按省上下达任务数安排	
	氨氮	吨	7682	-0. 7		
	二氧化硫	吨	39345	-3. 0		
	氮氧化物	吨	25480	-13		
十八	万元 GDP 综合能耗下降	吨标煤/万元	1. 08	-3	按省上下达任务数安排	
十九	保障性住房和棚户区改造住房开工量	套	18032	—	11411	—

注： 1. 第三次全国普查后，国家和省统计局将衔接各地区工业增加值总量，省、市、县均暂不公布规模以上工业增加值总量。

2. 2015 年人均 GDP、人口自然增长率、主要污染物总量控制、万元 GDP 综合能耗下降 4 项指标为预计数，2016 年计划的绝对数待正式公布后予以调整。

3. 2016 年地方一般公共预算收入绝对数以 2015 年同口径基数测算。

附件 2

泸州市 2016 年重点项目

2016 年度重点项目分项目批次计划情况（表一）

项目批次	项目个数（个）	总投资（亿元）	2016 年度投资（亿元）
合　计	481	6290	1207.01
竣工项目	103	561	243.43
加快建设项目	180	3557	689.43
新开工项目	143	1142	274.14
加快前期项目	55	1030	——

2016 年度重点项目分项目类别计划情况（表二）

项目批次	项目个数（个）	总投资（亿元）	2016 年度投资（亿元）
合　计	481	6290	1207.01
重大基础设施项目	146	1956	303.45
重大产业类项目	236	3340	601.89
重大社会事业及民生类项目	83	934	293.70
重大生态环保类项目	16	60	7.96

关于泸州市2015年财政预算执行情况和2016年财政预算草案的报告

2016年2月1日在泸州市第七届人民代表大会第六次会议上

泸州市财政局局长 刘 杰

各位代表：

我受市人民政府的委托，向大会书面报告2015年财政预算执行情况和2016年财政预算草案，请予审查，并请市政协委员提出意见。

一、2015年财政预算执行情况

（一）全市财政预算执行情况

1. 一般公共预算执行情况。市七届人大五次会议审查通过的全市地方一般公共预算收入预算1263545万元，2015年全市地方一般公共预算收入完成1282654万元，为预算的101.5%，同口径增长10.3%。其中：税收收入完成634924万元，为预算的94%，同口径增长2.7%；非税收入完成647730万元，为预算的110.2%，同口径增长19%。按财政部规定口径计算的全市一般公共预算经常性收入增长4.7%。

市七届人大五次会议审查通过的全市地方一般公共预算支出预算2217642万元，加上省财政增加返还性收入、一般性转移支付、专项转移支付740663万元，以及安排当年超收收入、动用上年结转结余等106268万元，共计调增支出预算846931万元，全市一般公共预算支出预算相应变动为3064573万元。全市一般公共预算支出完成3031539万元，为调整预算的98.9%，同口径增长8.2%。

全市地方一般公共预算收入1282654万元，加上返还性收入、一般性转移支付、专项转移支付等各项转移性收入1602100万元，以及地方政府债券转贷收入、上年结转结余收入、调入预算稳定调节基金等589993万元，全年总收入3474747万元。总收入减去当年支出、上解省支出、债券还本支出、安排预算稳定调节基金等3441713万元，年终滚存结余33034万元。其中：按政策规定应结转下年继续安排使用的项目支出20424万元，累计净结余12610万元，实现了收支平衡。

2. 政府性基金预算执行情况。市七届人大五次会议审查通过的全市政府性基金收入预算522525万元，相应安排政府性基金支出预算522525万元。2015年10月，经市七届人大常委会三十二次会议审查批准，政府性基金收入预算调整为1040525万元。2015年政府性基金收入完成1148184万元，为调整预算的110.3%，增长45.6%。当年政府性基金收入加上上级补助收入、上年结转结余收入、地方政府债券转贷收入等413469万元，政府性基金收入总计1561653万元。政府性基金支出完成1222975万元，为调整预算的91.4%，增长44.8%。按规定上解省和调入一般公共预算安排支出52313万元；地方政府债券还本支出223300万元。收支总额相抵后结转下年支出63065万元。

3. 国有资本经营预算执行情况。市七届人大五次会议审查通过的全市国有资本经营收入预算10663万元，相应安排国有资本经营支出预算10663万元。2015年国有资本经营预算收入完成17503万元，加上上年结转收入2036万元后，可安排支出19539万元，当年国有资本经营预算支出

3606万元，按规定调入一般公共预算安排支出14210万元，结转下年支出1723万元。

4. 社会保险基金预算执行情况。市七届人大五次会议审查通过的全市社会保险基金收入预算452343万元。2015年10月，经市七届人大常委会三十二次会议审查批准，全市社会保险基金收入预算调整为475642万元。2015年全市社会保险基金预算收入475642万元，当年社会保险基金支出409616万元，当年结余66026万元，加上上年结余351156万元，社会保险基金累计滚存结余417182万元。

（二）市级财政预算执行情况

1. 一般公共预算执行情况。市七届人大五次会议审查通过的市级地方一般公共预算收入预算459929万元，2015年市级地方一般公共预算收入完成462984万元，为预算的100.7%，同口径增长9.2%。其中：税收收入完成156090万元，为预算的101.3%，增长7.6%。其中：增值税完成21723万元，为预算的110.6%，增长16.2%；营业税完成39433万元，为预算的117.1%，增长17.1%；企业所得税完成21467万元，为预算的74.4%，下降19.6%；个人所得税完成4990万元，为预算的93.4%，增长0.9%。非税收入完成306894万元，为预算的100.3%，同口径增长10%。按财政部规定口径计算的市级一般公共预算经常性收入增长4.3%。

市七届人大五次会议审查通过的市级一般公共预算支出预算585760万元，加上省财政增加返还性收入、一般性转移支付、专项转移支付40548万元，以及安排当年超收收入、动用上年结转结余、地方政府债券转贷收入等17716万元后，共计调增支出预算58264万元，市级一般公共预算支出预算相应变动为644024万元。市级一般公共预算支出完成630579万元，为调整预算的97.9%，同口径增长5.8%。

市级地方一般公共预算收入462984万元，加上返还性收入、一般性转移支付、专项转移支付等各项转移性收入535089万元，以及地方政府债券转贷收入、上年结转结余等330106万元，全年总收入1328179万元。总收入减去当年支出、补助三区支出、上解省支出、地方政府债券还本支出等1314734万元，年终滚存结余13445万元。其中：按政策规定应结转下年继续安排使用的项目支出10807万元，累计净结余2638万元，实现了收支平衡。

2. 政府性基金预算执行情况。市七届人大五次会议审查通过的市级政府性基金收入预算285643万元，相应安排政府性基金支出预算285643万元。2015年10月，经市七届人大常委会三十二次会议审查批准，政府性基金收入预算调整为803643万元。2015年政府性基金收入完成827289万元，为调整预算的102.9%，增长88.4%（其中国土基金收入完成807214万元，为调整预算的103.5%，增长102.3%）。当年政府性基金收入加上上级补助收入、上年结转结余、地方政府债券转贷收入等301022万元，政府性基金收入总计1128311万元。政府性基金支出完成886454万元，为调整预算的93.4%，增长96.7%（其中国土基金支出831106万元，为调整预算的97%，增长108.5%）。补助三区支出9410万元，按规定调入一般公共预算安排支出30000万元；地方政府债券还本支出169400万元。收支总额相抵后结转下年支出33047万元。

3. 国有资本经营预算执行情况。市七届人大五次会议审查通过的市级国有资本经营收入预算9211万元，2015年泸州老窖集团有限责任公司、泸州市兴泸投资集团有限责任公司等国有企业上缴国有资本经营预算收入9211万元。加上上年结转收入2036万元，支出预算调整为11247万元，当年支出2524万元，按规定调入一般公共预算安排支出7000万元，结转下年支出1723万元。

4. 社会保险基金预算执行情况。市七届人大五次会议审查通过的市级社会保险基金收入预算378353万元。2015年10月，经市七届人大常委会三十二次会议审查批准，社会保险基金收入预算调整为398807万元。2015年社会保险基金预算收入398807万元，其中：失业保险基金收入36233万元，城镇职工基本医疗保险基金收入129449万元，工伤保险基金收入7908万元，生育保险基金收入3588万元，城乡居民基本医疗保险基金收入221629万元。2015年社会保险基金支出338822万元，其中：失业保险基金支出36471万元，城镇职工基本医疗保险基金支出121091万元，工伤保险基金支出8728万元，生育保险基金支出4698万元，城乡居民基本医疗保险基金支出167834万元。当年社会保险基金结余59985万元，加上上年结余273690万元，社会保险基金累计滚存结余333675万元。

上述全市和市级财政预算执行情况为2015年12月31日快报统计数据，在完成对市级和各区县决算审查汇总，并与省财政办理结算后将会有一些变化，届时再向市人大常委会报告。

（三）其他需报告的事项

1. 一般公共预算重点支出情况。2015年全市和市级农业、教育、科技、文化等重点支出增幅均高于财政经常性收入增幅。其中：农林水事务支出全市和市级分别完成473047万元和23038万元，同口径增长10.8%和17.3%；教育支出分别完成616729万元和54733万元，同口径增长13%和18.1%；科学技术支出分别完成39709万元和15460万元，同口径增长21.2%和25.2%；文化体育与传媒支出分别完成36001万元和15163万元，同口径增长11.1%和13.5%。

2. 超收收入安排使用情况。2015年全市和市级地方一般公共预算收入分别实现超收19109万元、3055万元，主要安排用于化解政府债务、补充预算稳定调节基金。

3. 部门预算执行情况。2015年市级各单位继续全部编制部门预算并提交市人民代表大会审查。在市人民代表大会结束后市财政局及时批复了部门预算。当年市级部门预算总体执行情况良好，预算执行进度达到96.3%。

4. 地方政府债务情况。按照中央、省和市委、市人大、市政府加强地方政府债务管理的要求，全市各级财政部门会同审计、发改等相关部门对地方政府存量债务进行了清理甄别。清理甄别结果经市政府审核后上报省政府，全省清理甄别结果经省政府审核已报国务院批准。省政府汇总全省数据报经省人大常委会批准，确定我市2015年地方政府债务余额295.2亿元，其中：市本级136.6亿元，区县158.6亿元。上述地方政府债务限额已报市人大常委会批准。上述地方政府债务主要用于支持重大基础设施建设、民生改善和经济发展，形成了大量优质资产和公益性设施。

5. 对区县财政转移支付情况。2015年中央、省、市财政对区县安排转移支付1481350万元，增长6.4%。其中：中央、省均衡性转移支付和县级基本财力保障奖补资金263459万元，增长15.5%；市对区均衡性转移支付8000万元，增长14.3%；其他一般性转移支付594267万元，增长12.2%。安排专项转移支付631316万元，增长1.7%，主要用于教育、医疗卫生、社会保障和就业、兑现各项涉农补贴政策等民生领域，以及基础设施建设、促进县域经济加快发展等方面。

6. 结转结余和预算稳定调节基金情况。2015年市级财政按政策规定结转下年继续安排使用的项目支出10807万元，主要是省下达的用于交通建设、节能环保、商业服务业等方面的专项转移支付，因时间和项目进度等原因需结转下年实施。截至2015年底，市级财政累计提取预算稳定调节基金1亿元。

7. 落实市人大预决算审查意见情况。市人民代表大会和市人大常委会审查财政预算、预算执行及调整、决算报告时，就进一步改进预算编制、规范预算管理、深化财政改革、加强财政监督等提出了很好的意见和建议。对此，市政府高度重视，责成相关部门认真分析原因，研究制定措施，切实加以整改落实。

8. 代表和委员关注问题的办理情况。加强与代表、委员的沟通联系，虚心听取批评建议，自觉接受监督指导。认真办理人大代表建议和政协委员提案，办结率达到100%。推进财政信息公开，将财政预决算报告、部门预决算、“三公”经费预决算在政府政务网站、报纸等媒体上公布，并通过网络、电视、报纸等公开财政信息510余条。

二、“十二五”时期及2015年财政工作情况

（一）“十二五”时期财政工作情况

“十二五”时期，是泸州财政提速升位、不断突破的五年，开创了财政发展新局面。

过去五年，财政实力显著增强。全市一般公共预算收入实现较快增长，年均增幅21.9%，2013年收入规模突破100亿元，2015年规模是2010年的2.7倍，收入规模在全省排名从第6位跃升至第2位。2015年全市争取到位上级转移支付、债券转贷资金突破200亿元，是2010年的2.3倍，年均增长20.3%。

过去五年，保障能力有效提升。全市一般公共预算支出不断迈上新台阶，2012年、2015年相继突破200亿元、300亿元，年均增幅19.1%。教育、医疗卫生、就业、社会保障等各项民生事业得到有力保障，民生支出占一般公共预算支出比重稳定在70%左右。按财政供养人员计算的全市人均财力由2010年的7.2万元增加到2015年的15万元，区县人均财力从6.3万元增加到13万元。

过去五年，财政改革深入推进。调整了市区财政体制，实行税收属地征管，建立市对区县转移支付制度，做到了“财力下沉、照顾基层”。全面推进预算制度改革，完整编制一般公共预算、政府性基金预算、国有资本经营预算、社会保险基金预算“四本预算”。有序开展“营改增”，落实减税降费政策，降低企业、居民负担。部门预算改革、国库集中收付制度改革、政府收支分类改革全面深化。

过去五年，财政管理更加科学。认真贯彻落实《预算法》等法律法规，规范理财行为、加强财政管理。扎实开展地方政府存量债务清理甄别上报工作，建立债务预算管理体系，控制债务规模，防范债务风险。强化政府采购管理，扩大政府采购规模。开展政府与社会资本合作（PPP），财政资金引导放大作用更加突出。积极推进预决算信息公开，财政透明度不断提高。

（二）2015年财政工作情况

2015年，全市各级财政部门突出“产业转型发展年”工作主题，坚持“三抓三主动”，千方百计稳增长，全力以赴抓收入，积极主动惠民生，创新机制强管理，财政工作取得了新的成绩。

1. 稳增长促增收，圆满完成收支预算

认真贯彻中央、省、市稳增长工作部署，充分发挥财政稳增长作用，组建30亿元四川发展纯粮原酒股权投资基金，设立18亿元规模的企业应急转贷资金，在工业经济、企业融资、投资促进、房地产建筑业等方面着力，促进了全市经济加快发展。在此基础上，积极应对宏观经济下行压力加大、结构性减税降费等因素影响，通过量化分解、细化考核、狠抓督促、密切协作等措施，圆满完成年初市人代会审查通过的收支预算。全市地方一般公共预算收入完成128.3亿元，同口径增长10.3%，收入总量连续两年居全省第2位；一般公共预算支出突破300亿元，达到303.2亿元。

2. 抢抓政策机遇，向上争取成效显著

认真落实“三抓三主动”要求，以长江经济带建设、“一带一路”发展战略、新型城镇化试点、存量债务置换等重大政策机遇为契机，对准中央、省项目规划和资金投向，加强政策研究，主动汇报沟通，全力向上争取。2015年全市争取到位上级财政转移支付、地方政府债券转贷资金突破200亿元，增长32.1%。其中：争取到地方政府债券转贷资金72.7亿元，总量居全省第2位；争取到均衡性转移支付和县级基本财力保障奖补增量资金5.1亿元，增幅超过30%；争取到城市新区建设专项资金5800万元，总额居全省第2位；省级财政产粮大市奖励资金1000万元，全省仅5个市州获得奖励；中央重金属污染防治专项资金2073万元，占全省分配总额的1/4；纳溪大渡口镇、合江九支镇争取到建制镇示范试点中央资金4000万元。

3. 发挥财政职能，促进发展保障民生

突出“产业转型发展年”工作主题，市级财政投入工业、农业、金融、商贸物流等产业发展资金超过25亿元，支持改造提升传统优势产业，加快新兴产业培育壮大。整合政府资源（资产），做大投融资平台，创新投融资方式，有力支持了川南城际铁路、忠山隧道等重点项目建设。开展

政府与社会资本合作（PPP），完成采购阶段PPP项目4个，总投资95亿元，以政府投资2.9亿元撬动社会投资92.1亿元。支持推进新型城镇化试点，探索建立农业转移人口市民化成本分担机制、城镇化投融资机制。严格控制行政成本性支出，“三公”经费同比下降13.9%。着力改善民生，全市实现民生支出213亿元，占一般公共预算支出的70.3%。支持推进“七大扶贫攻坚行动”，全市投入专项扶贫资金2.1亿元，脱贫解困8.6万人。

4. 强化制度建设，管理改革不断深化

深化财政体制改革，建立高新区财政体制。在义务教育、城市维护领域开展合理划分市区事权试点。完成机关事业单位基本工资制度改革。清理规范行政事业性收费和政府性基金，目录清单对社会常态化公开。出台《市政府关于进一步加强区县财政管理的意见》，夯实区县财政管理基础。理顺泸州老窖及其下属关联企业税收征管关系，实行市级税务机构直接征管。依法将政府债务分类纳入预算，实行限额管理。积极开展存量债务置换工作，优化债务结构，实现了债务期限“短变长”，利率“高变低”，每年节约利息支出4.2亿元以上。开展市级财政专户间隙资金增值管理，通过协定存款等方式增加利息收入1.3亿元。多措并举盘活财政存量资金，调整用于保民生、补短板。继续推进预决算信息公开，除涉密单位外，所有使用财政资金的部门均向社会公开了部门预决算和“三公”经费预决算。

上述成绩的取得，是市委统揽全局、正确领导的结果，是市人大、市政协及代表委员们监督指导、大力支持的结果，是各级各部门密切配合、扎实工作的结果，是全市人民团结奋斗、共同努力的结果。同时，我们也清醒地看到，财政运行管理中还存在一些突出的矛盾和问题：一是受宏观经济下行、酒业深度调整、房地产市场变化等多重因素影响，我市财政收入质量有所下降，收入增长的稳定性和可持续性面临考验。二是机关事业单位养老保险改革、公务用车改革等各类政策性刚性增支，加快推进交通、城市基础设施等重大项目建设，财政收支平衡压力越来越大。三是债务风险总体可控，但局部风险不容忽视，偿还债务本息将给当前及今后带来较大的支出压力。四是财政支持发展方式有待改进，资金使用绩效需进一步提高。对上述问题，我们将认真分析研判政策，广泛征求代表、委员意见，采取有力措施，切实加以解决。

三、2016年财政预算草案

根据省政府《关于编制2016年财政收支预算的通知》要求和市委、市政府工作部署，2016年收入预算按照“积极稳妥、跳起摸高”和与经济社会发展主要指标相适应的原则编制，全市与市级地方一般公共预算收入增幅安排为同口径增长9%，政府性基金预算、国有资本经营预算、社会保险基金预算收入按实际预测数安排。支出预算按照省委关于“财政支出一保运转、二保民生、三要转变支持产业发展方式”的要求，严格按照“零基预算”方式编制。严控行政成本性支出，足额保障各项法定支出、政策性增支需求；集中财力办大事，重点加大对扶贫攻坚、基层党建、产业发展、创新创业、民生改善等投入力度。

（一）全市财政预算草案

1. 一般公共预算。2015年全市地方一般公共预算收入完成1282654万元，按全省统一要求将地方教育附加收入等基金结余缴库因素剔除后，2016年全市收入预算基数为1251878万元，全市地方一般公共预算收入预算安排为1364547万元，同口径增长9%。按财政部规定口径计算的全市一般公共预算经常性收入增长4.2%。

全市地方一般公共预算收入预算1364547万元，加上地方政府债券转贷收入、上级返还性收入、一般性转移支付、上年结转结余等927553万元，减去上解省支出15839万元，全市当年可用财力总额2276261万元。按照收支平衡的原则，全市一般公共预算支出安排为2276261万元，加上省财政提前通知2016年专项转移支付补助235341万元，2016年年初安排全市一般公共预算支出预算总额2511602万元，同口径增长8.6%。

2. 政府性基金预算。2016年全市政府性基金收入预算433330万元，按照收支平衡的原则，安排政府性基金支出预算433330万元。

3. 国有资本经营预算。2016年全市国有资本经营收入预算安排24795万元，加上上年结转收入1723万元后可安排支出26518万元，国有资本经营支出预算安排4354万元，按规定调入一般公共预算安排支出22164万元。

4. 社会保险基金预算。2016年全市社会保险基金收入预算507105万元，社会保险基金支出预算443969万元，当年收支结余63136万元。

（二）市级财政预算草案

1. 一般公共预算。2015年全市地方一般公共预算收入完成462984万元，按全省统一要求将地方教育附加收入等基金结余缴库因素剔除后，2016年收入预算基数438037万元，市级地方一般公共预算收入预算安排为477460万元，同口径增长9%。按财政部规定口径计算的市级一般公共预算经常性收入增长3.9%。

市级地方一般公共预算收入477460万元，加上地方政府债券转贷收入、上级返还性收入、一般性转移支付、上年结转结余等339238万元，减去对三区的返还性支出、一般性转移支付、上解省支出224848万元，市级可用财力总额591850万元。按照收支平衡的原则，市级一般公共预算支出安排为591850万元，加上省财政提前通知2016年专项转移支付补助57689万元，减去对三区专项转移支付补助44265万元，2016年年初安排市级一般公共预算支出预算总额605274万元，同口径增长3.3%。

2016年市级一般公共预算支出的主要安排情况如下：

一般公共服务支出44731万元，零增长；国防支出1481万元，同口径增长5.7%；公共安全支出33730万元，同口径增长5.9%；教育支出53180万元，同口径增长10.9%；科学技术支出5260万元，同口径增长10.5%；文化体育与传媒支出13678万元，同口径增长11.8%；社会保障和就业支出56311万元，同口径增长8.4%；医疗卫生与计划生育支出14155万元，同口径增长8.3%；节能环保支出4955万元，同口径增长9.8%；城乡社区支出87741万元，同口径增长2.6%；农林水支出26441万元，同口径增长7.5%；交通运输支出77131万元，同口径增长2.2%；资源勘探信息等支出43296万元，同口径增长1.8%；商业服务业等支出5924万元，同口径增长3.6%；金融支出333万元，同口径增长5.4%；援助其他地区支出3000万元，同口径增长3.9%；国土海洋气象等支出3849万元，同口径增长5.5%；住房保障支出39501万元，同口径增长6.6%；粮油物资储备支出1179万元，同口径增长6.1%；预备费17286万元，同口径增长7.1%；债务付息支出68980万元，下降12.2%；其他支出3132万元，同口径增长1.1%。以上预算安排中，农业、教育、科技、文化等重点支出增幅均高于市级一般公共预算经常性收入增幅。

2. 政府性基金预算。2016年市级政府性基金收入预算231500万元，其中：国土基金收入210000万元，城市基础设施配套费收入15000万元，污水处理费收入5000万元，城市公用事业附加收入1500万元。按照收支平衡的原则，安排政府性基金支出预算231500万元，其中：国土基金收入安排支出210000万元，城市基础设施配套费收入安排支出15000万元，污水处理费收入安排支出5000万元，城市公用事业附加收入安排支出1500万元。

3. 国有资本经营预算。2016年市级国有资本经营预算收入预算安排10040万元，其中：泸州老窖集团有限责任公司国有股分红收入7630万元，泸州市兴泸投资集团有限责任公司等国有企业上缴利润收入2410万元，加上上年结转收入1723万元，可安排支出11763万元。国有资本经营预算支出预算安排4133万元，按规定调入一般公共预算安排支出7630万元。

4. 社会保险基金预算。2016年市级社会保险基金收入预算431124万元，其中：失业保险基金收入27708万元，城镇职工基本医疗保险基金收入136884万元，工伤保险基金收入7264万元，生育保险基金收入3572万元，居民基本医疗保险基金收入255696万元。安排社会保险基金支出预算379284万元，其中：失业保险基金支出31648万元，城镇职工基本医疗保险基金支出134567万元，工伤保险基金支出9370万元，生育保险基金支出5867万元，居民基本医疗保险基金支出197832万元。当年收支结余51840万元。

（三）市级部门预算

2016年市级部门财政拨款支出预算299661万元，增加30608万元，增长11.4%。其中：基本支出147854万元，增加31764万元，增长27.4%，主要原因是机关事业单位工资政策调整和养老保险改革增加支出。项目支出151807万元，减少1864万元，下降1.2%，主要原因是按照“零基预算”的原则，严格控制专项支出预算，除教育、支农、科技、文化等法定支出以及安全支出外，其他专项支出均按与2015年持平安排，同时减少部分一次性专项。按《预算法》规定，所有市级预算单位2016年的部门预算均提交本次人民代表大会审查。

（四）对区县转移支付

2016年年初，中央、省、市财政对区县安排转移支付914731万元，其中：返还性收入、一般性转移支付742530万元，专项转移支付172201万元，主要用于扶贫、教育、医疗卫生、社会保障和就业等民生领域支出。

四、“十三五”时期及2016年财政工作

（一）“十三五”时期工作展望

“十三五”时期是我市“决胜全面小康、建成区域中心”的关键时期。未来五年，全市财政工作将紧紧围绕“四个全面”战略布局，坚持“创新、协调、绿色、开放、共享”五大发展理念，充分发挥财政职能作用，推动破解发展难题、增强发展动力、厚植发展优势，更好地服务于全市经济社会加快发展。

根据全市国民经济和社会发展第十三个五年规划纲要（草案），“十三五”期间GDP年均增长为9%左右。按照财政收入与经济社会发展主要指标相适应的原则，“十三五”期间全市财政一般预算收入增长预期目标为年均增长9.5%左右。按此测算，经过努力，到2020年我市地方一般公共预算收入将突破200亿元。

（二）2016年财政工作打算

2016年，是实施“十三五”规划的开局之年，也是全面深化改革的关键之年。面对经济发展的新常态，各级财政部门将紧紧围绕市委、市政府决策部署，坚定信心，迎难而上，积极应对，主动作为，坚持“稳中求进、进中求好、好中求快”的工作基调，突出“扶贫攻坚”这一主题，继续落实“三抓三主动”要求，为实现“决胜全面小康、建成区域中心”提供政策保障和财力支撑。主要采取以下措施：

1. 深化财税体制改革，提升运行绩效。加快财税体制改革，在中央、省明确事权与支出责任基础上，合理划分市区事权与支出责任，形成财力与事权相匹配的财政体制。认真落实“营改增”、消费税改革、资源税改革等税制改革和税收征管体制改革。完善全面规范、公开透明的现代预算制度，加大一般公共预算、政府性基金预算、国有资本经营预算、社会保险基金预算统筹力度。改进预算管理制度，实行中期财政规划管理，建立跨年度预算平衡机制。深化预算绩效管理改革，强化绩效评价结果应用，做到“花钱必问效，无效必问责”。按照统一部署，推进机关事业单位养老保险改革、公务用车改革。

2. 狠抓增收节支，做大财政“蛋糕”。加强财源建设，围绕“产业创新发展年”工作主题，加大产业投入力度，转变财政支持方式，努力培植骨干税源和新兴优质税源，实现以投入促发展、以发展促增收，实现财政收入的可持续增长。积极适应新常态，坚持依法征税，加大稽查力度，实现应收尽收。创新收入组织的方式和办法，抓好重点区域、重点行业、重点企业的税收征管。紧紧围绕国家建设长江经济带、“一带一路”以及新型城镇化建设、精准扶贫、存量债务置换、省级设立产业发展基金、实施财政金融互动等重大政策机遇，树立全市“一盘棋”思想，进一步加强汇报沟通，力争获得上级更多的资金和项目支

持。强化预算执行，硬化预算约束，严格控制追加预算。牢固树立过“紧日子”的思想，优化支出结构，严格控制行政成本性支出，集中财力用于保民生、促发展。

3. 全力改善民生，共享发展成果。认真落实各项民生政策，继续加大民生投入，健全民生保障分类管理和共同分担机制。加强民生资金监管，着力补齐民生短板，确保公共财政用于民生支出的比重保持在70%左右。加大教育投入，支持改善办学条件，推动义务教育均衡发展，继续着力解决入园难、就读难等群众反映突出的问题。用好用活创新创业专项引导资金，支持深入开展“大众创业、万众创新”。支持完善社会保障体系，扩大社会保险覆盖面，提高社会保障水平。积极支持推进全面预防保健服务体系建设。支持推进“渡改桥”三年攻坚行动。支持保障性安居工程建设，加快推进棚户区改造。加大生态环保投入，支持开展大气、水、土壤污染防治，加强生态文明建设。

4. 创新投入方式，增强保障能力。整合各类产业扶持专项资金，加大对自主创新、市场开拓、融资需求等重点领域和关键环节的投入力度，着力破解制约产业发展的瓶颈和难题。设立3亿元市级产业投资基金，转变财政支持产业发展方式，采取市场化运作方式，发挥财政资金引导和放大作用。创新投融资模式，充分发挥市场配置资源的决定性作用，引导和鼓励社会资本投资项目建设，积极推广政府与社会资本合作（PPP）模式，激发经济发展活力。充分发挥各融资主体作用，继续加强与金融机构、基金公司、保险公司对接，创新融资方式，拓宽筹资渠道，为我市建设发展筹集资金。

5. 加大扶贫投入，支持脱贫致富。贯彻落实市委七届十次会议精神，健全扶贫攻坚财政支撑体系，通过新增预算安排、统筹专项资金、争取上级财政转移支付、发行项目收益债、国家专项建设债等措施，全力支持推进扶贫攻坚。坚持财力下沉，加大对区县转移支付支持力度，提高一般性转移支付和定向财力转移支付的规模和占比。落实贫困地区均衡性转移支付单列单算补助办法，夯实贫困县基本保障能力。加强扶贫资金监管，严格扶贫资金使用，严格财务核算，严格公开公示，确保扶贫资金规范、高效使用。

6. 坚持依法理财，提高服务水平。进一步严肃财经纪律，严格执行《预算法》等财税法律法规，自觉接受人大、政协和社会各界监督。加强地方政府债务管理，建立规范的地方政府举债融资机制，严格地方政府债务限额管理，建立风险预警及应急处置机制，严肃债务管理考核问责，切实防范财政风险。加强乡镇财政管理，提升乡、村两级理财水平。重点开展“三公”经费和扶贫、涉农惠农等专项资金检查，确保财政资金安全高效使用。推进财政信息公开常态化、规范化，细化“三公”经费和部门预决算公开内容，主动接受社会监督。

各位代表，做好2016年财政工作任务艰巨、责任重大。我们将在市委的坚强领导下，在市人大、市政协的监督支持下，坚定信心，迎难而上，开拓进取、扎实工作，为推动泸州实现“决胜全面小康、建成区域中心”做出新的更大贡献！

泸州市领导干部名录

（截止日期2015年12月31日）

市级领导

中共泸州市委

蒋辅义　市委书记
刘　强　市委副书记，市政府市长、党组书记
曹建国　市委副书记
谭红杰　市委常委、组织部部长、市委党校校长（2015.07起）
田亚东　市委常委、市纪委书记
曹俊杰　市委常委、市政府副市长、市行政学院院长（兼）
鞠　丽　（女）市委常委、宣传部部长
陈　文　市委常委、市国资委党委书记
王宗明　市委常委、泸州军分区司令员
李晓宇　市委常委、农工委主任
罗明德　市委常委（挂职）
李文清　市委常委、市委政法委书记（至2015.06）
曾　彤　市委常委、秘书长（挂职）
刘　云　市委常委、市总工会主席、市直机关工委书记

泸州市人大常委会

陈　雁　党组书记、主任
张　明　党组副书记、副主任
李作孝　副主任
伍福钊　副主任
税光跃　副主任
邵晓强　副主任
王　波　副主任（2015.02起）

泸州市人民政府

刘　强　党组书记、市长
曹俊杰　党组副书记、副市长
曹　勇　副市长
陈　轲　副市长
马宗慧　（女，回族）副市长
封　安　副市长
张文军　副市长
丁　湘　副市长

政协泸州市委员会

喻　双　党组书记、主席
何仁军　党组副书记、副主席（2015.02止）
巫俊明　党组副书记（2015.02起）、副主席
张方正　副主席
周亚琼　（女）副主席
何延政　副主席
肖荣华　副主席（2015.02止）
汪建国　副主席
沈才洪　副主席
陈剑波　副主席（2015.02起）
梁中元　副主席（2015.02起）

泸州市中级人民法院

刘学锋　党组书记、院长

泸州市人民检察院

罗　乐　党组书记、检察长（2015.02起）

区县领导

中共江阳区委

朱　华　书记（2015.07 止）
付小平　副书记（2015.07 止）
　　　　书记（2015.07 起）
杨长缨　区委常委（2015.11 止）
　　　　副书记（2015.11 起）
孙海燕　（女）副书记（挂职）
王开源　（女）副书记（保留正县级）
任中榕　（女）常委（2015.03 止）
邹　勇　常委
吕成勇　常委（2015.03 止）
杨　斌　常委（2015.03 止）
何红枢　常委（2015.05 起）
张司伦　常委
牟正权　常委（挂职）
张生勇　常委
张　程　常委
刘　兴　常委（挂职 1 年）
周　炳　常委（2015.03 起）
张　燕　（女）常委（2015.05 起）
杨　雷　常委（2015.12 起）

江阳区人民政府

杨长缨　区委常委、副区长（负责区政府常务工作，保留正县级）
何红枢　区委常委、副区长
杨　雷　区委常委、副区长
吕　先　副区长
赖旭刚　副区长，区公安分局局长、党委书记
罗　勇　副区长

江阳区人大常委会

张　敏　（女）主任
刘旭晴　（女）副主任、民革泸州市委副主委
周晓勤　副主任
赵碧科　（女）副主任
张清明　副主任（保留正县级待遇）

江阳区政协

张旭光　主席
刘秋耘　（女）副主席、区委统战部部长
符晓琦　（女）副主席
侯晓萍　（女）副主席
冉国才　副主席

江阳区“法检”两长

王郁逊　区法院院长、党组书记
张　聪　区检察院检察长、党组书记

中共龙马潭区委

郑　蓉　（女）书记
曾　平　副书记
梁　闯　副书记
钟华贵　常委（挂职）
张登祥　常委（2015.03 止）
尹德良　常委（2015.3 起）
邓永铸　常委
吴文涛　常委
涂曲平　（女）常委
张尚林　常委（2015.03 止）
李祖强　常委（2015.03 起）
宋　庆　常委（2015.08 止）
黄志有　常委
王举松　常委（2015.01 起）
文耀全　常委（2015.10 起）
张宁迁　常委（挂职 1 年，2015.10 起）
李　聪　常委（挂职 1 年，2015.12 起）

龙马潭区人民政府

曾　平　区委副书记、区长
尹德良　区委常委、副区长（负责区政府常务工作）
王举松　区委常委、副区长
刘　著　（女）副区长
毛汉东　副区长，区公安分局局长、党委书记

何学军　副区长、民革泸州市委副主委
唐栋良　副区长
张宁迁　市财政局副局长，龙马潭区委常委、副区长（挂职时间1年）
李　聪　区委常委、副区长（挂职时间1年）

龙马潭区人大常委会

徐剑南　主任、党组书记
朱永平　副主任
戴志林　副主任
胡兴成　副主任（保留正县级待遇）
廖竞瑜　（女）副主任

龙马潭区政协

叶长青　区政协主席人选、党组书记
兰永智　副主席
彭利蓉　（女）副主席（不驻会）
杜朝林　副主席
吴国勇　副主席

龙马潭区“法检”两长

彭胜昔　区法院院长、党组书记
王忠杰　区检察院检察长，党组书记

中共纳溪区委

熊启权　书记
徐　利　（女）副书记
代志伟　副书记（2015.03止）
谭荣兵　（土家族）副书记（保留正县级，2015.04起）
黄修国　常委（2015.11止）
李仁军　常委（2015.12起）
赵元柱　常委
张明顺　常委
熊　燕　（女）常委
阮小梅　（女）常委
熊　杰　常委
邹　冰　常委
张耀峰　常委

纳溪区人民政府

徐　利　（女）区委副书记、区长
李仁军　区委常委、副区长（负责区政府常务工作）
张明顺　区委常委、副区长、大渡口镇党委书记
陈小平　副区长
卢赐恩　副区长
李　庆　副区长
游　彦　副区长，区公安分局局长、党委书记

纳溪区人大常委会

詹忠平　主任、党组书记
翁庆平　副主任
李德能　副主任
余云江　副主任

纳溪区政协

朱太成　主席
张　纳　（女）副主席
兰光华　（女）副主席
王跃泽　副主席
谢兴宏　副主席

纳溪区“法检”两长

何　猛　区法院院长、党组书记
胡运汉　区检察院检察长、党组书记

中共泸县县委

郭　庆　书记
薛学深　副书记
张　兵　副书记
梁　军　副书记（挂职）
李　祥　副书记（挂职）
靳地胜　常委（2015.09止）
肖　刚　常委（2015.11起）
颜习林　常委
吴兴华　常委（2015.07止）
袁世泓　（女）常委（2015.07—2015.11）
张国华　常委（2015.11起）

廖　俊　常委（2015.05 止）
胡万国　常委（挂职一年，2015.03 起）
李　亮　常委
喻　斌　常委
张文杰　常委（2015.11 起）
李高和　常委（2015.09 起）
金林松　常委

泸县人民政府

薛学深　县委副书记、县长
肖　刚　县委常委、副县长（负责县政府常务工作）
李　亮　县委常委、副县长
胡万国　县委常委、副县长（挂职时间一年）
余　静　（女）副县长
杜作文　副县长
宋　军　副县长，县公安局局长、党委书记
周昌海　副县长

泸县人大常委会

罗永华　主任、党组书记
尹朝勇　副主任、市民建副主委（不驻会）
杨怀清　副主任
刘树云　副主任
余　冰　副主任

泸县政协

李　镇　主席、党组书记
廖兴无　副主席
蔡　辉　副主席、县委统战部部长
杨开春　（女）副主席、县工商联会长
杜开卷　副主席

泸县“法检”两长

谢　杰　县法院院长、党组书记
易从中　县检察院检察长、党组书记

中共合江县委

张季頫　书记
胥兴贵　副书记
江　滨　副书记（2015.05 起）
雷安平　常委（2015.04 止）
廖　俊　常委（2015.05 起）
刘　欣　常委
刘中全　常委
王一米　（女）常委
金忠全　常委
郑　勇　常委
陈益良　常委
陈　诚　常委（挂职 1 年）
张家伟　常委（挂职 2 年）
蔡宗炜　常委
吴代彬　常委（挂职，2015.12 起）

合江县人民政府

胥兴贵　县委副书记、县长
廖　俊　县委常委、副县长（负责县政府常务工作）
王一米　（女）县委常委、副县长
陈　诚　市财政局副局长，合江县委常委、副县长（挂职时间 1 年）
游　健　（女）副县长
廖廷君　副县长、泸天化（集团）有限责任公司副总经理（挂职）
陈　文　副县长
吕　刚　副县长，县公安局局长、党委书记

合江县人大常委会

李　林　主任、党组书记
王炬麟　（女）副主任
李泓清　副主任
李洪伦　副主任

合江县政协

王亚容　（女）主席、党组书记
时　文　副主席（保留正县级待遇）
张　霞　（女）副主席
代育惠　（女）副主席
邓　洪　（女）副主席

合江县“法检”两长

苏　青　县法院院长、党组书记
徐显忠　县检察院检察长、党组书记

中共叙永县委

王　波　书记（2015.09 止）
陈景强　副书记（2015.09 止），书记（2015.09 起）
唐　杰　副书记
曹　阳　常委(2015.01—2015.12)，副书记（2015.12 起）
许仁兵　常委
王晓谦　常委
徐　兵　常委（2015.12 止）
陈腾飞　常委（挂职）
唐　榕　（女）常委
江　滨　常委（2015.05 止）
黄安华　常委（2015.03 起）
王　强　常委（2015.03 止）
马　刚　（苗族）常委（2015.09 起）
陈学军　常委（2015.09 起）
郑传辉　常委（2015.09 止）
张　伟　常委（2015.12 起）
任刚美　常委（2015.12 起）

叙永县人民政府

陈景强　县委副书记、县长
王晓谦　县委常委、副县长（负责县政府常务工作）
陈腾飞　县委常委、副县长（挂职）
江小军　副县长（挂职时间 2 年）
古　涛　副县长
杨晓康　（女）副县长
袁维荣　副县长
石　磊　副县长，县公安局局长、党委书记

叙永县人大常委会

张秋平　主任、党组书记
李官培　副主任、叙永县一中副校长
韩　燕　副主任
申远红　（女）副主任
李小英　（女）副主任

叙永县政协

钟世平　主席、党组书记
邓　娟　（女）副主席
高崇明　副主席
何　水　副主席、县委统战部部长
陈一龙　副主席

叙永县“法检”两长

聂　卫　县法院院长、党组书记
戴　勇　县检察院检察长、党组书记

中共古蔺县委

李万忠　书记
陈廷俊　副书记
唐　一　副书记
吴　极　常委（2015.09 止）
宋　庆　常委（2015.09 起）
游　进　常委
曾永刚　常委
文耀全　常委（2015.11 止）
刘　刚　常委
朱　涛　常委（2015.08 止）
章　磊　常委
杨　帆　常委（挂职 2 年）
刘松梅　（女）常委
贾如彬　常委（2015.07 起）
郑传辉　常委（2015.11 起）
冯利琼　（女）常委（挂职 2 年，2015.11 起）

古蔺县人民政府

陈廷俊　县委副书记、县长
宋　庆　县委常委、副县长（负责县政府常务工作）
游　进　县委常委、副县长
吴文湘　副县长
刘泽军　副县长
林　燕　（女）副县长

黄　刚　副县长（挂职时间1年）
罗庆华　副县长，县公安局局长、党委书记
贺　亮　（满族）县政府副县长（挂职时间1年）
冯利琼　县委常委、提名任县政府副县长（挂职时间1年）

古蔺县人大常委会

孙克刚　主任、党组书记
胡邦永　副主任（不驻会）
胡　雁　（女）副主任
宋　杰　副主任
朱博宇　副主任

古蔺县政协

孙应举　主席、党组书记
邓学玲　（女）副主席
杨运晖　副主席
王　坤　副主席

古蔺县“法检”两长

吴　江　县法院院长、党组书记
朱亚梅　（女）县检察院检察长、党组书记

四川泸州高新技术产业园区管委会

曹　勇　副市长、党工委书记（兼）
孙海燕　（女）党工委副书记、管委会主任
杜　磊　党工委副书记
林　茂　常务副主任
卢启刚　副主任
底　伟　副主任
李高和　副主任
吴　平　副主任（挂职）
王　涛　党工委副书记、管委会副主任（挂职，2015.02起）
张　浩　副主任（挂职，2015.03起）
张德春　纪工委书记（保留正县级待遇）
刘中贵　党工委委员

泸州市白酒产业园区管理委员会

曹俊杰　市委常委、党工委书记
刘淑兰　（女）党工委副书记、管委会主任
张　良　党工委副书记
付小平　党工委副书记
徐　利　（女）党工委副书记
殷国兵　专职副主任（2015.12止）
王　翔　专职副主任
何红枢　副主任
张明顺　副主任
邹学明　副主任
郭智勇　副主任

泸州长江经济开发区管理委员会

郑　蓉　（女）党工委书记（兼）
钟华贵　党工委副书记、管委会主任
胡怀明　副主任
熊开荣　副主任
郑　智　纪工委书记（保留正县级待遇）
陈　亮　副主任

泸州机械装备产业园区管委会

卢启刚　党工委书记、管委会主任

泸州化工园区管委会

张　巍　党工委书记、管委会主任

泸县经济开发区管委会

张福荣　党工委书记、管委会主任

泸州医药产业园区管委会

李高和　党工委书记、管委会主任

叙永资源综合利用经济园区管委会

罗　力　党工委书记、管委会主任

市级部门领导

中共泸州市纪律检查委员会（泸州市监察局）

田亚东　市委常委、市纪委书记
庞晓龙　市纪委副书记，市监察局局长、市预防腐败局局长
徐　海　市纪委副书记
任中榕　（女）市纪委副书记
张明贵　市纪委常委
邹　毅　市纪委常委、市监察局副局长
唐　敏　（女）市监察局副局长、市预防腐败局副局长
姚　波　市纪委常委、秘书长
徐其虎　市纪委常委、监察局副局长
林　平　机关党委书记
叶伦汉　组织部部长（副县级）
邓修贵　副县级室主任
余映梅　（女）副县级室主任
张玉帆　副县级室主任
姜　来　市委巡视工作联络组办公室主任
何　平　副县级室主任
章进峰　副县级室主任
黄德伟　副县级室主任
唐　超　副县级室主任

中共泸州市委办公室

曾　彤　市委常委、市委秘书长（挂职时间 2 年）
张立新　市委副秘书长、市委办主任
龚百川　市委副秘书长（正县级）
李小平　市委副秘书长、目督办主任
王　毅　市委政研室主任、市委办副主任
杨建容　（女，傈僳族）市委办公室机关党委书记
周　岚　（女）副县级纪检员
申　波　常委办主任
李盛春　市委办副主任
雷安平　目督办专职副主任
张　伟　目督办专职副主任
先元富　市委值班室主任

中共泸州市委组织部

蒲芝龙　市委常委、组织部部长（2015. 04 止）
谭红杰　市委常委、组织部部长（2015. 07 起）
宋　勇　正县级副部长
陈剑波　副部长，市人力资源和社会保障局局长、党组书记（2015. 01 止）
周　毅　副部长，市人力资源和社会保障局局长、党组书记（2015. 03 起）
雷长文　副部长、市委编委办（市编办）主任
方　莉　（女）副部长、市人才办主任（2015. 03 起）
黄月桂　副部长、市委老干部局局长
张正平　副部长、市委党建办主任（2015. 07 止）
姚新建　副部长、市人才办主任（2015. 03 止）
吴兴华　副部长（2015. 07 起）
孙小刚　副县级纪检员
向小勇　部务委员
袁世泓　（女）部务委员（2015. 07 止）
陈棋楠　部务委员（2015. 11 起）
肖　春　部务委员（2015. 12 起）
张国华　机关党委书记（2015. 11 止）
袁　瑞　（女）机关党委书记（2015. 11 起）

中共泸州市委宣传部

鞠　丽　（女）市委常委、市委宣传部部长
李　宏　正县级副部长
任晓波　副部长、市文明办主任（2015. 07 止）
魏仁泉　副部长、市委外宣办（市政府新闻办）主任
朱　涛　副部长（保留正县级待遇，2015. 07 起）
贾如彬　机关党委书记（2015. 07 止）
李　凌　机关党委书记
唐小玉　（女）副县级纪检员

中共泸州市委统一战线工作部

陈剑波　市政协副主席，市委统战部部长

王　华　副部长，市工商联党组书记
史乃广　副部长（保留正县级，2015.03 起）
陈通军　副部长（保留正县级待遇）
项晓芸　（女，苗族）副县级纪检员

中共泸州市委政法委员会

李文清　市委常委、市政法委书记（2015.07 止）
封　安　市政府副市长、市委政法委副书记、市公安局局长
郑　理　正县级副书记
吴　伟　副书记、市综治办主任
谢建锋　副书记、市维稳办主任、市政法纪工委书记
黄　承　政治部主任（明确为正县级）
李华超　市政法纪工委副书记
罗　洁　（女）泸州市矛盾纠纷大调解中心副县级专职副主任
周　权　机关党委书记（2015.04 起）

中共泸州市委台湾工作办公室、泸州市人民政府台湾事务办公室

韩俊平　主任
许有权　副主任
王维秀　（女）副县级纪检员

中共泸州市直属机关工作委员会

刘　云　市委常委、市总工会主席、市直机关工委书记
陈笑冰　（女）常务副书记
伍　洪　副书记、纪工委书记（2015.12 止）
吴　杰　副书记
张　勇　副书记、纪工委书记（2015.12 起）
谢进平　专职委员
徐瑞兰　（女）专职委员

中共泸州市委群众工作局、泸州市人民政府信访局

曾建雄　局长（2015.09 止）
黄　辉　局长（2015.09 起）
王　浩　（侗族）副局长、群众工作中心主任
熊克伟　副局长
曹大愚　副局长
李江银　信访督查专员
林海霞　（女）副县级纪检员

中共泸州市委机构编制委员会办公室（泸州市机构编制委员会办公室）

雷长文　主任
高慧岗　副主任
李春艳　（女）市副主任
肖　扬　副县级纪检员
刘　云　市事业单位登记管理局局长

泸州市人民政府办公室

姚福康　市政府党组成员、市政府秘书长，市政府办党组书记
刘光明　市政府副秘书长、市政府办党组成员、市政府办公室主任
王春芳　市政府副秘书长（正县级）、市政府办党组成员
康　江　市政府副秘书长（正县级）、市政府办党组成员
胡晓玲　（女）市政府副秘书长（正县级）、市政府办党组成员
黄　辉　市政府副秘书长、市政府办党组成员、市委群众工作局（市政府信访局）局长
汪永灵　市政府副秘书长（正县级）、市政府办党组成员
黄意奎　市政府副秘书长、市政府办党组成员（保留正县级）
魏哲平　中国人民银行成都分行国际收支处副处长、市政府副秘书长（挂职）
刘燕萍　（女）市政府副秘书长（挂职）
魏　春　市政府办副主任、党组成员
佘克明　市政府办副主任、党组成员
李　力　（女）市政府办副主任、党组成员
周德富　市政府办副主任、党组成员
淡黎明　市政府办纪检组长、党组成员
李贤湘　（女）市政府办机关党委书记、党组成员

泸州市扶贫和移民工作局

吴　晓　局长（2015.07止）
冉雷波　局长（2015.07起）
何　为　副局长
牟光彬　副局长（2015.09止）
何世强　副局长（2015.09起）

泸州市人民防空办公室

付　希　党组书记、主任
黄懋馗　副主任（兼）、泸州军分区司令部军动办主任
唐　华　副主任
曾长国　纪检组长

泸州市发展和改革委员会（泸州市粮食局）

李　锋　党组书记、主任，市粮食局局长（兼）
伍　勤　党组成员、副主任（2015.06止）
雷文彩　副主任
贾合朝　党组成员、副主任
刘　勇　党组成员、副主任（2015.06止）
郑　敏　党组成员、机关党委书记（2015.11止）
徐　宏　党组成员、副主任（2015.12止）
卢家灿　党组成员、纪检组长（2015.06起）
张毅贤　党组成员、副主任，市能源办公室主任（兼）
代雪芹　（女）党组成员、副主任
卢家灿　党组成员、纪检组长（2015.06起）
李　霖　党组成员、机关党委书记（2015.11起）

泸州市经济和信息化委员会

周　毅　党组书记、主任（2015.03止）
李　霄　党组书记、主任（2015.03起）
刘淑兰　（女）党组副书记、调研员
曾发海　副主任
梅　勇　党组成员、副主任
袁晓彬　党组成员、纪检组长
罗火明　党组成员、副主任（2015.04起）
杨康宁　（女）党组成员（2015.01起）、副主任（2015.06起）
陈建琼　（女）党组成员、机关党委书记
郭红卫　党组成员、总经济师（2015.04起）
林朝晖　党组成员、无线电办主任（2015.05起）

泸州市教育局

刘　涛　党委书记、局长，市招办主任（2015.07止）
张正平　党委书记、局长，市招办主任（2015.07起）
刘晓锋　党委委员、副局长（保留正县级）
杜旭林　副局长（保留正县级）
陶瑞宇　副局长（挂职，2015.03起）
许建国　党委委员、副局长
赖红艳　（女）党委委员、副局长
龙建国　（女）党委委员、纪委书记
谢　铭　党委委员、机关党委书记
肖　林　党委委员、市政府总督学（保留正县级）

泸州市科学技术和知识产权局

邹　维　党组书记、局长
何　峰　党组成员、副局长
李　奇　党组成员、副局长
刘　勇　党组成员、纪检组长
陈卫东　党组成员、机关党委书记

泸州市民族宗教事务局（中共泸州市委民族工作委员会）

熊华跃　（苗族）党组书记
罗素平　（女，苗族）局长
马东升　（回族）党组成员、副局长
李　明　党组成员、纪检组长

泸州市公安局

封　安　市政府副市长，市公安局党委书记、局长、督察长，市委政法委副书记
计小民　党委副书记、副局长（正县级）
白　强　党委委员、副局长（2015.06止）
卢天润　党委委员、副局长
雷　宏　党委委员，刑侦支队长（2015.06止）、副局长（2015.06起）
聂海波　党委委员，政治部主任（2015.06止）、

副局长（2015.06 起）
高武林 党委副书记、副局长（挂职时间 2 年，2015.05 起）
林光友 党委委员、纪委书记（2015.03 止），党委委员（保留正县级待遇，2015.03 起）
代鸿宾 党委委员、纪委书记（2015.03 起）
柳 飚 党委委员，国保支队长（2015.06 止）、政治部主任（2015.06 起）
汪永华 党委委员、国保支队长（2015.06 起）
杜 江 党委委员、机关党委书记（保留正县级待遇）（2015.05 起）
易 强 党委委员、110 指挥中心主任（2015.05 起）

泸州市民政局

刘 洪 党组书记、局长
徐光强 党组成员、副局长（保留正县级）
刘 瑶 （女）党组成员、副局长
郑荣华 党组成员、副局长（保留正县级待遇）
曾晓军 党组成员、机关党委书记
陈 萍 （女）党组成员、纪检组长

泸州市司法局

辜继杰 党委书记、局长
苏世毅 （回族）副局长
王亚强 党委委员、副局长
陈柯剑 党委委员、副局长
董 剑 党委委员、纪委书记
郑永祥 党委委员、政治部主任
黄智华 党委委员、市强戒所所长（2015.04 起）
刘喜讯 （女）党委委员、机关党委书记（2015.05 起）
代鸿宾 党委委员、市强戒所所长（2015.04 止）

泸州市财政局

刘 杰 党组书记、局长
黄 露 （女，苗族）党组副书记、副局长
章 华 党组成员、副局长
杨晓慧 （女）党组成员、副局长
陈 诚 副局长、合江县委常委、副县长（挂职时间 1 年）
葛洪亮 党组成员、副局长
张宁迁 副局长，龙马潭区委常委、副区长（挂职时间 1 年）
吴晓晖 （女）党组成员、纪检组长
张蓉波 （女）党组成员、机关党委书记
郭 瑀 （女）党组成员、市农发办专职主任
王雪莉 （女）党组成员、总会计师
黄 洁 （女）市级财政国库支付中心主任
曾维俊 党组成员、市公积金管理中心主任（2015.10 止）

泸州市人力资源和社会保障局（泸州市公务员局）

陈剑波 党组书记、局长（2015.03 止）
周 毅 党组书记、局长（2015.03 起）
林光智 党组成员、副局长（保留正县级待遇）
郭 楠 党组成员、纪检组长（保留正县级待遇）
郑远秀 （女）副局长
黄大立 党组成员、副局长
邓传富 党组成员、副局长
刘玉海 党组成员、市人才服务中心主任
张 余 党组成员、市公务员局副局长
胡 宁 党组成员、机关党委书记

泸州市国土资源局

黄 勇 党委书记、局长（2015.04 止）
丁跃萍 （女）党委书记、局长（2015.04 起）
徐华琼 （女）党委委员、纪委书记
江勇强 党委委员、副局长
陈纪军 党委委员，总工程师（2015.08 止）、副局长（2015.08 起）
陈世伟 党委委员、副局长
江 勇 党委委员、机关党委书记
胡汉兵 党委委员、副局长（2015.06 起）
税雪飞 党委委员、总工程师（2015.12 起）
张 莉 （女）市土地收购储备和开发中心主任
李 叙 （女）市土地统征和整理中心主任

泸州市住房和城乡建设局

袁斗泉　党组书记、局长（2015.03 止）
黄　勇　党组书记、局长（2015.03 起）
黄修华　总工程师（2015.12 止）、副局长（2015.12 起）
黄玉林　党组成员、副局长（2015.10 止）
魏光德　党组成员、副局长（2015.10 止）
周学红　（女）党组成员、副局长（2015.03 止）
李云春　党组成员、副局长
黄　莉　（女）党组成员、纪检组长
徐　兵　党组成员、副局长（2015.12 起）
卢　山　党组成员机关、党委书记
杨　斌　党组成员、副局长（2015.03 起）

泸州市城乡规划管理局

陈　军　党组书记、局长
刘　彬　党组成员、副局长
叶祥九　党组成员、副局长
费　野　党组成员、纪检组长
许　川　党组成员、机关党委书记
周学红　（女）党组成员、总规划师（挂职）

泸州市城市管理行政执法局

杜安坚　党组书记、局长
李仁军　党组成员、副局长（2015.11 止）
林　健　党组成员、副局长
何广才　党组成员，纪检组长（2015.11 止）、副局长（2015.11 起）
杨玲兰　（女）党组成员、纪检组长（2015.12 起）
何自慧　（女）党组成员、机关党委书记

泸州市交通运输局

梁中元　市政协副主席，市交通运输局党组书记、局长
兰　均　党组副书记（高配正县级）、副局长（2015.12 止）
虞卫国　党组成员、副局长（兼），市邮政管理局局长
李子辉　党组成员、副局长
曾志刚　党组成员、副局长
沈昭平　党组成员、副局长（2015.03 起）
秦建波　党组成员、副局长（挂职，2015.10 止）
王顺蓉　（女）党组成员、总工程师
陈曲平　党组成员、市交通战备办公室主任（兼安全总监）
许　亮　党组成员、纪检组长
肖云贵　党组成员、机关党委书记

泸州市水务局

周洪华　党组书记、局长
郭杰贤　（女）党组成员、副局长
童登辉　党组成员、副局长（保留正县级待遇）
欧月文　党组成员、纪检组长
朱　是　副局长（挂职时间 1 年）
谢　芳　（女）党组成员、机关党委书记（2015.10 起）
张　权　党组成员、总工程师

泸州市农业局

张兴友　党组书记、局长
赵付平　党组成员、副局长
余茂杰　党组成员、副局长
陈　超　党组成员、副局长
卢家灿　党组成员、机关党委书记（2015.05 止）
常　敏　（女）党组成员、机关党委书记（2015.05 起）
谢开明　党组成员、纪检组长（2015.09 止）
傅浩然　党组成员、副局长（2015.12 起）
牟光彬　党组成员、副局长（2015.12 起）
刘　康　党组成员、总农艺师（2015.12 起）
杨国超　党组成员、纪检组长（2015.12 起）

泸州市林业局

余泽华　党组书记、局长，市森林公安局局长（兼）
叶志国　党组成员、副局长
李秋霖　党组成员、副局长（保留正县级待遇）
贾建国　党组成员、纪检组长

孙晓枢 （女）党组成员、机关党委书记（2015. 11 止）
罗庆文 党组成员、机关党委书记（2015. 11 起）

泸州市商务局（泸州市酒类产业发展局）

穆 林 党组书记、局长（2015. 11 止）
何 杰 党组书记（2015. 11 起）、局长（2015. 12 起）
陈 刚 党组成员、副局长
林小勇 党组成员、副局长
崔 斌 （女）党组成员、副局长
曾 萍 （女）党组成员、纪检组长
刘春涛 （女）党组成员、机关党委书记
邹学明 党组成员，市酒类产业发展局副局长（2015. 12 止）、副局长（2015. 12 起）
毕永进 中国国际贸易促进委员会泸州支会专职副会长

泸州市文化体育新闻出版广电局

方 莉 （女）党组书记、局长（2015. 04 止）
姚新建 党组书记、局长（2015. 04—07）
任晓波 党组书记、局长（2015. 07 起）
李 林 党组成员、副局长
钟明权 党组成员、副局长
游 泳 党组成员、副局长（保留正县级待遇）
向 立 党组成员、副局长
兰自力 （女）党组成员、副局长
王正荣 党组成员、纪检组长
王丽莎 （女）党组成员、机关党委书记

泸州市卫生和计划生育委员会

任 英 （女）党组书记、主任，市爱国卫生运动委员会办公室主任（兼）
李道西 党组成员、副主任
张永志 副主任
周正国 党组成员、副主任
王建伟 党组成员、副主任
李小蓉 （女）党组成员、纪检组长
唐 雯 （女）党组成员、机关党委书记
杨玲兰 （女）党组成员、市爱国卫生运动委员会办公室副主任（2015. 12 止）

泸州市审计局

喻志强 党组书记、局长（2015. 10 止）
靳地胜 党组书记、局长（2015. 10 起）
殷廷彪 党组成员、副局长
叶 青 党组成员、副局长
宋革会 （女）副局长
温水源 党组成员、副局长
李发扬 党组成员、纪检组长
古 刚 党组成员、机关党委书记
毛能均 党组成员、总审计师
周习兵 经济责任审计分局局长

泸州市环境保护局

刘志勇 党组书记、局长
郭 华 党组成员、副局长（保留正县级待遇）
罗 波 党组成员、副局长
何 刚 党组成员、副局长
刘 礼 党组成员、纪检组长
赵晓琼 （女）党组成员、机关党委书记
黄图强 党组成员、总工程师

泸州市统计局

李 霄 党组书记、局长（2015. 03 止）
包 蓉 （女）党组成员、副局长（2015. 03 止），党组书记、局长（2015. 03 起）
任 强 党组成员、副局长
徐 勇 （女）党组成员、纪检组长
梅秀莲 （女）党组成员、副局长
黄正平 党组成员、机关党委书记
陈 颖 （女）总统计师

泸州市外事侨务旅游局

蒲 俐 （女）局长
谢先海 党组书记、副局长
甘元生 党组成员、副局长
向章明 党组成员、纪检组长

泸州市安全生产监督管理局（市煤炭管理局）

李思能　党组书记、局长，市政府安全生产委员会办公室主任（兼），市煤炭管理局局长（兼）
张继林　党组成员、副局长，市煤炭管理局副局长（兼）
邹江勇　党组成员、副局长（保留正县级待遇）
周　宇　党组成员、副局长
陈　明　党组成员、纪检组长
官伟平　党组成员、总工程师
牟远华　市煤炭管理局副局长

泸州市国有资产监督管理委员会

陈　文　市委常委、市国资委党委书记
王春芳　党委副书记、市国资委主任（2015.10止）
喻志强　党委副书记、市国资委主任（2015.10起）
冉永大　党委委员、副主任
徐光华　党委委员、副主任
何厚久　党委委员、副主任
康中洋　党委委员、纪委书记
周春伟　党委委员、机关党委书记
伍　勤　泸州老窖股份有限公司监事会主席（保留正县级）

泸州市金融办公室

朱宣明　党组书记、主任（2015.07止）
黄玉林　党组书记、主任（2015.10起）
吴雪松　党组成员、副主任
周红剑　党组成员、副主任
郭春云　党组成员、纪检组长
邹涵博　副主任（挂职时间1年）

泸州市食品药品监督管理局（泸州市食品安全委员会办公室）

王　强　党组书记、局长，市食品安全委员会办公室主任（兼）
蒋东旭　党组成员、副局长
杨明辉　党组成员、副局长
王显波　党组成员、副局长
徐云刚　党组成员、副局长
邓　玲　（女）党组成员、纪检组长
岑　伟　党组成员、机关党委书记
贾　牧　食品安全总监（2015.10起）
任　江　药品安全总监（2015.10起）

泸州市工商行政管理局

沈怀荣　党组书记、局长
李孝义　党组成员、副局长（2015.03起）
邓永才　党组成员、副局长（2015.11止）
郑　敏　党组成员、副局长（2015.11起）
黄　勇　党组成员、副局长
徐　俭　党组成员、副局长
王　红　（女）党组成员、机关党委书记
杨姚东　党组成员、纪检组长

泸州市质量技术监督局

张学彬　党组书记、局长
王天俊　党组成员、副局长
朱国松　党组成员、副局长
曾　伟　党组成员、副局长
秦道良　党组成员、纪检组长
徐　林　党组成员、机关党委书记
赵治力　党组成员（2015.01—12）、总工程师（2015.11起）

泸州市人大常委会内设机构、专门委员会

陈永全　常委会秘书长
苏　平　常委会副秘书长（2015.04止）
刘　涛　常委会副秘书长（正县级，2015.08起）
罗章海　常委会副秘书长（正县级）
肖　俊　常委会副秘书长（保留正县级，2015.04起）
甘立祥　常委会副秘书长（2015.05止）
刘增国　（女）常委会副秘书长（副县级）
王朝德　常委会副县级纪检员
邓　翘　（女）常委会办公室信访办主任
张文芬　（女）常委会机关党委书记（2015.05起）
马　霞　（女）常委会人代工委主任
刁元富　常委会人代工委副主任
吴跃林　常委会研究室主任（2015.04止）

张永建 常委会研究室副主任（2015.11止）
刘志华 常委会研究室副主任
赵 权 常委会法制工作委员会主任（2015.11起）
卓 彬 内务司法委员会副主任委员、常委会法制工作委员会副主任
王 霞 （女）财政经济委员会主任委员、常委会预算工作委员会主任（兼）
陈富强 财政经济委员会副主任委员
张元平 教育科学文化卫生委员会主任委员（2015.02起）
胡永学 教育科学文化卫生委员会副主任委员
谢明焰 农业与农村委员会主任委员（2015.02止）
郝晓宏 农业与农村委员会主任委员（2015.02起）
陈 虹 （女）农业与农村委员会副主任委员（2015.06起）
纪本旺 城乡建设环境资源保护委员会主任委员
桂 艳 （女）城乡建设环境资源保护委员会副主任委员
孙卫洪 （女）外事侨务民族宗教委员会主任委员
夏 雪 （女）外侨委副主任委员
雷正云 法制委员会主任委员（2015.11起）

政协泸州市委员会内设机构、专门委员会

刘鹏飞 党组成员、秘书长、办公室主任
刘 鹏 副秘书长（保留正县级）
陈昆德 副秘书长（正县级）
高长万 副秘书长（保留正县级）
熊建辉 副秘书长
刘 利 （女）研究室主任
周之平 机关党委书记
欧正聪 办公室副主任
许 艳 （女）办公室副县级纪检员
姚照平 （女）财经委主任
吴必元 财经委副主任
罗远清 农业委主任
陈治琼 （女）农业委副主任（保留正县级）
王国萍 （女）人口资源环境委主任
张国红 （女）人口资源环境委副主任
吴 晓 学习文史委副主任（保留正县级）
李一萍 （女）教科文卫体委主任
孙阳光 教科文卫体委副主任
马超美 社会法制委主任
宋智伟 （女）民族宗教港澳台侨外事委员会主任
陈 瑶 （女）民族宗教港澳台侨外事委员会副主任
晏天佑 提案委主任
陈 刚 提案委副主任

泸州市中级人民法院

刘学锋 党组书记、院长
郑 治 党组副书记、副院长（正县级）
蒲卫东 党组成员、副院长（正县级）
陈 春 党组成员、副院长（保留正县级）
徐 斌 （女）党组成员、副院长
雷正云 党组成员、审委会专职委员（2015.11止）
刘 卫 党组成员、政治部主任
王 宏 党组成员、执行局局长
张 倩 （女）党组成员、纪检组长
吴小松 （女）党组成员、机关党委书记（2015.07止）
简兴超 审判委员会专职委员

泸州市人民检察院

罗 乐 党组书记、检察长（2015.02起）
喻继东 党组成员、正县级副检察长
陶 琦 党组成员、副检察长（正县级）
赵 红 党组成员、副检察长
罗 莲 （女）副检察长
梅 英 （女）党组成员
张 合 党组成员、纪检组长
洪明贵 党组成员、机关党委书记
王 勇 党组成员、反贪局局长
曾镒筠 （女）检察委员会专职委员
任 芳 （女）检察委员会专职委员

泸州市总工会

刘　云　市委常委、市总工会主席、市直机关工委书记
陈道元　市总工会党组书记、副主席，市惠民帮扶中心主任（兼）
余元玲　（女）党组成员、副主席
李　平　党组成员、副主席
马水利　党组成员、纪检组长（保留正县级待遇）
赵蜀兰　（女）党组成员、机关党委书记
汪国莉　（女）党组成员、经费审查委员会主任
胡利泉　市惠民帮扶中心副主任

共青团泸州市委

秦　臻　（女）党组书记、团市委书记
毛莉平　（女）党组成员、团市委副书记
刘洋麟　党组成员、团市委副书记
蒋凌燕　（女）党组成员、纪检组长

泸州市妇女联合会

曾　妍　（女）党组书记、主席
邵　怡　（女）党组成员、副主席
刘　斌　（女）党组成员、副主席
郭家莲　（女）党组成员、纪检组长

泸州市科学技术协会

王志刚　党组书记、主席
何方俊　党组成员、副主席
张连俊　（女）党组成员、副主席（2015.06 起）
蒋　毅　党组成员、纪检组长

泸州市文学艺术界联合会

虞　潜　主席
王　萍　（女）专职副主席

泸州市社会科学界联合会

黄　华　（女）主席
胡德明　专职副主席（2015.12 起）

泸州市工商业联合会

王　华　党组书记、副主席
甘立祥　副主席（2015.05 起）
廖泳清　党组成员、副主席
王从亮　（苗族）党组成员、秘书长
邓应兵　党组成员、纪检组长

泸州市残疾人联合会

何　平　党组书记、理事长（2015.12 止）
邹　勇　党组书记、理事长（2015.12 起）
马骊骈　（女）党组成员、副理事长
李　莉　（女）党组成员、纪检组长

中共泸州市委政策研究室

史乃广　主任（2015.03 止）
王　毅　主任（2015.03 起）
宋国楷　副主任
樊朝华　副县级纪检员（2015.04 起）
曾　焱　副主任（2015.08 起）

中共泸州市委保密委员会办公室（泸州市国家保密局）

张　伟　主任（局长）
黄智超　副主任（副局长）
彭林洁　（女）副县级纪检员

中共泸州市委农村工作委员会

李晓宇　市委常委、市委农工委主任
龚百川　正县级副主任（2015.11 止）
何　平　正县级副主任（2015.12 起）
曾一平　副主任（2015.12 止）
李华桂　副主任
向文才　副县级纪检员

泸州市机关事务管理局（市接待办）

韦光永　（女）副局长（副主任）
吴　极　副局长（副主任，2015.09 起）
李建彬　副局长（副主任）

中共泸州市委老干部局

黄月桂　市委组织部副部长、市委老干部局局长
肖天云　副局长
罗伦树　机关党委书记
徐　伟　副县级纪检员
唐云鹏　市关工委办公室主任
李天星　市委老干部局副调研员

中共泸州市委党校

黄　辉　党委书记、副校长（2015. 09 止）
袁小宏　党委书记、副校长（2015. 09 起）
赵红伟　党委委员、副校长
廖元刚　党委委员、副校长
赵宇光　党委委员、副校长
郑　刚　党委委员、机关党委书记
周　钰　（女）党委委员、纪委书记（2015. 09 止）

泸州日报社、泸州晚报

彭祖平　（女）泸州日报社社长、总编辑、党组书记
刘界平　泸州日报社副社长、副总编辑、党组成员
何晓瑜　（女）泸州日报社副社长、副总编辑、党组成员
刘亚梅　（女）泸州日报社纪检组长
张　涌　泸州日报社机关党委书记
胡　波　泸州日报社党组成员、泸州晚报副总编辑
牟　红　泸州日报社党组成员、泸州晚报副总编辑

中共泸州市委机要局

罗永前　局长（正县级）
杨泽玉　副局长（副县级）
刘利炳　总工程师（副县级）
牟祚银　专职密码督查员（副县级）

中共泸州市委党史研究室（泸州市地方志编纂委员会办公室）

邱　俊　主任
何晓波　副主任
官　燕　（女）副主任

泸州市投资促进局

黄修国　党组书记、局长（2015. 11 止）
彭　兵　副局长
袁红灵　（女）副局长（挂职时间 2 年）
朱发云　党组成员、纪检组长
殷国兵　党组成员、副局长（2015. 05 起）
雷文强　党组成员、副局长（2015. 06 起）
何　跃　党组成员、泸州博览事务局局长（高配副县级，2015. 12 起）

泸州市档案局（泸州市档案馆）

粟　辉　党组书记、局长，档案馆馆长
曾泽兰　（女）党组成员、副局长，档案馆副馆长
丁　涛　党组成员、副局长，档案馆副馆长
张利萍　（女）党组成员、纪检组长

泸州市供销合作社联合社

罗永平　党组书记、主任（2015. 11 止）
陈晓荣　党组书记、主任（2015. 12 起）
陈显贵　党组成员、副主任
杨庆伟　党组成员、副主任（保留正县级待遇）
胡学莲　（女）党组成员、副主任（2015. 06 起）
熊春艳　（女）党组成员、纪检组长
胡　林　党组成员、机关党委书记

泸州市人民政府政务服务中心

秦惠光　（女）党组书记、主任（2015. 12 止）
罗永平　党组书记、主任（2015. 12 起）
周永革　党组成员、副主任
林　云　党组成员、副主任
黄世芳　（女）党组成员、纪检组长
邓祖明　市公共资源交易中心主任

泸州市网络舆情中心

吴代彬　主任

泸州市归国华侨联合会

罗　华　专职副主席

泸州市委防邪办公室

杨定钦　主任

赖建平　副主任

中共泸州市委党建办

潘　浩　副主任

泸州市人才办

方　莉　（女）市委组织部副部长、市人才办主任

陈　讯　副主任

泸州市互联网信息办公室

蒲雪莲　（女）副主任

中共泸州市委维护稳定领导小组办公室

梅永红　专职副主任

泸州市社会治安综合治理委员会办公室

吴　伟　市委政法委副书记、市综治办主任

柳　波　专职副主任

泸州市精神文明建设委员会办公室

段剑飞　副主任

中共泸州市委对外宣传办公室（市政府新闻办）

魏仁泉　市委宣传部副部长、市委外宣办（市政府新闻办）主任

谭　斌　副主任

中共泸州市直机关纪工委

伍　洪　市直机关工委副书记、纪工委书记

泸州市人民政府以工代赈办公室

曹丽萍　（女）市以工代赈办主任

泸州市能源办公室

张毅贤　市发展和改革委员会副主任、党组成员，市能源办公室主任（兼）

泸州市重大建设项目稽察特派员办公室

赵　一　主任

泸州市无线电办公室（四川省无线电办公室泸州管理处）

林朝晖　主任（兼省无线电办公室泸州管理处处长）

泸州市人民政府驻成都办事处

高朝平　主任

刘奕婕　（女）副主任（挂职）

黄青成　副主任（挂职）

泸州市人民政府驻北京联络处

方剑生　副主任

张　波　（女）副主任（挂职）

杜　江　副主任（挂职）

唐　林　副主任（挂职）

泸州市畜牧局

傅浩然　党组成员、副局长

张　勇　党组成员、副局长

杨国超　党组成员、纪检组长

泸州市农业机械事业局

陈晓荣　党委书记、局长

牟光彬　党委委员、副局长

刘　康　党委委员、纪委书记

泸州市公路局

陶泊滔　党委书记、局长

郑群辉　（女）党委副书记、纪委书记

郭　彤　党委委员、副局长

曾维惠　（女）党委委员、副局长
陈　权　党委委员、副局长
孙　茨　（女）党委委员、总工程师

泸州市老年大学

张登祥　常务副校长
罗明辉　副校长

泸州市电子政务办公室

舒　红　主任

泸州市人民政府应急管理办公室

陈光明　主任

泸州市人民政府研究室

周　涛　主任

泸州市人民政府物流和口岸办公室

王　涛　主任

泸州市政府信息公开办公室

刘晓红　（女）主任

泸州市人事考试中心

赵连全　主任

泸州市财政监督检查局

熊　波　局长

市财政投资评审咨询中心

肖　立　主任

泸州市社会保险事业管理局

李蜀博　局长

泸州市职工医疗保险管理中心

何　勇　主任

泸州市就业服务管理局

高文庆　局长

泸州市双拥办公室

恽　萍　（女）主任

泸州市老龄委员会办公室

袁　红　（女）主任

泸州市大中专招生委员会办公室

张正平　市教育局局长、党委书记，市招办主任（兼）
赵　志　（女）市招办专职副主任

泸州市教育科学研究所

巫道祥　所长

泸州市建筑工程管理局

何昌华　局长

泸州市住房保障和房地产管理局

唐浩然　局长

泸州市住房公积金管理中心

张伟东　主任

泸州市风景园林管理局

徐　靖　局长

市政府投资建设工程管理第一中心

税雪飞　主任

市政府投资建设工程管理第二中心

詹　勇　主任

泸州市航务管理局

刘　冰　局长

泸州市水产渔政局

谭德卫　局长（副县级）

泸州市政府防汛抗旱指挥部办公室

罗　辉　主任

泸州市资源枯竭城市转型领导小组办公室

张　蕾　（女）专职副主任

泸州市劳动人事争议仲裁委员会办公室

王　平　主任

泸州市文化市场综合执法支队

徐红建　支队长

泸州市精神病医院

周　田　院长（副县级）

泸州市卫生执法监督支队

聂开友　支队长（副县级）

市食品药品监督稽查支队

朱　清　支队长

泸州市环境监察执法支队

胡龙江　支队长

泸州市环境保护监测站

杜　涛　站长（高配副县级）

泸州市道路运输管理局

刘体文　局长

泸州市路桥收费管理处

余　静　（女）处长

泸州市路政管理支队

肖　科　支队长

泸州市森林公安局

余泽华　市林业局党组书记、局长，市森林公安局局长（兼）

潘国云　市森林公安局常务副局长

泸州市公安局交通警察支队

舒建平　支队长

罗永超　政委

泸州市公安局巡逻防控支队

赵帮虎　支队长（保留正县级待遇）

田洪江　政委（保留正县级待遇）

泸州市公安局特警支队

张远志　支队长

谢爱民　政委（保留正县级待遇）

泸州市公安局刑事侦查支队

林光勇　支队长

袁建宏　政委

泸州市公安局国保支队

汪永华　市公安局党委委员、国保支队支队长

周　健　国保支队政委

泸州市公安局禁毒缉毒支队

殷廷燎　支队长

牛　勇　政委

泸州市看守所

魏　勇　政委（保留正县级待遇）

泸州市公安学校

黄　平　校长

泸州市劳动教养管理所

辜继杰　市司法局局长、党委书记，市劳动教养所第一政委

黄智华　市司法局党委委员、市强制隔离戒毒所所长

陈飞棋　政委（保留正县级待遇）

泸州职业技术学院

代华龙　党委书记
贺元成　院长、党委副书记
周学红　（女）副院长、市城乡规划管理局总规划师、党组成员（挂职）
彭　涛　副院长
张　爽　（女）党委副书记
徐　波　党委委员、副院长
张直明　党委委员、副院长

泸州广播电视大学

徐丽娜　（女）党委书记、校长
谭　沁　副校长
刘潮江　副校长

泸州市职业技术学校

陈熙华　党委书记、校长
陈　飞　党委副书记
王晓健　副校长
李安琼　（女）副校长
熊明亮　副校长

泸州高中

李渝江　党委书记、校长
刘中楷　副校长
何明英　（女）副校长
陶俊梅　（女）副校长
陈云超　副校长
罗德强　纪委书记

泸州市第二中学校（泸州老窖天府中学）

张如栩　党委书记、校长
罗永怀　党委副书记
王建波　副校长
林子杰　副校长
林　涛　纪委书记

泸州外国语学校

邓克刚　泸州外国语学校校长、党委书记

泸州市人民医院

姚　健　院长
姚国媛　（女）党委书记
郑捍东　副院长
卢　苇　副院长
何　进　副院长
李定军　纪委书记

泸州市中医医院

吴　滨　党委书记、院长
吴智惠　（女）副院长
巫骏川　副院长
向能强　副院长
王万芳　（女）党委副书记
何启红　纪委书记

泸州市疾病预防控制中心

郑海三　党总支书记、主任
王　勇　副主任
魏德清　副主任
徐成刚　党总支副书记

泸州市计划生育指导所

罗永庆　（女）所长

泸州市广播电视台

韩本能　台长
赵晓东　副台长
靳　青　（女）副台长
储超峰　副台长
匡立中　副台长
刘永霞　（女）总编辑

泸州市广播电视发射台

刘　利　台长

泸州市博物馆

张　燕　（女）馆长（副县级）

泸州市文物管理局

冯　健　局长（副县级）

泸州市文化馆

万帮荣　馆长（副县级）

泸州市图书馆

吴原原　（女）馆长（副县级）

驻泸单位领导

泸州市国家税务局

苟茂林　党组书记、局长
王世杰　党组成员、副局长
袁　波　党组成员、副局长
周建伟　党组成员、副局长、
王　云　党组成员、纪检组长
屈正江　党组成员、副局长
艾应奎　党组成员、总经济师
王　惠　机关党委书记

泸州市地方税务局

丁宏伟　党组书记、局长
涂多林　党组成员、副局长
张　杰　党组成员、副局长
朱　杰　党组成员、副局长
赖　健　党组成员、总经济师（2015年8月4日起）
简　锐　党组成员、总会计师
鄢书琴　党组成员、纪检组长
张　臻　党组成员、机关党委书记

成都海关驻泸州办事处

李维华　主任
唐　进　副主任

泸州出入境检验检疫局

李　跃　局长、党组书记（2015年1月至2016年6月）
张　彪　副局长（2015年1月至2016年6月）
杜　珏　（女）副局长（2015年5月11日至2016年1月）

国家统计局泸州调查队

罗　拥　队长
张　智　副队长
但光辉　副队长
李中清　纪检组长

泸州市气象局

叶大友　党组副书记、副局长（主持工作）
周家德　党组成员、副局长
冉祯军　党组成员、纪检组长
武友初　党组成员、副局长

泸州市烟草专卖局（公司）

徐忠良　局长、经理
邓明智　党组书记
王　敬　副经理
王　宏　副局长
张映才　副经理
蒋　胜　副经理
唐　甘　纪检组长

泸州市民航管理局

漆会强　局长
陈　旻　党委书记
罗玲勇　副局长
魏传洲　副局长

李　健　副局长
先益兵　副局长

泸州市邮政管理局

虞卫国　党组书记、局长
王艳飞　（女）副局长、纪检组长

中国人民银行泸州市中心支行

鲁剑雄　党委书记、行长
何　权　党委委员、副行长
吴承红　党委委员、纪委书记、机关党委书记
高福春　党委委员、工会主任
郭　瑛　（女）党委委员、副行长
刘伟宏　党委委员、副行长

中国银行业监督管理委员会泸州监管分局

王付彪　党委书记、局长
曾安全　纪委书记
胡全大　副局长
赵　寅　副局长

四川医科大学

廖　斌　党委书记
何延政　校长
刘广益　党委副书记、纪委书记
刘　毅　（女）党委副书记
邬丽莎　（女）副校长
樊均明　副校长
彭　钢　副校长
李正新　党委常委

四川警察学院

张光华　党委书记
伊良忠　党委副书记、院长
吴健强　党委副书记
陈　真　党委常委、副院长
唐雪莲　（女）党委常委、政治部主任

四川化工职业技术学院

芦　忠　党委书记
杨宗伟　党委副书记、院长
蒲开伦　副院长
苏建智　副院长
王志斌　副院长
陈淑娟　（女）党委副书记、纪委书记、工会主席
文申柳　副院长

长江泸州航道局

段原昌　党委副书记、副局长（主持工作）
丁正启　副局长
彭玉明　（女）党委副书记、纪委书记
殷厚臣　副局长
谭　昆　副局长
赖珍宝　总工程师
林　双　局长助理

长江航运公安局泸州分局

刘开林　党委书记、局长
罗　中　政委
谭英湖　副局长
王　瑜　副局长
方建平　政治处主任

泸州市2015年国民经济和社会发展统计公报

泸州市统计局

2015年，面对复杂严峻的经济形势和艰巨繁重的改革发展任务，泸州市委、市政府带领全市人民深入贯彻落实党中央、国务院及省委、省政府的各项决策部署，着力稳增长、调结构、抓统筹、促改革、惠民生、防风险，紧紧围绕“产业转型发展年”的工作主题，主动适应和引领新常态，加快经济发展动力转换，扎实推动大众创业、万众创新，经济实现平稳较快发展，民生事业持续进步，社会保持和谐稳定。

一、综　合

行政区域。全市行政区域面积12236.2平方公里，市辖区面积2133.1平方公里。下设三区四县，19个乡、104个镇、21个街道办事处。在19个乡中，少数民族乡8个，其中苗族乡6个、彝族乡2个。

行政区划调整。2015年3月，省政府批准江阳区泰安镇、况场镇撤镇设街道办事处，合江县焦滩乡、南滩乡、实录乡、石龙乡撤乡设镇，焦滩乡更名为神臂城镇。2015年5月，省政府批准古蔺县石屏乡、护家乡、金星乡、土城乡撤乡设镇，金星乡更名为皇华镇。2015年12月，省政府批准叙永县向林乡、兴隆乡、麻城乡、营山乡撤乡设镇。

基层群众自治组织。全市有272个社区（居民委员会）、1345个行政村（村民委员会）。

行政区人口。年末全市公安户籍登记总户数152.56万户，总人口505.68万人，其中农业户籍人口351.31万人，非农业户籍人口154.37万人。年末常住人口428.52万人，其中城镇常住人口197.46万人，乡村常住人口231.06万人。城镇化率46.08%，比上年提高1.24个百分点。

表1　2015年泸州市户籍人口

单位：人、%

指　标	年末数	比　重
全市户籍总人口	5056843	100.0
其中：男性	2618369	51.8
女性	2438474	48.2
其中：18岁以下	1067197	21.1
18—35岁	1123620	22.2
35—60岁	1910454	37.8
60岁以上	955572	18.9

经济实体。推进工商登记制度改革。全年新登记各类企业5560户、农民专业合作社429户，新登记个体工商户25827户。年末全市工商注册登记实有各类企业30323户。其中，内资非私营企业5058户（其中企业法人2207户）；内资私营企业25153户（含分支机构3827户）；港澳台及外商投资企业112户（含分支机构76户）。年末，全市工商注册登记实有个体工商户158951户，其中城镇个体101335户。农民专业合作社3100户，其中分支机构49户。

经济总量。经四川省统计局审定，全年实现地区生产总值（GDP）1353.41亿元，按可比价格计算，比上年增长11.0%。其中，第一产业增加值

167.84亿元，增长3.8%；第二产业增加值806.74亿元，增长12.5%；第三产业增加值378.84亿元，增长10.5%。三次产业对经济增长的贡献率分别为3.7%、71.1%和25.2%。人均地区生产总值31714元，增长10.5%。三次产业结构由上年12.7∶60.2∶27.1调整为12.4∶59.6∶28.0。

民营经济。全年非公有制经济增加值807.40亿元，比上年增长11.5%，非公有制经济增加值占GDP比重59.7%，对GDP增长的贡献率为63.5%。其中，第一产业增加值47.21亿元，增长1.9%；第二产业增加值534.99亿元，增长12.5%；第三产业增加值225.20亿元，增长11.1%。非公有制经济中，个体私营经济增加值792.98亿元，增长11.5%；港澳台及外商经济增加值14.42亿元，增长14.5%。

物价水平。城市居民消费价格总水平（CPI）比上年上涨1.5%，其中食品类价格上涨2.2%，衣着类价格上涨5.1%，居住类价格上涨0.2%。商品零售价格比上年上涨0.6%。农业生产资料价格比上年上涨1.7%。工业生产者出厂价格（PPI）比上年下降2.1%，其中生产资料价格下降3.2%，生活资料价格下降0.8%。工业生产者购进价格（IPI）比上年下降1.1%。

表2 2015年居民消费价格比上年涨跌幅度

单位:%

指 标	全年	指 标	全年
居民消费价格总水平	1.5	鲜菜	-2.0
服务项目价格	1.1	烟酒及用品	-4.3
消费品价格	1.6	衣 着	5.1
其中：食 品	2.2	家庭设备用品及服务	2.8
其中：粮食	1.3	医疗保健及个人用品	1.3
油脂	-0.9	交通和通信	-1.4
猪肉	9.1	娱乐教育文化用品及服务	1.5
鲜蛋	1.1	居 住	0.2
水产品	2.1		

就业形势。全年城镇新增就业43993人。失业人员实现再就业11124人。就业困难人员实现就业5223人。年末城镇登记失业人员14771人，城镇登记失业率3.53%。

节能降耗。2015年泸州市单位GDP能耗比上年下降6.98%，单位工业增加值能耗比上年下降13.99%。

二、农业

农作物种植结构。全年粮食播种面积37.07万公顷，比上年下降0.1%。经济作物中，油料播种面积2.51万公顷，增长2.6%；蔬菜及食用菌播种面积6.60万公顷，增长1.8%；中草药材播种面积0.33万公顷，增长18.5%；烟叶播种面积0.96万公顷，增长5.2%。

主要农产品产量。全年粮食总产量202.82万吨，比上年增长2.3%。经济作物中，油料产量4.77万吨，增长5.5%，其中油菜籽2.20万吨，增长2.8%；烟叶产量1.21万吨，增长6.3%；蔬菜及食用菌产量225.17万吨，增长3.6%；茶叶产量10486吨，增长6.2%；水果产量18.93万吨，增长8.4%；药材产量2.16万吨，增长17.1%；甘蔗7.37万吨，增长2.9%。

畜牧与水产品。全年生猪出栏366.11万头，比上年下降2.4%。牛出栏7.81万头，增长8.3%。羊出栏48.00万只，增长5.1%。家禽出栏3564.89万羽，增长2.4%。兔出栏984.68万只，增长5.5%。肉类总产量34.22万吨，下降0.4%。其中，猪肉产量26.03万吨，下降2.0%。禽蛋产量4.27万吨，增长2.3%。牛奶产量0.96万吨，下降14.5%。水产品产量7.46万吨，增长3.5%。年末生猪存栏261.06万头，下降3.9%。

林业生产。全年人工造林面积19269公顷，其中天然林资源保护工程799公顷，退耕造林工程5247公顷。无林地和疏林地新封山育林647公顷，年末实有封山育林面积15674公顷。低效林改培面积7662公顷。森林抚育面积5339公顷。四旁（零星）植树1027.3万株。木材产量（商品材）12.64万立方米，大径竹产量333.15万根。

水利工程和水土流失治理。新建成水利工程

1746处，年末全市已建成水利工程达37.39万处。其中，水库484座，水电站292座，农村集中式供水工程2399处，塘坝23818座，机电井32.86万眼。全年水利工程实际供水量68561万立方米。本年新增有效灌溉面积0.33万公顷，累计有效灌溉面积14.07万公顷。本年新增节水灌溉面积0.67万公顷，累计节水灌溉面积10.04万公顷。年末规模以上灌区达120处，渠道总长度2456公里。新建达标堤防9.26公里，堤防长度累计达到122.96公里，其中达标堤防83.07公里。新增综合治理水土流失面积1.41万公顷，新增小流域综合治理面积0.23万公顷，累计治理水土流失面积22.63万公顷。封禁治理保有面积6.32万公顷。

农业机械化。年末农业机械总动力213.6万千瓦，比上年增长4.4%。主要农作物耕种收综合机械化水平达到42.9%，比上年提高2.8个百分点。

三、工业和建筑业

工业转型发展步伐加快。着力改造提升传统优势产业，加快培育发展智能电网、大数据、高端装备制造、新能源新材料、现代医药等新兴产业。

工业生产。全年全部工业增加值747.70亿元，比上年增长12.7%，对经济增长的贡献率为67.5%。年末规模以上工业企业607户，全年规模以上工业增加值增长14.0%。在规模以上工业中，从经济类型看，国有控股企业增加值增长12.5%，集体企业增加值增长17.0%，股份制企业增加值增长13.9%，外商及港澳台商投资企业增加值增长10.9%；私营企业增加值增长17.4%。从重点产业看，医药制造业增加值下降1.8%；四大传统支柱产业增加值增长13.1%，其中酒类制造业增加值增长13.0%，能源行业增加值增长7.1%，化工行业增加值增长9.0%，机械行业增加值增长18.8%。从企业规模看，大中型企业增加值增长13.1%。

表3　规模以上工业主要工业产品产量

产品名称	计量单位	产量	比上年±%
白酒（折65°商品量）	万千升	221.71	10.3
啤酒	千升	42773	-20.4
纸制品	万吨	57.23	15.7
烧碱（折100%）	万吨	11.15	-5.2
精甲醇	万吨	0.21	-99.2
农用氮、磷、钾化学肥料（折纯）	万吨	63.30	37.8
水泥	万吨	446.98	13.1
瓷质砖	万平方米	661.27	26.9
平板玻璃	万重量箱	574.49	1358.8
日用玻璃制品	万吨	40.95	22.9
液压元件	万件	107.14	22.2
矿山专用设备	吨	4820	-29.9
减速机	台	1578	-9.8
通信及电子网络用电缆	对千米	87152	33.8

工业经济效益。全年规模以上工业实现盈利的企业562户，占全部规模以上企业总数的92.6%。规模以上工业企业实现主营业务收入1434.15亿元，增长5.9%，实现利税总额176.73亿元，增长5.7%，实现利润总额90.49亿元，增长4.4%。

表4　2015年规模以上工业主营业务收入、利税及增速

指标	主营业务收入		利润总额		利税总额	
	总量（亿元）	比上年增减%	总量（亿元）	比上年增减%	总量（亿元）	比上年增减%
规模以上工业合计	1434.15	5.9	90.49	4.4	176.73	5.7
其中：国有及国有控股企业	272.71	-24.6	21.25	-8.9	45.79	-7.1
其中：集体企业	7.73	17.7	0.28	-8.6	0.61	-5.9
股份制企业	1267.36	5.1	81.84	7.2	162.09	7.3
外商及港澳台商投资企业	27.08	2.1	0.08	-94.9	0.64	-72.6
其中：私营企业	1090.67	17.6	69.54	8.6	129.18	11.3
其中：酒类	714.70	-1.1	61.16	0	122.79	3.8
能源	76.86	1.0	3.75	-12.9	6.91	-6.6
机械	106.99	17.6	5.60	-18.0	8.76	-12.4
化工	133.82	5.6	-0.43	减亏	8.25	192.7
医药	27.37	-2.1	2.47	0.9	3.29	-1.4

注： 利润总额中化工行业2015年亏损0.43亿元，2014年亏损4.9亿元

建筑业。年末具有资质等级的总承包和专业承包建筑企业175户。全年建筑业总产值576.21亿元，比上年增长11.0%；主营业务收入411.33亿元，增长5.5%；税金总额16.98亿元，增长26.1%；实现利润总额14.77亿元，增长1.6%。

四、固定资产投资

投资规模。全年全社会固定资产投资1463.71亿元，比上年增长23.9%，其中计划投资500万元及以上的建设项目和房地产投资（不含农户）1438.71亿元，增长22.2%。

投资结构。全社会投资额中，第一产业完成投资57.97亿元，比上年增长188.0%；第二产业完成投资515.42亿元，增长5.0%，其中工业投资533.23亿元，增长2.9%；第三产业完成投资860.31亿元，增长34.2%。基础设施投资368.38亿元，增长29.9%。民生及社会事业投资283.48亿元，增长73.2%。全年民间投资（含农户投资）980.60亿元，比上年增长12.1%。

房地产。全年房地产开发完成投资196.87亿元，增长2.2%，其中住宅投资141.13亿元，增长8.1%。房屋施工面积1592.06万平方米，增长16.6%，其中住宅1148.40万平方米，增长10.7%。房屋竣工面积266.85万平方米，下降2.1%，其中住宅竣工面积213.56万平方米，下降5.9%。全年新开工房屋施工面积532.22万平方米，比上年下降4.5%，其中住宅385.11万平方米，增长4.4%。

商品房销售。全年商品房销售面积403.37万平方米，增长32.0%；销售额180.40亿元，增长37.5%。其中，住宅销售面积361.92万平方米，增长36.3%；住宅销售额154.30亿元，增长43.0%。商品房待售面积151.33万平方米，增长81.1%，其中住宅待售面积100.99万平方米，增长70.3%。

五、国内贸易及旅游

加快发展商贸物流业，加快现代服务业优化升级。华润万象汇开业运营，西南商贸中心二期建材市场试营业。泸州临港产业物流园创建为国家电子商务示范基地，泸州电子商务中心（一期）建成运营。泸州港保税物流中心（B型）通过验收，泸州进口商品保税直销中心（一期）建成投运。

消费市场较快增长。全年社会消费品零售总额559.66亿元，比上年增长13.9%。按经营地统计，城镇消费品零售额398.29亿元，增长14.0%；乡村消费品零售额161.37亿元，增长13.6%。按消费形态统计，商品零售额476.45亿元，增长14.4%；餐饮收入83.21亿元，增长11.2%。

限额以上批发、零售、住宿和餐饮企业（单位）实现消费品零售额305.56亿元，增长20.1%，其中限额以上批发、零售企业（单位）商品零售293.25亿元，增长20.2%。在限额以上企业（单位）商品零售额中，粮油、食品、饮料、烟酒类112.04亿元，增长24.4%；服装、鞋帽、针纺织品类13.16亿元，增长18.7%；日用品类4.68亿元，增长18.3%；金银珠宝类1.74亿元，增长76.1%；中西药品类10.38亿元，增长17.5%；家用电器和音像器材类21.14亿元，增长6.9%，家具类3.85亿元，增长19.2%，建筑及装潢材料类5.33亿元，增长5.6%；汽车类48.55亿元，增长22.8%。

旅游业加快发展。全市拥有旅行社28家，旅行社分社20家。拥有星级宾馆（饭店）24家，其中五星级1家，四星级6家，三星级6家。拥有国家A级旅游景区19个，其中国家AAAA级旅游景区6个，国家AAA级旅游景区5个，国家AA级旅游景区8个；玉蟾温泉、云溪温泉、欢乐派海滩公园等旅游项目建成运营，花田酒地成功创建为国家4A级景区。拥有全国工业旅游示范点1个，全国农业旅游示范点2个，省级旅游示范区1个，旅游商品生产企业68家。全年接待国内外游客3257.98万人次，比上年增长28.3%，实现旅游总收入253.07亿元，增长37.7%。

六、对外经济

进出口贸易。全年外贸进出口总额31343万美元，比上年增长13.7%。其中，进口2921万美元，增长15.2%；出口28422万美元，增长13.6%。

引进外资和对外经济合作。引进华为公司、南瑞集团、恒大集团、碧桂园集团等知名企业。成功举办“2015中国国际酒业博览会”、第三届中国（泸州）西南商品博览会。全年新履约市外来泸投资项目704个（不含港澳台及国外），其中亿元以上项目177个。包括续建项目在内，全市到位市外资金929.45亿元，增长17.9%，其中省外资金381.52亿元，增长3.4%。到位市外资金中，第一产业项目51个，到位资金49.5亿元；第二产业项目464个，到位资金568.02亿元，其中工业项目434个，到位资金503.94亿元；第三产业项目189个，到位资金311.93亿元。

新批外商投资企业5户。全年实际到位外资7040万美元，增长11.7%。外派劳务920人次。签订对外承包工程合同3000万美元。

七、交通运输和邮电

加快建设长江经济带重要区域性综合交通枢纽，着力打造川滇黔航运物流中心，泸州市创建为全国综合运输服务示范城市。城北公交枢纽站、城西客运站、渡改桥、乡村公路建设等交通民生工程加快推进。

公路里程。年末境内公路总里程13517公里，其中等级公路里程9674公里。在等级公路中，高等级公路1248公里（含高速公路）；高速公路389公里。叙古高速公路叙永至古蔺县城段主体工程完工，叙宜高速公路加快建设。

机动车保有量。年末全市民用机动车保有量达到56.82万辆，比年初增加3.65万辆。其中，汽车24.13万辆（包括三轮汽车和低速货车1173辆），增加3.08万辆；摩托车32.57万辆，增加0.56万辆。汽车中，私人汽车20.26万辆，比年初增加3.74万辆，其中私人小型和微型客车18.62万辆，增加3.67万辆。

表5　2015年年末民用机动车保有量

单位：辆

指　标	合计	在总计中：个人	在总计中：营运车
机动车总计	568234	527585	26626
其中：汽车	241269	202620	25267
其中：载客	204476	186462	7486
其中：小型和微型	199780	186200	3734
载货	35098	15462	17568
其他	1695	696	213
摩托车	325699	324944	106

公路运输。城乡客运一体化建设加快，客运网络布局进一步优化。全市年末公路运输客运车辆3074辆（不含市内公交和出租车）、等级客运站43个，客运线路961条。其中，农村客运车辆1646辆，农村客运班线575条。全年完成旅客运输周转量64.22亿人公里，比上年下降5.4%。年末公路货物营运车辆20807辆，全年完成货物运输周转量118.81亿吨公里，比上年增长14.1%。

港口建设。泸州港保税物流中心（B型）封关试运行。全市内河港口完成货物吞吐量3247.09万吨，增长3.6%；集装箱吞吐量42.04万标箱，增长31.1%。

水路运输。内河航道通航里程926.54公里。年末全市拥有民用运输轮驳船384艘，全年完成货物运输周转量128.9亿吨公里，增长20.3%；完成旅客运输周转量351万人公里。

铁路运输。叙大铁路叙永段投入运营，川南城际铁路泸州段、隆黄铁路叙永至镇雄段项目开工建设。境内铁路运营里程160公里。铁路货物运输周转量29227.68万吨公里，增长9.4%。

航空运输。泸州机场新开通南京、丽江航线，通航航线达16条。全年完成旅客吞吐量84.46万人次，增长18.9%；完成货物吞吐量2868吨，下降1.6%。

城市公共交通。坚持城市公交优先发展，加快实施公交国有控股改制，加快推进农村客运线路公交化改造，推行智能公交，推广新能源电动公交。年末全市公共交通客车（含县城和城乡公交线路）1307辆，公交营运线路154条，全年客运量22678.45万人次。其中，主城区城市公交车1004辆，公交营运线路89条，全年客运量20141.11万人次。年末城市客运出租车2011辆，其中市辖区1574辆。

邮政和电信。全年完成邮政业务收入5.06亿元，比上年增长18.9%，其中快递收入1.54亿元，增长20.8%。完成电信业务收入24.92亿元，增长0.9%。年末固定电话用户52.53万户，增长5.5%。年末移动电话用户343.02万户，下降0.9%。固定互联网用户65.59万户，比上年增长25.8%，其中家庭宽带用户54.83万户，比上年增长27.3%。移动互联网用户256.43万户，增长10.8%。

八、财政、金融、证券和保险

壮大金融总量，扩大信贷规模。积极推动纳溪区农村土地流转收益保证贷款试点工作。加大力度推进我市企业通过股权、债券、基金、信托、融资租赁等实现多渠道直接融资。加快发展现代保险业，创新承保模式和保险产品。财政收支稳定增长，民生支出保障有力。

财政收支。全市地方公共财政收入128.27亿元，增长10.3%，其中税收收入63.49亿元，增长2.7%。公共财政支出303.15亿元，增长7.8%。财政支出继续向关系国计民生的重点领域和行业倾斜，增长最快的是科学技术和节能环保支出，分别支出3.97亿元、7.77亿元，同比增长56.0%、42.6%。民生支出占公共财政支出比重为70.3%。其中，社会保障和就业支出38.76亿元，增长12.8%；医疗卫生与计划生育支出35.43亿元，增长24.6%；教育支出61.67亿元，增长12.7%；农林水支出47.30亿元，增长13.0%。

银行业。年末金融机构本外币各项存款余额1834.73亿元，比年初增加221.92亿元。年末金融机构本外币各项贷款余额1092.96亿元，比年初增加172.18亿元。其中，中长期贷款余额728.99亿元，比年初增加103.78亿元；个人中长期贷款375.82亿元，比年初增加44.97亿元。

保险业。年末在泸保险业务机构34家（含代理公司）。按业务性质分，财产险业务机构17家，寿险业务机构17家。全年保费总收入41.69亿元，增长9.6%。其中，财产险机构保费收入16.96亿元，增长9.0%；人寿险机构保费收入24.73亿元，增长10.0%。全年处理各项赔款和给付金额19.93亿元，增长27.1%。其中，财产险机构已决赔付金额8.58亿元，增长9.9%；人寿险机构赔付金额11.35亿元，增长44.3%。

证券业。年末在泸证券公司营业部8家，股票有效账户数29.38万户，比年初增长23.2%；持有股票市值320.88亿元，比年初增长30.9%；全年证券交易额为4526.65亿元，比上年增长183.1%。证券公司营业收入5.23亿元，比上年增长253.5%；利润3.66亿元，比上年增长175.7%。

融资性担保机构。年末全市取得经营许可证的融资性担保机构21家（含分支机构5家），注册资本16.3亿元。全年累计担保贷款金额为59.3亿元，比上年下降12.8%；担保贷款余额63.4亿元，比年初下降3.8%。

小额贷款公司。年末小额贷款公司24家，注册资本57.45亿元。全年累计发放贷款76亿元，比上年减少45%；年末贷款余额为89亿元，比年初增长10%。

九、教育和科学技术

教育领域综合改革不断深化，素质教育全面深入实施。国家中小学教育质量综合评价改革试验区工作取得阶段性成果，成功申报全省教育综合改革试验区，中高职一体化衔接改革稳步实施，市教育实践基地正式投入使用。大力实施教育民生工程，城乡教育资源配置进一步优化，农村办学条件进一步改善。

义务教育。全市共有小学260所，小学教学点

690个，专任教师1.80万人，招生6.15万人，在校小学生41.36万人，毕业生5.83万人；初级中学192所，招生5.96万人，在校学生17.23万人，毕业生5.60万人，专任教师10074人。在义务教育“二免一补”的基础上，为58.59万名义务教育阶段学生免除作业本费，金额1140万元。资助4.77万名贫困家庭寄宿制住校学生生活费，资助资金5654万元。

中等教育。全市普通高中25所，招生2.68万人，在校学生8.03万人，毕业生2.51万人，专任教师4884人；中等职业教育学校（含技工校、中专）23所，招生3.0万人，在校学生7.49万人，毕业生3.01万人，专任教师2272人。中职学生全部免除学费4.46万人，资金7290万元；资助中职在校学生生活费1.27万名，资金2052万元。免除民办中职学校三年级在校学生学费0.58万人。免除普通高中在校学生学费2.57万人，金额1879万元；资助2.61万名普通高中家庭经济困难学生生活费，金额4976万元。

高等教育招生考试。全市2.82万人参加普通高考，本科上线人数1.1万人、上线率38.8%。全市1.27万人参加成人高考，录取人数1.12万人。

高等教育。全市共有普通高校5所。普通本（专)科招生14237人，在校学生44142人，毕业生13152人。研究生招生548人，在校学生1456人，毕业生407人。普通高校专任教师2257人。全市成人高等学校1所，成人本（专）科在校学生2.79万人（含泸州医学院等成人本（专）科在校生），专任教师38人。本年参加自学考试14322人次，本（专）科毕业48人，累计毕业11224人。

特殊教育。全市特殊教育（盲聋哑学校）学校7所，专任教师129人，招生139人，在校生708人，毕业生500人。

学前教育。新建、改扩建公办幼儿园20所，其中城区新建公办幼儿园4所。年末全市幼儿园676所，在园幼儿14.57万人。其中，公办幼儿园122所，在园儿童7.1万人。

学龄儿童入学率99.93%，小学毕业生升学率100%，初中毕业生升学率91.3%，高中毕业生升学率85.2%，成人识字率98.4%，青壮年识字率99.9%。

开拓科技创新发展新局面。泸州市成功获批国家知识产权试点城市，泸州高新技术产业园区正式升级为国家高新技术产业开发区，泸州化工新材料高新技术产业化基地被认定为省级特色高新技术产业化基地，泸州化工园区创新开发有限公司成功创建省级科技企业孵化器，江阳区列入国家可持续发展示范区。加快发展科技服务业，“大众创业、万众创新”工作全面启动。

科技成果与专利。全市创新科技成果46项，其中省级科技成果6项，市级科技成果31项，区县科技成果9项。获四川省科技进步奖7项。全年专利技术申请受理量1858件，其中发明申请576件；授权专利941件，其中发明100件。

技术市场交易。全年技术合同登记206份，合同成交额47901万元，其中技术交易额38518万元。

高新技术企业。新认定国家级高新技术企业13户，年末总数达49户。新认定国家高新技术培育企业25户，年末总数达118户。年末省级创新型企业达64户。

商标权。本年新认定中国驰名商标2件，省著名商标10件，市知名商标17件。年末拥有中国驰名商标23件、省著名商标68件、市知名商标170件，地理标志证明商标4件。

十、文化、卫生和体育

继续推进文化体制改革，推动文化与科技、金融、旅游、生态建设融合发展，促进文化产业转型升级。着力构建覆盖城乡的现代公共文化服务体系，推动泸州书画艺术展览馆、泸州市体育生态园、泸州市文化艺术中心、泸顺起义旧址、川南自然博物馆、泸县公共体育场、二郎红军街等文化体育设施建设，持续开展文艺精品展演、广播影视展播、全民阅读、全民健身、送文化下乡、“非遗”进校园、文化扶贫、法治宣传、免费开放等文体惠民活动，文化遗产保护与利用取得良好成效。医药卫生体制改革全面推进，公共卫生保障能力持续增强。

文化机构和设施。全市有文化馆8个、文化站143个，其中乡镇综合文化站125个。剧场、影剧院9个。全市公共图书馆9个，图书馆总藏量133.94万册，其中图书藏量94.36万册。市级图书馆2个（含少儿图书馆），总藏量69.83万册，图书藏量51.12万册。公共图书馆电子图书16.95万册。全市图书馆、博物馆、文化馆（站）实施免费开放。

文化遗产保护。全市文物保护管理机构8个。县以上文物保护单位249处，国家级文物保护单位16处，省级文物保护单位51处，市级文物保护单位120处。有国家级非物质文化遗产保护项目6项，省级非物质文化遗产保护项目46项，市级非物质文化遗产保护项目150项。

报纸、期刊出版。出版期刊5种，总印数522千册；出版报纸3种，总印数2148万份。

广播电视设施。拥有市级广播电台1座，市级电视台1座，县级广播电视台5座，调频、电视转播发射台4座，调频发射机23部，电视发射机30部，微波站19座，微波传送线路339公里。有线广播电视传输干线网络总长7479公里。广播人口综合覆盖率97.9%，电视人口综合覆盖率99.4%。

广播电视节目播出与制作。全年自办广播节目6套，其中市级3套，县级3套。公共广播节目播出时间32596小时11分。全年制作广播节目17412小时10分，被中央台采用新闻类广播节目122条。自办电视节目8套，其中市级3套，县级5套，公共电视节目播出时间50318小时15分，电视剧播出1824部31185集。全年制作电视节目4707小时25分，被中央台采用新闻类节目114条。加强媒体融合，市电台实现广播和微信、微博、“泸州通”手机客户端的融合，市电视台“大时段新闻”实现在新媒体平台的全向发布。《航拍新泸州》、《中国酒城·醉美泸州》城市形象片登陆央视，彰显了泸州特色和城市魅力。

卫生资源。年末全市共有卫生机构（包括村卫生室）4566个，其中医院107个、专业公共卫生机构34个、基层卫生机构4421个、其他卫生机构4个。医院中，三甲医院4个。专业公共卫生机构中，疾病预防控制中心8个、专科疾病防治医院1个、卫生监督机构8个、妇幼保健院8个、急救中心1个、采供血机构1个、健康教育机构3个、计划生育技术服务机构4个。基层卫生机构中，卫生院131个，社区卫生服务中心（站）49个，诊所、卫生所、医务室664个，村卫生室3516个。全市卫生技术人员22418人，比上年增加1237人。其中，执业医师和执业助理医师8638人，比上年增加271人，注册护士9224人，比上年增加986人。年末医疗机构编制床位23190张，实有床位24548张。

医疗服务和疾病预防控制。全年医疗卫生机构总诊疗人次数2040.46万人次，门诊人次数1958.04万人次，入院人数82.42万人，出院83.36万人。产妇住院分娩率99.92%。孕产妇死亡率12.58/10万人。婴儿死亡率4.25‰。全年甲、乙类法定报告传染病发病人数8288例，报告死亡95人，甲、乙类报告传染病发病率194.22/10万人，死亡率2.23/10万人。农村卫生厕所普及率77.85%。

计划生育。计划生育人口统计年度（报告期为2014年10月1日至2015年9月30日）出生人口55498人，死亡29785人，人口自然增长25713人，自然增长率5.08‰，同比上升0.87个千分点；符合政策生育43367人，符合政策生育率78.14%，同比下降2.94个百分点。全年再生育审批11750例，其中单独两孩960例。

广泛开展全民健身运动，促进群众体育和竞技体育全面协调发展。免费开放公共体育场馆。结合群众健身需求开展适合不同人群的全民健身活动。组织和承办国家、省、市体育比赛20余次。武术协会举办的中泰拳王邀请赛、羽毛球协会承办的“羽林争霸”红牛杯全国羽毛球赛（泸州赛区）取得圆满成功。向省以上运动队输送优秀运动员16人；输送的运动员杨健参加全国跳水冠军赛获单人10米跳台冠军。参加省级以上体育比赛获金牌38枚、银牌26枚、铜牌24枚。全年体育彩票销售额10664万元。

十一、城市建设、环境保护和安全生产

城市功能不断完善。积极推进“两江新城”建设，大力改造提升老城区。忠山隧道、蜀泸大道四期竣工投用，城北公交枢纽站主体完工，医教园区、康健中心、城西城市综合体、沱江六桥及连接线等项目加快建设，长江六桥（邻玉）及连接线工程、沱江南北滨江公园开工建设。中心城区建成区面积达120.07平方公里，人口达120.38万人。城市建成区绿化覆盖面积达4789公顷，建成区绿化覆盖率39.89%。城市建成区园林绿地面积达4241公顷，绿地率35.32%。加大城市生活污水、垃圾污染治理力度，加快污水处理厂及截污干管工程建设，泸州市垃圾焚烧发电厂投入试运行。全年新增城市排水管道102.44公里，年末城市建成区排水管道密度达8.61公里/平方公里。建成区生活垃圾处理率达100%。全年新增城市道路48公里，新增城市道路照明灯0.96万盏。全市新增桥梁11座，桥梁总数达87座，其中市辖区新增桥梁5座，桥梁总数39座。年末全市各类公园44个，公园面积1504公顷，其中市辖区各类公园36个，公园面积1000公顷。

新型城镇化综合试点有序推进，县城和小城镇建设加快。叙永、古蔺列入全国县城深化基础设施投融资体制改革试点，泸县列入全国农村土地制度改革试点县。纳溪大渡口镇、合江九支镇被列为全国建制镇示范试点镇。全市新增省级“百镇建设试点行动”示范镇5个。泸县、合江、叙永、古蔺四个县城建成区面积增加4.3平方公里，人口增加0.57万人。

生态建设。全国水生态文明城市建设试点工作有序实施。全市自然保护区8个，面积101252公顷。其中，国家级自然保护区2个，面积40497公顷；省级自然保护区1个，面积25591公顷。

环境保护。强化节能减排，有序推进总量控制，大气质量不断改善，全年城区环境空气质量达二级以上优良质量天数272天，空气质量达标率75%。降水酸雨频率49%，降水的pH值范围为3.21~7.25，总均值为5.00；地表水达标率75%。长江干流泸州段、赤水河泸州段和永宁河水质保持优良；饮用水源水质达标率100%。城市区域环境噪声等效声级总平均值为54.2分贝；道路交通噪声昼间等效声级加权平均值为68.3分贝。省政府下达我市2015年总量减排目标任务是：化学需氧量、氨氮、二氧化硫、氮氧化物分别削减0.3%、0.5%、0%、10.1%。根据环境保护部核查核算，2015年我市实现削减化学需氧量、氨氮、二氧化硫、氮氧化物0.96%、1.06%、9.02%、16.86%。

安全生产。强化安全监管和责任落实，有效预防和减少各类安全事故。全年共发生各类生产经营安全事故113起（含生产性交通事故），比上年减少18起，下降13.7%；死亡人数66人，比上年减少14人，下降17.5%；受伤人数67人，比上年减少15人，下降18.3%；直接经济损失1662.92万元，比上年减少783.69万元，下降32.0%。全年未发生较大以上生产安全事故，危险化学品行业零事故零死亡。

全年共发生道路交通事故333起，死亡149人，受伤412人。

十二、人民生活和社会保障

城乡居民收入和支出。全年农村居民人均可支配收入11359元，增收1061元，增长10.3%。其中，人均工资性收入5321元，增长10.5%；人均家庭经营净收入3802元，增长9.5%；人均财产净收入207元，增长18.9%；人均转移净收入2029元，增长10.4%。农村居民人均生活消费支出9375元，增长9.4%。其中，人均食品烟酒消费支出4087元，增长7.9%；人均衣着消费支出605元，增长9.9%；人均生活用品及服务支出611元，增长9.2%；人均教育文化娱乐消费支出575元，增长13.6%；人均医疗保健消费支出613元，增长11.5%；人均居住消费支出1715元，增长12.6%；人均交通和通信消费支出966元，增

长5.6%。农村居民食品消费支出占消费总支出的比重（农村居民恩格尔系数）43.59%。全年城镇居民人均可支配收入26656元，增长8.6%。人均生活消费支出17893元，增长9.4%。其中，人均食品烟酒消费支出7090元，增长7.7%；人均衣着消费支出1801元，增长7.3%；人均生活用品及服务支出1290元，增长10.3%；人均教育文化娱乐支出1254元，增长10.9%；人均医疗保健支出1007元，增长10.1%；人均居住支出3078元，增长8.4%；人均交通和通信支出1809元，增长18.9%。城镇居民食品消费支出占消费总支出的比重（城镇居民恩格尔系数）为39.62%。

居民储蓄。年末城乡居民本外币存款余额1141.84亿元，比年初增加140.17亿元，增长14.0%，其中定期储蓄存款余额642.81亿元，比年初增加31.71亿元，增长5.2%。

养老保障。年末全市参加城镇职工基本养老保险人数78.42万人，比上年末增加5.59万人，其中参保在职职工48.19万人，增加4.39万人；参保离退休人员30.23万人，增加1.2万人。从参保职工类别看，企业职工参加养老保险人数47.65万人，比上年末增加1.42万人，其中个体经济组织及灵活就业人员31.77万人，增加4.13万人；机关事业单位职工参加养老保险人数8626人，比上年末减少378人，其中离退休参保人员3205人，减少68人；参保农民工8.14万人，增加3.35万人。年末企业退休人员社区管理覆盖面99.2%。

全年29.91万名参保企业离退休人员按时足额领取了养老金，比上年增加1.2万人。全年人均领取水平达到20092元，比上年增加1787元，增长9.8%。

全年城镇职工基本养老保险基金总收入576935万元，其中征缴收入457222万元。养老保险费当期征缴率99.36%，比上年提高0.03个百分点。全年基金总支出662844万元，比上年增加111141万元，其中发放企业养老金603288万元，增加91144万元。年末基本养老保险基金累计结存495421万元。

年末参加城乡居民养老保险人数154.33万人，比上年末减少2.09万人，其中，享受待遇人数66.05万人，减少0.08万人。全年城乡居民养老保险基金总收入79671万元，比上年增加12200万元，其中个人缴费收入12335万元，增加1385万元；中央财政补助收入57606万元，增加14109万元；地方各级财政补助收入6709万元，增加401万元。基金总支出70673万元，比上年增加20642万元，其中支付养老金65779万元，增加19284万元。年末城乡居民养老保险基金累计结存86465万元。

医疗保障。城乡居民基本医疗保险合并实施，年末全市参加居民基本医疗保险人数475.37万人，参保率持续稳定在98%以上。其中，参加城镇职工基本医疗保险41.99万人，参加城乡居民基本医疗保险433.88万人。参加城镇职工基本医疗保险人数中，退休人员14.67万人。

全年城镇职工基本医疗保险基金总收入139027万元，比上年增加21103万元。全年城镇职工基本医疗保险基金总支出119959万元，比上年增加17730万元。全市城镇职工基本医疗统筹基金年末累计结余96696万元。城乡居民基本医疗保险基金总收入221935万元，全年基金总支出161013万元，年末结余60922万元。

失业保险。年末全市城镇职工参加失业保险人数20.38万人，比上年末增加0.44万人，其中女性8.71万人，增加910人。全市有4632名被征地农转非人员纳入失业保险参保范围。为9867名城镇失业人员提供了失业保障，月人均领取失业保险金水平966元，比上年增加91元，增长10.4%；有3283农民合同制工人与城镇失业人员享受同等的失业保险待遇。

全市城镇失业保险基金总收入20596万元，比上年增加2545万元，其中征缴失业保险费17254万元。全年基金总支出15147万元，比上年增加8275万元，其中支付失业保险金5246万元。年末城镇失业基金累计结余54448万元。

工伤保险。年末全市参加工伤保险人数22.06万人，比上年末增加1.37万人，其中农民工5.76万人，增加5126人。全年有2628人享受工伤保险待遇。

全年工伤保险基金总收入9515万元，比上年增加1257万元，其中征缴收入8521万元，增加952万元，当期征缴率97.34%。全年基金总支出8797万元，比上年减少817万元。年末基金累计结存8155万元。

生育保险。年末全市参加生育保险人数17.01万人，比上年末增加0.4万人，其中女性7.66万人，增加1738人。农民工参加生育保险3.61万人，增加2510人；私营企业职工参加生育保险4.2万人。全年有7132人次享受生育保险待遇，比上年增加1473人次。

全年生育保险基金总收入3841万元，比上年增加505万元，其中征缴收入3711万元，增加580万元，当期征缴率99.17%。全年基金总支出4679万元，比上年增加1292万元。年末基金累计结存6225万元。

保障性安居工程。本年开工建设保障性住房1960套，开工危旧房棚户区改造16072户，定向向农民工分配公共租赁住房416户，改造农村危房20806户。全市百姓安居工程共完成投资64.61亿元。其中，保障性住房和棚户区改造58.75亿元，农村危房改造5.86亿元。积极推进棚改货币化安置，全市共实行棚户区改造货币化安置6632户。

社会福利设施和救助。年末社会福利收养性单位211个，床位25681个，收养人数17924人。建立城镇各种社区服务设施1032个，其中社区指导中心7个，社区服务中心21个，社区服务站473个。

全年50977名城镇居民得到政府最低生活保障，城镇“低保”资金支出16743万元；全年17.06万农村居民得到政府最低生活保障，农村“低保”资金支出25844万元。全年农村集中和分散供养“五保户”人员27716人，资金支出8617万元。全年城乡医疗救助直接救助63364人次，其中住院救助49389人次，门诊救助13975人次。资助城乡困难群众248043人参加基本医疗保险。全市医疗救助支出9864万元，救灾支出6307万元。

全年销售福利彩票3.69亿元，直接接受社会捐赠2419万元。

注释：

[1] 本公报中数据均为初步统计数，正式数据以《泸州统计年鉴—2016》为准。部分数据因四舍五入的原因，与分项合计略有误差。

[2] 本公报中未特别指定基期的增减幅度计算都是以2014年同口径数据为基期，个别指标的基期数据有修订，增减幅度以此公报为准。

[3] 国内生产总值、各产业增加值绝对数按当年价计算，增长速度按可比价格计算。三次产业分类及结构依据新的国民经济行业分类和《三次产业划分规定》。

[4] 规模以上工业企业是指年主营业务收入2000万元及以上法人工业企业。限额以上批发零售贸易企业（单位）是指年主营业务收入2000万元及以上的批发企业（单位）和年主营业务收入500万元及以上零售企业（单位）。限额以上住宿和餐饮业是指年主营业务收入200万元及以上的住宿和餐饮业企业（单位）。固定资产投资项目统计范围为计划总投资500万元及以上项目，不含农户投资。全社会固定资产投资=固定资产投资项目投资+农户投资+房地产开发投资

[5] 城镇职工基本医疗保险人数包括参保职工和参保退休人员。城镇居民基本医疗保险的参保对象是不属于城镇职工基本医疗保险覆盖范围的城镇非从业人员。

数据来源：

本公报中，物价指数和城乡居民收入、支出数据来源于国家统计局泸州调查队。户籍人口和机动车保有量、交通事故数据来源于市公安局。城市建成区面积与人口、保障性住房等城建数据来源于市住房和城乡建设局。林业、渔业、水利、农业机械化、交通运输、邮政、电信、旅游、对外贸易、招商引资、财政、金融、证券、保险、教育、科技、文化、体育、卫生、环境、安全生产、新增就业人数、登记失业率和社会保障等数据分别来源于市林业局、水务局、农业局、交通运输局、邮政管理局、电信企业、外侨旅游局、商务局、投资促进局、财政局、金融办、人民银行泸州中心支行、保险协会、教育局、科技和知识产权保护局、文体广电局、卫生和计划生育委员会、环境保护局、安全监管局、人力资源和社会保障局、民政局等相关部门，其余数据来源于市统计局。

泸州市经济和社会发展统计表

全市地区生产总值构成及增速

(2015 年)

单位：万元

指　标	2015 年	比上年±%
地区生产总值	13534133	11.0
农、林、牧、渔业	1704705	3.8
工业	7476984	12.7
建筑业	593517	9.3
交通运输、仓储和邮政业	525111	5.9
信息传输、软件和信息技术服务业	154761	11.7
批发和零售业	626336	11.0
住宿和餐饮业	278315	7.4
金融业	400406	17.5
房地产业	313657	9.4
租赁和商务服务业	115712	15.1
科学研究和技术服务业	43482	10.5
水利、环境和公共设施管理业	13549	10.7
居民服务、修理和其他服务业	222835	15.0
教育	347713	5.6
卫生和社会工作	202326	10.6
文化、体育和娱乐业	36894	12.2
公共管理、社会保障和社会组织	477830	12.4
第一产业	1678418	3.8
第二产业	8067361	12.5
第三产业	3788354	10.5
人均国内生产总值	31714	10.5

注：生产总值按当年价计算，增速按可比价计算；行业及三次产业分类为新口径。

全市地区生产总值及三次产业结构

(2015 年)

指　标	计量单位	总量		构成（%）	
		2015 年	2014	2015 年	2014
地区生产总值	万元	13534133	12597311	100.0	100.0
第一产业	万元	1678418	1598527	12.4	12.7
第二产业	万元	8067361	7589336	59.6	60.2
第三产业	万元	3788354	3409448	28.0	27.1
人均国内生产总值	元	31714	29655	—	—

注：生产总值按当年价计算；三次产业分类为新口径。

分县（区）地区生产总值及三次产业结构

（2015年）

单位：万元、%

地　区	地区生产总　值	产业类别			区生产总值构成	产业类别		
		第一产业	第二产业	第三产业		第一产业	第二产业	第三产业
江阳区	4002604	198108	2612683	1191813	100.0	4.9	65.3	29.8
纳溪区	1241433	193250	744598	303585	100.0	15.6	60.0	24.4
龙马潭区	1901541	95336	1335783	470422	100.0	5.0	70.2	24.8
泸　县	2487867	448447	1429226	610194	100.0	18.0	57.4	24.6
合江县	1617427	337089	700181	580157	100.0	20.8	43.3	35.9
叙永县	1002487	202581	471253	328653	100.0	20.2	47.0	32.8
古蔺县	1280767	203607	752324	324836	100.0	15.9	58.7	25.4

注：总值为当年价，增速按可比价计算；三次产业分类为新口径。

分县（区）地区生产总值增速和人均地区生产总值

（2015年）

地区	地区生产总值比上年±%	产业类别			人均地区生产总值（元）	比上年±%
		第一产业比上年±%	第二产业比上年±%	第三产业比上年±%		
江阳区	12.1	3.8	12.6	12.0	66235	11.0
纳溪区	11.2	4.0	13.0	10.5	26964	10.9
龙马潭区	12.0	3.6	13.0	10.4	53027	11.0
泸　县	11.2	3.6	13.0	11.6	29037	10.1
合江县	10.0	3.9	11.5	11.1	22988	9.4
叙永县	11.0	3.8	14.4	10.0	17311	11.1
古蔺县	8.1	3.8	7.9	11.0	18167	8.5

注：人均地区生产总值按当年价计算，增速按可比价计算。

分县（区）非公有制经济增加值及增长速度

（2015 年）

单位：万元

地 区	非公有制经济增加值		第一产业		第二产业		第三产业	
	绝对值	比上年±%	绝对值	比上年±%	绝对值	比上年±%	绝对值	比上年±%
江阳区	2217256	12.4	37879	2.9	1495043	12.7	684334	12.3
纳溪区	730145	11.5	48034	-0.7	512299	12.9	169812	10.7
龙马潭区	1196063	12.5	37043	3.1	850891	13.7	308129	10.0
泸 县	1594930	11.5	134034	0.4	1126736	13.0	334160	10.4
合江县	1027441	11.0	99225	2.1	558417	12.2	369799	11.1
叙永县	594441	11.4	56331	4.0	359015	13.1	179095	10.2
古蔺县	697675	8.6	59558	3.7	455009	8.5	183108	10.6

注：增加值按当年价计算；增速按可比价计算。

全市及县（区）固定资产投资及构成

（2015 年）

单位：万元

指 标	全市	江阳区	纳溪区	龙马潭区	泸 县	合江县	叙永县	古蔺县
全社会固定资产投资	14637121	3378216	1704229	2062701	2528503	2172577	1083995	1706900
#固定资产投资（不含农户投资）	14387121	3358216	1684229	2042701	2478503	2122577	1038995	1661900
#设备工器具购置	1843320	133811	339821	136532	441908	350819	281481	158948
#建筑、安装工程	11748708	3084647	1064101	1768012	1979397	1624887	756790	1470874
500 万元及以上投资项目个数	2043	202	382	166	326	337	310	320
500 万元及以上项目投资完成额	12418431	2473961	1643824	1719440	2317944	1776566	888573	1598123
#工业投资	5332277	792858	907732	607635	1166603	1111576	390409	355464
#技改投资	4902008	724508	570995	703162	1103707	1079408	396805	323423
房地产开发投资	1968690	884255	40405	323261	160559	346011	150422	63777

泸州市社会消费品零售总额

（2015 年）

单位：万元

指　标	2015 年	2014 年
全市社会消费品零售总额	5596624	4913963
其中：限上企业（单位）消费品零售额	3055612	2501348
一、按经营地分		
（一）城镇	3982911	3493561
（一）乡村	1613713	1420402
二、按消费形态分		
（一）餐饮收入	832083	748378
其中：限上企业（单位）餐饮收入	123156	103639
（二）商品零售	4764541	4165585
其中：限上企业（单位）商品零售	2932456	2397710
分区县：		
江阳区	1630583	1427470
纳溪区	638859	561662
龙马潭区	528423	463479
泸 县	939737	825700
合江县	765446	673471
叙永县	545698	479743
古蔺县	547878	482438

注：本表分县区数相加不等于全市数是由于对小数点进行了四舍五入。

全市及县（区）城镇居民家庭收支情况

（2015 年）

单位：元/人

指　标	泸州市	江阳区	纳溪区	龙马潭区	泸县	合江县	叙永县	古蔺县
人均可支配收入	26656	30656	27495	30587	26174	22249	20354	22182
1. 工资性收入	16653	19332	18297	19440	16052	13460	12275	12512
2. 经营净收入	3739	3918	2185	4855	5010	3135	2747	3877
3. 财产净收入	1545	1797	1534	1832	1280	1511	1031	1487
4. 转移净收入	4720	5609	5479	4460	3832	4144	4301	4306
人均消费支出	17893	20165	18116	19641	18127	15039	14189	16260
1. 食品烟酒	7090	7740	6929	7591	7314	6081	6286	6759
2. 衣着	1801	1976	1879	1534	1985	1684	1054	2209
3. 居住	3078	3864	2985	3500	2697	2374	2420	2876
4. 生活用品及服务	1290	1436	1613	1062	1490	1406	724	777
5. 交通通信	1809	1919	2072	2375	2124	1206	1150	1137
6. 教育文化娱乐	1254	1572	1084	1712	1036	1089	1068	831
7. 医疗保健	1007	982	796	1194	936	913	990	1403
8. 其他用品和服务	565	676	758	672	545	286	496	269

注：本表内收支分项指标相加与对应指标合计产生误差是由于对小数点进行了四舍五入。

全市及县（区）农村居民家庭收支情况

（2015 年）

单位：元/人

指　标	泸州市	江阳区	纳溪区	龙马潭区	泸县	合江县	叙永县	古蔺县
人均可支配收入	11359	13929	12607	14838	12573	12027	9023	9604
1. 工资性收入	5321	7009	5609	6862	6116	5399	3969	4617
2. 经营净收入	3802	4400	4462	4747	4060	4193	3289	3062
3. 财产净收入	207	240	219	402	277	194	168	132
4. 转移净收入	2029	2280	2316	2828	2121	2241	1597	1793
人均消费支出	9375	10113	9834	10843	10880	9605	7870	8179
1. 食品烟酒	4087	4053	4108	5189	4329	4152	3996	3678
2. 衣着	605	793	660	730	793	597	338	529
3. 居住	1715	1703	1680	1706	1892	1682	1528	1719
4. 生活用品及服务	611	925	598	656	763	712	514	340
5. 交通通信	966	1160	856	850	1355	918	580	894
6. 教育文化娱乐	575	549	585	751	759	604	454	430
7. 医疗保健	613	709	740	771	768	771	381	400
8. 其他用品和服务	203	222	606	189	222	168	79	191

注：本表内收支分项指标相加与对应指标合计产生误差是由于对小数点进行了四舍五入。

全市及县（区）教育事业基本情况

（2015 年）

单位：所、人

指　标	学校数	毕业生数	招生数	在校学生数	教职工人数	专任教师
一、普通高等学校	5	13559	14785	45598	3187	2257
二、成人高等学校	1	9407	7969	27948	52	38
三、中等专业学校（不含技校）	20	29810	29881	73387	2563	2095
江阳区	5	5291	8258	19669	601	440
纳溪区	3	2068	2600	5157	226	181
龙马潭区	2	2205	2680	8841	298	249
泸县	4	5576	4614	10138	433	393
合江县	3	6556	5811	18502	649	499
叙永县	1	2931	2556	4594	133	115
古蔺县	2	5183	3362	6486	223	218
四、普通中学	217	81137	86377	252531	16230	14958
#高 中	25	25091	26813	80280	5228	4884
江阳区	4	5026	5374	16325	1107	1002
纳溪区	2	2070	1958	6136	433	421
龙马潭区	4	1641	1549	4777	424	401
泸县	5	7180	7555	22334	1510	1399
合江县	3	3266	3903	11193	620	587
叙永县	4	2116	2702	7992	484	439
古蔺县	3	3792	3772	11523	650	635
#初中	192	56046	59564	172251	11002	10074
江阳区	26	7983	7668	24721	1801	1609
纳溪区	12	4467	4973	13650	969	891
龙马潭区	13	3527	4243	11695	905	753
泸县	50	10789	12523	36011	2293	2057
合江县	23	8713	9434	26380	1442	1353
叙永县	30	9108	9776	27497	1512	1416
古蔺县	38	11459	10947	32297	2080	1995
五、小学（含小学教学点 690 个）	950	58274	61451	413648	19088	17953
江阳区	62	7542	6866	51402	2562	2353
纳溪区	81	4828	5373	35500	1700	1649
龙马潭区	22	3735	4602	28515	1651	1411
泸县	156	10975	11462	83225	3569	3344
合江县	140	10094	11243	80331	3048	2816
叙永县	227	9971	9526	63686	3098	2974
古蔺县	262	11129	12379	70989	3460	3406
六、特殊教育学校	7	500	139	708	144	129
七、教师进修学校	7	0	0	0	289	265

泸州港口基本情况

（2015 年）

指　标	单位	数量
一、码头情况	单位	数量
生产用码头总长度	米	7268
生产用码头泊位数	个	111
集装箱码头年吞吐能力	万标箱	100
集装箱码头本年完成吞吐量	标箱	420375
二、生产完成情况		
货物吞吐量	万吨	3247.09
#出港	万吨	1043.91
三、主要货物吞吐量		
煤炭及制品	万吨	448.63
金属矿石	万吨	37.25
非金属矿石	万吨	95.30
水泥	万吨	73.59
化学肥料及农药	万吨	61.38
化工原料及制品	万吨	101.54
矿建材料	万吨	1957.43
粮食	万吨	3.67
石油、天然气及制品	万吨	62.06

注：包括长江干线港区和内河其他港区。

全市及县（区）按机构类型和行业分组的法人单位数

（2015 年）

单位：个

分 类	全市	江阳区	纳溪区	龙马潭区	泸县	合江县	叙永	古蔺
合计	22597	4751	2553	3476	3482	3178	2287	2870
一、按机构类型分组								
企业	14366	3407	1813	2766	2066	1851	1234	1229
事业单位	2295	459	208	225	365	367	265	406
机关	669	150	72	82	106	93	80	86
社会团体	962	253	113	91	175	175	88	67
民办非企业单位	1019	197	68	118	301	146	113	76
基金会	5	1	1	1	1		1	
居委会	263	60	25	41	48	39	28	22
村委会	1361	103	176	49	251	286	227	269
其他组织机构	1657	121	77	103	169	221	251	715
二、按行业门类分组								
农、林、牧、渔业	2135	143	168	126	205	350	339	804
采矿业	282	15	9	3	67	37	70	81
制造业	3093	637	367	517	666	422	244	240
电力、燃气及水的生产和供应业	350	18	53	11	33	85	99	51
建筑业	611	172	62	122	95	104	32	24
批发和零售业	4583	1077	703	1060	563	483	324	373
交通运输、仓储和邮政业	925	122	137	242	172	129	53	70
住宿和餐饮业	339	137	17	58	28	46	30	23
信息传输、软件和信息技术服务业	188	75	16	40	29	10	7	11
金融业	174	108	13	27	5	11	4	6
房地产业	686	256	66	155	49	71	52	37
租赁和商务服务业	1371	422	158	290	161	155	93	92
科学研究和技术服务业	634	185	43	64	135	60	54	93
水利、环境和公共设施管理业	204	34	21	25	23	30	54	17
居民服务、修理和其他服务业	355	116	32	97	25	38	32	15
教育	1321	254	101	153	246	251	165	151
卫生和社会工作	702	102	51	80	220	107	79	63
文化、体育和娱乐业	523	138	47	44	61	87	47	99
公共管理、社会保障和社会组织	4121	740	489	362	699	702	509	620

重要文件目录

中共泸州市委2015年发文目录

发文号	发文单位	文件标题
泸委发〔2015〕1号	中共泸州市委　泸州市人民政府	关于加快工业经济转型升级的实施意见
泸委发〔2015〕2号	中共泸州市委　泸州市人民政府	关于全面深化农村改革努力推动“三农”工作上台阶的意见
泸委发〔2015〕3号	中共泸州市委　泸州市人民政府	关于2015年安全生产工作的意见
泸委发〔2015〕4号	中共泸州市委	关于加强领导班子思想政治建设的实施意见
泸委发〔2015〕5号	中共泸州市委　泸州市人民政府	关于2015年党风廉政建设和反腐败工作的意见
泸委发〔2015〕6号	中共泸州市委　泸州市人民政府	关于加快泸天化集团改革脱困的意见
泸委发〔2015〕7号	中共泸州市委　泸州市人民政府	关于创建全国文明城市的决定
泸委发〔2015〕9号	中共泸州市委	关于全力推进扶贫攻坚确保全面建成小康社会的决定
泸委发〔2015〕10号	中共泸州市委	关于进一步加强和改进党的群团工作的实施意见
泸委发〔2015〕11号	中共泸州市委	关于加强农村基层党的建设充分发挥党组织领导核心作用的实施意见
泸委发〔2015〕12号	中共泸州市委　泸州市人民政府	关于加强产业园区党的建设推动产业园区科学发展加快发展的实施意见（试行）
泸委发〔2015〕15号	中共泸州市委	关于制定国民经济和社会发展第十三个五年规划的建议
泸委发〔2015〕16号	中共泸州市委　泸州市人民政府	关于2016年安全生产工作的意见

泸州市人民政府2015年发文目录

发文号	发文单位	文件标题
泸市府发〔2015〕1号	泸州市人民政府	关于印发《泸州市新能源公交车推广应用方案》等4个方案的通知
泸市府发〔2015〕2号	泸州市人民政府	关于贯彻落实《四川省人民政府关于发展多层次资本市场服务实体经验的若干意见》的实施意见
泸市府发〔2015〕3号	泸州市人民政府	关于印发《加快新能源私人用车推广应用的指导意见（试行）》的通知
泸市府发〔2015〕4号	泸州市人民政府	关于调整城乡居民最低生活保障标准的通知
泸市府发〔2015〕5号	泸州市人民政府	关于开展清理规范税收等优惠政策工作的通知
泸市府发〔2015〕6号	泸州市人民政府	关于加快发展现代职业教育的意见
泸市府发〔2015〕7号	泸州市人民政府	关于印发加快新型城镇化建设综合改革的实施意见的通知
泸市府发〔2015〕8号	泸州市人民政府	关于表扬泸州市民族团结进步先进集体和先进个人的决定
泸市府发〔2015〕9号	泸州市人民政府	关于进一步加快泸州高新科技产业开发区发展的决定
泸市府发〔2015〕10号	泸州市人民政府	关于加强政府系统廉政建设的意见
泸市府发〔2015〕11号	泸州市人民政府	关于进一步加强政府法制工作的意见
泸市府发〔2015〕12号	泸州市人民政府	关于印发泸州市深入推进依法行政加快法治政府建设规划（2015—2020年）的通知
泸市府发〔2015〕13号	泸州市人民政府	关于印发市本级行政许可项目目录的通知
泸市府发〔2015〕14号	泸州市人民政府	关于印发取消和调整非行政许可审批项目目录的通知
泸市府发〔2015〕15号	泸州市人民政府	关于印发泸州市进一步推进户籍制度改革实施方案的通知
泸市府发〔2015〕16号	泸州市人民政府	关于印发《泸州市非市政消防设施管理办法》的通知
泸市府发〔2015〕17号	泸州市人民政府	关于印发泸州机场净空及电磁环境保护实施办法（暂行）的通知
泸市府发〔2015〕18号	泸州市人民政府	泸州市人民政府转发四川省人民政府关于机关事业单位工作人员养老保险制度改革的意见
泸市府发〔2015〕19号	泸州市人民政府	关于印发泸州市公共企事业单位办事公开规定的通知

续上表

发文号	发文单位	文件标题
泸市府发〔2015〕20号	泸州市人民政府	关于印发《泸州市食品生产加工小作坊和食品摊贩监督管理办法（试行）》的通知
泸市府发〔2015〕21号	泸州市人民政府	关于印发《泸州市道路交通安全综合整治深化巩固年实施意见》的通知
泸市府发〔2015〕22号	泸州市人民政府	关于进一步明确我市城市规划区内国有土地上房屋征收与补偿有关事项的通知
泸市府发〔2015〕23号	泸州市人民政府	关于印发泸州市酒类企业借新还旧贷款担保基金管理办法（暂行）的通知
泸市府发〔2015〕24号	泸州市人民政府	关于印发泸州市流动人口适龄儿童国家免疫规划管理办法的通知
泸市府发〔2015〕25号	泸州市人民政府	关于转发省政府 省军区《关于批转人力资源和社会保障厅、省军区政治部<四川省军人随军家属就业安置办法实施细则的通知>》的通知
泸市府发〔2015〕26号	泸州市人民政府	关于印发泸州市科学预防控制病媒生物加强城市卫生综合管理和服务的意见的通知
泸市府发〔2015〕28号	泸州市人民政府	关于依法统计加强统计工作的意见
泸市府发〔2015〕29号	泸州市人民政府	关于成立泸州白酒产业园区的通知
泸市府发〔2015〕30号	泸州市人民政府	关于贯彻落实国务院关于税收等优惠政策相关事项的通知
泸市府发〔2015〕31号	泸州市人民政府	关于进一步加强城市管理工作的意见
泸市府发〔2015〕32号	泸州市人民政府	转发《四川省人民政府关于发布政府核准的投资项目目录（四川省2015年本）的通知》的通知
泸市府发〔2015〕33号	泸州市人民政府	关于全面推进大众创业 万众创新的实施意见
泸市府发〔2015〕34号	泸州市人民政府	关于推进医药产业和医药产业园区创新发展的实施意见
泸市府发〔2015〕35号	泸州市人民政府	关于印发2014年度泸州市科学技术奖励决定的通知
泸市府发〔2015〕36号	泸州市人民政府	关于加快泸州白酒产业园区发展的意见
泸市府发〔2015〕37号	泸州市人民政府	关于印发泸州市2015年推进简政放权房管结合转变政府职能工作方案的通知
泸市府发〔2015〕38号	泸州市人民政府	关于进一步加强建设用地复垦耕地管理的通知
泸市府发〔2015〕39号	泸州市人民政府	关于调整全市最低工资标准的通知
泸市府发〔2015〕40号	泸州市人民政府	关于印发泸州市城市建设项目资金管理办法的通知

续上表

发文号	发文单位	文件标题
泸市府发〔2015〕42号	泸州市人民政府	关于印发设立泸州长江经济开发区榕山新材料及环保产业园的实施意见
泸市府发〔2015〕44号	泸州市人民政府	关于进一步做好新形势下就业创业工作的意见
泸市府发〔2015〕45号	泸州市人民政府	关于贯彻落实国务院、省政府加强审计工作意见的通知
泸市府发〔2015〕46号	泸州市人民政府	关于深化收入分配制度改革的实施意见
泸市府发〔2015〕47号	泸州市人民政府	关于印发《泸州市城乡困难群众临时救助实施细则》的通知
泸市府发〔2015〕48号	泸州市人民政府	关于印发《泸州市人民政府2016—2020年规章立法规划（初步方案）和泸州市人民政府2016年规章立法（初步方案）的通知》
泸市府发〔2015〕49号	泸州市人民政府	关于印发泸州市重大招商引资项目流转和园区共建共享管理办法（试行）的通知
泸市府发〔2015〕50号	泸州市人民政府	关于印发泸州重大招商引资项目扶持政策（试行）的通知
泸市府发〔2015〕51号	泸州市人民政府	关于印发泸州市重大招商引资项目统筹管理办法（试行）的通知
泸市府发〔2015〕52号	泸州市人民政府	关于贯彻落实四川省流动人口信息登记办法的通知
泸市府发〔2015〕54号	泸州市人民政府	关于为市公安消防支队记集体二等功的决定
泸市府发〔2015〕55号	泸州市人民政府	关于印发泸州市道路货物装载源头管理办法的通知
泸市府发〔2015〕56号	泸州市人民政府	关于印发进一步加快标准建设的意见通知
泸市府发〔2015〕57号	泸州市人民政府	关于做好第三次全国农业普查工作的通知
泸市府发〔2015〕58号	泸州市人民政府	关于印发泸州市推广应用新能源汽车自用充电桩建设管理细则（试行）的通知
泸市府发〔2015〕59号	泸州市人民政府	关于贯彻落实粮食安全责任制的意见

索 引

SUO YIN

D

F

G

H

J

K

L

M

N

P

Q

R

S

T

W

X

Y

Z